존 버니언(1628~1688)

▲《천로역정》삽화 존
조스톤. 19세기
왼쪽 위의 출발부터
오른쪽 아래 천상의
수도까지 주인공이 겪
는 고난과 위로를 나
타냈다. 삽화는 청교
도식 대중문화를 형성
하는 데 많은 도움이
됐다.

◀천로역정 그림 19세기
소용돌이 형태로 멸망
의 도시(왼쪽 아래)와
죽음의 그림자 계곡(오
른쪽 아래)이 가장 위
의 십자가와 대비를 이
루며 삼각형을 만든다.
이 그림은 천체도를 떠
올리게 하며 천상의 도
시가 우주의 중심에
놓인 천체로 보인다.

에르네스트 르낭(1823~1892) 프랑스 언어학자·실증주의 철학자·종교학자·비평가

▲콜레주 드 프랑스(정문)  1530년 파리에 설립된 왕립 인문교육기관. 콜레주 드 프랑스의 교수가 된다는 것은 프랑스 교육계에서 엄청난 영광으로 여겨진다. 르낭은 1862년 히브리어학 교수가 되었으나, 취임강연 문제로 해직되었다가 1870년 복직했다.

◀르낭의 무덤  몽마르트르. 친척 세페르의 지하 묘소 안에 있다.

▼르낭 흉상  베르나르드 베른스탐. 1885.

World Book 196

John Bunyan/Joseph Ernest Renan
THE PILGRIM'S PROGRESS/VIE DE JÉSUS

# 천로역정/예수의 생애

존 버니언/에르네스트 르낭/강경애 옮김

존 버니언 에르네스트 르낭

동서문화사

# 천로역정/예수의 생애
## 차례

## 천로역정

## 해설

The Pilgrim's Progress

# 천로역정

존 버니언

# 제1부

1672년판 삽화

# 이 작품에 대한 작가의 변명

처음에 이 작품을 쓰려고 펜을 들었을 때, 설마 이런 소설을 쓰게 되리라고는 생각도 못했다. 아니, 나는 다른 일을 하고 있었다. 그러나 그 일이 거의 끝나자 어느새 이런 일을 시작하고 있었다.

그리하여 복음의 이 세상에서 성도들이 나아갈 길을 쓰는 동안 그 여행과 영광의 길에 관하여 갑자기 하나둘 비유가 떠오르더니 총 20여 편을 완성했다. 이것이 완성되자 20편이 더 머릿속에 떠올라, 숯불에서 튀는 불꽃처럼 점점 더 늘어났다. 아니,(나는 생각했다) 이렇게 빠른 속도로 늘어난다면 이 정도로 해두자. 그러지 않으면 한도 끝도 없이 늘어 이미 시작된 이 책을 잡아먹으리라.

그러면서도 이렇게 내 소일거리를 세상에 내놓을 마음은 없었다. 나 자신조차 뭔지 모르는 작품을 만들려고 했을 뿐이다. 그것으로 사람들을 기쁘게 하려던 것도 아니다. 나와 내 마음을 위로하기 위한 것이다. 이렇게 끼적대며 지루함을 달랬을 뿐. 나를 그르치는 가장 나쁜 생각에서 이런 식으로 주의를 돌리려고 했을 뿐이다. 이리하여 나는 즐겁게 종이에 펜을 놀려 재빨리 생각을 글로 표현했다. 이제 어찌해야 하는지를 알게 되자 끄집어내는 대로 계속해서 나왔다. 그렇게 쓰기를 마치니, 이윽고 길이도 폭도 이렇게 거대해졌다.

이렇게 글을 마무리한 뒤 좋은지 나쁜지 사람들에게 보여 주었다. 어떤 이는 널리 퍼뜨리라고 말하고, 어떤 이는 어서 원고를 없애라고 말했다. 어떤 이는 어서 출판하게 존, 이라 말하고, 어떤 이는 그만두라 말했다. 어떤 이는 이 책이 유익할 것이라 말하고, 어떤 이는 그렇지 않다 말했다.

나는 어떻게 할 것인지 한참을 고민했다. 그러다 마침내 결정했다. 이렇게 의견이 갈린다면 과감히 출판하자.

출판을 바라는 사람이 있는 만큼, 반대하는 사람이 있더라도 누구 의견이 옳은지 알기 위해서는 출판해 보는 것이 좋겠다고 생각했기 때문이다.

또 출판되기를 바라는 사람들의 뜻에 따르지 않는다면, 내가 그들에게 줄 수 있는 큰 기쁨을 거절하는 일이 될지도 모른다.

나는 출판을 반대하는 사람들에게 말했다. 못마땅하겠지만, 기뻐할 형제들도 있으니 결과를 볼 때까지 판단은 삼가고, 읽고 싶지 않으면 그냥 두라. 살코기를 좋아하는 사람이 있는가 하면, 뼈를 발라 먹기를 좋아하는 사람도 있다.

그들을 더욱 달래기 위해 다음과 같이 설득하기도 했다.

이런 문체와 이런 기법으로 썼다고 해서 내가 바라는 당신의 행복을 벗어나겠는가? 출판해선 안 될 이유가 어디에 있는가? 먹구름은 비를 뿌리지만, 흰 구름은 비를 뿌리지 않는다. 검든 희든 은빛 물방울을 떨어뜨린다면 대지는 곡식을 키우고 둘 다 찬미할 것이다. 어느 쪽도 나무라지 않고 둘 모두가 키우는 수확물을 소중히 간직할 것이다. 둘을 잘 섞었기에 그 누구도 그 수확물이 어디에서 나왔는지 구별하지 못한다. 굶주릴 때 대지는 어느 쪽 구름에서도 물을 받아들이지만, 배가 부르면 둘 모두 토해 내어 그 은총을 헛되이 한다.

어부가 물고기를 어떻게 잡는지 보았을 것이다. 그가 어떤 방법을 쓰던가? 보라, 그는 온갖 지혜를 짜낸다. 미끼, 낚싯줄, 낚싯바늘, 갈고리, 그물. 그러나 갈고리, 낚싯줄, 미끼, 그물로도 잡지 못하는 물고기가 있다. 그런 것은 손으로 더듬어 잡아야 한다. 그러지 않으면 아무리 용을 써도 잡을 수 없다.

새 사냥꾼은 얼마나 다양한 방법으로 사냥감을 잡으려고 하던가? 소총, 그물, 나뭇가지, 등불과 종 등, 모두 열거하기도 어렵다. 그는 기고 걷고 선다. 누가 그의 모든 자세를 말할 수 있겠는가? 그러나 사냥꾼이 노리는 새를 뜻대로 잡기란 어렵다. 새를 잡으려면 호루라기와 휘파람을 불어야 한다. 그래도 놓치기 일쑤다.

진주가 두꺼비 머리에도 있고 굴 껍데기 안에서도 발견된다면, 만일 전혀 예상치 못했던 것이 황금보다 값진 것을 품고 있다면, (어렴풋이 알면서도) 일부러 들여다보지 않을 사람이 있겠는가? 나의 이 작품은(누구 마음에나 들도록 각색하지는 않았지만) 화려하면서도 허무한 생각 안에 있는 것보다 더 좋은 방법이 없는 것은 아니다.

"그렇군. 하지만 완전히 확신이 드는 것은 아니네. 이 글이 엄격한 음미를 견딜 수 있으리라고는." 맙소사, 어디가 나쁜가? "이해하기 어렵네." 무슨 상관인가.

"하지만 이건 꾸며낸 이야기라고." 그게 뭐 어쨌다는 건가? 이보다 더 알기 어려운 꾸며낸 이야기로 진리를 빛내고 빛을 발하게 하는 사람도 있지 않은가? "하지만 견실미는 없지." 멋대로 떠들게나. "이 글은 나약한 자를 물에 빠뜨리고, 은유는 우리의 눈을 멀게 하네."

그렇군, 견실미는 성스러움을 글로 전하는 사람의 펜에 어울리지. 하지만 내가 은유를 쓴 것이 어째서 견실미가 부족한 것이 되는가? 하느님의 율법과 복음을 옛날에는 상징과 환상과 은유로 나타내지 않았는가? 성실한 사람이라면 그 점을 추궁하기 꺼릴 것이다. 최고의 지혜를 공격하는 셈이니. 아니, 오히려 몸을 구부리고 찾으려 할 것이다. 바늘과 고리, 송아지와 양, 수소와 숫양, 새와 풀, 새끼 양의 피로써 하느님께서 무엇을 말하려 하셨는가를. 그 안에 깃든 빛과 은혜를 발견한 사람은 행복하다.

견실미가 없다거나 조잡하다고 너무 성급하게 결론내리지 마라. 겉보기가 견실하다고 해서 모두 견실한 것은 아니다. 비유에 있는 모든 것을 경멸하는 것은 아니다. 가장 해로운 것을 가볍게 받아들여 영혼에서 선함을 빼앗는 꼴이니. 내 어둡고 흐린 말에도 진리가 담겨 있다. 황금이 든 장식장처럼.

예언자들도 진리를 말할 때 은유를 쓰고는 했다. 진실로 그리스도와 사도들을 생각하는 이는 똑똑히 볼 것이다. 진리가 오늘날까지 저 겉껍질에 감싸여 있음을.

기탄없이 말하겠다. 문체와 구절로써 모든 지혜를 뛰어넘는 성서는 어디를 보나 이런 것들(어두운 상징과 비유)로 가득하다. 게다가 바로 그 책에서 나오는 것은 아무리 어두운 밤조차 한낮으로 바꾸어 버리는 찬란한 빛줄기이다.

자, 나를 비난하는 사람은 자기 삶을 돌이켜 보고 이 글에 있는 어떤 것보다도 어두운 부분을 찾아보라. 진실로 아무리 선한 것에도 가장 어두운 부분이 있음을 알라.

공평한 사람들 앞에 선다면 이들의 빈약한 하나에 나는 과감히 열을 걸고 말하겠다. 그들은 그런 부분에 담긴 내 뜻을 은빛 성에 있는 자신의 거짓보다 훨씬 잘 이해할 것이다. 진리는 배내옷에 싸여 있어도 판단력을 가르치고, 정신을 올바르게 하고, 이해력을 만족시키고, 의지를 복종시키고, 상상력을 기쁘게

함으로써 기억을 채우고, 나아가 고민을 더는 데 효과적임을 나는 안다.

디모데가 건전한 말로써 늙은 여인의 옛날이야기를 버리라고 했던 것을 나는 안다. 또한, 근엄한 바울은 비유를 어디서도 금하지 않았다. 그중에는 아주 공들여 파낼 가치가 있는 황금과 진주와 보석이 감추어져 있다.

한마디 더 하겠다. 하느님을 섬기는 이여, 기분이 상했거나, 내 소재를 다른 식으로 표현했으면 좋겠거나, 내용이 더 명확했으면 좋겠는가? 이 세 의견을 윗사람에게(적절하게) 제시하겠다.

하나. 말·내용·독자를 실수하지 않고, 상징·비유의 사용과 적용을 부드럽게 다루고, 온갖 수단을 동원하여 진리의 진보를 추구하는 한 이 방법이 금지당하리라고는 생각하지 않는다. 오히려 이처럼 내 생각을 표현해서 자못 뛰어난 사건을 당신에게 보여 주도록 허락받았다.(전례도 있다. 게다가 이 세상 누구보다도 멋지게 말과 행동으로 하느님을 기쁘게 한 사람들에게서 허락받았다.)

둘. 나는(나무처럼 높은) 사람들이 대화식으로 글을 쓰는 것을 안다. 그러나 누구도 그들을 깔보지 않는다. 그들이 진리를 그르친다면, 그들도 그 기교도 저주받아야 마땅하다. 그러나 진리는 어떤 식으로든 하느님의 뜻에 따르도록 당신과 나를 다그친다. 인간에게 처음 경작을 가르친 하느님보다 우리 마음과 펜을 그 섭리에 쓰도록 이끄는 방법을 잘 아는 사람이 어디 있으랴. 그분께서는 비천한 것으로 하여금 거룩한 것을 예고하게 하신다.

셋. 성서도 어떤 사건을 말하는 데 다른 방법이 필요할 때 이와 비슷한 방법을 많은 곳에서 썼다. 내가 그 방법을 쓰더라도 진리의 금빛을 지울 수 있는 것은 없다. 오히려 이 방법으로 그 빛을 한낮처럼 밝게 비치게 할 것이다.

이제 펜을 놓기 전에 이 글의 유익함을 써서 당신과 책을, 강인함을 쓰러뜨리고 나약함을 일으키시는 하느님 손에 맡기겠다.

이 글은 당신 앞에 영원한 선물을 바라는 사람을 그려낸다. 이 글은 보여줄 것이다. 그 사람이 어디에서 와서 어디로 가는지, 무엇을 하지 않고, 무엇을 했는지. 얼마나 달리고 달려서 마침내 영광의 문에 이르렀는지. 이 글은 또 보여줄 것이다. 영원의 관을 얻고자 누가 온 힘을 다하고 목숨을 향해 여행을 떠났는지. 이 글은 또한, 인간이 헛수고 끝에 어리석게 죽어가는 이유를 보여 줄 것이다.

당신이 충언에 따르고자 한다면 이 글은 당신을 나그네로 만들어 줄 것이다. 그 지도를 이해하고자 한다면 당신을 성지로 이끌 것이다. 게으름뱅이에게 활력을 주고, 눈이 먼 사람에게도 즐거움을 보여줄 것이다.

뭔가 특이하고 유익한 것을 원하는가? 우화 속에서 진리를 보기 바라는가? 건망증이 심한가? 설날부터 섣달 그믐날까지 잊지 않기를 바라는가? 그렇다면 이 꿈 같은 이야기들을 읽으라. 이야기들이 좀나방처럼 달라붙어서 의지할 데 없는 이에게 위로가 되어주리라.

이 글은 무기력한 사람의 마음도 움직이는 말로 쓰여 있다. 신기하다 여기겠지만, 그 안에 있는 것은 바로 건전하고 진정한 복음 연구뿐이다.

근심걱정에서 벗어나고 싶은가? 바보 같은 일에서 멀어져 유쾌해지고 싶은가? 수수께끼와 그 해답을 읽고 싶은가? 묵상에 빠지고 싶은가? 음식을 깨작깨작 먹기를 좋아하는가? 몽상가를 만나 그 이야기를 듣고 싶은가? 꿈은 꾸지만 잠들고 싶지 않은가? 아니면 웃으면서 울고 싶은가? 이성을 잃었다가 아무런 해를 입지 않고 무엇에 홀리지 않은 채 다시 제정신으로 돌아오고 싶은가? 자기 자신을 읽고 뭔지도 모르는 것을 읽었지만 그 덕분에 축복받았는지 아닌지 알고 싶은가? 오, 그렇다면 이리로 와서 내 글과 당신의 머리와 마음을 하나로 만들라.

존 버니언

# 꿈에 비유해서 쓴 순례자의 여정

크리스천 비통하게 부르짖으며 달아나다

황야와 같은 이 거친 세상을 이리저리 떠돌아 다니던 나는 어느 동굴에 이르러 잠이 들었다.

나는 꿈속에서 누더기[1]를 걸친 남자가 자신의 집을 떠나서 헤매다[2] 어떤 곳에 머무르는 모습을 보았다. 그는 한 손에 성서를 들고 등에는 커다란 짐을 지고 있었다.[3] 자세히 보니 그는 성서[4]를 펼쳐 읽어 내려가면서 눈물을 흘리기도 하고 몸을 부르르 떨기도 하였다. 그러다가 더는 감정을 억누를 수 없었는지 대성통곡을 하면서 외쳤다.

"나는 어찌해야 합니까?"[5]

그는 슬픔에 잠겨 집으로 돌아왔지만 조금도 내색을 하지 않아 아내와 아이들은 그의 심경을 알 수 없었다. 하지만 불안한 마음이 점점 더 커지자 그는 도저히 입을 다물고 있을 수가 없었다.

그래서 마침내 그는 가족에게 자신의 속마음을 털어놓으며 이야기를 시작

---

1) 이사야 64 : 6.
2) 누가복음 14 : 33.
3) 시편 38 : 4.
4) 하박국 2 : 2, 사도행전 16 : 31.
5) 사도행전 2 : 37~38.

했다.

"사랑하는 여보! 귀여운 우리 아이들! 나는 나를 무겁게 짓누르는 짐 때문에 마음이 불안해서 견딜 수가 없소. 게다가 우리가 살고 있는 도시가 천벌을 받아 불에 타 버리고 말 것이 확실하니 더더욱 혼란스럽소. 그 무서운 재앙이 닥칠 때 빠져나갈 수가 없다면 당신과 나는 물론 이 어린것들마저 비참하게 죽어갈 것이오. 아직은 잘 모르겠지만 그 방법만 찾으면 우리는 구원받을 수 있소."

그의 말을 들은 가족은 너무나 걱정스러워졌다. 그가 한 말을 믿어서가 아니라 그가 이성을 잃고 미쳐 버린 게 아닌가 그런 생각이 들어서였다. 때마침 날이 저물고 있어, 자고 나면 진정될 거라고 생각하며 아내는 서둘러 그를 자리에 뉘었다. 그러나 그는 밤에도 역시 낮에 느꼈던 고통과 불안이 밀려와 도무지 잠을 이루지 못하고 한숨을 짓거나 눈물을 흘리면서 뜬눈으로 밤을 지새웠다.

날이 밝자 가족은 그에게 조금 나아진 것 같은지 물었다.

"상황이 점점 더 나빠지고 있소."

그가 또다시 같은 얘기를 꺼내자 이번엔 아예 그의 말을 못 들은 체했다. 아내는 그를 냉철하게 대해 그의 머리에 들어 온 광기를 몰아내야겠다고 생각했다. 그래서 때로는 그를 비웃기도 하고 심한 욕을 퍼붓기도 하였으며 또 그의 말을 아예 무시해 버리기도 했다. 그러자 그는 자신의 방에 틀어박혀 오히려 아내와 아이들을 불쌍히 여기며 기도하거나 자신의 고통을 달래면서 지냈다. 또 가끔은 혼자 들판에 나가 기도하고 성서를 읽었다. 그렇게 여러 날이 흘러갔다.

나는 그가 늘 그랬듯이 들판을 거닐면서 성서를 읽고 있는 광경을 보았다. 그는 마음이 너무 괴로웠는지 책을 읽다 말고 예전에 그랬던 것처럼 울음을 터트리며 외쳤다.

"내가 어떻게 해야 구원을 얻을 수 있습니까?"[6]

그는 어디론가 떠나고 싶은지 주위를 두리번거렸다. 하지만 내 생각에 그는 어디로 가야 할지 모르는 듯 여전히 제자리에 서 있었다. 바로 그때 전도사라는 한 남자가 그에게 다가가 "왜 그리 슬퍼하십니까?" 하고 물었다. 그러자 그

---

6) 사도행전 16 : 30~31.

가 대답했다.

"나는 내 손에 있는 성서를 읽고, 내가 죽은 뒤에 심판을 받게 되리라는 사실을 알았습니다.[7] 나는 죽기도 싫을뿐더러 심판을 받을 준비조차 되어 있지 않습니다."

그때 전도사가 말했다.

"이 세상은 사악한 일들로 넘쳐나는데 당신은 왜 죽기가 싫은 거지요?"

남자는 대답했다.

"등에 있는 이 짐 때문에 무덤보다 더 낮은 곳으로 가라앉아 지옥으로 떨어지게 될까 두려워서입니다.[8] 또한 제가 감옥에 갈 준비가 되어 있지 않은 것처럼, 저는 아직 심판을 받고 나아가 죗값을 치를 준비가 되어 있지 않습니다. 이런 생각을 하면 눈물만 넘쳐흐릅니다."

전도사가 물었다.

"당신의 처지가 그렇다면 왜 여기 이렇게 서 있습니까?"

그는 대답했다.

"아무리 생각해도 어디로 가야 할지 모르겠습니다."

그때 전도사가 양피지 두루마리를 건네주었는데 거기에는 '닥쳐올 천벌을 피해 도망가시오'[9]라는 글이 적혀 있었다. 그 글을 읽은 남자는 걱정스러운 눈빛으로 전도사를 쳐다보며 물었다.

"어디로 도망가야 합니까?"

그러자 전도사는 손을 들어 손가락으로 넓디넓은 들판을 가리키며 말했다.

"저기 저 좁은 문이 보이십니까?"[10]

"아니요."

남자가 대답했다. 전도사가 다시 물었다.

"그럼, 저기 저 반짝이는 불빛은 보이십니까?"[11]

---

7) 히브리서 9 : 27, 에스겔 22 : 14, 욥기 16 : 21~22.

8) 이사야 30 : 33.

9) 마태복음 3 : 7.

10) 마태복음 7 : 13~14.

11) 시편 119 : 105, 베드로후서 1 : 19.

"예, 어렴풋이 보입니다."

남자가 대답했다. 전도사가 말을 이었다.

"저 불빛을 계속 바라보면서 똑바로 나아가시오. 그러면 문이 나올 겁니다. 그 문을 두드리면 당신이 해야 할 일을 듣게 될 것입니다."

나는 꿈에서 그 남자가 달려가는 모습을 보았다. 그가 자신의 집에서 채 멀리 가지 못했을 때, 그의 아내와 아이들이 그를 보고는 집으로 돌아오라고 울며 애원했다. 그러나 그 남자는 손으로 귀를 틀어막고 달리면서 소리쳤다.[12]

"삶이여! 삶이여! 영원한 삶이여!"

그러고는 뒤도 돌아보지 않고 넓은 들판 한가운데로 도망치듯 내달았다.[13] 이웃들도 그가 달리는 모습을 보기 위해 밖으로 나왔다. 사람들은 달려가는 그를 조롱하며 겁을 주기도 하였고, 그의 뒤를 쫓아가면서 돌아가자고 소리치기도 하였다.[14]

그 이웃들 중에는 강제로라도 그를 되돌아오게 하겠다고 마음먹은 사람이 두 명 있었다. 한 사람의 이름은 고집(Obstinate)이었고, 다른 한 사람의 이름은 우유부단(Pliable)이었다. 그때 그 남자는 그들보다 훨씬 앞질러 있었지만 그들이 작정하고 쫓아오는 통에 금세 따라잡혔다. 그러자 그 남자가 물었다.

"당신들은 왜 저를 따라왔습니까?"

"당신을 설득해서 도로 데려가려고 왔소."

그러나 그는 말했다.

"나는 돌아갈 수 없습니다. 당신들은 지금 멸망의 도시에 살고 있지요. 나 또한 그곳에서 나고 지금까지 살았지만 나는 압니다. 도시가 멸망하면 당신들은 순식간에 죽게 될 테고, 무덤보다 깊숙한 곳에 가라앉아 불과 유황이 타는 곳으로 떨어질 것입니다. 그러니 내 말에 따라 나와 함께 갑시다."

**고집** : "무슨 소리요? 내 모든 친구와 즐거움을 다 버리고 가자는 말이오?"

크리스천(그 남자의 이름이다)이 말했다.

"그렇소. 당신들이 버리게 될 모든 것을 합쳐도 그건 내가 찾고 있는 즐거움

---

12) 누가복음 14 : 26.

13) 창세기 19 : 17.

14) 예레미야 20 : 10.

에 비하면 아무것도 아닙니다. 나와 함께 가서 구하면 나뿐만 아니라 당신들도 즐거움을 얻을 수 있습니다. 내가 가는 곳은 모든 사람이 누리고도 남을 정도로 모든 것이 풍부하지요.[15] 같이 가서 내 말이 맞는지 확인해 봅시다."[16]

고집 : "굳이 세상을 등지면서까지 무엇을 구하고자 합니까?"

크리스천 : "나는 '결코 썩지 않고 더러워지지 않으며 시들지 않는 선물'[17]을 구합니다. 그것은 천국에 잘 보관되어 있지요. 열심히 구하는 사람에게는 때가 되면 주어질 것입니다. 원한다면 여기 내 성서를 읽어보시오."[18]

고집 : "말도 안 되는 소리! 저리 치우시오! 우리와 함께 돌아가겠소, 아니면 혼자 떠나겠소?"

크리스천 : "나는 돌아가지 않겠습니다. 나는 이미 손에 쟁기를 잡았으니까요."[19]

고집 : "그럼 저자는 놔두고 우리끼리 집으로 돌아갑시다. 저런 말도 안 되는 생각을 하다가 머리가 이상해진 바보들이 종종 있지요. 그 사람들 눈엔 자기가 제일 똑똑하게 보여서, 아무리 많은 사람이 타일러도 곧이듣질 않는답니다."

우유부단 : "말이 너무 심하군요. 저 크리스천의 말이 사실이라면, 그가 구하고자 하는 것이 우리가 가진 것보다 훨씬 좋지 않습니까? 나도 그와 함께 가고 싶은 마음이 드는데요."

고집 : "뭐라고요? 여기 또 인물 났구먼. 내 말을 믿고 그냥 돌아갑시다. 저런 미치광이가 당신을 어디로 끌고 갈지 누가 알겠소? 얼른 정신 차리고 돌아갑시다."

크리스천 : "아니, 그러지 말고 나와 함께 갑시다. 내가 말한 것은 물론이고 그보다 더 영광스러운 것들도 얻을 수 있소. 내 말을 못 믿겠다면 여기 이 성서를 읽어보시오. 여기에 적힌 진리는 모두 성서를 만드신 그분의 피로 확인된 사실입니다."[20]

---

15) 누가복음 15 : 17.
16) 고린도후서 4 : 18.
17) 베드로전서 1 : 4.
18) 히브리서 11 : 16.
19) 누가복음 9 : 62.
20) 히브리서 13 : 20~21.

크리스천 멸망의 도시에서 벗어나다

　　**우유부단** : "이제 마음을 정해야겠군요. 나는 이 선량한 사람과 운명을 함께 하고 싶습니다. 한데…… 그곳으로 가는 길은 잘 알고 있습니까?"

　　**크리스천** : "전도사라는 분께서 저 앞에 있는 좁은 문까지 서둘러 가면 길을 알 수 있다고 내게 말씀하셨습니다."

　　**우유부단** : "그럼 계속 가 봅시다."

　　그렇게 해서 두 사람은 함께 떠났다.

　　**고집** : "그렇다면 나는 집으로 돌아가야지. 저런 뜬구름 잡는 소리에 속을 내가 아니야."

　　고집이 돌아가고 난 뒤 나는 꿈에서 이런저런 얘기를 주고받으며 넓은 들판을 건너는 크리스천과 우유부단을 보았다.

크리스천 : "지금 기분이 어떠십니까? 나는 당신이 나와 함께 간다고 해주어서 얼마나 기쁜지 모른답니다. 내가 느꼈던 보이지 않는 힘과 두려움을 고집도 느꼈다면, 그리 쉽게 돌아가진 않았을 텐데요."

우유부단 : "그건 그렇고, 크리스천! 여긴 우리 둘뿐이니 더 자세히 말해 주시오. 어디로 가는지, 또 어떤 즐거움이 기다리고 있는지 말이오."

크리스천 : "알고는 있지만 말로 표현하기는 좀 어렵네요. 하지만 당신이 그리도 알고 싶어하니 내 성서에서 찾아 보여드리지요."

우유부단 : "당신은 이 성서에 쓰인 말들이 모두 진실이라 생각합니까?"

크리스천 : "그럼요, 그렇고말고요! 이것은 거짓말 따위는 절대 하지 않는 분의 말씀이지요."[21]

우유부단 : "그럼 틀림없는 사실이겠군요. 그래, 뭐라고 적혀 있나요?"

크리스천 : "끝없이 펼쳐진 그분의 나라에서 우리는 영생을 부여받아 영원히 살아갈 수 있답니다."[22]

우유부단 : "좋은 말이오. 또 어떤 말이 있습니까?"

크리스천 : "우리에게 영광의 면류관이 씌워지고, 저 높은 천국의 태양처럼 우리를 빛나게 할 옷도 주어진답니다."[23]

우유부단 : "참으로 멋진 얘기요. 또 무슨 얘기가 있습니까?"

크리스천 : "그곳의 주인께서 우리의 눈물을 닦아주시어 더는 눈물과 슬픔은 없을 거랍니다."[24]

우유부단 : "그럼 그곳에서 우리는 어떤 이들과 함께 지내게 됩니까?"

크리스천 : "우리는 눈이 부셔 쳐다볼 수도 없을 정도로 찬란하신 세라핌(Seraphim)[25] 천사나 케루빔(Cherubim)[26] 천사와 함께 지내게 되고,[27] 우리보다 먼

---

21) 디도서 1 : 2.
22) 요한복음 10 : 27~29, 이사야 45 : 17.
23) 디모데후서 4 : 8, 요한계시록 3 : 4, 마태복음 13 : 43.
24) 요한계시록 7 : 16~17, 21 : 4, 이사야 25 : 6~8.
25) 성경에 스랍(Seraphs)으로 표기되어 있다.
26) 성경에 그룹으로 표기되어 있다.
27) 이사야 6 : 2, 데살로가니전서 4 : 16~17.

저 그곳에 간 수많은 사람들도 만날 수 있습니다.[28] 상냥하고도 거룩한 그분들은 모두 하느님께 영원히 받아들여져, 하느님이 보시는 곳에서 걷고 또한 서 계시지요. 한마디로 우리는 황금왕관을 쓴 장로들과[29] 황금 하프를 가진 순결한 자들,[30] 그리고 주에 대한 사랑을 품었다 하여 이 세상에서 몸이 찢기고 야수에게 잡아먹히고 바다에 빠졌던 사람들도 보게 됩니다.[31] 그들은 불멸의 옷을 입고 편히 지낸답니다."[32]

**우유부단** : "듣기만 해도 마음이 설레는군요. 하지만 그런 것들이 정말 우리에게 주어질까요? 어떻게 하면 우리도 그들과 함께 지낼 수 있습니까?"[33]

**크리스천** : "그 나라의 왕이신 주께서는 '우리가 진실로 바란다면 우리의 소망을 아낌없이 들어 주신다'고 이 책에 기록하셨습니다."[34]

**우유부단** : "아, 그 얘길 들으니 참으로 기쁘네요. 자! 어서 그곳으로 갑시다!"

**크리스천** : "내 등에 진 이 무거운 짐 때문에 빨리 가고 싶어도 그럴 수가 없군요."[35]

그들이 이야기를 막 끝낼 무렵 나는 꿈에서 들판 한가운데 있는 진흙 늪에 다가서는 그들의 모습을 보았다. 미처 살피지 못한 탓에 두 사람은 느닷없이 늪에 빠졌다. 그 늪의 이름은 절망(despond)이었다. 그들은 진흙투성이가 된 채 한참을 허우적거렸다. 크리스천은 더군다나 짐까지 지고 있어서 점점 더 늪 아래로 가라앉았다. 그때 우유부단이 말했다.

**우유부단** : "이봐요! 크리스천. 지금 여기가 어디요?"

**크리스천** : "솔직히 잘 모르겠습니다."

그러자 우유부단은 갑자기 속았다는 기분이 들어 버럭 화를 냈다.

**우유부단** : "당신이 지금까지 얘기했던 행복이 이런 거요? 처음부터 이런 곤

---

28) 요한계시록 5 : 11.
29) 요한계시록 4 : 4.
30) 요한계시록 14 : 1~5.
31) 요한복음 12 : 25.
32) 고린도후서 5 : 2~5.
33) 이사야 55 : 12.
34) 요한복음 6 : 37, 7 : 37, 요한계시록 21 : 6, 22 : 17.
35) 히브리서 12 : 1.

경에 빠졌는데 나중에는 어떻게 될지 누가 알겠소? 내 여기서 살아나간다 해도 당신과 함께 가지 않을 테니 그 좋은 데는 당신 혼자 가서 잘 사시오.”

그리고 그는 죽을힘을 다해 발버둥치더니 겨우 늪을 빠져나가 자신의 집 쪽에 있는 늪가에 올랐다. 그렇게 그는 가 버리고 크리스천은 다시는 그를 볼 수 없었다.

절망의 늪에 혼자 남게 된 크리스천은 집 쪽이 아닌 좁은 문 쪽에 있는 늪가로 가려고 계속 안간힘을 써보았지만, 지고 있는 짐이 무거워 도무지 빠져나갈 수가 없었다. 그때 나는 크리스천에게 다가오는 한 남자를 보았다. 이름이 도움(Help)인 그 사람은 크리스천에게 무얼 하고 있냐고 물었다.

**크리스천** : “저는 지금 전도사께서 가르쳐주신 길을 가고 있습니다. 저기 보이는 저 문으로 가면 다가올 천벌을 피할 수 있다고 하셨지요. 그래서 그곳으로 가다 그만 여기 빠져 버렸습니다.”

**도움** : “왜 징검다리를 찾아보지 않았소?”

**크리스천** : “끊임없이 두려움이 밀려오는 바람에 다른 방향으로 도망치다 빠져 버렸답니다.”

**도움** : “자, 손을 이리 주시오.”

그는 손을 내밀어 크리스천을 힘껏 잡아당겨 땅 위로 올리고는 가던 길을 계속 가라고 격려했다.[36] 나는 꿈속에서 크리스천을 구해준 사람에게 다가가 물었다.

“멸망의 도시에서 저기 저 문으로 가려면 이곳을 지나야 하는데, 가련한 여행자들이 좀 더 안전하게 지날 수 있도록 이곳을 왜 바로잡지 않습니까?”

그러자 도움이 내게 말했다.

“이 진흙 늪은 손을 댈 수 없는 곳이랍니다. 죄를 깨달을 때 나오는 쓰레기나 더러운 찌꺼기들이 이 낮은 곳으로 계속 흘러들지요. 그래서 절망의 늪이라고 하는 것입니다. 보통 죄인들이 자신이 지옥에 떨어지리라는 사실을 알게 되면 수많은 두려움과 의심, 실망과 불안이 그 영혼 속에 차오르게 되는데 그 모든 것이 흐르고 흘러 이곳에 가라앉게 됩니다. 이 땅이 이처럼 엉망이 된 것도 그

---

36) 시편 40 : 2.

도움이 크리스천을 절망의 늪에서 끌어올리다

때문이지요. 하느님께서도 이곳을 이렇게 험하게 방치하는 것을 못마땅하게 여기십니다. 그래서 1600년이 넘도록 하느님이 보내신 일꾼들이 감독관의 명령을 받아 이 땅을 바로잡아 보려고 했지요.[37]

게다가 내가 알기로는 수레 2만대분, 아니 수백만이나 되는 고귀한 가르침을 여기에 쏟아부었습니다. 하느님의 땅 곳곳에서 계절을 가리지 않고 가르침을 보내셨지요. 그 분야에 정통한 분들의 말씀으로는 그런 가르침이 좋은 땅을 만드는 데 가장 좋은 재료랍니다. 그러나 별 효과가 없었는지 이곳은 지금까지도 여전히 절망의 늪으로 남아 있고, 앞으로 아무리 최선을 다한다 해도 소용없는 일이 될 것입니다.

사실 이 늪의 한가운데에는 율법을 만드신 분(Law giver)의 명령으로 만들어진 튼튼하고 큼지막한 징검다리가 있습니다. 그런데 이따금씩 이곳에 엄청난 찌꺼기가 쏟아져 나오고 폭풍우가 한 번 몰아친 뒤에는 돌들이 잘 보이지 않게 되지요. 또 돌이 보인다 해도 사람들은 갈팡질팡하다가 발을 헛디디고는 진

---

37) 이사야 35 : 3~4.

흙투성이가 되고 맙니다. 하지만 저 문만 통과하면 좋은 길이 나오지요."[38]

그때 나는 꿈에서 집으로 다시 돌아간 우유부단을 보았다. 그를 찾아온 이웃 사람들 중에는 다시 돌아온 그가 현명하다고 치켜세우는 사람도 있었고, 크리스천을 따라가서 위험을 자초했다며 바보라고 놀리는 사람도 있었다. 또 어떤 사람들은 그의 소심함을 비웃으며 말했다.

"일단 길을 떠났으면 어떤 어려움이 있다 해도 이겨냈어야지. 그렇게 약해빠져서야…… 쯧쯧쯧."

그리하여 우유부단은 슬슬 사람들을 피해 다녔다. 그러다 별안간 무슨 배짱이 생겼는지 지난 얘기를 모두 꾸며대며 애꿎은 크리스천의 험담을 늘어놓고 다녔다. 그 뒤 나는 우유부단의 소식을 듣지 못했다.

크리스천이 혼자 길을 가다가 멀리서 들판을 가로지르는 사람을 보았다. 두 사람은 서로 길이 만나는 곳에서 우연히 마주쳤다. 그 사람의 이름은 속세의 현인(Mr. Worldly Wiseman)으로 향락의 마을(Carnal Policy)이라는 곳에서 살았다. 그곳은 아주 큰 마을이었는데, 크리스천이 살던 곳과 가까웠다. 순례자가 멸망의 도시를 떠난 얘기는 그곳뿐만 아니라 다른 마을 사람들의 입에도 오르내려 널리 알려졌기 때문에 속세의 현인은 크리스천에 대해 어느 정도 알고 있었다. 그는 지친 발걸음을 옮기면서 한숨짓고 신음하는 크리스천을 살펴본 뒤 소문 속의 순례자라 짐작하고 그에게 말을 걸었다.

**속세의 현인** : "이보시오, 그렇게 짐을 지고 어딜 가시오?"

**크리스천** : "나처럼 이렇게 커다란 짐을 지고 가는 불쌍한 사람은 없을 겁니다. 어디 가는지 물으셨으니 말씀드리지요. 저기 저 앞에 있는 좁은 문으로 가고 있습니다. 그곳에 가면 제 무거운 짐을 벗을 수 있는 방법을 들을 수 있다고 해서요."

**속세의 현인** : "아내와 자식은 있습니까?"

**크리스천** : "예, 하지만 이 짐이 부담스러워 그들과 함께 있어도 예전처럼 즐겁지가 않습니다. 그래서 가족이 없다고 여기고 있지요."[39]

**속세의 현인** : "제가 충고 하나 해도 될까요?"

---

38) 사무엘상 12 : 23.
39) 고린도전서 7 : 29.

크리스천 : "훌륭한 말씀이라면 마땅히 들어야지요. 저는 좋은 말씀을 많이 들어야 하는 처지입니다."

속세의 현인 : "그럼, 내 한마디 하겠소. 당장 그 짐을 벗으시오. 그러지 않으면 마음이 편치 못하고 하느님이 내려주신 은총도 받을 수 없소."

크리스천 : "나도 정말 그러고 싶지만, 혼자서는 도저히 벗을 수가 없어요. 이 짐을 벗길 수 있는 사람은 이 나라에 없습니다. 그래서 제가 이 길을 가고 있지요. 그래야만 내 짐을 벗을 수 있을 테니까요."

속세의 현인 : "당신의 짐을 벗기 위해 이 길을 가라고 가르쳐준 사람이 누구요?"

크리스천 : "아주 위대하고 고귀하신 분이지요. 이름은 전도사라 하였습니다."

속세의 현인 : "몹쓸 전도사 같으니! 이 세상에 그가 가르쳐준 길보다 더 위험하고 힘든 길은 없소이다. 그 사람 말대로 하다보면 그런 사실을 알게 될 것이오. 절망의 늪에 있는 진흙이 몸에 묻은 걸 보니 당신은 벌써 어려움을 겪었군요. 그 늪은 길을 갈 때 닥치는 슬픔 중 시작에 불과하지요. 세상도 내가 당신보다 더 오래 살았으니 내 말을 들으시오. 그 길을 계속 가다가는 피곤, 고통, 배고픔, 위험, 헐벗음, 칼, 사자, 용, 어둠을 만나 결국엔 죽음에 이를 것이오. 내 말이 틀린 것 같소? 내 말은 많은 사람의 증언으로 확인된 틀림없는 사실이오. 왜 그 낯선 사람의 말만 듣고 무모하게 자신을 내던진 겁니까?"

크리스천 : "나는 당신이 얘기한 그 모든 것보다 이 짐이 더 두렵습니다. 이 짐에서 해방될 때까지는 길을 가다 무얼 만난다 해도 상관없습니다."

속세의 현인 : "처음에 어떻게 이 짐을 지게 되었소?"

크리스천 : "내가 들고 있는 이 성서를 읽다가 그랬습니다."

속세의 현인 : "내 그럴 줄 알았소. 당신도 분수에 넘치는 일에 덤볐다가 혼란에 빠져든 마음 약한 무리와 마찬가지로군요. 그런 혼란을 겪으면 아무리 씩씩한 남자라 해도 용기를 잃게 되지요. 내가 보기에 당신도 그런 것 같군요. 사람들은 알지도 못하는 것들을 얻으려고 안간힘을 다해 모험에 뛰어들지요."

크리스천 : "나는 얻고자 하는 바를 잘 알고 있습니다. 나의 바람은 해방입니다. 이 무거운 짐에서 벗어나는 것이지요."

속세의 현인 : "그런데 왜 하필 수많은 위험이 도사리고 있는 이 길로 가서

구하려 하시오? 당신이 그저 내 말을 참을성 있게 들어준다면, 특별히 위험을 겪지 않고도 원하는 것을 얻을 수 있는 길을 가르쳐 주겠소. 그러면 당신이 가고 있는 그 길에 저절로 닿게 될 것이오. 자, 해결책은 분명하오. 게다가 아주 무사히 친구도 사귀면서 편안하게 갈 수 있지요."

**크리스천** : "제발 저에게 그 방법을 말해주십시오."

**속세의 현인** : "물론이오. 저기 도덕(Morality)이라는 마을에 준법(Legality)이라는 점잖으신 분이 살고 있습니다. 이름만큼이나 아주 법을 잘 따르는 분으로, 당신 같은 사람들이 짊어진 짐을 벗기시어 도와주는 재주를 가지셨지요. 그런 일은 수도 없이 하셨소. 그분은 또 짐을 견디지 못해 약간 미쳐 버린 사람들을 치료하는 재주도 가지고 있답니다. 내 말대로 어서 그에게 가서 도움을 받으시오. 그의 집까지는 채 2km도 안 된다오. 만일 그분이 안 계시면 공손(Civility)이라는 잘생긴 아드님을 찾으시오. 그도 아버지만큼이나 재주가 비상하지요. 거기서 당신의 짐을 벗게 될 겁니다. 혹시나 전에 살던 집으로 돌아갈 마음이 없으면, 내 그다지 권하는 바는 아니지만 아내와 아이들에게 전갈을 보내 이 마을로 오라고 하시오. 도덕 마을에는 비어 있는 집이 몇 채 있으니 그중 한 채를 적당한 가격에 빌릴 수 있을 겁니다. 그곳에선 뭐든 싸게 구할 수 있고 질도 좋으니, 내 장담하건대 정직한 이웃들과 사이좋게 잘 살 수 있을 겁니다. 그게 바로 행복 아니겠소?"

크리스천은 갈팡질팡했지만 그의 말이 사실이라면, 그 조언을 받아들이는 것이 가장 현명하리라 이내 결론지었다.

**크리스천** : "저…… 그 정직한 분의 집은 어느 길로 가야 합니까?"

**속세의 현인** : "저기 저 언덕(시내산)이 보이시오?"

**크리스천** : "예, 아주 잘 보입니다."

**속세의 현인** : "저 언덕을 돌아가서 나오는 첫 번째 집이라오."

그리하여 크리스천은 도움을 받으러 가던 길을 벗어나 율법준수의 집으로 향했다. 그러나 그가 언덕에 닿고 보니 언덕은 꽤 높았고 오솔길 옆의 산허리가 울퉁불퉁 튀어나와 있었다. 행여나 언덕이 무너져 내리지 않을까 하는 마음에 크리스천은 무서워서 발을 내딛지 못했다. 그래서 그는 어찌할 바를 모르고 그곳에 계속 서 있었다. 게다가 그의 짐은 본디 가던 길을 걸을 때보다 더 무겁게 여겨졌다. 언덕에서 불꽃이 번쩍하자 크리스천은 불똥이 튀어 데지나 않을까 조마조마했다. 그는 식은땀을 줄줄 흘리고 몸을 부들부들 떨면서 속세의 현인의 말을 들은 것을 후회했다.[40]

그때 그는 자신에게 다가오는 전도사를 보았다. 그를 보자 크리스천은 부끄러워 얼굴을 붉혔다. 전도사는 크리스천의 옆에 멈춰 서서 근엄하고 무서운 표정으로 그의 잘못을 일깨워주었다.

**전도사** : "크리스천, 도대체 여기서 무얼 하고 있습니까?"

그 말에 크리스천은 어떻게 대답해야 좋을지 몰라 입을 꾹 다문 채 서 있었다.

**전도사** : "당신이 멸망의 도시 밖에서 울고 있던 그 사람이 맞습니까?"

**크리스천** : "예, 그렇습니다."

**전도사** : "내가 당신에게 좁은 문으로 가는 길을 이미 일러주지 않았습니까?"

**크리스천** : "예, 그러셨지요."

**전도사** : "그런데 어찌 이리도 빨리 그 길을 벗어났습니까? 왜 지금 다른 길로 가고 있냐는 말입니다."

**크리스천** : "제가 절망의 늪에서 빠져나오자마자 만난 사람이, 저 앞에 있는 마을에 가면 나의 짐을 벗겨줄 사람이 있다면서 저를 이 길로 가도록 설득했습니다."

**전도사** : "그는 어떤 사람이었습니까?"

**크리스천** : "아주 점잖은 분 같았습니다. 이런저런 이야기를 들려주었지요. 결국은 그 말에 넘어가 여기까지 왔습니다. 하지만 이 언덕이 길 위로 어찌나 튀어나와 있는지 꼭 내 머리 위로 떨어질 것 같아서 더는 못 가고 그만 걸음을 멈추고 말았습니다."

**전도사** : "그 사람이 뭐라고 하던가요?"

**크리스천** : "어디로 가고 있냐고 물어서 답해주었습니다."

**전도사** : "그랬더니 무슨 말을 하던가요?"

---

40) 출애굽기 19 : 16~18, 히브리서 12 : 21.

크리스천 : "가족이 있냐고 물어서 그렇다고 했습니다. 하지만 내 짐이 너무 무거워 가족과 함께 있어도 예전처럼 기쁨을 느낄 수 없다는 말도 했지요."

전도사 : "그러니까 뭐라고 하던가요?"

크리스천 : "짐을 얼른 벗어 버리라고 하더군요. 그래서 나는 그렇지 않아도 짐에서 벗어날 수 있는 해방의 장소에 이를 방법을 들으려 좁은 문으로 가고 있다고 말했지요. 그랬더니 그는 당신이 내게 알려 준 길처럼 고되지 않은 더 좋은 지름길을 가르쳐 주겠다고 하더군요. 그의 말로는 그 길로 가면 이 짐을 벗겨주는 재주를 가진 사람의 집이 나온다고 했습니다. 그래서 나는 그 사람 말을 믿고, 가던 길에서 벗어나 오직 빨리 짐을 벗으려는 생각에 이 길로 들어섰지요. 그러나 이곳에 와서 저 언덕을 보니 무서워서 갈 수가 없었습니다. 이제 저는 어떻게 해야 합니까?"

전도사 : "그 자리에 잠시만 서 계십시오. 그러면 내가 하느님의 말씀을 들려주겠소."

크리스천은 부들부들 떨면서 전도사 앞에 서 있었다.

전도사 : "너희에게 말씀하시는 분을 거역하지 말라. 이 땅에 와서 경고하시는 이를 거역한 자들도 천벌을 피하지 못했거늘, 하물며 우리가 하늘로부터 경고하시는 분을 배반하면 어떻게 피할 수 있겠느냐?[41] 오직 나의 의인은 믿음으로 살리라. 만약 신앙을 버린다면 내 마음이 그를 기뻐하지 아니하리라.[42] 당신은 고통 속에서 허우적대는 사람입니다. 하느님의 말씀을 거역하고 평안의 길에서 뒷걸음치는 바람에 파멸의 위험이 더욱 가까워졌소."

그러자 크리스천은 마치 죽은 사람처럼 그의 발아래 쓰러져 울부짖었다.

"슬프도다! 나는 이제 끝났구나!"[43]

이를 본 전도사는 그의 오른손을 잡고 말했다.

"인간의 모든 죄와 모독은 사하여지리라.[44] 의심을 거두고 믿을지어다."[45]

---

41) 히브리서 12 : 25.

42) 히브리서 10 : 38.

43) 이사야 6 : 5.

44) 마가복음 3 : 28, 마태복음 12 : 31.

45) 요한복음 20 : 27.

전도사가 크리스천을 시내산 아래에서 발견하다

그러자 크리스천은 가까스로 일어나 여전히 벌벌 떨면서 전도사 앞에 섰다. 전도사가 다시 말했다.

"내 말을 잘 들으세요. 당신을 현혹한 자와 당신이 찾아가고자 했던 자에 대해 알려주겠습니다. 당신이 만난 사람은 속세의 현인이라는 사람인데 그렇게 불리는 데는 다 이유가 있습니다. 그는 속세의 교리만을 좇아 늘 도덕 마을에 있는 교회에 다니지요.[46] 십자가 없이도 구원을 받을 수 있다고 하여 속세의 교리를 가장 사랑하는 것이랍니다.[47] 그는 이렇듯 세속적인 사람이라, 내가 알려준 길이 옳은 길임에도 그 길을 방해하려고 한 것입니다. 그 사람이 한 조언 가운데 당신이 전적으로 미워하고 경계해야 할 세 가지가 있지요. 바로 당신을 옳은 길에서 벗어나게 만든 행위, 당신으로 하여금 십자가를 의심하게 만든 일, 당신의 발을 죽음에 이르는 길로 들이도록 꾸민 일입니다.

첫째, 당신을 바른 길에서 벗어나게 한 그의 행위와 거기에 동의한 당신의 행위를 경멸해야 합니다. 그런 행위는 속세의 현인이 한 충고 때문에 하느님의 말씀을 거역하는 것이기 때문이지요. 주께서는 '좁은 문으로 들어가기를 힘쓰라'고[48] 말씀하셨습니다. 내가 당신에게 일러준 바로 그 문이지요. '생명으로 이르는 문은 작고 길이 좁아서 찾는 사람이 적다'[49] 그 사악한 현인은 이 작고 좁은 문에서 당신을 돌려세워 파멸로 이끌고자 했습니다. 그러니 당신을 길에서 벗어나게 만든 그를 증오하고, 그의 말을 귀담아들은 당신 자신을 미워하시오.

둘째, 당신이 십자가를 의심하게 만든 일을 경멸해야 합니다. 당신은 이집트의 보물보다 십자가가 더 위대한 가치를 지닌다고 생각해야 합니다.[50] 게다가 영광의 왕께서는 당신에게 '누구든지 제 목숨을 구하고자 하면 잃을 것이다'[51] 또 '무릇 내게 오는 자가 자기 부모와 처자, 형제와 자매 그리고 자기 목숨까지 미워하지 않으면 내 제자가 될 수 없다'[52]고 말씀하셨소. 그러므로 누군가가 하

---

46) 요한일서 4 : 1~5.
47) 갈라디아서 6 : 12─이것은 율법을 통해 죄의 용서를 구하라고 강요하는 것과 같다.
48) 누가복음 13 : 24, 마태복음 7 : 13.
49) 마태복음 7 : 14.
50) 히브리서 11 : 25~26.
51) 마가복음 8 : 35, 마태복음 10 : 39, 요한복음 12 : 25.
52) 누가복음 14 : 26.

느님의 말씀을 따르면 죽으리라고 당신을 설득할 때, 또는 자기 말을 따르지 않으면 영생을 얻지 못한다고 말할 때, 당신은 그 사람의 교리를 단연코 경멸해야 합니다.

셋째, 그가 죽음으로 이끄는 길에 당신의 발을 들여놓게 꾸민 일을 미워해야 합니다. 짐을 벗기 위해서 당신이 찾아가려 했던 사람은 당신을 그 짐으로부터 해방해 줄 수 없습니다.

당신이 짐을 벗기 위해 찾아가려 한 그 사람은 준법이라고 하는데 여종의 아들입니다. 여종은 지금도 아들과 함께 노예 신분에 속박되어 있지요. 이 여자는 시내산[53]을 상징합니다. 바로 당신이 머리 위로 무너질까 두려워했던 그 산이지요.[54] 지금 그녀와 그녀의 아들이 속박되어 있는데 어떻게 당신을 자유롭게 해주리라 기대할 수 있습니까? 준법은 당신의 짐을 벗길 수 없습니다. 그의 도움으로 짐에서 해방된 사람은 지금까지 단 한 명도 없지요. 앞으로도 없을 겁니다. 율법의 효력으로는 결코 당신의 죄를 용서받을 수 없습니다. 율법을 행한다고 해서 짐에서 풀려날 수 있는 인간은 아무도 없기 때문이지요. 속세의 현인은 이방인이고, 준법은 사기꾼입니다. 그의 아들 공손도 인상은 좋지만, 결코 당신을 도울 수 없는 위선자일 뿐이지요. 내 말을 믿으세요. 당신이 그 어리석은 사람에게 들은 허튼소리는 내가 당신을 구원하기 위해 정해준 길에서 당신을 몰아내려는 계략일 뿐입니다.”

말을 마친 뒤 전도사는 자기가 한 말을 확증해 달라고 하늘을 향해 크게 소리쳤다. 그러자 우렁찬 소리와 함께 언덕에서 솟아오른 불이 크리스천이 서 있는 발 아래로 떨어졌다. 그는 머리카락이 쭈뼛했다. 이윽고 하늘에서 다음과 같은 말씀이 들려왔다.

“율법에 의존하는 자는 모두 저주 아래에 놓여 있다. ‘율법서에 적힌 대로 행하지 않는 자는 모두 저주를 받게 되리라’고 기록되어 있기 때문이다.”[55]

크리스천은 꼼짝없이 죽게 되었다는 생각에 속세의 현인을 만난 시간을 저주하면서 구슬프게 울었다. 그의 충고를 귀담아들은 자신을 세상에 둘도 없는

---

53) 모세가 십계명을 받은 곳.
54) 갈라디아서 4 : 21~31.
55) 갈라디아서 3 : 10.

바보라고 생각했다. 고작 인간의 머리에서 나온 얘기를 듣고 바른 길을 저버리다니 부끄럽기 짝이 없었다. 그래서 그는 다시 전도사에게 물었다.

**크리스천** : "저에게 아직도 희망이 있을까요? 지금이라도 좁은 문으로 되돌아가도 되겠습니까? 제가 저지른 잘못 때문에 들어가지 못하고 창피만 당한 채 돌아서게 될까요? 제가 그 사람 말을 들은 것을 후회한다고 하면 용서가 될는지요?"

**전도사** : "당신은 두 가지 사악한 일을 저질렀으니 그 죄는 아주 큽니다. 당신은 옳은 길을 저버리고 금지된 길을 가려 했습니다. 그러나 그 문을 지키는 사람은 인간에게 은혜를 베푸는 사람이니 당신을 받아줄 것이오. 다시는 길을 잘못 들어 타락하는 일이 없도록 부디 조심하십시오. 주님이 조금이라도 진노하시면 길에서 멸망하게 될 것입니다.[56]"

크리스천이 되돌아가기로 하자 전도사는 그에게 키스를 하고 미소를 띠며 성공을 빌었다. 그러고 나서 크리스천은 길에서 만난 누구와도 말하지 않고 서둘러 길을 재촉했다. 행여 누가 말을 걸어오더라도 웬만해선 대답도 하지 않았다. 그는 내내 마치 금지된 땅을 밟는 사람처럼 걸었다. 속세의 현인 말을 듣고 그가 떠났던 그 길에 다시 들 때까지는 결코 자신이 안전하지 않다고 생각했기 때문이다.

시간이 흘러 크리스천은 드디어 좁은 문에 도착했다. 문에는 '두드려라, 그러면 열릴 것이다'[57]라는 글이 적혀 있었다. 그는 다음과 같이 말하면서 여러 차례 문을 두드렸다.

"저를 안으로 받아들여 주시겠습니까? 안에 계신 분께서는 이 불쌍한 사람에게 문을 열어 주시겠습니까? 제가 비록 가르침을 어겨 들어갈 자격이 없다 해도, 받아만 주신다면 소리 높여 그분을 영원히 찬양하겠습니다."

마침내 엄숙한 얼굴을 한 사람이 문으로 나왔다. 그의 이름은 선의(Goodwill)였다.

**선의** : "누구십니까? 어디서 오셨소? 원하는 게 무엇입니까?"

**크리스천** : "저는 짐을 진 불쌍한 죄인입니다. 저는 멸망의 도시에서 왔고, 다

---

56) 시편 2 : 12.
57) 누가복음 11 : 9, 마태복음 7 : 8.

가올 천벌을 피하기 위해 시온산으로 가고 있습니다. 저, 그곳으로 가려면 이 문을 지나야 한다고 알고 있습니다. 저를 문 안으로 들여보내 주실 수 있겠는 지요?"

**선의** : "기꺼이 들여보내 드리지요."

그가 문을 열었다.[58] 그리고 크리스천이 들어가려는 순간 선의는 팔을 뻗어 그를 안으로 황급히 잡아당겼다. 그러자 크리스천이 물었다.

**크리스천** : "왜 그러셨습니까?"

**선의** : "이 문에서 아주 가까운 곳에 악마 바알세불[59] 이 지배하는 튼튼한 성이 있습니다. 그와 그 무리들은 그곳에서 이 문에 다가서는 사람이 문에 들어서기 전에 죽이려고 마구 화살을 쏘아댄답니다."

**크리스천** : "다행이네요. 생각만 해도 떨립니다."

크리스천이 안으로 들어가자 문을 지키는 사람이 누가 그를 이곳으로 인도했는지 물었다.

**크리스천** : "전도사께서 여기 와서 문을 두드리라고 일러주셨지요. 그러면 당신이 제가 해야 할 일을 말해 주실 거라 하셨습니다."

**선의** : "열린 문이 당신 앞에 있습니다. 누구도 그 문을 닫지 못하지요."[60]

**크리스천** : "지금까지 겪은 고통의 대가를 이제 거둘 수 있겠군요."

**선의** : "한데 어째서 당신은 혼자 오셨습니까?"

**크리스천** : "저처럼 위험을 깨달은 이웃이 한 사람도 없었습니다."

**선의** : "당신이 여기 오는 것을 아는 사람이 있습니까?"

**크리스천** : "예, 처음에 제 처와 아이들이 보고는 뒤쫓아 와서 되돌아가자고 했지요. 또 제 이웃들 가운데도 그런 사람이 있었지만, 저는 두 손으로 귀를 틀어막고 계속 걸었습니다."

**선의** : "그럼 당신을 따라와서 돌아가자고 설득하는 사람은 없던가요?"

**크리스천** : "있었지요. 고집과 우유부단이 저를 따라왔는데, 고집은 저를 설

---

58) 예수 그리스도 자신이 좁은 문이다. 그러므로 선의란 신의 은총을 상징하는 비유적 표현으로 볼 수 있다.
59) 바리새인들이 섬기는 마신, 귀신의 왕.
60) 요한계시록 3 : 8.

득할 수 없음을 깨닫고는 비웃으면서 돌아갔습니다. 그래도 우유부단은 잠시나마 저와 함께 여행했지요."

선의 : "그런데 그는 왜 당신과 함께 오지 않았습니까?"

크리스천 : "우리는 함께 길을 가다 느닷없이 절망의 늪에 빠져 버렸습니다. 그러자 내 이웃인 우유부단은 너무 실망한 나머지 더는 길을 가지 않겠다고 했지요. 그는 자신의 집과 가까운 늪가로 오르더니 저에게 혼자 좋은 나라에 가라고 비아냥거리더군요. 그러고는 그의 길을 떠나고 저는 제 길로 와서 이문에 이르렀습니다."

선의 : "저런, 가엾은 사람이네요! 그에게는 거룩한 영광이 고작 그 정도 가치밖에 안 된답니까? 얻으려면 그깟 어려움쯤 이겨낼 가치가 충분하다는 사실을 모르나 보네요.

크리스천 : "우유부단에 대해 말했지만 솔직히 저 자신도 그보다 나을 게 없답니다. 그가 집으로 돌아간 것은 사실이나, 저 또한 속세의 현인이란 자가 하는 말에 속아 죽음의 길로 잘못 들어섰습니다."

선의 : "아이고, 저런! 그가 당신 앞을 가로막았소? 당신에게 준법의 손으로 해방을 구하라고 시켰군요. 그들은 둘 다 사기꾼입니다. 그런데 당신이 정말 그의 충고를 따랐단 말입니까?"

크리스천 : "예, 저는 겁도 없이 준법을 찾으러 가다가, 그의 집 옆에 있는 언덕이 제 머리 위로 곧 무너져 내릴 것 같은 무서운 생각이 들어 더 가지 못한 채 멈추고 말았습니다."

선의 : "지금까지 그 산에서 많은 사람이 죽었지요. 앞으로도 끊임없이 많은 사람이 죽을 것입니다. 거기서 살아 나온 것만 해도 천만다행이지요."

크리스천 : "제가 그렇게 우울한 처지에 놓여 생각에 잠겨 있을 때 전도사께서 다시 저에게 오시지 않았다면 저에게 또 다른 무서운 일이 일어났을지 모릅니다. 모두 하느님의 자비로 그가 다시 저에게 온 것이지요. 그렇지 않았다면 저는 여기 오지도 못했을 것입니다. 하지만 저는 지금 여기 있습니다. 이렇게 당신과 얘기하기보다는 그 산에서 죽어야 마땅한 저 같은 사람이 말입니다. 이곳으로 들어올 수 있게 허락해 주셔서 얼마나 큰 영광인지 모릅니다."

선의 : "여기 오기 전에 그 사람이 무슨 짓을 했든지 우리는 결코 외면하지

좁은 문에 도착한 크리스천

않습니다. 아무도 물리치지 않을 겁니다.[61] 크리스천, 같이 갑시다. 당신이 가야 할 길을 가르쳐주겠소. 자, 앞을 보시오. 저 좁은 길이 보입니까? 바로 당신이 가야 할 길입니다. 이스라엘의 조상과 선지자, 그리스도와 그의 사도들이 최대한 곧게 저 길을 만드셨지요. 저 길이 당신이 가야 할 길입니다."

　　**크리스천** : "처음 가는 사람이 길을 잃을 만큼 꼬불꼬불한 길은 없습니까?"

　　**선의** : "있지요. 저 길은 많은 길과 접해 있습니다. 그 길들은 넓고 굽어 있어요. 하지만 옳은 길은 오직 바르고도 좁기 때문에 충분히 알아볼 수 있습니

---

61) 요한복음 6 : 37.

다."[62]

나는 그때 꿈에서 크리스천이 선의에게 묻는 것을 보았다.

크리스천 : "제 등에 있는 짐을 벗겨 주실 수 있습니까?"

그가 아직 벗지 못한 짐은 누군가의 도움 없이는 결코 벗을 수 없기 때문이었다.

선의 : "당신이 구원의 장소에 갈 때까지 참아야 합니다. 그곳에 이르면 짐은 저절로 떨어져 나갈 것이오."

그 말을 듣고 크리스천은 길을 떠날 채비를 했다. 선의는 문에서 조금만 가면 해설자(Interpreter)의 집이 나올 테니 문을 두드리고 그 안으로 들어가, 주인이 보여주는 훌륭한 것들을 보라고 말해 주었다. 크리스천은 그에게 작별 인사를 했고 선의도 그의 성공을 빌었다.

순례자는 계속 길을 걸어 해설자의 집에 이르러 문을 두드리고 또 두드렸다. 마침내 어떤 사람이 문으로 나와 물었다.

"누구십니까?"

크리스천 : "저는 이 집 주인과 친분이 있는 분의 말을 듣고 도움을 얻고자 찾아온 나그네입니다."

그러자 잠시 뒤 그 집의 주인이 나와 크리스천에게 와서 무엇을 원하느냐고 물었다.

크리스천 : "예, 저는 멸망의 도시에서 온 사람으로 시온산으로 가려 합니다. 이 길이 시작되는 곳에 있는 좁은 문을 지키시는 분께서 당신이 제 여행에 도움이 될 만한 훌륭한 것들을 보여주실 거라 하셨습니다."

해설자 : "들어오시오. 내 당신에게 도움될 만한 것들을 보여 주겠소."

그는 집사에게 촛불을 켜라고 한 뒤 크리스천에게 자기를 따라오라고 말했다. 그는 크리스천을 밀실로 안내하고는 집사에게 문을 열게 했다. 방 안 벽에는 아주 근엄한 표정의 초상화가 걸려 있었다. 그림 속의 사람은 고개를 들어 하늘을 바라보고 손에는 성서를 들었으며, 입술에는 진리의 율법이 씌어 있었

---

62) 마태복음 7 : 13~14.

다. 그 사람은 세상을 등진 채 머리에 금관을 쓰고 마치 사람들에게 간절히 얘기하는 듯 보였다.

크리스천 : "이는 무엇을 말하려 하심입니까?"

해설자 : "이 그림 속에 계시는 분은 천에 하나 나올까 말까 한 분입니다. 그는 아이를 낳고 해산의 고통을 겪는 분으로 친히 아이를 기르실 수 있지요.[63] 그의 눈은 하늘을 올려다보고 손에는 성서를 들고 있으며 입술에는 진리의 율법이 적혀 있습니다. 그것은 그의 일이, 죄인들은 이해하기 힘든 부분을 알아내어 그들을 깨우쳐 주는 것임을 의미합니다. 보다시피 그는 사람들을 타이르듯서 계십니다. 또 세상은 그의 뒤에 있고 왕관이 그의 머리 위에 있습니다. 이것은 그가 이 세상에 존재하는 것을 경멸하고 주를 섬기는 일만을 사랑하여 행한 덕분에 내세에는 반드시 그 보답으로 영광을 얻는다는 뜻이지요. 제가 당신에게 이 그림을 먼저 보여주는 이유는 그림 속에 계신 분이, 당신이 길을 가다 부딪힐지도 모르는 난관에서 당신의 길잡이가 되도록 하느님께 권한을 부여받은 유일한 사람이기 때문입니다. 그러니 내가 보여준 것을 주의 깊게 살펴보고 가슴속에 깊이 새겨 두시오. 길을 가는 도중에 당신을 바르게 인도하는 척하면서 죽음의 길로 끌고 가는 사람들을 만나지 않도록 말이지요."

그런 다음 이번에는 크리스천의 손을 잡고 지금껏 한 번도 닦지 않아 먼지로 가득한 아주 큰 거실로 데리고 갔다. 방을 잠깐 살펴본 뒤 해설자는 어떤 남자에게 먼지를 닦으라고 했다. 그가 닦기 시작하자 먼지가 온 방 안에 풀풀 날려 크리스천은 제대로 숨을 쉴 수가 없었다. 그러자 해설자는 곁에 있던 한 소녀에게 말했다.

"물을 가져와서 방에다 뿌리려무나."

소녀가 물을 뿌리자 방 안의 먼지가 아주 깨끗하게 닦였다.

크리스천 : "이것은 무엇을 말하려 하심입니까?"

해설자 : "이 거실은 복음이라는 아름다운 신의 은총으로 한 번도 정화된 적이 없는 사람의 마음을 나타내지요. 먼지는 그 사람 전체를 불결하게 만드는 그의 원죄이고 마음의 부패입니다. 처음에 먼지를 닦은 사람은 율법이고, 물을

---

63) 갈라디아서 4 : 19, 고린도전서 4 : 15, 데살로가니전서 5 : 7.

가져와 뿌린 소녀는 복음입니다.

자, 당신이 보시다시피 처음 사람 즉, 율법이 방을 닦자마자 먼지가 풀풀 날려 방은 전혀 깨끗해지지 않았고, 당신은 숨이 막힐 지경이었습니다. 이는 곧 율법이 결코 죄 많은 마음을 닦아주지 못함을 당신에게 깨우쳐 주기 위한 것입니다. 율법은 죄를 드러내고 비난할 수는 있지만 그 때문에 도리어 죄가 되살아나고 그 힘이 영혼 속에서 더 크게 늘어날 뿐이지요. 율법은 죄를 정복할 힘을 가지지 못했습니다.[64] 당신은 소녀가 물을 방에 뿌리자 방이 쉽게 깨끗해지는 것을 보았습니다. 이것은 복음이 아름답고 존귀한 감동과 함께 마음속으로 들어오면, 소녀가 바닥에 물을 뿌려 먼지를 가라앉힌 것처럼 죄를 정복하고 무너뜨릴 수 있음을 보여주는 것이지요. 복음을 믿으면 영혼이 깨끗해지고 결국 그 영혼은 영광의 왕이 들어와 살기 좋은 곳이 되지요."[65]

또한 나는 꿈에서 해설자가 크리스천의 손을 잡고 그를 작은 방으로 데려가는 것을 보았다. 그 방 안에는 남자아이 두 명이 각각 의자에 앉아 있었다. 그 중 나이가 많은 소년의 이름은 열정(Passion)이었고, 다른 소년은 인내(Patience)였다. 열정은 잔뜩 화가 나 보였지만, 인내는 아주 차분해 보였다.

**크리스천** : "열정은 무엇 때문에 저렇게 화가 났습니까?"

**해설자** : "두 소년의 가정교사가 가장 값진 선물을 받으려면 새해 첫날까지 기다리라고 했거든요. 열정은 그걸 지금 당장 가지고 싶어 안달이지만 인내는 기꺼이 참고 있습니다."

그때 나는 꿈속에서 어떤 사람이 열정에게 다가가 금은보화가 가득한 자루를 그의 발밑에 쏟아붓고 있는 장면을 보았다. 열정은 그것들을 주섬주섬 챙겨 모으고는 기뻐하면서 인내를 보고 비웃었다. 그런데 잠시 지켜보는 새에 소년은 재물을 몽땅 써 버려 누더기만 남고 말았다.

**크리스천** : "좀 더 자세히 말씀해 주십시오."

**해설자** : "이 두 아이는 상징입니다. 열정은 이 세상의 사람들을 상징하고, 인내는 다가올 세상의 사람들을 나타내지요. 보시다시피 이 세상 사람들처럼 열정은 원하는 것을 지금 올해 안에 얻고자 합니다. 올해는 이 세상을 의미합니

---

64) 로마서 7 : 6, 5 : 20, 고린도전서 15 : 56.
65) 요한복음 15 : 3, 에베소서 5 : 26, 사도행전 15 : 9, 로마서 16 : 25~26.

다. 세상 사람들은 모든 좋은 것들을 당장 얻어야 직성이 풀리지요. 내년까지 기다릴 수 없으니까요. 내년은 또한 다음 세상을 뜻합니다. 그들은 '숲 속의 새 두 마리보다 손 안의 새 한 마리가 더 가치 있다'는 속담을, 다가올 세계가 중요하다고 하는 하느님의 교훈보다 더 중요하게 생각하지요. 그러나 당신이 보신 대로 열정은 재물을 금방 다 써 버려 누더기만 걸친 빈털터리가 되었습니다. 이 세상의 종말이 오면 그런 사람들은 모두 열정과 같은 종말을 맞게 될 것입니다."

**크리스천** : "이제 보니 인내는 여러모로 대단히 지혜롭군요. 가장 귀한 것을 기다려 다른 사람이 모든 것을 잃었을 때 모든 것을 다 가지는 영광을 누릴 테니까요."

**해설자** : "네, 그뿐만이 아닙니다. 한 가지 이유가 더 있지요. 다음 세상의 영광은 결코 닳아 없어지지 않습니다. 하지만 다른 영광들은 곧 사라져 버리지요. 그러므로 열정은 인내를 비웃을 처지가 못 됩니다. 비록 처음에는 열정이 가장 귀한 것을 가졌지만, 오히려 마지막엔 인내가 가장 귀한 것을 손에 넣어 열정을 비웃을 테니까요. 시간이 지나면 마지막이 오는 것이 순리이므로 처음은 마지막에게 자리를 내주어야 합니다.

그러나 마지막은 뒤에 아무것도 오지 않기 때문에 어느 누구에게도 자리를 빼앗기지 않는 것입니다. 그래서 자신의 몫을 먼저 가진 사람은 시간이 지나면 반드시 다 써버리게 되지만, 그 몫을 나중에 가지는 사람은 그것을 영원히 간직할 수 있지요.

해설자 집의 먼지로 가득한 거실

그리고 큰 부자에 대해 다음과 같은 말도 있습니다. '부자는 살면서 좋은 것을 누렸고 나사로(Lazarus)는 살면서 불행만을 겪었으나, 이제 나사로는 구원을 받았고 부자는 고통 속에 있느니라.[66]'"

**크리스천** : "그러니까 지금 이 세상의 것을 원하기보다는 다가올 세상의 것을 기다리는 게 가장 좋은 방책이군요."

**해설자** : "바로 그렇습니다. '눈에 보이는 것은 순간이지만 보이지 않는 것은 영원하다[67] 그러나 비록 진실이 이러하더라도 지금 눈에 보이는 것은 우리의 사악한 마음과 매우 가까이에 있어 금방 친해지기 쉽지요. 또한 다가올 세상의 것들은 세속적인 관점에서 보면 생소하기 때문에 그들은 계속 멀어지게 됩니다."

그때 나는 꿈에서 해설자가 크리스천의 손을 잡고 불길이 타오르고 있는 곳으로 데려가는 장면을 보았다. 어떤 사람이 벽 옆에 서서 불을 끄려고 계속 물을 붓고 있었다. 그러나 불은 오히려 더 활활 타오르고 더 뜨거워졌다.

**크리스천** : "이것은 무엇을 말하려 하심입니까?"

**해설자** : "이 불은 마음속에 임하는 하느님의 은총을 말합니다. 불을 끄려고 물을 붓는 사람은 악마이지요. 그러나 당신이 보시다시피 불이 꺼지기는커녕 더 활활 타오르고 있습니다. 내가 그 이유를 가르쳐 드리지요."

그러고는 크리스천을 벽 뒤로 데리고 나갔다. 거기서 그는 기름 항아리를 손에 들고 아무도 모르게 끊임없이 불에 기름을 붓고 있는 어떤 남자를 보았다.

**크리스천** : "이건 무엇을 말하려 하심입니까?"

**해설자** : "이분은 그리스도로서 신의 은총이 담긴 기름을 부어주어 이미 마음속에 시작된 일들을 계속 유지하게 하지요. 이로 인해 그분의 백성들이 가진 영혼은 악마의 방해에도 끄떡없이 은총이 가득할 수 있지요. 불길을 지키기 위해 벽 뒤에 있는 사람을 보면, 당신은 영혼이 은총을 계속 유지하는 일이 얼마나 위험하고 어려운 일인지 알 수 있을 것입니다."[68]

나는 또 해설자가 다시 크리스천의 손을 잡고 어떤 기분 좋은 장소로 데려

---

66) 누가복음 16 : 25.
67) 고린도후서 4 : 18.
68) 고린도후서 12 : 9.

가는 것을 보았다. 그곳에는 위풍당당한 궁전이 있었는데 크리스천은 더없이 행복해 했다. 또 궁전의 옥상을 걷고 있는 사람들을 보았는데 하나같이 금으로 치장한 옷을 입고 있었다.

**크리스천** : "우리도 들어갈 수 있을까요?"

그러자 해설자는 그를 궁전의 정문으로 데리고 갔다. 많은 사람이 안으로 들어가고자 정문에 서 있었지만 감히 들어가지는 못했다. 정문 바로 앞 탁자에는 한 남자가 앉아 있고, 그의 앞에는 정문을 통과하여 안으로 들어가려는 사람의 이름을 적기 위한 책과 펜이 놓여 있었다. 또 출입을 통제하기 위해 갑옷으로 단단히 무장한 사람들이 입구에 서 있는 모습도 보였다. 문을 통해 들어가려는 사람들을 혼내 주려고 단단히 벼르고 있는 그 모습을 보고 크리스천은 약간 놀랐다.

결국 모든 사람이 갑옷 입은 사람들을 무서워하여 돌아가려고 할 때, 크리스천은 아주 힘센 장사처럼 보이는 한 남자가 앞으로 나아가는 것을 보았다. 그 남자는 서기에게 말했다.

"내 이름을 받아 적으시오."

그런 뒤 그 남자는 칼을 뽑아들고 투구를 쓴 채 문으로 당당히 걸어가 갑옷 입은 사람들과 마주섰다. 갑옷 입은 사람들은 필사적으로 그를 공격했으나 영 신통치가 않았고, 그 남자는 사정없이 그들을 칼로 베어나갔다. 그는 자신도 상처를 입고 그를 저지하려 했던 사람들에게 상처를 입히고 나서야 그들을 뚫고 길을 연 뒤 궁전에 다가섰다.[69] 그때 궁전 안에서 사람들의 기분 좋은 목소리가 들려왔다. 바로 궁전 꼭대기를 거니는 사람들의 목소리였는데, 그들은 이렇게 말했다.

"들어오시오, 어서 안으로 들어오시오! 영원한 영광이 주어질 것이오."

이렇게 그는 안으로 들어가서 안에 있는 사람들처럼 금으로 치장한 옷으로 갈아입었다.

크리스천은 웃으면서 말했다.

**크리스천** : "이것이 뜻하는 바는 잘 알 것 같습니다. 이제 가던 길을 계속 가

---

69) 사도행전 14 : 22.

야겠습니다."

**해설자** : "안 됩니다. 아직 더 보여줄 게 남았으니 다 본 뒤에 길을 떠나도록 하세요."

그러고는 다시 크리스천의 손을 잡고 아주 어두운 방으로 데려갔다. 철창으로 막힌 그 방 안에는 한 남자가 앉아 있었는데 매우 슬퍼 보였다. 그는 두 손을 맞잡고 땅바닥을 쳐다보며 가슴이 찢어지는 듯 땅이 꺼져라 한숨을 쉬었다.

**크리스천** : "이것은 무엇을 말하려 하심입니까?"

그러자 해설자는 크리스천을 그 남자와 이야기할 수 있도록 해 주었다.

**크리스천** : "당신은 누구십니까?"

**남자** : "저도 예전엔 이렇지 않았습니다."

**크리스천** : "예전엔 어떤 사람이었소?"

**남자** : "한때 저는 모두가 인정하는 훌륭하고 촉망받는 신자였지요.[70] 저는 저 자신이 하늘의 도시에 집을 가질 자격이 있다고 생각했습니다. 그리고 그곳에서 살 생각만 해도 늘 즐거웠지요."

**크리스천** : "그럼 지금은 어떤 사람입니까?"

**남자** : "지금 나는 절망에 빠진 사람이오. 이 철창 속에 있는 것처럼 절망 속에 갇혀 있지요. 나는 나갈 수가 없어요. 아, 이제 나는 나갈 수가 없단 말입니다!"

**크리스천** : "그런데 어쩌다 이 지경이 되었습니까?"

**남자** : "저는 주의를 게을리하고 스스로 자제하질 못했습니다. 내 욕망을 억누르지 못하고 말씀의 빛과 하느님의 선에 대항하는 죄를 지었습니다. 성령을 괴롭혀서 떠나게 하고 악마를 유혹하여 오게 했지요. 게다가 하느님까지 진노하게 하여 나를 떠나시게 만들었습니다."

그 말을 듣고 크리스천은 해설자에게 말했다.

**크리스천** : "저런 사람에게 희망은 없습니까?"

**해설자** : "그에게 직접 물어보시오."

**크리스천** : "절망의 철창에 갇히면 빠져나오게 될 희망은 없습니까?"

---

70) 누가복음 8 : 13.

**남자** : "예, 전혀 없습니다."

**크리스천** : "어째서지요? 하느님의 아들께서는 한없이 자비로우신걸요."

**남자** : "나는 그분께 순종하지 아니하고, 그분을 다시 십자가에 못 박는 죄를 지었어요.[71] 나는 그분의 품성을 믿지 않았지요.[72] 나는 그분의 의로우심을 증오하고 그분의 피를 신성하지 않다 했습니다. 나는 은총의 성령도 모욕했어요.[73] 그래서 나는 나 자신을 모든 언약으로부터 몰아내었고 지금 내게는 오직 위협, 그러니까 무시무시한 위협과 천벌, 격렬한 분노만이 있을 뿐이에요. 그것들이 하느님의 직인 나를 파멸시킬 겁니다."

**크리스천** : "왜 당신은 스스로를 이 지경까지 몰고 갔습니까?"

**남자** : "이 세상의 욕망과 쾌락 그리고 이익 때문이오. 나는 그것들에 취하면 크나큰 즐거움을 얻으리라 생각했지요. 그러나 지금은 그 모든 것들이 나의 살을 물어뜯고 끔찍한 벌레들처럼 나를 갉아먹고 있습니다."

**크리스천** : "하지만 지금이라도 죄를 뉘우치면 되지 않습니까?"

**남자** : "하느님께서 나의 뉘우침을 거절하셨어요. 이제는 그분의 말씀을 들어도 믿고 싶은 생각이 들지 않습니다. 그래서 그분은 나를 이 철창에 가두셨지요. 이 세상 어느 누구도 저를 꺼내 줄 수 없습니다. 아, 영원! 영원! 어떻게 내가 영원히 겪게 될 이 고통을 극복할 수 있겠습니까?"

**해설자** : "이 사람의 고통을 기억하여 스스로 끊임없이 경계하고 또 경계하십시오."

**크리스천** : "정말 끔찍한 일입니다. 제가 주의를 게을리하지 않고 스스로를 자제하면 이 사람을 이런 비극에 빠지게 했던 원인들을 피할 수 있도록 하느님이 보살펴 주시겠지요. 이제 떠나도 되겠습니까?"

**해설자** : "한 가지만 더 보고 가십시오."

그러더니 그는 또 크리스천을 어떤 방으로 데리고 갔다. 그 방에 있는 어떤 사람은 침대에서 빠져나와 옷을 입으면서 벌벌 떨었다.

**크리스천** : "저 사람은 왜 저리도 떨고 있는 겁니까?"

---

71) 히브리서 6 : 6.

72) 누가복음 19 : 14.

73) 히브리서 10 : 28~29.

해설자가 그 사람에게 그런 행동을 하는 이유를 말해주라고 하자 그가 입을 열었다.

"어젯밤 잠을 자다가 꿈을 꾸었습니다. 하늘이 갑자기 어두워지더니 거기다 천둥, 번개마저 쉴 새 없이 치는 바람에 너무나 괴로웠지요. 또 구름도 엄청나게 밀려들었습니다. 그러다 저는 우렁찬 나팔소리를 들었지요.[74] 수많은 천국 사람들과 함께 구름 위에 앉아 있는 어떤 분도 보았습니다. 그들은 모두 시뻘겋게 타오르는 불 속에 있었고[75] 하늘도 불길에 휩싸였지요. 그때 어떤 목소리를 들었습니다.

'죽은 자들이여, 일어나 심판을 받거라!'

그러자 바위가 산산이 부서지고 무덤이 열리더니 그곳에서 죽었던 사람들이 나왔습니다.[76] 그들 중 몇 명은 매우 기뻐하며 위를 쳐다보았고 또 몇 명은 산 아래에 자신의 몸을 숨길 만한 곳을 찾았지요."

그 사람이 계속해서 말을 이었다.

"그때 나는 구름 위의 그분이 책을 펴시고 세상 사람들을 가까이 부르시는 것을 보았습니다.[77] 그러나 그분의 앞으로 거센 불길이 흘러들어, 그분과 그들 사이가 마치 법정에서 재판관과 죄수 사이만큼 멀어졌지요.[78] 구름 위에 앉아 계신 그분이 무리에게 외치는 소리도 들었습니다.

'독보리, 찌꺼기, 그루터기를 모아 불타는 호수에 던져 버려라'[79]

그러자 바로 내가 서 있던 곳에 끝이 보이지 않는 구멍이 열렸지요. 그 구멍 입구에선 소름끼치는 소리와 함께 연기와 그을음이 엄청나게 쏟아져 나왔어요. 또 말씀이 들렸습니다.

'내 곡식들을 모아 곳간에 넣어라'[80]

---

74) 고린도전서 15 : 52, 데살로니가전서 4 : 16.
75) 데살로니가후서 1 : 8.
76) 요한복음 5 : 28, 요한계시록 20 : 11~14, 미가 7 : 16~17, 이사야 26 : 21.
77) 시편 50 : 1~3, 다니엘 7 : 10.
78) 말라기 3 : 2~3, 다니엘 7 : 9~10.
79) 말라기 4 : 1, 마태복음 3 : 12.
80) 누가복음 3 : 17.

그러자 나만 남겨두고 많은 사람이 구름 위로 올라갔습니다.[81] 나는 숨을 곳을 찾아보았지만 소용없었어요. 구름 위의 그분께서 나를 지켜보고 계셨기 때문이지요. 나는 내 죄를 떠올렸고 양심이 저를 계속 괴롭혔습니다.[82] 바로 그때 잠에서 깨어났습니다."

**크리스천** : "당신이 그렇게 벌벌 떤 이유가 무엇이었습니까?"

**남자** : "그건 심판의 날이 다가왔다는 생각이 들어서였지요. 저는 준비가 되어 있지 않았거든요. 그러나 가장 무서웠던 건 천사들이 다른 사람들은 모아 데려갔는데 나는 남겨진 것입니다. 또 지옥의 입구가 바로 내가 서 있던 자리에서 열리지 뭡니까. 정말 너무나 무서웠습니다. 게다가 제 양심도 저를 괴롭혔지요. 그리고 재판관이 화가 난 얼굴로 저를 쏘아 보고 있었습니다."

그때 해설자가 크리스천에게 물었다.

**해설자** : "이 모든 것들을 깊이 생각하셨습니까?"

**크리스천** : "예, 기쁘기도 하지만 두렵기도 합니다."

**해설자** : "좋습니다, 이 일들을 가슴속 깊이 간직하세요. 그러면 당신에게 늘 자극이 되어 가야 할 길을 곧바로 나아갈 수 있도록 도와줄 겁니다."

크리스천은 길을 떠날 채비를 했다.

**해설자** : "성령이 늘 당신과 함께하여 하늘의 도시에 이르는 길로 당신을 인도할 것입니다."

크리스천은 그의 길을 떠나면서 다음과 같이 말했다.

"이곳에서 나는 귀하고 이로운 것들을 보았네.
　즐거운 것들과 두려운 것들을 보면서
　나의 결심이 더욱 확고해졌도다.
　이제 나는 그것들을 생각하고,
　그들이 내게 깨우쳐 준 바를 이해하며
　오, 선량하신 해설자! 그대에게 감사드리리."

---

81) 데살로니가전서 4 : 16~17.
82) 로마서 2 : 14~15.

나는 꿈에서 순례자가 가는 길의 양옆으로 구원이라는 담이 세워져 있는 것을 보았다.[83] 크리스천은 그 길을 달렸지만 등에 진 짐이 너무 무거워 무척 힘이 들었다. 그는 계속 달려서 지대가 약간 높은 곳에 이르렀는데 그 위에는 십자가가 서 있었고, 아래에는 무덤이 있었다. 크리스천이 십자가에 막 다다랐을 때 그의 짐이 어깨에서 스르르 벗겨져 등에서 떨어지더니 무덤의 입구까지 데굴데굴 굴러가 그 속으로 떨어져 버렸다. 몸이 가벼워진 크리스천은 너무 기쁘고 마음이 후련해져서 즐겁게 말했다.

"주께서는 당신의 슬픔으로 내게 안식을 주시고 당신의 죽음으로 생명을 주셨도다."

십자가를 바라보기만 했는데도 짐이 저절로 떨어져 나간 일이 도저히 믿기지 않아 그는 한참을 어리둥절해 하며 서 있었다. 기쁨의 눈물이 쉴 새 없이 흘러내려 그의 뺨을 흠뻑 적실 때까지 그는 십자가를 보고 또 보았다.[84] 그때 빛나는 세 사람이 크리스천에게 다가와 인사를 하였다.

"당신에게 평안이 깃들기를!"

첫 번째 사람이 말했다.

"당신의 죄가 사하여졌도다!"[85]

두 번째 사람은 그가 입고 있던 누더기를 벗기고 화려한 옷을 입혔다.[86] 세 번째 사람은 그의 이마에 표시를 하고 봉인된 두루마리를 주었다.[87]

그는 크리스천에게 길을 가면서 그 두루마리를 펼쳐보고 하늘의 문에 이르면 건네주라고 말했다. 그런 뒤 세 사람은 떠났다. 크리스천은 너무나 기쁜 나머지 세 번이나 껑충껑충 뛰고는 노래를 부르면서 계속 길을 갔다.

> 나는 여기 올 때까지는 슬픔에 둘러싸여
> 나의 죄를 실은 짐을 지고 왔으나

---

83) 이사야 26 : 1.
84) 스가랴 12 : 10.
85) 마가복음 2 : 5.
86) 스가랴 3 : 4.
87) 에베소서 1 : 13~14.

크리스천은 십자가 앞에서 무거운 짐을 벗다

이 얼마나 좋은 곳인가!

여기는 내가 갈 천국의 시작일 것이다.

여기는 내 등의 짐이 떨어져 나간 곳이다.

바로 여기서 내 짐을 묶고 있던 끈들이 풀어졌다.

거룩한 십자가여! 거룩한 무덤이여!

나를 위해 모욕을 당하신 거룩한 주님이여!

그때 나는 꿈에서 그가 이렇게 길을 가다 산기슭에 이른 것을 보았다. 거기서 그는 발에 족쇄를 차고 있는 세 남자를 보았다. 그들은 길에서 그리 멀지 않은 곳에서 깊이 잠들어 있었다. 세 사람은 단순(Simple), 게으름(Sloth) 그리고 철면피(Presumption)라 했다.

누워서 자고 있는 그들을 보자마자 크리스천은 그들에게 큰 소리로 말했다. "바닥을 알 수 없는 깊은 죽음의 바다가 바로 아래에 있는데 지금 당신들은 돛대 꼭대기에서 잠을 자고 있는 것이나 마찬가지예요.[88] 어서 일어나서 여길 떠나세요. 족쇄를 벗고 싶다면 내가 도와드리겠습니다. 으르렁거리는 사자처럼 주위를 서성이는 자가 오면 반드시 당신들을 먹어치울 겁니다.[89]"

그러자 그들은 크리스천을 올려다보더니 이렇게 대답했다.

**단순** : "위험한 건 안 보이는데요."

**게으름** : "잠이나 더 자야겠어요."

**철면피** : "내 일은 내가 알아서 해요, 대답할 가치도 없군."

그리고는 다시 쓰러져 잠을 잤고, 크리스천은 계속 그의 길을 갔다.

어려운 처지에 있는 사람들이 도움을 주려는 사람의 친절을 무시하고, 족쇄를 풀도록 도와주겠다는데도 아랑곳하지 않은 일을 생각하니 크리스천은 마음이 심란했다. 이런 복잡한 생각을 하며 걸어가고 있을 때 그는 좁은 길의 왼쪽 담에서 뛰어내린 두 사람을 보았다. 그들의 이름은 허례(Formality)와 위선(Hypocrisy)이었다. 크리스천은 두 사람 곁으로 다가가 말을 건넸다.

**크리스천** : "이보시오, 당신들은 어디서 왔나요? 또 어디로 가고 있습니까?"

---

88) 잠언 23 : 34.

89) 베드로전서 5 : 8.

크리스천 두루마리를 받다

**허례와 위선** : "우리 고향은 허세의 땅인데, 지금은 시온산에 찬송을 드리러 가고 있소."

**크리스천** : "왜 당신들은 이 길이 시작하는 곳에 있는 문으로 들어오지 않았습니까? '이 문으로 들어가지 않고 다른 길로 해서 들어가는 자는 도둑이고 강도다'라는 글을 보지 못했소?"[90]

허례와 위선은 자신들의 나라에서 그 문까지는 너무 멀기 때문에 그곳 사람들은 보통 자신들이 했던 대로 지름길을 찾아 담을 넘어 들어온다고 설명했다.

**크리스천** : "하지만 지금 우리가 가고 있는 천국의 왕께서 밝히신 뜻을 그런 식으로 거역하는 것은 주께 반하는 행동으로 비치지 않을까요?"

---

90) 요한복음 10 : 1.

두 사람은 자기들이 한 일은 이미 오래전부터 내려온 관습이니 전혀 걱정하지 않아도 된다면서, 필요하다면 그 관습이 이미 천 년 전부터 행해지고 있음을 증명해 보일 수도 있다고 덧붙였다.

크리스천 : "하지만 당신들의 행동은 율법의 재판을 받게 되지 않을까요?"

그러자 그들은 그 관습은 천 년이나 이어져 내려온 만큼, 공명정대한 재판관이면 합법적이라고 인정할 것이라 장담했다.

허례와 위선 : "우리는 이 길에 벌써 들어왔는데 어디로 들어왔는지가 뭐 그리 중요하겠소. 우리가 들어왔으면 들어온 것입니다. 당신은 그 문으로 들어와서 이 길을 가고 있고, 담을 넘어 들어오긴 했지만 우리 또한 이 길을 가고 있소. 당신이나 우리나 사정이 같기는 마찬가지요."

크리스천 : "당신들은 마음대로 길을 가지만, 나는 내 주인님이 이르신 대로 길을 갑니다. 이 길의 주께서는 이미 당신들을 도둑으로 여기고 계시어 길의 끝에 이르면 죗값을 치르지 않을까 하는 생각이 드는군요. 당신들은 그분의 지시를 받지 않고 제멋대로 들어왔으니 그분의 자비도 받지 못하고 제 발로 이 길을 벗어나게 될 것입니다."

그들은 별 대꾸도 하지 않고 크리스천에게 자기 일에나 신경 쓰라는 충고만 던졌다. 그러고는 별다른 얘기 없이 저마다 길을 가는 것이 보였다.

두 사람은 단지 크리스천에게 자신들도 그 못지않게 법이나 규정을 양심껏 잘 지키고 있다고 말했다.

허례와 위선 : "부끄러운 몸을 가리라고 당신 친구들이 준 것 같은 그 옷만 빼면 당신이나 우리나 다를 게 없다고 생각합니다."

크리스천 : "율법이나 규정으로는 구원을 받을 수 없습니다. 당신들은 문을 통해서 들어오지 않았으니까요.[91] 그리고 이 옷은 내가 가려 하는 그곳의 왕께서 주셨습니다. 당신들 말대로 이 옷은 몸을 덮기 위한 것이지요. 하지만 나는 누더기만 입고 있던 내게 그분께서 친절하게 베푸신 선물이라 여기고 있습니다. 또 내가 천국의 문에 다다랐을 때 왕께서 내 짐을 벗겨주시며 전에 입혀주셨던 이 옷을 보고 나를 쉽게 알아보시리라는 생각을 하면 길을 가면서도 한

---

91) 갈라디아서 2 : 16.

결 마음이 놓인답니다.

당신들은 보지 못하겠지만 내 이마에는 표시가 있습니다. 주와 가까우신 한 분이 내 짐이 떨어져 나가던 날 이마에 새겨주셨지요. 또 그 길을 가는 동안 읽 으면서 내 마음을 편안히 하라고 봉인된 두루마리까지 받았어요. 천국의 문에 다다랐을 때 내가 틀림없이 좁은 문을 통해 천국의 길로 왔다는 확실한 징표 로 그것을 건네주라는 말씀도 들었습니다. 당신들은 문을 통해서 들어오지도 않았으니 이런 것들도 없겠지요."

그들은 아무 대답도 하지 않고 서로 얼굴을 쳐다보며 웃기만 하였다. 그때 나는 크리스천이 앞서고 나머지 두 사람은 뒤에 떨어져서 길을 가는 것을 보았 다. 그는 두 사람과 더는 말을 나누지 않고 때로는 한숨을 쉬고 때로는 유쾌한 듯 혼자 중얼거렸다. 또 가끔 빛나는 사람에게 받은 두루마리를 꺼내 읽고는 기운을 차렸다.

나는 그들이 한참을 걸어가다 산에 이른 것을 보았다. 산기슭에는 샘이 하나 있었고, 문에서부터 곧장 뻗은 길 외에 다른 길이 두 개 더 있었다. 두 길은 각 각 산의 왼편과 오른편으로 나 있었는데, 좁은 길은 산 바로 위로 죽 뻗어 있었 다. 산허리를 따라 난 그 길의 이름은 고난(Difficulty)이었다. 크리스천은 샘에서 잠시 목을 축이고, 고난의 길로 산을 오르면서 말했다.[92]

> 이 언덕이 아무리 높다 해도 나는 오를 것이다.
> 고난도 나를 막지는 못한다.
> 생명에 이르는 길이 이곳임을 내 알고 있으니
> 용기를 내어 약해지거나 두려워하지 않겠다.
> 비록 고난이 따른다 해도 바른 길로 가는 것이
> 가기는 쉬워도 결국 재앙만이 뒤따르는 잘못된 길보다 나으리라.

허례와 위선도 산기슭에 도착하였다. 두 사람이 보기에 산 위로 뻗어 있는

---

92) 이사야 49 : 10.

길은 너무 가파르고 좁아 보였다. 나머지 다른 두 길이 결국 크리스천이 간 길과 산의 반대편에서 만나게 될 것이라 생각한 그들은 그 길로 가기로 결정했다. 그 두 길 가운데 한 길의 이름은 위험(Danger)이었고, 다른 하나는 멸망(Destruction)이었다. 한 사람은 위험이라는 길로 들어서 커다란 숲에 이르렀다. 다른 한 사람은 멸망의 길로 곧장 들어섰다가 첩첩산중의 어두운 벌판에서 발이 걸려 넘어지고는 끝내 일어나지 못했다.[93]

그때 나는 산을 오르는 크리스천을 보았다. 길이 무척 가파른 탓에 뛰어가던 발걸음이 점점 느릿느릿해지더니 나중에는 손과 무릎으로 기어서 올라가는 모습이었다. 정상까지 절반 정도 남았을 무렵, 산 중턱에 쉬어가기 좋을 만한 나무 그늘이 있었다. 주께서 지친 나그네가 쉬어가도록 만드신 곳이었다. 크리스천은 거기 앉아 쉬면서 품속에서 두루마리를 꺼내 읽고는 마음을 달랬다. 또한 자신이 십자가 옆에 서 있었을 때 받은 옷도 새삼 다시 살펴보았다. 잠시 그렇게 흡족해하던 그는 졸음을 참지 못하고 꾸벅꾸벅 졸더니 푹 잠이 들어 버렸다. 그가 자는 동안 날은 점점 더 어두워졌고 두루마리가 그만 손에서 미끄러지면서 떨어져 버렸다. 그것도 모른 채 계속 잠을 자고 있는데 어떤 사람이 다가와 그를 깨우면서 말했다.

"게으른 자여! 개미에게로 가서 그들이 사는 것을 보고 지혜를 얻으시오!"[94]

이 소리에 잠이 깬 크리스천은 벌떡 일어나 길을 재촉하여 어느덧 산 정상에 이르렀다.

그가 산 정상에 도착했을 때 반대편에서 두 사람이 그에게로 재빨리 달려왔다. 한 사람의 이름은 겁쟁이(Timorous)였고, 다른 한 사람은 불신(Mistrust)이라 했다.

**크리스천** : "무슨 일입니까? 왜 길을 거슬러 내려오고 있는 건가요?"

**겁쟁이** : "우리는 시온성으로 가던 중 이 힘든 곳에 이르렀습니다. 그런데 앞으로 나아가면 갈수록 더 많은 위험이 도사리고 있어 되돌아가고 있지요."

**불신** : "그렇고말고요. 바로 저 앞에 사자 두 마리가 떡하니 앉아 있지 않겠소. 잠을 자는지 깨어 있는지는 모르겠지만, 가까이 다가가면 달려들어 우리를

---

93) 예레미야 13 : 26.
94) 잠언 6 : 6.

물어뜯을 것만 같았지요."

**크리스천** : "얘기를 들으니 저도 겁이 나긴 하지만 어딜 가도 사정은 마찬가지 아니겠습니까? 고향으로 돌아간다 해도 그곳 역시 곧 불과 유황으로 타올라 죽을 게 확실합니다. 천국에 갈 수만 있다면 그곳에선 평온하게 살 수 있을 겁니다. 저는 되든 안 되든 해 보겠어요. 돌아가면 죽음만이 있을 테지요. 하지만 앞으로 나아가면 죽음이 우리를 위협해도 그 너머에 영원한 삶이 기다리고 있어요. 그러니 저는 계속 가겠습니다."

그리하여 겁쟁이와 불신은 산을 뛰어내려갔고 크리스천은 다시 앞으로 나아갔다.

크리스천은 둘에게서 들은 말이 자꾸 떠올라, 두루마리를 읽으면 불안한 마음을 가라앉힐 수 있다 싶어 품속에 손을 넣어 보았다. 하지만 두루마리가 없자 크리스천은 어찌할 바를 몰라 큰 소리로 울부짖으며 슬퍼했다. 두루마리는 마음을 달래 주는 것일 뿐만 아니라, 천국으로 들어가기 위해서 꼭 필요한 출입증도 되기 때문이다. 크리스천은 너무 놀라 갈피를 못 잡고 허둥댔다. 그러다 문득 산 중턱에 있는 나무 그늘에서 잠을 잔 일이 떠올랐다. 그는 무릎을 꿇고 자신의 어리석은 행동에 대해 주께 용서를 구하고 두루마리를 찾으러 다시 내려갔다. 그러나 되돌아가는 크리스천의 찢어지는 가슴을 누가 헤아릴 수 있을까. 거친 몸을 잠시 쉬어가도록 마련해 주신 곳에서 잠을 자다니! 그는 연신 한숨을 내쉬고 눈물을 흘리면서 자신의 어리석은 행동을 꾸짖고 또 꾸짖었다.

크리스천은 이곳저곳을 샅샅이 살피면서 가던 길을 거슬러 내려갔다. 그는 길을 가는 내내 자신에게 수없이 많은 위안을 준 그 두루마리를 꼭 찾을 수 있기를 간절히 바랐다. 그렇게 계속 내려가던 중, 조금 전에 앉아서 잠을 잔 나무 그늘이 보이자, 자신이 악의 유혹에 빠져 잠을 잔 일이 다시 생각나 슬픔이 북받쳐 올랐다. 크리스천은 자신의 처지와 잠을 잔 죄를 한탄하며 이렇게 말했다. "아, 한심한 인간이로다!95) 고행의 길을 가다 대낮에 잠을 자다니! 주께서 순례자의 지친 영혼을 달래기 위해 만드신 쉼터에서 육신의 편안함을 얻으려 하다니! 내가 너무 경솔했구나! 얼마나 많은 헛걸음을 하는 것인가!"96)

---

95) 로마서 7 : 24.
96) 데살로니가전서 5 : 7~8, 요한계시록 2 : 5.

크리스천은 계속해서 자신에게 말했다.

"이스라엘 백성들에게 일어난 일과 같구나. 그들도 이런 죄를 지어 홍해를 건너 멀리 돌아가야만 하지 않았던가. 내가 잠을 자는 죄를 짓지만 않았어도 더없이 기쁜 마음으로 길을 갔을 텐데, 죄를 지어 이렇게 슬픈 마음으로 길을 가는구나. 이렇게 되돌아오지 않았다면 지금쯤 얼마나 많이 갔을까? 한 번만 가도 될 길을 이렇게 세 번이나 가야 하다니. 낮 동안을 허비해 버렸으니 이제 곧 해가 저물겠지. 아! 잠을 자지만 않았더라면!"

크리스천은 다시 나무 그늘에 이르러 눈물을 흘리며 잠시 앉아 있었다. 그렇게 슬픔에 젖어 자신이 앉은 자리 밑을 살펴보던 그는 마침내 그토록 바라던 두루마리를 발견했다. 그는 부들부들 떨리는 손으로 두루마리를 얼른 주워 가슴 깊은 곳에 품었다. 두루마리를 다시 찾은 기쁨은 이루 말할 수가 없었다. 두루마리는 그에게 생명의 증표요, 그토록 열망하는 피난처로 들어갈 수 있는 출입증과도 같은 것이다. 그는 두루마리를 품속에 다시 잘 간직하고, 두루마리가 놓여 있던 장소로 그의 눈길을 인도하신 하느님께 감사드리고는 기쁨의 눈물을 흘리며 다시 길을 떠났다.

크리스천은 이번에는 조금도 한눈을 팔지 않고 산을 올랐다. 그런데도 산 정상에 오르기 전에 날이 저물어 버리자 그는 잠을 잤던 어리석음을 다시 한 번 떠올렸다. 크리스천은 또다시 스스로를 나무랐다.

"아! 사악한 잠이여! 이렇게 벌써 날이 저물게 생겼구나. 나는 태양도 없이 길을 가야 하는구나. 사악한 잠 때문에 캄캄한 어둠 속을 헤매며 으르렁거리는 산짐승 소리를 견뎌야 하는구나."

크리스천은 불신과 두려움이 사자들을 보고 벌벌 떨었던 얘기가 기억났다. 그는 다시 스스로에게 말했다.

"짐승들은 먹이를 찾아 밤에 돌아다닌다는데 혹 어둠 속에서 마주치면 어떻게 피할 수 있을까? 갈기갈기 찢겨 짐승의 밥이 되지 않으려면 어떻게 해야 할까?"

이렇게 불행한 처지를 한탄하며 길을 가고 있을 때였다. 아름다움(Beautiful)이라고 하는 으리으리한 궁전이 마침 앞쪽 큰길가에 서 있었다.

나는 꿈에서 크리스천이 궁전에서 하룻밤 묵어가려고 허둥지둥 그곳으로 가는 것을 보았다. 얼마 가지 않아 그는 문지기의 집에서 200미터 가량 떨어진 곳에 있는 아주 좁은 통로로 들어섰다. 크리스천이 길을 조심조심 살피며 가고 있는데 앞을 가로막고 있는 사자 두 마리가 보였다. 크리스천은 생각했다.

'나도 이제 불신과 두려움을 돌아가게 한 위험과 마주쳤구나.'

사자들은 쇠사슬에 묶여 있었지만 크리스천은 너무 두려운 나머지 쇠사슬을 보지 못했다. 그는 이제 죽을 일만 남았다는 생각에 발걸음을 돌려 불신과 두려움을 쫓아갈까 하는 생각마저 들었다. 그러나 망설이는 크리스천을 보고 경계심(Watchful)이라는 이름의 문지기[97]가 그에게 소리쳤다.

"그렇게도 용기가 없습니까? 사자는 쇠사슬에 묶여 있으니 겁내지 마시오. 사자들은 거기서 믿음이 있는지 없는지를 시험하고 있는데, 길 한가운데로 오면 아무런 해를 입지 않을 겁니다."

크리스천은 무서워 벌벌 떨었지만 문지기의 말대로 조심히 걸어나갔다. 그랬더니 사자들이 으르렁대기는 해도 그에게 덤벼들지 못했다. 크리스천은 기뻐서 손뼉을 쳤고 계속 걸어나가 마침내 문지기가 있는 문 앞에 이르렀다.

**크리스천** : "이 집은 어떤 곳입니까? 제가 하룻밤 신세를 져도 될까요?"

**문지기** : "이 집은 주께서 순례자의 휴식과 안전을 위해 지으셨습니다. 그런데 당신은 어디서 오셨으며 어디로 가시는 길입니까?"

**크리스천** : "저는 멸망의 도시에서 온 사람으로 시온산으로 가고 있지요. 그런데 이렇게 날이 저물고 말았으니 허락해 주신다면 하룻밤 묵어가고 싶습니다."

**문지기** : "이름이 무엇입니까?"

**크리스천** : "지금은 크리스천이라고 하지만 예전엔 은총을 입지 못한 자(Graceless)였지요. 하느님께서 셈의 장막에 살게 하신 야벳(Japheth)족의 자손입니다."[98]

**문지기** : "해가 진 지 오래인데 어찌하다 이리 늦게 오셨소?"

**크리스천** : "일찍 올 수도 있었지요. 한데 제가 부끄럽게도 산 중턱에 있는

---

97) 마가복음 13 : 34.
98) 창세기 6 : 10, 9 : 27.

나무 그늘에서 그만 잠을 자고 말았습니다. 게다가 징표인 두루마리만 잃어버리지 않았더라면 더 일찍 왔을 겁니다. 두루마리가 없는 줄도 모르고 산 정상까지 올라왔다가 생각이 나서 찾아보니 없지 않겠습니까? 그래서 비통한 심정으로 제가 잠을 잤던 곳까지 되돌아가 이렇게 찾아가지고 오게 되었습니다."

**문지기** : "그러면 제가 이곳의 처녀 한 분을 불러드리겠습니다. 그분께서 당신 이야기를 듣고 마음에 들면 이 집의 법에 따라 나머지 가족들에게도 소개할 겁니다."

그리하여 문지기인 경계심은 종을 울렸다. 벨이 울리자 차분하고 아름다운 판단(Discretion)이라는 처녀가 문으로 나와 왜 불렀는지 물었다.

**문지기** : "이 사람은 멸망의 도시에서 시온산으로 가는 나그네인데 지치고 날도 저물어 하룻밤 묵어갈 수 없는지 제게 물었습니다. 그래서 제가 당신을 불러드린다 했지요. 그와 얘기를 나눈 뒤에 이 집의 법에 따라 하룻밤 묵어갈지 여부를 정하시지요."

그녀는 크리스천에게 어디서 왔고 어디로 가는지, 어떻게 이 길을 떠나게 되었는지, 그리고 길에서 무엇을 보고 누구를 만났는지 물어보았다. 크리스천은 모두 대답해 주었다. 이윽고 그녀는 크리스천의 이름을 물었다.

**크리스천** : "저는 크리스천입니다. 주께서 순례자들의 휴식과 안전을 위해 이곳을 지으셨다는 말씀을 듣고는 하룻밤 지내고 싶은 생각이 더 간절해졌지요."

그러자 그녀는 미소를 지으며 눈물을 글썽거렸다. 잠시 뒤 그녀가 말했다.

"제가 다른 가족 두세 분을 더 불러드리지요."

판단은 문으로 가서 신중(Prudence)과 경건(Piety) 그리고 자선(Charity)을 불렀다. 세 사람은 크리스천과 얘기를 조금 나눈 뒤 그를 가족에게 데리고 갔다. 많은 가족이 집 입구에서 크리스천을 맞아 주며 말했다.

"어서 들어오십시오. 신의 축복을 받은 자여! 주께서 당신과 같은 순례자의 휴식과 안전을 돌보시려고 이 집을 지으셨답니다."

이 말에 크리스천은 고개 숙여 답례한 뒤 그들을 따라 집 안으로 들어갔다.

크리스천이 안으로 들어가 자리에 앉자 사람들이 그에게 마실 것을 내주었다. 가족은 저녁이 준비될 때까지 어울려 의미 있는 시간을 보내기 위해 크리스천과 특별한 얘기를 나누기로 하였다. 얘기를 나눌 사람으로는 경건과 신중

크리스천이 길 위의 사자들 사이를 지나다

그리고 자선이 뽑혔다.

경건 : "이리 오세요, 크리스천. 우리는 당신을 매우 아끼는 마음으로 우리 집에 맞아들였습니다. 당신이 순례를 하면서 겪은 일들을 전부 듣고 싶어요. 우리 모두에게 바람직한 일이 될 겁니다."

크리스천 : "기꺼이 그러지요. 그 말씀을 들으니 저도 기분이 좋습니다."

경건 : "처음에 어떤 연유로 순례자의 삶에 발을 들여놓으셨습니까?"

크리스천 : "저는 제 귓가를 맴도는 무시무시한 목소리를 듣고 고향을 떠나게 되었습니다. 그곳에서 계속 산다면 멸망을 피할 수 없다는 소리였습니다."

경건 : "그럼 당신이 살던 땅을 벗어나 어떻게 이 길로 들어오시게 된 건가요?"

크리스천 : "모두 하느님의 뜻이었지요. 제가 다가올 멸망이 무서워서 어디로 가야 할지 몰라 벌벌 떨며 울고 있을 때 우연히 어떤 분이 다가오셨어요. 그분의 이름은 전도사로 저에게 좁은 문으로 가는 길을 가르쳐주셨습니다. 그러지

않았다면 찾을 수 없었을 테지요. 이렇게 저는 이 집으로 곧장 이어지는 길로 들어서게 되었습니다."

**경건** : "해설자의 집에는 들르지 않으셨나요?"

**크리스천** : "물론 들렀습니다. 거기서 제가 살아 있는 한 영원히 기억에 남을 많은 일들을 보았지요. 그중 특히 제 마음속에 자리 잡은 세 가지 일이 있습니다. 첫째, 악마의 방해에도 굴하지 않고 그리스도께서 은총을 사람들 가슴속에 내려주시는 일. 둘째, 인간은 하느님의 자비를 잃게 될지도 모를 만큼 큰 죄를 짓고 있다는 사실. 그리고 셋째, 자다가 심판의 날이 다가온 꿈을 꾼 사람의 얘기입니다."

**경건** : "그가 꿈 내용을 말해 주던가요?"

**크리스천** : "예, 정말 무서운 꿈이었습니다. 그 얘기를 듣고 마음이 무척 아팠지만, 그래도 듣길 잘했다는 생각이 듭니다."

**경건** : "해설자의 집에서 본 건 그게 전부입니까?"

**크리스천** : "아닙니다. 그는 저를 어떤 위풍당당한 궁전이 있는 곳으로 데려갔는데 그곳 사람들은 금으로 된 옷을 입고 있었습니다. 거기서 한 용감한 남자를 보았어요. 그 사람은 입구에서 자신을 막고 서 있던 갑옷을 입은 사람들을 뚫고 성안으로 들어갔습니다. 그가 들어가서 영원한 영광을 얻는 것도 보았지요. 그런 일들이 얼마나 제 마음을 사로잡았는지! 갈 길이 더 남아 있다는 걸 몰랐으면 그 훌륭한 분의 집에서 일 년이라도 머물렀을 것입니다."

**경건** : "또 다른 것도 보았습니까?"

**크리스천** : "보았습니다. 거기서 얼마 못 가 어떤 분이 나무에 매달린 채 피를 흘리는 것을 보았습니다. 그분의 모습을 보자마자 내 등에 있던 짐이 떨어져 나갔어요. 너무도 지긋지긋하게 절 괴롭혔던 그 짐이 글쎄 그때 떨어져나가지 뭡니까? 난생 처음 보는 참으로 신기한 일이었지요. 도저히 눈을 뗄 수 없어 그렇게 보고 서 있는데 눈이 부시도록 찬란하신 세 분이 저에게 오셨습니다. 한 분은 제 죄가 사하여졌다고 말씀하셨고, 다른 분은 저의 누더기를 벗기시더니 제가 입고 있는 이 수놓은 옷을 주셨으며 세 번째 분은 여기 제 이마에 표시를 해주시고 봉인된 두루마리도 주셨답니다."

그러면서 그는 두루마리를 품에서 꺼내 들었다.

**경건** : "한데 그것 말고 또 본 게 있었지요. 그렇지 않습니까?"

**크리스천** : "지금까지는 제일 좋은 것들만 말씀드렸습니다. 좋지 않은 일도 있었지요. 길을 가다가 저는 발에 쇠사슬이 묶인 세 사람을 보았습니다. 그들은 단순, 게으름, 철면피라 했는데 길에서 조금 떨어진 곳에서 잠을 자고 있더군요. 하지만 그들을 깨우지 못했어요. 또 담을 넘어 들어온 허례와 위선도 보았습니다. 그들은 시온산으로 가는 척했지만 이내 주위에서 사라졌어요. 내가 주의를 준 대로 되고 만 것인데, 그들은 저를 믿으려 하지 않았습니다. 하지만 무엇보다 어려웠던 일은 이 산을 올라 사자가 입을 벌리고 있는 그 옆을 지나는 것이었습니다. 친절한 문지기가 없었더라면 저는 되돌아갔을지도 모릅니다. 하지만 저는 지금 여기 있으니 하느님께 감사드릴 따름이지요. 저를 받아주신 여러분께도 감사드립니다."

그때 신중은 몇 가지 질문을 더 해서 그의 대답을 들어보는 것이 좋겠다고 생각했다.

**신중** : "가끔 고향 생각이 나진 않으셨나요?"

**크리스천** : "그러긴 했지만 수치심과 혐오감만 들 뿐이었습니다. 만일 제가 떠나온 나라를 그리워했더라면 돌아갈 기회는 얼마든지 있었을 겁니다. 하지만 제가 간절히 원하는 건 그보다 더 좋은 나라인 천국이지요."[99]

**신중** : "고향에서 누리던 것들 중에 지금도 가지고 계신 것은 없나요?"

**크리스천** : "있지요, 제가 바란 것은 아니지만요. 특히 마음속에 있는 세속적인 생각이 그러합니다. 저 못지않게 우리나라 사람들 모두 그것을 즐겼어요. 하지만 이제 그 모든 것은 제게 슬픔으로 다가옵니다. 할 수만 있다면 절대로 그런 생각을 다시 하지 않을 겁니다. 한데 선을 행하려고 하면 어김없이 악이 찾아들어요."

**신중** : "당신을 혼란스럽게 하던 일들이 마치 다 사라진 것처럼 여겨지던 때는 없으셨나요?"

**크리스천** : "좀 드물긴 해도 있긴 있었습니다. 그런 순간들이 제게 가장 귀중한 시간이지요."

---

99) 히브리서 11 : 15~16.

신중 : "당신의 걱정거리가 사라진 것처럼 느끼게 하는 일이 무엇인지 기억하시나요?"

크리스천 : "예, 제가 십자가에서 보았던 것을 생각하거나 이 수놓은 옷을 쳐다볼 때지요. 또 제가 품속에 넣고 다니는 이 두루마리를 들여다보거나 제가 가고 있는 곳을 생각하면 흐뭇해지면서 그런 기분이 듭니다."

신중 : "그토록 간절히 시온산에 가고 싶으신 이유가 무엇인가요?"

크리스천 : "저는 십자가에 매달려 돌아가신 그분이 그곳에서 살아계신 모습을 꼭 보고 싶습니다. 그리고 오늘까지도 제 안에서 괴로움을 주는 모든 것들을 그곳에서 말끔히 벗고 싶습니다. 그곳에는 죽음이 없다고 하더군요.[100] 저는 제일 좋아하는 벗들과 함께 살 수 있을 테지요. 솔직하게 말씀드리면 저는 그분을 사랑합니다. 그분이 제 짐을 벗겨주셨기 때문이지요. 저는 마음속 병으로 몹시 지쳤어요. 저는 죽음이 없는 곳에서 '거룩하시다, 거룩하시다, 거룩하시다'라 소리치는 벗들과 함께 살고 싶습니다."[101]

그때 자선이 크리스천에게 물었다.

자선 : "가족이 있으신가요? 결혼은요?"

크리스천 : "예, 결혼해서 아이가 넷 있지요."

자선 : "그런데 왜 함께 오지 않으셨어요?"

그러자 크리스천은 눈물을 글썽거렸다.

크리스천 : "저도 함께 오기를 얼마나 바랐는지 모른답니다. 하지만 그들은 제가 순례를 떠나는 것을 결사코 반대했어요."

자선 : "그렇다 할지라도 그들과 충분히 얘기를 나누어서 닥쳐올 위험을 깨닫도록 노력했어야지요."

크리스천 : "저도 노력을 안 해본 건 아닙니다. 하느님께서 우리 도시가 멸망할 것이라며 저에게 보여주신 것도 다 말했습니다. 하지만 가족들 눈에는 제가 농담이나 하는 사람처럼 보였는지 제 말을 믿지 않았어요."[102]

자선 : "그럼 하느님의 축복으로 가족들이 당신의 말을 믿을 수 있도록 기도

---

100) 이사야 25 : 8 요한계시록 21 : 4.

101) 이사야 6 : 3.

102) 창세기 19 : 14.

하지는 않았나요?"

크리스천 : "했지요. 아내와 아이들처럼 제게 소중한 사람은 없습니다. 저는 사랑을 담아 기도하고 또 기도했지요."

자선 : "당신이 멸망에 대해 느끼는 슬픔과 두려움을 가족에게 말해주었나요? 멸망의 징조가 당신에겐 보였을 것 같은데요."

크리스천 : "예, 끊임없이 말해 주었습니다. 저는 심판의 날이 얼마 남지 않았다는 걸 알았기 때문에 표정도 굳어 버리고 눈물도 그치지 않았으며 떨리는 몸을 진정하지도 못했지요. 가족도 그런 제 모습에서 두려움을 읽었을 겁니다. 하지만 아무리 애를 써도 가족은 저를 따라나서지 않았어요."

자선 : "같이 가지 않는 이유가 뭐라고 하던가요?"

크리스천 : "아내는 이 세상을 잃을까 두려워했고, 아이들은 젊은이들이 누리는 어리석은 쾌락에 마음을 빼앗기고 있었어요. 이런저런 이유로 이렇게 혼자 여행길에 오르게 된 것이지요."

자선 : "그간 당신의 삶이 보람차지 못했기 때문에 당신의 말이 설득력을 잃은 건 아닐까요?"

크리스천 : "제 삶에 대해선 저도 할 말이 없습니다. 제가 많은 잘못을 저질렀다는 걸 저도 잘 알기 때문이지요. 다른 사람을 옳은 길로 이끌려면 먼저 자신부터 바른 인생을 살아야 한다는 사실 또한 잘 압니다. 하지만 이것만은 자신 있게 말할 수 있습니다. 저는 제 그릇된 행동 때문에 가족이 순례자의 길에 들어서기를 꺼리지 않도록 매우 신중하게 행동했습니다. 그러자 가족은 제가 지나치게 엄격하다고 흉을 보았습니다. 모두 가족을 위한 일이었건만, 자신들이 보기에는 그다지 큰 잘못도 아닌 일을 제가 참고 있다고 말하더군요. 하지만 그렇지 않습니다. 만약 제가 가족에게 방해가 된 것처럼 느껴졌다면, 그것은 하느님께 죄를 짓거나 이웃에게 잘못을 저지를까봐 제가 지나치게 민감하게 굴었기 때문일 겁니다."

자선 : "그래요. 카인은 자신의 행동이 사악함은 깨닫지 못하고 의로운 동생을 질투하고 증오했지요.[103] 만일 당신의 아내와 아이들이 그런 이유로 당신을

---

103) 요한일서 3 : 12.

미워한다면 그건 그들이 선해질 수 없다는 뜻이 되지요. 당신은 그들의 피로부터 당신의 영혼을 구원해 내셨습니다."[104]

그때 나는 꿈에서 그들이 저녁 식사가 준비될 때까지 이렇게 앉아서 함께 얘기를 나누는 것을 보았다. 준비가 끝나자 그들은 식사를 하려고 식탁에 둘러앉았다. 식탁은 '기름진 고기와 향기로운 포도주'[105]로 넘쳐났다. 식사를 하면서 그들은 온통 주에 관한 얘기만 나누었는데 이를테면 무슨 일을 하셨는지, 왜 하셨는지 그리고 왜 이 집을 지으셨는지와 같은 것들이었다. 그들의 말을 듣고 나는 그분이 위대한 전사였다는 것과, 죽음의 힘을 가진 자와 싸워 그를 죽이고 자신도 커다란 위험에 처했었다는 사실을 알았다.[106] 그리하여 나는 그분을 사랑하지 않을 수 없었다.

크리스천 : "그들도 말하고, 제가 믿고 있는 바로, 주께서는 많은 피를 쏟으시며 그 일을 하셨다고 합니다. 하지만 그분께서 하신 일이 은혜롭고 영광된 이유는 모든 일이 그 나라 백성들에 대한 순결한 사랑에서 비롯된 것이기 때문이지요."

그리고 가족 가운데에는 십자가에서 돌아가신 이후 그분을 보았고 얘기도 해보았다고 말하는 사람도 있었다. 그 사람들은 그분이 가련한 순례자들을 사랑한다고 말씀하시는 것을 직접 들었으므로 동서양을 불문하고 온 세상을 통틀어 그분 같은 사람은 없다고 장담했다. 게다가 그들은 그분이 가난한 자들을 위해 일하느라 스스로 영광을 내려놓으셨고, 시온산에서 혼자서만 살지는 않을 것이라고 말씀하셨으며, 가난하든 출신이 하찮든 관계없이 순례자들을 왕자로 만드신다는 예를 들면서 자신들이 한 얘기를 뒷받침했다.[107]

이렇게 그들은 밤늦게까지 함께 얘기를 나누다가 주님의 보살핌을 기원하고 잠자리에 들었다. 사람들은 순례자에게 위층의 커다란 방을 침실로 내어주었다. 평화(Peace)라는 이름의 그 방은 동쪽으로 창이 나 있어 해돋이를 볼 수 있는 곳이었다. 크리스천은 거기서 동이 틀 때까지 잠을 잤고, 잠에서 깨어나자

---

104) 에스겔 3 : 19.
105) 이사야 25 : 6.
106) 히브리서 2 : 14~15.
107) 그리스도는 가난한 자들의 왕이 되셨다. 시편 113 : 7, 사무엘상 2 : 8.

노래를 불렀다.

나는 지금 어디에 있는가!
이곳은 순례자들을 위해 마련해주신
예수의 사랑과 보살핌이 계신 곳인가?
그로 인해 나의 죄는 사하여지고
벌써 천국의 옆방에 거하게 되었나니

아침에 일어난 그들은 좀 더 얘기를 나누고, 이곳의 여러 가지 좋은 점을 본 뒤에 길을 떠나라고 크리스천에게 말했다. 그들은 먼저 그를 서재로 데려가서 아주 먼 옛날의 기록들을 보여주었다. 그들은 주의 족보를 보여주며 그분은 태초의 아들이요, 영원한 세대를[108] 통하여 오신다는 것을 일러주었다. 또한 여기에는 그분의 행적과 그분의 뜻을 받드는 수백 명의 이름, 또 그분께서 그들을 세월의 흐름이나 자연의 쇠퇴로 소멸되지 않는 곳에서 살게 하셨다는 기록들도 자세하게 나와 있었다.

그다음 그들은 그분의 사도들이 행한 가치 있는 행적들을 읽어 주었다. 이를테면 그들이 여러 왕국을 정복한 일, 정의를 수호한 일, 약속된 바를 얻으신 일, 사자의 입을 닫게 하신 일, 큰불을 끄신 일, 칼끝을 피하신 일, 나약함을 용기로 바꾸신 일, 전투에서 용맹을 떨치신 일, 외국에서 쳐들어온 적을 완패시키신 일 등이었다.[109]

그리고 비록 과거에 주님의 인격을 모독하고 행적을 깎아내리는 일을 저지른 사람이라 할지라도 주님께서 기꺼이 받아들이신다는 기록도 있었다. 이곳에는 명예로운 일들을 역사적으로 설명한 다른 기록들도 많이 있어 크리스천은 두루두루 살펴보았다. 그 일들은 옛날부터 지금까지 어김없이 이루어진 신의 말씀이나 예언들이 기록되어 있었는데, 이것은 적에게는 두려움을 주고 순례자에게는 안심과 격려를 주는 것들이었다.

다음 날 그들은 크리스천을 무기창고로 데려가서 그들의 주인께서 순례자들

---

108) 다니엘 7 : 9.
109) 히브리서 11 : 33~34.

을 위해 마련해주신 각종 장비들을 보여주었다.

그곳에는 칼, 방패, 투구, 갑옷의 가슴받이, 기도문, 그리고 닳지 않는 신발 등이 있었는데[110] 주인을 섬기는 자가 하늘의 별만큼 많다 해도 다 갖출 수 있을 정도로 충분했다.

그들은 모세의 지팡이,[111] 시스라를 죽인 야엘의 망치와 못,[112] 그리고 미디안의 군대를 무찌른 기드온의 항아리와 나팔, 등불 등 주님의 사도들이 놀라운 일을 했을 때 지녔던 무기들을 보여 주었다.[113] 또 삼갈이 6백 명의 남자를 전멸시킬 때 사용했던 황소몰이용 막대기[114], 유명한 삼손의 나귀 턱뼈,[115] 가드의 골리앗을 죽인 다윗의 투석기와 돌,[116] 그리고 주님께서 다시 몸을 일으켜 죄인을 죽이는 데 사용하실 칼[117]을 보여 주었다. 이 밖에도 훌륭한 물건들을 많이 보여주자 크리스천은 기뻐하였다. 이렇게 하루를 보내고 그들은 다시 잠자리에 들었다.

나는 꿈에서 크리스천이 다음 날 아침 일어나 길을 가려 하자 사람들이 그에게 하루만 더 묵기를 권하는 것을 보았다. 그들은 날씨가 맑으면 기쁨의 산들을 보여 주겠다면서, 그 산들은 지금 크리스천이 있는 곳보다 천국에 더 가깝기 때문에 보고 나면 마음이 더 편해질 것이라고 덧붙였다. 그래서 크리스천은 그들의 말에 따르기로 하고 하룻밤 더 머물렀다.

다음 날 아침이 되자 사람들은 그 집에서 가장 높은 곳으로 크리스천을 데리고 가 남쪽을 바라보라고 했다. 크리스천이 남쪽을 바라보니 아득히 멀리 나무와 포도밭, 온갖 과일, 꽃, 샘과 분수가 어우러져 너무나 아름다운 나라가 눈에 들어왔다.[118] 그들은 모두 기쁜 마음으로 바라보았다. 크리스천이 그 나라의

---

110) 에베소서 6 : 10~18.

111) 출애굽기 4 : 2~4.

112) 사사기 4 : 21.

113) 사사기 7 : 16~22.

114) 사사기 3 : 31.

115) 사사기 15 : 15.

116) 사무엘상 17 : 49~51.

117) 스바냐 3 : 8.

118) 이사야 33 : 16~17.

이름을 물어보자 그들이 대답했다.

"저 땅은 임마누엘이라고 합니다.[119] 이 산과 마찬가지로 저곳도 순례자를 위한 곳이랍니다. 저곳에 가면 천국의 문이 보이지요. 저곳에 살고 있는 목자들이 알려줄 것입니다."

크리스천은 이제 길을 떠나야겠다고 생각했고 사람들도 흔쾌히 그러라고 했다. 하지만 먼저 떠나기 전에 무기창고에 다시 가보자고 했다. 그들은 그곳으로 가는 도중 공격을 당할지도 모른다며 크리스천의 머리부터 발끝까지 튼튼한 장비들로 무장시켜 주었다.

그렇게 길을 떠날 준비를 마치고 크리스천은 그들과 함께 문으로 나가 문지기에게 지나가는 다른 순례자가 있었는지 물었다.

문지기 : "예, 있었지요."

크리스천 : "어떤 사람이었습니까?"

문지기 : "제가 이름을 물어보았더니 믿음(Faithful)이라 했습니다."

크리스천 : "아, 제가 아는 사람입니다. 제 고향 사람으로 아주 가까운 이웃이지요. 지금쯤 어디까지 갔을까요?"

문지기 : "아마 지금쯤이면 산 아래에 도착했을 겁니다."

크리스천 : "그렇군요. 문지기 님, 주께서 당신과 함께 하시어 당신이 제게 보여준 친절에 크나큰 축복을 내려 주시기를 기도하겠습니다."

그리고 크리스천은 길을 떠났다. 판단, 경건, 자선과 신중은 산 아래까지 그와 함께 가기로 했다. 그들은 지난 얘기를 다시 나누며 산을 내려갔다.

크리스천 : "산을 내려가는 일도 올라오는 일 못지않게 위험하겠군요."

경건 : "그럼요, 발을 헛디디지 않고 굴욕의 골짜기를 내려가기란 여간 어려운 일이 아니지요. 그래서 우리가 산 아래까지 함께 가는 겁니다."

그들은 조심스럽게 내려갔다. 크리스천은 한두 번 발을 헛디디기도 하였다.

그때 나는 꿈에서 크리스천이 언덕 아래까지 내려온 것을 보았다. 인정 많은 일행은 크리스천이 산기슭에 도착하자 그에게 빵 한 덩어리와 포도주 한 병 그리고 말린 포도 한 송이를 주었다.[120] 그것들을 건네받은 크리스천은 작별 인사

---

119) 이사야 7 : 14.

120) 사무엘하 16 : 1.

를 한 뒤 다시 길을 떠났다.

겸손(Humiliation)의 골짜기에 들어선 크리스천에게 가엾게도 모진 시련이 닥쳐왔다. 얼마 가지 않아 추악한 괴물이 들판을 가로질러 그에게 다가오고 있었다. 괴물의 이름은 아바돈이었다. 겁을 집어먹은 크리스천은 돌아서서 도망칠 것인지 제자리에 버틸 것인지 마음을 정하지 못하고 망설였다. 그러나 곰곰 생각해 보니 등에는 갑옷을 걸치지 않은 것을 깨달았다. 도망치느라 등을 보이면 아바돈의 화살에 맞아 죽기 십상이었다. 크리스천은 용감하게 맞서기로 마음먹고 그 자리에 우뚝 섰다. 지금 목숨을 구하려면 저 괴물과 맞서는 수밖에 없다고 판단했던 것이다.

크리스천이 앞으로 나아가자 아바돈이 그 앞을 가로막았다. 아바돈의 생김새는 눈 뜨고 볼 수 없을 만큼 흉측했다. 그의 몸은 물고기처럼 온통 비늘로 덮여 있었는데 아바돈은 그것을 큰 자랑거리로 여겼다. 그의 등에는 용의 것과 비슷한 날개가 달려 있었고 발은 곰의 발 같았으며 입은 사자의 입 같았다. 배에서는 연기와 불길이 쏟아져 나왔다. 크리스천 앞으로 다가선 아바돈은 험상궂은 얼굴로 한동안 크리스천을 노려보더니 입을 열었다.

**아바돈** : "너는 어디에서 와서 어디로 가는 게냐?"

**크리스천** : "나는 모든 악의 소굴인 멸망의 도시를 떠나 지금 시온산으로 가는 길이오."

**아바돈** : "오호라, 이제 보니 너는 내 백성이로구나. 그 도시는 모두 내 땅이니 말이다. 나는 그 땅의 왕이자 신이다. 그런데 어찌 너는 왕을 떠나 도망치려는 것이냐. 너를 일꾼으로 더 쓸 생각이 없었다면 지금 단박에 묵사발로 만들었을 것이다.

**크리스천** : "내가 당신의 땅에서 태어난 건 맞소. 하지만 당신을 섬기는 일은 괴로웠고 당신이 주는 품삯으로는 도저히 살아갈 수 없었소. '죄의 대가는 죽음'[121]이기 때문이오. 그래서 철이 들자 사려가 깊은 다른 사람들처럼 내 삶을 바꾸어 볼 궁리를 내었소."

---

121) 로마서 6 : 23.

아바돈 크리스천을 덮치다

**아바돈** : "자기 백성을 호락호락하게 놓아줄 왕이 있을 성싶으냐? 나도 너를 놓아줄 수 없지. 그러나 일과 품삯이 불만이라고 하니 나라 형편이 닿는 대로 잘해주겠다고 약속하마. 그러니 마음 놓고 돌아가거라."

**크리스천** : "나는 이미 '왕 중의 왕'을 섬기고 있소. 어떻게 당신에게 돌아갈 수 있겠소."

**아바돈** : "소탐대실이라더니 네가 딱 그 짝이로구나. 하나 그자를 따르겠다고 나섰다가 다시 돌아오는 자가 한둘이 아니다. 그러니 내 말대로 하면 만사가 잘 될 것이다."

**크리스천** : "나는 그분을 섬기고 충성을 다하기로 맹세했소. 내가 어찌 돌아설 수 있단 말이오. 그랬다가는 배신자가 되어 죽음을 면치 못할 것이오."

**아바돈** : "그건 내게도 마찬가지가 아니더냐. 그러나 지금이라도 돌아서면 나는 이 일을 기꺼이 눈감아 주마."

**크리스천** : "내가 당신에게 맹세한 건 세상 물정을 모를 때요. 더구나 내 머리 위에 휘날리는 깃발의 주인 되시는 분은 내 죄뿐만 아니라 당신을 따랐던 일도 용서해 주실 것이오. 파괴자 아바돈! 솔직히 말해 나는 그분의 일과 그분이 주시는 품삯, 그분의 신하, 다스림, 그분을 따르는 사람과 그분의 나라가 당신보다 좋소. 그러니 나를 꾀어내려 하지 마시오. 나는 그분의 신하이니 그분을 따르겠소."

**아바돈** : "앞으로 네가 가는 곳마다 무슨 일을 당하게 될지 냉정하게 생각해 보아라. 너는 그자의 신하가 되었다지만 그런 자치고 뒤끝이 좋았던 자가 없다. 그자들은 나를 거역하고 내 길을 거역했기 때문이다. 그런 자들 가운데 수치스러운 죽음을 당한 자가 얼마나 많은지 아느냐? 어디 그뿐이냐? 너는 그자를 섬기는 게 나를 섬기는 것보다 낫다고 한다만 잘 생각해 봐라. 그자가 자신을 섬기는 자들을 내 손에서 구하기 위해 자신이 사는 곳 밖으로 나온 적이 단한 번이라도 있더냐? 그러나 온 세상이 다 알듯 이 몸은 다르다. 나는 내게 충성을 맹세한 자들이 그자와 그자의 신하에게 붙잡혔을 때 수도 없이 구해 주었다. 힘을 쓰든 속임수를 쓰든 말이지. 너도 마찬가지로 내가 구해 주겠다."

**크리스천** : "그분께서 그들을 바로 구하시지 않은 건 그들의 사랑을 시험하기 위한 것이오. 그분을 끝까지 굳게 믿는지 아닌지 말이오. 당신은 그들이 비

참한 최후를 맞았다고 하지만 그들에게는 가장 영광스러운 죽음이오. 그들은 오직 영광을 기다리고 있기 때문에 당장 구원받기를 기대하진 않소. 왕께서 천사들을 거느리고 영광에 둘러싸여 오실 때 그들은 구원받을 것이오."

**아바돈** : "너는 이미 그에게 불충을 저질렀다. 그런데 네가 어떻게 그자의 은혜를 입을 수 있다고 생각하느냐?"

**크리스천** : "아바돈, 내가 언제 그분께 불충을 저질렀다는 말이냐?"

**아바돈** : "너는 길을 떠나자마자 절망의 늪에 빠져 허우적댔다고 나약해지지 않았더냐? 너는 네 주인이 와서 짐을 벗겨줄 때까지 기다려야 했는데도 그 짐을 벗어 보겠다고 엉뚱한 길로 들어섰다. 어디 그뿐이냐? 너는 잠을 자느라 귀중한 것을 잃고, 사자를 보고서는 돌아가려는 생각을 하지 않았느냐? 뿐만 아니지. 너는 네가 여정을 통해 보고 들은 것을 이야기할 때 은근히 자랑하려는 속내까지 있었다.

**크리스천** : "다 사실이다. 네가 말한 것 말고도 얼마든지 더 있다. 하지만 내가 섬기는 왕께서는 자비로우시니 모두 용서하실 것이다. 게다가 그러한 허물은 네 나라에서 사는 동안 생긴 것이다. 그것들에 얽매이고 시달리느라 얼마나 괴롭고 후회스러웠는지 모른다. 그러나 왕께서는 그 모든 것을 용서해 주셨다."

아바돈은 발끈 성을 내며 말했다.

**아바돈** : "나는 그 왕의 적이다! 나는 그자의 인격, 그자가 만든 율법, 그자를 따르는 백성을 증오한다. 그래서 너를 방해하기 위해 일부러 온 것이다."

**크리스천** : "아바돈! 함부로 굴지 마라. 내가 서 있는 곳은 왕의 대로[122]이자 거룩한 길이다. 너야말로 조심하는 게 좋을 것이다."

그러자 아바돈은 길 한가운데에 떡 버티고 서서 말했다.

**아바돈** : "나는 두려움이라는 걸 모른다. 죽을 준비나 해라. 내 땅인 지옥을 걸고 너를 여기서 한 발짝도 못 가게 해주마. 네 목숨은 오늘로 끝이다!"

아바돈은 이 말을 마치기가 무섭게 크리스천의 가슴에 불화살을 날렸다. 그러나 크리스천은 손에 든 방패로 불화살을 막아내 위기를 넘겼다. 크리스천은 이제 싸울 때가 왔음을 깨닫고 칼을 뽑아 들었다. 아바돈도 쉴 새 없이 불화살

---

122) 민수기 2 : 22, 이사야 35 : 8.

을 퍼부어댔다. 크리스천은 빗발치는 화살을 다 피하지 못하고 머리와 손발에 상처를 입었다. 크리스천이 비틀거리자 아바돈은 때를 놓치지 않고 사납게 공격했다. 크리스천은 다시 용기를 내어 있는 힘을 다해 맞섰다. 이 격렬한 싸움은 반나절 넘게 이어져 마침내 크리스천은 지칠 대로 지쳐 버렸다. 상처를 입은 탓에 점점 더 기운을 잃을 수밖에 없었다.

아바돈이 그 틈을 타 크리스천에게 달려들어 그를 사정없이 내동댕이쳤다. 그 탓에 크리스천은 그만 칼을 떨어뜨리고 말았다. 아바돈이 소리쳤다.

**아바돈** : "이제 너는 끝장이다!"

그러고는 죽일 듯이 짓눌러, 크리스천은 '이제는 틀렸구나' 절망했다. 하지만 아바돈이 크리스천의 숨통을 끊기 위해 마지막 일격을 가하려는 순간, 하느님의 도움으로 크리스천은 재빨리 손을 뻗어 칼을 쥐었다.

**크리스천** : "내 원수야! 기뻐하지 마라. 아무리 쓰러져도 나는 다시 일어난다."[123]

이렇게 외치며 아바돈을 찌르자 아바돈은 치명상을 입고 주춤거렸다. 크리스천은 그것을 보고 다시 아바돈에게 달려들며 말했다.

**크리스천** : "우리는 우리를 사랑하시는 그분의 도움으로 이 모든 일을 이기고도 남으리라."[124]

그러자 아바돈은 날개를 펴고 달아나 버렸고 크리스천은 그 뒤 그를 보지 못했다.

싸움이 벌어지는 내내 아바돈은 마치 불을 뿜어대는 용처럼 사납게 고함쳤고, 크리스천의 가슴에서는 처절한 한숨과 신음이 터져 나왔다. 나처럼 그 광경을 직접 보고 들은 사람이 아니면 과연 상상조차 하기 어려울 것이다. 쌍날칼로 아바돈을 무찔렀다는 것을 알아차린 크리스천은 비로소 밝은 표정을 지었다. 크리스천은 미소를 지으며 하늘을 올려다보았다. 참으로 무시무시한 싸움이었다. 싸움이 끝나고 크리스천이 말했다.

**크리스천** : "사자 입에서 나를 구해 주시고 아바돈을 물리칠 수 있게 도와주신 주님께 감사드립니다."

---

123) 미가 7 : 8.
124) 로마서 8 : 37.

그러고는 그분을 찬양했다.

> 마귀의 두목, 거대한 바알세불이
> 나를 파멸로 이끌고자
> 무기를 두른 아바돈을 보냈구나
> 지옥에서 온 그는 분노하며 사납게 덤벼들었으나
> 대천사 미카엘이 보우하사 단칼에 쫓았도다
> 그러니 주님께 영원히 감사드리고
> 거룩하신 그 이름을 길이 찬미하리라

그때 누군가가 그에게 오더니 생명의 나뭇잎을 가져다 주었다. 크리스천이 그 잎을 싸움에서 다친 부위에 붙이자 상처가 씻은 듯이 나았다. 그는 자리에 앉아 아침에 건네받은 빵을 먹고 포도주를 마셨다. 다시 기운을 차리자 손에 칼을 든 채 길을 떠날 채비를 했다.

**크리스천** : "근처에 적이 또 있을지 모른다."

그러나 골짜기를 다 벗어날 때까지 아바돈은 다시 나타나지 않았다.

골짜기를 벗어나자 죽음의 그늘(Shadow of Death)이라는 또 다른 골짜기가 나왔다. 천국으로 가는 길이 그 골짜기 한가운데로 나 있어서 크리스천은 그곳을 반드시 지나가야 했다. 골짜기는 아주 호젓했다. 순례자 예레미야는 그곳을 이렇게 일컬었다.

'황무지, 갈라지고 메마른 땅, 죽음이 그늘진 땅, 가물어 풀도 나지 않는 땅, 성도를 제외하고는 아무도 지나지 않고 아무도 살지 않는 땅'[125]

이 골짜기에서 크리스천은 아바돈을 상대로 했던 싸움보다 더 힘든 시련을 겪게 된다.

나는 꿈속에서 크리스천이 죽음의 골짜기에 이르렀을 때 바삐 되돌아오는 두 사나이를 보았다. 그들은 바로 좋은 땅을 나쁜 땅이라고 소문내는 사람들의 후손이었다. 크리스천이 두 사나이에게 말했다.

---

125) 예레미야 2 : 6.

아바돈의 패배

크리스천 : "어디로 가는 길입니까?"

두 사나이 : "돌아가는 길이오. 당신도 목숨과 평화가 소중하거든 돌아가는 게 좋을 겁니다."

크리스천 : "아니, 무슨 일입니까?"

두 사나이 : "무슨 일이긴요. 우리도 당신처럼 이 길로 갈 수 있는 데까지 갔지요. 그렇지만 하마터면 돌아오지도 못할 뻔했어요. 조금만 더 갔다면 이렇게 돌아와 당신에게 소식을 전하지 못했을 테지요.

크리스천 : "무엇을 만났기에 그럽니까?"

두 사나이 : "죽음의 골짜기에 들어섰을 무렵, 운 좋게도 그 앞에 놓인 위험을 보게 됐지요."[126]

크리스천 : "대체 무엇을 본 겁니까?"

두 사나이 : "칠흑처럼 컴컴한 골짜기에서 지옥의 도깨비, 사티로스,[127] 용이 보였지요. 게다가 울부짖는 소리와 신음이 끝없이 들려왔어요. 사슬에 묶인 채 고통에 몸부림치는, 말할 수 없이 비참한 사람들의 목소리였지요. 불꽃 위에는 음울한 구름이 어지럽게 뒤덮여 있었어요. 죽음도 그 위에서 날개를 펄럭대며 날아다니더군요. 한마디로 어지럽고 끔찍한 곳이었어요.[128]

크리스천 : "나는 아직 당신들이 말하는 것을 보지 못하였으나 내 목적지인 안식처로 통하는 길은 이 길뿐입니다."[129]

두 사나이 : "가고 싶거든 가시오. 우리는 가지 않겠소."

그렇게 두 사나이와 헤어진 크리스천은 누가 덤벼들까 두려워 칼을 뽑아 든 채 계속 길을 갔다.

나는 꿈속에서 골짜기 오른쪽에 아주 깊은 도랑이 있는 것을 보았다. 아득한 옛날부터 소경이 소경의 손을 이끌다 빠져 둘 다 죽은 바로 그 도랑이었다. 또한 왼쪽에는 위험하기 짝이 없는 수렁이 있었다. 선한 사람도 한 번 빠지면

---

126) 시편 44 : 19, 107 : 10.

127) 그리스 신화에 나오는 괴물. 얼굴은 사람을 닮았으나 두 개의 뿔이 달렸고 염소의 하반신을 가졌다.

128) 욥기 3 : 5, 10 : 22.

129) 예레미야 2 : 6.

발 디딜 곳을 찾지 못했다. 다윗왕도 그 수렁에 빠진 적이 있는데 만약 하느님의 가호가 없었다면 숨이 막혀 죽었을 것이다.[130]

길도 몹시 좁아 크리스천은 애를 먹었다. 어둠 속에서 도랑을 피하려 하면 수렁에 빠질 듯했고, 수렁을 피하려다 잘못하면 도랑에 빠질 것 같았다. 그 길을 지나가면서 크리스천이 내쉬는 한숨 소리가 들렸다. 수렁과 도랑도 위험했지만 길도 워낙 어두워서, 크리스천은 한 발자국 뗄 때마다 발을 어디에 내려 놓아야 할지 몰라 망설이곤 했다.

골짜기 가운데쯤에 지옥의 입구가 보였으며 그것은 바로 길 옆에 있었다. 크리스천은 앞으로 어떻게 하면 좋을지 곰곰 생각했다. 그곳에서는 불길과 연기가 엄청나게 쏟아져 나오면서, 불꽃이 튀고 무시무시한 소리가 났다. 아바돈과 싸울 때처럼 칼로는 어찌할 수 없었다. 크리스천은 하는 수 없이 칼을 거두고 '온갖 기도'[131]라는 다른 무기를 택했다. 나는 크리스천이 외치는 소리를 들었다.

**크리스천** : "주여, 부디 저를 구해 주소서!"[132]

크리스천은 한동안 이렇게 기도하면서 나아갔지만 불길이 여전히 그를 덮칠 것 같았다. 크리스천은 구슬피 우는 목소리와 무언가 날뛰는 소리를 듣고, 자신도 갈가리 찢기거나 길바닥의 흙처럼 짓이겨지지는 않을까 생각했다. 크리스천은 이렇게 무서운 광경을 보고 소름끼치는 소리를 들으면서 한참을 갔다. 어느 한 곳에 이르자 마귀 한 무리가 다가오는 소리가 들렸다. 크리스천은 걸음을 멈추고 마귀와 어떻게 싸울지 궁리했다. 돌아서는 편이 낫겠다는 생각도 들었지만 이미 골짜기를 절반이나 지난 것 같았다. 또 지금까지 헤쳐 온 많은 시련을 떠올리니 다시 돌아가는 게 더 위험해 보였다.

크리스천은 마침내 앞으로 나아가기로 결심했다. 하지만 마귀 무리는 점점 더 가까이 다가오는 것 같았다. 마귀들이 곁으로 바싹 다가오자 크리스천은 목청을 다해 소리쳤다.

**크리스천** : "주 하느님의 크신 힘으로 나아가리라!"[133]

---

130) 시편 69 : 14.
131) 에베소서 6 : 18.
132) 시편 116 : 4.
133) 시편 76 : 16.

죽음의 골짜기

그러자 마귀 무리는 물러가 다시 나타나지 않았다.

여기서 한 가지 짚고 넘어가야 할 게 있다. 내가 보니 가련한 크리스천은 너무 놀란 나머지 자기 목소리도 제대로 알아듣지 못했다. 크리스천이 마침 불타는 구멍의 입구를 지날 즈음이었다. 한 마귀가 크리스천의 뒤를 서성이며 슬금슬금 다가와 그의 귓가에 하느님을 헐뜯는 말을 소곤댔다. 크리스천은 그 목소리가 자신의 마음에서 우러나오는 소리라고 생각했다. 그렇게나 사랑하는 분을 모독했다고 생각하니 그 어떤 시련보다 괴로웠다. 아무리 듣지 않으려 해도 소용없었다. 귀를 막을 정신도 없고 소리가 어디서 들려오는지 따져 볼 겨를도 없었다. 이렇게 크리스천은 절망에 빠져 한참을 가다가 앞서 가는 사람의 목소리를 들었다.

"나 비록 음산한 죽음의 골짜기를 지날지라도 내 곁에 주님 계시니 무서울 것이 없어라."[134]

크리스천은 대단히 기뻤다. 자기처럼 하느님을 경외하는 사람이 골짜기에 있다는 것과, 어둡고 음산한 곳에서도 하느님께서 함께하신다는 것을 깨달았기 때문이다. 크리스천은 방해물 탓에 눈에 보이지 않을 뿐이지 하느님께서 함께하시지 않을 까닭이 없다고 생각했다.[135]

또한 앞서 가는 사람을 따라잡으면 길동무가 생긴다는 희망도 생겼다. 크리스천은 걸음을 재촉하며 앞서 가는 사람을 불렀다. 그러나 그 사람도 길에 자기 혼자뿐이라 생각했기에 대답하지 않았다. 이윽고 날이 밝았다.

크리스천 : "주께서 짙은 어둠을 아침으로 바꾸셨구나!"

아침을 맞은 크리스천은 뒤돌아보았다. 다시 돌아가고 싶어서가 아니라 어둠 속에서 어떤 위험을 뚫고 왔는지 햇살을 통해 보고 싶었기 때문이다. 한쪽에 있는 도랑과 수렁이 똑똑히 보였고, 그 사이로 난 길이 얼마나 좁았는지도 보였다. 지옥 도깨비와 사티로스, 용도 보였지만 모두 아주 먼 곳에 있었다. 날이 샌 다음이라 더는 쫓아오지 못했다. 크리스천은 성서에 쓰인 하느님의 권능을 확인할 수 있었다.

---

134) 시편 23 : 4.
135) 욥기 9 : 11.

크리스천은 무사히 거인 교황 앞을 지나다

"어둠 가운데서 비밀을 드러내시며 죽음의 그늘조차 대낮처럼 밝히신다."[136]

그제야 크리스천은 쓸쓸한 길에 도사리고 있던 온갖 위험을 벗어난 것에 깊이 감동했다. 지난밤 그토록 무서워하던 것들이지만 환한 빛에 드러나 또렷이 볼 수 있었다. 이 무렵 떠오른 해는 크리스천이 누리는 또 하나의 은혜였다. 앞서 지나온 죽음의 골짜기도 위험했지만 이제부터 가야 할 길은 훨씬 더 험하기 때문이다. 크리스천이 지금 서 있는 곳에서 골짜기 끝에 이르는 길에는 수많은 올가미와 덫, 그물, 구덩이, 함정, 가파른 비탈이 널려 있었다. 크리스천이 처음 길에 들어섰을 때처럼 주위가 어두웠더라면 목숨이 천 개라도 남아나지 못했을 터였다. 그러나 조금 전에 말했듯이 이미 해가 뜨고 있었다.

**크리스천** : "하느님의 등불이 내 머리 위에서 빛나니, 그분의 횃불로 어둠을

---

136) 욥기 12 : 22.

몰아내며 걸으리라."[137]

크리스천은 빛에 의지하여 골짜기 끝까지 갔다. 나는 꿈속에서 골짜기 끝에 피와 뼈, 재, 앞서 그곳을 지나던 순례자들의 시체가 흩어져 있는 것을 보았다. 그런 일이 일어난 까닭이 무엇인지 생각하다가 문득 내 앞에 있는 동굴 하나를 발견했다. 옛날에 교황(Pope)과 이교도(Pagan)라는 두 거인이 살던 곳이었다. 그들이 권세와 폭정을 휘두르며 잔인하게 죽인 사람들의 뼈와 피, 잿더미가 여태 널려 있었던 것이다. 하지만 크리스천은 그곳을 무사히 지나갔다. 나는 그 사실에 살짝 놀랐는데 알고 보니 이교도는 죽은 지 오래고, 교황은 살아있기는 하나 이미 늙었기 때문이었다. 교황은 젊었을 때 입은 상처로 쇠약해진 데다 관절까지 굳어 버려서, 이제는 동굴 앞에 쪼그려 앉아 지나가는 순례자를 비웃거나 그들을 해치지 못하는 분을 삭이느라 손톱을 물어뜯는 게 고작이었다.

나는 크리스천이 길을 가다가 동굴 앞에 앉아있는 노인을 보고 난처해하는 모습을 보았다. 노인이 크리스천을 뒤쫓지도 못하면서 이렇게 외쳤기 때문이다.

교황 : "너희들은 얼마나 더 불에 타 죽어야 정신을 차릴 테냐?"

그러나 크리스천은 태연한 얼굴로 침착하게 그 앞을 지나쳤고 아무런 해도 입지 않았다.

크리스천은 노래했다.

오, 이 얼마나 놀라운가!(내 어찌 다른 말로 표현할 수 있을까)
이 같은 시련을 이겨내다니!
나를 구하신 그 손에 축복을 내리소서!
어둠과 마귀와 지옥과 죄악이
골짜기에 있는 나를 둘러싸고
올가미와 구덩이와 덫과 그물이
내 길 앞을 가로막아
하찮고 어리석은 나를 사로잡아 쓰러뜨리려 했건만
나 살아있으니 그 영광 예수님께 돌리리라!

---

137) 욥기 29 : 3.

크리스천은 길을 가다가 야트막한 언덕에 이르렀다. 순례자들이 올라가 앞을 내다볼 수 있도록 특별히 만들어진 언덕이었다. 크리스천이 언덕을 올라 앞을 내다보니 앞서 길을 가는 믿음(Faithful)이 보였다. 크리스천은 큰 소리로 믿음을 불렀다.

**크리스천** : "이보시오! 거기 좀 기다리시오. 나와 같이 갑시다!"

믿음이 뒤돌아보자 크리스천이 다시 외쳤다.

**크리스천** : "기다려요, 내가 곧 갈 테니!"

그러자 **믿음**이 대답했다.

**믿음** : "안 돼요. 나는 목숨이 위태롭습니다. 피의 복수를 하려는 자가 내 뒤를 쫓고 있어요!"

그 말을 듣고 성이 난 크리스천은 있는 힘껏 달려가 곧 믿음을 앞질러 버렸다. 뒤에 가던 자가 앞서 버린 셈이었다. 크리스천은 믿음을 앞섰다는 생각에 우쭐대며 웃었다. 그때 미처 발밑을 살피지 못하고 비틀거리다가 넘어졌는데 믿음의 부축을 받고서야 일어날 수 있었다.

나는 꿈속에서 그들이 사이좋게 걸으며 순례하면서 겪었던 일을 다정히 이야기하는 모습을 보았다. 크리스천이 먼저 이렇게 말문을 열었다.

**크리스천** : "내 자랑이자 사랑하는 형제, 믿음이여! 당신을 따라잡고 즐겁게 길을 갈 수 있도록 하느님께서 우리 영혼을 정답게 해주시니 기쁘기 그지없습니다."

**믿음** : "실은 마을을 떠날 때부터 함께하고 싶었지만 당신이 먼저 떠나는 바람에 할 수 없이 홀로 여기까지 왔지요."

**크리스천** : "내 뒤를 이어 순례를 떠날 때까지 멸망의 도시에 얼마나 있었습니까?"

**믿음** : "도저히 견딜 수 없을 때까지요. 당신이 떠나고, 곧 하늘에서 불벼락이 떨어져 마을이 불타 버릴 거라는 소문이 떠들썩했습니다."

**크리스천** : "뭐요? 이웃들이 그런 말을 했단 말입니까?"

**믿음** : "암요, 온통 그 소리뿐이었지요."

**크리스천** : "그런데 왜 당신 말고 그곳을 빠져나온 사람이 없는 겁니까?"

**믿음** : "말했다시피 소문은 자자했지만 사람들은 제대로 믿지 않는 눈치였어

요. 한참 열을 올리면서 얘기를 하다가도 당신과 당신의 순례를 비웃는 소리를 들었지요. 그들은 당신의 순례를 절망뿐인 여행이라 불렀어요. 하지만 나는 하늘에서 떨어진 유황불로 도시가 불바다가 되리라 믿었습니다. 지금도 그렇고요. 그래서 그곳을 떠난 겁니다."

**크리스천** : "우리 이웃인 우유부단의 소식은 듣지 못했나요?"

**믿음** : "들었지요. 당신을 따라 절망의 늪까지 갔다가 그곳에 빠졌다고 하더군요. 본인은 그 사실을 알리지 않으려 했지만 그 늪의 진흙으로 흙투성이가 된 모습을 보고 알 수 있었어요."

**크리스천** : "그래서 이웃들은 그에게 뭐라고 하던가요?"

**믿음** : "그는 돌아와서 온 동네 사람들의 손가락질을 받았습니다. 사람들은 그를 비웃고 멸시하며 일거리도 주지 않았지요. 그는 도시를 떠나기 전보다 몇 배나 더 살기 힘들어졌습니다."

**크리스천** : "그들은 우유부단이 버린 길을 멸시하면서 어째서 그에게 반감을 가지는 거지요?"

**믿음** : "사람들은 그가 변절자이니 목을 매달아야 한다더군요. 신앙 고백을 거짓으로 했다면서요. 하느님께서 길을 저 버린 그를 벌하시려 원수들까지 그를 업신여기고 비웃게 하신 것 같습니다."[138]

**크리스천** : "길을 떠나기 전에 그와 이야기를 나눈 적은 없습니까?"

**믿음** : "길에서 한 번 만나긴 했지만 부끄러운지 눈을 피하기에 말을 건네지 못했습니다."

**크리스천** : "그렇군요. 처음 길을 떠나면서 나는 그 사람에게 희망을 가졌지요. 하지만 지금은 도시가 멸망할 때 그도 죽게 될까 걱정입니다. '개는 자기가 토한 것을 도로 먹고, 돼지는 몸을 씻겨 주어도 다시 진창에 뒹군다'[139]는 속담처럼 되었으니까요."

**믿음** : "저도 마음에 걸리지만, 앞으로 다가올 일을 누가 막을 수 있겠습니까?"

**크리스천** : "그렇지요. 자, 우유부단 얘기는 그만두고 우리 이야기를 합시다.

---

138) 예레미야 29 : 28~19.
139) 베드로후서 2 : 22.

여기까지 오면서 무슨 일을 겪었는지 말해주겠습니까? 틀림없이 무언가를 만났을 테지요? 그렇지 않은 게 오히려 놀라운 일이니까요."

**믿음** : "나는 당신이 빠졌다는 늪을 피해 별다른 위험을 겪지 않고 좁은 문에 이르렀습니다. 그런데 도중에 음탕(Wanton)이란 여자를 만나 큰일 날 뻔 했어요."

**크리스천** : "그 여자의 손에서 벗어나 다행입니다. 요셉도 그녀에게 괴롭힘을 당했지만 당신처럼 벗어났지요. 자칫하면 목숨을 잃을 뻔했어요.[140] 그래, 그 여자가 당신에게 무슨 짓을 하던가요?"

**믿음** : "그 여자가 얼마나 아첨을 잘 떠는지 직접 겪어보지 않으면 모를 것입니다. 모든 만족을 다 누리게 해 주겠다고 약속하면서 함께 옆길로 빠지자고 끈질기게 조르더군요."

**크리스천** : "그러나 그녀는 우리 양심을 만족시키지 못하지요."

**믿음** : "그렇지요. 바로 속세와 육체의 만족을 말하는 것입니다."

**크리스천** : "그런 유혹을 피하게 해 주신 하느님께 감사드립시다. 주님의 노여움을 산 자는 부정한 여자가 파 놓은 함정에 빠지고 마니까요."

**믿음** : "허나 내가 유혹을 완전히 뿌리쳤는지 잘 모르겠습니다."

**크리스천** : "그 여자의 꾐에 넘어가지 않았잖습니까."

**믿음** : "그래요, 나 자신을 더럽히지 않았습니다. '그 여자의 걸음은 지옥으로 향한다'[141]는 말씀을 떠올렸기 때문이지요. 그래서 그녀의 겉모습에 홀리지 않도록 눈을 감아 버렸더니[142] 내게 욕을 마구 퍼붓더군요. 그러나 나는 내 길을 계속 갔어요."

**크리스천** : "오면서 다른 어려움은 겪지 않았나요?"

**믿음** : "고난이라는 산기슭에서 아주 나이 든 사람을 만났지요. 내게 누구며 어디로 가는 중인지 묻기에 천국으로 가는 순례자라고 답했습니다. 그랬더니 노인이 내게 '정직해 보이니 내가 주는 품삯을 받으며 함께 살지 않겠나?' 하더군요. 그래서 내가 어디 사는 누구시냐고 묻자, 노인은 이름이 태초의 아담

---

140) 창세기 30 : 11~13.
141) 잠언 5 : 5.
142) 욥기 31 : 1.

(Adam the First)으로 기만(Deceit)[143]이라는 마을에 살고 있다고 말했어요. 나는 노인에게 시킬 일은 무엇이고 품삯으로 무엇을 줄 것인지 물었지요. 그랬더니 그의 일은 그저 즐기는 것이고, 나중에 상속인이 되는 게 품삯이라고 했어요. 나는 노인에게 집은 어떤지, 하인은 몇이나 되는지 물었지요. 그러자 그의 집은 이 세상에서 좋은 것은 다 갖추었고 하인은 모두 자기 자식이라고 말했습니다. 자식이 모두 몇이냐고 물었더니 딸만 셋이며 이름은 '육체의 욕망'과 '눈의 욕망', '삶의 자랑'[144]이라고 했어요. 내가 바란다면 세 자매 모두와 결혼시켜 주겠다고 했지요. 내가 얼마나 함께 살길 바라는지 묻자 자기 목숨이 다할 때까지라고 말했습니다."

크리스천 : "그래서 그 노인과 결국 어떻게 하기로 했습니까?"

믿음 : "처음에는 나도 노인의 말에 귀가 솔깃했지요. 노인의 말이 그럴 듯했거든요. 그러나 이야기를 나누면서 노인의 이마를 보니 '옛 사람과 그 행동을 믿지 말라'[145] 이렇게 적혀 있지 뭡니까?"

크리스천 : "그래서 어떻게 했소?"

믿음 : "어떤 입발림을 늘어놓건 일단 집에 따라가면 노예로 팔려갈 거라는 생각이 퍼뜩 들었습니다.[146] 그래서 나는 집 근처에도 가지 않을 테니 그만두라고 말했어요. 그러자 노인은 벌컥 화를 내더니 내 갈 길이 괴롭도록 사람을 붙일 거라고 으름장을 놓았습니다. 나는 발길을 돌려서 떠나려고 했는데 그 순간 노인이 내 살을 꽉 움켜쥐고 어찌나 세게 꼬집던지 살이 떨어져 나가는 줄 알았습니다. 나는 '아, 비참하구나!'[147] 하고 비명을 지르고 말았지요. 그러고는 그 길로 산을 올랐습니다. 산을 반쯤 올랐을 때 뒤를 돌아보니 누군가 바람처럼 빠르게 나를 쫓아오더군요. 결국 그 사람은 나무 그늘이 있는 곳에서 나를 따라잡았습니다."

크리스천 : "나는 그곳에서 쉬다가 깜빡 잠이 드는 바람에, 품 안에 넣어 두

---

143) 에베소서 4 : 22.
144) 요한일서 22 : 16.
145) 골로새서 3 : 9.
146) 요한복음 8 : 34.
147) 로마서 7 : 24.

었던 두루마리를 잃어버렸지요."

믿음 : "형제여, 내 말을 끝까지 들어보세요. 그 사내는 나를 따라잡더니만 다짜고짜 후려치고 때려눕히지 않겠습니까? 거의 죽을 뻔했다가 정신이 조금 돌아오기에 나를 왜 때리는지 따졌지요. 그랬더니 태초의 아담이 하는 말에 은근히 마음이 기울지 않았냐면서 또 가슴을 한 방 쳤습니다. 벌렁 나자빠진 나는 사내의 발치에 죽은 듯이 쓰러져 있었어요. 다시 정신이 들자 나는 자비를 베풀어 달라고 울면서 애원했습니다. 그런데 사내가 자기는 자비를 베풀 줄 모른다면서 또 나를 때려눕히지 뭡니까. 그때 어떤 분이 와서 말리지 않았다면 나는 분명 목숨을 잃었을 것입니다."

크리스천 : "그를 말린 분이 누굽니까?"

믿음 : "나도 처음에는 알아보지 못했지만 그분이 지나칠 때 보니 두 손과 옆구리에 구멍이 나 있더군요. 그제야 나는 그분이 우리 주님이시라는 걸 알아차렸습니다. 그리하여 나는 다시 산을 올랐습니다."

크리스천 : "당신을 따라잡은 사람은 모세입니다. 모세는 누구든 용서하는 법이 없어요. 자신의 율법을 어긴 사람에게 결코 자비를 베풀지 않지요."

믿음 : "나도 잘 알지요. 그를 만난 게 이번이 처음은 아니거든요. 내가 고향에서 편안히 살고 있을 때 나를 찾아와 그곳을 떠나지 않으면 내 집을 불태워 버리겠다고 한 적이 있답니다."

크리스천 : "모세를 만난 그 산꼭대기에서 어떤 집을 보지 못했습니까?"

믿음 : "봤습니다. 집 앞에 있는 사자도 보았지요. 한낮이라 그런지 사자들은 모두 잠든 것 같았습니다. 해가 질 때까지 시간이 많이 남았기에 나는 그 집에 들르지 않고 문지기 앞을 지나 산을 내려왔어요."

크리스천 : "문지기 말이 당신이 지나가는 걸 봤다고 하더군요. 당신도 그 집에 잠깐 들렀다 갔으면 좋았을 걸 그랬습니다. 죽을 때까지 잊지 못할 귀한 것을 볼 수 있었을 텐데요. 그런데 겸손의 골짜기에서는 아무도 만나지 않았습니까?"

믿음 : "아니요, 불만(Discontent)이라는 사람을 만났지요. 그는 골짜기를 더 가 봐야 아무런 영광도 없다면서 함께 돌아가자고 자꾸만 부추겼습니다. 게다가 골짜기를 지나면 오만(Pride), 거만(Arrogance), 자만(Self-conceit), 세속의 영광

(Worldly Glory) 같은 내 모든 친구와 등지는 것이니 친구들이 몹시 화낼 거라 하더군요."

크리스천 : "그래서 당신은 뭐라고 했나요?"

믿음 : "비록 그가 말한 사람들이 핏줄로 치면 내 친척이긴 해도, 내가 순례자가 된 뒤 그들과 어울리지 않은 것처럼 그들도 나와 인연을 끊었다고 대답했지요. 그러니 이제 그들은 남이나 마찬가지라고요. 또 '겸손하면 영광이 뒤따르고 교만하면 멸망이 따른다'[148]는 말이 있으니 골짜기에 대해 잘못 알고 있다고 꼬집어 줬답니다. 나는 그가 권하는 것을 택하기보다 가장 현명한 사람들이 명예롭게 생각한 영광을 얻기 위해 골짜기를 지나고 싶다고 말했습니다."

크리스천 : "골짜기에서는 아무도 만나지 못했습니까?"

믿음 : "부끄러움(Shame)이라는 사람을 만났습니다. 순례를 하면서 만난 사람들 가운데 이름이 가장 안 어울리는 사람이었어요. 보통 사람은 이야기를 하다가 잘못을 깨달으면 물러날 줄도 아는데 그 뻔뻔한 사람은 꼼짝도 안 하더군요."

크리스천 : "그자가 뭐라고 했습니까?"

믿음 : "글쎄, 그는 신앙 자체를 반대했습니다. 신앙에 마음을 쏟는 것은 미련하고 한심한 짓이라고 하더군요. 날카로운 양심은 사내답지 못한 비열한 것이라고요. 한 시대의 씩씩한 대장부는 오만과 자유에 익숙한 법인데 그것을 멀리하고 말과 행동을 삼가는 건 놀림감이 될 뿐이라고 했습니다. 힘 있고 돈이 많으며 현명한 사람치고 나처럼 생각하는 사람은 없다고 말이지요. 바보가 아닌 이상 뭔지도 모르는 것을 구하겠다며 자신이 가진 모든 걸 내놓고 모험할 사람도 없을 거라고 주장했어요.[149] 또 순례자들 대부분이 비천한 신분이고 자연과학을 몰라 이해하지 못한다고 그는 못마땅해했어요.[150] 내가 다 전할 수도 없을 만큼 말을 많이 하면서 나를 놓아주지 않았습니다. 예를 들어 설교를 듣고 울며 슬퍼하는 일, 교회에서 돌아가며 한숨짓고 신음하는 일, 사소한 잘못으로 이웃에게 용서를 구하는 일, 훔친 물건을 되돌려 주는 일 모두 부끄러운 짓이라고 했지요. 그는 더 그럴듯한 표현으로 말했지만, 부도덕한 일을 몇 번

---

148) 잠언 15 : 33, 16 : 18.
149) 고린도전서 1 : 26 : 3 : 18, 빌립보서 3 : 7~8.
150) 요한복음 7 : 48.

저질렀다고 해서 위대한 사람들을 멀리하고, 같은 신앙을 가진 형제라고 하여 비천한 사람들을 벗하고 대접하는 게 부끄럽지도 않느냐고 했습니다."

**크리스천**: "그래서 당신은 뭐라고 대답했습니까?"

**믿음**: "처음에는 뭐라고 해야 좋을지 모르겠더군요. 그렇게 다그치니 얼굴이 화끈 달아오를 정도였습니다. 그 부끄러움이라는 자 때문에 나는 쩔쩔매다가 토론에서 물러날 뻔했답니다. 그러나 '사람들이 떠받드는 것은 하느님께서 보시기에 가증스러운 것이다'[151]라는 말을 떠올렸지요. 그리고 부끄러움이라는 자가 사람에 대해서 이러쿵저러쿵 떠들어댔어도 하느님과 하느님의 말씀이 어떤지는 한마디도 하지 않은 것을 깨달았습니다. 최후의 심판일에 우리가 죽느냐 사느냐를 정하는 것은 오만한 세상 사람이 아니라 가장 높으신 분의 지혜와 율법이라는 생각도 들었지요. 그러니 세상 모든 사람이 아니라 하여도 하느님의 말씀이 최고라고 생각했습니다. 또 하느님은 당신의 신앙과 날카로운 양심을 좋아하시며, 천국에 가기 위해 바보가 되는 사람이야말로 가장 현명하고, 그리스도를 사랑하는 가난한 사람이 그리스도를 미워하는 위대한 사람보다 부유하다는 것을 깨달았습니다. 그래서 나는 말했지요. '부끄러움이여, 물러가라! 너는 내 구원을 막는 적이다. 내가 내 주인이신 분을 등지고 너를 따를 성싶으냐? 그러면 주님께서 오실 때 무슨 낯으로 그분을 뵙겠느냐? 내가 그분의 길과 그분을 섬기는 것을 부끄러워한다면 내가 어찌 축복을 기대할 수 있겠느냐?'[152] 그런데 이 부끄러움이라는 놈이 어찌나 뻔뻔스러운지 여간해서 쫓아 버릴 수 없더군요. 오히려 내게 달라붙어 신앙의 이런저런 약점을 계속 늘어놓았지요. 마침내 나는 그가 경멸하는 것을 가장 영광스럽게 생각하니 계속 수작을 걸어봐야 헛일이라고 그에게 말해줬어요. 그제야 그 찰거머리 같은 놈이 내게서 떨어져 나가고 나는 이렇게 노래를 불렀습니다."

> 하늘의 부름을 따르는 사람에게
> 찾아오는 시험 많기도 하구나
> 육신을 즐겁게 하며

---

151) 누가복음 16 : 15.
152) 마가복음 8 : 38.

우리를 잡아 꿇리고 없애려
지금 아니면 언제라도
끊임없이 찾아와 덮치니
순례자들이여! 오, 순례자들이여!
방심 말고 씩씩하게 나아가세

**크리스천** : "형제여, 용감하게 악당을 물리쳤다니 몹시 기쁩니다. 당신 말대로 이름이 참으로 어울리지 않는 자로군요. 우리를 쫓아와 많은 사람들 앞에서 창피를 주고, 선한 것을 부끄럽게 여기게 만들려는 뻔뻔한 놈입니다. 그자가 부끄러움을 알았다면 그런 짓을 하지 못했겠지요. 그에게 끝까지 맞서도록 합시다. 제아무리 허세를 부려봤자 바보가 될 뿐이에요. 솔로몬도 '지혜로운 사람은 영광을 물려받고 미련한 사람은 멸시를 받는다'고 말했지요."[153]

**믿음** : "우리가 부끄러움과 싸우려면, 이 세상에 진리를 펴기 위해 우리가 용감해지길 바라시는 주님께 도움을 구해야 한다고 생각합니다."

**크리스천** : "옳은 말입니다. 그런데 골짜기에서 또 다른 사람은 만나지 않았나요?"

**믿음** : "더는 만나지 않았습니다. 그 골짜기와 죽음의 골짜기를 빠져나올 동안 햇빛이 환히 비추었으니까요."

**크리스천** : "그것 참 다행입니다. 나는 당신과 달리 많은 애를 먹었습니다. 골짜기로 들어가자마자 아바돈이라는 흉측한 마귀와 한참동안 무시무시한 싸움을 했답니다. 특히 아바돈이 나를 넘어뜨리고 깔아뭉개며 으스러뜨리려 할 때는 죽을지도 모른다고 생각했어요. 아바돈이 나를 집어던질 때는 칼을 떨어뜨리고 말았지요. 아바돈은 나를 죽이겠다고 했어요. 그러나 내가 하느님께 기도 드렸더니 하느님께서 내 기도를 들으시고 모든 시련에서 나를 구해 주셨답니다. 그리고 죽음의 골짜기에 가서 거의 절반은 어둠 속을 걸어 그곳을 지났습니다. 죽어도 골백번은 죽겠다 싶었지요. 하지만 이윽고 날이 새고 해가 떠올랐습니다. 덕분에 남은 길은 아주 편안하게 빠져나올 수 있었어요."

---

153) 잠언 3 : 35.

나는 꿈속에서 두 사람이 발길을 재촉하여 걷는 것을 보았다. 그때 믿음이 문득 고개를 돌려 길 한쪽을 걷고 있는 수다쟁이(Talkative)를 보았다. 길은 그들이 약간 떨어진 채로 걸을 수 있을 만큼 넓었다. 수다쟁이는 키가 컸는데, 가까이에서 볼 때보다 조금 떨어져서 봤을 때 훨씬 남자다워 보였다. 믿음이 수다쟁이에게 말을 걸었다.

**믿음** : "여보시오, 어디로 가는 길이시오? 천국으로 가는 길입니까?"

**수다쟁이** : "그렇습니다."

**믿음** : "잘됐군요, 함께 가는 게 어떻습니까?"

**수다쟁이** : "길동무가 되어 주신다면 저야 기쁘지요."

**믿음** : "이쪽으로 와서 같이 가요. 가면서 유익한 얘기나 나눕시다."

**수다쟁이** : "좋은 이야기라면 상대가 누구든 반갑지요. 당신처럼 좋은 일을 하시려는 분을 만나다니 기쁩니다. 사실 여행을 하면서 좋은 이야기로 시간을 보내고자 하는 사람은 드물답니다. 대부분 사람들은 하찮은 잡담만 나누려고 해서 괴로웠던 참이에요."

**믿음** : "참으로 한심한 일입니다. 세상 사람들이 입에 담기에 하늘에 계신 하느님 이야기만큼 바람직한 것이 어디 있겠습니까?"

**수다쟁이** : "이렇게 당당하게 말씀하시는 분을 만나다니 정말 반갑습니다. 한마디 더 보태자면, 하느님 이야기처럼 즐겁고 유익한 것이 또 어디 있겠습니까? 사람들이 훌륭한 것에서 기쁨을 얻는다고 하면 하느님 이야기만큼 즐거운 것도 없지요. 예컨대 사람들이 역사나 신비로운 이야기를 하며 기뻐한다거나 기적 혹은 불가사의한 징조를 좋아한다면, 이 모든 게 성경만큼 재미있고 아름답게 기록된 것이 있을까요?"

**믿음** : "옳은 말씀이지만 그런 이야기를 통해 이로움을 얻는 것이 더 중요하지요."

**수다쟁이** : "내 말이 그 말입니다. 그것이 가장 이로운 일이지요. 그렇게 하여 사람들은 많은 지식을 얻고, 이 세상이 덧없고 하늘의 것들이 이롭다는 사실을 알게 되지요. 자세히 말하자면, 사람은 그런 이야기를 나누면서 어째서 거듭나야 하는지, 인간의 일이 얼마나 불완전한지, 그리스도의 의가 얼마나 절실한지 배울 수 있습니다. 그뿐 아니라 대화를 통해서 뉘우치고, 믿고, 기도하

고, 괴로워하는 일이 무엇인지 깨닫게 되지요. 게다가 크신 약속과 복음이 주는 위안을 알게 되고, 잘못된 의견에 맞서서 진리를 밝히고 무지를 깨우치는 법도 배울 수 있습니다."

**믿음** : "모두 옳은 말씀입니다. 그런 말을 들으니 정말 기쁘군요."

**수다쟁이** : "안타까운 일입니다. 이런 이야기를 하는 사람이 적은 탓에, 영생을 얻기 위해서는 믿음과 은총의 세례가 필요하다는 것을 이해 못하는 사람이 많지요. 사람들 대다수가 어리석게도 율법에 의지하면서 살지만 그래서는 결코 천국에 갈 수 없습니다."

**믿음** : "실례입니다만, 그런 하늘의 지식은 하느님께서 내리신 선물입니다. 인간이 노력한다거나 이야기를 나눈다고 해서 얻을 수 있는 것이 아니지요."

**수다쟁이** : "나도 잘 압니다. 사람은 하늘이 주시지 않으면 아무것도 받을 수 없으니까요.[154] 모두 우리 행위가 아니라 은총을 통해 얻는 것이지요. 이를 뒷받침하기 위해서라면 성경 구절을 몇백 개라도 댈 수 있습니다."

**믿음** : "그러면 오늘은 무엇에 대해 이야기를 나눌까요?"

**수다쟁이** : "뭐든 좋습니다. 하늘의 일이나 땅의 일, 도덕적인 일이나 복음을 전하는 일, 거룩한 일이나 속된 일, 지나간 일이나 앞으로 다가올 일, 외국의 일이나 국내 일, 본질적인 일이나 부수적인 일 등 우리에게 이롭다면 무엇이든 좋습니다."

그러자 믿음은 감탄하면서, 지금껏 혼자 길을 가던 크리스천에게 건너가 속삭였다.

**믿음** : "대단한 길동무를 만났군요. 저분은 분명 훌륭한 순례자가 될 겁니다."

크리스천이 가만히 미소를 지으며 말했다.

**크리스천** : "당신이 반한 저 사람은 그 혀로 처음 만난 사람 스무 명 정도는 너끈히 속여 넘길 것입니다."

**믿음** : "저 사람을 아나요?"

**크리스천** : "알다마다요. 본인보다 더 잘 알 겁니다."

**믿음** : "어떤 사람입니까?"

---

154) 요한복음 3 : 27.

**크리스천** : "수다쟁이라는 사람으로 우리 마을에 살았지요. 당신이 모르다니 놀랍긴 하지만 마을이 워낙 크니 그럴 수도 있겠군요."

**믿음** : "어느 집 아들입니까? 어디에서 살았지요?"

**크리스천** : "수다 거리(Prating Row)에 살던 달변(Saywell)의 아들입니다. 주위에서는 수다 거리의 수다쟁이로 통했지요. 말재주는 좋지만 보잘것없는 자입니다."

**믿음** : "그런가요? 겉보기에는 아주 훌륭한 사람 같은데요."

**크리스천** : "잘 모르는 사람 눈에는 그렇게 보이지요. 겉은 멋져 보이지만 알고 보면 아주 추한 사람입니다. 수다쟁이가 멋지다고 하니 어느 화가의 그림이 생각나네요. 멀리서 볼 때는 근사하더니 가까이서 보니까 형편없는 그림이었지요."

**믿음** : "당신이 웃으며 말하니 농담처럼 들립니다."

**크리스천** : "아닙니다. 내 비록 웃기는 했지만 하느님께서는 이런 일에 농담하거나 남을 헐뜯는 것을 금하셨습니다. 수다쟁이에 대해 더 자세히 알려드리지요. 저 사람은 아무하고나 잘 어울리고 무슨 이야기든 잘 떠듭니다. 지금 당신과 나눈 이야기를 술집에 앉아서도 떠들곤 합니다. 신앙심이라고는 저 사람의 마음속이나 집, 행동 어디에서도 찾아볼 수 없답니다. 오로지 입으로만 떠벌릴 뿐이에요."

**믿음** : "세상에 그럴 수가! 내가 깜빡 속은 거네요."

**크리스천** : "그렇고말고요. 그들은 말만 하고 행하지 않는다[155]는 말을 기억하세요. 하느님의 나라는 말이 아니라 능력에 있습니다.[156] 저 사람은 기도와 회개, 신앙, 거듭남이 무엇인지 떠들어대지만 단지 그뿐이지요. 나는 저자의 집에 가 보았고, 집안에서든 밖에서든 저자를 주의 깊게 살펴보았으니 틀림없는 사실입니다. 수다쟁이의 가족은 신앙심이라고는 눈곱만큼도 없어서 기도하지 않고, 지은 죄를 뉘우치지도 않는답니다. 차라리 저자의 집에서 기르는 짐승이 저자보다 하느님을 잘 섬길 겁니다. 저자를 아는 사람이 보기에 저자는 신앙의 얼룩이자 오점이며 수치지요. 저자가 살던 마을 어디를 가도 저자를 좋게 말하는 사람이 없습니다. 저자를 아는 세상 사람은 저자를 두고 밖에서는 성인, 집

---

155) 마태복음 23 : 3.
156) 고린도전서 4 : 20.

에서는 악마라고 부른답니다. 저자의 가족도 그렇게 생각한다지요. 구두쇠인데다 하인들에게 어찌나 욕을 퍼붓고 터무니없이 구는지 하인들은 늘 어쩔 줄을 몰라 합니다. 수다쟁이와 거래를 해본 사람들은 차라리 터키인과 거래하는 게 낫다고 말합니다. 그편이 더 공정하다고 말입니다. 수다쟁이는 할 수 있는 한 온갖 꾀를 부려 남을 속이고 앞지르려고 합니다. 게다가 자식까지도 자신을 따르도록 가르칩니다. 만약 자식들 가운데 누군가가 어리석고 소심한 모습(저자는 날카로운 양심을 이렇게 부르지요)을 보이면 바보다 멍청이다 하며 일을 주지 않고, 다른 사람들 앞에서 칭찬하지 않아요. 수다쟁이의 사악한 삶 때문에 지금까지 많은 사람이 넘어지고 쓰러졌습니다. 하느님께서 막지 않으시면 앞으로 더 많은 사람이 파멸을 당할 겁니다."

**믿음** : "그렇군요. 당신이 저자를 안다고도 했고, 진정한 그리스도교인답게 이야기를 들려주니 그 말을 믿어야겠지요. 저자에게 나쁜 뜻이 있어서가 아니라 사실대로 말씀하는 것 같으니까요."

**크리스천** : "나도 저자를 몰랐다면 당신과 똑같은 생각을 했을 겁니다. 신앙의 적이나 마찬가지인 사람들이 저자를 헐뜯었다면 저자가 모함을 받고 있다고 생각했겠지요. 나쁜 사람들의 입에는 선한 사람의 이름과 신앙 고백이 오르내리는 법이니까요. 하지만 내가 알고 있는 저자의 죄만으로도 저자가 나쁘다는 것을 증명할 수 있습니다. 그뿐만 아니라 선한 사람들은 저자를 부끄럽게 여겨 형제나 친구라고 부르지 않습니다. 저자를 아는 사람은 그 이름만 들어도 얼굴을 붉히지요."

**믿음** : "말과 행동이 서로 다른 것임을 이제야 알겠습니다. 앞으로는 이를 구분하기 위해 주의해야겠군요."

**크리스천** : "영혼과 육체가 다른 것처럼 그 둘은 완전히 다른 것이지요. 영혼이 없는 육체는 시체와 다를 바 없듯이, 말도 행동이 없으면 시체에 지나지 않습니다. 신앙의 정신은 행동에 깃들어 있습니다. 하느님 아버지 앞에 떳떳하고 순수한 신앙은 어려움을 겪는 고아들과 과부들을 돌보고, 세속에 물들지 않게 자신을 지키는 것입니다.[157] 수다쟁이는 이 사실을 모르지요. 듣고 말하는 것만

---

157) 야고보서 1 : 22~27.

으로 훌륭한 하느님의 자녀가 될 수 있다고 믿고 제 영혼을 속이고 있어요. 듣는 것은 단지 씨를 뿌리는 것에 불과합니다. 말만으로는 우리 마음과 삶 속에 열매가 열렸다고 볼 수 없지요. 사람은 최후의 심판 날에 자신이 맺은 열매로 심판받는다는 사실을 기억해야 합니다.[158] 그때 우리가 받는 질문은 '믿었느냐?'가 아니라 '행했느냐, 아니면 말만 했느냐?'이고, 그 답에 따라 심판을 받을 겁니다. 세상의 종말은 추수에 빗댈 수 있는데 아시다시피 추수하는 사람은 열매에만 신경 쓰지요. 신앙에서 비롯된 것이 아니면 아무것도 얻을 수 없다는 뜻입니다. 내가 이런 말을 하는 이유는 수다쟁이의 말뿐인 신앙 고백이 얼마나 무의미한지 알려주기 위해서입니다."

**믿음** : "그 말을 들으니 모세가 깨끗한 짐승에 대해 한 말이 떠오르는군요.[159] 발굽이 갈라졌고 새김질하는 짐승은 깨끗하지만, 굽만 갈라져 있거나 새김질만 하는 짐승은 그렇지 않지요. 토끼는 새김질을 하지만 굽이 갈라지지 않아 깨끗하지 않습니다. 수다쟁이와 아주 비슷하네요. 수다쟁이는 새김질을 합니다. 지식을 바라며 하느님의 말씀을 새기지만 굽이 갈라지지 않았어요. 즉 죄인의 길과 갈라져 나오지 못한 것이지요. 저자는 토끼처럼 굽이 갈라지지 않은 개나 곰의 발을 갖고 있습니다."

**크리스천** : "성경 말씀의 참뜻을 알려 주셨으니 나도 한마디 덧붙이지요. 사도 바울은 말을 잘하는 어떤 사람들을 가리켜 요란한 징과 꽹과리라고 했지요.[160] 생명이 없으면서 소리를 낸다고도 했습니다.[161] 생명이 없다는 것은 곧 참된 신앙과 복음의 은총이 없다는 뜻입니다. 따라서 그들이 아무리 천사처럼 말한다고 해도 천국에 사는 생명의 자녀들과 함께할 수는 없을 겁니다."

**믿음** : "처음에는 저자와 동행할 마음이 차츰 사라지더니 이제는 구역질이 날 정도군요. 어떻게 하면 수다쟁이를 따돌릴 수 있을까요?"

**크리스천** : "내 말을 듣고 그대로 해보세요. 그러면 하느님께서 수다쟁이의 마음을 돌리지 않는 한 저쪽에서도 당신과 함께 가는 것을 꺼리게 될 겁니다."

---

158) 마태복음 13 : 18~23, 25 : 14~46.
159) 레위기 11 : 3~6, 신명기 14 : 7.
160) 고린도전서 13 : 1~3.
161) 고린도전서 14 : 7.

**믿음** : "어떻게 하면 되지요?"

**크리스천** : "수다쟁이에게 가서 신앙에 대해 진지하게 말해 보세요. 수다쟁이도 좋다고 할 겁니다. 그러면 저자의 마음과 집, 삶에 신앙의 힘이 미치고 있는지 솔직하게 물어보세요."

그러자 믿음은 다시 앞으로 가 수다쟁이에게 말을 건넸다.

**믿음** : "어때요, 하던 이야기를 마저 할까요?"

**수다쟁이** : "좋지요. 계속 여기 계셨더라면 많은 얘기를 나눴을 텐데요."

**믿음** : "괜찮으시면 얘기를 다시 시작하지요. 내게 주제를 정하라고 맡겼으니 이 문제로 합시다. 하느님의 구원과 은총이 사람들 마음에 깃들면 어떤 식으로 나타나는 걸까요?"

**수다쟁이** : "사물의 힘을 얘기해 보자는 말씀이군요. 좋은 주제를 고르셨습니다. 기꺼이 답해 드리지요. 간단히 말하자면 이렇습니다. 첫째, 하느님의 은총이 마음에 깃들면 죄를 소리 높여 반대할 것입니다. 둘째……."

**믿음** : "아니, 잠깐만요. 한 번에 하나씩 생각해 보기로 하지요. 나는, 영혼에 하느님의 은총이 깃들면 죄를 혐오하게 된다고 말하는 편이 좋을 것 같습니다."

**수다쟁이** : "죄를 반대하는 것과 혐오하는 것에 어떤 차이가 있지요?"

**믿음** : "커다란 차이가 있지요. 사람은 숨은 속셈 때문에 죄를 반대할 수 있어도 신앙을 갖지 않고서는 죄를 혐오할 수 없습니다. 마음과 집안, 삶에 죄를 담아 두고서도 교단에서는 죄를 반대한다고 외치는 사람들을 많이 보았지요. 요셉의 여주인은 마치 자신이 성녀라도 되는 양 떠들었지만 요셉과 부정을 저지르려 했어요.[162] 죄를 반대한다고 외치는 사람은, 아이를 무릎 위에 앉혀놓고 말괄량이니 장난꾸러기니 하며 꾸짖으면서도 어느새 껴안고 입맞춤하는 어머니와 다를 바 없습니다."

**수다쟁이** : "말꼬리 잡기를 좋아하시는 분이로군요."

**믿음** : "천만에요, 나는 그저 사물을 바르게 보려 할 따름입니다. 자, 그러면 하느님의 은총이 사람 마음에 깃들었음을 보여주는 두 번째 증거는 무엇이지요?"

**수다쟁이** : "복음의 신비에 달통하는 것입니다."

---

162) 창세기 39 : 15.

**믿음** : "그건 두 번째가 아니라 첫 번째 증거가 되어야 하는 게 아닐까요? 하지만 첫 번째든 아니든 그것도 잘못된 생각입니다. 영혼에 은총이 깃들지 않아도 복음의 신비에 대한 지식을 갖출 수 있으니까요. 사람이 온갖 지식에 달통할지라도 그것만으로는 아무런 의미가 없기에[163] 하느님의 자녀가 될 수 없습니다. 그리스도께서 '너희들은 이 모든 것을 아느냐'고 물으셨을 때 사도들은 그렇다고 대답했습니다. 그러자 그리스도께서는 '그것을 행하면 너희에게 복이 있으리라'고 하셨습니다.[164] 아는 자가 아니라 행하는 자에게 복이 내릴 거라 하셨지요. 알기만 할 뿐 행하지 않는 지식이 있고, 주님의 뜻을 알고도 행하지 않는 사람이 있기 때문입니다.[165] 천사만큼 많이 안다고 하여 모두 하느님의 자녀가 되지는 못하니 당신이 말한 답은 옳지 않습니다. 아는 것은 수다쟁이나 허풍쟁이를 즐겁게 하지만 행하는 것은 하느님을 기쁘게 하지요. 지식이 없어야 마음이 선하다는 뜻은 아닙니다. 지식이 없는 마음은 텅 빈 것이니까요. 지식에도 여러 가지가 있습니다. 그저 사색에 머무르는 지식이 있는 한편, 신앙과 사랑의 은총이 함께하여 하느님의 뜻을 마음으로부터 행하게 하는 지식이 있지요. 이 가운데 첫 번째 지식은 수다쟁이에게 쓸모 있을지 몰라도, 참된 신앙인은 두 번째 지식이 없으면 만족하지 않습니다. 이런 말씀이 있습니다. '나를 깨우쳐 주님의 법에 따라 살게 하소서. 온 마음을 바쳐 지키리다.'[166]"

**수다쟁이** : "또 말꼬리를 잡으시는군요. 그래서는 가르침을 얻을 수 없습니다."

**믿음** : "그럼 은총이 내려오면 어떻게 드러나는지 또 다른 증거를 말씀해 보시지요."

**수다쟁이** : "의견이 맞지 않을 게 뻔하니 그만두렵니다."

**믿음** : "그렇다면 내가 말해 볼까요?"

**수다쟁이** : "마음대로 하세요."

**믿음** : "한 사람의 영혼에 은총이 깃들면 곁에서 지켜보는 사람에게도 드러나는 법이지요.

---

163) 고린도전서 13 : 2.
164) 요한복음 13 : 17.
165) 요한복음 12 : 47.
166) 시편 119 : 34.

먼저 은총이 깃든 사람은 자신의 죄, 특히 자신의 본성을 더럽히는 죄와 불신의 죄를 깨닫습니다.[167] 만약 예수 그리스도를 믿고 하느님께 자비의 손길을 구하지 않으면 그는 그 죄로 벌을 받게 되지요.[168] 이러한 깨달음은 그가 죄를 슬퍼하고 부끄러워하게 만듭니다.[169] 그러면 세상의 구세주께서 자기 마음속에 있음을 깨닫고 목숨이 다할 때까지 구세주를 따라야 한다고 느끼지요. 그리하여 주님을 사모하며 배고픔과 갈증을 겪게 된 그에게는 약속이 주어질 것입니다.[170] 그때부터 그는 구세주를 향한 믿음이 얼마나 강한지에 따라 기쁨과 평안을 누리게 된답니다.[171] 거룩함을 사랑하는 마음, 주님을 더 알고 싶다는 바람, 이 세상에서 주님을 섬기겠다는 바람의 크기가 달라지지요. 그러나 사람 마음에 깃든 은총이 이렇게 드러난다고 해도, 은총을 받은 당사자는 그것이 은총의 증거임을 좀처럼 깨닫지 못합니다. 그가 지금까지 타락의 길을 걸어온 탓에 이성으로 그릇된 판단을 내리기 때문입니다. 그러니 은총을 받은 사람은 은총이 내린 증거를 알아차리고 확신하기 위해 바른 판단을 내릴 수 있어야 합니다.

주위 사람들은 은총이 깃든 사람을 다음과 같은 방법으로 알아낼 수 있습니다. 첫째는 그가 그리스도를 믿는다고 신앙 고백을 했는가, 둘째는 신앙 고백에 걸맞게 거룩한 삶을 사는가에 따라서입니다. 즉 마음이 거룩하고, 가족이 있다면 가족도 거룩하며, 평소 몸가짐 또한 거룩한 삶이어야 합니다. 그는 늘 마음속 죄를 미워하고 그 죄에 따라 스스로를 삼가야지요. 그리하여 가족이 죄를 짓지 않도록 보살피고 세상이 더욱 거룩해지게 돕는 것입니다. 이 모든 것은 위선자나 수다쟁이처럼 한갓 말로만 떠드는 것이 아니라, 믿음과 사랑을 가지고 하느님 말씀의 힘에 실제로 복종함으로써 이루어져야 합니다. 자, 은총이 깃들면서 나타나는 증거를 간단하게 설명했는데 이의가 있다면 말씀해 주시지요. 없으시면 두 번째 질문을 드리겠습니다."

**수다쟁이** : "저는 이의를 내놓을 처지가 아니라 들어야 할 처지 같군요. 두

---

167) 요한복음 16 : 8~9 로마서 7 : 24.
168) 마가복음 16 : 16.
169) 시편 38 : 18 예레미야 31 : 19.
170) 마태복음 5 : 6 요한계시록 21 : 6.
171) 갈라디아서 2 : 16 사도행전 4 : 12.

번째 질문을 해 보시지요."

믿음 : "알겠습니다. 당신은 은총이 역사하는 증거를 겪어 보셨나요? 당신의 삶과 생활 태도로 그것을 증명할 수 있습니까? 당신의 믿음은 행동과 진실이 아니라 말과 혀에 있지 않은지요? 부디 하느님께서 '아멘'이라고 수긍하실 수 있고, 당신의 양심이 옳다고 받아들일 수 있는 대답을 해주시기 바랍니다. 참으로 인정받는 사람은 자기를 스스로 내세우는 사람이 아니라 주님께서 내세우는 사람이기 때문입니다.[172] 게다가 자신의 행동과 이웃들의 말을 통해 거짓이 드러나는데도 자신을 치켜세우며 우기는 것은 크나큰 죄악입니다."

그러자 수다쟁이는 얼굴을 붉혔지만 곧 냉정을 되찾고 이렇게 대답했다.

수다쟁이 : "당신은 지금 경험이니 양심이니 하느님이니 하는 말을 늘어놓고는 당신의 말을 정당화하려 하느님께 호소하고 있군요. 이런 이야기를 나누리라고는 상상도 못했습니다. 나는 대답하고 싶지 않습니다. 당신이 교리문답자도 아닌데 애써 대답할 의무도 없지요. 혹 그렇다 해도 당신에게 판단을 맡기고 싶지 않습니다. 그런데 대체 왜 그런 질문을 하시는 겁니까?"

믿음 : "당신이 말만 앞세우고 의견 말고는 가진 게 없는 사람임을 알았기 때문입니다. 게다가 당신이 말로만 신앙을 떠들 뿐 그 입에 담는 신앙 고백이 거짓임을 밝히기 위해서지요. 사람들 말로는 당신이 신앙을 가진 이들의 흠이라더군요. 당신이 신앙에 어긋나는 행동을 일삼는 바람에 신앙을 가진 다른 이들까지 피해를 입고, 여러 사람이 사악한 길로 들어섰을 뿐 아니라 위험에 내몰린 사람들이 많다고 합니다. 당신은 신앙을 가졌다면서 술을 마시고, 탐욕스럽고 부정한 짓을 하는 데다 거짓을 늘어놓고 어리석은 친구와 사귀었습니다. 여자 망신은 매춘부가 시킨다더니, 당신은 산 자들의 망신거리입니다."

수다쟁이 : "소문만 듣고 경솔하게 판단을 내리는군요. 나도 당신처럼 비뚤어지고 음흉한 사람과는 말을 섞고 싶지 않소. 잘 가시오."

수다쟁이가 떠나자 크리스천이 믿음에게 다가와 말을 건넸다.

크리스천 : "어때요, 내 말대로 됐지요? 당신의 말과 수다쟁이의 욕심은 어울릴 수 없습니다. 그는 자신의 삶을 바꾸기보다 당신과 함께하는 것을 포기할 사

---

172) 고린도후서 10 : 18.

내예요. 이제 그가 떠났으니 그냥 내버려둡시다. 손해 보는 쪽은 수다쟁이니까요. 덕분에 수다쟁이를 떼어놓는 수고를 덜은 셈이군요. 그냥 됐으면 틀림없이 우리만 망신당했을 겁니다. 사도들은 이런 자를 멀리하라고 말씀했지요."[173]

**믿음** : "그러나 잠깐이나마 그와 이야기를 나누길 잘한 것 같습니다. 그가 이따금씩 나와 나눈 이야기를 떠올릴지도 모르지요. 나는 그에게 숨김없이 털어놓았으니 그가 잘못되어도 내게 책임은 없습니다."

**크리스천** : "숨김없이 이야기한 건 잘한 일입니다. 요즘에는 솔직하게 사람을 대하는 일이 매우 드물지요. 신앙이 오늘날처럼 많은 사람에게 미움을 받는 것도 모두 말로만 신앙을 외칠 뿐 행동은 타락하고 허영에 들뜬 수다쟁이 바보들 때문입니다. 그들은 참된 신앙인들 사이를 비집고 다녀 세상 사람을 헷갈리게 하고, 그리스도교를 욕보여 성실한 사람들을 슬프게 합니다. 모든 사람이 당신처럼 그들을 대하면 좋겠습니다. 그러면 그들도 진정한 신자가 되거나 아니면 신자들과 어울리지 못하고 도망칠 텐데요."

이 말을 듣고 믿음이 노래했다.

> 수다쟁이 처음에 얼마나 우쭐대고
> 훌륭한 척 말하더냐 기세등등 떠들더냐
> 허나 믿음이 마음 열어 이야기하니
> 보름달이 기울듯 순식간에 기세가 꺾이는구나
> 마음 열어 말한 이는 알았다네
> 모두 이처럼 되리라는 것을

두 사람은 길에서 보고 들은 것을 이야기하며 계속 걸었다. 덕분에 가는 길이 힘들지 않았다. 그렇지 않았으면 거친 들판을 지나는 길이 참으로 힘겹고 지루했을 것이다.

들판을 거의 벗어났을 무렵 문득 뒤를 돌아본 믿음이 뒤따라오는 사람을 보았다. 그를 알아본 믿음이 크리스천에게 말했다.

---

173) 디모데전서 6 : 5 디모데후서 3 : 5.

**믿음** : "아니, 저기 누가 오나 보세요!"

크리스천이 뒤를 돌아보고 대답했다.

**크리스천** : "내 든든한 친구 전도사라는 분이군요!"

**믿음** : "그래요, 내게도 든든한 친구분입니다. 문으로 가는 길을 가르쳐 주셨지요."

전도사가 두 사람에게 다가와 인사를 건넸다.

**전도사** : "친애하는 두 분과 두 분을 도우시는 분께 평화가 함께하기를 빕니다."

**크리스천** : "어서 오세요, 훌륭하신 전도사님! 당신의 얼굴을 보니, 당신이 제가 영원한 행복을 누릴 수 있도록 한결같이 친절을 베푸시고 도움을 주신 기억이 떠오릅니다."

**믿음** : "정말 잘 오셨어요, 친절하신 전도사님! 당신이 우리처럼 가엾은 순례자와 길을 함께해 주시기를 얼마나 바라는지 모릅니다."

**전도사** : "나와 헤어지고 두 분은 어떻게 지내셨나요? 무슨 일을 겪고 어떻게 처신하셨습니까?"

크리스천과 믿음은 지금까지 오면서 겪은 일을 하나하나 이야기했다.

**전도사** : "참으로 기쁘군요. 여러분이 시련을 겪어서가 아니라 시련을 이겨낸 승리자가 되었기 때문이지요. 많은 약점을 가지고도 여기까지 오시다니 여러분을 위해서나 나 자신을 위해서나 아주 반가운 일입니다. 내가 뿌린 씨앗을 여러분이 거뒀으니 머지않아 씨 뿌린 자와 거둔 자가 함께 기뻐할 때가 올 것입니다.[174] 여러분이 꾸준히 참고 견디면 때가 이르러 거두게 되지요.[175] 면류관이 여러분 앞에 있습니다. 영원히 썩지 않는 면류관을 얻으려면 달리세요.[176] 어떤 사람들은 면류관을 얻기 위해 멀리까지 뛰어갔다가 다른 사람에게 따라잡혀 놓치는 일도 있습니다. 그러므로 여러분은 가진 것을 굳게 지켜 아무도 면류관을 빼앗지 못하게 하세요.[177] 악마가 아직 여러분을 노리고 있습니다. 여러분은

---

174) 요한복음 4 : 36.
175) 갈라디아서 6 : 9.
176) 고린도전서 9 : 24~27.
177) 요한계시록 3 : 11.

죄와 싸우면서 아직 피를 흘릴 만큼 저항하지 않았어요.[178] 언제나 하느님의 나라를 앞에 두고 눈으로 보이지 않는 것을 굳게 믿으십시오. 특히 자신의 마음과 그 안에 숨은 욕망에 조심해야 합니다. 마음은 세상 무엇보다 거짓되고 사악한 것이기 때문이지요. 여러분의 얼굴을 차돌처럼 단단히 하세요.[179] 천지에 있는 힘이 모두 여러분 편입니다."

크리스천은 전도사의 격려에 감사하며 남은 길을 가는 데 도움이 될 만한 말씀을 더 해 달라고 부탁했다. 전도사가 그들에게 무슨 일이 일어날지, 어떻게 그것을 헤쳐 나갈지 말해 줄 수 있는 선지자이기 때문이다. 믿음도 같은 마음이었다. 전도사가 입을 열었다.

**전도사** : "형제들이여, 여러분은 복음의 진리를 통해 말씀을 들었을 테지요. 천국에 들어가려면 많은 어려움을 겪어야 하고,[180] 어디를 가나 투옥과 고통이 기다리고 있을 것이라고요.[181] 그러니 그러한 고난을 겪지 않고 순례를 계속할 수 있으리라 기대하지 않는 게 좋습니다. 여러분도 이미 몸소 겪어 알 테지만 앞으로는 더욱 많은 어려움이 닥칠 것입니다. 보시다시피 이제 들판을 벗어났으니 곧 눈앞에 보이는 한 마을에 이를 겁니다. 그 마을에서 적이 여러분을 바짝 둘러싸고 온 힘을 다해 여러분을 죽이려 할 것입니다. 여러분 둘 중 한 분, 혹은 둘 모두 자신이 갖고 있는 신앙을 피로써 증명해야 한다는 사실을 마음에 새기십시오. 그러나 죽는 순간까지 믿음을 다하세요. 그러면 하느님께서 여러분의 생명에 면류관을 씌워 주실 겁니다. 죽음이 아무리 불현듯이 찾아와 엄청난 고통을 안겨 줄지라도, 죽음을 맞는 분이 살아남는 나머지 일행보다 나을 것입니다. 그는 더 일찍 천국에 이르러, 산 사람이 순례에서 겪게 될 많은 고난을 피할 수 있으니 말입니다. 여러분이 마을에 다다랐을 때 내가 말한 대로 이루어지거든 여러분의 친구인 나를 떠올리고 사내답게 처신하세요. 그리고 여러분의 영혼을 창조주 하느님께 맡기고 선행을 베풀기 바랍니다."

꿈에서 그들이 황야를 벗어나자 앞쪽에 한 마을이 나오는 게 보였다. 마을

---

178) 히브리서 12 : 4.
179) 이사야 50 : 7.
180) 사도행전 14 : 22.
181) 사도행전 20 : 23.

의 이름은 허영(Vanity)이었다. 이 마을에는 허영의 시장(Vanity Fair)이라는 시장이 일 년 내내 열렸다. 시장이 서는 마을이 허영보다 경박하고, 시장에서 팔리는 물건과 그곳에 모여드는 사람 모두가 헛되어서 그런 이름이 붙여졌다.[182] 지혜로운 자가 말했듯이 장차 다가올 모든 것이 헛되었다.[183]

이 시장은 새로 생긴 게 아니라 오래전부터 열렸던 것인데 그 내력은 다음과 같다.[184]

약 5천 년 전쯤에 크리스천과 믿음처럼 천국으로 가는 순례자가 있었다. 바알세불, 아바돈, 레기온과 그 무리들은 천국으로 가는 길이 이 마을을 지난다는 것을 알고 마을에 시장을 열었다. 그리고 일 년 내내 온갖 헛된 물건을 팔도록 꾸몄다. 시장에는 집, 땅, 직업, 지위, 명예, 승진, 작위, 나라, 왕국, 탐욕, 쾌락은 물론 갖가지 향락 수단, 창녀, 뚜쟁이, 부인, 남편, 자식, 주인, 하인, 목숨, 피, 육체, 영혼, 금, 은, 진주, 보석 등을 파는 거래가 오고갔다.

그뿐 아니라 시장에는 온갖 종류의 요술쟁이, 사기꾼, 노름꾼, 광대, 흉내쟁이, 악당, 불량배들이 있었고 개중에서도 가장 질이 나쁜 도둑, 살인, 간통, 위증을 공짜로 구경할 수 있었다.

그보다 작은 시장에도 무슨 상품이 거래되는가에 따라 길과 거리마다 고유한 이름이 있는 것처럼 이 시장에도 저마다 어느 장소나 거리, 나라 이름이 붙어 있어 사려는 물건을 쉽게 찾을 수 있었다. 이 시장에는 영국 거리, 프랑스 거리, 이탈리아 거리, 스페인 거리, 독일 거리가 있어 저마다 다른 헛된 물건을 팔았다. 어느 시장에나 가장 인기를 끄는 상품이 있듯이 이곳에서는 로마 상품이 인기를 독차지했고, 우리 영국인들과 다른 나라 사람들은 그것을 못마땅하게 여겼다.

앞에서 말한 것처럼 천국으로 가는 길은 이 시끌벅적한 시장이 서는 마을 한복판에 나 있었다. 천국에 가고 싶으나 그 마을을 지나고 싶지 않은 사람은 이 세상 밖으로 떠나야 했다.[185] 왕 중의 왕이신 주님께서도 이 세상에 오셨을

---

182) 전도서 1 : 2 시편 62 : 9.
183) 전도서 2 : 11, 17, 11 : 8.
184) 이사야 40 : 17.
185) 고린도전서 5 : 10.

때 장날을 맞은 그 마을을 지나시고 당신의 나라로 돌아가셨다. 시장을 지배하는 바알세불은 주님을 이끌어 헛된 것을 팔려고 했다. 혹시 주님께서 마을을 지나실 때 그에게 경의를 표했다면 그는 주님을 시장의 주인으로 모셨을 것이다. 주님은 귀하신 분이었기 때문에 바알세불은 이 축복받은 분께 헛된 물건을 헐값에 팔려고 유혹했다. 주님을 마을 이곳저곳으로 모시고 짧은 시간에 세상의 모든 왕국을 두루 보여드렸다. 그러나 주님은 헛된 물건에 조금도 관심을 두지 않고 한 푼도 쓰지 않은 채 마을을 떠나셨다. 이 시장은 이처럼 오랜 옛날부터 쭉 전해 내려온 아주 큰 시장이었다.

두 순례자는 이 시장을 반드시 지나야 했기에 마을로 들어섰다. 그런데 그들이 시장에 들어서자마자 그곳에 있던 모든 사람이 술렁대더니 마을에 큰 소동이 벌어졌다. 여기에는 그런 까닭이 있었다.

첫째, 순례자들은 시장 상인들과 전혀 다른 옷을 입고 있었다. 그래서 사람들은 눈이 휘둥그레져 순례자들에게 바보, 미치광이, 이방인이라고 소리치기도 했다.

둘째, 시장 사람들은 두 사람의 옷차림뿐만 아니라 그들이 순례자들이 쓰는 말에도 놀랐다. 순례자들은 으레 가나안 말을 썼지만 시장 상인들은 이 세상 사람이어서 순례자들이 하는 말을 거의 알아듣지 못한 것이다.[186] 시장 이쪽저쪽 어느 곳에 가도 그들은 서로가 야만인인 것처럼 말이 통하지 않았다.

셋째, 상인들을 가장 놀라게 한 점은 순례자들이 그곳 상품을 거들떠보지도 않은 것이다. 상인들이 물건을 사라고 불러도 두 사람은 귀를 틀어막고 '헛된 것에서 내 눈을 돌려주소서'[187]라고 외쳤다. 그리고 자신들은 오직 하늘에서만 거래한다는 뜻으로 하늘을 올려다보았다.[188]

어떤 사람이 그들의 행동을 보고 비웃으며 말했다.

"사려는 게 무엇이오?"

순례자들은 진지한 표정으로 그를 바라보며 말했다.

---

186) 고린도전서 2 : 7~8.
187) 시편 119 : 37.
188) 빌립보서 3 : 19~20.

허영의 시장

"우리는 진리를 삽니다."[189]

이 말은 사람들이 순례자들을 한층 더 깔보는 빌미가 되었다. 사람들은 순례자들을 비웃고, 욕하고, 꾸짖고, 옆 사람에게 흠씬 두들겨 주라고 부추겼다. 마침내 걷잡을 수 없을 만큼 큰 소동이 일어나 시장은 엉망진창이 되었다. 이 일은 곧 시장의 우두머리 귀에도 들어갔다. 우두머리는 서둘러 시장으로 나와 시장을 발칵 뒤집은 두 순례자를 조사하라고 부하들에게 명했다. 조사관 앞으로 끌려간 두 사람은, 어디에서 와서 어디로 가는 중이며 이상한 차림새로 무얼 하고 있었냐고 심문받았다. 두 사람은 자신들이 이 세상 사람이 아닌 순례자이며 자기 나라인 하늘의 예루살렘으로 가는 중이라고 대답했다.[190] 그리고 마을 사람들과 상인들에게 해를 끼치지 않았고, 단지 무엇을 살 것인지 누가 묻기에 진리를 사려 한다고 답해 비웃음을 샀을 뿐이라고 말했다. 두 사람은 길을 계속 가게 해달라고 부탁했다. 그러나 조사관들은 그 말을 믿지 않고, 순례자들을 미쳤거나 시장에서 소란을 피우려고 온 사람이라 여겼다. 그들은 순례자들을 끌고 가 때리고 흙탕물에 빠뜨린 다음, 우리에 가두어 시장 사람들의 구경거리로 삼았다.

두 사람은 우리에 갇힌 채 사람들의 조롱과 적개심, 복수의 표적이 되었다. 시장의 우두머리도 그들을 줄곧 비웃었다. 하지만 두 사람은 꾹 참으면서, 모욕을 모욕으로 갚는 대신 축복을 빌어 주었다.[191] 나쁜 말을 들어도 좋은 말을 해주고, 해를 입히려는 사람에게 친절하게 대했다. 그러자 시장 사람들 가운데서도 남들보다 신중하고 편견이 덜한 사람들은 두 사람에게 고약한 말을 퍼붓는 무리를 막고 비난했다.

그러나 이에 더 화가 난 무리는 그들도 우리에 갇힌 두 사람과 다를 바 없는 한패이니 벌을 주어야 마땅하다고 주장했다. 순례자들 편에 선 사람들은 자신들이 보기에 두 순례자가 침착하고 성실해서 남을 해칠 사람들이 아니라고 맞섰다. 그리고 우리에 가두고 칼을 씌워야 할 사람은 이 두 사람이 아니라 오히려 시장에서 장사하는 사람들 속에 있다고 되받아쳤다. 이렇게 양쪽이 옥신각

---

189) 잠언 23 : 23.
190) 히브리서 11 : 13~16.
191) 베드로전서 3 : 9.

신하다가 마침내 그들끼리 치고받는 싸움이 벌어져 수많은 사람이 다쳤다. 그러는 동안에도 순례자들은 현명하고 침착하게 처신했지만 가엾게도 얼마 뒤에 조사관 앞으로 다시 끌려갔다. 사람들은 새로 일어난 소동까지 두 사람 잘못이라고 뒤집어씌우고 두 사람을 무참하게 때렸다. 목에는 칼을 씌우고 손발은 사슬로 묶은 채 시장 이곳저곳으로 끌고 다녔다. 누구든 순례자들을 감싸거나 두 사람 편에 서지 못하게 본보기로 내세워 겁을 주려는 것이었다. 하지만 크리스천과 믿음은 더욱 현명하게 처신했고, 자신들에게 쏟아지는 수치와 모욕을 고분고분히 버텨냈다. 그러자 적은 수였지만 순례자들 편에 서는 시장 사람들이 몇몇 생겨났다. 이에 더 화가 치민 사람들은 순례자들을 죽이기로 결정했다. 그들은 두 사람이 나쁜 말로 시장 사람을 홀렸다면서, 우리에 가두고 쇠사슬을 채워봐야 소용없으니 사형해야 한다고 으름장을 놓았다.

두 사람은 판결이 날 때까지 다시 우리 안에 갇혀야 했다. 사람들은 두 사람을 우리에 가두고 두 발을 족쇄로 단단히 묶어 놓았다.

순례자들은 그들의 진실한 친구인 전도사가 들려준 이야기를 떠올리고 고통스러운 순간이 다가오고 있음을 믿어 의심치 않았다. 둘은 누가 죽게 되건 순교하는 사람이 더 나은 운명이라고 서로를 위로했다. 한편으로는 저마다 자신이 순교자로 선택되기를 속으로 빌었다. 순례자들은 만물을 다스리시고 모든 것을 알고 계시는 분께 자신을 맡긴 채 자신들의 처지를 기꺼이 받아들이고 다음 결정을 기다리고 있었다.

적당한 때가 정해지자 두 사람은 심문대로 끌려 나와 재판을 받았다. 재판이 시작되고 두 사람은 적들 앞에서 기소됐다. 재판관의 이름은 선을 증오하는 재판관(Lord Hate-good)이었다. 두 사람의 고소장은 형식만 조금 다를 뿐 내용은 같았다. 두 사람은 장사를 방해한 시장의 적이고, 도시에 소동을 일으켜 분열을 초래했으며, 국왕이 만든 율법을 무시하고 사람들을 위험한 생각에 끌어들여 당파를 만들었다는 것이었다.

믿음이 반론을 시작했다.

**믿음** : "그저 이 세상에서 가장 높으신 주님께 대적하는 사람들과 맞섰을 뿐, 나는 평화를 사랑하는 사람이라 어떤 소동도 일으키지 않았소. 우리 편을 들어 준 사람들은 우리가 진실하고 결백하다는 것을 알고 악에서 선으로 돌아선

것입니다. 또 당신들의 국왕은 우리 주님의 적인 바알세불이니 나는 그와 그 신하들을 따르지 않겠소."

그러자 죄인과 맞서 국왕을 위해 할 말이 있는 사람은 앞으로 나와 증언하라는 말이 떨어졌다. 이에 세 증인이 걸어 나왔다. 바로 질투(Envy), 미신(Superstition), 아첨(Pickthank)이었다. 재판관이 세 사람에게 피고인을 아느냐고 물은 뒤 국왕을 위해서 하고 싶은 말이 있으면 해보라고 했다.

질투가 일어나서 말했다.

**질투**: "존경하는 재판관님, 저는 저 남자를 오래전부터 알고 지냈습니다. 이 고귀한 자리에 서서 맹세코 증언하건대 저자는……."

**재판관**: "잠깐! 증인은 선서부터 하시오."

질투는 선서를 한 뒤 말했다.

**질투**: "존경하는 재판관님, 이 남자는 이름은 그럴듯하나 우리나라에서 가장 비열한 사람입니다. 저자는 왕과 백성, 율법과 관습을 무시하지요. 그저 믿음이니 거룩하신 하느님의 뜻이니 하는 불충한 사상을 사람들에게 주입하는 일에 빠져 있습니다. 저자는 이전에 제게 이런 말을 한 적이 있습니다. 그리스도교 교리는 우리 시장의 관습과 정반대되기 때문에 함께 조화를 이룰 수 없다고 말이지요. 재판관님, 이는 우리의 고귀한 행동은 물론 우리 자신까지도 비난하는 말입니다."

**재판관**: "할 말이 더 있는가?"

**질투**: "재판관님, 아직 올릴 말씀이 얼마든지 있지만 법정을 지루하게 만들고 싶지 않습니다. 다른 분들이 증언하고 난 뒤에 저자를 처리하는 데 필요하다면 그때 더 자세히 말씀드리지요."

질투는 옆에서 대기하라는 명을 받았다. 사람들은 미신을 불러 와 자신들의 왕을 위해서 믿음에게 불리한 증거를 대보라고 했다. 미신은 선서를 한 뒤 말을 시작했다.

**미신**: "존경하는 재판관님, 저는 이 사람과 그다지 친하지 않고 친해지고 싶은 마음도 없습니다. 그렇지만 며칠 전에 이 마을에서 이자와 몇 마디를 나눈 적 있습니다. 이자는 아주 위험한 놈입니다. 그때 이자는 우리가 믿는 종교는 하잘것없어서 하느님을 기쁘게 할 수 없다고 말했습니다. 재판관님도 아시겠지

만, 이 말은 곧 우리가 헛된 숭배를 하고 있고, 죄를 용서받지 못한 채 결국에는 지옥에 떨어진다는 뜻이 아닙니까? 이상입니다."

다음으로 아첨이 선서를 하고 자신들의 왕을 대신해서 피고에 대해 아는 대로 말해 보라는 명을 받았다.

**아첨** : "존경하는 재판관님, 그리고 이 자리에 계신 여러분! 저는 아주 오래전부터 이자를 잘 압니다. 이자가 해서는 안 될 말을 하는 것도 들었지요. 이자는 우리 고귀하신 바알세불님을 비웃고 옛 사람, 육체적 쾌락, 사치, 과시욕, 음탕, 탐욕 등 그분의 고귀하신 벗들을 업신여기는 말을 했습니다. 게다가 모든 사람 마음이 자기와 같다면 이 고귀하신 분들 가운데 단 한 분도 이 나라에 발을 못 붙이게 할 수 있다고 했습니다. 심지어 지금 재판을 맡으신 재판관님까지 하느님을 두려워 않는 악당이라 일컬으며 우리 마을의 지도자를 비난했던 것처럼 모욕했습니다."

아첨이 말을 마치자 재판관이 믿음에게 말했다.

**재판관** : "이 변절자, 이단자, 반역자야, 저 훌륭한 신사가 네게 한 증언을 똑똑히 들었느냐?"

**믿음** : "나도 나 자신을 변호하기 위해 몇 마디 해도 되겠습니까?"

**재판관** : "네 이놈! 너는 살려둘 가치도 없다. 바로 이 자리에서 죽여야 마땅하나 모든 사람에게 우리의 너그러움을 보여주기 위해 네 말을 들어보겠다."

**믿음** : "먼저 질투가 한 말에 답해 보겠습니다. 나는 단지 이렇게 말했을 뿐입니다. 어떤 규칙이건, 법이건, 관습이건, 백성이건 하느님 말씀에 어긋나면 그리스도교 신앙과 반대된다고 말입니다. 내 말이 틀리다면 바로잡아 보십시오. 그러면 내가 한 말을 이 자리에서 바로 취소하겠습니다.

두 번째로 미신이 한 증언에 대해 얘기하겠습니다. 나는 이렇게 말했을 따름입니다. 하느님을 섬기려면 거룩한 믿음이 있어야 한다, 하느님의 뜻하신 계시를 받지 못하면 거룩한 믿음도 있을 수 없다, 그러니 거룩한 계시에 맞지 않는 것까지 끌어들여 하느님을 섬긴들 그것은 인간의 믿음일 뿐 영원한 생명을 얻을 수 있는 믿음이 아니라고 말입니다.

세 번째로 내가 비난을 퍼부었다는 얘기는 접어두고 아첨이 한 말에 관해 한마디 하겠습니다. 이 도시의 지배자와 아첨이 이름을 늘어놓은 그 패거리는 이 도시나 나라보다 지옥에서 사는 게 더욱 잘 어울립니다. 주님께서 내게 자비를 베푸실 겁니다."

그러자 재판관이 여태껏 옆에서 이를 지켜보고 있던 배심원들에게 말했다.

**재판관** : "배심원 여러분! 여러분은 우리 도시에서 엄청난 소동을 피운 자를 보셨습니다. 또 훌륭한 증인들의 얘기와 저자의 대답 및 자백도 들으셨습니다. 저자를 교수형에 처할지 말지는 이제 여러분 손에 달렸습니다. 그 전에 잠시 여러분께 우리나라 법을 알려드리겠습니다.

우리 왕의 신하인 위대한 파라오의 시대에 한 가지 법령이 만들어졌습니다. 이교도가 지나치게 늘어나지 않도록 사내아이를 강물에 던져 버리는 것입니다.[192] 왕의 다른 신하인 느부갓네살의 시대에는 금으로 만든 신상 앞에 엎드려 숭배하지 않는 자를 불타는 화덕에 던져 넣으라는 법이 생겼습니다.[193] 또 다리우스 시대에 만든 법령에 따르면, 일정 기간 동안 황제 말고 다른 신에게 비는 자가 있으면 사자 굴에 집어넣었습니다. 저 반역자는 이 같은 법의 본뜻에 어긋나는 생각을 품었습니다. 그것만으로도 참기 어렵건만 심지어 말과 행동으로도 법을 어겼으니 도저히 그냥 내버려 둘 수 없습니다.

파라오의 법령은 범죄가 일어나기 전에 막기 위해 범죄를 가정하고 마련된 것입니다. 그런데도 이렇게 범죄가 일어났습니다. 느부갓네살과 다리우스 시대의 법에 비추어 보더라도 저자는 우리 종교를 거스르고 있으니, 저자가 자백한 반역죄는 죽음으로 다스려야 마땅합니다."

배심원이 밖으로 나갔다. 그들의 이름은 장님, 쓸모없는 사람, 적개심, 호색가, 방탕, 성급, 교만, 증오, 거짓말, 잔인함, 혐오, 무자비였다. 배심원들은 저마다 자신의 의견을 말한 뒤 만장일치로 유죄를 선고하기로 했다. 그들은 배심원장인 장님을 비롯해 저마다 한마디씩 던졌다.

**장님** : "저자는 이단자임이 틀림없소."

**쓸모없는 사람** : "저런 놈은 세상 밖으로 내쫓아 버려야 합니다."

**적개심** : "그래요, 생긴 것부터 마음에 안 들어요."

**호색가** : "도저히 참아줄 수 없소."

---

192) 출애굽기 1장.
193) 다니엘 6 : 7~9.

**방탕** : "맞소, 저자는 늘 나를 비난했소."

**성급** : "목을 매답시다! 매달아 버려요!"

**교만** : "한심한 자 같으니."

**증오** : "속이 부글부글 끓는군!"

**거짓말** : "저 천하의 악당!"

**잔인함** : "교수형도 저자에겐 과분해요."

**혐오** : "빨리 없애 버립시다."

**무자비** : "온 세상을 다 준대도 저런 자는 용서 못하오. 그러니 어서 사형에 처해 버립시다."

사람들은 그 말대로 했다. 믿음에게 사형을 선고하고 곧장 그를 밖으로 끌고 가 이 세상에서 가장 잔인한 방법으로 처형하기로 했다.

그들은 법에 따라 처형하기 위해 믿음을 끌어냈다. 맨 먼저 그를 채찍질 하고 주먹질한 다음 칼로 살을 도려냈다. 그러고는 돌로 치고 칼로 찔렀으며 마지막에는 그를 기둥에 매달아 불태워 재로 만들었다. 이렇게 믿음은 최후를 맞았다.

그때 나는 사람들 뒤에서 믿음을 기다리며 서 있는 쌍두마차 한 대를 보았다. 적들이 믿음의 목숨을 끊자마자 마차는 믿음을 태우고 나팔소리를 울리며 구름 사이를 지나 곧 천국으로 가는 지름길로 들어섰다.

한편 크리스천은 재판이 조금 미뤄져서 다시 감옥에 갇혀 한동안 그 안에서 지냈다. 그러나 만물을 다스리시는 주님께서는 사람들의 분노까지 손안에 두고 계셨기에, 크리스천이 사람들로부터 벗어나 다시 길을 갈 수 있도록 인도하셨다. 크리스천은 길을 가면서 노래를 불렀다.

믿음이여, 주님 앞에 그 믿음을 고백했구나
헛된 쾌락에 빠진 믿음 없는 무리들이
지옥의 고통 속에 몸부림칠 때
그대 축복을 받을지어다
노래하세 믿음이여
노래하여 그대 이름을 남기세

믿음의 참혹한 죽음

## 그들이 그대를 죽였으나 그대 살아있나니

나는 꿈에서 크리스천이 혼자서가 아니라 소망(Hopeful)과 함께 길을 가는 것을 보았다. 소망은 시장에서 크리스천과 믿음이 했던 말과 행동, 그들이 고통받는 모습을 보고 감동하여 크리스천과 의형제를 맺고 길동무가 되었다. 이처럼 한 사람은 죽어서 진리를 향한 뜻을 펼쳐 보였고, 다른 한 사람은 잿더미에서 일어나 크리스천과 함께 순례를 떠나게 되었다. 소망은 크리스천에게 자기처럼 그의 뒤를 따르려는 시장 사람들이 많다고 말했다.

꿈속에서 그들이 시장을 빠져나오자마자 앞서 가던 사람과 만나는 모습이 보였다. 그 사람의 이름은 사심(By-ends)이었다. 크리스천이 그에게 어디서 오는 길이며 어디까지 가는지 물었다. 그러자 사심은 감언이설(Fair speech)이라는 마을에서 왔으며 천국으로 가는 길이라고 대답했다. 그러나 이름은 밝히지 않았다.

**크리스천** : "감언이설이란 마을에서 오셨다고 했소? 거기에도 선한 분들이 많이 계십니까?"

**사심** : "물론이지요."

**크리스천** : "실례지만 성함이 어떻게 되시는지요?"

**사심** : "서로 처음 만났지만 가는 길이 같다면 함께 가고 싶습니다. 싫으시다면 할 수 없지만요."

**크리스천** : "저도 감언이설 마을 얘기를 들어본 적 있습니다. 부유한 마을이라더군요."

**사심** : "그렇습니다. 부유한 제 친척들도 많이 살고 있지요."

**크리스천** : "실례가 아니라면 친척분들이 누군지 말씀해 주시겠습니까?"[194]

**사심** : "마을 사람들 거의 다 제 친척입니다. 변절, 기회주의자라는 분이 있지요. 감언이설이라는 분도 있는데 바로 이분 조상의 이름에서 마을 이름을 따왔답니다. 또 원활, 이중성, 팔방미인이 있지요. 우리 교회 목사인 일구이언(Two-tongues)은 제 배다른 형제입니다. 솔직히 말씀드려서 저는 상류층 사람이

---

194) 잠언 26 : 25.

지만, 제 증조할아버지는 한쪽을 바라보면서 다른 쪽으로 노를 젓는 뱃사공이지요. 저도 같은 일을 하면서 많은 돈을 모았습니다."

크리스천 : "결혼은 하셨습니까?"

사심 : "네. 아내는 정숙한 부인 딸답게 아주 정숙하답니다. 가식(Feigning) 부인의 딸로 훌륭한 집안 출신이지요. 교육을 잘 받아서 왕부터 농부까지 사람에 따라 잘 분별해서 처신한답니다. 우리가 엄격한 신앙을 가진 사람들과 조금 다를지는 모르나 그래봐야 두 가지 차이밖에 없습니다. 첫째, 우리는 세상 풍조에 결코 맞서지 않습니다. 둘째, 우리는 종교가 은빛 신을 신고 순조롭게 나아갈 때 가장 열심이지요. 해가 환히 비추고 모든 사람이 환호하면 우리도 하느님과 함께하기 좋아합니다."

그러자 크리스천이 소망에게 살며시 다가가 속삭였다.

크리스천 : "이 사람은 감언이설 마을에 사는 사심인 것 같군요. 만약 그렇다면 우리는 세상에서 가장 파렴치한 악당과 길을 가는 겁니다."

소망 : "한번 물어보세요. 자기 이름을 부끄럽게 여기진 않을 겁니다."

크리스천은 다시 사심에게 다가가 말을 붙였다.

크리스천 : "말씀을 듣고 보니 당신은 세상일을 어느 누구보다 잘 아는 분 같네요. 제 짐작이 틀리지 않다면 누군지 알 것 같군요. 혹시 감언이설 마을의 사심이 아닙니까?"

사심 : "그건 제 이름이 아니라 실은 저를 싫어하는 사람들이 붙인 별명입니다. 옛날에 선한 사람들이 그랬던 것처럼 저도 할 수 없이 그런 비난을 참고 있지요."

크리스천 : "그런 이름으로 불릴 만한 일을 한 건 아닌가요?"

사심 : "천만에요, 당치도 않습니다. 굳이 이유를 들자면, 제가 내린 결정이 늘 운 좋게 시대 흐름과 잘 맞아떨어져서 이득을 많이 본다는 거지요. 저는 그렇게 주어진 것들을 축복이라고 생각하지만 그 때문에 심술궂은 사람들에게 비난받을 수는 없습니다."

크리스천 : "소문으로 듣던 사람이 맞군요. 솔직히 당신의 생각이 어떻든 저는 별명이 참 잘 어울린다고 생각합니다."

사심 : "그렇게 생각하신다면야 할 수 없지만 저를 길동무로 삼아 보면 생각

이 바뀔 겁니다."

크리스천 : "우리와 함께 간다면 당신은 시대 풍조를 거스르게 됩니다. 당신의 뜻에 맞지 않는 것이지요. 그리고 당신은 신앙이 은빛 신을 신고 있을 때는 물론 누더기를 입고 있을 때도 하느님과 함께 해야 합니다. 사람들이 환호할 때만이 아니라 쇠사슬에 묶여 괴로워할 때도 변치 말아야 하지요."

사심 : "내 신앙에 대해 이래라저래라 간섭하거나 강요하지 마세요. 그것은 내가 알아서 할 테니 같이 가기나 합시다."

크리스천 : "우리 말을 따르지 않는다면 당신과 한 발짝도 같이 살 수 없습니다."

사심 : "나는 오래전부터 지켜온 내 뜻을 버리지 않을 겁니다. 해가 되기는커녕 오히려 이로운 것이니까요. 함께 가지 않겠다면 길동무가 되어 줄 사람을 만날 때까지 전처럼 혼자서 가야겠군요."

나는 꿈에서 크리스천과 소망이 사심에게서 멀리 떨어져 앞서가는 것을 보았다. 그러다 문득 뒤를 돌아보니 사심을 뒤따라오는 세 사람이 보였다. 세 사람이 사심을 따라잡자 그들은 서로에게 공손히 인사했다. 세 사람의 이름은 세속의 욕심(Hold the World), 돈벌레(Money love), 구두쇠(Save all)로 사심과는 일찍이 알고 지내던 사이였다. 어린 시절 같은 학교 친구인 그들은 욕심(Coveting)이라는 북쪽 나라의 상업도시 사사로운 욕심(Love gain)에서 살면서 함께 불평(Gripe-man) 선생의 가르침을 받았다. 불평 선생은 폭력, 사기, 아첨, 거짓말, 종교를 가장해 돈을 버는 기술을 그들에게 가르쳐 주었다. 네 사람은 기술을 잔뜩 전수받아서 저마다 학교를 운영하며 직접 다른 사람들을 가르치기도 했다.

서로 인사를 나눈 뒤 돈벌레가 크리스천과 소망을 보고 사심에게 물었다.

돈벌레 : "저 앞에 가는 사람들은 누군가?"

사심 : "먼 나라에서 온 사람들로 저들 나름으로 순례를 가고 있다네."

돈벌레 : "그러면 좀 기다렸다가 우리와 함께 가면 좋았으련만. 그들이나 우리 모두 순례 중이니 좋은 길동무가 되었을 텐데."

사심 : "맞는 말이지만 저 앞에 가는 사람들은 고지식하고 자기 생각만 고집해서 다른 사람의 생각은 우습게 본다네. 게다가 아무리 믿음이 깊은 사람이라도 자신들의 생각과 꼭 맞지 않으면 상대하지 않지."

**구두쇠** : "그러면 안 되지. 사람이 너무 의로우면 그 곧은 성격 때문에 다른 사람을 모두 판가름하려 들고 나무란다고 하지 않던가.[195] 그런데 저들과 자네는 무엇이 얼마나 다르던가?"

**사심** : "저들은 날씨에 관계없이 오로지 길을 서두르는 게 자신의 의무라고 생각하지. 허나 나는 적당한 바람과 조수를 기다린다네. 저들은 하느님을 위해서라면 단번에 위험을 무릅쓰려고 하지만 나는 기회를 골고루 이용해서 내 생명과 재산을 지키지. 저들은 남들의 반대에도 아랑곳하지 않고 자신들의 의견을 고수하지만, 나는 시대가 인정하고 내 안전이 보장될 때만 믿음을 갖는다네. 저들은 신앙이 누더기 차림으로 업신여김을 받아도 그 편에 서려 하고, 나는 신앙이 금빛 신을 신고 햇살 속에서 환호를 받을 때만 함께한다네."

**세속의 욕심** : "자네가 옳네. 자네의 뜻을 굳게 지키게나, 사심. 가진 것을 지킬 자유가 있음에도 어리석게 그것을 잃어버리는 저들이 바보 같네. 우리는 뱀처럼 슬기로워지세.[196] 건초는 햇빛이 환할 때 말리는 게 최고지. 꿀벌은 겨우내 꼼짝 않다가 신나게 꿀을 모을 수 있을 때 비로소 힘차게 날아다니지 않던가. 하느님은 비도 내리시고 햇빛도 내리시지. 저 두 사람이 미련하게 빗속을 지나려 한다면, 우리는 좋은 날씨를 기다렸다가 가면 되는 것이네. 나는 하느님께서 축복을 내려 주시는 것이 최고의 종교라고 생각하네. 이성을 가진 사람이라면 어떻게 하느님께서 이 세상에 내려 주신 좋은 것들을 우리가 지킨다고 그분이 싫어하리라 생각할 수 있겠나? 아브라함과 솔로몬은 종교 덕에 부유해졌지. 욥이 말하길, 선한 사람은 황금을 티끌처럼 쌓는다네. 자네 말대로라면 저 앞에 가는 사람들은 선한 사람이 아니네."

**구두쇠** : "이 점에서는 우리 모두 같은 의견이니 더 말할 필요가 없을 것 같군."

**돈벌레** : "그래, 더 말할 것도 없네. 우리 편인 성경도 이성도 믿지 않는 사람은 자신이 가진 자유도 모르고 안전도 구하지 못하니 말일세."

**사심** : "형제들이여, 보다시피 우리는 모두 순례를 가고 있으니 언짢은 일도 털어 버릴 겸 자네들에게 질문을 하나 해보겠네. 예를 들어 목사든 상인이든

---

195) 전도서 7 : 16.
196) 마태복음 10 : 16.

누군가 세상의 좋은 것들을 모두 손에 넣을 수 있는 기회를 눈앞에 뒀다고 해 보세. 그는 종교의 종자도 모르지만 독실한 신자처럼 보여야만 그 기회를 손에 넣을 수 있다네. 그가 자신의 목적을 달성하기 위해 그런 방법을 쓴다면 그는 정직한 사람이라고 할 수 없는 것인가?"

**돈벌레** : "무슨 뜻인지 알겠네. 자네들이 좋다면 내가 대답해 보지. 먼저 목사를 예로 들겠네. 훌륭한 목사지만 보수를 적게 받는다고 가정하세. 목사는 더 많은 보수를 받고 싶어 하는데 마침 그럴 만한 기회가 생겼다네. 더 열심히 공부하고, 더 열심히 훨씬 자주 설교하고, 사람들이 원한다면 자기가 지켜온 원칙을 조금 바꿔야 기회를 잡을 수 있지. 나는 그가 하느님의 부르심을 받았으니 그렇게 해도 상관없다고 생각하네. 더한 일을 해도 그는 여전히 정직한 사람일세.

왜냐하면 첫째, 하느님의 뜻에 따라 더 높은 보수를 받을 수 있는 기회가 생겼다면 높은 보수를 바라는 마음은 정당한 것이지. 이를 부정할 수는 없네. 그러니 양심의 가책을 느낄 필요 없이 할 수만 있다면 높은 보수를 받아도 좋네.

둘째, 그는 높은 보수를 받으려고 더 공부하고, 더 열심히 설교하여 전보다 나은 사람이 되지. 그가 스스로 발전하는 것도 다 하느님의 뜻을 따르는 일일세.

셋째, 교회 사람들을 위해 자기가 지켜오던 뜻을 굽혀 사람들의 바람을 따르는 행동은 이러한 사실을 보여준다네. 그가 자기희생적이고 친절하며 사람을 끄는 태도를 갖고 있고, 따라서 목사직에 잘 어울린다는 것이지.

그래서 내 결론은, 박봉 대신 좀 더 많은 보수를 바라는 그를 탐욕스럽다고 보면 안 된다는 것이네. 그 바람에 오히려 그가 여러 가지 면에서 발전했으니, 그는 목사로서 사명을 다하면서 선도 행할 수 있는 좋은 기회를 잡았다고 봐야 하지.

그럼 이제 상인에 대해서 말해 보겠네. 장사가 시원찮던 사람이 신앙을 가진 뒤부터 장사가 잘 되고, 돈 많은 아내를 얻고, 훌륭한 손님이 많이 늘었다고 치세. 이것이 정당하지 않은 까닭이 무엇이란 말인가? 이렇게 생각하는 이유를 말해 보겠네. 첫째, 믿음을 갖는다는 것은 방법이 어떻든 좋은 일이지. 둘째, 돈 많은 아내를 얻고, 손님이 느는 것은 불법이 아닐세. 셋째, 신앙을 통해 이런 것들을 얻는 사람은 스스로 훌륭한 사람이 되었기에 훌륭한 사람들로부터 훌륭한 것을 얻는 것이네. 좋은 아내와 좋은 손님, 좋은 수입도 모두 신앙을 가지면서 얻는 것이니 마찬가지로 좋은 것들이지. 그러니 신앙을 통해 이 모두를 얻으려 하는 것은 아주 이로운 생각이라네."

일행은 모두 돈벌레가 사심의 질문에 대답한 내용을 격찬했다. 그들은 이 답변이 아주 건전하고 바람직하다고 결론지었다. 아무도 이에 반박할 수 없을 거라 생각한 그들은 크리스천과 소망을 쫓아가 같은 질문으로 두 사람을 몰아세우기로 의견을 모았다. 크리스천과 소망이 아직도 부르면 대답할 만한 거리에 있었고, 더군다나 두 사람이 사심을 배척한 일에 앙금이 남아 있었기 때문이다. 그들이 뒤에서 부르자 크리스천과 소망은 걸음을 멈추고 그들을 기다렸다. 그들은 가면서 사심 대신 세속의 욕심이 질문하기로 정했다. 그렇게 하면 크리스천과 소망이 사심과 논쟁하고 난 뒤에 남은 감정을 배제하고 대답하리라 생각한 것이다. 그들은 크리스천과 소망에게 다가가서 짧게 인사를 나누었다. 그리고 세속의 욕심이 두 순례자에게 할 수 있으면 대답해 보라며 질문을 던졌다.

크리스천 : "그런 질문쯤은 신앙만 있다면 어린아이도 만 번이고 대답할 겁니다. 요한복음 6장에서 빵 한 덩어리를 얻기 위해 예수님을 따르는 것도 부도덕하다고 했거늘, 예수님과 신앙을 도구로 세상의 쾌락을 얻고 즐기다니 말도 안 되는 일이에요. 이교도, 위선자, 악마, 마술사나 할 법한 생각입니다.

첫째, 이교도 얘기부터 하지요. 하몰과 세겜은 야곱의 딸들과 가축을 차지하고 싶지만 할례를 받기 전에는 손에 넣을 방법이 없음을 알고 동료들에게 이렇게 말했습니다. '우리 쪽 모든 남자가 그들처럼 할례를 받으면 그들의 가축과 재산과 모든 짐승이 우리 것이 되지 않겠소?' 그들이 얻고자 한 것은 야곱의 딸들과 가축이었고 신앙은 그것들을 얻기 위한 핑계였습니다. 창세기 34장 20절에서 23절을 읽어 보시오.

둘째, 위선자들인 바리새인의 신앙도 마찬가지였습니다. 기도를 오래 하는 것은 속임수였고 과부의 집을 빼앗는 것이 본디 목적이었지요. 그래서 그 심판으로 하느님께서 천벌을 내리셨습니다. 누가복음 20장 46절과 47절을 읽어보시오.

셋째, 악마인 유다의 신앙 또한 그러했습니다. 그는 돈주머니가 탐나 그것을 손에 넣기 위해 신앙을 가졌지요. 하지만 결국 모든 것을 다 잃고 버림받아 파멸하고 말았지요.

넷째, 마술사 시몬의 신앙도 다를 바 없었습니다. 돈을 벌기 위해 성령을 받고자 했으니 말입니다. 그는 사도행전 8장 19절부터 22절과 같이 베드로의 선고를 받아 죗값을 치렀지요.

다섯째, 세속의 이익을 좇으려고 신앙을 가진 사람은 세속의 이익 때문에 신앙을 버릴 것입니다. 이런 생각이 제 머릿속을 떠나지 않는군요. 유다는 세속의 이익을 위해 신앙을 품었다가 같은 이유로 신앙과 주님을 팔아넘겼습니다. 그러므로 당신들처럼 이 질문에 긍정적으로 대답하거나 그 대답을 옳다고 하는 자는 이교도, 위선자, 악마입니다. 당신들은 자신이 행한 일에 대가를 치르게 될 겁니다.”

그들은 서로 빤히 쳐다보고 선 채 아무 대답도 하지 못했다. 소망도 크리스천의 답변에 찬성했다. 그들 사이에 무거운 침묵이 흘렀다. 사심과 그 일행은 크리스천과 소망보다 뒤처지려고 일부러 꾸물댔다. 크리스천이 소망에게 말했다.

**크리스천** : “저들은 고작 인간이 하는 말에도 꼼짝 못하면서 하느님께서 선고를 내리실 때는 어찌할 생각일까요? 흙으로 빚은 질그릇[197]인 우리 앞에서도 아무 말을 못하는데 타오르는 불길로 벌 받을 때는 어찌하려는 것일까요?”

크리스천과 소망은 다시 그들을 앞질러 마침내 안락(Ease)이라는 아름다운 들판에 이르렀다. 두 순례자는 들판을 기분 좋게 지났는데 좁다란 들판이라 넘어가는 것도 금방이었다.

들판 맞은편에는 재물(Lucre)이라는 야트막한 산이 있었다. 그 산에는 은광이 있어, 일찍이 이곳을 지난 사람들 가운데 몇몇이 보기 드문 은광을 구경하려고 가던 길을 벗어났다. 그런데 보기보다 땅이 무른 탓에 은갱 가장자리로 가까이 다가가다 바닥이 무너져 내려서 떨어져 죽거나, 다쳐서 죽을 때까지 불구자로 살았다.

나는 꿈속에서 길과 조금 떨어진 곳에 데마(Demas)가 은광을 향해 서 있는

---

197) 고린도후서 4 : 7.

것을 보았다. 데마는 점잖은 태도로 순례자들에게 와 보라며 불러대고 있었다. 데마가 크리스천과 소망에게 말했다.

데마 : "이보시오, 이리 오시면 좋은 걸 보여주겠소."

크리스천 : "우리가 길을 벗어나 보러 갈 만큼 귀한 것이 무엇입니까?"

데마 : "여기에 은광이 있어서 사람들이 보물을 찾고 있지요. 잠시만 들렀다 가도 큰 부자가 될 수 있소."

소망 : "한번 가봅시다."

크리스천 : "난 됐어요. 전에 이곳 이야기를 들은 적이 있습니다. 이곳에서 많은 사람이 죽어갔다는 것도요. 저 보물이란 것은 사람들을 유혹해서 순례를 방해하려는 함정입니다."

크리스천이 데마에게 물었다.

크리스천 : "거기는 위험하지 않습니까? 많은 순례자를 방해하지 않았나요?"

데마 : "덤벙거리지만 않으면 그다지 위험하지 않소."

그렇게 말하면서 그는 얼굴을 붉혔다. 그러자 크리스천이 소망에게 말했다.

크리스천 : "허튼 길로 빠지지 말고 가던 길이나 계속 갑시다."

소망 : "사심이 여기에 와서 우리처럼 유혹을 받으면 틀림없이 저리로 갈 겁니다."

크리스천 : "두말할 것도 없이 자신의 원칙에 따라 저쪽으로 갈 테지요. 보나마나 저기서 죽을 겁니다."

데마 : "와서 구경하지 않겠소?"

크리스천 : "데마, 너는 우리를 바른 길로 인도하시는 주님의 적이다.[198] 너는 스스로 길을 잘못 들어 이미 주님의 재판관에게 유죄 판결을 받았다. 어째서 우리까지 같은 벌을 받게 하려고 하느냐? 우리가 길을 벗어난다면 왕이신 우리 주께서 틀림없이 그 사실을 들으시고, 우리가 그분 앞에 떳떳하게 서야 할 자리에서 부끄러움을 주실 것이다."

데마가 다시 큰 소리로 외쳤다.

데마 : "나도 당신들과 형제이니 잠깐만 기다려 주면 함께 가고 싶소."

---

198) 디모데후서 4 : 10.

**크리스천 :** "이름이 무엇인가? 앞서 내가 불렀던 그 이름이 아닌가?"

**데마 :** "그렇소, 내 이름은 데마입니다. 아브라함의 자손이지요."

**크리스천 :** "나는 너를 알고 있다. 게하시가 네 증조부요, 유다가 네 아버지이지.[199] 너도 그들의 전철을 밟고 있구나. 네가 하는 짓은 악마가 치는 장난과 같다. 네 아버지가 배신자로서 스스로 목을 매어 죽었듯이 너도 죗값을 치를 것이다.[200] 주님 앞에 가면 네가 한 짓을 그대로 고해바칠 테니 그리 알아라."

말을 마치고 크리스천과 소망은 계속 길을 갔다. 그 무렵 사심의 일행이 다시 보였다. 그들은 데마가 부르자 냉큼 그리로 건너갔다. 그 뒤 그들이 은갱 가장자리에서 구경하다가 떨어졌는지, 은을 캐러 내려갔는지, 아니면 끊임없이 솟아오르는 독가스에 숨이 막혀 죽었는지 확실하지 않다. 다만 길에서 그들의 모습을 두 번 다시 볼 수 없었다.

그때 크리스천이 노래를 불렀다.


사심과 은광의 데마 손발이 척척 맞는구나
하나가 부르니 다른 하나가 달려간다
재물을 나누자는 두 사람
세상에 묶여 앞으로 나아가지 못하네


나는 꿈에서 순례자들이 들판 바로 맞은편, 오래된 비석이 서 있는 길가에 이른 것을 보았다. 마치 여인이 기둥으로 변한 듯 이상한 모양을 한 비석이 두 사람의 눈길을 끌었다. 그들은 멈추어 서서 비석을 골똘히 바라보았지만 한참 동안 그게 무엇인지 알아내지 못했다. 마침내 소망이 비석 머리에 특이한 글씨로 새겨진 글을 찾았다.

학식이 모자라는 소망은 크리스천이라면 학문을 배웠으니 의미를 알아낼 수 있을까 싶어 그를 불렀다. 크리스천이 잠시 글자들을 살펴보더니 '롯의 아내를 기억하라'는 뜻임을 알아내고 소망에게 읽어 주었다. 두 사람은 그것이 롯의 아내가 화를 피하려고 소돔에서 도망칠 때 욕심을 버리지 못해 뒤돌아보았다가

---

199) 열왕기후서 5 : 20 마태복음 26 : 14~15.
200) 마태복음 27 : 3~5.

변해 버린 소금 기둥이라는 것을 깨달았다.[201] 갑작스럽게 놀라운 광경을 본 그들은 이야기를 나누었다.

크리스천 : "형제여, 마침 좋은 것을 보게 되었군요. 데마가 재물의 산에서 다가와 보라며 우리를 유혹한 뒤이니 시기가 딱 알맞네요. 당신도 가고 싶어 했듯 우리가 데마의 바람대로 했더라면 우리는 이 여인처럼 나중에 오는 사람들의 구경거리가 되었을 겁니다."

소망 : "내가 너무 어리석었어요. 롯의 아내처럼 되지 않은 게 신기합니다. 그녀가 지은 죄와 내가 지은 죄에 무슨 차이가 있을까요? 그녀는 단지 뒤돌아보았을 뿐이지만 나는 가서 보고 싶다고 생각했습니다. 하느님의 은총에 참으로 감사드립니다. 잠시나마 그런 생각을 마음속에 품었던 것을 부끄러이 여기겠습니다."

크리스천 : "앞으로 도움이 되도록 여기서 본 것들을 마음에 새겨둡시다. 이 여인은 소돔이 멸망할 때 죽지는 않았으니 심판 하나는 피한 셈이지만, 이렇게 소금 기둥으로 변했듯 다른 심판을 받았지요."

소망 : "그래요, 이 여인은 우리가 같은 죄를 저지르지 않도록 교훈을 줍니다. 또 경고를 무시하고 죄를 짓는 사람에게 어떤 심판이 떨어지는지 보여주는 본보기도 되지요. 고라와 다단과 아비람은, 죄를 짓고 멸망한 250명과 함께 후세 사람에게 주의를 주는 표지판이 되었어요.[202] 그런데 문득 이런 생각이 들었습니다. 이 여인은 길을 벗어나지 않고 단지 뒤돌아본 일로 소금 기둥이 되었다는데, 어떻게 데마와 그 무리들은 저리도 태연하게 보물을 찾아 건너편으로 갈 수 있나요? 게다가 이 여인이 심판을 받아 본보기가 된 것이 그들이 있는 곳에서도 보일 텐데요. 고개만 들어도 눈에 잘 보일 겁니다."

크리스천 : "참으로 이상하지요? 그건 그들이 재물에 눈이 어두워 대담해졌음을 보여주는 겁니다. 재판관 앞에서 소매치기를 하는 사람이나 교수대 아래에서 돈지갑을 훔치는 사람과 견줄 만하지요. 소돔 사람들은 아주 사악한 죄인이었다고 전해집니다.[203] 하느님께서 보시는 앞에서 죄를 짓고, 하느님께서 베푸

---

201) 창세기 19 : 26.
202) 민수기 26 : 9~10.
203) 창세기 13 : 13.

순례자들이 이상한 비석을 보다

신 친절을 무시하고 죄를 지었기 때문입니다. 하느님께서는 소돔 땅을 멸하시기 전까지 그곳을 에덴동산처럼 꾸며 주셨어요.[204] 그래서 더욱 하느님께서 진노하셨고, 가장 뜨거운 불길로 재앙을 내린 겁니다. 그러니 하느님 눈앞에서 죄를

---

204) 창세기 13 : 10.

짓거나, 미리 경고를 주었는데도 죄를 저지르는 자들은 가장 호된 벌을 받는다는 결론이 나지요."

**소망** : "지당한 말씀입니다. 그런데 우리가, 특히 제가 심판을 피할 수 있었으니 얼마나 감사한 일입니까? 하느님께 감사드리고 그분을 경외하며 언제나 롯의 아내를 기억하기로 합시다."

나는 순례자들이 아름다운 강가에 이르는 것을 보았다. 다윗왕이 하느님의 강이라 부르고 요한이 생명수의 강이라고 했던 강이다.[205] 그들이 가는 길은 강둑을 따라 나 있었다. 크리스천과 소망은 아주 즐거운 마음으로 걸음을 옮겼다. 강물을 마셨더니 기분이 상쾌해지고 지쳤던 영혼에 기운을 되찾았다. 게다가 강 양쪽 둑에 갖가지 과일이 주렁주렁 열리고 잎이 약으로 쓰이는 푸른 나무가 있었다. 두 사람은 나무 과일을 맛있게 먹었다. 또 과식을 막고, 여행길에 열이 나면서 걸리기 쉬운 병을 예방하려고 나뭇잎을 따먹었다. 강 양쪽에 펼쳐진 풀밭은 아름다운 백합꽃이 흐드러지게 피어 있고, 일 년 내내 푸르렀다. 두 사람은 풀밭에 누워도 괜찮겠다고 여기고 드러누워 잠을 잤다.[206] 잠에서 깨어나서는 또 과일을 따먹고 강물을 마시고 다시 잠을 자며 며칠 밤낮을 보냈다. 둘은 노래를 불렀다.

보라, 수정처럼 맑은 강물을
순례자를 위로하러 길을 따라 흐르며
맛 좋은 것을 내어 주네
나무의 달콤한 열매와 이파리를 아는 자라면
가진 것을 모두 팔아 풀밭을 사려 하리라

두 사람은 아직 갈 길이 많이 남았기 때문에 충분히 먹고 마신 다음 다시 길을 떠났다.

꿈속에서 두 사람이 얼마 못 갔을 때 강과 길이 나누어지는 것이 보였다. 두 사람은 적잖이 아쉬웠지만 감히 길을 벗어나지는 않았다. 이미 오랜 여행으로

---

205) 시편 65 : 9 요한계시록 22 : 1.
206) 시편 23 : 2 이사야 14 : 30.

발이 짓무른 그들은 강에서 비켜난 길이 험해 몹시 힘겨워했다.[207] 그래도 계속 길을 나아가며 더 좋은 길이 나오기만을 바랐다. 그런데 조금 앞을 보니 길 왼편에 풀밭이 펼쳐져 있고 그 어귀에 풀밭으로 넘어가는 계단이 있었다. 샛길 풀밭(By-Path Meadow)이라 불리는 곳이었다. 크리스천이 길동무인 소망에게 말했다.

**크리스천** : "풀밭이 우리가 가는 길과 나란히 붙어 있으면 저리로 넘어갑시다."

그러고는 계단이 있는 데로 가서 보았다. 정말 울타리 너머에 있는 오솔길이 그들이 가고 있는 길과 나란히 나 있었다.

**크리스천** : "딱 좋군요. 여기 편한 길이 있어요. 자, 건너편으로 넘어갑시다."

**소망** : "하지만 이 오솔길로 가다가 엉뚱한 곳으로 빠지면 어떡합니까?"

**크리스천** : "그렇진 않을 겁니다. 보세요, 이 길과 나란히 뻗어 있지 않습니까?"

크리스천이 설득하자 소망은 그를 따라 계단을 넘어갔다. 오솔길로 들어서니 아주 걷기 편했다. 앞을 내다보자 자신들처럼 오솔길을 걸어가고 있는 사람이 보였다. 그의 이름은 헛된 자신감(Vain confidence)이었다. 두 사람은 그를 불러 오솔길이 어디로 이어지는지 물어보았다. 헛된 자신감은 천국의 문으로 이어진다고 답했다. 크리스천이 말했다.

**크리스천** : "보세요, 내 말이 맞지요? 우리는 제대로 들어선 겁니다."

크리스천과 소망은 헛된 자신감을 뒤따라 걸어갔다. 그러나 밤이 깊어 날이 어두워지자 앞이 전혀 보이지 않았다. 앞서 가던 헛된 자신감은 앞을 못 보고 걷다가 깊은 구덩이에 빠져 버렸다. 바로 잘난 체하는 바보들을 잡기 위해 땅의 주인이 파 놓은 구덩이였다. 헛된 자신감은 떨어지자마자 뼈가 으스러지고 말았다. 크리스천과 소망은 그가 떨어지는 소리를 듣고 무슨 일이냐고 불러 보았지만 대답은 없고 신음만 들려왔다.

**소망** : "여기가 어디입니까?"

크리스천은 길을 잘못 들었을지도 모른다는 생각에 아무 말도 못했다. 때마

---

207) 민수기 21 : 4.

침 비가 쏟아지면서 천둥이 무시무시하게 내리쳤다. 번개도 번쩍였고 강물이 순식간에 불어났다. 그러자 소망이 속으로 끙끙대며 말했다.

**소망** : "아, 길을 벗어나지 말아야 했는데!"

**크리스천** : "오솔길이 엉뚱한 길로 통할 줄 누가 알았겠습니까?"

**소망** : "처음부터 마음이 내키지 않아 당신에게 넌지시 주의를 주었지요. 당신이 나보다 나이가 많지 않았다면 솔직하게 말했을 텐데."

**크리스천** : "형제여, 화내지 마시오. 길을 잘못 인도하여 이런 위험에 빠지게 하다니 정말 미안합니다. 제발 날 용서해 주시오. 나쁜 뜻이 있었던 건 아닙니다."

**소망** : "형제여, 괜찮습니다. 용서해 드리지요. 이런 일도 결국 우리에게 도움이 되리라 믿읍시다."

**크리스천** : "이렇게 너그러운 친구가 있어 정말로 기쁩니다. 여기 이러고 서 있지 말고 다시 돌아갑시다."

**소망** : "이번에는 내가 앞장서지요."

**크리스천** : "아니요, 괜찮다면 내가 앞장서겠습니다. 그래야 혹시 위험한 일이라도 생겼을 때 내가 먼저 부딪치지요. 우리가 길을 잘못 든 건 내 잘못이잖습니까."

**소망** : "안 됩니다, 그러시면 안 돼요. 불편한 심정으로 가다가 길을 또 잘못 들 수 있습니다."

그때 그들을 격려하는 누군가의 목소리가 들려왔다.

"큰 길을, 네가 가던 길을 마음에 새기고 돌아오너라."[208]

그러나 그때는 이미 강물이 매우 높이 차올라 돌아가는 길이 아주 위험했다. 나는 그때 가던 길에서 벗어나기는 쉬워도 벗어났다가 본대대로 돌아가기는 어렵다는 생각이 들었다. 두 사람은 여전히 돌아가려 애썼지만, 날이 너무 어둡고 물이 한없이 불어나서 몇 번이나 물에 빠질 뻔했다. 두 사람은 안간힘을 써 보았지만 그날 밤 계단이 있는 곳으로 돌아가지 못했다. 이윽고 자그마한 은신처를 발견하여 그곳에 앉아 날이 새기만을 기다렸다. 그러나 몹시 지쳐 있던 두

---

208) 예레미야 31 : 21.

사람은 그만 잠이 들고 말았다. 그들이 잠든 곳에서 그리 멀지 않은 곳에 의심의 성(Doubting Castle)이 있었다. 성의 주인은 절망 거인(Giant Despair)이었는데 순례자들이 자고 있는 곳도 바로 거인의 땅이었다. 거인은 아침 일찍 일어나 자기 땅을 이리저리 거닐다가 그곳에서 자고 있던 크리스천과 소망을 발견했다. 거인은 무시무시하고 퉁명스러운 목소리로 순례자들에게 일어나라고 명하고는, 어디에서 왔으며 자신의 땅에서 뭘 하는지 캐물었다. 두 사람은 길 잃은 순례자라고 대답했다. 그러자 거인이 말했다.

**절망 거인** : "너희들은 어젯밤 내 땅에 함부로 들어와 내 땅을 짓밟고 내 땅에서 잠을 잤으니 나를 따라와야 한다."

순례자들은 거인에게 맞설 힘이 없어 어쩔 수 없이 그를 따라갔다. 자신들이 잘못한 걸 알기 때문에 달리 할 말도 없었다. 거인은 두 사람을 앞세워 데리고 가더니 그의 성에 있는 캄캄한 지하 감옥에 가뒀다. 더럽고 고약한 냄새가 나는 곳이었다. 순례자들은 수요일 아침부터 토요일 밤까지 빵 한 조각, 물 한 모금 먹지 못하고 그곳에서 누워 지냈다. 햇빛 한 줌 들지 않고, 그들의 처지를 물어보는 사람 하나 없었다. 그들은 불쌍한 처지가 되어 친구나 아는 사람들로부터 멀리 떨어졌다. 크리스천은 감옥 안에서 소망보다 배로 슬퍼했다. 자신이 확실치 않은 일을 서두르다가 둘이 위험에 빠졌기 때문이다.

절망 거인에게는 의심(Diffidence)이라는 아내가 있었다. 거인은 잠자리에 들어 아내에게 자신이 한 일을 얘기했다. 자기 땅을 침입한 죄인 두 명을 지하 감옥에 가두었는데 그들을 어떻게 처리하면 좋을지도 물어보았다. 거인의 아내는 그들이 누구고 어디에서 왔으며 어디로 가는지 물었다. 거인이 이에 대답하자 아내는 아침에 일어나면 그들을 사정없이 때려 주라고 말했다. 거인은 아침에 일어나 돌능금나무로 만든 몽둥이를 들고 지하 감옥에 있는 순례자들에게 갔다. 절망 거인은 싫은 소리 한마디 않는 그들에게 마치 개를 꾸짖듯 윽박지르고, 달려들어 무자비하게 때려눕혔다. 두 사람은 돌아눕지도 못할 만큼 바닥에서 꼼짝할 수 없었다. 절망 거인이 매질을 끝내고 가 버리자 두 사람은 자신들의 불행을 슬퍼하고 고통을 한탄했다. 그들은 온종일 한숨짓고 흐느꼈다. 그날 밤, 남편과 얘기를 하다가 순례자들이 아직도 살아 있다는 사실을 알게 된 의심은 순례자들이 스스로 목숨을 끊게 만들라고 남편을 부추겼다. 아침이 밝자 절망 거인은 평소처럼 무시무시한 표정으로 순례자들을 찾아가 전날 그에게 맞은 상처로 아파하는 그들에게 말했다.

**절망 거인** : "너희들이 살아서 나갈 가망은 없다. 칼로 찌르든, 목을 매든, 독약을 마시든 당장 스스로 목숨을 끊는 수밖에 없지. 살아 있어 봐야 쓰라린 고통만 겪을 뿐이다."

순례자들이 풀어달라고 애원하자 절망 거인은 험상궂은 모습으로 그들에게 달려들었다. 만일 그때 절망 거인이 발작을 일으켜 잠시 손발이 마비되지 않았더라면 두 사람은 분명 거인의 손에 죽고 말았을 것이다. 거인은 맑은 날이면 때때로 발작을 일으켰다. 거인이 돌아가고 순례자들은 어찌하면 좋을지 궁리했다. 거인이 말한 대로 따르는 게 가장 좋은 일인지 의논했다.

**크리스천** : "형제여, 이제 어떡하면 좋겠소? 우리 삶은 지금 너무도 끔찍합니다. 나는 이렇게라도 살아야 하는지 아니면 빨리 죽는 게 나은지 모르겠어요. 이렇게 사느니 차라리 숨이라도 막혀 버리면 좋겠습니다.[209] 이 지하 감옥보다는 무덤 속이 훨씬 편할 것 같아요! 거인이 말한 대로 해야 할까요?"

**소망** : "지금 우리 형편이 끔찍한 것은 사실입니다. 영원히 이렇게 고통을 받느니 차라리 죽는 편이 훨씬 나을 수도 있어요. 하지만 우리가 가려는 나라의 하느님께서 살인하지 말라고 하신 말씀을 떠올립시다.[210] 그래요, 다른 사람을 죽이면 안 됩니다. 거인의 말을 듣고 스스로 목숨을 끊는 것은 더더욱 안 되지요. 게다가 살인하면 사람의 몸을 죽이는 죄를 짓지만, 자살하면 몸과 영혼을 동시에 죽이는 죄를 짓게 됩니다. 그리고 형제여! 당신은 무덤 속이 편하다고 말하지만, 살인자는 반드시 지옥에 간다는 것을 잊으셨습니까? 살인자는 영생을 얻지 못합니다. 또한 모든 율법이 절망 거인의 손에 달려 있는 건 아님을 떠올립시다. 내가 아는 바로는 우리처럼 그에게 붙잡혔다가 도망친 사람들이 있어요. 세상을 만드신 하느님께서 절망 거인을 죽게 하실 수도 있지요. 아니면 거인이 언젠가 감옥을 잠그는 것을 잊어버릴지도 모르고, 조만간 우리 앞에서 또 발작을 일으켜 손발을 쓰지 못할지도 모르는 일 아닙니까? 그런 일이 일어난다면 나는 남자답게 용기를 내서 그의 손아귀를 벗어나기 위해 온 힘을 다

---

209) 욥기 7 : 16.
210) 출애굽기 20 : 13.

절망 거인이 순례자들을 매질하다

할 겁니다. 지난번에 그러지 못한 게 한심스럽군요. 형제여, 조금만 더 참아보십시다. 운 좋게 여기서 벗어날 수 있는 날이 올 테니 스스로 목숨을 끊는 살인자가 되어서는 안 됩니다."

　소망은 이렇게 말하며 크리스천의 마음을 다독였다. 둘은 그날 밤 어둠 속에서 비참한 처지를 함께 견뎠다. 저녁 무렵, 거인은 죄인들이 자신의 말을 따랐는지 보려고 지하 감옥에 내려왔다가 순례자들이 아직도 살아 있는 것을 보았다. 비록 살아 있기는 했지만 순례자들은 아무것도 입에 대지 못했을 뿐만 아니라 거인에게 흠씬 얻어맞고 상처를 입어서 겨우 숨만 붙어 있는 지경이었다. 그러나 거인은 그들이 살아 있는 걸 보고 불같이 화를 내며, 자신의 충고를 따르지 않았으니 세상에 태어난 걸 후회하게 해 주겠다고 으름장을 놓았다. 이 말을 들은 두 사람은 바들바들 떨었고 크리스천은 기절까지 하고 말았다. 크리스천이 정신을 차린 뒤에 두 사람은 거인의 충고를 받아들일지 말지 새로 의논하였다. 크리스천의 마음이 충고를 받아들이는 쪽으로 기울자 소망은 다시 자신의 생각을 얘기했다.

**소망** : "형제여, 당신이 지금까지 얼마나 씩씩했는지 기억하지 못합니까? 아바돈도 당신을 무너뜨리지 못했고, 죽음의 골짜기에서 당신이 보고 듣고 느낀 그 무엇도 당신을 꺾지 못했소. 어떤 어려움과 두려움도 물리쳐 왔습니다. 헌데 지금은 어찌 벌벌 떨기만 합니까? 보시다시피 당신보다 약한 나도 감옥에 함께 갇혀 있어요. 거인은 내게도 매질을 했고, 빵과 물을 전혀 주지 않았습니다. 나도 당신처럼 어둠 속에서 슬퍼하고 있단 말입니다. 조금만 더 견딥시다. 당신이 허영의 시장에서 얼마나 남자답게 행동했는지 떠올려보세요. 쇠사슬과 우리, 처참한 죽음 앞에서도 두려워하지 않았잖아요. 견딜 수 있는 데까지 견뎌 봅시다. 적어도 그리스도교 신자로서 바람직하지 않은 부끄러운 짓은 하지 말아야지요."

다시 밤이 되어 거인과 그의 아내가 잠자리에 누웠다. 그때 의심이 남편에게 죄수들이 그의 충고를 받아들였는지 물었다.

**절망 거인** : "아주 끈질긴 놈들이야. 스스로 목숨을 끊지 않고 어떤 고통이든 참아내려나 봐."

**의심** : "내일 그들을 마당으로 데려가서 당신이 이미 해치운 사람들의 뼈와 해골을 보여 주세요. 그리고 다른 순례자들에게 그랬던 것처럼 일주일 안에 그들을 갈기갈기 찢어 버리겠다고 단단히 말해 두세요."

아침이 밝자 거인은 순례자들을 찾아가 마당으로 끌어낸 다음 아내가 일러준 대로 그들에게 뼈와 해골을 보여 주었다.

**절망 거인** : "이들도 한때 순례자였는데 너희처럼 내 땅에 기어들어왔기에 내가 때를 봐서 갈가리 찢어 죽였지. 너희도 열흘 안에 이렇게 만들어 주겠다. 가! 다시 지하로 내려가!"

그러면서 거인은 순례자들이 내려가는 동안에도 그들을 때렸다. 두 사람은 토요일 하루를 절망 속에서 보냈다. 밤이 되자 잠자리에 든 의심과 그녀의 남편은 다시 죄수들에 대해 얘기했다. 늙은 거인은 아무리 때리고 충고해도 왜 그들이 죽지 않는지 이상하게 여겼다. 이것을 듣고 아내가 대답했다.

**의심** : "누군가가 와서 그들을 구해 주기를 기다리거나, 문을 열 수 있는 열쇠를 가지고 있어 도망치려는 건 아닌지 걱정되네요."

**절망 거인** : "그렇게 생각해? 그럼 아침에 가서 알아봐야겠군."

두 사람은 토요일 한밤중에 기도를 하기 시작해 거의 날이 샐 때까지 계속했다. 동트기 직전, 놀라서 반쯤 정신 나간 사람처럼 크리스천이 불쑥 소리를 질렀다.

**크리스천** : "이렇게 바보 같을 때가! 자유롭게 갈 수가 있는데 이런 고약한 지하 감옥에 누워 있다니. 내 품에 '약속'이라는 열쇠가 있지 않았던가! 이 성에 있는 어떤 자물쇠도 열 수 있거늘."

**소망** : "듣던 중 반가운 소식이군요. 형제여, 어서 그걸 꺼내 써 보세요."

크리스천이 품속에서 열쇠를 꺼내 지하 감옥 문의 열쇠 구멍에 꽂아 보았다. 열쇠를 돌리자 빗장이 덜커덩 벗겨지면서 문이 손쉽게 열렸다. 크리스천과 소망은 둘 다 밖으로 빠져나갔다. 성채 마당으로 통하는 바깥문에 이르자 크리스천이 그 문도 열쇠로 열었다. 그다음에는 철문도 열어야 했다. 철문의 자물쇠는 진저리가 날 만큼 딴딴했는데도 열쇠로 거뜬히 열 수 있었다. 두 사람이 재빨리 달아나려고 문을 열자 삐걱거리는 소리가 너무 크게 나는 바람에 절망 거인이 잠을 깨고 말았다. 거인은 그들을 뒤쫓으려 벌떡 일어났지만 손발이 말을 듣지 않았다. 다시 발작이 일어난 탓에 아무리 애써 보아도 그들을 쫓을 수 없었다. 순례자들은 계속 달려 다시 주님께 가는 길로 돌아왔다. 거인의 손아귀를 벗어나자 평온을 되찾을 수 있었다.

울타리의 계단을 넘어간 순례자들은 어떻게 하면 나중에 오는 사람이 절망 거인 손에 잡히지 않을까 궁리했다. 곧 두 사람은 기둥을 세우고 글자를 새겨 넣었다.

'이 계단 너머로 길을 가면 절망 거인이 지키는 의심의 성에 이른다. 거인은 천국에 계시는 왕을 업신여기고 그분의 거룩한 순례자들을 찾아 해치려 한다.'

그래서 뒤에 오던 많은 사람은 이 글을 읽고 위험을 피하였다. 이 일을 끝내고 두 사람은 노래를 불렀다.

가던 길을 벗어났다가 우리는 알게 되었네
금단의 땅에 들어서면 어떻게 되는지를
뒤에 오는 사람들이여 조심하시오

함부로 행동하다 우리처럼 되지 않도록
그의 땅에 발을 들여 사로잡히지 않도록
그 성은 의심의 성, 성의 주인은 절망이라네

크리스천과 소망은 계속 길을 가다 기쁨(Delectable)이라는 산에 이르렀다. 그곳은 앞서 얘기한 대로 산의 주님께서 보살피는 곳이다. 두 사람은 산을 올라가 정원과 과일나무, 포도밭과 분수를 보았다. 그곳에서 그들은 물도 마시고 몸도 씻고 포도밭으로 가서 마음껏 포도를 따 먹었다. 산꼭대기에는 양을 치는 목자들이 서 있었다. 순례자들은 목자들에게 다가갔다. 지친 순례자들이 길에서 누군가와 얘기할 때 흔히 그러하듯 그들은 지팡이에 몸을 기대고서 목자들에게 물었다.

**크리스천과 소망** : "이 산은 어느 분의 것입니까? 거기서 풀을 뜯고 있는 양 떼는 또 어느 분의 것입니까?"

**목자** : "이 산은 임마누엘의 땅입니다. 그분이 사시는 곳이 여기서 보이지요. 양 떼도 그분의 것인데, 그분은 양들을 위해 목숨까지 버리셨답니다."[211]

**크리스천** : "이 길로 가면 천국이 나옵니까?"

**목자** : "그렇습니다. 바른 길로 가고 계십니다."

**크리스천** : "그곳까지 얼마나 걸리나요?"

**목자** : "진심으로 그곳까지 가려 하는 사람이 아니면 아득히 멀지요."

**크리스천** : "길은 안전합니까? 아니면 위험합니까?"

**목자** : "슬기로운 사람에게는 안전하지만 죄인은 비틀거리고 넘어질 것입니다."[212]

**크리스천** : "지치고 힘없는 순례자들이 가는 길에 쉴 만한 곳이 있는지요?"

**목자** : "이 산의 주님께서 우리에게 나그네 대접하기를 소홀히 하지 말라고 하셨지요.[213] 길을 가다 보면 좋은 곳이 나올 겁니다."

나는 꿈에서 두 사람이 나그네임을 알아차린 목자들이 그들에게 묻는 것을

---

211) 요한복음 10 : 11.

212) 호세아 14 : 9.

213) 히브리서 13 : 2.

보았다.

**목자** : "어디서 오셨나요? 어쩌다 이 길로 들어오시게 되었지요? 어떻게 이 길을 버텨왔나요? 이 길로 들어서도 정작 이 산까지 오시는 분은 드물거든요."

순례자들은 딴 곳에서 그랬던 것처럼 똑같이 답해 주었다. 목자들은 대답을 듣고 기뻐하며 따뜻한 눈길로 그들을 바라보면서 말했다.

**목자** : "기쁨의 산에 오신 것을 환영합니다."

지식(Knowledge), 경험(Experience), 조심성(Watchfulness), 성실(Sincerity)이라는 이름의 목자들은 순례자들의 손을 잡고 그들을 자신들의 천막으로 데려가 마침 차려 놓은 음식을 대접했다.

**목자들** : "한동안 이곳에 묵으시면서 우리와 친분을 쌓고, 산에서 좋은 것을 보며 마음의 위안을 얻으세요."

순례자들은 기꺼이 머물겠다고 응하고, 밤이 이슥하여 잠자리에 들었다.

나는 꿈에서 목자들이 날이 밝자 크리스천과 소망을 깨워서 함께 산에 가자고 말하는 것을 보았다. 그들은 다 같이 기쁨이 가득한 경치를 보면서 산 곳곳을 거닐었다. 목자들은 순례자들에게 깜짝 놀랄 만한 것을 보여 주는 게 어떨지 서로 이야기했다.

모두 그렇게 하자고 뜻을 모은 뒤 목자들은 먼저 두 사람을 실수(Error)라는 가장 가파른 산의 꼭대기로 데려가 아래를 보라고 말했다. 크리스천과 소망이 내려다보니 꼭대기에서 떨어져 산산조각이 난 사람 여러 명이 있었다.

**크리스천** : "무엇을 말하고자 하심입니까?"

**목자들** : "육신이 부활한다는 믿음에 대해 후메내오와 빌레도가 한 말에 넘어가 실수를 저지른 사람들의 얘기를 들은 적 없습니까?"[214]

**크리스천과 소망** : "있습니다."

**목자들** : "이 산 밑에 몸이 산산조각 난 채로 누워 있는 저 사람들이 바로 그들입니다. 산꼭대기를 너무 높이 오르거나 벼랑 끝에 가까이 다가가지 말라는 본보기로 남게 되어 보시다시피 아직까지 땅에 묻히지도 못했지요."

나는 목자들이 주의(Caution)라는 다른 산의 꼭대기로 두 사람을 데려가 먼

---

214) 디모데후서 2 : 17~18.

곳을 바라보라고 하는 것을 보았다. 두 사람이 그 말대로 멀리 내다보다가 무덤 사이를 오르락내리락하는 사람들을 보았다. 때때로 무덤에 걸려 비틀거리면서 그곳을 빠져나오지 못하는 것을 보니 장님들인 것 같았다.

**크리스천** : "무엇을 말하고자 하심인지요?"

**목자들** : "산 아래에서 길 왼쪽 풀밭으로 통하는 계단을 못 보셨습니까?"

**크리스천과 소망** : "보았습니다."

**목자들** : "그 계단 너머에 있는 오솔길이 의심의 성까지 곧바로 이어지는데 절망 거인이란 자가 그곳을 지키고 있지요. (무덤을 가리키며) 저 사람들도 계단을 지나기 전까지 여러분처럼 순례자였어요. 그런데 길이 너무 험하다고 바른 길을 벗어나 풀밭으로 들어서는 바람에 절망 거인에게 붙잡혀 의심의 성에 갇혔습니다. 거인은 사람들을 지하 감옥에 잠시 가두었다가 눈을 뽑아서 저 무덤가에 데려다 놓고는 이제껏 헤매도록 내버려 두고 갔답니다. 슬기로운 길을 버리는 사람은 죽은 사람들과 함께할 것이라고 현자가 하신 말씀대로 이루어졌지요."[215]

크리스천과 소망은 눈물을 흘리며 마주볼 뿐 목자들에게 아무 말도 하지 않았다.

나는 꿈속에서 목자들이 두 사람을 산기슭으로 데려가는 것을 보았다. 산모퉁이에 문이 하나 있었는데 목자들이 그 문을 열더니 두 사람에게 안을 들여다보라고 말했다. 안은 아주 어두컴컴하고 연기가 자욱했다. 또한 불이 활활 타오르는 소리와 사람들이 고문을 받는 듯 울부짖는 소리가 들려왔다. 유황이 타는 냄새도 났다.

**크리스천** : "무엇을 말하고자 하심입니까?"

**목자** : "이 샛길은 위선자들이 가는 지옥으로 통합니다. 에서처럼 맏아들의 권리를 팔아먹는 자,[216] 유다처럼 주님을 팔아먹은 자,[217] 알렉산더처럼 복음을 모독하는 자,[218] 아나니아와 그의 아내 삽비라처럼 거짓말을 일삼고 남을 속이

---

215) 잠언 21 : 16.
216) 창세기 15 : 19~34.
217) 마태복음 26 : 14~16.
218) 디모데후서 4 : 14.

는 자[219]가 가는 곳이지요."

**소망** : "그들 모두 우리처럼 순례자 차림을 하고 있었지요? 그렇지 않나요?"

**크리스천** : "예, 맞습니다. 그것도 아주 오랫동안이었지요."

**소망** : "그런데 비참한 꼴로 버려졌군요. 당시 그들은 순례를 하면서 어디까지 갔었나요?"

**목자들** : "이 산보다 좀 더 간 사람도 있고 그보다 못 미치는 사람도 있지요."

그러자 순례자들이 말을 주고받았다.

**크리스천과 소망** : "전능하신 주님께 힘을 빌려달라고 외쳐야겠군요."

**목자들** : "예, 그리고 힘을 받으면 꼭 쓰셔야 합니다."

순례자들은 계속 길을 떠나야겠다고 마음먹었다. 목자들도 그러는 게 좋겠다고 여기고 산 끝자락까지 함께 걸었다. 그때 한 목자가 말했다.

"순례자들이 우리 망원경을 볼 줄 안다면 천국의 문을 보여줍시다."

순례자들은 그 의견을 기꺼이 받아들였다. 목자들은 두 사람을 청명(Clear)이라는 높은 산봉우리로 데려가 망원경을 건네주고 들여다보라고 했다. 망원경을 보려고 하자 목자들이 마지막에 보여 주었던 것이 자꾸 떠올라 두 사람은 손을 덜덜 떨었다. 그래서 제대로 들여다볼 수 없었지만 언뜻 문처럼 생긴 것과 어떤 영광스런 장면을 본 것 같았다. 두 사람은 다시 길을 떠나며 노래를 불렀다.

> 목자들께서 비밀을 밝혀 주셨네
> 다른 이들에게는 감추어진 비밀을
> 그러니 목자들을 찾아가세
> 그윽하고 비밀스러우며 신비로운 것을 보려는 이들은

순례자들이 떠나려 할 때 한 목자가 지도를 주었고, 다른 목자는 아첨꾼을 조심하라고 말했다. 세 번째 목자는 마법의 땅에서 잠들지 말라고 했고, 네 번째 목자는 앞길이 평안하기를 빌어 주었다. 그때 나는 꿈에서 깼다.

---

219) 사도행전 5 : 1~11.

나는 다시 잠이 들었다. 꿈속에서 두 순례자가 천국으로 향하는 큰길을 따라 산을 내려가고 있는 것이 보였다. 산자락 왼쪽에는 자만의 나라(Country of Conceit)가 있었다. 그 나라와 두 순례자가 걷는 길 사이에는 구불구불한 오솔길이 이어져 있었다. 이곳에서 순례자들은 자만의 나라 쪽에서 오솔길을 따라 걸어오고 있는 활기찬 젊은이를 만났다. 젊은이의 이름은 무지(Ignorance)였다. 크리스천은 그에게 어디에서 왔고 어디로 가는지 물었다.

**무지** : "저는 저 왼편에 있는 나라 사람으로 지금 천국으로 가고 있습니다."

**크리스천** : "그런데 천국의 문은 어떻게 들어갈 생각인가? 어려움이 많이 따를 텐데."

**무지** : "남들처럼 하면 되지요."

**크리스천** : "문으로 들어가기 위해 보여 줘야 하는 것을 갖고 있는가?"

**무지** : "저는 주님의 뜻을 알아요. 게다가 지금까지 훌륭한 삶을 살았습니다. 남들에게 빚진 것도 없어요. 기도도 하고, 단식도 하고, 십일조와 자선금도 꼬박꼬박 냈답니다. 또 그곳에 가려고 이렇게 고향을 떠났지요."

**크리스천** : "하지만 자네는 이 길 어귀에 있는 좁은 문으로 들어오지 않고 저 구부러진 길로 들어왔네. 그러니 자네 스스로 어떻게 생각하든, 자네는 심판의 날이 오면 천국으로 들어가기는커녕 도둑으로 몰려 죗값을 치르게 될 걸세."[220]

**무지** : "두 분은 생판 남이고 잘 알지도 못합니다. 두 분은 두 분 나라의 신앙을 마음껏 따르세요. 저는 우리나라 신앙을 따를 테니까요. 그러면 다 잘될 겁니다. 그리고 말씀하신 문이 우리나라에서 얼마나 먼지 우리나라 사람이면 누구나 잘 압니다. 그쪽으로 가는 길을 아는 사람이나 있을지 모르겠군요. 하지만 그게 다 무슨 상관입니까? 보시다시피 우리나라에는 훌륭하고 푸르른 오솔길이 이 길까지 이어져 있는걸요."

크리스천은 스스로 지혜롭다 자만하는 젊은이[221]를 보고 소망에게 소곤댔다.

**크리스천** : "차라리 미련한 자에게 희망이 있겠어요. 어리석은 자는 지혜가

---

220) 요한복음 10 : 1.
221) 잠언 26 : 12.

모자라니 입만 열면 제 어리석음을 드러내지요.[222] 저 젊은이와 좀 더 얘기를 나눌까요? 아니면 잠시 생각할 수 있게 내버려 두고, 나중에 다시 와서 우리가 그에게 도움이 될 수 있을지 알아볼까요?"

그러자 소망이 말했다.

> 무지에게 우리가 한 말을 생각하도록
> 좋은 도움을 뿌리치지 않도록 시간을 줍시다
> 가장 소중한 게 무엇인지에 무지하지 않도록
> 당신이 만드셨으나 당신 뜻을 모르는 자는
> 구원하시지 않는다고 하느님께서 말씀하셨나니

그리고 이렇게 덧붙였다.

**소망** : "한꺼번에 모든 것을 말해 주는 것은 좋지 않다고 생각해요. 지금은 그냥 내버려 두었다가 나중에 그가 감당할 만할 때 다시 일러주도록 하시지요."

그리하여 두 사람은 계속 길을 가고 무지는 뒤떨어져 걸었다. 한동안 무지를 앞질러 걸어가던 그들은 깜깜한 오솔길로 들어섰다. 거기서 일곱 악령이 질긴 밧줄 일곱 개로 한 남자를 묶고서 끌고 가는 것을 보았다.[223] 남자는 순례자들이 산모퉁이에서 보았던 문으로 끌려가고 있었다. 크리스천은 무서워 벌벌 떨었고 길동무인 소망도 마찬가지였다. 크리스천은 그래도 혹시 아는 사람인가 하여 악령들이 그 남자를 끌고 지나갈 때 쳐다보았다. 아마도 배교(Apostasy) 마을에 사는 변절(Turn away)인 것 같았다. 그러나 그가 마치 잡혀가는 도둑처럼 고개를 숙이고 있어 얼굴을 자세히 보지는 못했다. 남자가 지나갈 때 뒤돌아본 소망이 그의 등에서 글씨가 적힌 종이쪽지를 발견했다.

'부정한 신앙 고백자와 저주받을 배교자'

**크리스천** : "이 근처에 사는 어느 착한 사람에게 일어난 일을 들은 적이 있는데 저걸 보니 그 얘기가 생각나네요. 이름은 작은 믿음(Little Faith)이었지만 진실 (Sincere) 마을에 사는 착한 사람이었습니다. 제가 얘기해 드리지요. 이 길 어귀

---

222) 전도서 10 : 3.
223) 마태복음 12 : 45, 잠언 5 : 22.

에 넓은 문과 이어진 오솔길이 하나 있습니다. 걸핏하면 살인이 벌어진다고 해서 죽은 자의 오솔길(Deadman's lane)이라 불리지요. 작은 믿음은 지금 우리처럼 순례를 하고 있었는데 그 길에서 잠깐 앉아 쉬다가 잠이 들었습니다. 그때 겁쟁이(Faint Heart), 불신(Mistrust), 유죄(Guilt)라는 덩치 큰 깡패 삼형제가 넓은 문을 지나 오솔길로 왔습니다. 그들은 작은 믿음을 보고 냉큼 달려왔어요. 착한 그가 막 잠에서 깨어나 다시 길을 가기 위해 일어서려던 참이었지요. 삼형제가 다가와 작은 믿음에게 일어나라고 으름장을 놓았습니다. 작은 믿음은 행주처럼 얼굴이 하얗게 질려서 싸우기는커녕 달아날 엄두도 못 냈어요. 그때 겁쟁이가 지갑을 내놓으라고 말했습니다. 작은 믿음이 돈을 빼앗기기 싫어 머뭇거렸더니 불신이 달려들어 그의 호주머니에서 은이 든 자루를 끄집어냈어요. 연약한 믿음이 소리쳤지요. '도둑이야! 도둑이야!' 그러자 유죄가 손에 들고 있던 커다란 몽둥이로 작은 믿음의 머리를 내리쳤습니다. 작은 믿음은 한 방 맞고 피를 흘리며 그 자리에 쓰러지고 말았어요. 그가 피를 너무 많이 흘려서 다 죽게 생겼는데도 도둑들은 옆에 서 있기만 했지요. 그런데 그때 누군가 오는 소리가 들렸어요. 도둑들은 훌륭한 믿음(Good confidence) 성에 사는 큰 은혜(Great grace)일지 모른다며 겁을 먹고, 작은 믿음을 내버려둔 채 줄행랑을 쳤어요. 작은 믿음은 잠시 뒤 겨우 정신을 차리고 일어나 가까스로 길을 계속 갔다는 얘기입니다."

소망 : "그럼 도둑들이 그가 가진 것을 모조리 빼앗아 갔나요?"

크리스천 : "아니요, 작은 믿음이 보물을 감추어 둔 곳은 뒤지지 않아서 보물은 간직할 수 있었지요. 하지만 착한 그는 잃어버린 돈 때문에 상심이 컸어요. 여비를 다 털렸거든요. 보물도 고스란히 있고 돈도 몇 푼 남아 있었지만 목적지까지 가기에는 턱없이 모자랐습니다.[224] 제가 듣기로 살아남으려고 구걸까지 했다는군요. 보물은 못 팔겠으니 구걸도 해 보고 별별 일을 다 했지만 여행 내내 배고픔에 시달렸답니다."

소망 : "그런데 도둑들은 어째서 천국의 문으로 들어갈 수 있는 증명서를 빼앗지 않았지요? 참 이상하네요."

크리스천 : "이상하게도 털어가지 않았다더군요. 작은 믿음이 교묘하게 숨겼

---

224) 베드로전서 4 : 18.

다고 해도 놓쳤을 리가 없을 텐데요. 도둑들이 들이닥쳤을 때 허둥대느라 무엇을 숨길 힘은 고사하고 그럴 겨를도 없었으니까요. 도둑들이 그 보물을 놓친 것은 작은 믿음이 빼앗기지 않으려 애써서가 아니라 하느님의 은혜였다고 봐야겠지요."[225]

**소망** : "보물을 빼앗기지 않아서 그나마 위안이 되었겠네요."

**크리스천** : "그가 알맞게 썼다면 큰 위로를 얻었겠지요.[226] 하지만 제게 얘기해 준 사람들 말로는 그가 돈을 빼앗긴 충격 때문에 남은 여행 동안 보물을 전혀 쓰지 못했답니다. 실은 나머지 여행을 하면서 보물을 거의 잊고 지냈다고 해요. 어쩌다 보물 생각이 나 위로를 얻을라치면 돈을 빼앗긴 기억이 되살아나 다른 생각은 싹 사라졌다더군요."

**소망** : "아이고, 가엾은 친구! 정말 상심이 컸나 보군요!"

**크리스천** : "당연히 상심이 컸지요! 만약 우리가 그런 낯선 곳에서 강도를 당하고 다치기까지 했다면 누군들 안 그렇겠습니까? 슬픔에 빠져서 죽지 않는 것이 이상할 정도지요. 불쌍한 친구! 내가 듣기로는 나머지 길을 가는 내내 슬픔에 젖어 푸념만 지나치게 늘어놓았다는군요. 또 길에서 사람을 만날 때마다 어디서 어떻게 강도를 당했는지, 도둑들이 어떤 무리였는지, 무엇을 잃었는지, 어떤 상처를 입었는지, 겨우 목숨만 건진 얘기를 하소연했답니다."

**소망** : "그런데 왜 보물을 팔거나 저당해서 여행에 필요한 돈을 마련하지 않았는지 궁금하군요."

**크리스천** : "오늘따라 갓 태어난 새처럼 모자란 소리를 하시네요! 그가 무얼 위해 보물을 저당하겠습니까? 또 누구한테 팔겠습니까? 그가 강도를 당한 나라에서 그의 보물은 아무도 알아주지 않았습니다. 그도 그렇게까지 해서 위안을 구할 생각은 없었어요. 게다가 천국의 문에서 보물이 없으면 어떤 혜택도 받을 수 없다는 걸 그는 잘 알고 있었습니다. 그에게는 강도 만 명에게 해코지를 당하는 것보다 견디기 힘든 일이지요."

**소망** : "말씀이 지나치군요! 에서는 죽 한 그릇에 맏아들의 권리를 팔았습니

---

225) 디모데후서 1 : 14.
226) 베드로후서 1 : 19.

다.[227] 상속권은 에서에게 가장 소중한 보물이었어요. 그도 그랬는데 작은 믿음이 그러지 못할 까닭이 무엇입니까?"

**크리스천** : "에서가 맏아들의 권리를 판 건 사실입니다. 그 밖에 많은 사람이 그렇게 해서 하느님의 축복을 제 발로 걷어찼지요. 비열한 겁쟁이 에서처럼 말이에요. 하지만 에서와 작은 믿음은 서로 다를뿐더러 그들이 처한 상황에 차이가 있음을 알아야 합니다. 에서가 가진 맏아들의 권리는 상징적이지만 작은 믿음이 가진 보물은 그렇지 않지요. 에서는 그저 제 배를 채워 육신의 욕망을 충족하려 했지만 작은 믿음은 그렇지 않았어요. 에서는 육체적 욕망 말고는 아무것도 바라지 않았습니다. 에서가 말했지요. '보라, 내가 곧 죽을 지경인데 맏아들의 권리가 무슨 소용이냐?'[228] 하지만 작은 믿음은 비록 믿음이 작은 운명을 타고났어도 그나마 작은 믿음이라도 있어 허튼 짓을 하지 않았어요. 에서가 맏아들의 권리를 판 것처럼 하지 않고 자신의 보물을 소중히 여겼습니다. 에서가 작으나마 믿음을 갖고 있었다는 얘기는 어디에도 없습니다. 그러니 욕망에 맞서려는 믿음이 없는 사람들처럼, 육신의 욕망에 지배받던 그가 맏아들의 권리든 영혼이든 뭐든 지옥에 있는 악마에게 팔아넘긴다 해도 놀랄 일이 아니지요. 그런 사람은 발정한 당나귀와 매한가지입니다. 달뜬 몸을 무슨 수로 막겠습니까?[229] 오직 욕망에 온 마음을 빼앗겼으니 그들은 무슨 대가를 치르더라도 그걸 얻으려 할 것입니다. 하지만 작은 믿음은 달라요. 그의 마음은 거룩하신 하느님을 섬겼습니다. 그의 생활은 하늘에서 내려온 영적인 것을 따랐지요. 그런 사람이 누군가 사려 한들 무엇을 위해 보물을 팔고 헛된 것으로 마음을 채우려 하겠습니까? 마른 풀로 배를 채우려고 돈을 쓰겠습니까? 산비둘기에게 까마귀처럼 썩은 고기를 먹고 살라고 설득할 수 있습니까? 믿음이 없는 사람은 욕망을 채우려고 가진 것은 물론 자기 자신까지도 저당하고 팔아넘길 수 있어요. 하지만 믿음을 가진 사람, 구원받으리라는 믿음을 가진 사람은 믿음이 아무리 작더라도 그러지 못합니다. 형제여, 당신은 이 점을 잘못 생각하고 있습니다."

**소망** : "저도 인정합니다. 하지만 당신이 심하게 꾸짖는 바람에 발끈했어요."

---

227) 히브리서 12 : 16.
228) 창세기 25 : 32.
229) 예레미야 2 : 24.

크리스천 : "갓 태어나 알껍데기를 이고서 아무도 가지 않은 길을 날뛰는 어린 새에 당신을 견줬을 뿐입니다. 하지만 이런 이야기는 그만두고 우리가 나누던 얘기를 생각합시다. 그러면 마음이 가라앉을 겁니다."

소망 : "그런데 크리스천, 저는 그 세 도둑들이 분명 겁쟁이 무리에 지나지 않다고 생각합니다. 그렇지 않으면 누군가 다가오는 발소리만 듣고서 그렇게 달아났겠습니까? 작은 믿음은 어째서 좀 더 용기를 내서 맞서지 않았는지 모르겠군요. 한번 맞붙어 보고 도저히 어쩔 수 없을 때 포기해도 됐을 텐데요."

크리스천 : "많은 사람이 그 도둑들을 겁쟁이라고 말합니다. 하지만 막상 시련이 닥쳤을 때 그렇게 생각하는 사람은 드물지요. 작은 믿음은 그리 용기 있는 사람도 아니었어요. 만약 같은 일을 겪는다면 한번 버텨보다가 포기하면 그만이라고 생각하나요? 이렇게 멀리까지 와서도 그 정도 용기밖에 없다면, 당신은 도둑들이 눈앞에 나타나자마자 마음이 바뀔 겁니다.

한번 생각해 보세요. 도둑들은 지옥의 왕을 받드는 졸개에 불과합니다. 그들의 왕은 여차하면 그들을 도우러 직접 달려 나와요. 목소리는 사자 울음소리 같습니다.[230] 나도 작은 믿음처럼 그들과 싸운 적이 있어서 알고 있어요. 정말 무시무시했지요. 악당들이 내게 달려들었지만 나는 그리스도교 신자답게 맞섰습니다. 그런데 그들이 소리치자 그들의 왕이 한달음에 달려오더군요. 꿰뚫을 수 없는 갑옷을 하느님께서 입혀 주시지 않았더라면 내 목숨은 흔히 말하는 파리 목숨이나 다름없었을 겁니다. 아니, 그렇게 온몸에 갑옷을 두르고서도 남자답게 싸우기가 얼마나 힘들었는지 몰라요. 몸소 겪어 보지 않고서는 그 싸움이 어떠한지 아무도 모를 겁니다."

소망 : "그렇군요. 하지만 도둑들은 큰 은혜가 올 거라고 생각하자마자 도망치지 않았습니까?"

크리스천 : "그래요. 그들과 그들의 우두머리는 큰 은혜가 나타나기만 하면 곧잘 도망칩니다. 큰 은혜는 하느님의 전사이니 이상한 일도 아니지요. 그러나 작은 믿음과 하느님의 전사는 아주 다르다는 걸 아시리라 믿습니다. 하느님을 섬긴다고 해서 모두 다 전사는 아닙니다. 전사처럼 훌륭하게 싸울 수 없습니다.

---

230) 베드로전서 5 : 8.

어린애가 다윗처럼 골리앗을 상대할 수 있던가요? 굴뚝새에게 황소 같은 힘이 있던가요? 세상에는 강한 사람도 있고 약한 사람도 있습니다. 믿음이 큰 사람도 있고 작은 사람도 있지요. 작은 믿음은 약한 사람이었기 때문에 궁지에 빠진 겁니다."

**소망** : "큰 은혜가 와서 대신 싸웠으면 좋았을 텐데요."

**크리스천** : "그랬다 해도 혼자서는 힘에 부쳤을 겁니다. 큰 은혜는 무기를 다루는 솜씨가 뛰어나서 칼끝을 겨누고 있을 때는 모두 손쉽게 제압할 수 있지요. 하지만 만약 큰 은혜가 그들 곁에 다가가면 겁쟁이와 불신, 유죄가 큰 은혜의 발목을 잡고 넘어뜨렸을 겁니다. 바닥에 쓰러지면 무엇을 할 수 있겠습니까?

큰 은혜의 얼굴을 가만히 살펴보면 흉터를 찾을 수 있습니다. 그걸 보면 내 말이 옳다는 걸 알게 될 겁니다. 그래요, 그가 싸우면서 한번은 '살 희망조차 잃고 말았다'고 말하는 것을 들은 적이 있습니다.[231] 다윗도 힘센 악당들 때문에 얼마나 괴로워하고 슬퍼했습니까? 헤만과 히스기야는 전사였는데도 그들의 공격에 맞서 온 힘을 다해 싸워야 했어요. 갑옷이 너덜너덜해질 정도로 말이지요.[232] 베드로는 한때 자신이 무엇을 할 수 있는지 시험해 보았습니다. 하지만 예수님의 수제자라는 그도 그들에게 농락당하여 나중에는 하찮것없는 소녀만 봐도 겁을 집어먹었어요.[233]

게다가 그들이 섬기는 왕은 그들이 휘파람만 불어도 달려옵니다. 작은 소리도 놓치지 않을 만큼 가까이에 있다가 그들이 질 것 같으면 그들을 도우러 득달같이 나타나요. 사람들은 그 왕에 대해 이렇게 말하지요.

'칼을 들이대도 소용이 없고 창, 화살, 표창도 맥을 쓰지 못한다. 쇠는 지푸라기로 여기고 놋은 썩은 나무처럼 다룬다. 활을 쏘아도 달아나지 않고 돌팔매는 바람에 날리는 거나 마찬가지다. 몽둥이는 지푸라기쯤으로 생각하며 창이 날아오는 소리에 코웃음만 친다.'[234]

---

231) 고린도후서 1 : 8.
232) 열왕기상 4 : 31, 열왕기하 18장.
233) 마태복음 26 : 69~72.
234) 욥기 41 : 26~29.

그런데 무슨 수로 당해내겠습니까? 욥의 말이 늘 곁에 있고 그 말을 탈 재주와 용기가 있다면 훌륭하게 싸울 수도 있을 겁니다. 그 말은 목에 갈기가 휘날리고, 메뚜기처럼 뛰어오르고, 위세 당당한 콧소리를 낸다고 하지요. 발굽으로 골짜기를 힘껏 박차고 나가 적에게 돌진합니다. 두려움을 비웃고, 아무것도 겁내지 않으며, 칼날 앞에서도 물러서지 않아요. 눈앞에 화살집이 덩덩거리고 창과 표창이 번뜩여도 사납게 성내며 땅을 주름잡고, 나팔 소리에도 물러나지 않습니다. 나팔 소리 울려 퍼지면 히히힝! 울며, 멀리서 싸움 냄새를 맡고 지휘관의 호령과 고함을 듣는다고 합니다.[235]

그러나 보졸이나 다름없는 우리가 적과 마주치는 것은 꿈도 꾸지 말아야 합니다. 다른 사람이 싸움에 졌다는 얘기를 들을 때 우리라면 더 잘할 수 있었을 거라 큰소리치지 말아야 하고, 스스로 남자답다고 흐뭇해하지 말아야 합니다. 그런 사람은 막상 일이 닥치면 지기 일쑤거든요. 앞서 말한 베드로를 보세요. 그는 뽐내고 거들먹거렸지요. 허영에 들떠 있을 때는 누구보다 주님을 따르고 주님 편에 서겠다고 다짐했습니다. 하지만 베드로처럼 악당들한테 패하고 꺾인 사람이 또 있던가요?

그러니 하느님의 길에서 누군가 강도를 당했다는 얘길 들었을 때 우리가 해야 할 일이 두 가지 있습니다.

첫째, 갑옷을 두르고 손에는 반드시 방패를 들고 나가야 한다는 겁니다. 리워야단에게 매섭게 달려든 사람이 그 괴물을 쓰러뜨리지 못한 것도 방패가 없기 때문입니다. 사실 우리가 무장하고 있지 않으면 그들은 우리를 겁내지 않아요. 그래서 재주 있는 사람이 이렇게 말했지요.

'무엇보다도 믿음의 방패를 손에 드십시오. 여러분은 그것으로 악한 자가 쏘는 불화살을 모두 막아 끌 수 있습니다.'[236]

둘째, 하느님께서 우리와 함께하시고 지켜 주시기를 바라는 것도 좋습니다. 그 덕분에 다윗이 죽음의 골짜기를 기쁘게 지날 수 있었지요.[237] 모세는 하느님께서 계시지 않는다면 그 자리에서 죽는 한이 있어도 한 발짝도 나가지 않겠다

---

235) 욥기 39 : 19~25.
236) 에베소서 6 : 16.
237) 시편 23 : 4.

고 했습니다.[238] 형제여, 하느님께서 함께만 해주신다면 수만 대군이 몰려온들 무엇이 두렵겠습니까?[239] 하지만 하느님께서 계시지 않는다면 의기양양하게 도와주러 오는 사람도 시체 밑에 깔려 뒹굴 수밖에요.[240]

저도 예전에 싸운 적이 있는데 보시다시피 이렇게 살아 있습니다. 가장 선하신 하느님의 은총을 받은 덕분이니 제 용기를 뽐낼 수는 없지요. 아직 넘어야 할 산은 많지만 그런 싸움은 두 번 다시 겪지 않았으면 하는 바람입니다. 사자나 곰에게 잡아먹히지 않은 것을 보면, 하느님께서 할례를 받지 않는 블레셋 사람들로부터 우리를 구해 주실 테지요."

말을 마친 크리스천이 노래했다.

> 가엾은 작은 믿음이여!
> 도둑들에게 둘러싸여 약탈을 당했는가?
> 이를 기억하라
> 믿음이 더욱 큰 사람은 일만 적도 물리칠 테지만
> 그렇지 않으면 세 명의 적도 당해내지 못함을

순례자들은 계속 길을 갔고 무지는 그 뒤를 따랐다.

어느 지점에 이르고 보니 두 사람이 가던 길에서 갈라져 나온 또 하나의 길이 있었다. 심지어 두 사람이 가야 하는 길처럼 곧게 뻗어 있었다. 양쪽 길 모두 앞쪽으로 똑바로 이어져 있자 두 사람은 어느 길로 가야 할지 정하지 못하고 잠시 그 자리에 멈춰 섰다. 두 사람이 고민하고 있을 때 검은 피부에 환한 빛깔 옷을 입은 사람이 다가와 왜 그런 곳에 서 있는지 물었다. 두 사람은 천국으로 가는 중인데 어느 길로 가야 할지 모르겠다고 대답했다.

"저를 따라오세요. 저도 천국으로 가는 길입니다."

그 사내가 친절하게 말했다. 그래서 두 사람은 그를 따라 두 갈래길 가운데 새롭게 뻗어난 길로 들어섰다. 그러나 그 길은 갈수록 구불구불거리더니 두 사

---

238) 출애굽기 33 : 15.

239) 시편 3 : 5~8, 7 : 1~3.

240) 이사야 10 : 4.

람이 가고자 하는 천국을 비켜났다. 두 사람은 어느새 천국과 반대 방향으로 가고 있었지만 여전히 사내의 뒤를 따라갔다. 얼마 뒤, 두 사람은 저들도 모르는 사이 그물에 걸려들어 어쩔 줄을 몰라 했다. 바로 그때 검은 사내의 등에서 흰옷이 미끄러져 내렸다. 비로소 두 사람은 자신들이 어떤 처지에 놓였는지 깨달았다. 그물에서 빠져나올 수 없자 그 속에 갇혀 그들은 한참 동안 울부짖었다.

크리스천 : "이제야 제 잘못을 깨달았습니다. 목자들이 아첨꾼을 조심하라고 일러 주시지 않았습니까? 이웃에게 아첨하는 자는 누구든 이웃의 발 앞에 그물을 친다고 한 현자의 말씀이 참말임을 이제 알겠군요."[241]

소망 : "길을 제대로 찾을 수 있게 목자들이 지도까지 주었는데, 우리가 그것을 잊고 사악한 길로 빠지고 말았군요. 이 점에서는 다윗이 우리보다 슬기로웠네요. 그는 남들이야 어떻든 오직 주님의 말씀을 따르니 사악한 길을 피했다고 했으니까요."[242]

순례자들은 이렇게 그물에 걸려 처지를 한탄했다. 그때 어느 빛나는 사람이 노끈으로 만든 채찍을 손에 들고 다가오는 것이 보였다. 그는 두 사람 곁으로 다가와 어디에서 온 사람이며 그곳에서 무얼 하고 있는지 물었다. 두 사람은 시온산으로 가고 있는 보잘것없는 순례자인데, 흰옷을 입은 검은 사람이 자기도 그곳으로 가는 중이라기에 따라갔다가 길을 잘못 들었다고 답했다.

그러자 채찍을 든 자가 말했다.

"그는 아첨꾼입니다. 빛의 천사로 둔갑한 가짜 사도지요."[243]

그리고는 그물을 찢어 순례자들을 꺼내 주고 이렇게 말했다.

"따라오시오, 본디 가던 길로 다시 데려다 줄 테니."

그는 순례자들이 아첨꾼을 처음 만났던 곳으로 그들을 데려다 주었다.

채찍을 든 자 : "어젯밤은 어디서 묵었습니까?"

크리스천과 소망 : "기쁨의 산에 있는 목자들과 함께 지냈습니다."

채찍을 든 자 : "목자들이 지도를 주지 않았소?"

크리스천과 소망 : "예, 주셨습니다."

---

241) 잠언 29 : 5.
242) 시편 17 : 4.
243) 잠언 29 : 5, 다니엘 11 : 32, 고린도후서 11 : 13~14.

**채찍을 든 자** : "갈림길에서 지도를 꺼내 보셨습니까?"

**크리스천과 소망** : "아니요, 보지 않았습니다."

**채찍을 든 자** : "왜 그랬지요?"

**크리스천과 소망** : "깜빡 잊었습니다."

**채찍을 든 자** : "목자들이 아첨꾼을 조심하라고 말하지 않았소?"

**크리스천과 소망** : "했지요. 헌데 우리는 아첨꾼이 말을 그처럼 그럴듯하게 잘하는 사람인 줄 상상도 못했습니다."[244]

그때 나는 꿈에서 채찍을 든 자가 두 사람에게 엎드리라고 명하는 것을 보았다. 두 사람이 엎드리자 그는 순례자들이 걸어야 할 옳은 길을 가르쳐 주려고 호되게 채찍질하며 그들을 꾸짖었다.[245]

"나는 사랑하는 사람을 누구든 꾸짖고 벌줍니다. 그러니 노력하고 잘못을 뉘우치세요."[246]

훈계를 마치자 그는 순례자들에게 길을 계속 가라고 하고, 목자들이 한 말을 잘 새기라고 당부했다. 두 사람은 그가 베풀어 준 친절에 고마움을 전한 다음 옳은 길을 따라 걸으면서 노래를 불렀다.

길 가는 나그네여, 이리 와 보라
길 잃은 순례자가 어찌 되는지
좋은 충고 가벼이 여기고 잊은 탓에
그물에 걸려 혼쭐이 났네
가까스로 빠져 나왔으나 채찍을 맞았도다
교훈으로 마음에 새겨 두세

한참 길을 가자 멀리 맞은편에서 혼자 조용히 길을 거슬러 오는 사람이 보였다. 크리스천이 길동무에게 말했다.

**크리스천** : "저쪽에 어떤 사람이 시온산을 등지고 우리 쪽으로 오고 있네요."

---

244) 로마서 16 : 18.

245) 신명기 25 : 2, 역대하 6 : 26~27.

246) 요한계시록 3 : 19.

**소망** : "그렇군요. 아첨꾼일지도 모르니 조심합시다."

그 사람은 차츰 더 가까이 다가오더니 마침내 두 사람 곁에 이르렀다. 이름이 무신론자(Atheist)인 그가 두 사람에게 어디로 가는지 물었다.

**크리스천** : "시온산으로 가고 있습니다."

그러자 무신론자가 배꼽을 잡고 웃었다.

**크리스천** : "왜 웃는 것이오?"

**무신론자** : "애써 지루한 여행을 하고 있는 당신들이 한심해서 웃는 겁니다. 여행에서 얻을 수 있는 거라곤 고달픔뿐일 거요."

**크리스천** : "어째서요? 우리가 시온산에 못 들어갈 거라 생각하시오?"

**무신론자** : "들어가는 건 둘째 치고 당신들이 꿈꾸는 곳은 세상 어디에도 없소."

**크리스천** : "하지만 장차 다가올 세상에는 있습니다."

**무신론자** : "나도 고향에 있을 때 지금 당신이 하는 말과 같은 얘기를 들었소. 그 뒤로 천국을 찾는답시고 20년 동안 돌아다녔지만, 처음 여행을 떠나던 날부터 지금까지 찾지 못했소."[247]

**크리스천** : "우리는 천국을 찾을 수 있다고 들었고, 또 그렇게 믿고 있습니다."

**무신론자** : "나도 고향에 살 때 그 말을 믿지 않았다면 여기까지 찾아오지 않았을 거요. 하지만 아무것도 찾지 못해서 이렇게 돌아가는 중이오. 당신들보다 멀리까지 다녀왔으니 만약 그곳을 찾을 수 있다면 진작 찾았겠지요. 나는 그만 돌아가서 예전에 벗어던지고 온 것들을 되찾고 즐겨볼 생각이오. 천국 같은 건 없다는 걸 깨달았으니 말이오."

크리스천이 길동무인 소망에게 말했다.

**크리스천** : "저 사람 말이 참말일까요?"

**소망** : "조심하세요, 저자도 아첨꾼일지 모르니까요. 저런 사람 얘기를 듣고 우리가 어떤 곤경을 겪었는지 떠올려 보세요. 시온산이 없다니요? 우리는 기쁨의 산에서 천국의 문을 보지 않았습니까? 게다가 우리는 믿음으로 길을 가는 게 아닙니까?[248] 채찍을 든 사람이 올지 모르니 얼른 갑시다.

---

247) 예레미야 22 : 12, 전도서 10 : 15.
248) 고린도후서 5 : 7.

당신이 가르쳐 줬어야 할 교훈을 내가 당신의 귓가에 말씀드리지요. '내 아들아, 지식의 말씀을 벗어나게 하는 말은 듣지 마라.'[249] 형제여, 저자의 말은 그만 듣고 우리는 믿음을 가져서 생명을 얻읍시다.[250]"

크리스천 : "형제여, 나는 우리가 믿고 있는 진리를 스스로 의심해서 물어본 것이 아닙니다. 당신을 시험하고 당신의 마음속에 여문 성실한 믿음의 열매를 찾기 위해서입니다. 나는 저 남자가 이 세상의 신 때문에 눈이 멀었다는 사실을 알고 있습니다. 우리는 진리를 믿고, 진리가 거짓에서 나오지 않는다는 것을 떠올리면서 계속 길을 갑시다.[251]"

소망 : "하느님의 영광을 얻을 희망 속에 있으니 기쁘기 그지없습니다."

크리스천과 소망이 무신론자로부터 돌아서자 그는 순례자들을 비웃고 제 길을 떠났다. 나는 꿈속에서 순례자들이 어떤 나라로 들어가는 것을 보았다. 그곳 공기는 그곳을 처음 찾은 사람들을 저절로 졸리게 만들었다. 소망도 어쩐지 나른함이 몰려와 졸음을 참기 어려웠다.

소망 : "너무 졸려서 눈을 제대로 못 뜨겠군요. 여기 누워 한숨 자고 갑시다."

크리스천 : "안 될 말이오. 자다가 깨어나지 못하면 어떡합니까?"

소망 : "왜 그러시오? 형제여, 고단한 사람에게는 잠이 보약입니다. 한숨 자고 나면 몸이 개운해질 겁니다."

크리스천 : "목자가 마법의 땅에서 조심하라고 한 말씀을 잊었습니까? 그 말은 함부로 잠들지 말라는 뜻이었습니다. 그러니 다른 사람들처럼 잠자지 말고 정신을 똑바로 차려 깨어 있읍시다.[252]"

소망 : "제가 잘못했습니다. 혼자서 이곳에 왔다면 자다가 죽을 고비에 빠졌겠어요. 혼자보다 둘이 더 낫다고 한 현자의 말씀이 사실이군요.[253] 당신의 길동무가 된 것은 제게 크나큰 복입니다. 당신의 수고는 꼭 보답을 받을 것입니다."

크리스천 : "그럼 졸음도 쫓을 겸 좋은 얘기나 나눠 볼까요?"

---

249) 잠언 19 : 27.
250) 히브리서 10 : 39.
251) 요한일서 2 : 21.
252) 데살로가니전서 5 : 6.
253) 전도서 4 : 9.

소망 : "기꺼이 그러지요."

크리스천 : "무슨 이야기부터 할까요?"

소망 : "하느님께서 우리와 함께하신 곳부터 시작합시다. 당신이 먼저 말씀하세요."

크리스천 : "먼저 이 노래를 들려 드리겠소."

졸음이 쏟아지는 성도들은 이리로 오시오
와서 이 두 순례자의 이야기를 들어보시길
그래요, 어떡해서든 지혜를 배우시오
졸리어 깜박깜박 감기는 눈을 번쩍 뜰 수 있게
사이좋은 성도와 함께이면
지옥에서도 깨어 있을 것이오

크리스천 : "한 가지 물어볼 게 있습니다. 당신은 어쩌다 이 길을 가기로 마음먹었습니까?"

소망 : "처음에 어떻게 제 영혼의 행복을 구하게 되었냐는 말씀입니까?"

크리스천 : "그래요, 바로 그 뜻입니다."

소망 : "나는 허영의 시장에서 벌여놓고 파는 것들을 오랫동안 즐겼지요. 계속 그랬다면 나를 파멸로 몰아갔을 것들을 말입니다."

크리스천 : "어떤 것이었어요?"

소망 : "세상의 온갖 부와 재물이었지요. 나는 흥청망청 놀고, 소란을 피우고, 술을 마시고, 욕을 해 대고, 거짓말을 하고, 부도덕한 일을 저지르고, 안식일도 지키지 않았어요. 그 밖에 내 영혼을 파멸시키는 일을 마음껏 저질렀지요. 그러나 허무의 시장에서 훌륭한 삶을 살고 신앙을 지키려는 마음 때문에 목숨을 잃은 믿음과 당신에게서 거룩한 말씀을 듣고 마침내 깨달음을 얻었습니다. 그런 생활의 마지막은 죽음이며, 하느님을 거역하는 자들에게 그분의 분노가 내릴 것임을 말이지요."[254]

---

254) 로마서 6 : 21, 에베소서 5 : 6.

크리스천 : "그래서 당신은 죄를 깨닫고 바로 믿음을 따랐습니까?"

소망 : "아닙니다. 죄가 악한 것이며 죄를 저지르면 천벌을 받는다는 사실을 애써 외면하려 했어요. 그리고 처음에 하느님의 말씀을 듣고 마음이 흔들리기 시작할 때도 그 빛을 보지 않으려 눈을 감았지요."

크리스천 : "하느님의 은혜로운 성령이 처음으로 당신의 마음을 움직이려고 하는데 그토록 거부한 까닭이 무엇입니까?"

소망 : "첫째는 그것이 저에게 내리는 하느님의 축복인 줄 몰랐기 때문입니다. 하느님께서 죄인들이 뉘우칠 수 있게 먼저 죄를 깨닫게 하신다는 것을 생각지도 못했습니다. 둘째, 죄악이 여전히 내게 큰 즐거움을 주어 그것을 벗어나기 싫었습니다. 셋째, 오랜 친구들과 어떻게 헤어져야 할지 몰랐어요. 그들과 어울리는 게 무척이나 좋았지요. 넷째, 죄를 깨달았던 시간이 감당할 수 없을 만큼 힘들고 가슴 아팠기 때문입니다. 생각만으로도 견딜 수 없었지요."

크리스천 : "그러면 때때로 고통에서 벗어나려 애썼겠군요."

소망 : "그래요, 하지만 다시 죄를 깨닫게 되면 전보다 더욱 괴로웠습니다."

크리스천 : "무엇이 다시 죄를 깨닫게 만들던가요?"

소망 : "많았습니다. 이를테면 길거리에서 선한 사람과 마주쳤을 때, 누군가 성경을 읽는 소리를 들었을 때, 머리가 지끈지끈 쑤셔올 때, 이웃 중 누군가 아프다고 들었을 때, 죽은 자를 애도하는 종소리가 들릴 때, 나 자신이 죽는다는 생각을 할 때, 누가 갑작스럽게 죽었다는 소식을 들을 때, 특히나 나도 곧 심판을 받아야 한다고 떠올렸을 때지요."

크리스천 : "그 때문에 죄를 깨달았을 때 언제든 죄책감을 쉽게 떨쳐 버릴 수 있었습니까?"

소망 : "아니요, 도저히 떨칠 수 없었어요. 그때는 죄책감이 제 양심을 더욱 꽉 붙들고 있었거든. 제 마음은 이미 죄악에서 돌아서 있었지만 다시 사악한 삶으로 돌아갈까도 생각했지요. 그러나 그런 생각만으로도 고통은 배가 되었습니다."

크리스천 : "그래서 어떻게 했나요?"

소망 : "다른 삶을 살아야겠다고 생각했습니다. 그러지 않으면 반드시 지옥에 떨어질 거라고 여겼지요."

**크리스천** : "그럼 삶을 바꾸려고 노력했습니까?"

**소망** : "그래요, 제가 지은 죄뿐 아니라 사악한 친구들도 멀리했습니다. 기도를 하고, 성경을 읽고, 죄를 뉘우치고, 이웃에게 진리를 전하는 등 신앙의 의무를 다했어요. 그 밖에도 지금 다 얘기할 수 없을 만큼 많은 일을 했습니다."

**크리스천** : "그랬더니 좀 나아지던가요?"

**소망** : "예, 한동안은요. 하지만 결국 달라진 제게 다시 고통이 찾아들더군요."

**크리스천** : "생활을 바꾸었는데도 어째서 그런 일이 일어났지요?"

**소망** : "여러 가지 까닭이 있습니다. 이런 말이 있지요. 우리가 의롭다는 행동은 모두 더러운 옷과 같다.[255] 율법을 지킨다고 의로워지는 것이 아니다.[256] 시킨 일을 다 하고 나서 '저희는 보잘것없는 종입니다' 하고 말하여라.[257] 이 밖에도 많아요. 그래서 저는 스스로 깨달았습니다. 만일 내 의로운 행동이 모두 더러운 옷과 같고, 율법을 지켜도 의로워질 수 없고, 모든 일을 끝내고도 여전히 하찮은 종이라면, 율법을 지켜 천국으로 가겠다는 생각은 어리석을 뿐이라고 말입니다. 또 어떤 사람이 가게 주인에게 백 파운드를 빚졌다고 칩시다. 그는 그 뒤에 사는 물건은 꼬박꼬박 현금으로 값을 치렀습니다. 하지만 예전에 진 빚이 아직 장부에 올라 있으니 가게 주인이 그를 고소한다면 그는 빚을 갚을 때까지 감옥살이를 해야 할지도 모른다는 생각이 들었습니다."

**크리스천** : "그렇군요. 그런데 그 생각을 스스로에게 어떻게 적용했지요?"

**소망** : "저는 이렇게 생각했습니다. 내가 지은 죄 때문에 하느님의 장부에 오른 빚이 많다. 지금 죄를 뉘우치고 바로잡아도 그 빚을 다 갚을 수는 없을 것이다. 그러니 지금처럼 바른 삶을 살 뿐만 아니라, 전에 내가 지은 죄로 인해 천벌을 받게 될 위험에서 어떻게 하면 벗어날 수 있을지 고민해야겠다고 말입니다."

**크리스천** : "아주 좋은 생각이로군요. 그래서요?"

**소망** : "제가 새 삶을 살기 시작한 뒤로도 여전히 저를 괴롭히는 일이 있었습니다. 지금 내가 하는 일 가운데 가장 훌륭하다고 여기는 일도 꼼꼼히 살펴보면 새로운 죄가 여전히 섞여 있다는 사실을 안 겁니다. 그 당시 저는 저 자신과

---

255) 이사야 64 : 6.
256) 갈라디아서 2 : 16.
257) 누가복음 17 : 10.

제 의무에 어리석은 자만심을 갖고 있었지만 결국 이런 결론을 내려야 했어요. 아무리 이전의 삶이 나무랄 데 없을지라도, 한 가지 잘못만으로 지옥에 떨어질 만큼 나는 큰 죄를 지어 왔다고 말이지요."

크리스천 : "그래서 어떻게 하셨나요?"

소망 : "어찌할 바를 몰랐지요. 그런데 믿음과 친분이 있어 마침내 그에게 제 속내를 털어 놓았습니다. 믿음은 제게 이제껏 한 번도 죄를 짓지 않은 분의 의로우심을 구해야 한다고 말해 주었습니다. 그러지 않으면 제 정의는 물론 세상의 온갖 정의도 저를 구원할 수 없다고 했지요."

크리스천 : "그 말이 옳다고 느꼈나요?"

소망 : "제가 달라진 제 삶을 스스로 흐뭇해하고 기뻐할 때 그 말을 들었다면 믿음을 바보라고 생각했을 겁니다. 하지만 저는 제 결점을 알고 있었고, 제가 할 수 있는 가장 훌륭한 행동에도 죄가 달라붙어 떨어지지 않는 것을 보았기 때문에 그 말을 믿을 수밖에 없었지요."

크리스천 : "그런데 당신은 믿음의 말을 처음 들었을 때 절대로 죄를 짓지 않는 분이 계실 거라 생각했습니까?"

소망 : "솔직히 처음에는 말도 안 된다고 생각했어요. 하지만 믿음과 더 이야기를 나누고 같이 지내보니 확신이 생기더군요."

크리스천 : "그럼 그분이 어떤 분이고 어떻게 당신을 의롭게 해 줄 수 있는지 물어보았습니까?"

소망 : "물론이지요. 그러자 그분은 주 예수 그리스도이시며 가장 높으신 분의 오른편에 앉아 계시다고 답해 주었습니다. 믿음은 또 제게 이렇게 말했어요. 그분이 몸소 이 세상에 오셨을 때 행하신 일과 십자가에 매달려 고통 받으신 일을 믿고, 그분의 힘으로 의로워져야 한다고 말입니다. 저는 그분의 의로우심이 어떻게 하느님 앞에서 다른 사람의 죄까지 용서받게 할 수 있는지 물어보았습니다. 그랬더니 그분은 전능하신 하느님이신데, 그분이 행하신 일과 돌아가신 일은 그분 자신을 위함이 아니라 저를 위함이라고 했습니다. 그분을 믿는다면 그분이 행하신 일과 그분의 공로가 제게로 돌아온다고 말이지요."[258]

---

258) 히브리서 10장, 로마서 4장, 골로새서 1장, 베드로전서 1장.

**크리스천** : "그래서 당신은 어떻게 했나요?"

**소망** : "그분이 저를 구해 주시지 않을 거라 생각해서 믿지 못하겠다고 말했습니다."

**크리스천** : "그랬더니 믿음이 뭐라고 했습니까?"

**소망** : "그분께 가 보라고 하더군요. 제가 그건 너무 뻔뻔스러운 짓이 아니냐고 묻자, 그분의 부르심을 받았으니 그렇지 않다고 했어요.[259] 그리고 기쁜 마음으로 그분께 가라고 격려하는 뜻에서 예수님 말씀이 담긴 성경책을 한 권 주었지요. 그 책에 담긴 말씀은 아무리 작은 한 글자도 하늘과 땅보다 굳세다고 했습니다.[260] 그래서 저는 그분 앞에 가서 무엇을 해야 하는지 물어보았어요. 그러자 무릎을 꿇고 하느님 아버지께 예수님을 뵙게 해달라고 온 마음과 영혼을 바쳐 기도드리라고 하더군요.[261] 어떻게 기도해야 하는지 물었더니 믿음이 이렇게 말했어요.

'가세요. 그러면 은혜의 보좌에 그분이 계실 겁니다. 그분은 그곳에 늘 앉아 계시며 그분을 찾는 모든 사람에게 용서와 자비를 베푸십니다.'[262]

제가 그곳에 가서 무슨 말을 해야 하는지 모르겠다고 하자 그가 이렇게 말하라고 일러 주었어요."

'하느님, 죄인인 저를 불쌍히 여기시어 제가 예수 그리스도를 알고 그분을 믿게 하시옵소서. 제가 그분의 의로우심을 받지 못하거나 믿지 못하면 저는 완전히 버림받은 몸이라는 것을 알았습니다. 주님, 당신께서는 자비로우시며, 당신의 아들 예수 그리스도를 구세주로 세우시어 저처럼 못난 죄인을 위해 기꺼이 바치셨다고 들었습니다. 저는 참으로 죄인이옵니다. 그러니 주님, 이를 계기로 아들 예수 그리스도를 통해 제 영혼을 구원하시고 영광을 더하소서. 아멘.'

**크리스천** : "그래서 그대로 행했습니까?"

**소망** : "그럼요, 하고 또 했지요."

**크리스천** : "하느님 아버지께서 당신에게 그분의 아들을 보여 주시던가요?"

---

259) 마태복음 11 : 28.
260) 마태복음 24 : 35.
261) 시편 95 : 6, 다니엘 6 : 10.
262) 예레미야 29 : 12~13, 출애굽기 25 : 22, 레위기 16 : 2, 민수기 7 : 89, 히브리서 4 : 16.

**소망** : "아니요. 처음에도, 두 번째, 세 번째, 네 번째, 다섯 번째, 여섯 번째에도 보여 주지 않으셨습니다."

**크리스천** : "그래서 어떻게 했나요?"

**소망** : "어떻게 하면 좋을지 몰라 헤맸지요."

**크리스천** : "기도를 그만두고 싶은 생각은 안 들던가요?"

**소망** : "골백번도 더 들었지요."

**크리스천** : "그런데 왜 그만두지 않았습니까?"

**소망** : "그리스도의 의로움이 아니고는 세상 무엇도 저를 구원할 수 없다는 말을 믿었기 때문입니다. 저는 혼자 생각했지요. 만일 기도를 그만두면 나는 죽을 것이다, 은혜의 보좌에서 죽을 수밖에 없다고 말입니다. 그러자 이런 말이 떠오르더군요.

'비록 더디게 올지라도 때를 기다려라. 반드시 올 것이다.'[263]

그래서 하느님 아버지께서 아들을 보여 주실 때까지 계속 기도했습니다."

**크리스천** : "그분이 어떻게 나타나시던가요?"

**소망** : "저는 그분을 제 몸의 눈이 아니라 마음의 눈으로 보았습니다.[264] 그 얘기를 해 드리지요. 어느 날, 저는 몹시 슬픔에 빠졌습니다. 제 평생 그렇게 슬펐던 적이 없습니다. 제가 지은 죄가 얼마나 크고 추악한지 새삼 깨달았기 때문입니다. 그래서 그저 지옥에 떨어져 영혼이 영원한 파멸을 맞기만을 기다리고 있었지요. 그때 갑자기 예수 그리스도께서 하늘에서 저를 내려다보시며 말씀하셨습니다. '주 예수를 믿어라. 그러면 구원을 얻을 것이다.'[265]

하지만 저는 이렇게 답했습니다. '주여, 저는 참으로 크나큰 죄를 지었습니다.' 그러자 그분께서 말씀하셨습니다. '너는 이미 내 은총을 충분히 받았다.'[266] 제가 다시 여쭈었지요. '하지만 주님, 믿는다는 것이 무엇입니까?' 그때 이 말씀이 떠올랐습니다.

'내게로 오는 사람은 결코 굶주리지 않을 것이요, 나를 믿는 사람은 목마르

---

263) 하박국 2 : 3.
264) 에베소서 1 : 18~19.
265) 사도행전 16 : 30~31.
266) 고린도후서 12 : 9.

지 않을 것이다.'[267]

그리하여 믿는 것이 곧 그분께 가는 것이며, 그분께 가는 사람, 즉 그리스도의 구원을 바라며 온 마음과 애정을 가지고 달려가는 사람이야말로 그리스도를 참으로 믿는 사람임을 깨달았습니다. 그때 저는 눈물을 글썽이며 여쭈었습니다. '하지만 주님, 저처럼 못된 죄인도 진정 당신 품으로 가 구원을 받을 수 있습니까?' 그러자 그분의 말씀이 들려왔어요. '내게 오는 사람은 내가 결코 내쫓지 않을 것이다.'[268] 그래서 제가 말했지요. '주님, 제가 당신께 갔을 때 제 믿음이 옳도록 하려면 당신을 어떻게 생각하면 좋겠습니까?' 그랬더니 그분께서 말씀하셨습니다. '그리스도 예수는 죄인을 구하시려 이 세상에 오셨다.[269] 그리스도는 모든 믿는 사람을 의롭게 해 주시려고 율법의 끝마침이 되셨다.[270] 예수는 우리의 죄를 대신하여 죽으셨고 우리를 의롭게 하시려고 살아나셨다.[271] 그리스도는 우리를 사랑하시어 그분의 피로써 우리를 죄에서 해방하여 주셨다.[272] 그리스도 예수는 하느님과 사람 사이의 중보자이시다.[273] 그리스도는 늘 살아 계셔서 우리를 위하여 중재하신다.'[274]

이 모든 말씀을 들은 뒤 저는 그분에게서 의로움을 구하고, 그분의 피로 제가 지은 죄를 씻어야 한다는 것을 깨달았습니다. 그분께서 하느님 아버지의 율법에 따라 형벌을 받으신 일은, 그분 스스로를 위함이 아니라 그것을 구원으로 받아들이고 감사하는 이들을 위해서였음을 알았지요. 그리하여 제 마음은 기쁨으로 가득 찼고, 눈에서 눈물이 쏟아졌으며, 예수 그리스도의 이름과 그분의 백성과 그분의 길에 대한 사랑으로 가슴이 벅찼습니다."

**크리스천** : "그리스도께서 당신의 영혼에 계시하신 것이 틀림없군요. 그 일이 당신의 영혼에 어떤 변화를 주었는지 말해 주겠습니까?"

---

267) 요한복음 6 : 35.
268) 요한복음 6 : 37.
269) 디모데전서 1 : 15.
270) 로마서 10 : 4.
271) 로마서 4 : 25.
272) 요한계시록 1 : 5.
273) 디모데전서 2 : 5.
274) 히브리서 7 : 25.

소망 : "저는 그분의 의로움이 있음에도 온 세상이 멸망의 길을 걷고 있다는 사실을 깨달았습니다. 하느님 아버지는 공정하신 분이지만 그분 곁으로 가는 죄인들을 모두 용서하신다는 것도 알게 되었지요. 그래서 타락하고 무지했던 과거의 제 삶이 몹시 부끄러웠습니다. 예수 그리스도의 아름다움이 예전에는 몰랐던 것들을 일깨워 주었지요. 그로 인해 저는 거룩한 삶을 사랑하게 되고, 주 예수라는 이름의 명예와 영광을 위해 뭔가를 해야겠다고 간절히 바라게 되었습니다. 그래요, 지금 내 몸속에 피가 천 갤런 있다면 주 예수를 위해 남김없이 쏟을 수도 있다고 생각했습니다."

그때 나는 꿈에서 소망이 뒤돌아서서 두 사람보다 뒤처져 걸어오는 무지를 바라보는 것을 보았다.

소망 : "저 젊은이가 얼마나 뒤처졌는지 보세요."

크리스천 : "저도 보입니다. 젊은이는 우리와 함께하고 싶지 않은 모양이에요."

소망 : "하지만 지금까지 우리와 함께 왔어도 손해 볼 건 없었을 텐데요."

크리스천 : "우리야 그렇게 생각하지만, 젊은이의 생각은 다를 겁니다."

소망 : "그렇겠지요. 그래도 젊은이를 기다려 봅시다."

두 사람은 발걸음을 멈추고 무지를 기다렸다. 크리스천이 무지에게 말했다.

크리스천 : "얼른 오시오, 젊은이! 왜 그렇게 꾸물거리는가?"

무지 : "저는 마음에 드는 길동무가 아니면 남과 동행하는 것보다 혼자 걷는 편이 훨씬 좋아요."

그러자 크리스천이 소망에게 넌지시 말했다.

크리스천 : "내가 말한 대로 젊은이는 길동무가 되기 싫어하지요? 하지만 길도 한적하니 이야기나 나눠 보도록 합시다."

그러고는 무지에게 말을 건넸다.

크리스천 : "그래, 하느님과 자네 영혼 사이는 어떤가?"

무지 : "좋습니다. 제 마음속에는 언제나 선한 생각이 가득합니다. 길을 갈 때 위안이 될 수 있게 마음에 떠오르거든요."

크리스천 : "선한 생각이라니? 그것이 무엇인지 말해 주겠나?"

무지 : "그럼요, 저는 하느님과 천국을 생각합니다."

크리스천 : "악마나 타락한 영혼들도 그런 생각은 한다네."

무지 : "하지만 저는 생각에 그치지 않고 간절히 바라기까지 하지요."

크리스천 : "그곳에 갈 가망이 없어도 바라는 사람은 많다네. 게으른 사람은 간절히 바라지만 아무것도 얻지 못하지.[275]

무지 : "저는 그것들을 위해 모든 걸 버리기까지 하지요."

크리스천 : "과연 그럴까? 모든 것을 버리기는 그리 쉬운 일이 아니지. 그래, 사람들이 흔히 생각하는 것보다 훨씬 어려운 일이네. 그런데 자네는 어째서 하느님과 천국을 위해 모든 것을 버리게 되었는가? 무엇 때문이지?"

무지 : "제 마음이 말하는 대로 따른 것입니다."

크리스천 : "제 마음만 믿는 사람은 미련하다는 말씀이 있네.[276]

무지 : "그건 사악한 마음을 이르는 것이지요. 제 마음은 선하답니다."

크리스천 : "그걸 어떻게 증명할 수 있는가?"

무지 : "제 마음은 천국에 대한 희망으로 위안을 얻는답니다."

크리스천 : "그런 건 거짓된 마음으로도 가능하다네. 사람 마음이란 이루어질 근거도 없는 것을 희망하고 사람에게 위안을 주기도 하기 때문이지."

무지 : "하지만 제 마음과 삶이 일치하니 제 바람에는 근거가 충분합니다."

크리스천 : "자네의 마음과 삶이 일치한다고 누가 그러던가?"

무지 : "제 마음이 말해 주었지요."

크리스천 : "자신이 도둑인지 아닌지는 남에게 물어봐야 하는 법이네. 자네 마음이 그렇게 말한다니! 그런 문제는 하느님 말씀으로 증명되지 않으면 아무런 쓸모도 없다네."

무지 : "하지만 선한 마음에는 선한 생각이 깃들지 않습니까? 또 하느님의 율법을 따르는 삶은 선하지 않습니까?"

크리스천 : "마음이 선하면 선한 생각이 깃들고, 하느님의 율법을 따르는 삶이 선하다는 것은 맞는 말이네. 하지만 실제로 선한 생각을 하는 것과 단지 그렇다고 여기는 것은 별개지."

무지 : "그럼 선한 생각과 하느님의 율법을 따르는 삶이 뭐라고 생각하십니까?"

---

275) 잠언 13 : 4.
276) 잠언 28 : 26.

**크리스천** : "선한 생각에도 여러 가지가 있지. 우리 자신에 관한 생각, 하느님과 그리스도에 관한 생각, 그 밖의 것들에 대한 생각 등이 있다네."

**무지** : "우리 자신에 관한 선한 생각이란 게 뭡니까?"

**크리스천** : "하느님의 말씀과 일치하는 생각이지."

**무지** : "우리 자신에 대한 생각과 하느님의 말씀이 일치하는 때는 언제입니까?"

**크리스천** : "우리가 스스로에게 하느님 말씀과 같은 판단을 내릴 때지. 이게 무슨 뜻인지 설명하겠네. 하느님의 말씀은 사람의 타고난 성질을 이렇게 표현하셨네. 의로운 사람은 없다, 한 사람도 없다고 말이네.[277] 마음에 그리는 모든 계획이 언제나 악한 것뿐임을 보셨다는 말씀도 있지.[278] 심지어 사람은 어려서부터 악한 마음을 품게 마련이라고 했다네.[279] 그러니 우리가 스스로를 이렇게 생각할 때 비로소 우리 생각이 선하다고 할 수 있네. 우리 생각과 하느님의 말씀이 일치하니까 말이지."

**무지** : "제 마음이 그렇게 나쁘다니, 믿을 수 없습니다."

**크리스천** : "그러니 자네는 지금껏 선한 생각을 한 적이 단 한 번도 없는 게지. 계속 말해 보겠네. 하느님 말씀은 우리 마음에 판단을 내리시듯 우리가 가는 길에 대해서도 판단을 내리시네. 우리 마음에서 비롯되는 생각과 우리 길이 하느님의 말씀이 내리시는 판단과 일치할 때 그 둘은 선한 것이지."

**무지** : "지금 하신 말씀을 증명해 보세요."

**크리스천** : "그러지. 하느님 말씀에 인간의 길은 그릇된 길이며 선하지 않고 사악하다는 말이 있네. 또 인간은 나면서부터 선한 길을 벗어났는데 그 사실을 모른다는 말도 있지.[280] 따라서 한 사람이 자신의 길을 현명하고 겸손한 마음으로 생각한다면 그는 자신이 걷는 길에 대해 선한 생각을 가진 것이라 볼 수 있네. 하느님 말씀이 내리신 판단과 그의 생각이 일치하니 말일세."

**무지** : "그렇다면 하느님에 관한 선한 생각이란 무엇입니까?"

---

277) 로마서 3 : 10.

278) 창세기 6 : 5.

279) 창세기 8 : 21.

280) 시편 125 : 5, 잠언 2 : 15, 로마서 3 : 12.

크리스천 : "우리 자신에 관해 말했던 것과 마찬가지라네. 하느님에 관한 우리 생각이 그분의 말씀과 일치할 때를 말하지. 다시 말해 하느님의 존재와 속성을 하느님 말씀이 가르치신 대로 생각할 때이지. 지금 자세히 설명할 수 있는 문제는 아니지만 그분을 우리와 관련지어 말해 보자면 이렇다네. 하느님은 우리 자신보다 우리를 더 잘 아시고, 우리가 볼 수 없는 우리 안의 죄도 알아보신다고 생각할 때 우리는 하느님에 대해 올바른 생각을 갖고 있다고 말할 수 있지. 하느님은 우리의 가장 깊숙한 곳에 숨어 있는 생각과 마음을 꿰뚫어 보신다고 생각할 때도 마찬가지라네. 우리의 온갖 의로움도 그분 앞에서는 하잘것 없는 것이므로 우리가 아무리 최선의 행동을 하고 자신만만하게 그분 앞에 서도 그분이 보시기에 못마땅하리라 생각하면 선한 것이지."

무지 : "당신은 제가 그렇게 어리석다고 생각하십니까? 제가 하느님께서 저보다 멀리 보시지 못한다고 여기거나, 제 선한 행동을 하느님 앞에서 뽐내고 싶어 하는 줄 아십니까?"

크리스천 : "그러면 자네는 이 문제를 어떻게 생각하는가?"

무지 : "한마디로 저는 죄를 용서받기 위해 그리스도를 믿어야 한다고 생각합니다."

크리스천 : "그런가? 자네는 그리스도가 필요한 까닭은 인정하지 않으면서 그분을 믿어야 한다고 생각하는군! 자네는 자네가 타고난 결점과 지금 가지고 있는 결점을 인정하지 않고 있네. 하느님 앞에서 용서를 받기 위해 그리스도의 의로우심이 필요한 사실은 부인하면서 어떻게 그리스도를 믿는다고 말할 수 있는가?"

무지 : "제 나름대로 그리스도를 잘 믿고 있습니다."

크리스천 : "어떻게 믿는다는 건가?"

무지 : "그리스도께서는 죄인을 위해 죽으셨으며, 그분의 율법을 따르는 저를 자비롭게 받아 주셔서 저주에서 벗어나게 하시고, 하느님 앞에서 제가 지은 죄를 용서해 주시리라 믿습니다. 즉, 그리스도는 그분의 공적으로 제가 행한 종교적 의무가 하느님께 받아들여지고 제가 용서받도록 해주시는 겁니다."

크리스천 : "자네가 고백한 신앙에 대해 몇 마디 하겠네. 첫째, 자네의 믿음은 허황된 것이네. 그런 믿음은 성경 어디에도 쓰여 있지 않기 때문이지. 둘째,

자네의 믿음은 잘못된 것이네. 자네는 그리스도의 의로우심을 자신에게 멋대로 꿰어 맞추고 용서받으려 하고 있네. 셋째, 자네 믿음에 따르면 그리스도께서 자네의 인격이 아닌 자네 행동을 의롭게 하신다는 뜻이 되지. 그렇다면 그리스도께서 자네 행동을 의롭게 하심으로써 자네 인격까지 의롭게 하신다는 뜻인데 그것은 잘못된 생각이네. 넷째, 자네의 믿음은 사람을 유혹해 전능하신 하느님께서 심판을 내리시는 날에 천벌을 받도록 내버려 둘 걸세. 사람을 진실로 의롭게 하는 믿음이란, 율법에 따라 자신이 타락했음을 아는 영혼이 그리스도의 의로움을 피난처로 삼도록 하는 것이지. 그분의 의로우심은 자네가 용서받을 수 있게끔 자네를 하느님께 순종하도록 만드는 은총을 뜻하는 것이 아니네. 그리스도께서 스스로 율법에 복종하시어 마땅히 우리가 해야 할 일과 겪어야 할 고통을 대신함으로써 이루신 것을 뜻하네. 이러한 그리스도의 의로우심을 믿고 받아들이면 그 옷자락에 감싸여 하느님 앞에 티끌 한 점 없이 나아가게 된다네. 하느님께 인정받고 처벌을 피할 수 있게 되는 것이지."

**무지** : "뭐라고요? 그럼 그리스도께서 우리를 빼놓고 행하신 일을 믿으라는 겁니까? 그런 허튼 생각을 하면 사악한 욕망의 고삐를 늦추게 되고 삶을 제멋대로 살게 됩니다. 그리스도의 의로우심을 믿을 때 모든 죄가 용서된다면 우리가 무슨 짓을 하든 아무 문제없다는 뜻이 아닙니까?"

**크리스천** : "무지라는 이름이 자네에게 참 잘 어울리는군. 자네의 대답을 들어보니 알겠네. 자네는 죄를 용서받게 하는 의로우심이 뭔지도 모르고, 믿음을 통해 하느님의 분노로부터 자신의 영혼을 지키는 법도 모르네. 그뿐 아니라 자네는 그리스도의 의로우심 안에서 구원을 받는 신앙이 진정 어떤 힘을 갖고 있는지도 모르네. 바로 그리스도 안에서 하느님께 마음을 바치고, 그분의 이름과 말씀과 길과 백성을 사랑하는 신앙 말일세. 자네가 아무것도 모르고 상상만 하는 그런 신앙이 아니지."

**소망** : "젊은이에게 하늘에서 내려오시는 그리스도를 뵌 적이 있는지 한번 물어보세요."

**무지** : "뭐요? 당신은 계시를 믿습니까? 당신 같은 사람들이 하는 말은 제정신으로 하는 말이 아니지요."

**소망** : "이보게! 그리스도께서는 우리 육신으로는 이해하지 못하게 하느님

안에 숨어 있기 때문에 하느님 아버지께서 계시해 주시지 않으면 누구도 그분을 알 수 없고 구원받을 수도 없다네."

**무지** : "그건 당신네들 믿음이지 내 믿음이 아닙니다. 비록 당신네들처럼 별난 생각은 하지 않지만 내 믿음도 당신네들 못지않다고 자신합니다."

**크리스천** : "한마디만 더 하겠네. 계시에 대해 함부로 가볍게 말해서는 안 되네. 마침 내 길동무가 말한 것처럼 아버지 하느님의 계시 없이는 예수 그리스도를 알 수 없다고 딱 잘라 말할 수 있네.[281] 영혼이 바른 사람은 돈독한 믿음으로 그리스도를 알 수 있지만 그것도 전지전능하신 하느님의 힘이 있어야 가능하지.[282] 가엾은 무지여, 자네는 그것을 모르는 것 같군. 그러니 눈을 뜨고 자신의 비참한 처지를 깨달은 뒤 주 예수께 달려가게. 그러면 그분의 의로우심으로 천벌을 피할 수 있네. 그분 자신이 바로 하느님이시므로 그분의 의로우심이 곧 하느님의 의로우심이지."

**무지** : "두 분의 걸음이 너무 빨라 따를 수 없으니 먼저 앞으로 가세요. 나는 뒤에서 천천히 가겠습니다."

그 뒤 두 사람은 이렇게 말했다.

> 무지여, 여전히 어리석구나
> 좋은 충고를 열 번이나 줬거늘 무시하는가
> 끝내 거절하면 깨닫게 되리
> 머지않아 찾아올 재난을
> 기회가 주어질 때 떠올리고 겸허히 따르기를 두려워 말길
> 좋은 충고가 그대를 구원할 테니 귀를 기울이게
> 무지여, 끝내 무시하면 멸망이 찾아올 것이다

크리스천은 길동무에게 이렇게 말했다.

**크리스천** : "훌륭한 소망이여, 이리 오세요. 다시 우리 둘이서 걷게 되었군요."

나는 꿈에서 두 사람이 빠른 걸음으로 앞서나가고 무지는 건들거리며 뒤따

---

281) 마태복음 11 : 27, 고린도전서 12 : 3.
282) 에베소서 1 : 18~19.

르는 것을 보았다.

**크리스천** : "저 젊은이에게는 결국 불행이 닥칠 테지요. 참으로 불쌍합니다."

**소망** : "가엾어요! 우리 마을에도 저런 사람이 수없이 많았답니다. 온 집안, 한 마을은 물론 순례자들 가운데도 많았지요. 우리가 살던 곳에도 그리 많았는데 저 사람 고향에는 얼마나 많을까요?"

**크리스천** : "그래요. 하느님께서 그들의 눈을 멀게 하시고 볼 수 없게 하셨다는 말씀이 있지요.[283] 자, 이제 우리 둘만 있으니 저런 사람을 어떻게 생각하는지 말씀해 보시겠습니까? 그들이 언젠가 죄를 깨닫고 자신이 처한 위험을 걱정할 날이 올까요?"

**소망** : "나보다 연륜도 높으니 그 질문에는 직접 답해 보시는 게 어떻습니까?"

**크리스천** : "그럼 내가 말하지요. 내 생각에 그들도 죄를 깨달을 날이 올 겁니다. 하지만 날 때부터 무지한 사람들은 그런 깨달음이 그들에게 행복을 가져다 준다는 사실을 이해 못 하지요. 그래서 그들은 있는 힘껏 그것을 억누르고, 계속 뻔뻔스럽게 자기 마음이 이끄는 대로 우쭐댄답니다."

**소망** : "당신 말대로 두려움은 처음 그들이 순례를 떠나도록 바른 길로 이끌고 그들이 행복할 수 있게 도움을 주지요."

**크리스천** : "바람직한 두려움이라면 그렇지요. 성경에도 주를 두려워하는 것이 지혜의 근본이라는 말씀이 있지 않습니까?"[284]

**소망** : "바람직한 두려움이란 어떤 것이지요?"

**크리스천** : "진실하고 바람직한 두려움은 세 가지로 알아볼 수 있지요. 첫째, 그 시작에서 알 수 있습니다. 두려움은 구원을 받아야겠다고 죄를 깨달으면서 시작되지요. 둘째, 두려움은 구원을 바라는 영혼을 그리스도의 품으로 바짝 이끕니다. 셋째, 두려움은 우리 영혼이 하느님과 그분의 말씀, 그분의 길에 존경을 느끼게 합니다. 끊임없이 존경을 품으면 영혼이 맑아지고, 그분의 품에서 벗어나 헤맬 것을 두려워하게 되지요. 또 하느님을 모욕하고, 평화를 깨뜨리고, 성령을 근심케 하고, 원수가 하느님을 욕보이게 내버려 두는 일을 모두 두려워하

---

283) 요한복음 12 : 40.
284) 욥기 28 : 28, 시편 111 : 10, 잠언 1 : 7, 9 : 10.

게 되는 겁니다."

소망 : "좋은 말씀입니다. 참으로 옳은 말씀만 하시는군요. 그런데 마법의 땅은 이제 다 벗어난 건가요?"

크리스천 : "왜 그러시죠? 이야기가 지루한가요?"

소망 : "그럴 리가 있나요! 그냥 우리가 어디쯤 왔는지 궁금해서 그렇습니다."

크리스천 : "이제 조금만 더 가면 됩니다. 하던 얘기나 마저 할까요? 무지한 사람들은 죄를 깨닫고 두려움을 느끼는 것이 자신들에게 얼마나 이로운지 알지 못하지요. 그래서 억누르려고만 합니다."

소망 : "어떤 방법으로 깨달음을 억누르지요?"

크리스천 : "첫째, 그들은 마귀가 두려움을 일으킨다고 생각하지요. 사실은 하느님께서 일으키신 건데 말입니다. 그들은 그렇게 생각하면서 두려움이 자신을 파멸로 몰고 간다고 착각하고 저항합니다. 둘째, 그들은 두려움이 자신들의 믿음을 약하게 만든다고 생각합니다. 애초에 그들에게는 신앙이 없는데도 그러니, 얼마나 불쌍한 사람들입니까? 그들은 두려움을 물리치려고 마음의 문을 더 굳게 닫으려 하지요. 셋째, 그들은 두려워해서는 안 된다고 믿고, 두려워도 아닌 척 허세를 부립니다. 넷째, 그들은 두려움이 그들의 한심스럽고 낡은 거룩함을 앗아간다고 여기고 온몸으로 맞섭니다."

소망 : "저도 조금은 알 것 같네요. 저 자신을 모를 때는 저도 그랬거든요."

크리스천 : "그럼, 무지는 내버려 두고 우리끼리 도움이 될 만한 다른 얘길 나눠볼까요?"

소망 : "좋습니다, 먼저 말씀하시지요."

크리스천 : "십 년 전쯤 당신이 살던 마을 근처에 임시(Temporary)라는 사람이 있었던 것을 아시나요? 신앙이 남보다 뒤지지 않는 사람이었지요."

소망 : "알고말고요! 정직(Honesty) 마을에서 한 2마일 떨어진 타락(Graceless)이란 마을에 살았지요. 변절(Turn back)이란 사람과 이웃이었어요."

크리스천 : "맞습니다. 그는 변절과 한 지붕 아래 살았지요. 그 사람은 한때 잘못을 깊이 깨달은 적 있었습니다. 그때는 자신의 죗값을 치러야 한다고 여긴 것 같았어요."

소망 : "저도 알아요. 우리 집과 그의 집이 가까웠기 때문에 그가 종종 내게

와서 눈물을 보이곤 했지요. 나는 진심으로 그를 안타깝게 여겼습니다. 조금이나마 희망이 보인다고 생각했어요. 하지만 누군가의 말처럼 '주여, 주여!' 하고 외치는 사람이 다 희망적이진 않지요."[285]

**크리스천** : "한번은 지금 우리처럼 순례를 떠나기로 결심했다고 그가 말하더군요. 그런데 자기구원(Save self)이란 사람과 어울리더니 딴 사람이 되었어요."

**소망** : "임시의 얘기가 나온 김에 그처럼 사람들이 갑자기 타락하고 돌아서는 이유를 살펴볼까요?"

**크리스천** : "좋은 도움이 될 만한 얘기로군요. 먼저 말씀하시지요."

**소망** : "제 생각엔 네 가지 이유가 있다고 봅니다.

첫째, 그런 사람들은 양심에 눈을 뜨기는 했지만 마음은 그대로였던 겁니다. 그러니 시간이 지나면서 죄의식이 차츰 사그라지자 신앙생활을 그만두게 되었지요. 그러고는 태연하게 본디 생활로 되돌아가 버립니다. 이를테면 음식을 잘못 먹어 체한 개와 비슷하지요. 개는 속이 안 좋으면 모조리 토해 버립니다. 그것은 개가 토해야겠다고 마음을 먹어서가 아니라 속이 거북해서 저절로 그런 거지요. 개에게도 마음이 있다면 말입니다. 그런데 개는 식탐까지 토해 낸 것이 아니기 때문에 속이 편해지면 돌아가서 토사물을 다시 핥아 먹습니다. 개는 자신이 토한 것을 도로 먹는다는 말씀도 있지요.[286] 지옥에 떨어질 게 두려워 천국에 가길 바라는 사람들은 두려움이 식으면 천국과 구원을 열망하는 마음도 함께 식는 법입니다. 그래서 죄책감과 두려움이 사라지면 천국과 행복을 바라는 마음도 사그라져 다시 예전 생활로 돌아간다는 것이지요.

둘째, 그들은 끔찍한 두려움에 사로잡혀 있습니다. 바로 노예처럼 사람을 두려워하는 겁니다. 사람을 겁내면 올가미에 걸립니다.[287] 그래서 지옥의 불이 활활 타오르는 소리가 그들의 귓전을 때릴 때는 천국을 간절히 바라는 것처럼 보이지만, 두려움이 누그러지면 그들은 마음을 바꿉니다. 뭔지도 모르는 것을 위해 모두 내던지는 짓이나 불가피하고 불필요한 고생을 사서 하지 않겠다고 생각하지요. 그들은 위험을 무릅쓰지 말고 약삭빠르게 처신하는 게 옳다고 보고

---

285) 마태복음 7 : 21.

286) 베드로후서 2 : 22.

287) 잠언 29 : 25.

다시 속세에 빠져들게 됩니다.

셋째, 신앙에 뒤따르는 수치심 또한 그들에게는 걸림돌입니다. 오만불손한 그들의 눈에 신앙은 하찮고 경멸스러운 것으로 비치지요. 그래서 지옥과 다가올 천벌을 잊고 나면 그들은 다시 예전의 삶으로 돌아갑니다.

넷째, 그들은 죄책감과 두려움을 떠올리는 것만으로도 고통스러워합니다. 불행에 맞서기는커녕 생각조차 하기 싫어하거든요. 불행을 피하지 않고 마주한다면 그들도 의로운 사람들이 안전하게 피신한 곳으로 갈 수 있을지 모릅니다. 그러나 앞서 말했듯이 그들은 죄책감과 두려움을 피하려고만 하기 때문에, 하느님의 분노와 하느님께서 내리실 천벌을 한번 잊고 나면 마음이 더욱 무뎌집니다. 마음을 굳게 닫을 길만 찾아다니지요.”

크리스천 : “제대로 알고 있군요. 모든 원인은 그들의 마음과 의지가 바뀌지 않았다는 것이지요. 그들은 재판장 앞에 선 중죄인이나 다름없습니다. 언뜻 두려움에 벌벌 떨며 죄를 깊이 뉘우치는 듯 보이지만, 실은 교수형을 집행하는 사람의 밧줄을 무서워하는 것이지 죄를 혐오하는 게 아니에요. 이런 사람들을 자유롭게 풀어 주면 다시 도둑이 되어 평생 악당으로 살 게 뻔합니다. 하지만 마음이 바뀐다면 그렇지 않겠지요.”

소망 : “그들이 돌아서는 이유를 제가 말씀드렸으니 그들이 어떻게 바뀌게 되는지 말씀해 주시지요.”

크리스천 : “기꺼이 말씀드리겠습니다. 첫째, 그들은 하느님, 죽음, 다가올 심판을 되도록 기억에서 지우려 하지요. 둘째, 그들은 기도, 절제, 밤샘 기도, 죄를 슬퍼하는 일 등 자신의 의무를 점차 게을리하게 됩니다. 셋째, 그들은 활기차고 독실한 크리스천과 어울리는 것을 차츰 피합니다. 넷째, 그다음에는 설교를 듣거나 성경을 읽고 신앙의 모임에 가는 일처럼 공적인 의무도 점점 내키지 않게 됩니다. 다섯째, 그러면 신앙심이 두터운 사람들의 결점을 찾기 위해 함정을 팝니다. 그럴듯한 핑곗거리를 얻어 신앙을 내던져 버리려는 속셈입니다. 여섯째, 그들은 속세에 물들고 방탕하게 살아가는 사람들과 어울리기 시작하지요. 일곱째, 그들은 욕망이 이끄는 대로 난잡한 행동을 일삼게 됩니다. 정직하다고 여겼던 사람에게서 자신들과 같은 면을 찾으면 기뻐하지요. 그것을 핑계로 더 대담하게 행동합니다. 여덟째, 그러면 이제 드러내놓고 죄를 짓기 시작합

니다. 아홉째, 그들은 결국 마음이 무뎌져 본성을 드러냅니다. 이렇게 다시 불행의 소용돌이에 휘말린 그들은 은총이 내리는 기적이 일어나지 않는 한 스스로의 속임수에 빠져 영원히 파멸하고 만답니다."

나는 꿈에서 마법의 땅을 벗어나 뿔라(Beulah) 땅으로 들어가는 순례자들을 보았다.[288] 그곳의 공기는 매우 맑고 향기로웠다. 길은 그 땅을 가로질러 곧게 뻗어 있었다. 순례자들은 잠시 쉬면서 지친 몸을 달랬다. 그곳에는 새들이 지저귀는 노랫소리가 끊임없이 들렸다. 두 사람은 매일 땅 위에 피어난 꽃을 보았고, 산비둘기가 우는 소리도 들었다.[289] 이 땅은 밤낮으로 햇빛이 비추었고, 죽음의 골짜기가 멀찍이 떨어져 있었다. 절망 거인도 그곳까지 손길을 뻗칠 수 없었으며, 의심의 성도 보이지 않았다. 여기서는 순례자들이 가려는 천국이 보였다. 천국의 백성들과도 여러 번 마주쳤다. 이 땅은 천국과 맞닿아 있어서 빛나는 사람들이 자주 지나다녔다. 여기서는 신랑 신부의 혼인이 새롭게 맺어졌다. 신랑이 신부를 반기듯 하느님께서 그들을 반기시는 곳이다.[290] 이곳에는 곡식과 포도주도 모자라는 일이 없었다.[291] 그들이 순례를 하는 동안 필요로 했던 것들이 풍부했다. 순례자들은 천국에서 우렁차게 울려 퍼지는 목소리를 들었다.

"시온의 딸에게 일러 주어라. 보아라, 너의 구원자가 오신다. 그의 보상이 주와 함께 하리라."[292]

그때 그 나라의 백성이 두 사람을 일컬어 거룩한 백성, 하느님께서 구해 주신 자, 구한 것을 얻은 자라고 말했다. 두 사람은 이 땅을 지나는 동안 목적지가 가까워져 더욱 즐거웠다. 천국의 모습도 차츰 뚜렷하게 보였다. 그곳은 진주와 온갖 보석으로 지어져 있었고, 길은 금으로 깔려 있었다. 천국 자체가 눈부신 데다가 햇살까지 반사되어 빛나자 크리스천은 그리움으로 속이 타 들어갔다. 소망도 그와 비슷한 증세로 한두 번 발작이 일었다. 두 사람은 잠시 길가에 누워 욱신거리는 가슴을 부여잡고 소리쳤다.

---

288) 이사야 62 : 4.
289) 아가 2 : 10~12.
290) 이사야 62 : 5.
291) 이사야 62 : 8.
292) 이사야 62 : 11.

"만약 내 임을 만나거든 내가 사랑 때문에 병들었다고 전해 주시오."[293]

기운을 차리고 고통도 조금 가라앉자 두 사람은 계속 길을 갔다. 과수원과 포도밭, 꽃밭이 점점 가까워졌는데 문이 길을 향해 열려 있었다. 두 사람이 그곳에 이르러 보니 정원사가 길가에 서 있었다. 순례자들이 정원사에게 물었다.

"이 훌륭한 포도밭과 정원은 어느 분의 것입니까?"[294]

그가 대답했다.

"하느님의 것이지요. 그분을 즐겁게 해 드리고 순례자에게 위안을 주기 위해 심은 것입니다."

그러더니 정원사는 두 사람을 포도밭으로 데리고 가서 달콤한 열매를 대접하고 기운을 북돋워 주었다. 그는 왕이 즐겨 찾으시는 산책길과 나무 그늘도 보여 주었다. 두 사람은 그곳에서 잠시 쉬다가 스르르 잠이 들었다.

그때 나는 꿈에서 두 사람이 잠을 자면서, 지금까지 길을 오면서 했던 것보다 더 많은 이야기를 나누는 것을 보았다. 내가 그것을 보고 신기하게 여기자 정원사가 내게 말했다.

"왜 그리 신기하게 생각하십니까? 이 포도밭의 포도는 미끄럽게 흘러내려 잠든 이의 입을 움직이게 하는 힘이 있어요."[295]

두 사람이 이내 잠에서 깨자 천국으로 갈 채비를 하는 모습이 보였다. 순금으로 지어진 천국에 햇살이 반사되어 너무도 눈부셨기 때문에 둘은 맨눈으로 천국을 볼 수 없었다.[296] 그래서 특별히 만든 도구를 써서 천국을 바라보았다.[297] 순례자들은 길을 가다가 금빛으로 빛나는 옷을 입은 두 사람을 만났다. 얼굴도 햇살처럼 눈부셨다. 그 사람들이 순례자들에게 고향이 어디냐고 묻기에 순례자들이 대답해 주었다. 또한 길을 오는 동안 어디에서 머물렀으며 어떤 어려움과 위험한 일을 겪었는지, 어떤 위안과 즐거움을 얻었는지 물었다. 순례자들이 기꺼이 대답해 주자 빛나는 이들이 말했다.

---

293) 아가 5 : 8.
294) 신명기 23 : 24.
295) 아가 7 : 9.
296) 요한계시록 21 : 18.
297) 고린도후서 3 : 18.

"두 분께서 앞으로 두 가지 어려움만 이겨내면 천국에 이르게 됩니다."

크리스천과 소망은 그들에게 함께 길을 가자고 부탁했고 그들도 청을 받아들였다. 하지만 어려움이 닥치면 자신의 믿음으로 이겨내야 한다고 빛나는 이들이 덧붙였다. 나는 꿈에서 네 사람이 함께 길을 가다 천국의 문이 보이는 곳에 이르는 것을 보았다.

그들과 문 사이에는 강이 흐르고 있었지만 건널 만한 다리가 없고 물도 매우 깊었다. 강을 보자 순례자들은 겁을 먹었다. 그들과 함께 온 사람들이 말했다.

"이 강을 건너지 않으면 문에 이를 수 없습니다."

순례자들은 문으로 가는 다른 길은 없냐고 물었다.

"있기는 하지만 태초 이래 에녹(Enoch)과 엘리야(Elijah) 말고는 그 길로 가도록 허락받은 사람이 없습니다. 앞으로도 마지막 나팔소리가 울릴 때까지 그런 일은 없을 겁니다."[298]

이 말을 들은 순례자들은 실망했다. 크리스천은 특히 더 그랬다. 순례자들은 주위를 두리번거렸으나 강을 건너지 않고 갈 수 있는 길이 없었다. 순례자들은 강물의 깊이가 다 똑같은지 물었다. 그들이 말했다.

"아닙니다. 천국의 왕을 얼마나 믿느냐에 따라 깊을 수도 있고 얕을 수도 있습니다."

그들은 강물에 들어갈 준비를 했다. 크리스천이 물에 발을 담그자마자 가라앉기 시작했다. 그는 친구인 소망에게 소리쳤다.

크리스천 : "나는 깊은 물속으로 가라앉고, 머리 위로 거센 물결이 밀려와 그분의 파도가 내 몸을 휩쓰네. 셀라."[299]

소망 : "형제여, 기운 내세요! 내 발이 바닥에 닿았어요. 아주 단단해요."

크리스천 : "아, 친구여! 죽음의 덫이 날 낚았어요![300] 나는 젖과 꿀이 넘쳐흐르는 땅을 밟지 못할 것 같습니다!"

그렇게 말하고 나자 짙은 어둠과 두려움이 덮쳐 와 크리스천은 앞을 못 보

---

298) 고린도전서 15 : 51~52.

299) 시편 42 : 7, 69 : 2.

300) 시편 18 : 5.

하느님의 포도밭에 이른 크리스천과 소망

게 되었다. 또한 마음이 흐트러져 순례하는 동안 기운을 북돋아 주던 것들을 하나도 떠올리지 못할뿐더러 말도 제대로 할 수 없었다. 그가 한 말이라고는 자신이 강물에 빠져 죽어 문에 들어가지 못할 거라는 두려움과 걱정을 더욱 부채질하는 것뿐이었다. 옆에 서 있던 사람들은 크리스천이 순례를 떠나기 전과 그 이후에 저지른 죄를 떠올리고 고통스러워하고 있다는 걸 알아차렸다. 이따금 씩 헛소리를 하는 걸로 보아 도깨비나 악령의 헛것에 시달리는 듯도 했다. 소망은 크리스천의 머리가 물속으로 잠기지 않게 하느라 애먹었다. 크리스천은 밑으로 푹 가라앉았다가 반쯤 정신이 나간 채로 다시 떠오르곤 했다. 소망은 그를 진정시키려고 애쓰면서 말했다.

소망 : "형제여! 이제 문이 보입니다. 사람들이 우릴 맞이하려고 서 있어요!"

**크리스천** : "그들은 당신을 기다리는 겁니다! 우리가 만난 이후로 당신은 언제나 희망을 버리지 않았지요."

**소망** : "당신도 마찬가집니다!"

**크리스천** : "아, 형제여! 내가 정말 의롭다면 주께서 나를 도와 주러 오실 텐데! 죄가 너무 커서 주께서 나를 함정 속에 내버려 두고 떠나셨어요!"

**소망** : "형제여, 당신은 성경에 사악한 자에 대해 쓰여 있는 말씀을 잊으셨나요? 그들은 죽을 때에도 고통이 없으며 몸이 멀쩡하고 윤기까지 흐릅니다. 사람들이 흔히 당하는 고통도 느끼지 않으며, 사람들이 으레 당하는 재앙도 그들에게는 가까이 가지 않아요.[301] 당신이 강을 건너면서 겪는 고통과 고난들은 하느님께서 당신을 저버렸다는 뜻이 아닙니다. 당신이 전에 그분께 받은 은혜를 떠올리고 고통을 겪을 때 그분께 의지하는지 알아보기 위해 당신을 시험하는 것입니다."

나는 꿈에서 크리스천이 잠시 생각에 잠기는 것을 보았다. 소망이 크리스천에게 덧붙여 말했다.

**소망** : "기운 내세요! 예수 그리스도께서 당신을 온전하게 하실 거예요!"[302]

이 말을 듣고 크리스천이 큰 소리로 외쳤다.

**크리스천** : "아아, 다시 주님이 보여요! 그분이 제게 말씀하십니다. 네가 물 가운데를 지날 때 내가 함께할 것이고, 강을 건널 때 물이 너를 집어삼키지 못할 것이다."[303]

두 사람은 다시 용기를 내었다. 그러자 그들이 강을 다 건널 때까지 적들은 돌처럼 잠잠하였다.[304] 크리스천이 마침내 바닥을 밟고 섰고 그 뒤로는 쭉 강물이 얕아졌다. 그리하여 두 사람은 강을 건넜다. 순례자들이 강 건너편으로 올라가니 빛나는 이들이 둘을 기다리고 있었다. 순례자들이 물에서 나오자 빛나는 이들이 인사를 건네며 말했다.

"우리는 구원을 약속받으신 분을 돌보기 위해 하느님께서 보내신 도움의 영

---

301) 시편 73 : 4~5.
302) 사도행전 9 : 34.
303) 이사야 43 : 2.
304) 출애굽기 15 : 16.

죽음의 강을 건너는 순례자들

입니다."

그들은 모두 함께 문을 향해 걸어갔다. 천국은 거대한 언덕 위에 자리 잡고 있었다. 하지만 빛나는 이들이 두 사람의 팔을 부축하여 이끌어 주는 덕분에 두 사람은 힘들이지 않고 언덕을 올라갔다. 또한 두 사람은 죽음에 이르는 옷들을 강물 속에 벗어 두고 나왔다. 강물에 들어갈 때는 입고 있었지만, 강을 건너면서 벗겨진 것이다. 천국은 구름보다 높은 곳에 있었지만 그들은 빠른 걸음으로 언덕을 올라갔다. 길을 가는 동안 그들은 내내 즐겁게 이야기를 나누었다. 강을 무사히 건넜을 뿐 아니라, 영광스러운 동행자들이 그들을 돌보아 주는 덕분에 두 사람은 기운이 났다.

두 순례자는 빛나는 이들과 천국의 영광에 대해 이야기했다. 빛나는 이들이 말하길 그곳의 아름다움과 영광은 말로 다 표현할 수 없다고 했다.

"그곳에는 시온산, 천국의 예루살렘, 수많은 천사들, 온전히 의로운 영혼들이 있지요.[305] 두 분께선 지금 하느님의 낙원으로 가고 계십니다. 그곳에서 생명의 나무를 보고, 시들지 않는 열매들도 먹게 될 겁니다.[306] 그곳에 이르면 흰옷이 주어지며 매일 왕과 함께 거닐고 얘기할 수 있습니다.[307] 영원토록 말이지요. 저 아래 세상에 있을 때 보았던 슬픔, 병, 고통, 죽음 같은 것은 다시는 보지 않을 것입니다. 이전 것들이 다 지나갔으니까요.[308] 두 분께선 또한 아브라함과 이삭, 야곱, 선지자 곁으로 가게 됩니다. 그분들은 하느님 덕택에 재앙에서 벗어나 지금은 침상에서 편히 쉬고, 의로운 분들 사이를 거닐고 계시지요."[309]

그러자 순례자들이 물었다.

"거룩한 그곳에서 우리는 무엇을 하게 됩니까?"

그 말에 빛나는 이들이 대답했다.

"그동안의 수고를 위로받고, 모든 슬픔 대신 기쁨을 누리며, 심은 것을 거둘 것입니다.[310] 다시 말해, 길을 오는 동안 왕께 바친 기도와 눈물과 고통의 열매

---

305) 히브리서 12 : 22~24.

306) 요한계시록 2 : 7.

307) 요한계시록 3 : 4.

308) 요한계시록 21 : 4.

309) 이사야 57 : 1~2.

310) 갈라디아서 6 : 7.

를 수확하게 되지요. 이곳에서 여러분은 금으로 된 면류관을 쓰고 거룩하신 하느님을 영원히 뵐 수 있습니다. 그분의 참모습을 뵙고 기뻐할 것입니다.[311] 또 여러분은 찬송하고 환호하고 감사드리면서 영원히 그분을 섬길 수 있습니다. 속세에서는 연약한 육신 때문에 그분을 섬기고 싶어도 어려움이 많았겠지요. 하지만 그곳에서 여러분의 눈은 위대하신 그분을 뵙고, 여러분의 귀는 전능하신 그분의 목소리를 듣고 기뻐할 겁니다. 또한 여러분보다 먼저 도착한 친구들을 만나고, 여러분보다 나중에 거룩한 곳으로 오는 사람들을 반갑게 맞이하게 되지요. 여러분은 영광과 위엄에 감싸여 영광스러운 왕과 함께 마차에 오르게 됩니다. 그분께서 바람의 날개에 실리어 가듯 구름 속에서 나팔소리와 함께 내려오실 때 여러분도 그분 곁에 앉게 됩니다.[312] 그분께서 천사와 사람을 가리지 않고 죄를 지은 모든 이에게 판결을 내리실 때, 당신들도 심판에 참여하게 됩니다.[313] 죄악을 저지른 자는 그분의 적인 동시에 여러분의 적이니까요. 그리고 그분께서 천국으로 돌아오실 때 여러분도 나팔소리를 울리며 함께 와서 영원히 그분 옆에 머무르실 겁니다."

그들이 천국의 문에 한 걸음씩 다가서자 천군(天軍) 천사들이 그들을 맞이하러 나왔다. 빛나는 이들이 말했다.

"이분들은 아래 세상에 계실 때 우리 주를 사랑하시어 그분의 거룩한 이름을 위해 모든 것을 버린 분들입니다. 주께서 이분들을 맞아 훌륭한 여행을 함께하도록 우리를 보내셔서 이곳까지 모셔 왔습니다. 이분들이 안으로 들어가서 기쁜 마음으로 구원자를 만나 볼 수 있게 해 주십시오."

그러자 천군 천사들이 크게 소리쳤다.

"어린 양의 혼인 잔치에 초대받은 자에게는 복이 있도다!"[314]

그때 순례자들을 맞이하려고 왕의 나팔수들이 새하얗게 빛나는 옷을 입고 나와서 나팔을 불었다. 우렁차고 아름다운 소리가 천국까지 메아리쳤다. 세상을 떠나 온 크리스천과 소망에게 나팔수들이 환영의 인사로 끊임없이 나팔을

311) 요한일서 3 : 2.
312) 데살로가니전서 4 : 13.
313) 유다서 1 : 14, 다니엘 7 : 9~10, 고린도전서 6 : 2~3.
314) 요한계시록 19 : 9.

불었다.

그들은 두 순례자를 사방에서 둘러쌌다. 앞뒤와 양옆에 서서 순례자들을 호위하듯 걸어가는 동안 쉴 새 없이 아름다운 음악을 연주하였다. 마치 천국 자체가 순례자들을 맞이하러 나온 듯한 광경이었다. 이렇게 그들은 모두 함께 어울려 걸어갔다. 순례자들이 걸어가는 내내 나팔수들은 기쁨이 가득한 음악을 연주했다. 그리고 크리스천과 소망에게 자신들이 둘을 얼마나 환영하는지, 직접 맞이하게 되어서 얼마나 기쁜지 눈짓과 몸짓을 다해 전했다. 천사들에게 둘러싸여 나팔수들의 아름다운 연주를 들으니 두 사람은 천국에 이르기 전에 이미 천국에 온 것만 같았다. 곧 천국이 눈앞에 나타나자 그곳의 모든 종이 두 사람을 반기는 소리가 울려 퍼졌다. 두 사람은 무엇보다 이런 친구들과 함께 영원토록 천국에서 살 수 있다는 생각에 가슴이 벅찼다. 그들이 느낀 찬란한 기쁨을 무엇으로 표현할 수 있을까! 두 사람은 마침내 천국의 문에 이르렀다. 문에 다가서 보니 금으로 새겨진 글씨가 보였다.

'옷을 깨끗이 하는 사람에게 복이 있으니, 그들은 생명의 나무에 이르는 권리를 얻고 문을 지나 천국으로 들어갈 수 있다.'[315]

꿈에서 빛나는 이들이 순례자들에게 문을 향해 큰 소리로 사람을 부르라고 말하는 것이 보였다. 두 사람이 그렇게 하자 몇 사람이 문 위에서 그들을 내려다보았다. 바로 에녹과 모세, 엘리야와 그 밖의 사람들이었다. 누군가가 말했다.

"이 순례자들은 이곳의 왕을 사랑하여 멸망의 도시를 떠나 여기까지 오신 분들입니다."

순례자들은 처음 길을 떠날 때 받은 증명서를 그들에게 내주었다. 증명서는 왕에게 전해졌다. 왕께서 증명서를 읽고 말씀하셨다.

"그들은 어디 있는가?"

"문밖에 있사옵니다."

그러자 왕께서 명령하셨다.

"성문을 열어 믿음을 지키는 의로운 나라로 들어오게 하여라."[316]

나는 꿈에서 두 사람이 문으로 들어가는 것을 보았다. 천국에 들어서자 두

---

315) 요한계시록 22 : 14.
316) 이사야 26 : 2.

사람은 모습이 바뀌고 금처럼 반짝이는 옷을 입게 되었다. 또 그들에게 하프와 면류관이 주어졌다. 하프는 찬양하기 위한 것이고 면류관은 명예의 표시였다. 나는 꿈에서 천국의 모든 종이 두 사람을 반기며 울려 퍼지는 소리를 들었다. 그들에게 말씀이 내려졌다.

"와서 주인과 함께 기쁨을 나누어라."[317]

나는 그들이 큰 소리로 노래하는 것을 들었다.

"보좌에 앉으신 분과 어린 양께서 찬양과 존귀와 영광과 권능을 영원토록 받으소서!"[318]

문이 열리고 두 사람이 안으로 들어갈 때 그곳을 들여다보니 천국이 태양처럼 반짝였다. 거리는 금으로 깔려 있었고, 머리에 면류관을 쓰고 종려의 잎을 손에 든 많은 사람이 금으로 만든 하프를 연주하며 찬송하고 있었다. 또 날개를 가진 이들은 쉬지 않고 서로 말을 주고받았다.

"거룩하시다, 거룩하시다, 거룩하시다, 전능하신 주 하느님."[319]

이윽고 성문이 닫혔다. 그걸 보니 나도 그들과 함께 있고 싶었다.

나는 이 모든 일을 지켜보다가 고개를 돌려 뒤를 돌아보았다. 강가로 다가서는 무지가 보였다. 무지는 앞서 두 사람이 겪었던 어려움의 절반도 겪지 않고 금방 강을 건넜다. 헛된 소망(Vain hope)이란 사공이 배를 저어서 그를 도와주었기 때문이다. 무지도 크리스천과 소망처럼 문을 향해 언덕을 올랐다. 하지만 그는 외톨이였고, 그를 맞이하여 격려해 주는 사람을 한 명도 만나지 못했다. 그는 문에 이르러 문에 새겨진 글을 보았다. 자신을 얼른 들여보내 줄 것이라 믿고 무지가 문을 두드렸다. 문 위에서 사람들이 무지를 내려다보며 물었다.

"어디에서 왔으며 무엇을 원하는가?"

무지가 대답했다.

"저는 왕의 앞에서 먹고 마셨던 사람입니다. 그분께선 거리에서 우리를 가르치셨지요."

그러자 그들은 왕에게 보일 증명서를 달라고 했다. 무지는 품속을 뒤져 보았

---

317) 마태복음 25 : 21.
318) 요한계시록 5 : 13.
319) 요한계시록 4 : 8.

으나 아무것도 없었다. 그들이 무지에게 없느냐고 물었다. 무지는 아무 말도 못했다. 그들이 왕에게 말씀을 올렸지만 왕께서는 무지를 보러 내려오시지 않았다. 대신 크리스천과 소망을 천국으로 안내했던 빛나는 이들에게 무지의 손발을 묶어 쫓아 버리라고 명령하셨다. 그들은 무지를 잡아 하늘을 지나서 내가 산허리에서 보았던 문으로 데리고 가더니 그곳에 떨어뜨렸다. 그때 나는 멸망의 도시처럼 천국의 문 앞에도 지옥으로 난 길이 있음을 알았다. 마침내 나는 잠에서 깨어났다. 그렇다, 이 모든 것이 꿈이었다.

# 맺음말

자, 독자들이여! 지금까지 그대들에게 내 꿈을 이야기했습니다. 그대가 나와 그대 자신 또는 이웃에게 내 꿈을 전할 때 뜻을 잘못 풀이하지 않도록 부디 조심하세요. 그대를 이롭게 하는 대신 해를 끼칠 수도 있기 때문이지요. 오해에서는 악이 태어나기 마련입니다.

또 내 꿈의 겉면에만 지나치게 흥미를 두지 않기를 바랍니다. 은유와 비유를 비웃거나 반박하지 말아 주세요. 그것은 철없는 아이와 바보들이나 하는 짓이니 그대는 내가 말하고자 하는 본질을 꿰뚫어 보시기 바랍니다.

휘장을 젖히고 베일 속을 들여다보세요. 은유하는 바가 무엇인지 발굴해내기 바랍니다. 당신이 그 의미를 찾아 나서면 정직한 마음에 도움이 되는 것들을 발견할 수 있을 겁니다.

쓸모없는 것은 과감히 버리고 소중한 것을 간직하세요. 당신의 소중한 보물이 광산에 숨어 있다면 어떻게 하겠어요? 사과에 씨가 있다고 해서 버리는 사람은 없답니다. 모든 것을 헛되이 여기고 버리신다면 나는 다시 꿈을 꿀 수밖에요.

# 제2부

1687년판 삽화

# 2부를 내놓으며

가라! 내가 쓴 작은 책이여! 어디로든 가거라. 나의 첫 번째 순례자가 머물렀던 곳이면 어디든 가서 문을 두드려라. 누구냐고 묻거든 크리스티아나가 왔다고 대답하여라. 들어오라고 하면 아이들을 모두 데리고 들어가거라. 어디에서 왔는지, 아이들의 이름이 무엇인지 말하여라. 사람들이 생김새와 이름으로 너희를 알아볼 것이다. 만약 알아보지 못하거든 이렇게 물어보아라.

"예전에 크리스천이라는 순례자를 맞으신 적이 있습니까?"

사람들이 그렇다며 기뻐하거든 너희들이 바로 그의 아내와 아이들이라고 알려주어라.

너희가 집과 고향을 떠나 다가올 세상을 찾아가는 순례자가 되었다고 그들에게 말하여라. 길을 가는 동안 고난에 부딪히고, 밤낮으로 어려움을 만났으며, 뱀을 짓밟고, 마귀들과 싸웠고, 많은 악을 물리쳤다고 말하여라. 그래, 순례자를 사랑하여 이들을 지켜주는 늠름하고 용감하신 분들이 있다고 말하여라. 그들이 아버지 하느님의 뜻을 따르려고 이 세상을 버렸다는 것까지 이야기해라.

순례가 순례자들에게 가져다주는 훌륭한 것을 알려주어라. 그들이 왕의 사랑과 보살핌 속에서 살며 얼마나 훌륭한 저택을 받았는지도 알려주어라. 거센 바람과 파도를 만나도 주님과 그 길을 굳게 지켜내는 이들이 마침내 어떤 평화를 누리는지 말이다.

아마 그들은 나의 첫 번째 책에서도 그랬듯이 진심으로 너를 껴안아줄 것이다. 너와 너의 일행들까지 환호하며 반갑게 맞이하고 얼마나 순례자를 사랑하는지 보여줄 것이다.

**첫 번째 이의**

하지만 세상 사람들이 나를 당신이 쓰신 진정한 책이라고 믿지 않으면 어떡합니까? 순례자와 그 이름을 흉내 내어 진짜처럼 보이도록 속임수를 쓴 책이 누군지도 모를 사람들 손과 그 집안에 흘러들어 가고 있으니 말입니다.

### 대답

그렇다. 요즘 내가 쓴 순례자 이야기를 흉내 내어 내가 붙인 제목을 제멋대로 가져다 쓰는 자들이 있다. 책 제목과 내 이름까지 따라하는 자들도 있다. 그러나 그게 누구의 것이든 그 책이 스스로 내 것이 아니라는 사실을 밝힐 것이다.

만일 너를 믿지 않는 자들을 만나면 모두 앞에서 너만의 언어로 확실하게 말하여라. 오늘날 아무도 사용하지 않아 쉽게 따라할 수 없는 너만의 언어로.

그런데도 사람들이 너를 의심하고, 네가 집시처럼 이리저리 떠돌며 나라를 어지럽히고 사악한 말로 백성을 속인다고 여긴다면 나를 불러라. 그러면 너야말로 내가 쓴 순례자임을 증명할 것이다. 그렇다. 오직 너만이 내가 쓴 책이고, 앞으로 그러할 것임을 증명하겠다.

### 두 번째 이의

하지만 저는 몸과 마음이 파멸하기를 바라는 사람들을 찾아갈지도 모릅니다. 제가 그들의 문을 두드리고 순례에 나서라고 할 때 그들이 화를 내면 어떻게 해야 합니까?

### 대답

내 책이여! 떨지 마라. 그런 두려움은 근거 없는 것이다. 내 순례자들의 책은 지난번에도 바다와 육지를 여행하였다. 그런데 어느 나라에서든 어떤 사람에게서든 모욕을 당하거나 쫓겨났다는 얘기를 들은 적이 없다.

서로 사람을 죽이는 프랑스나 플랑드르에서도 내 책은 친구처럼 형제처럼 대접을 받고 있다. 네덜란드에서는 내 책을 금보다 더 귀하게 여긴다고 들었다.

스코틀랜드 하일랜드 사람들이나 거친 아일랜드 사람들도 내 책을 가까이 하라고 입을 모아 말한다.

선진국인 뉴잉글랜드에서는 내 책을 반기는 것은 물론, 모양과 내용을 더 돋보이게 하기 위해 겉모습을 다듬고 새 옷을 입히거나 보석으로 장식까지 해주고 있다. 그리하여 내 책이 당당하게 거리를 누비고, 수천의 사람들이 매일같이 책 속의 순례자들을 이야기하고 노래한다.

네가 고향 가까이 와보더라도 내 책이 수치를 당하거나 두려움을 느낄 곳이 없음을 알 수 있을 것이다. 도시 사람이든 시골 사람이든 순례자의 책을 환대하고 있다. 내 순례자가 곁에 있거나 고개만 내밀어도 그들의 얼굴에 미소가 끊이지 않는다.

늠름한 무사들도 내 책을 품에 안고 아끼며, 두껍고 큰 다른 어떤 책보다도 높이 평가한다. 내 종달새 다리가 솔개보다 낫다고 기꺼이 말한다.

젊은 숙녀들도 내 순례자에게 더없는 호의를 보이고 있다. 그들의 책장과 품 안에, 그리고 그들의 마음속에 내 책이 있다. 내 책은 아주 풀기 어려운 문제들을 차분하게 말해주어서 그들에게 읽는 수고보다 배가 되는 이로움을 주기 때문이다. 그렇다. 어떤 이들은 금보다 내 책을 더 소중하게 여긴다고 감히 말할 수 있다.

길거리에서 뛰노는 아이들도 내 거룩한 순례자를 만나면 고개 숙여 인사를 건네고, 순례자를 이 시대의 유일한 젊은이라고 부른다.

순례자를 아직 보지 못한 사람들도 얘기를 전해 듣고 순례자를 존경한다. 그들은 순례자와 함께했던 사람을 만나, 이미 잘 알고 있는 순례자 이야기를 들을 수 있기를 간절히 바란다.

그렇다. 처음에는 순례자를 사랑하지 않고 바보 멍청이라고 부르던 자들도, 그를 보고 그의 이야기를 듣고는 그를 칭찬하며 자신들이 아끼는 사람에게 추천한다.

그러니, 두 번째 순례기인 너는 두려워 말고 고개를 들어라. 첫 번째 책을 축복한 사람들이 너를 해치지 않을 것이다. 두 번째로 길을 떠나는 너 역시 젊은이에게나 늙은이, 방황하는 자에게나 안정된 자에게 훌륭하고 값지며 이로운 것이기 때문이다.

### 세 번째 이의

그러나 순례자가 너무 크게 웃는다거나 뜬구름 같은 생각만 한다고 하는 사람이 있습니다. 그의 말과 이야기가 너무 모호하여 그가 바라는 바를 어떻게 알아내야 할지 모르겠다고 합니다.

## 대답

누구든 순례자의 젖은 눈을 보면 그의 커다란 웃음과 울음이 의미하는 바를 짐작할 수 있을 것이다. 가슴은 아프지만 킬킬대며 웃고 싶게 만드는 일들이 있다. 야곱이 양치는 라헬을 보았을 때 그는 입을 맞추면서 눈물을 흘렸다.[1]

그의 생각이 뜬구름 속에 있다고 하나 그것은 지혜가 망토 속에 감싸여 있다는 사실을 보여준다. 지혜는 사람의 마음을 움직여 자신을 찾게 만든다. 모호한 말 속에 숨은 것들은 신앙심 깊은 이들의 마음을 잡아끌어 희미한 속삭임이 무엇을 뜻하는지 궁리하게끔 만든다.

나는 알고 있다. 모호한 비유일수록 상상 속에 깊숙이 숨어들기 때문에, 비유를 들지 않은 글보다 사람의 머리와 마음을 더 단단히 붙든다.

그러니 내 책이여, 낙심하여 갈 길을 포기해서는 안 된다. 보라, 네 앞길에서 만나게 될 사람들은 적이 아니라 친구들이다. 너와 네 순례자들에게 자리를 마련해 주고, 네 말을 기꺼이 받아들일 친구이다.

나의 첫 순례자가 감추어둔 것을 용감한 두 번째 순례자가 밝혀내었다. 크리스천이 잠그고 간 자물쇠를 상냥한 크리스티아나가 열쇠로 연 것이다.

## 네 번째 이의

하지만 당신의 첫 번째 방법을 좋아하지 않는 사람들은 당신의 이야기를 허황된 얘기로 여기고 먼지처럼 내버렸습니다. 그런 사람들을 만나면 어떻게 합니까? 그들이 나를 대하듯 나도 그들을 무시해도 되겠습니까?

## 대답

나의 크리스티아나, 만일 그런 자들을 만나거든 반드시 애정을 가득 담아 인사하여라. 그들이 욕을 한다고 같이 욕으로 맞서지 마라. 그들이 얼굴을 찌푸린다면 부디 그들에게 미소로 답해라. 그들 천국이 그러하거나 혹은 나쁜 소문

---

1) 창세기 29 : 11.

을 들어서 너를 업신여기고 헐뜯는 것일지도 모른다.

치즈를 싫어하는 사람이 있는가 하면 생선을 싫어하는 사람도 있다. 자기 친구나 집, 고향을 미워하는 사람도 있다. 돼지만 보면 뒷걸음질 치고, 병아리를 거들떠보지도 않고, 닭을 싫어하는 사람이 뻐꾸기나 올빼미를 좋아하는 경우도 있다. 나의 크리스티아나, 그런 이들은 그냥 내버려 두어라. 네게서 즐거움을 얻고자 하는 사람들을 찾아라. 무슨 일이 있어도 다투지 말고, 겸손하게 순례자의 모습으로 그들 앞에 나서라.

그러니 가라! 내 작은 책이여! 너를 맞아 반기는 사람들에게 감춰둔 모든 것을 보여주고, 그렇지 않은 자 앞에서는 입을 다물어라. 네가 보여준 것이 그들에게 이로운 축복이 되도록, 너와 나보다 훌륭한 순례자가 되기로 결심하는 계기가 되도록 빌어주어라.

떠나라! 모든 사람에게 가서 이름을 대고 이렇게 말하여라.

"나는 크리스티아나입니다. 네 아이들과 함께 순례자의 길을 가는 게 어떤 의미인지 이야기하러 왔습니다."

가서 지금 너와 함께 순례를 가는 사람들이 누구이며 어떤 사람들인지도 말하여라.

"이분은 이웃인 자비(Mercy)로서 오랫동안 함께 순례를 하고 있답니다. 오셔서 이 동정녀의 얼굴을 보시고 게으름뱅이와 순례자를 구별하는 방법을 배우세요."

젊은 처녀들이 그녀를 보고 다가올 세계를 자랑스럽게 여기는 법을 배우게 해주어라. 젊은 처녀들이 늙은 죄인들을 하느님의 심판에 맡길 때야말로 젊은 이가 늙은이들의 비웃음을 받으며 호산나라고 외치던 때와 같을 것이다.

다음으로 백발을 바람에 나부끼며 홀로 순례를 가던 늙은 정직(Honest)에 대해서도 이야기하여라. 그가 얼마나 거짓 없는 마음을 갖고 있었는지, 선하신 주님을 따르며 어떻게 자신의 십자가를 견뎌냈는지를 말해주어라. 머리 센 늙은 이들이 마음을 돌려 그리스도를 사랑하고 죄를 뉘우치며 슬퍼할지도 모른다. 또한 두려움(Master fearing)이라는 이가 순례를 떠난 뒤 겁에 질려 울면서 얼마나 쓸쓸히 지냈는지, 그리고 마침내 얼마나 기쁨이 넘치는 상을 받았는지 이야기해라. 그는 용기가 부족했지만 선한 사람이었고, 그래서 지금도 생명을 부여

받았다.

또한 앞서가지는 못하지만 꾸준히 뒤따르던 심약(Master Feeble mind)에 대해서 말해주어라. 그가 어떻게 죽을 고비를 넘겼고, 담대(Great heart)가 어떻게 그를 살려주었는지 말해주어라. 그는 은총을 많이 입진 못했지만 마음이 진실하였다. 그의 얼굴을 보면 진정으로 하느님을 공경하는 마음을 읽을 수 있었다.

목발을 짚었지만 발을 헛디디는 일이 없었던 주저(Master Ready to halt)에 대해서도 이야기하여라. 주저와 심약은 뜻이 잘 맞는 친구였다. 둘 다 연약했지만 그런데도 때로는 한 사람이 노래를 부르고 다른 한 사람이 춤을 추었다는 것을 말해주어라.

어린 나이에도 용감했던 진리의 용사(Master Valiant for the Truth)도 잊지 마라. 굳세고 당찬 그를 아무도 쓰러뜨리지 못했다는 사실을 말해주어라. 그와 담대가 어떻게 의심의 성을 함락하고 절망 거인을 죽였는지 모두에게 알려주어라.

낙심(Master Despondency)과 그의 딸 근심(Much afraid)도 빠뜨리지 마라. 그들이 입고 있는 망토가 초라하여, 어떤 이들에겐 하느님께서 그들을 버리신 것처럼 보일 것이다. 하지만 그들은 착실하게 나아가 마침내 주님께서 자신들의 친구였음을 알게 되었다.

내 책이여, 이 모든 것을 세상 사람들에게 이야기한 다음 돌아서서 하프를 손에 들어라. 그 하프는 손만 닿아도 아름다운 음악이 흘러나와 절름발이를 춤추게 하고 거인을 쓰러뜨릴 것이다. 네 가슴 안에 웅크리고 있는 수많은 수수께끼를 자유롭게 꺼내어 풀어보아라. 그래도 풀리지 않는 신비가 있다면 영리하고 상상력이 풍부한 사람들을 위해 남겨 두어라.

이 작은 책이 나와 책을 사랑하는 이들에게 복을 가져다주기를. 책을 산 사람에게 돈을 버렸다는 말을 듣지 않기를. 이 두 번째 순례자가 모든 선한 순례자들에게 만족을 주는 열매를 맺게 되기를. 그리고 잘못된 길을 헤매는 자들을 일깨워 그들의 발길과 마음을 바른 길로 돌리게 해주기를 진심으로 기도한다.

존 버니언

마음 착한 친구들이여, 얼마 전에 나는 여러분에게 꿈속에서 만난 순례자 크리스천이 천국을 향해 위험한 여정을 떠났던 이야기를 했다. 그것이 여러분에게 유익하고 내게는 유쾌한 일이었다고 생각한다. 당시 크리스천의 아내와 자식들이 크리스천을 따라 순례를 떠나려 하지 않아서 그는 할 수 없이 가족을 남겨두고 혼자 여행을 떠났다고 얘기한 바 있다. 크리스천은 가족과 함께 멸망의 도시에 머무르는 게 얼마나 위험한 일인지 알았기 때문에 감히 위험을 무릅쓸 수 없었다. 그래서 이미 밝혔듯이 크리스천은 가족을 두고 순례를 떠났다.

나는 여태 이런저런 일로 바쁜 나머지 크리스천이 예전에 살던 곳에 갈 틈이 없었다. 그래서 지금까지 크리스천이 남기고 떠난 사람들이 어떻게 살고 있는지 알려줄 기회가 없었던 것이다. 그런데 요즘 볼일이 생겨 다시 그곳으로 걸음하게 되었다. 나는 그곳에서 얼마 떨어지지 않은 숲 속에 숙소를 정하고 잠자리에 들었다가 꿈을 꾸었다.

꿈에서 늙은 신사 한 명이 내가 잠든 곳 근처로 오는 것을 보았다. 그가 가는 길이 내가 가려는 길과 방향이 비슷하기에 나는 일어나서 함께 길을 떠났다. 우리는 함께 걸으며 여행자들이 으레 그러하듯 이야기를 나누었다. 그리고 어쩌다 보니 크리스천과 그의 여행 이야기가 나왔다. 나는 노인에게 말을 꺼냈다.

"어르신, 우리가 가는 길 아래 왼쪽에 있는 마을은 어떤 곳입니까?"

그러자 이름이 현명(Sagacity)인 노인이 대답하였다.

**현명** : "멸망의 도시라는 마을입니다. 게으르고 심술궂은 사람들로 북적이는 곳이지요."

**나** : "제가 짐작한 곳이 맞는 것 같군요. 저도 예전에 마을을 한 번 들른 적이 있어서 어르신 말씀이 옳다는 걸 알겠어요."

**현명** : "틀림없는 사실이지요. 거짓말을 하지 않고도 저곳에 사는 사람들을 좋게 이야기할 수 있다면 좋겠소."

**나** : "그러시군요. 어르신은 마음씨가 좋으시고 선한 일을 듣고 말하는 것을 즐겨 하는 분 같습니다. 그런데 혹시 얼마 전에 저 마을에서 높은 곳을 향해 순례를 떠난 사람 이야기를 들어본 적 있으신지요? 이름은 크리스천이라고 합니다."

**현명** : "아, 들어만 봤겠소? 그가 여행하면서 겪었던 박해, 시련, 싸움, 감옥에 갇힌 일, 울고 흐느낀 일, 놀라거나 두려워한 일 모두 들었지요. 게다가 온 나라가 그 사람 얘기로 떠들썩했어요. 그와 그의 행적에 대해 들어 본 사람은 누구나 크리스천의 순례 기록을 구하려고 하거나 이미 가지고 있지요. 그의 모험담이 퍼져 나가자 많은 사람이 그의 성공을 기원했답니다. 크리스천이 마을에 살 때는 그를 바보라고 놀려댔지만, 그가 떠나고 나자 모두 입에 침이 마르도록 칭찬해요. 크리스천이 지금은 천국에서 호강하며 살고 있다고 하니까요. 크리스천처럼 모험을 떠날 엄두는 못 내도 그가 얻은 것에 군침을 흘리는 이들이 많습니다."

**나** : "진실을 판가름할 줄 아는 사람이라면, 크리스천이 천국에서 얼마나 행복하게 지낼지 상상하더라도 무리는 아니지요. 크리스천은 생명의 샘에 살고 있으니 말이에요. 그는 그곳에서 고생이나 슬픔 없이 원하는 걸 모두 얻을 수 있지요. 그곳에는 어떤 고통도 없답니다. 그런데 사람들은 그에 대해서 무슨 말을 하던가요?"

**현명** : "아주 재미있는 소리를 하더군요. 어떤 사람들이 말하길 그는 흰옷을 걸치고 다니며, 목에 금을 두르고, 머리에 진주를 새긴 금관을 쓰고 있다고 합니다.[1] 또 어떤 사람들은 크리스천이 여행하는 동안 빛나는 이들이 모습을 드러내더니 그와 친구가 되었다고도 하지요. 마을 이웃처럼 서로 사이좋게 지낸다는군요. 그리고 지금 그가 머무는 곳의 왕께서 그를 위해 호화롭고 안락한 거처를 궁전에다 마련해 주셨다고 합니다.[2] 이건 틀림없는 사실이라고 해요. 그

---

1) 요한계시록 3 : 4, 6 : 11.
2) 스가랴 3 : 7.

는 매일 왕과 함께 먹고 마시며 산책하고 이야기를 나눈다지요.[3] 크리스천은 모든 이들의 재판장이신 왕께 호의와 총애를 받고 있다고 합니다. 게다가 그 나라의 주인이신 왕자님께서 조만간 이곳으로 내려오신다고 짐작하는 사람도 있습니다. 크리스천이 순례를 떠난다고 했을 때 어째서 이웃들이 그토록 비웃고 놀렸는지 그들이 변명이라도 할 수 있다면 이유를 들어보려 하신다는 얘기지요.[4] 사람들 말에 따르면 왕자님께서 크리스천을 무척 사랑하셔서, 그가 순례자가 되었을 때 모욕당한 사실을 아주 마음 아파하셨다고 합니다. 순례자가 겪는 수모를 당신께서 받은 것이라고 생각하시기 때문이랍니다.[5] 크리스천이 왕자님을 사랑하여 위험한 모험을 무릅썼으니 놀랄 일도 아니지요."

나 : "그것 참 잘됐네요. 가엾은 사람이 이제 수고를 그치고 쉬게 되었으니 말입니다.[6] 눈물로 씨를 뿌려 기쁨으로 거두었군요.[7] 원수의 돌팔매가 닿지 않고, 그를 미워하는 자들의 손길이 닿지 않는 곳에 그가 살게 되어서 참으로 다행입니다. 이 소문이 동네방네 파다하니 뒤에 남은 사람들에게 좋은 영향을 미치겠지요. 그런데 어르신, 말이 나온 김에 여쭙겠습니다. 혹시 크리스천의 아내와 자식들 소식은 못 들어보셨습니까? 가엾은 사람들, 어떻게 지내는지 무척 궁금하네요."

현명 : "누구 말입니까? 크리스티아나와 자식들이요? 그들도 크리스천처럼 떠났습니다. 처음에는 어리석게도 크리스천의 눈물 어린 호소에 꿈쩍하지 않았지요. 하지만 다시 잘 생각해 보더니 놀랍게도 마음을 바꾸고 짐을 싸서 크리스천의 뒤를 따랐답니다."

나 : "정말 반가운 소식이네요. 크리스천의 아내와 자식 모두 떠난 겁니까?"

현명 : "그렇소. 그 당시 나도 그곳에서 지냈기 때문에 무슨 일이 있었는지 자세히 알고 있으니 그 이야기라면 얼마든지 해줄 수 있지요."

나 : "그렇다면 어르신이 하는 말씀을 참말이라 믿고 사람들에게 전해도 되

---

3) 누가복음 14 : 15.
4) 유다서 1 : 14, 15.
5) 누가복음 10 : 16.
6) 요한계시록 14 : 13.
7) 시편 126 : 5~6.

겠군요?"

**현명** : "걱정 말고 이야기하시오. 그 착한 여인과 네 아이들 모두 분명히 순례를 떠났으니 말입니다. 보아하니 우리가 오래 동행할 것 같군요. 내가 처음부터 끝까지 모두 이야기해주지요."


크리스천의 아내가 아이들과 함께 순례를 떠난 날부터 그녀는 크리스티아나라고 불렸습니다. 크리스티아나는 남편이 강을 건너간 뒤 소식이 끊기자 속으로 많은 생각을 하게 됩니다.

첫째는 자신이 남편을 잃었으며 부부로 맺어진 사랑의 끈이 갑작스럽게 끊어졌다는 사실입니다. 아시다시피 사람들은 사랑하는 가족을 잃고 나면 수많은 추억 때문에 하염없이 슬퍼하는 법이지요. 크리스티아나 역시 남편을 추억하며 눈물로 나날을 보냈답니다. 그게 다가 아닙니다. 크리스티아나는 자신이 쌀쌀맞게 군 탓에 남편이 자신을 떠나 다시 볼 수 없게 된 건 아닐까 생각했습니다. 그러자 남편에게 통명스럽고 매정하게 군 데다 신앙심이 없는 태도로 대했던 기억이 한꺼번에 떠올랐습니다. 크리스티아나는 양심의 가책을 받고 죄책감에 시달리게 됩니다. 더욱이 크리스티아나는 남편이 쓰디쓴 눈물을 흘리며 흐느끼던 모습, 남편이 자신과 아이들에게 함께 떠나자며 애원했던 일, 다정하게 설득하던 남편을 자신이 차갑게 무시해버린 일이 생각나 가슴이 아팠습니다.

그래요. 크리스천이 등에 무거운 짐을 지고 그녀 앞에서 했던 말과 행동이 번개처럼 뇌리를 스쳐 그녀의 가슴을 찢어놓았습니다. 특히 "내가 어떻게 해야 구원받을 수 있겠습니까?"라며 깊이 탄식하던 크리스천의 목소리가 그녀의 귓가를 구슬프게 맴돌았습니다.

마침내 크리스티아나가 아이들에게 말했습니다.

"얘들아, 이제 어쩔 수가 없구나. 내가 너희 아버지에게 죄를 지어서 아버지가 떠나신 거란다. 모두 함께 떠나자고 하셨는데 내가 가지 않겠다고 했으니. 그 바람에 너희들 앞길마저 막은 셈이 되었구나."

이 말을 듣자 아이들이 울음을 터뜨리면서 지금이라도 아버지를 따라가자고 외쳤습니다. 크리스티아나가 다시 말했습니다.

"아! 그때 너희 아버지를 따라갔으면 좋으련만. 그랬으면 지금보다 더 행복했을 텐데 말이다. 너희 아버지가 걱정하던 게 터무니없는 공상이나 우울증 때문이라고 생각했으니 얼마나 어리석은 일이냐. 이제 와서 생각해보니 원인은 다른 데 있었구나.[8] 바로 빛을 보았기 때문이었어. 그 빛이 있었기에 너희 아버지는 죽음의 덫을 무사히 벗어난 거란다."

그러자 아이들이 다 같이 울부짖었습니다.

"아! 얼마나 불행한 날인가!"

이튿날 밤, 크리스티아나는 꿈을 꾸었습니다. 넓은 양피지 한 장이 그녀 앞에 펼쳐져 있는 것을 보았는데, 그 위에는 그녀가 했던 행동들이 고스란히 적혀 있었습니다. 자신이 보기에도 지은 죄가 무거워 보였나 봅니다. 그녀는 잠결에 소리를 질렀어요.

"아, 하느님! 이 죄인에게 자비를 베풀어 주십시오!"[9]

그녀의 어린 자식들도 그 소리를 들었습니다.

그로부터 며칠이 지나고, 크리스티아나는 험상궂게 생긴 두 사람이 자신이 잠든 침대 곁에 서서 말하는 소리를 들은 듯했습니다.

"이 여자를 어쩌지? 자나 깨나 자비를 베풀어 달라고 외쳐대고 있어. 그냥 이대로 내버려 뒀다간 이 여자 남편을 놓친 것처럼 이 여자도 잃고 말 거야. 이 여자가 앞으로 일어날 일에 대해서 생각하지 못하도록 무슨 수를 써야만 해. 안 그랬다간 누가 무슨 말을 해도 이 여자가 순례를 떠나는 걸 막지 못할 거야."

크리스티아나는 땀에 푹 젖은 채 잠에서 깨어났습니다. 몸까지 부들부들 떨었지만 이내 다시 잠에 빠져들었습니다. 그녀는 꿈에서 남편 크리스천을 본 듯했습니다. 크리스천은 축복이 가득한 곳에서 수많은 천사들에게 둘러싸여 있었는데, 머리에 무지개를 두르신 분의 보좌 앞에 서서 하프를 연주하고 있는 것 같았답니다. 크리스티아나는 남편이 왕자님의 발치에 엎드려 절하면서 말하는 소리도 들었습니다.

"저를 이곳으로 이끌어 주신 우리 주님께 진심으로 감사드립니다."

그러자 주위에 둘러서 있던 사람들이 하프를 켜면서 노래를 불렀습니다. 하

---

8) 야고보서 1 : 23~25.
9) 누가복음 18 : 13.

지만 크리스천과 그의 친구들 말고는 아무도 알아듣지 못했지요.[10]

이튿날 아침, 크리스티아나가 일어나자마자 하느님께 기도를 드리고 아이들과 한참 이야기를 나누고 있는데 누군가 대문을 쾅쾅 두드렸습니다.

"하느님의 이름으로 오신 분이라면 들어오세요."

크리스티아나가 이렇게 말하자 방문객이 "아멘" 하고 대답하더니 문을 열고 들어왔습니다.

"이 가정에 평화가 있기를!"

방문객이 크리스티아나에게 이렇게 인사를 하고는 물었습니다.

"크리스티아나, 제가 무엇 때문에 찾아왔는지 아십니까?"

그녀는 얼굴을 붉히며 부들부들 떨었습니다. 그가 무엇 때문에 왔는지 궁금해 가슴이 뜨거워졌어요. 방문객이 다시 말했습니다.

"제 이름은 비밀(Secret)이라고 합니다. 높은 곳에 계신 분들과 살고 있지요. 당신도 제가 사는 곳에서 살고 싶어 한다는 말을 들었습니다. 당신이 남편을 모질게 대하고 자식들을 무지 속에 가두어 두었던 걸 후회하고 있다는 이야기도 들었습니다. 크리스티아나, 자비로우신 주님께서는 늘 용서할 준비가 되셨으며, 몇 번이든 기꺼이 죄를 사하실 것임을 당신에게 알리려고 저를 보내셨습니다. 또한 주님께서는 그분 앞에 가서 그분 식탁에 앉도록 당신을 초대하셨으며, 당신이 주님 집에 가기만 하면 기름진 음식을 먹여주고 당신의 조상인 야곱의 유산을 물려줄 것임을 알리도록 하셨습니다.

당신의 남편 크리스천은 그곳에서 수많은 친구들과 함께 주님의 얼굴을 바라보며 살고 있습니다. 주님은 자신의 얼굴을 보는 사람들에게 생명을 주시지요. 당신의 다리가 하느님 아버지의 문지방을 넘는 소리가 들린다면 모두들 몹시 기뻐할 겁니다."

이 말을 듣자 크리스티아나는 너무나 부끄러워 고개를 푹 숙였습니다. 방문객이 계속 말을 이어나갔습니다.

"크리스티아나, 여기 당신 남편의 왕께서 당신께 보내신 편지를 가져왔습니다."

그녀가 편지를 받아 봉투를 열자 향긋한 향유냄새가 풍겨 나왔고[11] 글자는

---

10) 요한계시록 14 : 2~3.
11) 아가 1 : 3.

금으로 적혀 있었어요. 편지 내용은, 왕께서 그녀도 남편이 한 것처럼 행하기를 바라시는데, 그렇게 해야 그분의 왕국으로 들어가 그분 곁에 머물며 영원히 행복하게 살 수 있다는 것이었습니다. 편지를 읽고 나자 그 착한 여인은 편지에 감격한 나머지 방문객에게 이렇게 외쳤습니다.

"저희도 왕께 경배드릴 수 있도록 저와 제 자식들을 함께 데려가주시지 않겠습니까?"

그러자 방문객이 말했습니다.

"크리스티아나! 고생 끝에 낙이 온다는 말도 있지 않습니까? 당신도 남편이 겪은 어려움을 헤치고 나가야 천국으로 들어갈 수 있습니다. 그러니 남편 크리스천이 한 대로 행하십시오. 들판 너머에 있는 좁은 문으로 가세요. 당신이 가야 할 길의 시작점에 서 있답니다. 부디 서두르시기 바랍니다. 그리고 이 편지를 품속에 간직하면서 다 외울 때까지 읽고 아이들에게도 들려주면 좋을 겁니다. 순례를 가는 동안 당신이 불러야 할 노래 가운데 하나거든요.[12] 그리고 여행이 끝나 문에 다다르면 반드시 편지를 보여줘야 합니다."

꿈에서 현명은 나에게 이야기를 해주다가 스스로 자기 이야기에 큰 감동을 받은 듯이 보였다. 그가 이야기를 계속했다.

크리스티아나는 아이들을 불러 모아 이렇게 당부했습니다.

"얘들아, 너희들도 알다시피 엄마는 최근에 너희 아버지가 돌아가시고 나서 뼈저리게 고민했다. 너희 아버지의 행복을 의심해서가 아니라 아버지가 잘 살고 계시다는 사실이 만족스러워서 그런 거란다. 나와 너희들의 처지를 곰곰이 생각해보니 형편없기 짝이 없더구나. 너희 아버지가 고통당할 때 내가 한 짓이 자꾸만 내 양심을 괴롭히는구나. 나뿐만 아니라 너희 마음의 문까지 꼭 걸어 잠그게 하고 같이 순례를 떠나지 않았으니 말이다.

어젯밤에 꾸었던 꿈과 오늘 아침에 이 낯선 방문객이 해준 격려가 없었다면 이런 생각으로 나는 죽고 말았을 거다. 자, 얘들아! 어서 짐을 꾸려서 천국으로 통하는 문으로 가자. 그곳에 가면 아버지도 만나고, 아버지와 그의 동료들과 더불어 그 나라의 율법에 따라 평화롭게 살 수 있을 거야."

---

12) 시편 119 : 54.

아이들은 엄마가 그렇게 결심한 것이 기뻐서 눈물을 흘렸습니다. 방문객과 작별 인사를 나눈 그들은 여행 떠날 채비를 했습니다. 그런데 그들이 막 떠나려던 참에 크리스티아나의 이웃에 사는 두 여인이 그녀의 집을 찾아와서 문을 두드렸습니다. 크리스티아나는 전처럼 말했습니다.

"하느님의 이름으로 오신 분이라면 들어오세요."

이 말을 들은 두 여인은 어리둥절했습니다. 크리스티아나의 입에서 이런 말이 나오리라고는 상상도 못했을 뿐더러 너무 생소한 말이었기 때문입니다. 어쨌든 여인들이 집에 들어왔습니다. 그런데 착한 크리스티아나가 떠날 준비를 하는 모습을 보고 다시 깜짝 놀랐습니다. 두 여인이 물었습니다.

"크리스티아나, 지금 대체 뭐하고 있는 거예요?"

크리스티아나가 두 여인 가운데 나이가 더 많은 겁쟁이 부인(Mrs. Timorous)에게 대답했습니다.

**크리스티아나** : "여행 갈 준비를 하고 있어요."

겁쟁이 부인은 고난의 산에서 크리스천더러 무서운 사자가 있으니 돌아가라고 했던 사람의 딸이었습니다.

**겁쟁이 부인** : "아니, 무슨 여행을 간다는 거예요?"

**크리스티아나** : "남편 뒤를 따라가려고요."

그러고는 그녀는 흐느꼈습니다.

**겁쟁이 부인** : "안 될 일이에요. 제발 불쌍한 애들을 봐서라도 자신을 망가뜨리지 말아요. 그건 숙녀답지 못한 짓이에요."

**크리스티아나** : "아니요, 아이들도 데리고 갈 거예요. 여기에 남고 싶어 하는 아이는 없어요."

**겁쟁이 부인** : "대체 무엇 때문이지요? 누가 당신을 부추긴 건지 무척 궁금하네요."

**크리스티아나** : "당신도 나만큼 깨닫는다면 틀림없이 따라나설 거예요."

**겁쟁이 부인** : "어떤 새로운 지식을 얻었기에 친구들도 외면하고 생판 모르는 곳으로 떠난다는 거죠?"

**크리스티아나** : "나는 남편이 떠난 뒤, 특히 남편이 강을 건넌 뒤로 몹시 괴로워했어요. 그이가 고민하고 있을 때 내가 매몰차게 굴었던 일이 가장 마음에

크리스티아나 비밀의 지시를 받다

걸렸지요. 게다가 지금은 나도 그이와 같은 처지가 되었습니다. 순례를 떠나는 것 말고는 마음을 달랠 길이 없어요. 어젯밤 꿈에서 남편을 보았어요. 아, 내 영혼도 지금 그이와 함께 있다면 얼마나 좋을까! 그이는 그 나라의 왕 곁에서 살고 있답니다. 왕의 식탁에 앉아서 음식을 들어요. 그이는 영원히 죽지 않는 이들과 친구가 되어 왕께서 마련해주신 집에 살고 있어요. 그 집과 비교하면 지상에서 가장 훌륭한 궁궐도 그저 거름 더미에 지나지 않아요.[13] 그 나라의 왕자님께서도 내가 그분께 가기만 하면 기꺼이 맞아주시겠다고 약속하셨어요. 그분의 심부름꾼이 방금 전까지도 여기 있었는데, 내게 초대장을 전해주었답니다."

크리스티아나는 편지를 꺼내 읽어주고는 두 여인에게 말했습니다.

**크리스티아나** : "두 분은 어떻게 생각하세요?"

**겁쟁이 부인** : "세상에 그런 어려운 길을 자초하다니 당신 부부는 둘 다 단단히 미쳤군요! 당신 남편이 길을 떠났을 때 처음부터 얼마나 어려운 일을 겪었는지 들어봤지요? 함께 떠났던 고집이 아직도 그때 이야기를 하고 있으니 말이에요. 우유부단도 마찬가지지요. 둘 다 분별 있는 사람들답게 앞으로 더 나아가는 것을 무서워했습니다. 우리는 크리스천이 사자, 아바돈, 죽음의 골짜기, 그 밖의 많은 위험을 만났다는 소식도 귀가 따갑도록 들었어요. 그가 허무의 시장에서 당한 위험을 당신도 잊지 않았겠죠? 남자인 그에게도 그토록 힘겨웠는데 하물며 나약한 여인의 몸으로 어떻게 견디려는 거예요? 당신의 살과 뼈나 다름없는 사랑스러운 네 아이 생각도 좀 하세요. 당신이 몸을 함부로 내버릴 만큼 무모할지라도 당신의 피를 받은 아이들을 생각한다면 집에 남는 게 나을 거예요."

**크리스티아나** : "부인, 날 시험에 들게 하지 마세요. 지금 내 손안에 축복을 얻을 방법이 굴러들어 왔어요. 이 기회를 놓친다면 엄청난 실수를 저지르는 격이에요. 길에서 만나게 될 어려움을 아무리 이야기한들 내 의지를 꺾을 수 없어요. 오히려 내가 정의의 편에 서 있다는 걸 보여줄 뿐입니다. 고생 끝에 낙이 온다는 속담이 있듯이 고통은 기쁨을 더욱 크게 해준답니다. 좀 전에 말한 것

---

13) 고린도후서 5 : 1~4.

처럼 당신은 하느님의 이름으로 우리 집에 온 것이 아니니 제발 그만 방해하고 나가주시면 고맙겠네요."

그러자 겁쟁이 부인이 크리스티아나에게 욕을 퍼붓고는 함께 왔던 여인에게 말했습니다.

**겁쟁이 부인** : "이봐요, 자비(Mercy) 양! 이 여인이 우리의 조언과 우정을 무시하니 멋대로 하게 내버려둡시다."

하지만 이 말을 들은 자비는 머뭇거리며 겁쟁이 부인의 말을 쉽사리 따르지 않았습니다. 여기에는 두 가지 까닭이 있었지요. 첫째, 그녀는 크리스티아나를 딱하게 여겼습니다. 그래서 크리스티아나가 기어이 떠나겠다고 하면 잠시만이라도 함께 가면서 도와줘야겠다고 생각했습니다. 둘째, 그녀는 자신의 영혼을 걱정하고 있었습니다. 크리스티아나의 말이 그녀의 마음을 끌었거든요. 그래서 자비는 속으로 이렇게 생각했습니다.

'크리스티아나와 좀 더 이야기해보고 그녀 말에서 진리와 생명을 발견하면 나도 따라나서야지.'

그리하여 자비가 겁쟁이 부인에게 말했습니다.

**자비** : "부인, 오늘 아침은 크리스티아나를 만나 보려고 이렇게 당신과 함께 왔습니다. 그런데 보다시피 크리스티아나가 이 도시와 이별하려고 하니 오늘처럼 햇살이 눈부신 아침에 얼마 동안만이라도 크리스티아나와 함께 가면서 도와주고 싶어요."

하지만 자비는 두 번째 까닭은 말하지 않고 가슴에 묻어두었습니다.

**겁쟁이 부인** : "아니! 당신도 바보 같은 여행에 동참하려나보군요! 늦기 전에 정신 차리고 현명하게 처신하세요. 위험 바깥에 있으면 안전하지만 한번 위험에 빠지면 헤어 나오기 힘든 법이니까요."

겁쟁이 부인은 이 말을 남기고 돌아갔고, 크리스티아나는 여행을 떠났습니다. 집으로 돌아온 겁쟁이 부인은 이웃인 박쥐 눈 부인(Mrs. Bat's eyes), 무분별 부인(Mrs. Inconsiderate), 경솔 부인(Mrs. Light mind), 무지 부인(Mrs. Know nothing)을 불러들였습니다. 그들은 겁쟁이 부인의 집에 모여서 크리스티아나의 여행에 대해 떠들어댔습니다.

**겁쟁이 부인** : "이웃 여러분, 오늘 아침 나는 할 일도 별로 없고 해서 크리스

티아나 집에 놀러 갔어요. 집 앞에 이르러서 평소처럼 문을 두드렸지요. 그랬더니 크리스티아나가 하느님의 이름으로 오신 분이면 들어오라고 말하지 않겠어요? 그래도 나는 별 일 아니겠거니 하고 집에 들어갔어요. 그런데 들어가 보니 그녀와 아이들까지 떠날 채비를 하고 있지 뭐예요. 내가 놀라서 대체 뭐하는 거냐고 묻자 자기 남편처럼 지금부터 순례를 떠날 작정이라고 짤막히 말하더군요. 크리스티아나는 자기가 꾼 꿈 얘기며 남편이 사는 나라의 왕이 그곳으로 오라고 초대장을 보냈다는 얘기도 했어요."

**무지 부인** : "저런! 크리스티아나가 정말 떠날 거라고 보세요?"

**겁쟁이 부인** : "네, 무슨 일이 있어도 떠날 거예요. 왜 그렇게 생각하는가 하면, 내가 여행에서 어려움을 많이 겪을 테니 그냥 집에 있으라고 일렀는데 그게 오히려 그녀가 여행을 떠나도록 부채질한 꼴이 되었거든요. 고생 끝에 낙이 온다는 둥 고통을 겪으면 기쁨이 두 배가 된다는 둥 하는 말을 늘어놓지 뭐예요."

**박쥐 눈 부인** : "앞도 볼 줄 모르는 어리석은 사람 같으니! 자기 남편이 고생한 걸 알고도 어쩜 정신을 못 차린답니까? 내 생각에 만약 그 여자 남편이 다시 돌아온다면 편안히 쉬거나 하지, 절대로 그 많은 위험을 무릅쓰려 하지 않을 것 같네요."

**무분별 부인** : "엉뚱한 꿈이나 꾸는 그런 멍청이들은 이 도시에서 몰아내야 마땅해요! 그들이 떠난다니 속이 다 시원하네요. 크리스티아나가 계속 그런 마음으로 여기에 머무르면 이웃들이 어떻게 마음 놓고 살겠어요? 혼자 울적해 하면서 사람들과 어울리지 않고, 분별 있는 사람들이 도저히 참고 듣기 힘든 소리만 늘어놓을 게 뻔해요. 그 여자가 떠난다고 해 봤자 하나도 안 섭섭해요. 갈 테면 가라지요. 대신 그 자리에 더 좋은 사람이 오면 잘된 일이죠. 그런 제멋대로인 바보들 때문에 세상이 요 모양 요 꼴인 거예요."

**경솔 부인** : "자, 이런 이야기는 이제 그만둡시다. 나는 어제 음탕 마님(Madame Wanton)의 집에서 처녀시절로 돌아간 것처럼 재미있게 놀았어요. 누구누구 왔는지 알아요? 나와 육욕 부인(Mrs. Love the flesh), 호색 씨(Mr. Lechery), 외설 부인(Mrs. Filth)하고도 서너 명이 더 있었어요. 노래하고 춤추며 갖가지 즐거운 놀이를 했답니다. 바람둥이 마님은 정말 놀라울 만큼 기품이 넘치시고, 호

색 씨도 그에 뒤지지 않을 만큼 멋진 분이더군요."

이 무렵 크리스티아나는 이미 길을 떠났고, 자비도 그녀와 동행했습니다. 물론 크리스티아나의 자식들도 함께 갔지요. 크리스티아나가 먼저 말을 꺼냈습니다.

**크리스티아나 :** "자비 양, 잠시 동안이나마 이렇게 몸소 친절하게 동행해 준다니 정말 생각지도 못한 일이에요."

그러자 젊은 자비가 말했습니다.

**자비 :** "만약 함께 가는 게 이롭다는 생각이 들면 저도 마을에 돌아가지 않을 작정이에요."

**크리스티아나 :** "그렇군요. 그럼 나랑 같이 가요. 난 우리 순례가 끝나는 곳에 무엇이 기다리고 있는지 잘 알고 있어요. 내 남편은 지금 에스파냐 광산에 있는 금을 다 준대도 갈 수 없는 곳에서 살고 있답니다. 내 초대로 간다고 해서 결코 쫓겨나지는 않을 거예요. 나와 우리 아이들을 부르신 왕께서는 기꺼이 자비를 베푸시는 분이랍니다. 당신만 괜찮다면 당신을 몸종으로 삼아 데리고 갈게요. 끝까지 나와 함께 가는 대신 물건도 전부 같이 쓰도록 해요."

**자비 :** "하지만 그곳에서 나를 받아들일 거라고 어떻게 확신할 수 있죠? 누가 내 소망이 이루어질 거라고 보장만 해준다면 나는 조금도 망설이지 않고 가겠어요. 어떤 어려움이 닥치더라도 우리를 도와주시는 주님을 의지하면서 말이에요."

**크리스티아나 :** "사랑스러운 자비 양! 이렇게 하면 어때요? 우선 함께 좁은 문까지 가면 내가 당신에 대해 물어볼게요. 거기서도 당신이 용기를 얻을 만한 말을 듣지 못한다면 당신이 돌아간다 해도 말리지 않겠어요. 그곳에 갈 때까지 나와 우리 아이들에게 베풀어준 친절에 대해서도 보상해드릴게요."

**자비 :** "그럼 저도 함께 갈게요. 다음 일은 그때 가서 결정하도록 해요. 천국에 계신 왕께서 저를 불쌍히 여기셔서 행운을 가져다주실지도 모르는 일이니까요."

이 말을 듣고 크리스티아나는 뛸 듯이 기뻐했습니다. 길동무가 생겼을 뿐만 아니라, 이 가엾은 처녀를 설득해서 스스로 구원을 바라게끔 만들었기 때문이지요. 그리하여 그들이 함께 길을 가는데 자비가 느닷없이 울음을 터뜨렸습니다.

**크리스티아나** : "자비 양, 왜 그리 울어요?"

**자비** : "아직도 죄악으로 가득한 도시에서 친척들이 살고 있는 걸 생각하니 그들의 처지가 딱해서 슬프기 그지없네요. 무엇보다 그들에게 앞으로 어떤 일이 닥칠지 알려줄 사람이 아무도 없다는 사실이 저를 슬프게 하는군요."

**크리스티아나** : "동정심을 느끼는 것이야말로 바람직한 순례자의 모습이지요. 착한 내 남편이 가족을 남겨두고 떠날 때와 마찬가지로군요. 크리스천도 내가 자신의 말을 귀담아듣지 않고 무시해 버려서 무척 슬퍼했거든요. 하지만 우리 모두의 주님께서 그이의 눈물을 모아 보관해 두셨어요. 그 덕분에 당신과 나, 그리고 사랑스러운 우리 아이들이 그이가 흘린 눈물의 결실을 거두고 있는 것이지요. 자비 양, 지금 당신이 흘리는 눈물이 헛되지 않을 거예요. 이런 진리의 말씀이 있답니다.

'눈물을 흘리며 씨를 뿌리는 사람은 기쁨으로 거두어들이리라. 울며 씨 뿌리러 나가는 사람은 정녕 기쁨으로 단을 가지고 돌아오리라.'[14]

그러자 자비가 노래했습니다.

> 가장 복되신 주님의 거룩한 뜻이라면
> 나의 안내자가 되어 주소서
> 그의 문으로 그의 품으로
> 그의 거룩한 언덕으로 이끌어 주소서
> 어떤 일이 닥치더라도
> 주님의 크신 은혜와 거룩한 길에서 벗어나거나
> 잘못된 길로 빗나가지 않게 하소서
>
> 내가 두고 온 사람들을 모아
> 그분을 따르도록
> 주님, 온 마음을 다해
> 기도하게 하소서

---

14) 시편 126 : 5~6.

내 친구 현명이 이야기를 이어갔다.

크리스티아나는 절망의 늪에 다다르자 걸음을 멈추고 이렇게 말했습니다.

"여기가 바로 사랑하는 그이가 빠져 목숨을 잃을 뻔했던 곳이구나!"

그녀는 왕께서 순례자들을 위해 이곳을 제대로 고치라고 명하셨는데도 오히려 전보다 더 나빠졌다는 사실을 눈치챘습니다.

내가 그게 사실이냐고 물었더니 현명이 대답했습니다.

물론 사실이지요. 너무나 많은 사람이 스스로 왕의 일꾼인 척 행세합니다. 왕의 대로를 고친다고 떠벌리지만, 돌 대신 먼지와 비료를 가져다 써서 고치기는커녕 오히려 망치고 있어요. 크리스티아나 일행은 거기서 멈춰 섰습니다. 자비가 이렇게 말했어요.

"자, 한번 부딪쳐 봐요. 조심하면 될 거예요."

그들은 한 발짝씩 조심스럽게 걸음을 떼면서 늪을 빠져나가려고 애썼습니다. 그런데도 크리스티아나는 여러 번이나 늪에 빠질 뻔했지요. 가까스로 늪을 거의 다 건너갔을 즈음에 어디선가 이런 목소리가 들려왔습니다.

"주께서 하신 말씀이 이루어질 줄 믿은 여자는 정녕 행복합니다."[15]

그들은 계속해서 길을 걸었습니다. 얼마 뒤 자비가 크리스티아나에게 말을 건넸습니다.

자비 : "저도 부인처럼 좁은 문에서 애정 어린 환대를 받을 수 있다는 확실한 소망만 있다면 이까짓 절망의 늪 따위로 실망하지 않을 거예요."

크리스티아나 : "그래요. 당신에게는 당신 나름대로 슬픔이 있고, 나는 나대로 슬픔이 있지요. 착한 자매님, 우리는 여행이 끝날 때까지 숱한 어려움을 겪을 거예요. 우리처럼 드높은 영광을 얻으려 하고 행복을 누리려는 사람이 두려움과 위협과 괴로움을 겪지 않고 그 모든 것을 얻을 수 있겠어요? 우리를 시기하고 미워하는 자들이 우리를 못살게 굴 테지요."

이때 현명이 나 혼자 꿈꾸도록 내버려두고 떠났다. 나는 크리스티아나, 자비, 아이들이 모두 문까지 올라가는 걸 본 것 같았다. 그들은 좁은 문 앞에 도착한 뒤 어떻게 열어달라고 할지, 문지기에게 뭐라고 말할지 잠시 이야기를 나눴다.

---

15) 누가복음 1 : 45.

상의 끝에 가장 나이가 많은 크리스티아나가 문을 두드려서 문지기에게 문을 열어달라고 부탁하기로 결정했다. 크리스티아나가 문을 두드렸다. 가엾은 남편이 그랬던 것처럼 문을 두드리고 또 두드렸다. 그러나 대답 대신 커다란 개 한 마리가 짖어대는 소리만 들려왔다. 여인들과 아이들 모두 깜짝 놀라 두려움에 떨었다. 개가 혹시나 뛰쳐나와 달려들지는 않을까 싶어 잠시 동안 문을 두드릴 엄두도 못 냈다. 그들은 발을 동동 구르며 쩔쩔맸다. 개가 무서워 문은 못 두드리겠고 그렇다고 그냥 다시 돌아가자니 문지기가 나중에 화낼 것 같아 이러지도 저러지도 못했다. 결국 그들은 문을 다시 두드려보기로 마음먹고 처음보다 힘주어 문을 두드렸다. 그때서야 문지기가 누구냐고 물었다. 개 짖는 소리가 그치고 문지기가 문을 열었다. 크리스티아나는 깊이 고개 숙여 인사한 뒤 말했다.

**크리스티아나** : "주님의 하인인 우리가 고귀한 문을 마구 두드린 점 때문에 주님께서 기분이 상하지 않으셨기를 바랍니다."

**문지기** : "당신들은 대체 어디서 왔습니까? 무슨 일이지요?"

**크리스티아나** : "저희는 크리스천이 살던 곳에서 그와 같은 목적으로 이곳에 왔습니다. 천국으로 인도하는 이 문으로 들어갈 수 있도록 부디 너그러운 마음으로 저희를 받아주세요. 저는 크리스티아나라고 합니다. 지금은 저 하늘 위에 있는 크리스천의 아내지요."

문지기가 몹시 놀라 소리쳤다.

**문지기** : "뭐라고요? 얼마 전까지만 해도 순례자가 되기를 그토록 싫어하던 사람이 지금은 순례자가 되겠단 말입니까?"

크리스티아나가 고개를 푹 숙이며 말했다.

**크리스티아나** : "그렇습니다. 여기 제 사랑스러운 아이들도 함께 왔답니다."

그러자 문지기가 그녀의 손을 잡고 문 안으로 이끌며 말했다.

**문지기** : "어린아이들이 내게 오는 것을 허락합니다."[16]

그리고는 문지기가 문을 닫았다. 그는 문 위쪽에 있는 나팔수를 불러 기쁨을 알리는 나팔소리와 함성으로 크리스티아나를 맞아주라고 했다. 나팔수가 지시대로 나팔을 부니 아름다운 음악소리가 하늘 높이 퍼져나갔다.[17]

---

16) 마태복음 19 : 14.
17) 누가복음 15 : 7.

그러는 동안 가엾은 자비는 문 밖에 선 채 울고 있었다. 문에서 내쳐진 일로 두려움에 떨고 있었다. 크리스티아나는 아이들과 함께 문으로 들어가자마자 자비를 위해 간청했다.

**크리스티아나** : "주님, 제 길동무가 아직 바깥에 남아 있습니다. 저와 같은 뜻을 품고 온 사람입니다. 저는 남편이 섬기는 왕의 부르심을 받았지만 그녀는 초대를 받지 못해 무척 풀이 죽어 있습니다."

자비는 초조해서 견딜 수가 없었다. 1분이 한 시간처럼 느껴졌다. 그래서 문을 쾅쾅 두드려댔는데 그 바람에 크리스티아나는 중보 기도를 제대로 드릴 수 없었다. 게다가 문 두드리는 소리가 어찌나 큰지 크리스티아나가 기도를 하다가 화들짝 놀랄 정도였다.

**문지기** : "누굽니까?"

**크리스티아나** : "제 친구입니다."

문지기가 문을 열고 밖을 내다보니 자비가 문 밖에서 정신을 잃고 쓰러져 있었다. 문을 열어주지 않을까봐 마음을 졸이다 기절한 것이다.

문지기가 다가가 자비의 손을 잡고 말했다.

**문지기** : "아가씨, 일어나세요."

**자비** : "아, 기운이 하나도 없어요. 곧 죽을 것만 같아요."

**문지기** : "옛날 사람이 이렇게 말했습니다. 내 목숨이 힘없이 꺼져 갈 때에, 내가 주님을 기억하였더니 나의 기도가 주께 이르렀으며, 주님 계신 성전까지 이르렀습니다.[18] 그러니 두려워 말고 어서 일어나 당신이 무엇 때문에 왔는지 말해보십시오."

**자비** : "저는 친구인 크리스티아나처럼 초대를 받고 온 게 아닙니다. 그녀는 왕의 부르심을 받았지만, 저는 그녀에게 초대받았지요. 그래서 건방지다는 말씀을 들을까 두려웠습니다."

**문지기** : "크리스티아나가 이곳에 함께 오자고 했단 말이지요?"

**자비** : "네, 그래서 주님께서도 보고 계시는 바와 같이 이곳에 왔습니다. 죄를 사하는 은혜를 제게도 베풀어 주실 수 있다면 부디 저처럼 가엾은 주님의

---

18) 요나 2 : 7.

하인도 누릴 수 있게 해주세요."

그러자 문지기가 다시 자비의 손을 잡더니 다정하게 안으로 들이며 말했다.

**문지기** : "누가 어떻게 이곳에 오든지 나를 믿는 사람이면 누구를 위해서나 기도드립니다."

그리고 한쪽에 서 있던 사람들에게 말했다.

**문지기** : "이 아가씨가 정신을 차릴 수 있게 뭔가 냄새 맡을 것을 가져오시오."

그러자 그들이 몰약을 한 줌 가져와 냄새를 맡게 했다. 자비는 금세 기운을 되찾았다.

그리하여 크리스티아나와 아이들, 자비는 천국으로 가는 길이 시작되는 곳에서 주님의 환대를 받고 다정한 말씀도 들었다. 그들이 말했다.

"저희가 저지른 죄를 뉘우치고 있으니 부디 저희 죄를 용서하여 주시고, 앞으로 어떻게 하면 좋을지 일러주십시오."

그가 대답했다.

"나는 말과 행동으로 죄를 용서합니다. 말로써 용서를 약속하고, 행동으로써 내가 용서를 얻은 방법을 베풀지요. 첫 번째 용서는 내게 입맞춤을 하여 받고, 두 번째 용서는 앞으로 보여주는 대로 하여 받아 가십시오."[19]

나는 꿈에서 그가 전해주는 말을 듣고 모두 기뻐하는 모습을 보았다. 문지기는 그들을 문 꼭대기로 데려가서 그들이 어떤 행동으로 구원받게 되었는지 말해 주었다. 그리고 앞으로 순례를 하는 동안 어떤 광경을 보고 위안을 받게 될지도 이야기해 주었다.

문지기는 그들을 문 아래쪽에 있는 여름 정자에 머물도록 하였다. 그들은 자기들끼리 이야기를 나누었다.

**크리스티아나** : "오! 주님, 이곳에 들어오게 되다니 얼마나 기쁜지 몰라요!"

**자비** : "물론 그렇겠지만 저야말로 기뻐서 하늘로 날아오를 것 같아요."

**크리스티아나** : "처음에 문 앞에서 아무리 문을 두드려도 대답이 없을 때는 지금껏 헛수고를 한 게 아닌가 생각했어요. 특히 고약한 개가 사납게 짖어댈

---

19) 아가 1 : 2, 요한복음 20 : 20.

문앞의 자비

때 말이에요."

**자비** : "저는 부인이 주님께 환영을 받으며 문 안으로 들어가고 혼자 남겨졌을 때 얼마나 무서웠는지 몰라요. 두 여자가 맷돌을 갈고 있다면 하나는 데려가고 하나는 버려둘 것이라는 말씀이 정말로 이루어지는 줄 알았거든요.[20] '이제 죽었구나! 죽었어!' 하고 울부짖고 싶은 걸 겨우 참았답니다. 다시 문을 두드리기가 겁났지만, 문 위에 써 있는 글귀를 보고 용기를 냈어요. 문을 다시 두드리지 않으면 죽을 거라 생각했지요. 그래서 문을 힘껏 두드렸는데 제 영혼이 생사를 오락가락 했던 터라 뭐가 어떻게 된 건지 잘 모르겠어요."

**크리스티아나** : "문을 어떻게 두드렸는지 모르세요? 문을 어찌나 다급하게 두드려대던지 소스라치게 놀랐어요. 그런 노크 소리는 태어나서 처음 들어봤어요. 난 당신이 폭력을 써서라도 들어오려는 게 아닐까 생각했답니다. 폭력으로 천국을 빼앗듯이 말이에요."[21]

---

20) 마태복음 24 : 41.
21) 마태복음 11 : 12.

**자비** : "아, 저와 같은 처지에 있으면 누구든 그렇게 했을 거예요. 부인도 보셨듯이 문은 꼭꼭 잠겨 있고, 근처에는 무시무시한 개가 어슬렁거리고 있었잖아요. 그러니 저처럼 마음이 여린 사람은 문이라도 있는 힘껏 두드려볼 수밖에요. 그런데 혹시 주님께서 제 무례한 행동에 대해 뭐라고 하시던가요? 혹시 제게 화라도 내셨나요?"

**크리스티아나** : "주님은 당신이 요란스럽게 문을 두드리는 소리를 들으시고 참으로 너그럽게 웃기만 하셨어요. 나는 당신의 행동이 주님을 매우 기쁘게 했다고 생각해요. 주님께서 싫은 내색을 전혀 하지 않으셨거든요. 그런데 그분이 왜 그렇게 사나운 개를 기르시는지 의문이에요. 만약 여기에 개가 있는 줄 알았다면 난 무서워서 위험을 무릅쓰고 들어오려 하지 않았을 거예요. 하지만 이젠 안으로 들어왔으니 정말로 기뻐요."

**자비** : "다음에 그분이 내려오시거든 어째서 그런 고약한 개를 마당에다 기르시는지 여쭤보도록 해요. 그분이 오해하시지 않았으면 좋겠네요."

그때 아이들도 입을 모아 말했다.

"그래요, 한번 여쭤보세요. 그리고 개를 좀 묶어 달라고 부탁해주세요. 밖에 나가면 물릴까 겁나거든요."

마침내 그가 다시 돌아오자 자비는 머리를 조아리고 찬미하며 말했다.

"주님, 제 입술로 드리는 찬미의 제물을 받아주세요."

그러자 그가 대답했다.

"그대에게 평화가 깃들기를! 자, 일어나세요."

하지만 그녀는 여전히 땅에 엎드린 채 말했다.

"주님! 제가 주님과 변론할 때마다 언제나 주님이 옳으셨습니다.[22] 그런데 한 가지 여쭙겠습니다. 어째서 그렇게 사나운 개를 마당에 풀어두시는지요? 저희 같은 여자나 아이들은 개 때문에 겁을 집어먹고 문에서 도망칠지도 모릅니다."

그러자 그가 대답했다.

"개의 주인은 따로 있습니다. 개는 나의 뜰과 인접한 땅에 살고 있어요. 순례자들은 그저 개가 짖어대는 소리만 듣는 것이지요. 그 개는 저기 보이는 성의

---

22) 예레미야 12 : 1.

주인을 따르는데 가끔 이곳 담벼락 근처로 오기도 합니다. 개는 큰 소리로 으르렁대며 사람들을 겁주지만 그 때문에 순박한 순례자들이 악에서 선을 향하게 되지요. 물론 개 주인은 좋은 의도로 개를 키우는 게 아닙니다. 순례자들이 문을 두드리는 걸 두려워하게 만들어 내게 오지 못하게끔 방해하는 것이지요. 종종 그 개가 느닷없이 쳐들어와 내가 사랑하는 사람들을 못살게 굴지만 나는 여태껏 잘 참아왔어요. 때를 놓치지 않고 순례자들에게 도움을 주고 있으니 개가 제 본성대로 해를 끼치지 못할 것입니다. 그렇지만 무슨 상관입니까? 내게 속한 이들이여, 이 사실을 미리 알지 못했더라도 개를 무서워할 필요가 없습니다.

집집마다 돌아다니며 구걸하는 거지들조차 개가 으르렁대며 짖거나 물어뜯어도 동냥을 받기 위해 위험을 무릅씁니다. 하물며 다른 집 마당에 살고 있는 개 한 마리가 순례자들이 내게 오지 못하게 막을 수 있겠습니까? 개 짖는 소리는 오히려 순례자들에게 이로움을 주는데요? 나는 사자의 입에서 사람을 구하고, 개의 세력에서 내가 사랑하는 자들을 지켜냅니다."

그러자 자비가 말했다.

"제가 무지했음을 고백합니다. 알지도 못하면서 함부로 말을 꺼냈군요. 당신이 하시는 일은 모두 옳다는 사실을 한 번 더 깨달았습니다."

그때 크리스티아나가 여행에 관한 이야기를 하면서 앞으로 가야 할 길이 어떤지 물었다. 그러자 그는 크리스천에게 해주었던 것처럼 그들에게 먹을 것을 주고 정성껏 발을 씻어준 다음 자신의 뒤를 따르게 했다.

나는 꿈에서 그들이 계속 길을 걸어가는 모습을 보았다. 날씨는 더없이 포근했다. 크리스티아나는 노래를 불렀다.

복되도다
내가 순례를 떠난 그날
복되도다
나를 인도하신 분이여

영생을 구하는 일

시작은 늦었으나
지금 나는 힘껏 달려간다
아예 안 가는 것보다 늦게라도 가는 게 나으니[23]

눈물은 기쁨이 되고
두려움은 믿음이 되었다
누군가 말했듯 시작이 이러하니
우리의 마지막이 어떨지 보이는구나

크리스티아나 일행이 가는 길을 담이 에워싸고 있었는데 그 너머에 뜰이 있었다. 내가 앞서 말했듯 사납게 짖어대던 개 주인의 뜰이었다. 뜰에 자란 과일 나무 가운데 몇 그루는 가지가 담 너머 길 쪽으로 뻗어 있었다. 그것을 본 사람들은 탐스럽게 익은 과일을 따 먹다가 자주 탈이 나곤 했다. 크리스티아나의 자식들 역시 과일을 보고 아이답게 신이 나서는 나뭇가지에 매달려 과일을 따 먹었다. 크리스티아나가 야단을 쳐보았지만 아이들을 말리지 못했다.

"얘들아! 그 과일은 우리 것이 아니니 먹으면 안 된단다."

아이들을 나무라는 크리스티아나도 그게 원수의 나무인지는 몰랐다. 만약 알았다면 분명히 무서워서 어찌할 바를 몰랐을 것이다. 어쨌든 그들은 무사히 그곳을 지나 여행을 계속했다. 그들이 작은 문을 떠난 지 얼마 지나지 않았을 때 험상궂게 생긴 두 사내(Ill favored)가 그들 쪽으로 빠르게 다가오는 게 보였다. 이를 본 크리스티아나와 자비는 베일로 얼굴을 가렸다. 아이들을 앞세워 갔지만 결국 서로 마주치고 말았다. 그때 두 남자가 와락 끌어안으려는 듯이 여인들 곁으로 성큼성큼 다가왔다. 크리스티아나가 소리쳤다.

"뒤로 물러서서 가던 길이나 얌전히 가세요!"

그러나 두 사내는 귀머거리인 양 크리스티아나의 말을 들은 척도 않고 여인들에게 손을 뻗었다. 화가 머리끝까지 난 크리스티아나는 그들을 발로 세게 걷어찼다. 자비도 있는 힘껏 그들을 뿌리쳤다.

---

23) 마태복음 20 : 6.

**크리스티아나** : "썩 물러나세요. 저리 가란 말이에요. 보다시피 우리는 순례자예요. 친구들의 자선에 의지해서 겨우 살고 있기 때문에 돈이 한 푼도 없어요."

그러자 두 사내 가운데 한 명이 말했다.

**사내** : "우리는 돈을 노리는 게 아니야. 당신들이 작은 부탁 하나만 들어주면 당신들을 당당한 여성으로 만들어주겠다는 거지."

무슨 뜻인지 짐작한 크리스티아나가 다시 대답했다.

**크리스티아나** : "우리는 당신들의 요구를 듣지도 고려하지도 않을 것이며 결코 그에게 응하지 않을 것입니다. 길을 서둘러야 하기 때문에 꾸물거릴 시간이 없어요. 우리 일은 생사가 달린 문제예요."

크리스티아나 일행은 그들을 밀치고 지나가려 했지만 두 사내가 비켜주지 않았다.

**사내** : "당신네들을 해칠 생각은 전혀 없어. 우리가 원하는 건 따로 있지."

**크리스티아나** : "그렇겠죠. 우리의 육체와 영혼을 모조리 차지하려는 속셈을 누가 모를 줄 알아요? 앞날의 행복을 위협하는 함정에 순순히 걸려드느니 차라리 이 자리에서 죽음을 택하겠어요."

이렇게 대꾸한 다음 크리스티아나와 자비가 목청껏 소리쳤다.

"사람 살려요! 사람 살려!"

여자를 보호하기 위해 마련된 율법으로 도움을 받으려 한 것이다.[24] 그런데도 두 사내는 여전히 그들을 노리고 곁으로 다가왔다. 여인들은 더 큰 소리로 비명을 질렀다.

아까 말했듯이 그들은 아직 문에서 별로 멀리 가지 않았기 때문에 비명이 좁은 문까지 들렸다. 크리스티아나의 목소리를 알아들은 여러 사람이 그녀를 구하러 허겁지겁 달려왔다. 그들이 거의 도착할 때쯤 보니 여자들은 죽을힘을 다해 사내들과 싸우고 있었고, 아이들은 옆에서 엉엉 울어대고 있었다.

여인들을 구하러 온 사람들 가운데 한 명이 악당들에게 소리를 버럭 질렀다.

"이게 무슨 짓이냐? 주님의 백성을 범하려 하다니!"

그러고는 악당들을 붙잡으려 하자 악당들은 재빨리 담을 넘어 큰 개가 있는

---

24) 신명기 22 : 23~27.

집의 뜰로 달아나 버렸다. 개가 그들을 보호하게 된 셈이다. 구원자(Reliever)가 여인들에게 다가가 몸은 괜찮은지 물었다. 여인들이 대답했다.

"그저 조금 놀랐을 뿐입니다. 주님께 진심으로 감사드립니다. 저희를 도우러 이렇게 달려와 주신 당신께도 감사드립니다. 당신이 오지 않았다면 우린 꼼짝없이 당했을 거예요."

몇 마디 말을 주고받은 뒤 구원자가 말했다.

**구원자 :** "당신들이 좁은 문에서 환영을 받을 때, 연약한 몸이면서도 주님께 길잡이를 보내달라고 부탁하지 않은 걸 보고 놀랐습니다. 부탁만 했으면 주님께서 길잡이를 보내주셔서 이런 봉변을 피할 수 있었을 텐데요."

**크리스티아나 :** "맙소사! 저희는 눈앞에 보이는 축복에 정신이 팔려서 앞으로 닥칠 위험은 생각도 못했어요. 게다가 왕의 궁전과 이렇게 가까운 곳에 악당들이 숨어 있을 줄 누가 알았겠어요? 주님께 길잡이를 보내달라고 부탁할 걸 그랬어요. 그런데 주님께서는 우리에게 길잡이가 도움이 될 걸 아시면서도 어째서 먼저 길잡이를 붙여 주시지 않았을까요?"

**구원자 :** "구하지 않은 것을 줄 필요는 없지요. 구하지 않은 것을 주면 받은 것을 소중히 여기지 않거든요. 정말로 필요하다고 느낀 것을 얻었을 때 비로소 사람들은 얻은 것의 진정한 가치를 깨닫고, 그다음부터 그것을 유용하게 쓰게 됩니다. 주님께서 당신에게 그냥 길잡이를 딸려 보내셨다면, 길잡이를 부탁하지 않은 자신의 실수를 지금처럼 후회하지 않았을 테지요. 그러니 모든 일이 서로 협력해서 선을 이루고, 여러분이 신중해지게 되는 겁니다."[25]

**크리스티아나 :** "주님께 돌아가 저희의 어리석음을 고백하고 길잡이를 요청해도 될까요?"

**구원자 :** "여러분이 어리석었음을 고백했다고 제가 대신 주님께 전해드리겠습니다. 앞으로 가는 곳마다 전혀 부족함을 못 느낄 것이니 되돌아가지 않아도 됩니다. 주님께서 순례자들을 대접하려고 마련하신 집에는 온갖 위험을 물리칠 수 있게 만반의 준비가 갖추어져 있습니다. 하지만 미리 말씀드렸다시피 여러분이 주님께 도움을 간청해야 합니다.[26] 구할 가치가 없는 것은 대수롭지 않

---

25) 로마서 8 : 28.
26) 에스겔 36 : 37.

은 것입니다."

이야기를 마치고 그는 자신이 사는 곳으로 돌아갔다. 순례자들은 다시 가던 길을 갔다.

**자비** : "정말 뜻밖이에요. 더 이상 위험도 없고 슬픔도 겪지 않을 줄 알았거든요."

**크리스티아나** : "당신은 아무것도 몰랐으니 괜찮아요. 내 잘못이 커요. 이런 위험이 도사리고 있다는 걸 집을 떠나기 전부터 알고 있었는데도 아무런 대책을 마련하지 않았으니 말이에요. 내 책임이 커요."

**자비** : "집을 나서기도 전에 이런 일이 있을 줄 어떻게 알았어요? 무슨 말인지 이야기해 주세요."

**크리스티아나** : "말해 줄게요. 난 집을 나서기 전 어느 날 밤에 침대에 누워서 꿈을 꾸었어요. 방금 전에 만난 악당들과 똑같이 생긴 사내 두 명이 내 침대 머리맡에 서 있는 걸 본 것 같아요. 내가 구원받는 것을 어떻게 방해할지 궁리하고 있었지요. 그때는 내가 한참 고민에 빠져 있을 때였는데 둘이 이렇게 말하는 거였어요. '이 여자를 어쩌지? 자나 깨나 자비를 베풀어 달라고 외쳐대고 있어. 그냥 이대로 내버려 뒀다간 이 여자 남편을 놓친 것처럼 이 여자도 잃고 말 거야.' 이런 꿈까지 꿨으니 조심해서 미리 대책을 마련해야 했어요."

**자비** : "이제 알겠어요. 하지만 그 때문에 우리에게 얼마나 부족한 점이 많은지 알게 되었어요. 주님께서도 넉넉한 은혜를 보여주실 수 있었고요. 알다시피 그분은 우리가 요청하지 않아도 은혜를 베풀어 우리를 뒤따라오시고, 우리보다 힘센 자의 손아귀에서 기꺼이 우리를 구해주셨잖아요."

이렇게 한참 이야기를 나누면서 가다가 그들은 길가에 있는 어느 집에 이르렀다. 이 책의 1부에 자세히 썼던 것처럼 순례자들의 지친 몸을 달래주기 위해 지어진 집이었다. 그들이 해설자가 사는 그 집의 문 앞에 가까이 다가갔을 때 안에서 사람들이 떠들썩하게 이야기하는 소리가 들렸다. 귀를 기울여 보니 크리스티아나의 이름이 이야기에 오르내리는 것 같았다. 독자들도 짐작했겠지만 그들이 순례를 떠났다는 소문이 그들보다 한발 앞서 그곳까지 이른 것이다. 크리스천의 아내이자 얼마 전까지만 해도 순례를 못마땅하게 여겼던 크리스티아나가 소문의 주인공임을 알고 사람들은 몹시 기뻐했다. 바깥에 누가 서 있는지 미처 알지 못한 채 사람들은 크리스티아나를 칭찬하느라 여념이 없었다. 마침내 크리스티아나는 좁은 문에서 그랬던 것처럼 문을 두드렸다. 그녀가 문을 두드리자 한 소녀가 나와서 문을 열었다. 소녀가 앞에 서 있는 두 여인을 보고 누구를 찾아왔는지 물었다.

**크리스티아나** : "저희는 이곳이 순례를 하는 사람들을 쉬게 하려고 지어진 집이라고 듣고 찾아왔어요. 저희도 순례자들이니 여기서 머물다 갈 수 있게 해 주세요. 날이 저물어 오늘은 길을 더 가기가 힘들 것 같아요."

**소녀** : "주인님께 누구시라고 전해드릴까요?"

**크리스티아나** : "저는 크리스티아나입니다. 몇 년 전에 이 길을 따라 여행한 순례자의 아내랍니다. 여기 아이 넷은 제 아이들이지요. 이 처녀도 저와 함께 순례를 가는 중입니다."

그러자 이름이 순진(Innocent)인 이 소녀가 안으로 뛰어 들어가 사람들에게 소리쳤다.

"밖에 누가 왔는지 아세요? 크리스티아나가 아이들과 동반자를 데리고 왔어요! 여기서 쉬어가려고 문 밖에 서서 기다리고 있어요."

집 안에 있던 사람들은 기뻐서 껑충껑충 뛰며 주인에게 가서 알렸다. 그러자 집 주인인 해설자가 밖으로 나와 크리스티아나를 보며 말했다.

"착한 크리스천이 순례를 떠날 때 남겨두고 온 크리스티아나가 바로 당신입니까?"

**크리스티아나** : "제가 바로 마음의 문을 굳게 닫은 채 남편의 고통을 가벼이 보고 그이 혼자서 여행을 가게 내버려둔 여자입니다. 이 아이들은 그의 네 아들들입니다. 지금은 저도 이 길만이 옳다고 믿고 여기까지 왔습니다."

**해설자** : "그렇다면 어떤 사람이 아들에게 '오늘은 포도원에 가서 일하라'고 했던 이야기가 그대로 이루어졌군요. 그때 아들은 '싫습니다!' 하고 대답했지만 나중에 뉘우치고 일하러 갔다는 말씀이 있거든요."[27]

**크리스티아나** : "그 말씀대로 이루어지기를 바랍니다, 아멘. 하느님, 그 말씀이 제게 그대로 이루어지게 해주세요. 하느님 앞에 나아가는 날 제가 티도 없

---

27) 마태복음 21 : 28~30.

고 흠도 없이 평화를 누릴 수 있게 해주세요.”

**해설자** : “문 밖에만 서 있지 말고 어서 안으로 들어오십시오. 아브라함의 딸이여, 안 그래도 당신이 순례자가 되었다는 소식을 듣고 마침 당신 이야기를 하고 있던 참이었소. 자, 얘들아! 너희도 어서 들어오너라. 아가씨도 들어오십시오.”

해설자가 그들을 모두 집으로 들였다.

그들은 집으로 들어가서 해설자가 권하는 대로 자리에 앉아 쉬었다. 그러자 순례자의 시중을 드는 사람들이 그들을 보려고 방으로 몰려왔다. 한 사람씩 저마다 환한 미소를 지으며 크리스티아나가 순례자가 된 일을 기뻐했다. 아이들을 보고는 반갑다는 뜻으로 머리를 쓰다듬어 주었고, 자비도 진심으로 반겨 주었다. 모두 크리스티아나 일행이 주인의 집에 온 것을 환영했다. 저녁 식사가 아직 마련되지 않아서 해설자가 잠시 그들을 자신의 중요한 방으로 안내했다. 그리고 크리스티아나의 남편인 크리스천이 예전에 보고 간 것들을 보여주었다. 그들은 방에서 우리에 갇힌 사람, 꿈꾸는 사람, 원수를 무찌르고 앞길을 가는 사람, 세상에서 가장 큰 사람의 초상화를 보았다. 크리스천에게 큰 도움을 주었던 나머지 것도 모두 구경했다.

크리스티아나 일행이 본 것을 다 이해했다고 생각한 해설자는 그들을 옆방으로 데리고 갔다. 거기서 갈퀴를 손에 든 채 오로지 바닥만 쳐다보고 있는 남자를 보여주었다. 옆에는 천상의 황금 관을 손에 쥔 사람이 갈퀴와 맞바꾸자며 관을 앞으로 내밀고 있었다. 하지만 갈퀴를 든 남자는 그것을 거들떠보지도 않고 그저 무심히 검불과 바닥의 먼지만 긁어모으고 있었다.

**크리스티아나** : “방을 보여주신 의미를 어렴풋하게나마 알겠어요. 이 남자는 바로 세상 사람들을 나타내고 있는 거지요?”

**해설자** : “바로 맞췄습니다. 남자가 쥐고 있는 갈퀴는 욕심으로 가득한 마음을 상징합니다. 남자는 천상의 면류관을 든 분이 부르시는 소리보다 검불과 바닥에 떨어진 먼지를 긁어모으는 일에 온통 마음이 팔려 있습니다. 천국을 지어낸 이야기라 믿고, 이 세상에 보이는 것만 존재한다고 생각하는 사람들을 보여주는 것이지요. 게다가 남자는 바닥만 쳐다보면서 다른 것에 눈을 돌리지 않아요. 이는 지상의 것들이 사람의 마음을 사로잡으면 하느님으로부터 마음을 떠나게 한다는 사실을 뜻합니다.”

**크리스티아나** : "아! 저를 갈퀴로부터 구해주세요."

**해설자** : "사람들은 그런 기도를 갈퀴가 녹슬어 갈 때가 되어서야 한답니다. '저를 가난하게도 부유하게도 하지 마십시오[28]'하고 기도하는 사람이 만 명에 하나 있을까 말까 하지요. 대부분의 사람은 검불이나 먼지만 기를 쓰고 모읍니다."

크리스티아나와 자비가 눈물을 흘리며 말했다.

"마음이 아프지만 그 말이 옳아요!"

해설자는 방 구경이 끝나자 그들을 집에서 가장 좋은 방으로 안내했다. 참으로 멋진 곳이었다. 해설자는 그들에게 그곳을 둘러보고 유익한 것이 있는지 찾아보라고 했다. 그들은 둘러보고 또 둘러봤지만 한쪽 벽에 붙은 커다란 거미 한 마리 말고는 눈에 띄는 게 없었다. 그들은 거미를 대수롭지 않게 지나쳤다.

**자비** : "아무것도 안 보이는데요."

크리스티아나는 입을 다문 채 가만히 있었다.

**해설자** : "다시 살펴보십시오."

자비가 다시 방을 빙 둘러보더니 말했다.

**자비** : "벽에 달라붙어 있는 징그러운 거미 한 마리 빼고는 아무것도 없어요."

그때 눈치가 빠른 크리스티아나의 눈에 눈물이 어렸다.

**크리스티아나** : "한 마리가 아니군요. 저 거미보다 더 무서운 독을 가진 거미들이 여기 있어요."

그제야 해설자가 기쁨에 찬 표정으로 그녀를 바라보았다.

**해설자** : "당신 말이 맞습니다."

해설자의 말을 듣고 자비가 얼굴을 붉혔고, 아이들도 손으로 얼굴을 가렸다. 비로소 수수께끼에 숨은 뜻을 알아차린 것이다.

**해설자** : "보시다시피 저 거미는 손을 뻗어 왕궁 벽에 붙어 있습니다.[29] 성경에 어째서 그런 말씀이 기록되어 있을까요? 아무리 죄악의 독을 가득 품은 사람이라도 믿음이라는 손을 뻗으면 천국 왕궁에서 가장 좋은 방에 머물 수 있다는 걸 보여주기 위해서입니다."

---

28) 잠언 30 : 8.
29) 잠언 30 : 28.

크리스티아나 : "저도 비슷한 생각을 했어요. 완전히 다 헤아리지는 못했지만요. 저희는 거미 같은 존재라서 아무리 좋은 방에 있다 해도 하느님이 보시기에 흉측할 거란 생각이 들었어요. 하지만 독이 있는 징그러운 거미를 보고 신앙을 실천하는 법을 배워야 한다는 것까지는 깨닫지 못했네요. 저 거미는 손을 뻗어서 집에서 가장 좋은 방에서 살고 있어요. 하느님께서 창조하신 것 가운데 헛된 것은 정말 하나도 없군요."

그들은 모두 기뻐하며 눈에 눈물을 글썽였다. 크리스티아나 일행은 서로를 바라보다가 해설자에게 절했다.

다음으로 해설자는 그들을 암탉과 병아리가 있는 방으로 데려가 잠시 관찰하게 했다. 병아리 한 마리가 물통으로 가서 물을 마시는데, 한 번 마실 때마다 고개를 들어 하늘을 쳐다보았다.

해설자 : "이 작은 병아리가 하는 걸 좀 보세요. 은총을 받을 때마다 하늘을 우러러보며 은총이 어디에서 오는지 확인하지요? 병아리를 보고 이런 자세를 배워야 합니다. 자, 다시 주의 깊게 관찰해 보세요."

해설자의 말대로 유심히 살펴보니 암탉이 병아리를 부르는 소리가 네 가지나 있다는 것을 알았다. 첫째는 평소에 부르는 소리로 온종일 내는 소리다. 둘째는 특별하게 부르는 소리인데 가끔씩만 낸다. 셋째는 병아리를 품에 안고 있을 때 내는 자비로운 소리다. 그리고 넷째는 크게 부르짖는 소리다.[30]

해설자 : "자, 이제 암탉이 하느님이고 병아리들이 그분을 따르는 백성이라고 생각해 봅시다. 하느님께서도 암탉과 마찬가지로 백성들을 대하시는 방법이 여러 가지 있습니다. 평소처럼 부르실 때는 아무것도 주시지 않습니다. 이따금씩 특별한 소리로 부르실 때는 무언가를 주십니다. 자비롭게 부르실 때는 백성을 날개 밑에 품어주십니다. 그리고 적이 가까이 올 때는 경고하기 위해 부르짖으시지요. 사랑하는 자매님, 여러분을 이 방으로 데려온 까닭은 여러분이 여자이므로 이런 뜻을 잘 깨달을 수 있을 거라 생각해서입니다."

크리스티아나 : "부디 다른 것도 좀 더 보여주세요."

그러자 해설자는 그들을 도살장으로 데려갔다. 백정 한 명이 양들을 잡고 있

---

30) 마태복음 23 : 37.

었는데 양들은 묵묵히 죽음을 받아들였다.

**해설자**: "여러분은 투덜대거나 불평하지 않고 부당한 일을 견뎌내는 양들의 모습을 본받아야 합니다. 얼마나 얌전히 죽음을 맞이하는지 보세요! 귀밑까지 털이 다 깎여 나가는데도 반항하지 않습니다. 하느님께서는 여러분을 그분의 양이라 부르십니다."

이 말을 마치고 해설자는 그들을 각종 꽃이 피어 있는 뜰로 데려갔다.

**해설자**: "이 꽃들이 보입니까?"

**크리스티아나**: "네, 보입니다."

**해설자**: "잘 보세요. 꽃들은 키, 특성, 색깔, 향기, 아름다움도 제각각입니다. 더 나은 꽃도 있고 더 못난 꽃도 있지요. 하지만 꽃들은 정원사가 심어놓은 자리에 그대로 있으면서 다른 꽃과 다투는 법이 없습니다."

해설자는 다시 그들을 데리고 밀과 옥수수를 심은 밭으로 갔다. 하지만 그곳에는 이삭이 다 잘려나간 지푸라기만 남아 있었다.

**해설자**: "이 땅은 거름을 주고 쟁기로 갈아서 씨를 뿌렸는데 수확물이 이러니 어쩌면 좋을까요?"

**크리스티아나**: "땔감으로 쓰고 나머지는 거름으로 만드세요."

**해설자**: "그래요. 여러분이 거두어들이려 하는 것은 열매입니다. 하지만 열매를 맺지 못하는 것은 불에 던져지거나 발로 짓밟히지요. 여러분은 부디 그런 신세가 되지 않도록 조심해야 합니다."

그들이 집에 돌아오는 길에 자그마한 울새 한 마리가 부리에 커다란 거미를 물고 있는 것을 발견했다.

**해설자**: "저 새 좀 보세요."

모두 새를 보았고 자비는 어리둥절한 표정을 지었다.

**크리스티아나**: "가슴에 빨간 털을 가진 예쁜 울새에게 전혀 어울리지 않는 꼴이군요. 저 새는 다른 새들보다 사람들과 잘 어울리기에 빵 부스러기나 깨끗한 먹이를 먹고 살 거라 생각했거든요. 이제는 정이 뚝 떨어지네요."

**해설자**: "저 새는 거짓 신앙 고백자들을 가장 잘 나타내는 상징입니다. 그들도 겉보기에는 울새처럼 목소리며 모습이며 몸가짐이 훌륭하거든요. 또 성실한 신앙인들을 끔찍이 아끼는 것처럼 보입니다. 믿음이 깊은 신자들과 어울리고

싶어 하는 것처럼 행세하지요. 마치 선한 사람들의 빵 조각을 먹고 사는 척 말이에요.

그들은 또한 경건한 사람들의 집이나 주님께서 정하신 신성한 집에 자주 들르는 척 합니다. 그러나 혼자 있을 때는 울새가 거미를 잡아서 게걸스럽게 먹어 치우듯 식성을 바꾸지요. 부정을 마시고 죄악을 먹어 삼키는 겁니다."

크리스티아나 일행이 집으로 다시 돌아왔을 때도 아직 저녁 식사 준비가 덜 되었기에 크리스티아나는 해설자에게 유익한 것들을 더 보여주고 이야기해 달라고 부탁했다.

그러자 해설자가 이야기를 들려주었다.

**해설자** : "암퇘지는 살이 찔수록 진흙탕을 좋아하고, 황소는 살찔수록 도살장에 먼저 끌려갑니다. 그리고 탐욕스러운 사람은 건강할수록 악에 쉽게 물드는 법이지요.

여자들은 자신이 곱고 아름답게 보이기를 바라는데, 하느님 눈에 값져 보이는 것으로 단장하고 그분 앞에 나아가면 좋을 것입니다.

하루 이틀 밤을 새기는 쉽지만 일 년 내내 그렇게 하기란 힘듭니다. 마찬가지로 처음에 신앙을 고백하기는 쉬워도 끝까지 신앙을 지키기는 힘든 법이지요.

어느 선장이든 폭풍우를 만나면 자기 배에서 제일 쓸모없는 것을 가장 먼저 바다에 버리려고 할 겁니다. 가장 소중한 것부터 버리는 사람이 누가 있겠습니까? 하느님을 두려워하는 사람은 그렇게 하지 못할 것입니다. 물이 새는 작은 구멍 하나가 배를 가라앉히듯이 한 가지 죄로도 죄인은 파멸하는 법이지요.

친구를 잊는 자는 배은망덕한 사람이지만 구세주를 잊어버리는 자는 자기 스스로에게 무자비한 사람입니다.

죄를 저지르며 사는 사람이 내세의 행복을 바라는 것은 독보리를 심어놓고 곳간에 밀과 보리를 채우려는 격이나 다름없습니다.

바르게 살고자 하는 사람은 자신이 죽을 날을 잊지 않고 늘 함께 살아가야 하지요.

험담과 변덕은 이 세상에 죄악이 있다는 증거입니다.

하느님께서 가벼이 여기시는 이 세상을 사람들이 값지게 여긴다면, 하느님께서 소중히 여기시는 천국은 얼마나 훌륭하겠습니까?

갖은 괴로움으로 가득 찬 이 세상도 포기하기 힘든데 하물며 천국의 삶은 어떻겠습니까?

누구나 선한 사람을 소리 높여 칭찬하지만, 당연하신 하느님의 자비로움에 감동하는 사람이 어디 있던가요?

우리는 식사를 할 때 음식을 다 먹지 못하고 남기는 일이 많습니다. 이와 마찬가지로 예수 그리스도께서는 온 세상이 누리고도 남을 만한 공로와 정의를 가지고 계십니다."

해설자는 말을 마친 뒤 일행을 데리고 뜰로 나가 나무 한 그루를 보여주었다. 나무는 속이 다 썩어 텅 비어 있었지만, 잎이 나고 꾸준히 자라고 있었다.

**자비** : "이것은 무슨 의미인가요?"

**해설자** : "이 나무는 겉은 멀쩡하지만 속은 죄다 썩었습니다. 바로 하느님의 동산에 사는 사람들을 빗댈 수 있지요. 입으로는 하느님을 찬양하면서 정작 그분을 위해서 아무것도 하지 않는 사람을 뜻해요. 겉모습은 번듯하지만 마음은 마귀의 부싯깃이나 다름없는 쓸모없는 사람들입니다."

그때 저녁 준비가 다 되어 상에 음식이 차려졌다. 한 사람이 감사의 기도를 드린 뒤 모두 탁자에 앉아 식사를 했다. 해설자는 자기 집에 묵으러 온 손님들이 식사를 할 때 음악을 들려주는 걸 좋아해서 그날도 음악가들을 불러 연주하게 했다. 목소리가 아주 아름다운 사람이 이렇게 노래를 불렀다.

주님만이 나의 부양자시니
나를 먹여주신다
내게는 부족함 전혀 없으니
더 무엇을 바라리

노래와 연주가 끝나자 해설자가 크리스티아나에게 맨 처음 어떻게 순례를 떠나기로 마음먹었는지 물었다.

**크리스티아나** : "저는 처음에 남편을 잃었다는 생각에 너무나 슬펐어요. 물론 부부였으니 인간으로서 당연히 느끼는 감정이지요. 다음으로 남편의 고뇌와 순례를 떠올렸어요. 제가 남편에게 얼마나 못되게 굴었는지도 생각나서 죄

책감에 시달렸지요. 연못에 몸을 던질까 했는데 마침 꿈에서 남편이 행복하게 살아가는 모습을 보았어요. 남편이 살고 있는 나라의 왕께서 초대장도 보내주셨답니다. 꿈과 편지가 제 마음을 움직여 이렇게 길을 떠나게 된 것이지요."

**해설자** : "문을 나서기 전에 반대하는 사람은 없었습니까?"

**크리스티아나** : "물론 있었어요. 이웃에 사는 겁쟁이 부인이 반대했습니다. 앞에 무서운 사자가 있으니 돌아가라고 제 남편에게 말했던 사람의 딸이지요. 제가 절박한 심정으로 모험을 떠나려 하자 그녀는 미친 짓이라며 비웃었어요. 또한 제 남편이 여행에서 겪었던 고난과 시련을 들먹이면서 제 기를 꺾으려고 애썼답니다. 하지만 저는 모든 방해를 가볍게 이겨냈습니다. 그런데 저는 꿈에서 험상궂은 두 사내가 어떻게 하면 제 여행을 막을 수 있을지 궁리하는 걸 보았어요. 그 꿈이 저를 무척 힘들게 했습니다. 아직도 그 생각이 나서, 만나는 사람마다 나를 해치고 바른 길을 벗어나게 하려는 건 아닐까 마음을 졸이게 돼요. 남에게 알리고 싶지 않은 얘기지만 당신께는 말씀드리지요. 저희는 좁은 문을 지나 이곳으로 오는 길에 습격을 받았습니다. '사람 살려요!' 하고 큰 소리로 외칠 정도였어요. 그때 저희를 습격한 두 사내는 제가 꿈에서 본 사내들과 똑같았어요."

**해설자** : "시작이 좋으니 끝은 더 좋을 것입니다."

그가 이번에는 자비에게 말을 걸었다.

**해설자** : "아가씨는 어떻게 이곳까지 오게 되었지요?"

자비는 얼굴을 붉히고 몸을 떨면서 잠시 아무 말도 못했다.

**해설자** : "겁먹지 마세요. 믿음을 갖고 속마음을 말해 보세요."

자비가 말을 꺼냈다.

**자비** : "저는 사실 경험이 부족해서 입을 다무는 게 낫다고 생각했어요. 결국 도중에 순례를 그만두지나 않을까 걱정이 앞서기도 합니다. 저는 크리스티아나처럼 환상이나 꿈에 대해 말할 게 없어요. 게다가 착한 가족의 충고를 무시한 슬픔이 어떤지도 몰라요."

**해설자** : "사랑스러운 아가씨, 그럼 무엇 때문에 순례를 떠나게 되었지요?"

**자비** : "여기 있는 제 친구가 마을을 떠나려고 짐을 꾸리고 있을 때, 저와 한 이웃이 우연히 찾아갔어요. 저희는 문을 두드리고 안으로 들어갔다가 크리스

티아나가 하는 일을 보고는 대체 뭐하는 거냐고 물었지요. 크리스티아나는 남편이 있는 곳으로 초대를 받았다더군요. 꿈에서 남편이 신비로운 곳에서 영생을 받은 이들과 살며 황금 관을 쓰고 하프를 켠다고 말해 주었어요. 또한 남편이 왕자님의 식탁에서 먹고 마시며 자신을 그곳으로 인도하신 주님께 찬양을 드리고 있더라고 말이에요. 크리스티아나가 이야기를 하는 동안 제 마음도 활활 타오르는 것 같았답니다. 이야기가 사실이라면 부모님과 고향을 떠나, 할 수만 있으면 크리스티아나를 따라가야겠다고 생각했어요. 그래서 저는 크리스티아나에게 이야기가 모두 사실인지, 저도 따라가도 되는지 물었어요. 도시가 멸망할 위험에 처해 있어 더는 머무를 만한 곳이 못 되는 사실을 이미 알고 있었거든요. 하지만 마음이 무척 무거웠어요. 떠나는 게 싫어서가 아니라 가족과 친척을 모두 남겨두고 가야했기 때문이에요. 어쨌든 저는 제 소망을 좇아 이곳까지 왔습니다. 가능하다면 크리스티아나와 함께 꼭 크리스천과 왕이 계시는 곳에 갈 거예요."

**해설자** : "진리를 믿고 나왔으니 출발이 참 좋습니다. 당신은 룻과 같은 존재로군요. 룻은 시어머니인 나오미와 주님이신 하느님을 사랑하여서 친정 부모와 고향을 떠나 자기가 모르고 살았던 백성들 곁으로 갔지요. 부디 당신이 한 일을 주님께서 갚아 주시기를, 이스라엘의 하느님 날개 밑으로 들어온 당신에게 그분께서 넉넉히 보답해 주시기를 바랍니다."[31]

식사가 끝나자 잠자리가 마련되었다. 여인들은 저마다 다른 방에서 자고, 아이들은 모두 한방에서 잤다. 자비는 잠자리에 들어서도 기쁜 마음에 잠을 이루지 못했다. 자신이 결국 버림받지 않을까 하는 의심이 그 어느 때보다 말끔히 가셨기 때문이다. 자비는 잠자리에 누워서 큰 은총을 내려주신 하느님께 감사드리며 찬양했다.

그들은 동틀 무렵 잠자리에서 일어나 떠날 채비를 했다. 그러나 해설자가 잠시 더 머무르라고 했다. 집을 나갈 때도 수순을 밟아야 한 것이다. 그는 그들에게 맨 처음 문을 열어주었던 소녀에게 일렀다.

"이 사람들을 뜰에 있는 목욕탕으로 데려가 여행하면서 묵은 때를 말끔히

---

31) 룻기 2 : 12.

씻어주도록 하여라."

순진이 그들을 뜰에 있는 목욕탕으로 안내한 뒤 말했다.

"몸을 깨끗이 닦으세요. 주인님은 순례 도중에 이 집을 찾은 여인들이 그렇게 하기를 바라십니다."

두 여인과 아이들은 모두 목욕탕에 들어가 몸을 씻었다. 목욕을 마치고 나오자 그들은 깨끗하고 아름다워졌을 뿐만 아니라 한층 생기가 돌고 뼈 마디마디가 더욱 튼튼해졌다. 다시 집 안으로 들어갈 때 그들은 목욕을 하기 전보다 훨씬 훌륭해 보였다. 그들이 목욕탕에서 돌아오자 해설자가 그들을 맞으며 말했다.

"보름달처럼 훤하군요."

그리고는 자기 집 목욕탕에서 목욕을 하면 찍어주는 도장을 가져오라고 시켰다. 도장을 가져오자 해설자는 그들이 어디로 가든 사람들이 금방 알아볼 수 있도록 표시를 찍어주었다. 그 도장은 이스라엘 사람들이 이집트 땅을 벗어날 때 먹은 유월절 떡과 같은 뜻을 지닌다.[32] 양 미간에 찍은 표시는 그들의 얼굴을 꾸며주어 한층 아름다워 보이게 했다. 또한 위엄까지 더해주어서 그들은 마치 천사처럼 보였다.

해설자가 두 여인의 시중을 들던 소녀에게 말했다.

"옷장에 가서 이분들이 입을 만한 옷을 가져오너라."

소녀가 옷장에서 흰옷을 가져와 해설자 앞에 내려놓았다. 해설자가 두 여인에게 옷을 입어보라고 권했다. 새하얀 아마포로 지은 깨끗하고 훌륭한 옷이었다. 여인들은 옷으로 몸단장을 한 뒤 서로를 보고는 깜짝 놀랐다. 자신의 모습은 보지 못하고 상대방의 눈부신 모습만 볼 수 있었기 때문이다. 두 여인은 서로 자기보다 낫다며 칭찬하였다.

"당신이 나보다 훨씬 아름다워요."

"저보다 부인이 더욱 아름다워 보여요."

한 사람이 말하면 다른 사람이 그렇게 대꾸했다. 달라진 차림새를 보고 아이들도 눈이 휘둥그레진 채 서 있었다.

---

32) 출애굽기 13 : 8~10.

해설자는 담대(Great heart)라는 하인을 불러 칼과 투구, 방패로 무장하라고 명령한 뒤 말했다.

"여기 있는 내 딸들을 호위하여, 이들이 다음으로 묵을 아름다움의 집(Beautiful House)으로 안내해 드려라."

그리하여 담대가 무장을 하고 앞장서서 걸어갔다. 해설자가 그들에게 성공을 빌어주었고, 집 식구들도 모두 그들을 배웅하며 행운을 빌어주었다. 다시 길을 떠난 그들은 노래를 불렀다.

> 우리가 두 번째로 머문 곳에서
> 우리는 보고 들었다네
> 대대로 다른 이들에겐 감춰져 왔던
> 여러 가지 좋은 것들을
> 티끌을 긁어모으는 자, 거미, 암탉
> 그리고 병아리들까지도
> 나를 깨우쳐 주었다네
> 가르침을 따라 앞으로 나아가세
> 백정과 뜰과 밭
> 먹이를 쪼아 먹는 울새
> 속이 썩어버린 나무도
> 나에게 소중한 교훈을 주어
> 깨어나 기도하게 되었다네
> 성실해지도록 애쓰며
> 매일 십자가를 짊어진 채
> 경외감으로 주님을 섬기게 되었다네

나는 꿈에서 담대가 앞장서고 크리스티아나 일행이 그 뒤를 따라가는 것을 보았다. 이윽고 그들은 크리스천의 짐이 등에서 벗겨져 무덤으로 굴러 떨어졌던 곳에 이르렀다. 일행은 여기서 걸음을 멈추고 하느님께 찬양을 드렸다.

**크리스티아나** : "좁은 문에서 들었던 말씀이 문득 떠오르네요. 우리가 말과

행동으로 용서를 받게 되리란 말씀 말이에요. 말로써 받는 용서는 하느님의 약속으로 받는 것을 뜻하고, 행동으로써 받는 용서는 용서를 받는 방법을 뜻하지요. 약속으로 받는 용서에 대해서는 어느 정도 알겠어요. 그런데 행동으로써 받는 용서며 용서를 받은 방법에 따라 베풀어진다는 말은 무슨 뜻인지 모르겠어요. 담대 님은 알고 계시지 않나요? 부디 설명 좀 해주세요.”

담대 : “행동으로 얻는 용서란, 용서가 필요한 사람을 대신하여 다른 사람이 구해주는 용서를 뜻합니다. 스스로의 행동이 아니라 ‘다른 사람이 용서를 얻은 방법’으로 용서를 받는 것이지요. 보다 쉽게 말하면 이렇습니다. 당신이나 자비, 이 아이들이 받는 용서는 다른 사람, 즉 당신들을 좁은 문에서 맞이하신 그분을 통해 얻는 것입니다. 그분께서는 두 가지 방법으로 용서를 얻으셨습니다. 여러분을 감싸주려고 의를 행하신 일과 여러분의 죄를 씻어주려고 피를 흘리신 일이지요.”

크리스티아나 : “하지만 우리에게 그분의 의로움을 다 나눠줘 버리시면 그분 스스로에게 필요한 몫은 어디서 얻지요?”

담대 : “주님은 당신들이 필요로 하는 것보다, 아니 자신에게 필요한 것보다 훨씬 많은 의로움을 갖고 계십니다.”

크리스티아나 : “더 자세히 설명해 주시겠어요?”

담대 : “기꺼이 설명해드리지요. 그런데 한 가지 전제해 두어야 할 점이 있습니다. 이 세상에는 이제부터 우리가 이야기하려는 그분께 견줄 만한 다른 존재가 없다는 사실입니다. 그분은 한 인격체이시지만 두 가지 품성을 가지고 계십니다. 두 가지 품성은 저마다 의로움을 지니고 있어 서로 구별되면서도 절대로 분리될 수 없는 본질적인 것이지요. 그래서 한 가지 품성을 정의나 의로움에서 떼어내려 하면 그 품성은 아예 소멸되고 맙니다. 우리는 이러한 두 가지 의로움을 전혀 지니지 못했기 때문에 그분의 의로움 가운데 한 가지나 두 가지 모두를 입어야 우리가 의로워질 수 있습니다. 뿐만 아니라 그분의 인격에는 두 품성이 하나로 합쳐진 곳에서 생겨나는 또 하나의 의로움이 있습니다. 이것은 인간성과 구별되는 신성한 의로움도 아니며, 신성과 구별되는 인간성의 의로움도 아닙니다. 두 가지 품성을 모두 결합했을 때 태어나는 의로움입니다. 이 의로움은 그분께서 중보자 역할에 맞는 책임을 다하기 위해 꼭 필요한 의로움이라고

할 수 있지요. 만약 그분께서 첫 번째 의로움을 버리신다면 그분은 신성을 버리시게 되고, 두 번째 의로움을 버리신다면 순수한 인간성을 버리시게 됩니다. 또한 세 번째 의로움을 버리신다면 중보자 역할을 할 때 알맞은 완전함을 버리시게 됩니다. 따라서 주님께서는 계시된 뜻을 실천하거나 순종함으로써 생기는 또 다른 의로움을 갖추고 계십니다. 바로 그분께서 죄인의 죄를 사할 때 베푸시는 의로움이지요. 그리하여 한 사람의 불순종으로 많은 사람이 죄인이 된 것처럼 한 사람의 순종으로 많은 사람이 의롭게 된다는 말씀이 있는 겁니다.[33]"

**크리스티아나** : "그럼 앞서 말한 다른 의로움은 저희에게 아무런 소용이 없는 건가요?"

**담대** : "그렇지는 않습니다. 그분의 품성과 직분에 꼭 필요한 것이기에 나눠 줄 수는 없지만, 그 의로움이 있어야 우리 죄를 용서하는 의로움도 제대로 힘을 발휘할 수 있지요. 신성의 의로움은 그분의 순종에 미덕을 더하고, 인간성의 의로움은 그분의 순종에 정의를 세우는 능력을 부여합니다. 그리고 이 두 가지 품성이 결합하여 생겨나는 의로움은 그 의로움에 직무를 수행하는 권위를 부여하지요.

그러므로 하느님으로서 그리스도는 자신에게 필요하지 않은 의로움이 있습니다. 그분은 그 의로움이 없어도 하느님이시기 때문입니다. 인간으로서 그리스도는 자신에게 필요하지 않은 의로움이 있습니다. 그 의로움이 없어도 그분은 완전한 인간이기 때문입니다. 또한 하느님이자 인간으로서 그리스도에게 필요하지 않은 의로움이 있습니다. 그것이 없어도 그분은 완전한 하느님이자 인간이기 때문입니다. 따라서 하느님으로서, 인간으로서, 하느님이자 인간으로서 그리스도께서는 의로움이 전혀 필요하지 않으시기에 사람들에게 의로움을 나눠 주실 수 있습니다. 다시 말해, 인간의 죄를 사하는 의로움은 그분 자신에게 전혀 필요하지 않기 때문에 사람들에게 나누어주실 수 있는 거지요. 이를 가리켜 '의(義)의 선물'이라고 합니다.[34] 우리 주 예수 그리스도께서는 스스로 율법을 섬기는 분이기 때문에 우리에게 의로움을 나누어주셔야 합니다. 율법의 지배를 받는 이는 바르게 행동해야 할 뿐만 아니라 자비를 베풀도록 정해져 있거든요.

---

33) 로마서 5 : 19.
34) 로마서 5 : 17.

그분께 외투가 두 벌 있으면 그분은 율법에 따라 외투가 없는 사람에게 한 벌을 주어야만 합니다. 우리 주님은 실제로 외투를 두 벌 가지고 계십니다. 한 벌은 그분 것이고 다른 한 벌은 사람에게 나눠주기 위한 것이지요. 따라서 그분은 외투를 가지지 못한 자들에게 아낌없이 나눠주십니다. 크리스티아나, 자비, 그리고 여기 있는 아이들 모두 행동을 통해, 즉 다른 분의 업적을 통해 용서를 얻은 것입니다. 그분이 바로 여러분의 주님이신 그리스도입니다. 그분은 자신의 행동으로 얻은 것을 길에서 만난 헐벗은 이들에게 나누어주셨습니다.

하지만 행동으로써 용서를 받으려면 우리를 감싸줄 무언가가 있어야 하며, 하느님께 치러야 할 대가도 마련되어야 합니다. 우리가 지은 죄는 그에 합당한 율법의 저주 아래로 우리를 던져놓았습니다. 저주에서 풀려나려면 속죄하고 죗값을 치러야 하지요. 그런데 이는 주님의 피로 치러졌습니다. 주님께서는 여러분을 대신하여 심판을 받으셨습니다.[35] 또한 여러분이 지은 죄로 인해, 죽어 마땅할 여러분 대신 죽음을 맞으셨습니다.[36] 이처럼 그분은 피로써 여러분을 죄에서 건져주시고, 더럽고 추한 여러분의 영혼을 의로우심으로 감싸주셨습니다. 그 덕분에 하느님께서 이 세상을 심판하러 오실 때 여러분을 처벌하지 않고 지나치실 겁니다."

크리스티아나 : "참으로 놀라운 일이군요. 이제야 우리가 말과 행동으로 용서받는다는 말뜻을 알 것 같아요. 착한 자비 양, 이 말을 우리 마음에 잘 새겨두도록 합시다. 그리고 얘들아, 너희들도 꼭 명심해야 한다. 그런데 담대 님, 제 남편이 등에 지고 있던 무거운 짐을 벗게 되고 기뻐서 세 번이나 껑충껑충 뛰었던 것도 같은 까닭인가요?"

담대 : "네, 그렇습니다. 다른 방법으로는 도저히 끊지 못한 끈을 자를 수 있었던 것도 이 가르침을 믿었기 때문입니다. 크리스천이 십자가 앞까지 짐을 지고 오게 한 것은 다 믿음이 가진 힘을 스스로 깨닫게 하기 위함이지요."

크리스티아나 : "저도 그렇게 생각했어요. 예전에도 마음이 기쁘고 즐거웠지만, 지금은 열 배는 더 가볍고 신나거든요. 제가 느낀 감명이 아직 대수롭지 않은 것이라 해도 이 느낌에서 확신을 얻은 게 있습니다. 이 세상에서 가장 무거

---

35) 로마서 4 : 24.
36) 갈라디아서 3 : 13.

운 짐을 짊어진 사람도 여기에 와서 제가 본 것을 보고 믿는다면 마음이 한결 가볍고 즐거워질 것이라고 말이에요."

**담대** : "이런 것을 보고 곰곰 생각하면 우리의 짐이 가벼워지고 위안을 얻을 뿐만 아니라, 마음에 진실한 사랑이 피어납니다. 언약만이 아니라 주님의 행동을 통해 용서받는다는 사실을 한 번이라도 생각해 봤으면, 구원의 수단과 방법, 그리고 이를 미리 마련해 두신 분을 어느 누가 사랑하지 않겠습니까?"

**크리스티아나** : "옳으신 말씀입니다. 그분께서 저희를 위해 피를 흘리셨다는 생각을 하니 제 가슴도 피를 흘릴 것만 같아요. 오, 사랑하는 주님! 오, 복되신 주님! 저는 당신의 것입니다. 당신은 저를 위해 제 값어치보다 만 배가 넘는 대가를 치르셨으니 제 전부를 가지세요. 제 남편이 눈물을 흘리고, 그토록 서둘러 순례를 떠난 것 모두 마땅한 일이었습니다! 그이는 제가 함께 떠나기를 원했지요. 그런데 제가 홀로 그이를 떠나게 했으니 그 죄가 얼마나 큽니까? 오, 자비 양! 당신의 부모님도 함께 계시면 좋으련만! 겁쟁이 부인과 바람둥이 마님도 함께였다면 얼마나 좋을까요? 그들도 분명 깊이 감동을 받을 겁니다. 겁쟁이 부인의 두려움과 바람둥이 마님의 뜨거운 욕정도, 그들의 발길을 돌리거나 착한 순례자가 되지 못하게 할 수 없었을 거예요."

**담대** : "당신은 지금 뜨거운 애정으로 말하고 있군요. 하지만 늘 그런 마음이 들 수 있다고 생각하십니까? 게다가 피 흘리시는 예수님을 본다고 해서 모든 사람에게 그 뜻이 똑같이 통하는 건 아닙니다. 그분의 심장에서 피가 흘러나와 바닥에 떨어지는 걸 곁에서 지켜보고도 슬퍼하기는커녕 그분을 비웃는 사람도 있지요. 그리고 그들은 주님의 제자가 되는 대신 그분께 마음을 굳게 닫아버립니다. 자매들이여! 여러분은 내 이야기를 깊이 묵상함으로써 깊은 감명을 받았기에 그런 마음을 갖게 된 것입니다. 암탉이 여느 때처럼 평범한 소리로 병아리를 부를 때는 아무 먹이도 주지 않는다는 사실을 떠올려 보세요. 여러분이 품은 사랑은 특별한 은총을 받은 덕분에 가능한 것입니다."

나는 꿈에서 크리스천이 순례를 할 때 단순, 게으름, 철면피가 누워서 자던 곳을 지나고 있는 크리스티아나 일행을 보았다. 그 세 사람은 길 건너편 조금 떨어진 곳에서 쇠사슬에 목이 매달려 있었다. 자비가 그들의 안내자이자 지도자인 담대에게 물었다.

**자비** : "저 세 사람은 누구죠? 어째서 저런 곳에 매달려 있는 건가요?"

**담대** : "저들은 본성이 매우 사악한 자들이지요. 순례자가 될 마음도 없었을 뿐 아니라 틈만 나면 순례자들을 방해했습니다. 게으르고 어리석은 데다가 만나는 사람마다 자기들처럼 만들려고 부추겼지요. 자기들을 따르면 결국 잘살게 될 거라고 멋대로 가르쳤습니다. 크리스천이 지나갈 무렵은 잠들어 있었는데 여러분이 지나가고 있는 지금은 목매달려 있네요."

여기를 보라, 거룩한 길을 거부한 게으른 이들은
본보기로 목을 매달았네
또 여기를 보라, 담대가 앞장설 때에는
아이들도 씩씩하고 약한 이도 굳세도다

**자비** : "저들의 꼬임에 넘어간 사람도 있나요?"

**담대** : "예, 있어요. 저들 때문에 잘못된 길로 빠진 사람이 여럿 됩니다. 느림보(Slow pace)는 꾐에 넘어가 저들과 똑같은 꼴이 났지요. 그 밖에도 촐랑이(Short wind), 무심이(No heart), 욕망 미련이(Lingering after lust), 잠보(Sleeping head), 그리고 우둔이(Dull)라는 이름의 아가씨도 있었습니다. 저들은 심지어 다른 사람들에게 주님을 험담하여 그분께서 사람들을 마구 부려먹는다고 믿게끔 했습니다. 또 천국이 사람들 기대에 반도 못 미친다고 떠들며 천국에 대한 나쁜 소문까지 퍼뜨렸지요. 저들은 그분의 신하를 비아냥거리며 업신여겼어요. 더없이 뛰어난 신하들을 일컬어 남의 일에 쓸데없이 간섭하여 말썽을 일으키는 참견쟁이라고 했지요. 게다가 하느님의 빵을 껍데기라 부르기까지 했습니다. 하느님 자녀들의 평안은 환상일 뿐이며 순례자들의 여행과 수고는 무의미하다고도 말했습니다."

**크리스티아나** : "저들이 그렇게 말한 게 사실이라면 난 저들을 가엾게 여기지 않겠어요. 저런 꼴을 당해도 싸요. 저렇게 큰길가에 매달아 놓아서 다른 사람들이 본보기로 삼을 수 있으니 잘됐어요. 철판이나 놋쇠 판에 저들의 죄상을 새겨 저들이 나쁜 짓을 저질렀던 이곳에 남겨두면 더 좋지 않을까요? 다른 사악한 무리에게 경고를 줄 수도 있으니까요."

**담대**: "'물론이지요' 담벼락 쪽으로 조금만 더 가면 그러한 경고문이 보일 겁니다."

**자비**: "아니, 됐어요. 저들이 목을 매달리고 이름은 썩어 없어져도 저들이 저지른 죄악은 영원히 남아 전해질 거예요. 우리가 이곳에 오기 전에 저들이 목 매달린 것은 커다란 은총입니다. 그렇지 않았다면 저 사람들이 우리처럼 연약한 여자들에게 무슨 짓을 저질렀을지 누가 알아요?"

이렇게 말하고 자비가 노래를 불렀다.

> 자, 너희 셋은 거기서 목이 매달린 채
> 진리를 거스르려 힘을 합치는 이들에게 본보기가 되어라
> 뒤에 오는 이여, 혹 순례자를 벗하지 않거든
> 이런 최후를 맞게 될 것이니 두려워하라
> 내 영혼아, 거룩한 길에 맞서는
> 저런 무리를 조심하라

길을 가던 크리스티아나 일행은 이윽고 고난의 산기슭에 다다랐다. 그들의 좋은 친구 담대는 틈을 보아 크리스천이 이곳을 지날 때 겪은 일을 이야기했다. 먼저 일행을 데리고 샘을 찾아갔다.[37]

**담대**: "보세요. 이 샘물은 크리스천이 이 산을 오르기 전에 마셨던 겁니다. 그 당시에는 물이 참 맑고 깨끗했는데 지금은 순례자들이 갈증을 풀지 못하게 하려고 사람들이 발로 더럽혀 놓았지요."

이 말을 듣고 자비가 물었다.

**자비**: "사람들은 어째서 그렇게 시기하는 걸까요?"

**담대**: "물을 퍼서 깨끗하고 좋은 그릇에 담아두면 아무 걱정 없습니다. 더러운 찌꺼기가 바닥에 가라앉아서 물이 저절로 맑아질 테니까요."

그리하여 크리스티아나 일행은 담대가 알려준 대로 옹기그릇에 물을 담아 찌꺼기가 바닥에 가라앉을 때까지 놓아두었다가 물을 마셨다. 다음으로 담대

---

37) 에스겔 34 : 18.

는 허례와 위선이 헤맸던 산기슭의 두 갈래 길을 보여주었다.

**담대** : "이 샛길은 아주 위험합니다. 크리스천이 이곳을 지날 때 두 사람이 길을 잃고 파멸했지요. 보시다시피 그 뒤에 쇠사슬과 말뚝, 도랑으로 길을 막아 놓았습니다. 그런데도 산으로 곧장 오르기 힘들다며 샛길로 들어서 굳이 위험을 무릅쓰려는 사람이 아직도 있어요."

**크리스티아나** : "배신자의 길은 스스로 멸망하는 길입니다.[38] 이런 길을 가면서 목이 부러지지 않는 게 오히려 이상하지요."

**담대** : "그래도 그들은 무모한 짓을 하려고 합니다. 왕의 신하가 그들을 불러 세워 길이 잘못되었다고 일러주고, 위험이 도사리고 있으니 조심하라고 말하지만, 그들은 성을 내면서 이렇게 대답합니다. '당신이 주의 이름으로 우리에게 무슨 말을 하든지 간에 우리는 당신의 말을 듣지 않겠소. 우리는 우리의 입으로 맹세한 대로 할 것이오.'[39] 조금만 꼼꼼히 살펴보면 이 길에 말뚝, 도랑, 쇠사슬뿐 아니라 울타리를 둘러쳐 막아놓은 사실을 알 수 있을 겁니다. 그런데도 그들은 한사코 이 길을 택하지요."

**크리스티아나** : "게으른 데다 고생을 싫어해서 그래요. 비탈길이 싫은 거지요. 게으른 사람의 길은 가시덤불로 덮여 있다는 말씀이 이루어졌군요.[40] 그래요, 그들은 산을 올라 하늘로 가느니 차라리 함정에 빠지는 쪽을 택할 겁니다."

일행은 산을 올랐다. 하지만 산 정상에 다 오르기도 전에 크리스티아나가 숨을 헐떡이며 말했다.

**크리스티아나** : "산을 오르자니 숨이 끊어질 것 같네요. 영혼보다 안락을 사랑하는 사람들이 평탄한 길을 택하는 게 당연해요."

**자비** : "저는 좀 앉았다 가야겠어요."

크리스티아나의 막내아들도 보챘다.

**담대** : "자, 이러면 안 됩니다. 조금만 더 가면 왕자님의 정자가 나와요."

담대는 막내아이의 손을 잡고 올라갔다. 정자에 도착한 그들은 더위에 몹시 지친 터라 기뻐하며 자리에 앉았다.

---

38) 잠언 13 : 15.
39) 예레미야 44 : 16~17.
40) 잠언 15 : 19.

자비 : "수고한 사람에게 휴식은 어찌나 달콤한지요.[41] 순례자들을 위하여 쉴 곳을 마련해 주신 왕자님은 또 얼마나 훌륭한 분이신가요? 이 정자 이야기를 많이 들어봤지만 본 적은 여태껏 한 번도 없었어요. 크리스천이 이곳에서 자다가 호된 대가를 치렀다고 들었으니 모두 잠들지 않도록 조심하세요."

그때 담대가 아이들에게 말했다.

담대 : "얘들아, 좀 어떠니? 순례를 해보니 어떤 것 같아?"

막내 : "저는 너무 지쳐서 쓰러지는 줄 알았어요. 그런데 제가 힘들 때 손을 잡아주셔서 정말 감사해요. 천국으로 가는 길은 사다리를 오르는 것 같고, 지옥으로 가는 길은 산을 내려가는 것 같다고 한 엄마의 말씀이 떠올라요. 저는 산을 내려가 죽을 바엔 사다리를 타며 살겠어요."

자비 : "하지만 산은 내려가기 쉽다는 속담도 있단다."

그러자 이름이 야고보인 막내아이가 말했다.

야고보 : "산을 내려가는 일이 가장 어려운 일로 여겨질 날이 머지않아 올 거란 생각이 들어요."

담대 : "참 똑똑한 아이로구나. 네 말이 맞다."

자비가 미소를 지었고, 야고보는 얼굴이 빨갛게 달아올랐다.

크리스티아나 : "자, 이리 와보세요. 앉아서 쉬는 동안 입이 심심하지 않게 좀 드셔 볼래요? 내게 석류가 하나 있거든요. 해설자의 집을 나설 때 해설자께서 손에 쥐여주었답니다. 꿀이 들어 있는 벌집 한 덩어리와 포도주 한 병도 주셨어요."

자비 : "해설자께서 부인을 옆으로 부르실 때 부인에게 뭔가 줄 것 같았지요."

크리스티아나 : "맞아요, 이것저것 챙겨주셨어요. 하지만 자비 양, 우리가 처음 집을 떠나면서 내가 말했던 대로 해요. 당신은 나와 기꺼이 동행하였으니 앞으로도 내가 가진 것을 모두 나누어 써요."

크리스티아나는 자비와 아이들에게 먹을 것을 나눠주고 다 함께 먹었다. 그녀가 담대에게 말했다.

크리스티아나 : "당신도 같이 드시겠어요?"

<hr>

41) 마태복음 11 : 28.

담대 : "여러분은 계속해서 순례를 가야 하지만 나는 곧 돌아갈 겁니다. 여행에 큰 도움이 될 테니 많이 먹어두세요. 난 집에서 날마다 먹는걸요."

그들은 먹고 마시면서 한참 동안 느긋하게 이야기를 나누었다.

담대 : "곧 날이 저물겠어요. 괜찮으면 이제 슬슬 떠날 준비를 합시다."

모두 자리에서 일어났고, 아이들이 앞장서서 걸어갔다. 그런데 크리스티아나가 그만 포도주 병을 깜박 잊고 두고 갔다. 그녀는 하는 수 없이 아이를 보내 포도주 병을 가져오게 했다.

자비 : "저 정자는 뭐든 잘 잊고 마는 곳 같네요. 크리스천은 두루마리를 잊어버렸고 크리스티아나는 포도주 병을 잊었으니 말이에요. 어째서 이런 일이 일어나는 건가요?"

담대 : "졸음과 건망증 때문입니다. 깨어 있어야 할 때 잠을 자거나 꼭 기억해야 하는 걸 깜박 잊는 거지요. 그래서 순례자들이 휴식처에서 물건을 잃어버리곤 한답니다. 순례자는 늘 깨어 있어야 하고, 아무리 행복한 때라도 이미 받은 것을 잘 살피고 기억해야 합니다. 그러지 않으면 기쁨은 눈물로 끝나고 햇살은 구름에 가려지게 되지요. 크리스천이 여기서 겪은 이야기가 그 증거입니다."

이윽고 두려움과 불신이 크리스천더러 무서운 사자가 있으니 돌아가라고 권했던 곳에 도착했다. 그들은 그곳에서 처형대처럼 생긴 것을 보았다. 그 앞에는 시 한 수가 적힌 커다란 게시판 하나가 큰길가 쪽으로 서 있었다. 시 아래에는 처형대를 세운 이유도 쓰여 있었다. 시는 다음과 같다.

이 처형대를 보는 사람은
마음과 혀를 조심하라
그러지 않으면 어려움을 겪으리
오래전에 누군가가 그랬듯이

시 아래에는 이런 말이 적혀 있었다.

"이 처형대는 두려움이나 불신 때문에 순례를 멈추고 겁내는 사람들을 벌주기 위해 지은 것이다. 또한 두려움과 불신은 크리스천이 여행하는 걸 방해하려 했기에 이 처형대에서 뜨겁게 달군 쇠꼬챙이로 혀가 뚫리는 벌을 받았다."

이것을 본 자비가 말했다.

**자비** : "저 글은 주님께서 하신 말씀과 같군요. '이 사기꾼들아, 무엇을 얻으려 하느냐? 무엇을 받으려 하느냐? 네가 받을 것은 용사의 날카로운 화살과 싸리나무 숯불뿐이다!'라고 하셨지요."[42]

그러고 나서 그들은 계속 길을 가다가 사자를 발견했다. 힘센 담대는 사자를 겁내지 않았다. 하지만 사자가 있는 곳에 다다르자 앞서 가던 아이들은 사자가 무서워 뒷걸음질쳐서 어른들 뒤로 숨어갔다. 그들의 안내자인 담대가 미소를 지으며 말했다.

**담대** : "얘들아, 아무 위험도 없을 땐 좋다고 앞장서서 가더니 사자가 나타나니까 뒤에서 따라오려고 하는 거냐?"

사자가 있는 곳에 이르자 담대는 사자를 물리쳐서 순례자들에게 길을 터주려고 칼을 뽑아 들었다. 그때 뒤에서 사자를 도우려는 듯한 사람이 나타나 순례자들의 안내자인 담대에게 물었다.

"여기는 무엇 때문에 왔느냐?"

그 사내는 순례자들을 마구 죽이는 탓에 잔인(Grim) 또는 피에 굶주린 자(Bloody man)라고 불리는 거인이었다.

**담대** : "이 여인들과 아이들은 순례를 가는 중이니 이 길을 꼭 지나가야 한다. 너와 사자를 물리치고서라도 내가 지나가게 할 것이다."

**잔인** : "이곳은 너희들이 지나는 길이 아니며 지나지도 못할 것이다. 나는 너희를 막으러 여기 왔으니 사자들을 돕겠다."

실은, 사자가 아주 사납고 사자를 돕는 사람이 너무나 잔인하여 최근에는 길을 지나가는 사람이 없었다. 길에는 풀만 무성하게 자라 있었다. 그때 크리스티아나가 말했다.

**크리스티아나** : "비록 길이 버려지고 여행객들도 점점 샛길로 빠져들었지만, '이스라엘의 어머니'가 될 내가 일어선 이상 그렇게 내버려 두지 않을 것이다."[43]

그러자 잔인은 반드시 자기 말대로 될 것이라며 사자를 걸고 맹세했다. 그리고 무슨 일이 있어도 여기를 지나지 못할 테니 샛길로 가라고 큰소리쳤다.

---

42) 시편 120 : 3~4.
43) 사사기 5 : 6~7.

하지만 일행의 안내자인 담대가 먼저 잔인에게 다가가 칼로 힘차게 내려쳤다. 잔인은 뒤로 물러날 수밖에 없었다.

잔인 : "내 땅에서 나를 죽이려는 거냐?"

담대 : "우리가 있는 곳은 왕의 대로이다. 네가 왕의 길에 사자를 데려다 놓지 않았느냐? 이 여인들과 아이들은 비록 몸이 약하여도 사자를 물리치고 계속 길을 갈 것이다."

이렇게 말하자마자 그가 다시 칼을 휘두르니 잔인이 무릎을 꿇었다. 이 공격으로 잔인의 투구가 부서졌고 다음 공격으로 한쪽 팔이 잘려나갔다. 잔인이 소름끼치는 비명을 질러대는 바람에 여인들이 화들짝 놀랐지만, 잔인이 바닥으로 고꾸라져 버둥대는 걸 보고는 기뻐했다. 사자들은 사슬에 묶인 채 순례자들에게 아무 짓도 하지 못했다. 이렇게 사자를 도우러 왔던 늙은 잔인이 죽자 담대가 순례자들에게 말했다.

담대 : "자, 이제 나를 따르십시오. 사자들은 여러분을 해치지 못합니다."

그렇게 그들은 다시 앞으로 나아갔는데 여인들은 사자 옆을 지날 때 몸을 부들부들 떨었다. 아이들도 죽은 사람 얼굴처럼 새파랗게 질렸지만 모두 아무런 상처도 입지 않고 무사히 그곳을 지나갔다.

크리스티아나 일행은 문지기의 오두막이 눈에 들어오자 서둘러 그곳으로 갔다. 밤이라 여행하기 위험했기에 걸음을 재촉했다. 문 앞에 이르러 담대가 문을 두드리자 문지기가 외쳤다.

문지기 : "누구십니까?"

담대 : "납니다."

담대는 전에도 순례자들을 이끌고 이곳에 자주 왔기 때문에 문지기가 담대의 목소리를 알아듣고 내려왔다. 문지기가 문을 열고는 문 바로 앞에 서 있는 안내자를 보고 물었다.

문지기 : "담대여, 어쩐 일입니까? 밤늦게 무슨 일로 왔나요?"

문지기는 담대 옆에 서 있는 여인들을 미처 보지 못했다.

담대 : "주님의 지시에 따라 여기서 머물다 가야 할 순례자 몇 분을 데리고 왔습니다. 사자 편을 드는 거인이 없었으면 좀 더 일찍 왔을 겁니다. 길고 지루한 싸움 끝에 거인을 쓰러뜨리고 순례자들을 이곳까지 무사히 데려왔지요."

**문지기** : "당신도 내일 아침까지 쉬었다 가지 않겠습니까?"

**담대** : "아닙니다. 난 오늘 밤에 주인께 돌아가야 합니다."

**크리스티아나** : "아, 우리를 남겨두고 떠나신다니 얼마나 서운한지 모르겠어요. 당신은 아주 성실하고 다정하게 우리를 대해주셨어요. 우리를 위해 용감하게 싸워주시고, 진심 어린 충고도 해주셨지요. 당신이 베풀어주신 은혜는 평생 잊지 못할 거예요."

**자비** : "우리가 여행 끝까지 당신과 함께 갈 수 있다면 얼마나 좋을까요? 이렇게 시련이 많은 길에서 우리처럼 약한 사람이 친구와 보호자 없이 어떻게 계속 갈 수 있을까요?"

그러자 크리스티아나의 막내아들인 야고보가 말했다.

**야고보** : "제발 저희랑 함께 가면서 저희를 도와주세요. 저희는 너무나 나약하고, 순례 길은 너무나 험해요."

**담대** : "나는 주인님의 명령을 따를 뿐입니다. 그분께서 여러분이 가는 길을 끝까지 안내하라고 명하셨다면 나도 기꺼이 여러분과 함께 갔을 것입니다. 이 점은 처음부터 여러분이 잘못했어요. 주인님이 여기까지 여러분을 데려가라고 내게 지시했을 때 여러분은 끝까지 나와 함께 가게 해달라고 부탁드려야 했지요. 그랬다면 틀림없이 그 부탁을 들어주셨을 겁니다. 저는 이제 돌아가야겠군요. 그럼 착한 크리스티아나, 자비 양, 그리고 용감한 아이들 모두 잘 가세요!"

담대가 돌아가고 난 뒤 문지기로 일하는 경계심이 크리스티아나에게 고향은 어디이며 친척들은 어떤 사람들이냐고 물었다.

**크리스티아나** : "저는 멸망의 도시에서 왔습니다. 남편이 세상을 떠나 과부가 되었지요. 죽은 남편은 순례자 크리스천이라고 합니다."

**문지기** : "네? 그 사람이 당신 남편이었단 말입니까?"

**크리스티아나** : "네, 맞아요. 그리고 애들이 그의 자식들입니다. 자비 양은 같은 동네에 살던 이웃이지요."

이때 문지기가 손님을 맞을 때 늘 하던 대로 종을 울리자 겸손이라는 아가씨가 문 앞으로 나왔다. 문지기가 겸손에게 말했다.

**문지기** : "안에 들어가서 크리스천의 아내인 크리스티아나가 아이들을 데리고 순례자가 되어 여기 왔다고 전하시오."

용사 벨트란의 서정

아가씨가 안으로 뛰어 들어가 소식을 전했다. 아가씨의 입에서 말이 떨어지자마자 사람들은 반가운 마음에 환호성을 질렀다. 그들은 크리스티아나가 아직 문 밖에 서 있는 걸 알고 문지기가 있는 곳으로 우르르 달려 나왔다. 그중 가장 점잖아 보이는 사람이 크리스티아나에게 말했다.

"크리스티아나! 자, 들어오세요. 훌륭하신 분의 아내여, 어서 오세요. 축복받은 이여! 함께 오신 분도 들어오세요."

크리스티아나가 안으로 들어가고 그녀의 아이들과 자비도 뒤를 따라 들어갔다. 그들은 아주 넓은 방으로 안내받고 자리에 앉았다. 집 주인이 소식을 듣고 내려와 그들을 환영해 주었다. 그들이 누구인지 이야기를 듣고 난 뒤 서로 입을 맞추며 인사를 하였다.

"어서 와요, 하느님 은총의 그릇인 여러분! 우리는 여러분의 친구입니다. 오신 것을 환영해요."

이미 밤이 깊었고 순례자들은 여행으로 지쳐 있었다. 게다가 담대와 거인이 싸우는 장면과 무시무시한 사자를 본 탓에 일행은 모두 기진맥진한 상태였다. 그들은 되도록 빨리 잠자리에 누워 쉬고 싶었다. 그런데 집에 사는 가족이 말했다.

"피곤하시겠지만 우선 고기를 먹고 기운을 차리세요."

사람들은 크리스티아나 일행을 위해 양 한 마리를 잡아 평소에 즐겨 쓰는 양념을 곁들여 요리를 마련해 놓았다. 순례자들이 올 것이라는 말을 문지기가 미리 듣고서 집 안에 있는 가족에게 일러두었던 것이다.[44] 크리스티아나 일행은 식사를 마치고 찬송과 기도까지 끝내자 쉬기를 원했다.

**크리스티아나** : "염치없는 부탁입니다만, 제 남편이 전에 묵었던 방에서 잘 수 있을까요?"

가족은 흔쾌히 승낙하고 일행을 크리스천이 머물렀던 방으로 안내해주었다. 크리스티아나 일행은 모두 한방에 나란히 누웠다. 잠자리에 들자 크리스티아나와 자비는 머리에 떠오르는 대로 이런저런 이야기를 나누었다.

**크리스티아나** : "남편이 순례를 떠났을 때 나도 그 뒤를 따라가게 될 줄은

---

44) 출애굽기 12 : 3~8, 요한복음 1 : 29.

꿈에도 생각 못했어요."

**자비** : "그리고 지금처럼 남편이 묵었던 방의 침대에서 자게 될 줄도 몰랐죠?"

**크리스티아나** : "그럼요. 게다가 편안하게 그이 얼굴을 바라보고, 그이와 함께 계시는 주 하느님께 경배드리게 될 거라곤 전혀 상상도 못했지요. 하지만 지금은 그렇게 되리라 믿어요."

**자비** : "잠깐, 무슨 소리 못 들었어요?"

**크리스티아나** : "들었어요. 우리가 온 걸 기뻐하는 음악 소리 같은데요."

**자비** : "어머나, 근사하군요. 집 안에도 마음에도 천국에도 온통 음악으로 가득해요."

두 여인은 한참 동안 이야기를 나누다가 잠이 들었다. 아침이 밝자 눈을 뜬 크리스티아나가 자비에게 물었다.

**크리스티아나** : "어젯밤에 자면서 왜 그렇게 웃었어요? 꿈이라도 꾸었나요?"

**자비** : "예, 꿈을 꿨어요. 아주 멋진 꿈이었지요. 그런데 제가 정말 자면서 웃었어요?"

**크리스티아나** : "네, 아주 기쁜 듯이 웃던걸요? 무슨 꿈을 꿨는지 말해 줘요."

**자비** : "그럴게요. 꿈에서 저는 외딴 곳에 혼자 남아 고집스러운 제 마음을 슬퍼하고 있었어요. 그런데 앉은 지 얼마 되지 않아서 사람들이 몰려와 저를 보고 제가 하는 말을 들으려 하더군요. 하지만 사람들이 옆에서 듣든 말든 저는 계속해서 자신의 고집스러움을 한탄했답니다. 이를 듣고 저를 비웃는 사람이 있었어요. 어떤 사람은 저더러 바보라 놀렸고, 저를 이리저리 떠미는 사람도 있었어요. 그때 위를 쳐다보니 날개 달린 분이 제게 다가오고 있었어요. 그분은 제게로 곧장 와서 물었어요. '자비여, 왜 그러느냐?' 그리고 제 하소연을 듣더니 이렇게 말씀했어요. '평화가 함께하기를!' 그러고는 제 눈에 맺힌 눈물을 손수건으로 닦아주고 은과 금으로 장식된 옷도 입혀줬어요. 목에는 목걸이를 둘러주고 귀에는 귀걸이를 걸어주었으며 머리에는 화려한 면류관을 씌워주었지요.[45] 그다음에 제 손을 잡고는 따라오라고 했어요. 저는 그분을 따라 하늘로 올라가 금으로 된 문 앞에 도착했어요. 그분이 문을 두드리자 안에 있던 사

---

45) 에스겔 16 : 8~13.

람들이 나와서 문을 열어주었지요. 그분이 안으로 들어가고 나도 그 뒤를 따라 들어가 보좌 앞에 이르렀습니다. 보좌 위에 앉아 계신 분이 제게 말씀하셨어요. '어서 오너라, 내 딸아.' 그곳은 별처럼, 아니 태양처럼 반짝반짝 빛났어요. 그리고 거기서 부인의 남편도 본 것 같아요. 그런 뒤 꿈에서 깨어났죠. 그런데 제가 정말 웃었단 말이에요?"

**크리스티아나** : "웃고말고요! 스스로 더 잘 알 거예요. 그렇게 좋은 꿈을 꿨으니 웃는 게 당연하지요. 내가 장담하는데 그건 길몽이에요. 반은 꿈에서 보았으니 나머지는 실제로 보게 될 거예요. 사람들이 꿈을 꿀 때, 밤의 환상을 볼 때, 또는 깊은 잠에 빠질 때, 침실에서 잠을 잘 때, 하느님께서 한 번 혹은 두 번 말씀하지만 사람들은 그것을 깨닫지 못해요.[46] 우리가 잠들 때는 하느님과 대화하기 위해서 침대에 누운 채 깨어 있을 필요가 없어요. 그분께서는 우리가 자고 있을 때에도 우리를 찾아오셔서 목소리를 들려주실 수 있거든요. 때때로 우리는 자면서도 마음이 깨어 있기 때문에 하느님께서는 우리가 깨어 있을 때처럼 말씀이나 잠언 혹은 징조나 비유로 말씀하실 수 있지요."

**자비** : "아, 이런 꿈을 꾸어 무척 기뻐요. 머지않아 꿈이 이루어져서 다시 한 번 웃을 수 있기를 간절히 바랄 뿐이에요."

**크리스티아나** : "이제 자리에서 일어나 우리가 해야 할 일이 무엇인지 여쭤 봐야겠어요."

**자비** : "사람들이 우리보고 더 머무르라고 하면 기꺼이 그렇게 해요. 이곳에 좀 더 머물면서 이 집 아가씨들과 친해지고 싶어요. 신중, 경건, 자선 모두 아주 아름답고 단정한 것 같아요."

**크리스티아나** : "사람들이 더 머물라고 할지는 두고 보도록 해요."

그들이 일어나서 방을 치우고 내려오자 사람들이 쉬는 데 불편한 점은 없었는지 물었다.

**자비** : "정말 좋았어요. 제 평생에 이렇게 편안한 방은 처음이랍니다."

그러자 신중과 자선이 말했다.

"저희 집에 더 머물다 가세요. 정성을 다해 모실 테니 부디 사양하지 마세요."

---

46) 욥기 33 : 14~16.

그리하여 크리스티아나 일행은 이들의 요청을 받아들여 한 달 가량 머물면서 유익한 시간을 보냈다. 신중은 아이들이 어떻게 자랐는지 알고 싶어서 크리스티아나에게 아이들과 교리 문답을 해도 되는지 물었다. 크리스티아나가 마음껏 질문해도 좋다고 허락하자 신중이 먼저 막내인 야고보에게 질문했다.

**신중** : "자, 야고보야. 누가 너를 만들었는지 말해보겠니?"

**야고보** : "성부 하느님과 성자 하느님과 성령 하느님께서 만드셨어요."

**신중** : "참 잘했다. 그럼 누가 널 구원하셨니?"

**야고보** : "성부와 성자와 성령께서요."

**신중** : "역시 잘 말했다. 그러면 성부 하느님께서 어떻게 너를 구원하셨지?"

**야고보** : "그분의 은혜로요."

**신중** : "성자 하느님께서는 어떻게 구원하셨지?"

**야고보** : "그분의 의로우심과 죽음, 피 흘리심, 그리고 살아나심으로요."

**신중** : "그럼 성령 하느님께서는 어떻게 너를 구원하셨니?"

**야고보** : "그분의 계시와 혁신과 보전을 통해서요."

신중이 크리스티아나에게 말했다.

**신중** : "아이들을 이렇게 잘 기르시다니 칭찬받아 마땅하세요. 야고보는 나머지 질문에도 잘 대답할 테니 더 물어볼 필요도 없겠어요."

그리고 나서 신중은 셋째 아들 요셉에게 말했다.

**신중** : "요셉아, 너에게 교리를 물어봐도 되겠니?"

**요셉** : "그럼요."

**신중** : "인간이 무엇이지?"

**요셉** : "동생이 말한 것처럼 하느님께서 만드신 이성적인 피조물이에요."

**신중** : "그럼 구원이라는 말을 들으면 무엇이 생각나니?"

**요셉** : "죄를 지어 죄의 노예로 전락한 인간의 나약함이 떠올라요."

**신중** : "삼위일체 하느님으로부터 구원을 받는다는 말은 무슨 뜻일까?"

**요셉** : "인간이 저지른 죄는 너무나 크고 힘세서, 하느님만이 그 손아귀에서 우리를 건져내실 수 있어요. 다행히 그분께서는 지극히 선하시고 인간을 매우 사랑하셔서 우리를 비참한 처지에서 구해주시는 거예요."

**신중** : "하느님께서 가엾은 인간을 구원하시는 목적은 뭘까?"

**요셉** : "인간에게 하느님의 이름과 은총, 정의를 찬미하게 하고, 더 나아가 그분께서 만드신 피조물에게 영원한 행복을 주시기 위해서요."

**신중** : "어떤 사람들이 구원을 받게 되지?"

**요셉** : "그분의 구원을 받아들이는 사람들이요."

**신중** : "참 잘했다. 어머니께서 널 아주 잘 가르치셨구나. 너도 어머니 말씀을 잘 들었어."

이어서 신중이 둘째 아들인 사무엘에게 말했다.

**신중** : "사무엘, 너한테도 교리를 물어봐도 되겠니?"

**사무엘** : "네, 얼마든지요."

**신중** : "천국이 무엇일까?"

**사무엘** : "천국은 하느님이 계시기 때문에 가장 축복받은 장소이자 축복받은 상태를 말해요."

**신중** : "그럼 지옥은 무엇이지?"

**사무엘** : "지옥은 죄, 악마, 그리고 죽음이 있는 곳이라서 가장 비참한 장소이자 비참한 상태예요."

**신중** : "너는 왜 천국에 가고 싶니?"

**사무엘** : "하느님을 뵙고 그분을 쭉 섬기려고요. 그리스도를 영원히 사랑하고, 여기서는 결코 누릴 수 없는 성령의 충만함을 누리고 싶어요."

**신중** : "참 착하구나. 가르침도 잘 받았어."

그런 다음 그녀는 맏아들인 마태를 불러서 말했다.

**신중** : "마태, 교리 문답을 하겠니?"

**마태** : "기꺼이 하겠어요."

**신중** : "하느님께서 존재하시기 전에는 무엇이 있었을까?"

**마태** : "하나도 없었어요. 하느님께서는 영원한 분이세요. 천지창조 첫날 이전에도 하느님 말고는 아무것도 없었어요. 하느님께서 엿새 동안 하늘과 땅과 바다와 그 안에 있는 모든 것을 만드셨기 때문이에요."

**신중** : "성경을 어떻게 생각하지?"

**마태** : "성경은 하느님의 거룩한 말씀이에요."

**신중** : "성경 말씀 가운데 이해가 안 가는 부분은 없니?"

**마태** : "있어요, 아주 많이요."

**신중** : "잘 이해가 안 되는 구절이 나오면 어떻게 하지?"

**마태** : "하느님께서는 저보다 훨씬 지혜로우시다고 생각해요. 그래서 저도 유익한 것을 다 알 수 있게 해달라고 기도드려요."

**신중** : "죽은 사람이 부활한다고 믿니?"

**마태** : "땅에 묻힌 사람들이 썩지 않고 묻힐 때 모습 그대로 죽기 전 본성을 지닌 채 부활할 거라 믿어요. 제가 이렇게 믿는 이유는 두 가지예요. 첫째는 하느님께서 그렇게 약속하셨기 때문이고, 둘째는 그분께서 우리를 부활시키실 수 있기 때문이에요."

신중이 아이들에게 말했다.

**신중** : "앞으로도 어머니께서 많은 걸 가르쳐 주실 테니까 모두 어머니 말씀을 잘 들어야 한다. 그리고 다른 사람이 좋은 이야기를 해주거든 귀담아듣도록 하여라. 또 하늘과 땅이 가르쳐 주는 것도 주의 깊게 살펴봐야 한단다. 특히 너희 아버지를 순례자가 되게 한 그 책을 읽고 묵상해야 한다. 얘들아, 너희들이 여기 머무는 동안 내가 힘닿는 데까지 가르쳐 주마. 너희들도 신앙을 돈독히 하는 데 도움이 되는 질문을 내게 해준다면 더없이 기쁘겠구나."

그 뒤 순례자들이 이곳에 머무른 지 일주일쯤 되었을 때 자비에게 호감이 있는 척하면서 찾아온 사람이 있었다. 이름은 쾌활(Brisk)이라고 하였는데, 어느 정도 교양을 갖추고 신앙이 깊은 척했지만 사실은 속세에 찌든 남자였다. 그는 자비를 한두 번쯤 찾아오더니 사랑한다고 고백했다. 자비는 미모가 빼어나서 그의 마음을 잡아끌었다.

게다가 자비는 자기 일이 없을 때면 양말이나 옷을 만들어 필요한 사람들에게 나누어 줄 만큼 아주 부지런했다. 쾌활은 그녀가 그러한 것을 만들어 어떻게 하는 줄은 몰랐지만 게으름을 피우지 않는 그녀의 모습에 마음이 몹시 끌린 모양이었다. 그는 속으로 자비가 좋은 신붓감이라고 생각했다.

자비는 이 일을 그 집 아가씨들에게 털어놓고 쾌활이 어떤 사람인지 물어봤다. 자기보다 아가씨들이 그를 더 잘 알 거라 생각했기 때문이다. 아가씨들은 그가 분주한 청년으로 신앙이 깊은 척하지만 선함과는 거리가 멀다고 말해주었다.

**자비** : "어머나, 그러면 안 되겠어요. 더는 그 사람을 만나지 않을래요. 영혼

에 방해가 되는 것은 멀리해야 하니까요."

그러자 신중은 자비에게 말했다.

**신중** : "쾌활을 포기하게 만드는 일은 아주 간단해요. 계속 가난한 사람들을 위해 일한다면 그의 열정도 금방 식을 테니까요."

쾌활이 다시 찾아왔을 때 자비는 전처럼 가난한 사람들을 위해 옷을 만들고 있었다.

**쾌활** : "늘 무슨 일을 하고 있는 거죠?"

**자비** : "나뿐만 아니라 다른 사람들을 위해서 일하지요."

**쾌활** : "그러면 하루에 얼마나 법니까?"

**자비** : "돈을 벌려고 일하는 게 아니에요. 좋은 일을 많이 하고 앞날을 위하여 든든한 기초를 스스로 쌓아 참된 생명을 얻기 위함이지요."47)

**쾌활** : "그렇다면 그 옷들로 뭘 하는 겁니까?"

**자비** : "헐벗은 사람들에게 나눠주지요."

그러자 그의 낯빛이 바뀌었다. 그 뒤로 그는 자비를 찾지 않았다. 사람들이 그에게 그 이유를 물으면, 자비가 아름다운 아가씨이긴 하지만 정신이 조금 이상하더라고 대답했다.

쾌활이 발길을 끊자 신중이 자비에게 말했다.

**신중** : "제 말대로 하면 쾌활이 단념할 거라고 그랬죠? 그는 당신을 험담하고 다닐 게 뻔해요. 그가 신앙이 깊은 척하고 당신을 사랑하는 척해도 당신과 그는 품성이 달라서 절대 어울리지 못할 거라고 생각했어요."

**자비** : "아무에게도 말하지 않았지만 지금까지 청혼을 받은 적이 여러 번 있어요. 그런데 그때마다 그들은 제 결점을 꼬집어내지 못하면서 제 성품을 좋아하지 않았어요. 그래서 결혼하지 않았지요."

**신중** : "세상 사람은 자비를 입으로만 떠들 뿐 별로 귀하게 여기지 않아요. 그러니 당신처럼 꾸준히 자비를 실천하는 사람은 참 드물지요."

**자비** : "혼인 상대가 없다면 그냥 처녀로 살면 돼요. 아니면 제 성품을 남편이라 여기고 살겠어요. 성품을 바꿀 수도 없는 노릇이고, 저와 맞지 않는 사람

---

47) 디모데전서 6 : 18~19.

을 남편으로 받아들일 생각은 없으니까요. 제게는 너그러움(Bountiful)이라는 언니가 있는데 그만 비열한 사람하고 결혼을 했어요. 서로 마음이 전혀 맞지 않았지요. 언니가 처음 품었던 뜻대로 가난한 사람들에게 친절을 베풀려고 하자, 형부는 욕을 퍼부어대더니 결국 언니를 집에서 내쫓아버렸어요."

**신중** : "그런 그 사람도 신앙 고백자였죠?"

**자비** : "네, 그 같은 사람도 말이지요. 요즘 세상은 그런 사람들로 가득해요. 전 그런 사람은 사양하겠어요."

그러던 어느 날 크리스티아나의 맏아들 마태가 병이 나서 심하게 앓았다. 복통이 어찌나 심한지 창자가 끊어질 듯 아팠다. 마침 집에서 멀지 않은 곳에 용하기로 소문난 솜씨(Skill)라는 의사가 살았다. 크리스티아나의 부탁으로 심부름꾼이 가서 의사를 불러왔다. 그가 서둘러 마태를 진찰해보더니 배탈이 났다고 진단했다. 의사가 아이의 어머니에게 물었다.

**솜씨** : "최근에 마태가 무슨 음식을 먹었습니까?"

**크리스티아나** : "음식이요? 몸에 나쁜 것은 입에도 안 댔는데요."

**솜씨** : "이 아이가 무언가 몰래 먹은 게 배 속에 소화되지 않고 남아 있군요. 어서 손을 써서 꺼내야겠습니다. 그러지 않으면 죽을 수도 있습니다."

**사무엘** : "엄마, 저번에 길 입구에 있는 문을 나오면서 형이 따 먹은 과일이 뭐죠? 담장 너머 왼쪽에 과수원이 있었잖아요. 그때 과일이 열린 나뭇가지가 담장 너머로 뻗어 있어서 형이 과일을 따서 먹었어요."

**크리스티아나** : "그래, 얘야. 마태가 그걸 따서 먹었었구나. 그렇게 타일렀는데도 기어이 먹다니!"

**솜씨** : "아이가 뭔가 몸에 좋지 않은 것을 먹은 것 같더라니 그럴 줄 알았어요. 그 과일은 세상에서 가장 해로운 음식입니다. 바알세불의 과수원 열매지요. 아무도 주의를 주지 않은 게 이상하군요. 그걸 먹고 수많은 사람이 죽었습니다."

그러자 크리스티아나가 눈물을 흘리며 말했다.

**크리스티아나** : "이런, 못된 녀석! 이 엄마도 조심성이 없었구나! 선생님, 이제 어쩌면 좋을까요?"

**솜씨** : "자, 그렇게 낙담하지 마세요. 설사와 구토만 하고 나면 괜찮아질 겁니다."

**크리스티아나** : "선생님, 치료비는 얼마가 들어도 좋으니 제발 모든 솜씨를 발휘해 주세요."

**솜씨** : "치료비는 적당히 받을 테니 염려 마세요."

의사는 마태에게 설사약을 먹였지만 약이 별 효과가 없었다. 염소 피,[48] 암송아지를 태운 재, 우슬초 즙 등을 섞어서 만든 약이라 했다. 의사는 설사약이 신통치 않자 다른 약을 새로 지었다. 바로 그리스도의 피와 살로 만드는 것이었다.[49] 거기에 하느님 말씀을 한두 가지 넣고 알맞게 소금을 뿌려 알약을 만들었다. 아시다시피 의사란 환자에게 이상한 약을 주는 법이다. 마태는 금식을 하며, 회개의 눈물 500밀리리터와 함께 약을 한 번에 세 알씩 먹어야 했다. 의사는 약이 마련되자 마태에게 가져갔다. 그런데 마태는 배가 아파 창자가 끊어질 지경이면서도 약을 먹으려 들지 않았다.

**솜씨** : "자, 어서 먹어야지."

**마태** : "보기만 해도 속이 아파요."

**크리스티아나** : "억지로라도 먹일 거야."

**마태** : "먹자마자 토하고 말 거예요."

크리스티아나가 의사에게 말했다.

**크리스티아나** : "선생님, 이 약은 무슨 맛이지요?"

**솜씨** : "쓴맛은 전혀 안 납니다."

맛이 궁금해진 그녀가 알약을 혀끝에 대보았다.

**크리스티아나** : "마태야, 이 약은 꿀보다 더 달콤하구나. 네가 엄마와 동생들, 자비 양, 그리고 네 목숨을 사랑한다면 부디 이 약을 먹으렴."

그리하여 야단법석을 떨던 마태는 약에 은총을 내려달라고 하느님께 짧게 기도하고 약을 먹었다. 약효가 아주 좋아 마태는 설사를 한 뒤 잠이 들어 편히 쉬었다. 열이 내리고 숨결이 가라앉았으며 배앓이도 말끔히 나았다. 얼마 지나지 않아 아이는 자리를 털고 일어났다. 지팡이를 짚고 이 방 저 방 다니면서 신중, 경건, 자선과 함께 자신이 어떻게 아팠고 어떻게 나았는지 이야기했다.

마태가 깨끗이 낫자 크리스티아나가 솜씨에게 물었다.

---

48) 히브리서 10 : 1∼4.
49) 요한복음 6 : 54∼57, 히브리서 9 : 14.

**크리스티아나** : "선생님, 아들을 치료해 주시느라 수고 많으셨어요. 어떻게 이 보답을 해야 할까요?"

**솜씨** : "이런 경우는 규칙에 따라 의과대학 학장님께 보답하시면 됩니다."

**크리스티아나** : "그런데 선생님, 이 약은 다른 병에도 잘 듣나요?"

**솜씨** : "만병통치약이지요. 순례자들이 앓기 쉬운 병을 모두 고칠 수 있습니다. 잘만 만들면 두고두고 쓸 수 있어요."

**크리스티아나** : "선생님, 그럼 이 약을 열두 상자만 지어주세요. 이 약이 있으면 다른 약은 아무 필요 없겠네요."

**솜씨** : "이 약은 아픈 사람을 치료해 줄 뿐만 아니라 병을 예방해 주기도 합니다. 제가 감히 장담하는데 이 약을 올바르게 사용하면 영원히 살 수도 있지요. 하지만 착한 크리스티아나, 내가 처방해준 대로 쓰지 않으면 약효를 보지 못할 겁니다."

의사는 크리스티아나와 아이들, 자비에게 약을 지어주었다. 마태에게는 앞으로 다시는 설익은 과일을 따 먹지 말라고 단단히 일러두었다. 그런 다음 모두에게 입을 맞추며 인사하고 돌아갔다.

신중은 아이들에게 유익한 것이라면 무엇이든 대답해줄 테니 언제든지 질문하라고 말한 바 있다. 그래서 병에 걸렸던 마태가 그녀에게 물었다

**마태** : "어째서 약은 대체로 입에 쓴가요?"

**신중** : "세속에 물든 마음이 하느님의 말씀과 효력을 반기지 않기 때문이지."

**마태** : "좋은 약이라면서 구토와 설사는 왜 일으키는 거죠?"

**신중** : "그건 하느님의 말씀이 힘을 발휘하면 인간의 마음과 생각을 깨끗이 씻어준다는 뜻을 보여주려는 거야. 너도 알겠지만 약이 몸을 깨끗하게 해주듯 하느님의 말씀은 영혼을 맑게 해준단다."

**마태** : "그럼 불길은 위로 올라가고, 햇빛과 좋은 기운은 아래로 내려오는 걸 보며 우린 무엇을 배워야 하나요?"

**신중** : "위로 올라가는 불길은 뜨겁고 간절한 소망으로 우리가 천국으로 올라가야 한다고 가르치지. 해가 온기와 부드러운 기운을 아래로 내려주는 것을 볼 때는, 구세주 하느님께서 비록 높은 곳에 계시지만 아래에 있는 우리에게 은혜와 사랑을 내려주심을 배울 수 있단다."

**마태** : "구름은 어디서 물을 얻나요?"

**신중** : "바다에서 얻지."

**마태** : "우리는 거기서 무엇을 배울 수 있나요?"

**신중** : "성직자들은 하느님으로부터 교리를 받아야 한다는 것이지."

**마태** : "구름은 왜 땅에 비를 쏟아붓는 거예요?"

**신중** : "성직자들은 하느님에 대해 알고 있는 걸 모두 세상에 알려야 함을 보여주기 위해서란다."

**마태** : "그럼 무지개는 왜 햇빛을 받아야 생기는 거죠?"

**신중** : "하느님께서 하신 은총의 약속이 그리스도 안에서 이루어짐을 알려주기 위해서지."

**마태** : "바다에서 나는 샘물이 땅을 통해서 우리에게 흘러오는 까닭은 뭘까요?"

**신중** : "하느님의 은총이 그리스도의 몸을 통해서 우리 곁에 온다는 사실을 가르쳐 주려는 거야."

**마태** : "어떤 샘물은 높은 산꼭대기에서 흘러나오는데 왜 그렇죠?"

**신중** : "은총의 성령은 가난하고 약한 사람들뿐 아니라 힘세고 권력 있는 사람들에게도 나타난다는 걸 보여주기 위해서란다."

**마태** : "불은 왜 초의 심지에만 붙나요?"

**신중** : "은총으로 마음을 밝히지 않으면 우리 안에 진정한 생명의 빛이 있을 수 없다는 뜻이지."

**마태** : "촛불은 계속 빛을 내려고 심지와 초가 모두 타는데 왜 그런 거죠?"

**신중** : "우리 안에 있는 하느님의 은혜를 훌륭하게 지키려면 우리의 몸과 영혼을 남김없이 바쳐야 함을 가르쳐 주기 위해서야."

**마태** : "왜 펠리컨은 부리로 자기 가슴을 쪼아대는 거예요?"

**신중** : "그건 자기 피로 새끼들을 먹여 살리기 위해서란다. 마찬가지로 축복받은 그리스도께서 자신의 피로 어린 백성들을 죽음에서 구원하셨음을 보여주기도 하지."

**마태** : "수탉이 우는 소리에서는 무엇을 배울 수 있나요?"

**신중** : "베드로의 죄와 참회를 떠올려야 한다는 배움을 얻으렴. 수탉의 울음

소리는 날이 밝아온다는 것을 알려주잖니? 그러니 그 울음소리를 듣고 무시무시한 최후의 심판 날을 떠올려야 한단다."

어느덧 한 달이 지났다. 크리스티아나 일행은 떠날 때가 되었다고 집 사람들에게 알렸다. 그때 요셉이 어머니에게 말했다.

**요셉** : "엄마, 해설자 님 댁에 사람을 보내서 안내자 담대 님을 보내 달라고 부탁하는 거 잊지 마세요. 그러면 남은 길을 그가 안내해 줄 거예요."

**크리스티아나** : "참 잘 말해 주었구나, 얘야! 하마터면 잊을 뻔했어."

해설자 앞으로 편지를 쓴 그녀는 마땅한 사람을 보내 해설자 댁에 편지를 전해 달라고 문지기인 경계심에게 부탁했다. 해설자는 편지가 도착하자 내용을 읽어 보고 심부름꾼에게 말했다.

"가서 그들에게 담대를 보내겠다고 전하시오."

크리스티아나가 묵고 있는 집 사람들은 순례자들이 떠나려 하는 걸 알고 가족을 한자리에 불러 모았다. 그들은 크리스티아나 일행처럼 선한 순례자들을 손님으로 보내주신 하늘의 왕께 감사 기도를 바쳤다. 기도를 마친 뒤 그들이 크리스티아나에게 말했다.

"순례자들이 순례를 가면서 깊이 생각해 보고 교훈을 얻도록 저희가 늘 보여드리는 게 있는데 한번 보시겠어요?"

그들은 크리스티아나와 아이들, 자비를 구석에 있는 방으로 데려가 사과 하나를 보여주었다. 하와가 이 사과를 따 먹고 자기 남편에게도 주어서 둘 다 낙원에서 쫓겨났다.[50] 집 사람들이 크리스티아나에게 사과를 보니 어떤 생각이 드는지 물었다. 크리스티아나가 대답했다.

"저게 먹을 것인지 독인지 잘 모르겠어요."

사람들이 사과에 얽힌 이야기를 해주자 크리스티아나는 두 손을 내저으며 놀라워했다.

그들은 순례자들을 다른 곳으로 데려가 야곱의 계단을 보여주었다.[51] 때마침 천사들이 하늘로 올라가고 있었다.[52] 크리스티아나는 천사들이 올라가는 걸 하

---

50) 창세기 3 : 6.

51) 창세기 28 : 12.

52) 요한복음 1 : 51.

엾없이 들여다보았다. 나머지 일행도 마찬가지였다. 크리스티아나 일행이 이제 다른 것을 보러 가려고 하는데 야고보가 어머니에게 졸랐다.

"이 신기한 장면을 더 보고 싶어요. 조금만 머물다 가자고 사람들에게 부탁해 주세요."

그래서 모두 다시 돌아서고는 기분 좋은 광경을 한참이나 바라보며 즐거워했다. 사람들은 다음으로 순례자들을 황금 닻이 걸려 있는 곳으로 안내했다. 그러고는 크리스티아나에게 닻을 내리라고 시킨 뒤 이렇게 말했다.

"닻을 당신께 드리지요. 만약 거친 날씨를 만났을 때 천막에서 닻을 꺼내 붙잡으면 든든하게 설 수 있습니다. 반드시 필요한 날이 올 테니 가져가십시오."

순례자들은 무척 기뻐했다. 사람들은 이어서 순례자들을 이끌고 우리의 조상 아브라함이 자기 아들 이삭을 제물로 바치려고 했던 산으로 갔다.[53] 그리고 누구나 볼 수 있게 지금도 고스란히 남아 있는 제단과 땔나무, 불, 칼을 보여주었다. 이를 본 순례자들은 두 손을 높이 들고 찬양하며 말했다.

"아! 아브라함은 주님을 사랑하여 자신까지 부인했구나!"

이 모든 것들을 보여준 뒤 신중은 순례자들을 식당으로 데려갔다. 거기에는 훌륭한 하프시코드가 있었는데 신중이 그것을 연주하며 지금까지 보여준 것을 멋진 노래로 만들어 불렀다.

하와의 사과를 보여드렸으니
부디 조심하세요
천사들이 오르내리는
사다리도 보여드리고
닻도 드렸지만
이것만으로는 부족해요
아브라함처럼
당신이 가장 아끼는 것을 바치기 전까진

---

53) 창세기 22장.

그때 누군가가 문을 두드렸다. 문지기가 문을 열어보니 담대가 서 있었다. 그가 안으로 들어오자 모두 이루 말할 수 없이 기뻐했다. 얼마 전에 담대가 거인 잔인을 물리치고 사자로부터 크리스티아나 일행을 구해준 게 다시 생생하게 떠올랐기 때문이다.

담대가 크리스티아나와 자비에게 말했다

"제 주인님께서 두 분께 각각 포도주 한 병과 말린 옥수수 약간, 석류 한 송이씩 보내셨습니다. 또한 여행 가는 길에 기운을 북돋울 수 있도록 아이들에게 무화과와 건포도를 보내셨습니다."

마침내 크리스티아나 일행이 길을 나서자 신중과 경건이 배웅하러 따라 나왔다. 문 앞에 이르자 크리스티아나가 문지기에게 최근에 이곳을 지나간 사람이 있냐고 물었다. 문지기가 말했다.

"얼마 전에 딱 한 사람이 지나갔습니다. 그가 하는 말에 따르면 여러분이 걸어가는 이 왕의 큰길에서 엄청난 강도사건이 벌어졌다는군요. 하지만 강도들은 모두 잡혀서 머지않아 사형을 받을 거랍니다."

이 말을 듣고 크리스티아나와 자비는 겁을 집어먹었다.

**마태** : "엄마, 담대 님이 같이 가면서 우리 길잡이가 되어 주실 테니 겁내지 말아요."

크리스티아나가 문지기에게 말했다.

"여기에 온 이래 저희에게 친절을 베풀어 주시고 아이들을 다정하게 돌보아 주신 점 정말로 감사드려요. 무슨 말로 고마움을 다 표해야 할지 모르겠네요. 하찮은 물건이지만 존경의 뜻으로 드리는 것이니 부디 받아주세요."

크리스티아나는 천사상이 새겨진 금화 한 닢을 문지기 손에 쥐여주었다. 그러자 문지기가 정중하게 절한 뒤 말했다.

"당신의 옷이 언제나 희고, 머리에 바른 기름이 마르지 않기를 빕니다.[54] 자비 양도 늘 건강하게 지내며 일감이 떨어지지 않기를 빕니다."

다음으로 문지기가 아이들을 보며 말했다.

"너희는 젊음의 욕정을 멀리하고, 성실하고 지혜로운 사람들과 함께 경건한

---

54) 전도서 9 : 8.

삶을 좇도록 하여라.[55] 그러면 어머니를 기쁘게 할 수 있고, 훌륭한 사람들에게 칭찬받을 것이다."

순례자들은 문지기에게 고맙다는 인사를 건네고 길을 떠났다.

나는 꿈에서 그들이 마침내 산꼭대기에 이르는 것을 보았다. 그때 경건이 무언가를 떠올리고는 소리쳤다.

"아차! 크리스티아나 일행분들에게 드리려고 했던 것을 깜박 두고 왔어요. 집에 가서 다시 가져올게요."

경건이 집으로 달려가는 사이 크리스티아나는 오른쪽으로 조금 떨어진 숲 속에서 들려오는 아주 이상하고 아름다운 노랫소리에 귀를 기울였다. 노랫말은 다음과 같았다.

> 태어날 때부터 당신의 은혜
> 이렇게 아낌없이 받았으니
> 당신의 궁궐이야말로
> 제가 영원한 거처로 삼겠나이다

계속 귀를 기울이자 이에 화답하듯 다른 노래가 들려왔다.

> 주 하느님은 선하시며
> 그 은혜 영원히 변함없기 때문이로다
> 진리는 늘 반석 같으니
> 대대손손 이어지리라

크리스티아나가 신중에게 이 신기한 노래는 누가 부르는 것이냐고 물었다. 신중이 대답해 주었다.

"우리 고장 새들이랍니다. 이런 노래는 좀처럼 부르지 않지만, 꽃이 피고 햇살이 따뜻하게 비치는 봄철에는 노랫소리를 온종일 들을 수 있지요.[56] 저는 노

---

55) 디모데후서 2 : 22.
56) 아가 2 : 11~12.

래를 들으러 자주 나와요. 때로는 집에서 새들을 기르기도 한답니다. 기분이 울적할 때면 새들이 좋은 친구가 되어 주거든요. 숲이나 산처럼 외딴 곳도 새들의 노랫소리가 들리면 기꺼이 찾아들고 싶어질 정도지요.”

그때 경건이 돌아와서 크리스티아나에게 말했다.

“이것 좀 보세요. 여러분이 저희 집에서 본 것들을 표로 만들어 가져왔어요. 본 것을 잊어버릴 것 같으면 이걸 보고 다시 떠올려서 믿음을 키우고 마음의 위안을 얻으세요.”

크리스티아나 일행은 겸손의 골짜기 어귀로 들어서는 비탈길을 걸어 산을 내려갔다. 산이 무척 가파른 데다가 길이 미끄러웠지만 모두 조심조심 발을 내디뎠다. 골짜기까지 내려오자 경건이 크리스티아나에게 말했다.

“이곳은 당신 남편인 크리스천이 마귀 아바돈을 만나 무시무시한 싸움을 벌였던 곳입니다. 물론 당신도 들어보셨겠지요. 하지만 여러분의 안내자이자 보호자인 담대가 함께 있어 잘 지나갈 수 있을 테니 용기를 내세요.”

이렇게 말하고 신중과 경건은 안내자에게 순례자들을 맡기고 돌아갔다. 담대가 앞장서서 나갔고 일행은 그 뒤를 따랐다.

그때 담대가 말했다.

“골짜기를 두려워하지 마세요. 우리가 위험을 자초하지 않는 한 아무것도 우리를 해치지 못합니다. 크리스천이 여기서 아바돈을 만나 끔찍한 싸움을 벌였던 건 사실입니다. 하지만 그 싸움은 크리스천이 산을 내려오다가 미끄러져서 일어난 것입니다. 산비탈에서 미끄러지면 누구든 싸움에 휘말릴 각오를 해야 하지요. 이 골짜기가 험하기로 명성이 자자한 것도 다 그 때문입니다. 보통 사람은 어딘가에서 누가 어떤 무시무시한 일을 당했다는 소문만 듣고 그곳에 사악한 마귀나 유령이 우글거린다고 여깁니다. 하지만 그런 무서운 일을 당하는 것도 다 자신이 저지른 행동 탓이지요.

이 겸손의 골짜기는 본디 까마귀들이 날아다니는 여느 땅처럼 기름진 곳입니다. 운이 좋으면 크리스천이 왜 그토록 심한 일을 당했는지 알아낼 실마리를 이 근처에서 찾을 수 있을지 모릅니다.”

그때 야고보가 어머니에게 말했다.

“저기 보세요. 저쪽에 기둥이 서 있는데 뭐라고 적혀 있는 것 같아요. 한번 가서 살펴봐요."

그들이 기둥으로 가보니 이런 말이 쓰여 있었다.

'크리스천이 이곳에 오기 전에 미끄러지고 여기서 싸움을 치른 일이 뒤에 오는 이들에게 본보기가 되기를.'

안내자가 다시 입을 열었다.

"보세요. 크리스천이 이 골짜기에서 왜 그토록 심한 괴로움을 겪었는지 알려줄 뭔가가 이 근처에 있을 거라고 제가 말했죠?"

그가 크리스티아나에게 말했다.

"같은 일을 겪은 사람이 아주 많으니 크리스천만 나무라는 게 아닙니다. 이 산은 내려가는 것보다 오르는 게 더 쉽기 때문에 세상에서 아주 보기 드물거든요. 크리스천은 지금 안식 중이며 적과 용감히 싸워 훌륭히 이겼으니 이제 이 얘기는 그만하도록 하지요. 우리도 시험당할 때 크리스천처럼 잘 이겨낼 수 있게 도와달라고 하늘에 계신 분께 기도드립시다.

자, 다시 겸손의 골짜기 이야기를 해봅시다. 이곳은 이 근방에서 가장 좋은 땅이라 쓸모도 많지요. 땅이 기름져서 보다시피 온통 풀밭으로 뒤덮여 있습니다. 만약 이 땅에 대해 아무것도 모르는 사람이 우리처럼 여름에 이곳을 찾아오면 분명 이 땅을 멋진 곳이라고 여길 것입니다. 눈에 보이는 대로 경치를 보고 즐길 줄 아는 사람이라면 말이에요. 이 푸른 골짜기와 아름다운 백합꽃을 보세요.[57] 나는 이 겸손의 골짜기에 좋은 땅을 가지고 있는 일꾼들을 알고 있지요. 하느님께서는 교만한 자들을 물리치시고 겸손한 자들에게 은혜를 주신다고 했거든요.[58] 기름진 땅이니만큼 이 땅은 풍성한 결실을 맺습니다. 어떤 사람들은 더는 산과 언덕을 오르는 수고를 하고 싶지 않아 이곳에서 곧장 하느님 집으로 갈 수 있기를 바라지요. 하지만 길은 길이고, 모든 길은 언젠가 끝이 보이는 법입니다."

그렇게 크리스티아나 일행이 이야기를 나누며 걸어가는데 한 소년이 아버지의 양떼를 치고 있는 모습이 보였다. 소년은 아주 초라한 옷차림을 하고 있었지만 생기가 넘치고 얼굴도 잘생겼다. 소년이 홀로 앉아서 노래를 부르고 있었다.

---

57) 아가 2 : 1.
58) 야고보서 4 : 6.

담대가 말했다.

"이 양치기 소년이 부르는 노래를 한번 들어보세요."

그들이 귀 기울여 들어보니 소년은 이렇게 노래를 불렀다.

낮은 곳에 있는 자는 떨어질 걱정 없다
겸손한 자는 자만하지 않는다네
자신을 낮추는 자는 언제나
하느님을 길잡이로 삼는다
그것이 많든 적든
내가 가진 것으로 만족한다네[59]
주님, 끝없이 만족을 알며 살 수 있게 하소서
당신은 그런 자를 구원하실 테니
순례를 떠나는 자들[60]
짐이 무겁디무겁구나
이 세상에서 적게 가지고 저 세상에서 큰 복 누리리
그것이 대대로 가장 좋은 길이로다

노래가 끝나자 안내자인 담대가 말했다.

"모두 잘 들었나요? 저 소년은 가슴에 '마음의 평화'라는 약초를 지니고 있어서 비단 옷을 걸친 사람보다 더 즐겁게 산답니다. 자, 이제 하던 얘기를 계속 해볼까요?

이 골짜기에는 본디 주님의 별장이 있었지요. 그분은 이곳을 무척 마음에 들어 하셨습니다. 공기가 상쾌하여 풀밭을 거닐기 좋아하셨어요. 게다가 이곳은 시끄러운 소리도 들리지 않고, 이 세상의 번잡한 일들과 동떨어져 있습니다. 요즘 어디를 가나 온통 소음이 가득하고 혼잡하기 짝이 없지만, 겸손의 골짜기만큼은 인적이 드물지요. 다른 곳과 달리 이곳에서는 명상하는 데 방해받을 일이 없습니다. 순례자 생활을 사랑하는 사람이 아니면 발길을 들이지 않는 곳이

---

59) 빌립보서 4 : 12~13.
60) 히브리서 13 : 5.

니까요. 비록 크리스천은 운이 나쁘게도 이곳에서 아바돈을 만나 한바탕 싸웠지만, 예전에는 여기서 천사를 만나거나[61] 진주를 발견한 사람도 있고,[62] 생명의 말씀을 얻은 사람도 있답니다.[63]

주님께서 옛날에 이곳에 별장을 가지고 계셔서 이곳을 산책하기 좋아하셨다고 제가 얘기했지요? 거기에 한 가지 덧붙여 말하자면 주님께서는 이곳에 살거나 여기를 지나는 사람들을 위해 연금을 남겨주셨습니다. 순례자들에게 여비를 마련해주고 순례를 격려하려고 연금을 정해진 날짜에 어김없이 지급하셨습니다."

계속 길을 가다가 사무엘이 담대에게 말했다.

**사무엘** : "아버지가 이 골짜기에서 아바돈과 싸움을 벌였다는 건 알겠는데 도대체 어디서 싸운 건가요? 골짜기가 무지 크고 넓네요."

**담대** : "조금만 더 가면 망각의 수풀(Forgetful Green)이 나온단다. 그 맞은편에 좁다란 통로가 보일 텐데 그곳에서 너희 아버지가 아바돈과 싸웠지. 거기는 이 주변에서 가장 위험한 곳이란다. 순례자들이 과거에 받은 은총을 잊거나 자신이 은총을 받기에 얼마나 보잘것없는 존재인지 잊어버릴 때마다 호된 공격을 받거든. 그곳에서 여러 사람이 숱한 어려움을 겪었는데 그 얘기는 거기 가서 하자꾸나. 그곳에 가면 싸운 흔적이나 싸움이 일어났음을 증명하는 기념비 같은 것이 지금도 남아 있을 거야."

**자비** : "저는 우리가 여행하면서 다녀본 곳 가운데 이 골짜기가 가장 아름답고 평화로운 것 같아요. 제 마음에 쏙 들어요. 저는 마차가 삐걱거리는 소리나 수레가 덜거덕거리는 소리가 들리지 않는 곳이 참 좋거든요. 이곳에서는 누구든 아무런 방해도 받지 않고 여러 생각을 할 수 있겠어요. 나는 누구인가, 어디서 왔는가, 무슨 일을 해왔는가, 왕께서 무슨 까닭으로 나를 부르셨는가 하는 생각 말이에요. 여기서 명상하면 마음이 열리고 생각이 영혼에 녹아들 것이며, 마침내 사람들 두 눈에는 헤스본 연못처럼 눈물이 고일 거예요.[64]

---

61) 호세아 12 : 4~5.
62) 마태복음 13 : 46.
63) 잠언 8 : 35.
64) 아가 7 : 4.

눈물의 골짜기를 지나갈 때도 사람들은 그곳에 샘이 터져 나오게 만들 것입니다.[65] 또한 하느님께서 하늘에서 내려주시는 비가 샘을 채울 테지요. 하느님께서는 이 골짜기에서 백성들에게 포도원을 주실 거예요.[66] 그러면 크리스천이 아바돈을 만났을 때 그랬던 것처럼 그들은 노래를 부르며 지나가겠지요."

**담대** : "그렇습니다. 나는 이 골짜기를 무수히 지나다녔는데 이곳에 있는 것처럼 기분 좋은 일도 없어요. 내가 안내했던 여러 순례자들도 모두 나와 같은 말을 했습니다. 주님께서는 이렇게 말씀하셨습니다. '겸손한 사람, 회개하는 사람, 나를 경외하고 복종하는 사람, 바로 이런 사람들을 내가 돌볼 것이다.'[67]"

그들은 드디어 좀 전에 말한 싸움터에 다다랐다. 담대가 크리스티아나와 아이들, 자비에게 말했다.

**담대** : "바로 이곳입니다. 크리스천이 여기 있을 때 아바돈이 맞은편에서 다가왔어요. 보세요, 내가 말한 대로 아직 바위 위에 크리스천의 핏자국이 남아 있습니다. 부러진 아바돈의 화살 조각이 여기저기 흩어져 있는 것도 볼 수 있지요. 그뿐만이 아닙니다. 서로 싸우면서 유리한 자리를 차지하려고 발로 땅을 디딘 흔적도 보입니다. 그들 공격이 빗나가면서 바위가 어떻게 조각났는지도 보이는군요. 크리스천은 여기서 아주 남자답게 싸우고 헤라클레스 못지않은 용기를 보여줬습니다. 아바돈은 싸움에서 지자 다음 골짜기로 달아났지요. 죽음의 그늘 골짜기라는 곳인데 우리도 곧 그곳을 지나갈 겁니다.

보세요! 저기 기념비가 서 있군요. 크리스천의 싸움과 승리를 기록하여 그의 이름을 영원히 기리고 있는 것입니다."

기념비는 일행이 가고 있는 길 언저리에 서 있어서 모두 가까이 다가가 글귀를 읽어보았다.

바로 여기서 격렬한 싸움이 벌어졌는데
가장 이상하고 지극히 참되었도다
크리스천과 아바돈은

---

서로 승리를 다투었다
크리스천이 용감하고 남자답게 맞서
마귀를 쫓았으니
그 증거를 남기기 위해
기념비를 세우노라

그곳을 지난 뒤 그들은 죽음의 그늘 골짜기 어귀에 이르렀다. 이 골짜기는 겸손의 골짜기보다 더 기다랄 뿐만 아니라 많은 이들이 증언한 것처럼 사악한 악마가 득실대는 곳이었다. 하지만 아직 환한 대낮이고 안내자인 담대가 동행해 준 덕분에 두 여인과 아이들은 무사히 그곳을 지나갈 수 있었다.

그들이 골짜기에 들어섰을 때 죽은 사람들의 신음 같은 게 들려왔다. 소리도 어마어마하게 컸다. 극심한 고통을 견디는 듯 사람이 슬피 흐느끼며 내지르는 소리도 들려오는 것 같았다. 그 소리에 아이들은 몸서리를 쳤고, 두 여인은 백지장처럼 하얗게 질렸다. 하지만 안내자가 그들을 달래며 안심시켰다.

조금 더 멀리 가자 마치 땅속이 텅 비어 있는 것처럼 발밑이 흔들렸다. 뱀이 쉭쉭 지나가는 듯한 소리도 들렸지만 눈앞에는 아무것도 나타나지 않았다. 아이들이 담대에게 언제쯤이면 이 으스스한 곳을 빠져나갈 수 있는지 물었다.

그러자 안내자가 말했다.

"용기를 잃지 말고 발을 헛디디지 않도록 발밑을 조심해라. 잘못하다간 함정에 빠지고 말거든."

그런데 야고보가 갑자기 시름시름 앓았다. 아무래도 두려움 때문인 것 같았다. 그래서 크리스티아나가 해설자의 집에서 보내온 포도주를 야고보에게 먹였다. 솜씨가 지어준 약도 세 알 먹였더니 아이는 금세 나았다. 그들이 마침내 골짜기 중턱에 이르렀을 때 크리스티아나가 말했다

**크리스티아나** : "저 앞에 난생 처음 보는 뭔가가 있는 것 같아요."

**요셉** : "엄마, 저게 뭐예요?"

**크리스티아나** : "끔찍한 거란다. 얘야, 아주 끔찍한 거야."

**요셉** : "어떻게 생겼는데요, 엄마?"

**크리스티아나** : "말로 표현할 수가 없구나."

크리스천의 승리를 기리는 기념비

그러는 사이 그들은 점점 그쪽으로 다가섰다.

**크리스티아나** : "아주 가까이 다가왔어요."

**담대** : "자, 무서워서 도무지 못 견딜 것 같은 사람은 내게 바싹 붙어요."

마침내 흉측하게 생긴 마귀가 다가오자 안내자가 당당하게 마주섰다. 하지만 마귀는 담대 앞으로 오더니 이내 자취를 감춰버렸다. 그들은 얼마 전에 들었던 말씀을 머리에 떠올렸다.

'악마를 물리쳐라. 그러면 악마는 달아날 것이다.'[68]

기운을 조금 차린 그들은 다시 앞으로 나아갔다. 그런데 얼마 안 가서 자비가 뒤돌아보자 꼭 사자처럼 생긴 게 성큼성큼 다가오는 것 같았다. 사자는 무

---

68) 야고보서 4 : 7.

겁고 낮은 소리로 으르렁거렸는데 한 번 으르렁댈 때마다 온 골짜기가 울렸다. 안내자를 뺀 나머지 사람들은 그 소리에 심장이 터질 것 같았다. 사자가 점점 가까이 오자 담대는 모든 순례자들을 자기 뒤로 물러나게 했다. 사자가 재빠르게 다가서기에 담대는 싸울 태세를 갖추었다. 그러나 담대가 맞서려는 각오를 보였더니 사자는 뒤로 물러서 다시는 가까이 오지 않았다.[69]

순례자들은 안내자를 앞장세우고 다시 길을 갔다. 그러다 길 전체가 구덩이로 가로막힌 곳에 도착했다. 구덩이를 뛰어넘을 준비가 채 끝나지 않았는데 짙은 안개와 어둠이 밀려와 앞을 전혀 볼 수 없었다. 순례자들이 말했다.

"아! 이제 어떡하죠?"

그러자 안내자가 대답했다.

"걱정하지 마세요. 가만히 서서 무슨 일이 일어날지 지켜봅시다."

앞이 보이지 않아 그들은 제자리에 있어야 했다. 그때 적들이 시끄럽게 떠들며 돌진해 오는 소리가 들렸다. 구덩이에서 피어나는 불길과 연기도 보이는 것 같았다. 크리스티아나가 자비에게 말했다.

**크리스티아나** : "이제야 제 가엾은 남편이 어떤 어려움을 겪었는지 알겠어요. 이곳 이야기는 많이 들어봤지만 와본 적은 한 번도 없었지요. 불쌍한 사람! 그이는 이곳을 한밤중에 홀로 지나갔어요. 이 골짜기를 빠져나가려고 밤새 걸어야 했지요. 게다가 마귀들이 그를 갈기갈기 찢으려고 주변을 쉴 새 없이 맴돌았어요. 많은 사람이 이 이야기를 떠들어댔지만 직접 와보기 전에는 이곳이 어떤 곳인지 아무도 모를 거예요. 마음의 고통은 자기만 알고, 마음의 기쁨도 남이 나누어 가지지 못한다는 말씀도 있잖아요.[70] 이곳을 지나는 건 정말 무시무시한 일이에요."

**담대** : "이 골짜기를 지나는 건 마치 드넓은 바다에서 허우적대거나 깊은 물속으로 빨려 들어가는 것 같습니다. 깊숙한 곳으로 가라앉거나 산꼭대기에서 땅바닥으로 떨어지는 느낌이지요. 땅이 빗장을 질러 우리를 영영 가둬버리려는 것 같기도 합니다. 그러나 암흑 속을 헤매며 한 가닥 빛도 못 받더라도, 주님의

---

69) 베드로전서 5 : 8∼9.

70) 잠언 14 : 10.

이름에 희망을 걸어 하느님께 의지하라는 말씀이 있지요.[71] 전에도 말했듯이 나는 이 골짜기를 여러 번 지나다니면서 지금보다 더 어려운 일도 겪었습니다. 하지만 보다시피 아직 멀쩡하게 살아 있습니다. 내 힘으로 살아남은 게 아니기에 자랑할 것도 못됩니다. 어쨌든 우리는 반드시 구원받을 거라 믿어요. 자, 우리의 어둠을 밝히시고 이곳 마귀들뿐 아니라 지옥에 있는 악마들을 꾸짖으시는 주님께 빛을 달라고 기도드립시다."

그들이 울며 기도하니 하느님께서 빛과 구원을 보내주셨다. 그러자 그들의 길을 방해하는 게 아무것도 없었다. 방금 전까지 앞을 가로막고 있던 구덩이도 사라졌다. 하지만 아직 골짜기를 다 지나온 게 아니었기 때문에 그들은 발걸음을 멈추지 않았다. 그때 어디선가 고약한 냄새가 풍겨와 코를 찔렀다.

자비가 크리스티아나에게 말했다.

**자비** : "문과 해설자의 집, 얼마 전에 묵었던 집에 있을 때처럼 즐거운 일이 여기에는 하나도 없네요."

**사무엘** : "그래도 여기서 계속 사는 것에 비하면 지나가는 것쯤은 별것 아니잖아요. 우리를 위해 마련된 집으로 가는 길에 반드시 이곳을 지나야 하는 이유는 우리 집이 얼마나 좋은 곳인지 깨닫기 위해서인 것 같아요."

**담대** : "사무엘, 어른스럽게 참 잘 말했다."

**사무엘** : "언젠가 이곳을 벗어나면 저는 빛과 좋은 길을 그 어느 때보다 소중히 여길 거예요."

**담대** : "이제 곧 벗어나게 될 거란다."

그들이 계속 길을 가는데 이번에는 요셉이 말했다.

**요셉** : "골짜기 끝이 아직도 안 보이나요?"

**담대** : "그보다 우선 함정 사이를 지나가게 될 테니 발밑을 조심해야 한다."

그 말에 순례자들은 발밑을 주의하며 걸어갔다. 그런데도 함정 때문에 많은 어려움을 겪었다. 일행이 함정 사이를 지날 때 길 왼쪽 도랑에 몸이 갈가리 찢긴 채 내버려진 남자가 보였다.

**담대** : "저 사람은 부주의(Heedless)인데 이곳을 여행하다가 저렇게 되었습니

71) 이사야 50 : 10.

다. 저기 누워 있은 지 오래되었지요. 부주의가 잡혀서 살해당할 때 주의(Take heed)라는 사람도 함께 있었는데 그는 늘 조심하여 마귀의 손아귀에서 벗어날 수 있었습니다. 이 근처에서 얼마나 많은 사람이 살해당했는지 여러분은 상상조차 할 수 없을 겁니다. 그런데 사람들은 어리석게도 순례를 쉽게 보고 안내자 없이 길을 간답니다. 가엾은 크리스천이 이곳을 무사히 빠져나간 게 놀라울 정도입니다. 하지만 그것도 다 하느님의 사랑 덕분 아니겠습니까? 그가 용감했으니 망정이지 그렇지 않으면 그도 살아남지 못했을 겁니다."

그들이 드디어 골짜기 끝에 거의 다다르자 마침 크리스천이 전에 지나가면서 보았던 동굴이 보였다. 그 안에서 몽둥이(Maul)라는 거인이 걸어 나왔다. 그는 궤변으로 젊은 순례자들을 꾀어내는 자였다. 거인이 담대의 이름을 부르면서 말했다.

거인 : "내가 이런 짓을 하지 말라고 몇 번이나 말했느냐?"

담대 : "무얼 말이냐?"

거인 : "무얼 말이라니? 지금 몰라서 묻는 거냐? 하여간 네가 다시는 이따위 짓을 못하게 오늘 끝장을 내주마."

담대 : "잠깐! 싸우기 전에 우리가 왜 싸워야 하는지 이유나 좀 알자."

두 여인과 아이들은 어쩔 줄 몰라 부들부들 떨고 있었다.

거인 : "너는 이 나라를 털어먹는 도둑이야. 그것도 가장 악랄한 방법으로 말이지."

담대 : "두루뭉술하게 말하지 말고 더 구체적인 이유를 대라!"

거인 : "네가 사람들을 채어가지 않았느냐! 여자들과 아이들을 모아 이상한 나라로 데려가는 바람에 우리 주인님의 나라가 기울고 있다."

담대 : "나는 천국에 계신 하느님의 종이다. 죄인들을 참회하게끔 만드는 게 내 일이야. 나는 남녀노소를 가리지 않고 사람들을 어둠에서 빛으로, 사탄의 세력에서 하느님께로 인도하라는 명을 받았다. 네가 싸우려는 이유가 그런 거라면 기꺼이 상대해 주마. 덤벼 봐라!"

거인이 다가오자 담대가 칼을 뽑아들고 앞으로 나가 맞섰다. 거인은 몽둥이를 들고 있었다. 거인과 담대는 아무 말 없이 맞붙어 싸웠다. 거인이 먼저 몽둥이로 담대의 한쪽 무릎을 후려쳐서 넘어뜨렸다. 이 모습을 본 두 여인과 아이들은 비명을 내질렀다. 다시 기운을 차린 담대가 칼을 힘껏 휘둘러 거인의 팔에 상처를 입혔다. 그들은 한 시간이 넘게 불꽃 튀는 싸움을 벌였다. 거인이 거칠게 내뿜는 콧김은 마치 펄펄 끓는 솥에서 치솟는 뜨거운 김 같았다.

두 사람은 잠시 자리에 앉아서 쉬기로 하여 담대가 기도를 올렸다. 두 여인과 아이들은 싸움이 끝날 때까지 한숨을 짓거나 울기만 할 뿐이었다. 잠시 쉬는 동안 숨을 가다듬은 두 사람이 다시 일어나서 맞붙었다. 이번에는 담대가 단칼에 거인을 땅바닥에 쓰러뜨렸다.

**거인** : "안 돼! 내가 일어날 때까지 기다려 줘!"

담대는 거인이 일어설 때까지 정정당당하게 기다렸다. 다시 싸움이 시작되었다. 담대는 거인이 휘두르는 몽둥이에 하마터면 머리통이 박살날 뻔했다.

거인의 공격이 빗나가자 담대가 있는 힘껏 거인에게 달려들어 거인의 다섯 번째 갈빗대 아래로 칼을 찔러 넣었다. 깊게 상처를 입은 거인이 까무러치면서 손에 들고 있던 몽둥이를 떨어뜨렸다. 곧이어 담대가 두 번째 일격을 가해 거인의 머리를 베어버렸다. 두 여인과 아이들이 기뻐하며 함성을 질러댔다. 담대는 자신을 구해주신 하느님께 감사의 기도를 드렸다.

그들은 기둥을 세워 거인의 목을 매달아놓고 지나가는 사람들이 볼 수 있게끔 아래에 글을 써두었다.

이 머리의 주인은
순례자들을 학대한 자
순례자들의 앞길을 막고
모조리 해쳤다네
마침내 나 담대가 일어나
순례자들의 길잡이가 되어
원수인 그를
칼로 무찔렀도다

나는 꿈속에서 일행이 길에서 조금 비켜나 있는 언덕에 오르는 모습을 보았다. 순례자들이 앞길을 바라볼 수 있도록 마련된 언덕이었다. 예전에 크리스천이 그의 형제 믿음을 처음 만난 곳이기도 하다. 일행은 그곳에 앉아 쉬면서 먹고 마셨다. 무시무시한 거인에게서 벗어나 모두 기분이 한껏 들떠 있었다. 이야기를 나누고 음식을 먹으면서 크리스티아나가 안내자 담대에게 물었다.

**크리스티아나** : "싸우다가 다치신 곳은 없나요?"

**담대** : "조금 긁혔을 뿐 크게 다친 곳은 없습니다. 긁힌 상처도 내가 주님과 여러분을 얼마나 사랑하는지 보여주는 증거가 되겠지요. 은총으로 더 많은 보답을 얻게 될지도 모릅니다."

**크리스티아나** : "거인이 몽둥이를 들고 나타났을 때 무섭지는 않았나요?"

**담대** : "내 힘을 믿지 않고 누구보다 강하신 분을 의지하는 게 제 의무입니다."

**크리스티아나** : "맨 처음 거인에게 얻어맞고 땅에 쓰러졌을 때 어떤 생각이 들던가요?"

**담대** : "주님께서도 저처럼 쓰러지셨지만 마지막에는 결국 승리하셨다는 것을 떠올렸습니다."

**마태** : "누구나 다 나름의 생각이 있겠지만 저는 이렇게 생각했어요. 이 골짜기를 빠져나올 수 있게 해주시고, 적의 손아귀에서 저희를 구해주신 하느님은 참으로 좋으신 분이라고요. 또 우리가 이렇게 위험한 골짜기에 있을 때도 사랑을 확인시켜 주셨으니 하느님을 믿지 않을 이유는 하나도 없다고 말이에요."

자리를 털고 일어난 그들은 계속해서 걸어 나갔다. 가다 보니 길에서 얼마 떨어지지 않은 곳에 떡갈나무 한 그루가 서 있었다. 그들이 가까이 다가가 보자 한 나이 든 순례자가 나무 그늘 아래서 자고 있었다. 차림새, 지팡이, 허리띠를 보고 노인이 순례자임을 알아차렸다.

안내자인 담대가 노인을 깨우자 그가 눈을 뜨고 고함을 쳤다.

**노인** : "왜 그러시오? 당신들은 누구요? 무슨 볼일이 있어 왔소?"

**담대** : "자, 어르신. 그렇게 화내지 마십시오. 우리는 모두 어르신의 친구입니다."

그러나 노인은 벌떡 일어나 잔뜩 경계하며 또다시 누구냐고 다그쳐 물었다.

**담대** : "내 이름은 담대입니다. 천국으로 가고 있는 이 순례자들을 안내하고 있지요."

그 말에 이름이 정직인 늙은 순례자가 말했다.

**정직** : "이거 미안하게 됐네. 자네들이 얼마 전에 작은 믿음의 돈을 훔쳐 달아난 자들과 한패인 줄만 알았지. 그런데 자세히 보니 아주 정직한 사람들인 것 같구먼."

**담대** : "우리가 정말 그자들과 한패였으면 어떻게 하실 작정이셨습니까?"

**정직** : "어떻게 하긴! 숨이 붙어 있는 한 끝까지 싸워야지. 내가 있는 힘껏 싸우면 절대로 지지 않을 것이네. 그리스도인은 스스로 물러나지 않는 이상 결코 남에게 굴복하지 않지."

**담대** : "옳은 말씀입니다, 어르신. 진실한 말씀을 하시는 걸 보니 어르신은 보기 드문 의로우신 분 같군요."

**정직** : "자네 역시 진정한 순례가 어떤 건지 아는구먼. 사람들은 모두 순례자들이 누구에게나 쉽게 굴복한다고 생각하거든."

**담대** : "자, 이렇게 만난 것도 인연인데 어르신의 성함과 고향을 좀 말해주시지요."

**정직** : "이름은 밝힐 수 없네만 고향은 어리석음의 도시(Town of Stupidity)라네. 멸망의 도시에서 그리 멀지 않은 마을이지."

**담대** : "아, 그곳 말이군요. 누구신지 대충 알겠습니다. 성함이 정직 아니십니까?"

그러자 노인이 얼굴을 붉히며 말했다.

**정직** : "정직 그 자체는 아니고 그저 정직한 사람일 뿐이네. 내 본성과 이름이 일치하면 얼마나 좋겠냐마는. 그런데 고향이 어디인지만 듣고 어떻게 내가 누구인지 알았나?"

**담대** : "전에 주인님에게서 어르신 얘기를 들은 적 있습니다. 그분은 세상에서 일어나는 일을 모두 알고 계시지요. 하지만 저는 그 마을에서 순례자가 나올 수 있을지 늘 의문스러웠습니다. 멸망의 도시보다 나을 게 없는 곳이니까요."

**정직** : "그렇지. 우리 마을 사람은 태양에서 가장 멀리 떨어져 있기 때문에 차갑고 감각이 무디다네. 하지만 아무리 빙산에 사는 사람이라도 의로운 태양이 비춰주기만 하면 얼어붙은 마음이 녹아내리지. 내가 바로 그랬다네."

**담대** : "어르신을 믿습니다. 그 말씀이 사실임을 알거든요."

정직은 거룩한 사랑의 입맞춤으로 모든 순례자들에게 반갑게 인사했다. 한 사람씩 이름을 묻는가 하면 순례를 시작하고서 어떻게 지냈는지 물었다.

**크리스티아나** : "아마 제 이름은 들어보셨을 거예요. 남편은 크리스천이고, 이 아이들은 그의 네 아들입니다."

그녀가 이렇게 말하자 정직이 얼마나 기뻐했는지 독자들은 상상도 못할 것이다. 정직은 껑충껑충 뛰며 함박웃음을 짓고, 그들에게 거듭 축복을 빌어주며 말했다.

**정직** : "자네 남편 이야기는 많이 들었네. 이 세상에 있을 때 여행했던 일이나 어떻게 싸움을 치렀는지 말이네. 세상 어디를 가나 자네 남편의 명성이 자자하니 기쁘게. 그는 믿음, 용기, 인내 그리고 성실함으로 그토록 이름을 떨치고 있지."

정직은 아이들에게 이름을 물었다. 아이들이 차례로 대답하자 그가 아이들에게 말했다.

**정직** : "마태야, 너는 세금을 걷던 마태를 닮아라.[72] 대신 그의 악덕이 아닌 미덕을 본받도록 해라. 사무엘아, 너는 선지자 사무엘처럼 믿음이 깊고 늘 기도하는 사람이 되어라.[73] 요셉아, 너는 보디발의 집에서 순결을 지키며 유혹을 물리친 요셉처럼 되어라.[74] 그리고 야고보야, 너는 주님의 아우인 의로운 야고보처럼 되어라.[75]"

일행은 정직에게 자비를 소개하며, 자비가 가족과 고향을 버리고 크리스티아나와 아이들을 따라온 이야기를 했다.

**정직** : "이름이 자비로구먼. 자네는 이름처럼 자비로써 순례에서 겪게 될 모든 어려움을 이겨내고 목적지에 이를 것이네. 그리고 그곳에서 자비의 샘을 바라보며 마음의 평화를 얻을 걸세."

안내자인 담대는 순례자들을 바라보며 흐뭇한 미소를 지었다. 그들은 다 함께 길을 떠났다. 안내자가 정직에게 같은 고향 사람 가운데 순례를 떠난 두려움을 아는지 물었다.

---

72) 마태복음 10 : 3.
73) 시편 99 : 6.
74) 창세기 39장.
75) 갈라디아서 2 : 9.

정직 : "물론 잘 알지. 사물의 본질은 볼 줄 아는 사내였네만 여태껏 그렇게 성가신 순례자를 본 적이 없어."

담대 : "그를 잘 파악하고 있으신 걸 보니 잘 아는 사이 같군요."

정직 : "알다마다. 우리는 단짝이었어. 한동안 순례도 같이했지. 그가 고향에서 이대로 있다간 어떤 일을 당할지 모른다고 생각할 때부터 함께였다네."

담대 : "나는 그를 주인님의 집에서 천국까지 안내했습니다."

정직 : "그러면 그가 얼마나 골치 아픈 사람인지 알겠군그래."

담대 : "물론 알지요. 하지만 이런 일을 하다 보면 그 같은 사람을 가끔 만나기 때문에 견딜 만했습니다."

정직 : "그럼 그에 관한 이야기 좀 들려주게. 그가 자네의 안내를 받으면서 어떻게 행동했는지 좀 듣고 싶구먼."

담대 : "말씀해드리지요. 그는 늘 자신이 가고 싶어 하는 곳에 도착하지 못할까봐 두려워했습니다. 사람들 이야기를 듣고 조금이라도 부정적인 말이 섞여 있으면 움찔움찔 겁을 먹었어요. 낙담의 늪에 빠졌을 때는 한 달 넘게 소리를 지르며 주저앉아 있었다고도 합니다. 자기보다 나중에 지나가는 사람들이 자신을 앞지르는 것을 보면서도 거기서 나올 엄두를 못 냈습니다. 사람들이 손을 내밀어 잡아주려 해도 말이지요. 그런데 고향으로 되돌아가려고도 하지 않았습니다. 그는 자신이 천국에 가지 못하면 죽을 거라고 말하면서도 조금만 어려운 일이 생기면 금세 기가 꺾이고, 누가 버린 지푸라기라도 있으면 걸려 넘어지기 일쑤였어요. 아까 말씀드렸다시피 그는 한참 동안 낙담의 늪에 주저앉아 있었습니다. 그런데 어떻게 빠져나온 건지는 모르겠지만, 화창한 어느 날 아침에 그는 과감히 용기를 내어 늪을 건너갔습니다. 그러나 그는 늪을 건넌 뒤에도 그 사실을 믿으려 하지 않았지요. 내 생각에 그는 낙담의 늪을 항상 마음에 간직하고 다닌 것 같습니다. 어디를 가든 말입니다. 그게 아니면 그런 식으로 행동할 리 없지요.

어쨌거나 그는 문 앞까지 이르렀습니다. 무슨 문인지 아실 테지요? 바로 이 길 들머리에 있는 좁은 문입니다. 그는 거기서도 한참을 망설이며 서 있다가 큰맘 먹고 문을 두드렸습니다. 그런데 막상 문이 열리자 뒤로 물러서면서 자기는 자격이 없으니 다른 사람에게 먼저 들어가라고 양보했습니다. 그는 남들보다 먼저 도착했지만 나중에 온 많은 사람이 먼저 문으로 들어갔지요. 그 가엾은 사람은 몸을 움츠린 채 부들부들 떨기만 했습니다. 누구든 그를 보면 측은한 마음이 들었을 겁니다. 그러면서도 그는 돌아가려 하지 않더군요. 결국 그는 문에 매달린 망치를 손에 쥐고 문을 한두 번 약하게 두드렸습니다. 그때 한 사람이 문을 열고 나왔는데 역시나 그는 뒷걸음질 칠 뿐이었습니다. 문을 연 사람이 그에게 다가가서 이렇게 물었습니다. '거기 떨고 있는 분, 무엇을 원하십니까?' 그러자 그는 겁을 집어먹고 바닥에 쓰러져 버렸습니다. 그에게 말을 건 사람은 그가 기절하는 걸 보고 이상하게 생각하며 이렇게 말했습니다. '그대에게 평화가 있기를. 일어나십시오. 문을 열어주었으니 어서 들어오십시오. 당신은 은총을 받았습니다.' 그제야 그는 벌벌 떨면서 일어나 문 안으로 들어갔습니다. 안으로 들어가서도 그는 부끄러워 고개를 들지 못했습니다. 아시다시피 그도 거기서 잠시 환대를 받고 어느 길로 가야 하는지 들은 뒤 길을 떠났습니다.

그리하여 그는 우리 집까지 오게 되었습니다. 하지만 그는 우리 주인님인 해설자의 집 앞에서도 좁은 문에서 했던 짓을 되풀이했어요. 심한 추위 속에서 오랫동안 머뭇거리며 서 있었습니다. 여전히 돌아갈 생각은 않더군요. 그날 밤은 유난히 길고 추웠습니다. 게다가 그는 외투 안에 우리 주인님께 보여 드릴 편지를 갖고 있었습니다. 거기에는 그를 맞아들여 대접하고 위안을 주라는 말이 적혀 있었습니다. 그는 겁이 많으니 용감하고 씩씩한 경호원을 한 명 붙여주라는 내용도 있었지요. 그런데도 그는 문 두드리기를 두려워했습니다. 문밖에서 앉았다 일어섰다 시간을 끄는 사이 거의 굶어 죽을 지경이 되었어요. 그는 너무 기가 죽어서 남들이 문을 두드리고 집 안으로 들어가는 걸 바라만 볼 뿐 감히 문을 두드리지 못했습니다. 마침내 내가 우연히 창밖을 내다보았다가 문 앞을 서성이는 그를 보았습니다. 밖으로 나가서 그에게 누구냐고 물었지요. 그랬더니 그 불쌍한 사람의 눈에서 눈물이 뚝뚝 떨어졌습니다. 그가 무엇을 원하는지 알아챈 나는 집에 들어가 그 일을 사람들에게 알렸고, 주인님께도 사실대로 말씀드렸지요. 그러자 주인님이 나를 다시 밖으로 보내 그를 맞이하도록 했습니다. 그를 집 안으로 들이느라 얼마나 애먹었는지 모릅니다.

드디어 그가 집 안으로 들어왔고, 주인님은 그를 아주 정성껏 대접하셨습니다. 식탁에 음식이 그리 푸짐하지 않았는데 주인님은 그 음식을 덜어 그의 접시에 먼저 놓아주셨지요. 그리고 그가 편지를 내놓자 주인님이 읽어보시더니 그가 원하는 것을 들어주겠다고 말씀했습니다. 집에 오랫동안 머무르는 사이 그도 용기를 약간 되찾아 어느 정도 마음이 편안해진 것 같았습니다. 아시다시피 우리 주인님은 마음씨가 고우신데 두려움이 많은 사람들에게는 특히나 더 너그러우시지요. 주인님은 그에게 친절하게 대하시며 용기를 북돋아 주었습니다. 나중에 그가 집을 다 둘러본 뒤 떠날 채비를 하자 주인님은 크리스천에게 그러셨던 것처럼 그에게도 포도주와 맛있는 먹을거리를 몇 가지 싸주셨습니다. 그리하여 우리는 함께 출발했고, 내가 앞장을 섰습니다. 그런데 그는 별 말 없이 큰 한숨만 잇달아 내쉬더군요.

세 사람이 목매달려 죽은 곳에 이르자 그는 자신의 최후도 그들과 같을 것 같다고 말했습니다. 하지만 십자가와 무덤을 보았을 때는 기뻐하는 눈치였어요. 실은 거기에 좀 더 머무르며 그것을 보고 싶어 했지요. 그런 뒤 얼마 동안은 기분이 조금 들뜬 듯했습니다. 우리가 고난의 산에 다다랐을 때 그는 전혀 머뭇거리지 않았습니다. 사자를 보고도 그다지 무서워하지 않았어요. 그는 그런 걸 두려워한 게 아니었습니다. 자신이 마지막에 하느님 품 안에 받아들여질 수 있을지 걱정했던 겁니다.

아름다움의 집에 이르러서도 내가 망설이는 그를 억지로 이끌고 안으로 들어갔습니다. 나는 그에게 그 집에 사는 아가씨들을 소개해 주었는데 그는 수줍어하며 사람들과 그다지 어울리지 않았습니다. 줄곧 혼자 있고 싶어 했지요. 그래도 그는 유익한 이야기를 좋아해서 종종 병풍 뒤에 숨어 사람들 이야기를 엿듣곤 했습니다. 그는 옛날 물건들을 보며 속으로 곰곰 생각하는 것을 무척 좋아했답니다. 그가 나중에 말하기를 자기는 전에 묵었던 두 집, 즉 좁은 문과 해설자의 집에 조금 더 머물고 싶었지만 차마 부탁할 용기가 나지 않았다고 하더군요.

우리는 아름다움의 집을 나와 겸손의 골짜기로 내려갔습니다. 그때 그는 내가 여태껏 만나본 그 어느 순례자보다 더 잘 내려갔습니다. 그는 마지막에 행복해질 수 있다면 초라하게 사는 것쯤은 아랑곳하지 않았거든요. 그와 골짜기 사이에 무언가 통하는 점이 있지 않나 싶었습니다. 그가 순례를 다니는 동안 겸손의 골짜기에 있을 때 가장 행복해 보였으니까요.

그는 누워서 땅을 끌어안거나 골짜기에 피어난 꽃에 입맞춤을 했습니다.[76] 매일 새벽에 일어나 골짜기를 이리저리 돌아다니며 산책하기도 했지요.

하지만 죽음의 그늘 골짜기에 들어섰을 때 나는 이제 끝장이라고 생각했습니다. 그가 되돌아가고 싶어 해서가 아닙니다. 그는 늘 돌아가기 싫어했지요. 다름 아니라 그는 두려움 때문에 곧 죽을 것만 같았어요. '아, 도깨비들이 날 잡아먹을 거야! 날 잡아먹고 말 거야!' 하며 외치는 그를 도저히 말릴 수 없었어요. 그는 소란을 피우며 시끄럽게 외쳐댔습니다. 만약 도깨비들이 그 소리를 들었다면 얼씨구나 달려와 우리를 공격했을 겁니다.

그런데 아주 이상하게도 그가 지나가는 동안 골짜기는 전에 없이 잠잠했습니다. 두려움이 골짜기를 다 지날 때까지 방해하지 못하도록 주님께서 적들에게 특명을 내리신 것이겠지요.

그 이야기를 꼬박 다 하면 지루해질 테니 한두 가지만 더 설명하겠습니다. 허영의 시장에 도착했을 때 그는 시장 사람 모두와 싸울 태세였습니다. 시장 사람들의 어리석은 행동을 보고 그가 불같이 화를 내는 바람에 우리 둘 다 머리통이 깨지지나 않을까 겁이 났을 정도예요. 마법의 땅을 지날 때도 그는 잠들지 않고 정신을 바짝 차렸습니다. 하지만 다리 없는 강에 다다랐을 때 그는 다시 침울해졌어요. 이번에야말로 물에 빠져 죽어서 그토록 먼 길을 와 뵈려고 했던 그분의 얼굴을 평안히 올려다볼 수 없게 될 거라고 말했습니다.

그런데 나는 거기서도 아주 놀라운 사실을 알아차렸습니다. 내 평생 강물이 그렇게 얕은 걸 본 적이 없습니다. 그는 신발도 다 잠기지 않을 만큼 얕은 강물을 건너갔습니다. 그가 성문을 향해 걸어 올라갈 때 나는 그에게 작별 인사를 하고 하늘에서 환영받기를 바란다며 빌어주었습니다. 그는 '그럴 거예요! 꼭 그렇게 될 거예요!' 하고 말했습니다. 그렇게 우리는 헤어졌고 다시는 그를 만나보지 못했습니다."

**정직** : "결국 그는 모두 좋게 끝난 것 같구먼."

**담대** : "그렇지요. 그 사실을 한 번도 의심해 본 적 없습니다. 그는 누구보다 정신력이 뛰어났어요. 그저 늘 우울감에 빠져서 삶 자체가 그에게 짐이 되고

---

76) 예레미야 애가 3 : 27~29.

남들을 성가시게 했던 겁니다.[77] 하지만 그는 누구보다도 죄에 민감하게 반응했습니다. 남에게 해를 끼칠까 걱정하여 자신이 정당하게 누려도 되는 것을 자제하고는 했어요. 다른 사람들을 넘어뜨리지 않으려고 말입니다."[78]

정직 : "그렇게 착한 사람이 평생토록 우울하게 살아야 하는 이유가 뭔가?"

담대 : "두 가지 이유가 있습니다. 먼저 지혜로운 하느님의 뜻에 따라 어떤 사람은 피리를 불고 어떤 사람은 울어야 하기 때문입니다.[79] 두려움은 가장 낮은 음을 연주하는 사람이었습니다. 그와 그의 친구들은 나팔을 연주했는데 다른 악기보다 소리가 구슬펐던 거죠. 사람에 따라서는 낮은 음이 음악의 바탕이라고도 합니다. 나는 깊은 슬픔에서 우러나오는 것이 아니면 진정한 신앙 고백이 아니라고 생각합니다. 악사는 보통 악기 줄을 고를 때 가장 먼저 낮은 음 줄을 손대지요. 하느님께서도 인간의 영혼을 자신에게 맞추어 조율하실 때 낮은 음 줄을 먼저 튕겨보십니다. 두려움의 단 한 가지 결점은 그가 마지막까지 다른 악기를 연주하지 못했다는 것입니다."

내가 이렇게 감히 비유를 써서 말하는 까닭은 젊은 독자들의 이해를 돕기 위해서다. 또한 요한계시록에서 '구원받은 자'들을 '보좌 앞에서 나팔과 하프를 연주하며 노래하는 악단'으로 비유하고 있기 때문이다.[80]

정직 : "자네 말을 듣고 보니 그는 아주 성실한 사람이었구려. 고난, 사자, 허무의 시장도 전혀 두려워하지 않았다니 말이네. 다만 죄와 죽음, 지옥을 두려워했는데, 그것도 다 자신이 천국으로 들어갈 수 있을까 하는 의심 때문이었군."

담대 : "그렇습니다. 어르신도 보셨듯이 그는 그런 문제들로 괴로워했지요. 하지만 마음이 약해져서 그런 것이지, 순례자 생활을 실천하면서 정신이 나약해진 탓이 아닙니다. 속담에서 말하듯 불기둥이 길을 가로막고 있을지라도 그는 잘 헤쳐 나갔을 거라 믿습니다. 그를 짓누르던 문제들은 지금껏 누구도 쉽게 떨치지 못했습니다."

크리스티아나 : "두려움 이야기가 제게 큰 도움이 되네요. 저 같은 사람이 또

77) 시편 88장.

78) 로마서 14 : 21, 고린도전서 8 : 13.

79) 마태복음 11 : 16~17.

80) 요한계시록 5 : 8, 14 : 2~3.

있을까 했는데 그 선한 사람이 저와 닮았군요. 다만 두 가지 차이가 있어요. 우선 그는 두려움이 너무 커서 겉으로 드러냈지만 저는 속으로 삭였다는 점이지요. 다른 하나는, 그가 두려움이 자신을 괴롭히는 바람에 집에 들어가게 해달라고 문을 두드리지 못한 반면 저는 두려움 때문에 오히려 문을 더 세게 두드렸다는 점이에요."

**자비** : "저도 솔직히 털어놓을게요. 제 마음속에도 두려움과 비슷한 부분이 좀 있어요. 저는 늘 낙원에 살지 못하고 불바다에 던져지지 않을까 하는 두려움에 시달렸어요. 다른 모든 걸 잃는 것보다 그게 더 두려웠거든. 아, 천국에서 사는 행복을 얻을 수 있다면 저는 이 세상 모든 것을 버려도 좋다고 생각했어요."

**마태** : "저는 두려움 때문에 제 안에 구원을 받을 만한 점이 하나도 없다고 생각했어요. 그런데 그렇게 착한 사람도 두려움을 가지고 있었다니 저도 구원받을 수 있겠어요."

**야고보** : "두려움이 없으면 은혜도 없어요. 물론 지옥을 두려워한다고 해서 항상 은혜를 받을 수 있는 건 아니에요. 하지만 확실한 것은 하느님을 두려워하지 않으면 은혜도 얻을 수 없다는 거예요."

**담대** : "잘 말했다, 야고보야. 주님을 경외하는 것이 지혜의 근본이라 했으니 말이다.[81] 근본이 없는 사람에게는 중간도 끝도 있을 수 없지. 자, 두려움 이야기는 이쯤에서 매듭짓고 노래로 두려움에게 작별 인사를 합시다."

그대, 두려움이여
하느님을 두려워하고
하느님을 저버리는 이 세상 모든 일을
두려워했는가
불바다와 지옥 구덩이를 두려워했는가
바라건대 다른 이들도 두려워하기를
당신처럼 지혜를 지니지 못한 이는

---

81) 잠언 9 : 10.

나는 그들이 계속 대화하며 걸어가는 것을 보았다. 담대가 두려움에 대한 이야기를 마치자 정직이 억지(Self will)라는 자의 이야기를 꺼냈다.

**정직** : "그는 순례자인 척했네. 하지만 나는 그가 이 길 들머리에 서 있는 좁은 문으로 들어오지 않았다는 걸 알고 있지."

**담대** : "그 문제로 그와 얘기해 봤습니까?"

**정직** : "그럼! 한두 번이 아니지. 그는 늘 자기 이름처럼 멋대로 억지를 부리더군. 남들 의견이나 여론, 전례도 전혀 신경 쓰지 않았네. 마음 내키는 일만 하고 다른 건 거들떠보지도 않았어."

**담대** : "대체 그는 무슨 주장을 내세웠던 겁니까? 어르신은 알고 계시지요?"

**정직** : "사람들이 순례자들의 미덕은 물론 악덕도 따라야 한다고 주장했지. 그러면 반드시 구원받을 수 있다고 말이네."

**담대** : "그래요? 아무리 훌륭한 사람이라도 순례자의 미덕을 따를 뿐 아니라 악덕도 저지를 수 있다고 말했다면 그른 말도 아니지요. 실제로 우리는 악덕에서 완전히 벗어날 수 없기 때문에 늘 조심하고 노력해야 하니까요. 하지만 그가 한 말은 이런 뜻이 아니군요. 어르신 말씀을 제가 잘 알아들었다면 그 사람은 악덕도 허용해야 한다고 주장한 것 같습니다."

**정직** : "바로 그런 뜻이네. 그는 그렇게 믿고 실천했지."

**담대** : "그가 그렇게 주장한 근거가 뭡니까?"

**정직** : "글쎄, 성경에 나와 있다고 하더군."

**담대** : "어르신, 좀 더 자세히 설명해 주시겠습니까?"

**정직** : "그러지. 그는 하느님의 사랑을 받은 다윗이 다른 사람의 아내와 정을 통했으니 자기도 그렇게 할 수 있다고 말했네. 솔로몬이 수많은 여인들을 거느리고 살았으니 자기도 그럴 수 있다고 말했지. 또 사라와 경건한 이집트 산파들의 거짓말 덕분에 라합이 살았으니 자기도 그럴 수 있다 말했네. 사도들도 주님 말씀에 따라 다른 사람의 나귀를 빼앗았으니 자기도 그럴 수 있다고 했네. 게다가 야곱은 거짓말과 속임수로 아버지의 재산을 손에 넣었으니 자기도 그럴 수 있다고 했어."

**담대** : "참으로 터무니없는 소리군요. 정말 그가 그렇게 말했습니까?"

**정직** : "그가 성경을 인용해가며 주장하는 소리를 똑똑히 들었지."

**담대** : "아무리 생각해도 이 세상에 용납될 수 없는 주장입니다."

**정직** : "내 말뜻을 정확히 이해하게. 그의 주장은 누구든 그런 짓을 할 수 있다는 게 아니라 미덕을 행하는 사람은 그런 짓을 저질러도 된다는 뜻이네."

**담대** : "그런 엉터리 주장이 어디 있습니까? 그 말은 착한 사람이 한때 마음이 흔들려 죄를 저지른 적이 있으니 자기도 그와 같이 죄를 저지르겠다고 억지를 부리는 거지요. 이를테면 한 아이가 갑자기 거센 바람을 맞거나 돌부리에 걸리는 바람에 넘어져 옷이 진흙투성이가 된 걸 보고, 자기도 일부러 진흙탕에 드러누워 돼지처럼 뒹굴겠다는 것과 마찬가지 아닙니까? 아무리 욕망에 눈이 어두워진들 그렇게나 눈이 멀었을 줄은 상상이나 했겠습니까? 그들이 비틀거리며 넘어지는 것은 말씀을 순종하지 않기 때문이요, 또한 그렇게 되도록 정해놓으셨기 때문이라는 말씀이 사실이군요.[82]

악덕에 물든 사람들이 독실한 신자들처럼 미덕을 갖출 수 있다고 믿는 것은 과대망상에 불과합니다. 마치 개가 어린아이의 똥을 집어먹고는 자신이 어린아이와 같다거나 어린아이처럼 될 수 있다고 믿는 것과 마찬가지지요. 하느님의 백성이 지은 죄를 먹고 산다고 해서 그들이 미덕을 갖추었다고는 할 수 없지 않습니까?[83] 그런 생각을 하는 자들 마음속에 믿음과 사랑이 있다고는 도저히 믿을 수 없군요. 어르신도 그의 주장에 반대했으리라는 생각이 듭니다. 그는 뭐라고 변명을 하던가요?"

**정직** : "겉으로 반대하면서 실제로 그런 짓을 저지르는 것보다 그런 의견을 갖고 실천하는 편이 더 정직하다고 말하더군."

**담대** : "사악하기 짝이 없는 대답이군요. 안 되는 줄 알면서도 욕망의 고삐를 늦추면 죄가 되건만, 죄를 짓고 그것을 내버려두라고 주장하다니요. 앞의 경우는 우연히 곁에서 보는 사람을 넘어뜨릴 뿐이지만 뒤의 경우는 사람들을 함정으로 몰아넣는 것입니다."

**정직** : "그자처럼 말하진 않아도 그와 같은 생각을 가진 사람들이 제법 많다

---

82) 베드로전서 2 : 8.

83) 호세아 4 : 8.

네. 요즘 순례가 하찮게 여겨지는 것도 다 그런 자들 때문이지."

**담대** : "그렇습니다. 참으로 슬픈 일이지요. 그러나 낙원에 계신 하느님을 두려워하는 자는 악한 마음에서 벗어날 것입니다."

**크리스티아나** : "세상에는 이상한 생각을 가진 사람들이 참 많군요. 저는 죽기 직전에 회개해도 늦지 않는다고 말하던 사람을 보았거든요."

**담대** : "그다지 현명하지 못한 사람이군요. 일주일 동안 백 리를 가야 살 수 있다고 하면, 그런 자도 숨이 넘어가기 한 시간 전까지 출발을 미루거나 하지는 않을 텐데요."

**정직** : "옳은 말이네. 하지만 순례자를 자칭하는 사람들 거의가 그런 짓을 하고 있지. 보다시피 나는 늙은이지만 이 길을 오랫동안 여행하며 수많은 것을 보아왔다네.

온 세상을 뒤흔들 듯한 기세로 길을 나서더니 얼마 안 돼 들판에서 죽어버려 결국 약속의 땅을 구경 못한 사람을 본 적이 있네. 한편 순례를 떠날 때는 아무런 가망 없이 하루도 못 버틸 것만 같던 이가 아주 훌륭한 순례자가 되는 걸 보았지.

서둘러 앞으로 뛰어가더니 조금 있다가 다시 급하게 되돌아오는 사람도 봤다네. 처음에는 순례자 생활을 침이 마르게 칭찬하다가 얼마 뒤 기를 쓰고 반대하는 사람도 있었지.

어떤 이는 낙원을 향해 길을 나설 때 낙원이 있다고 확신하더니, 천국에 거의 이를 무렵 그런 곳은 없다고 떠들어대며 뒤돌아 가버리더군.

또, 순례를 가로막는 자를 만나면 처치해 버리겠다며 큰소리치던 자들이 허무맹랑한 위협에 겁을 집어먹어 신앙이고 순례고 모조리 내팽개치며 달아났다는 얘기도 들어봤네."

그들이 이런 이야기를 나누며 한참 길을 가고 있는데 어떤 사람이 달려와서 말했다.

"신사 여러분, 그리고 연약한 분들! 목숨이 아깝거든 얼른 몸을 피하세요. 저 앞에 강도들이 있어요!"

이 말을 듣고 담대가 얘기했다.

"전에 작은 믿음을 습격했던 그 세 놈들인가 보군요. 싸울 준비는 되어 있습니다!"

모두들 망설이지 않고 계속 길을 걸어갔다. 그들은 모퉁이를 돌 때마다 강도들을 만나지 않을까 조심하며 주위를 살펴보았다. 하지만 담대의 소문을 들어서인지 아니면 다른 사람을 해치고 있는 중인지 강도들은 순례자들 앞에 그림자도 내비치지 않았다.

크리스티아나는 몸이 점점 지쳐오자 자기뿐 아니라 아이들을 위해서라도 여관에 들어가서 쉬고 싶었다.

**정직** : "조금만 더 가면 주님의 훌륭한 제자 가이오가 사는 집이 나옵니다."

노인이 가이오를 몹시 칭찬하기에 그들은 그의 집에서 쉬어가기로 했다. 문 앞에 도착한 일행은 문을 두드리지 않고 곧장 안으로 들어갔다. 여관에 들른 손님은 문을 두드리지 않는 게 관례였기 때문이다. 집주인을 부르자 그가 곧 달려 나왔다. 그들은 주인에게 하룻밤 묵어가도 되겠는지 물었다.

**가이오** : "여러분이 진정한 신자라면 묵고 가셔도 좋습니다. 이 집은 순례자들을 위한 곳이거든요."

크리스티아나, 자비, 아이들은 순례자들을 사랑하는 여관 주인을 보고 매우 기뻐했다. 방을 달라고 하자 가이오는 크리스티아나와 아이들, 자비에게 한 방을 주고, 담대와 정직에게 다른 방 하나를 주었다.

**담대** : "착한 가이오여, 저녁으로는 무엇이 준비되어 있습니까? 순례자들이 오늘 먼 길을 오느라 매우 지쳐 있습니다."

**가이오** : "밤이 깊어 음식을 구하기가 쉽지 않으니 여러분만 괜찮다면 집에 있는 걸로 대접해 드리겠습니다."

**담대** : "집에 있는 음식만으로도 충분할 겁니다. 내가 알기로 이 집에 맛난 음식이 떨어지는 날이 없으니까요."

가이오는 부엌으로 내려가서 일미(Taste that which is good)라는 이름의 요리사에게 순례자들을 위해 저녁을 준비하라고 일렀다. 그러고는 다시 위로 올라와서 말했다.

**가이오** : "좋은 친구들이여, 제 집에 온 걸 환영합니다. 제게 여러분을 대접할 수 있는 집이 있어 얼마나 기쁜지 모르겠습니다. 저녁이 마련되는 동안 괜찮으시면 모두 함께 유쾌한 이야기를 나눕시다."

다들 그러자고 찬성했다.

**가이오** : "이쪽 나이든 부인은 어느 분의 아내이신가요? 그리고 이 젊은 아가씨는 누구의 따님입니까?"

**담대** : "이 여인은 순례자였던 크리스천의 아내이며 얘들은 그의 네 아들입니다. 그리고 이 아가씨는 부인의 이웃인데 부인 말을 듣고 함께 순례 길을 나섰지요. 이 아이들은 모두 아버지를 따르고 있으며, 아버지가 걸었던 길을 자기들도 그대로 갈 수 있기를 바라고 있습니다. 아버지가 누웠던 곳이나 아버지의 발자국을 보는 것만으로도 기뻐하면서 같은 자리에 눕기도 하고 같은 곳을 걸어보곤 하지요."

**가이오** : "크리스천의 아내와 그의 아이들이란 말입니까? 나는 부인의 시아버지와 시할아버지까지 알고 있습니다. 크리스천 집안에는 좋은 사람들이 많지요. 처음 그의 조상들은 안디옥에 살았습니다.[84] 모두 아주 훌륭한 분들이셨어요. 부인도 남편에게서 이런 이야기를 들어봤겠지요? 그의 조상들은 내가 아는 어느 누구보다 크나큰 미덕을 갖춘 분들이었습니다. 주님의 순례자들과 주님의 길, 주님을 사랑하는 사람들을 위해 용기를 보여주셨답니다. 크리스천의 많은 친척분들이 진리를 위해서 시련을 극복해낸 이야기도 들었어요. 남편분 집안의 시조인 스데반은 돌에 머리를 맞아 죽었지요.[85] 그와 한집안 사람인 야고보는 칼에 찔려 살해당했습니다.[86] 조상 가운데 베드로와 바울이 처형되었던 것은 두말할 나위도 없고, 사자들에게 던져진 이그나티우스, 뼈에서 살점이 뜯기는 형벌을 받은 로마누스, 화형장의 불길 속에 용감히 서 있던 폴리캅도 있습니다. 어떤 분은 뙤약볕 아래에서 바구니에 담긴 채 독사의 먹이가 되기도 했고, 물에 빠져 죽도록 자루에 담겨 바다에 던져진 분도 있어요. 이 가문에서 순례자의 삶을 사랑하다가 크게 다치거나 죽음을 당한 사람들을 모두 낱낱이 세어보기란 불가능한 일이지요. 당신의 남편이 이렇게 아들을 넷씩이나 남겼다니 기쁘기 그지없군요. 이 아이들이 아버지의 이름을 빛내고, 아버지의 발자취를 따라 그가 있는 곳까지 갈 수 있기를 바랍니다."

---

84) 사도행전 11 : 26.

85) 사도행전 7 : 59~60.

86) 사도행전 12 : 1.

**담대** : "그래요. 이 아이들은 참으로 믿음직한 소년들이지요. 진심으로 아버지의 길을 따르기로 마음먹은 것 같습니다."

**가이오** : "내 말이 그 말입니다. 크리스천의 가문은 끊임없이 온 세상에 널리 퍼져 나갈 겁니다. 그러니 크리스티아나는 아가씨들을 골라 아이들에게 짝을 지어주고, 아버지의 이름과 조상들이 세상에서 결코 잊히지 않도록 해야 합니다."

**정직** : "이런 가문이 몰락하거나 대가 끊겨서는 안 될 일이지요."

**가이오** : "사람 수가 줄어들기는 하더라도 가문이 망하는 일은 없을 겁니다. 하지만 크리스티아나, 내 충고를 받아들이도록 하세요. 그래야 가문을 이어갈 수 있을 겁니다.

크리스티아나, 당신과 친구 자비 양이 잘 어울리는 단짝처럼 함께 와주어서 무척 기쁩니다. 내가 조언을 드리겠는데, 자비를 가까운 친척으로 맞는 건 어떻습니까? 자비만 좋다고 하면 그녀를 맏아들 마태와 맺어주세요. 그게 이 땅에서 당신의 자손이 끊어지지 않을 유일한 길입니다."

이렇게 두 사람의 혼담이 성사되어 얼마 뒤 둘이 결혼했는데 자세한 이야기는 나중에 하겠다.

가이오가 계속 얘기했다.

**가이오** : "여자들에게 쏟아지는 비난을 물리쳐주기 위해 지금부터 내가 여자들을 대신해 이야기하겠습니다. 죽음과 저주가 한 여인을 통해 세상에 들어왔듯 생명과 건강 역시 여인을 통해 들어왔기 때문입니다.[87] 하느님께서는 당신의 아들을 보내셔서 여인에게서 나게 하셨습니다.[88] 여자들 모두 자신의 어머니인 하와의 소행을 미워했지만, 구약시대 여자들은 자기에게 구세주의 어머니가 되는 행운이 오지 않을까 하는 기대로 아이 낳기를 간절히 바랐습니다.

게다가 구세주가 이 땅에 오셨을 때 여자들이 남자들과 천사들보다 먼저 그 소식을 기뻐했습니다.[89] 나는 남자들이 그리스도께 동전 한 닢이라도 바쳤다는 기록을 읽어본 적 없지만, 여자들이 그분을 따르고 자기 재산을 바쳐 그분을

---

87) 창세기 3장.
88) 갈라디아서 4 : 4.
89) 누가복음 2장.

섬겼다는 기록은 많이 보았습니다.[90] 눈물로 그분의 발을 씻어 드린 이도 여자이며[91] 그분의 장례를 위해 몸에 기름을 부어 드린 이도 여자입니다.[92] 그분께서 십자가를 지고 가실 때 통곡한 것도 여자였지요.[93] 십자가에서 내려진 그분의 뒤를 따르고[94] 그분이 무덤에 묻힐 때 곁에 앉아 있던 사람도 여자였습니다.[95] 그분께서 부활하셨을 때 맨 처음 그분을 뵌 것도 여자였고, 그분께서 죽은 이들 가운데서 일어나셨다는 소식을 제자들에게 가장 먼저 전한 것도 여자였지요.[96] 그러니 여자들이야말로 크나큰 은총을 받고 있으며, 방금 말했듯이 여자들도 남자들과 다름없이 생명의 은혜를 누리고 있습니다."

그때 요리사가 사람을 보내 식사 준비가 거의 다 됐음을 알렸다. 그리고 식탁에다 식탁보를 펴고 그 위에 나무접시를 놓은 뒤 소금과 빵을 내어놓도록 했다.

**마태** : "식탁보와 상이 차려지는 모습을 보니 그 어느 때보다 더 군침이 도네요!"

**가이오** : "마찬가지로 하늘에 계신 위대한 왕의 만찬에 참석하고 싶은 열망도 네가 이 세상을 살면서 배운 교리를 통해 더욱 뜨거워지기를 바란다. 이 땅에 있는 모든 설교와 책, 의식들은 우리가 주님의 집에 갔을 때 주님께서 베풀어주실 잔치에 비하면 그저 식탁 위에 놓인 나무접시와 소금에 불과하단다."

이윽고 음식이 하나씩 나왔다. 맨 먼저 고기의 치켜진 어깨살과 흔들어 바친 가슴살이 그들 앞에 차려졌다.[97] 이는 식사하기 전에 하느님께 기도와 찬양을 드려야 함을 보여주기 위해서였다.[98] 치켜진 어깨살은 다윗이 자기 어깨를 들면서 하느님께 마음을 바친 사실을 뜻하고, 흔들어 바친 가슴살은 그가 하프를

---

90) 누가복음 8 : 2~3.
91) 누가복음 7 : 37~50.
92) 요한복음 11 : 2, 12 : 3.
93) 누가복음 23 : 27.
94) 마태복음 27 : 55~56.
95) 마태복음 27 : 61.
96) 누가복음 23 : 22~23.
97) 레위기 7 : 32~34, 10 : 14~15.
98) 히브리서 13 : 15.

연주할 때 자기 심장이 들어 있는 가슴으로 악기를 품었음을 뜻한다.[99] 두 요리는 매우 싱싱하고 훌륭하여 모두 아주 맛있게 먹었다.

다음으로 피처럼 붉은 포도주가 나왔다.[100]

**가이오** : "마음껏 마시세요. 이것은 하느님과 사람의 마음을 즐겁게 하는 포도즙으로 만든 겁니다."[101]

그들은 포도주를 마시고 즐거워했다.

이어서 빵가루를 넣어 잘 휘저은 우유가 나왔다.[102]

**가이오** : "이건 아이들에게 먹여서 어서 쑥쑥 자라게 합시다."

그때 버터와 꿀이 담긴 접시가 들어왔다.

**가이오** : "여러분의 판단력과 이해력을 높이고 기운을 북돋아주는 좋은 음식이니 양껏 드세요. 이건 주님께서 어린 시절에 드시던 음식입니다. 아이가 잘못된 것을 거절하고 옳은 것을 선택할 나이가 될 때 버터나 꿀을 먹지요."[103]

다음은 아주 달콤하고 맛좋은 사과 한 접시가 들어왔다.

**마태** : "뱀이 사과로 우리의 첫 번째 어머니를 유혹했었는데 우리가 먹어도 괜찮을까요?"

그러자 가이오가 이렇게 말했다.

마귀가 사과로 우리를 유혹하였으나
우리 영혼을 더럽힌 것은 사과가 아니라 죄악이로다
금단의 사과를 먹으면 피가 썩지만
먹으라고 한 사과는 우리에게 이로우리라
그러니 주님의 비둘기인 교회여, 주님의 잔을 들어라
사랑에 굶주린 자들이여, 주님의 사과를 베어 먹어라

---

99) 시편 25 : 1.

100) 신명기 32 : 14.

101) 사사기 9 : 13.

102) 베드로전서 2 : 1~2.

103) 이사야 7 : 15.

**마태** : "저는 얼마 전에 과일을 먹고 한동안 병이 났던 터라 먹기가 망설여지네요."

**가이오** : "금지된 과일은 병이 나게 하지만 주님께서 허락하신 과일은 먹어도 괜찮단다."

그들이 이렇게 대화를 나누는 사이 호두를 담은 접시가 나왔다.[104] 식탁에 앉아 있던 누군가가 말했다.

"호두는 연약한 이를 망가뜨려요. 특히 아이들의 이에는 더 안 좋습니다."

가이오가 이 말을 듣더니 말했다.

어려운 성경 구절이야말로 호두인데, 이는 거짓이 아니로다
껍질은 열매를 먹으려는 자에게서 알맹이를 보호하네
껍질을 깨어내면 알맹이를 얻으리라
여기 내어온 호두는 껍질을 깨고 먹기 위함이로다

그들은 한참 동안 식탁에 둘러앉아 즐거운 마음으로 이런저런 이야기를 나누었다.

**정직** : "친절한 주인장, 호두를 깨는 동안 수수께끼를 풀어보겠는가? 한번 듣고 맞춰보게."

어떤 사람이 미친 자라고 손가락질받지만
그는 버리면 버릴수록 더 많이 얻는다네

모두 가이오가 어떤 대답을 할까 궁금해하며 귀를 쫑긋 세웠다. 가이오는 잠자코 앉아 있다가 조금 뒤 이렇게 대답했다.

가난한 이들에게 제 물건을 나눠주는 이는
뒷날 같은 것을 열 배로 돌려받으리라

---

104) 아가 6 : 11.

**요셉** : "저는 아저씨께서 수수께끼를 못 푸실 거라고 생각했어요."

**가이오** : "나는 그 방면으로 꽤 오랫동안 훈련을 받아왔단다. 경험보다 좋은 선생은 없지. 나는 주님에게서 친절을 베풀라는 가르침을 받았고, 친절은 베풀수록 유익하다는 걸 경험을 통해 깨달았단다."

> 제 것을 베풀어 더욱 부유해지는 사람이 있는가 하면
> 마땅히 쓸 것까지 아껴
> 오히려 가난해지는 사람이 있다[105]
> 부자인 체하나 아무것도 없는 사람이 있는가 하면
> 가난한 체하나 재물을 가진 사람이 있다[106]

그때 사무엘이 어머니 크리스티아나에게 속삭였다.

"엄마, 이곳은 참 훌륭한 분의 집이네요. 이곳에 좀 더 머물면서 마태 형과 자비 양을 결혼시키는 게 어때요?"

두 사람의 대화를 엿들은 가이오가 말했다.

"기꺼이 그렇게 하게 해주지요."

그리하여 그들은 가이오의 집에서 한 달 넘게 머물렀고, 그 사이 자비와 마태가 결혼하였다.

집에 머무는 동안 자비는 늘 하던 대로 외투와 옷가지를 만들어 가난한 사람들에게 나눠주었다. 그래서 순례자들에게 좋은 평판을 받았다.

다시 아까 이야기로 돌아가자. 저녁 식사를 마치자 여행에 지친 아이들은 얼른 잠자리에 들고 싶어 했다. 가이오가 사람을 불러 아이들에게 묵을 방을 보여주려 하는데 자비가 말했다.

"제가 가서 재울게요."

자비가 아이들의 잠자리를 돌봐 주었고, 아이들은 곧 푹 잠들었다. 한편 나머지 사람들은 밤을 꼬박 지새웠다. 가이오와 순례자 일행이 마음이 잘 맞아서 서로 떨어질 줄을 몰랐기 때문이다. 그들은 주님과 자기 자신, 여행에 대한

---

105) 잠언 11 : 24.
106) 잠언 13 : 7.

이야기를 한참이나 나누었다. 그러다가 가이오에게 수수께끼를 냈던 정직이 꾸벅꾸벅 졸았다.

담대 : "어르신, 졸리신가 보군요. 자, 눈을 비비세요! 이번에는 어르신께 수수께끼를 하나 내드리지요."

정직 : "어디 들어보지."

죽이려 하는 자는 먼저 정복당해야 하고
밖에서 살려는 자는 먼저 안에서 죽어야 하네

정직 : "하하, 어려운 수수께끼로구먼. 풀기도 어렵지만 실천하기는 더 어렵겠어. 주인장! 괜찮다면 이 수수께끼를 자네에게 넘기지. 자네가 설명해주면 고맙겠네. 얘기해주면 내 들어보지."

가이오 : "하지만 어르신께 내드린 문제라 다들 어르신이 직접 대답해 주시길 기다리고 있습니다."

그러자 늙은 신사가 대답했다.

죄를 없애려는 자는
먼저 은총의 지배를 받아야 하고
자신이 참되게 살고 있다고 믿으려면
먼저 자기 자신에 죽어야 하네

가이오 : "맞았습니다. 훌륭한 교리와 경험도 그렇게 가르치고 있지요. 첫째, 은혜가 나타나 그 영광으로 영혼을 지배하기 전까지는 죄에 저항할 마음이 생기지 않습니다. 그뿐 아니라 죄가 사탄의 밧줄이고 영혼이 그 밧줄에 얽매여 있다고 한다면, 밧줄에서 벗어나지 않고 어떻게 죄에 저항할 수 있겠습니까?

둘째, 이성이나 은혜를 아는 사람이라면, 옳지 않은 품행의 노예인 자기 스스로를 은총의 살아 있는 증거라곤 믿지 않겠지요.

지금 갑자기 떠오른 이야기가 하나 있는데 들을 만한 가치가 있을 테니 들어보세요. 순례 길을 떠난 두 사람이 있었습니다. 한 사람은 젊었고, 다른 한 사람은 나이가 지긋한 노인이었지요. 젊은 순례자는 타락하고 부패한 마음과 늘 싸워야 했지만, 노인은 늙었기에 싸워야 할 유혹도 자연히 적었습니다. 젊은이는 노인의 보조에 맞춰 가벼운 발걸음으로 걸어갔습니다. 두 사람이 엇비슷해 보이긴 하지만 과연 누가 더 은혜를 빛나게 할까요?"

정직 : "보나마나 젊은이겠지. 커다란 유혹과 맞서 싸운다는 것은 가장 힘이 세다는 걸 보여주니 말이야. 특히 싸워야 하는 적이 자신의 반도 안 되는 노인과 걸음걸이를 맞춰 나란히 간다면 더욱 그렇지.

게다가 나는 노인들이 자기기만에 빠져 실수를 저지르는 걸 본 적이 있네. 세월이 흐르면서 부패한 마음이 저절로 약해지는 것을 자신이 유혹과 싸워 이겨낸 것처럼 착각하는 것이지. 물론 사물의 공허함을 많이 보아온 훌륭한 노인들은 젊은이에게 좋은 충고를 해줄 수 있네. 하지만 노인과 젊은이가 함께 순례를 간다고 할 때, 노인의 마음이 덜 부패하였더라도 자기 안에 깃든 은총을 더욱 민감하게 깨닫는 건 젊은이 쪽이라네."

그들은 동이 틀 때까지 이런 이야기를 나누었다. 가족이 잠에서 다 깨어났을 때 크리스티아나가 아들 야고보에게 성경 한 장을 읽으라고 시켰다. 야고보는 이사야서 53장을 읽었다. 그가 다 읽고 나자 정직이 물었다.

정직 : "구세주께서는 마른 땅에서 자란다고 한 까닭이 뭘까? 어째서 우리가 흠모할 만한 아름다운 모습이 없다고 했지?"[107]

담대 : "첫 번째 질문에 답하자면, 그리스도께서 이 세상에 오실 무렵 유대인들 교회가 이미 종교의 활력과 정신을 완전히 상실한 상태였기 때문입니다. 두 번째 질문에서 한 말은 신자가 아닌 사람들을 두고 한 말입니다. 그들은 우리 주님의 뜻을 헤아릴 수 있는 눈이 없어서 그분의 초라한 겉모습만 보고 그분을 판단하지요. 이는 보석이 평범한 껍질에 둘러싸여 있다고 보석을 몰라보는 거나 마찬가지입니다. 그들은 자기들이 찾은 돌이 보석인지도 모른 채 그저 평범한 돌인 줄 알고 내던져버리고 말아요."

가이오 : "여러분이 마침 이렇게 와주셨고 담대 형제가 무기를 잘 다루신다고 알고 있는데, 괜찮다면 기운을 좀 차린 뒤 들판으로 나가 뭔가 도움이 될

---

107) 이사야 53 : 2.

만한 일이 없나 살펴봅시다. 여기서 1마일쯤 떨어진 곳에 살선(Slaygood, 선을 죽임)이라는 이름의 거인이 살고 있지요. 그는 이 근처 왕의 대로에서 말썽을 심하게 피우는데, 제가 그의 소굴을 알고 있습니다. 그는 수많은 도적떼의 두목이니 이번 기회에 그를 없애버리는 게 좋겠습니다.”

모두 그 말에 찬성했다. 담대는 칼과 투구, 방패로 무장하고, 나머지 사람들은 창과 몽둥이를 들고 길을 나섰다.

그들이 거인이 살고 있는 동굴에 도착하자 거인이 심약(Feeble mind)이라는 사람을 두 손으로 쥐고 있는 게 보였다. 거인의 졸개들이 길에서 심약을 사로잡아 거인에게 끌고 갔던 것이다. 거인은 심약의 몸을 샅샅이 뒤져 그가 지닌 물건을 모조리 빼앗았다. 사람을 잡아먹는 습성이 있는 거인이 심약을 산 채로 잡아먹으려는 참이었다.

그때 무기를 들고 동굴 입구로 들어오는 담대와 그의 친구들을 보고는 거인이 그들에게 뭣 때문에 왔느냐고 물었다.

**담대** : “너를 잡으러 왔다. 네놈이 왕의 대로에서 붙잡아 간 사람들을 대신해 이렇게 복수하러 왔으니 어서 동굴 밖으로 나와라!”

그러자 거인이 무장을 하고 밖으로 나왔고, 마침내 싸움이 시작되었다. 담대와 거인은 한 시간이 넘도록 싸우다가 숨을 돌리려고 잠시 멈춰 섰다.

**거인** : “대체 무엇 때문에 내 땅에 온 것이냐?”

**담대** : “아까 말한 것처럼 피 흘리며 죽어간 순례자들의 복수를 하러 왔다!”

싸움이 다시 시작되었다. 처음에는 거인에게 밀리던 담대가 곧 다시 기운을 내서 거인의 머리와 옆구리에 힘껏 칼을 휘둘렀다. 그러자 거인이 손에 들고 있던 무기를 떨어뜨리고 말았다. 담대는 거인을 단숨에 칼로 찔러 죽이고 목을 베어서 여관으로 가져갔다.

그는 또한 순례자 심약을 데리고 여관에 함께 돌아갔다. 여관 안으로 들어간 그들은 식구들에게 거인의 머리를 보여주었다. 그리고 거인과 같은 짓을 저지르려는 자들에게 본보기가 되게끔 전에도 그랬듯 높은 곳에 거인의 목을 매달아 놓았다.

사람들은 심약에게 어떻게 하다가 거인의 손아귀에 떨어졌는지 물었다. 그러자 가엾은 심약이 말했다.

**심약** : "보시다시피 저는 몸이 병약하답니다. 날마다 한 번씩 죽음이 제 방문을 두드렸어요. 저는 집에 계속 머물러 있으면 안 되겠다 싶어서 순례 생활을 시작했습니다. 저와 제 아버지가 태어난 불확실 마을(Town of Uncertain)을 떠나 여기까지 오게 되었지요. 저는 몸이 약하고 정신력도 모자랍니다. 그러나 할 수만 있다면 남은 일생 동안 길바닥을 기어서라도 순례자의 길을 가고 싶어요. 이 길 들머리에 있는 문에 이르렀을 때 그곳 주인님은 제게 아낌없이 베풀어 주셨습니다. 제 허약한 모습과 소심한 성격을 나무라지도 않으셨지요. 오히려 여행에 필요한 것을 내어주시고, 마지막까지 희망을 잃지 말라고 격려해 주셨습니다. 해설자의 집에 찾아갔을 때도 매우 정성스러운 대접을 받았습니다. 해설자께서는 제가 고난의 산을 오르기 벅찰 거라고 판단하시고 하인 한 사람을 제게 딸려 보내주셨습니다. 저는 하인의 등에 업혀 무사히 산을 넘을 수 있었지요. 비록 저처럼 느릿느릿 가야 하는 사람과 함께하려는 순례자는 없었지만, 저는 수많은 순례자에게 위안을 받았답니다. 그들은 길을 가다가 이따금씩 제 곁으로 다가와서 용기를 북돋아주었어요. 마음 약한 사람들을 격려하는 건 하느님의 뜻이라고 말했어요.[108] 그러고는 걸음을 늦추지 않고 계속 가던 길을 가더군요.

제가 그렇게 길을 가고 있는데, 습격의 오솔길(Assault Lane)에 다다랐을 때 거인과 마주친 것입니다. 거인이 제게 싸울 준비를 하라더군요. 마음 약한 저는 강심제라도 필요한 판이었습니다. 결국 거인이 다가와 저를 사로잡았지만 저는 설마 죽지는 않을 거라고 생각했어요. 끌려가지 않으려 애쓰는 저를 거인이 동굴에 가두었을 때도 저는 다시 살아나갈 수 있을 거라 믿었습니다. 아무리 난폭한 자들에게 붙들린다 한들 순례자가 마음을 다해 주님을 믿으면, 하느님의 섭리에 따라 적의 손에서 살아남을 수 있다고 들었거든요. 가진 물건을 다 빼앗길 각오는 하고 있었습니다. 실제로 빼앗기기도 했지만 여러분이 보시다시피 저는 목숨을 건졌습니다. 이렇게 모든 것을 헤아리고 돌보아주신 우리 왕은 물론 왕께서 보내주신 여러분께 정말 감사드립니다. 저는 분명 앞으로도 끊임없이 공격을 받을 테지요. 하지만 한 가지 결심한 게 있습니다. 뛰어갈 수 있으면

---

108) 데살로가니전서 5 : 14.

뛰고, 뛸 수 없을 때는 걷고, 걸을 수 없다면 기어서라도 순례 길을 가겠다고 말이에요. 저를 사랑해 주는 그분이 계시니 제 마음은 결코 흔들리지 않을 것입니다. 보시는 바와 같이 저는 허약하지만, 제 앞에는 길이 뻗어 있고 제 마음은 이미 다리 없는 강 너머에 있습니다."

정직 : "혹시 두려움이라는 순례자와 잘 아는 사이가 아니신가?"

심약 : "그렇습니다, 잘 아는 사이예요. 그는 멸망의 도시에서 북쪽으로 조금 떨어진 어리석음의 도시에 살았습니다. 제 고향과도 비슷한 거리만큼 떨어져 있었지요. 사실 그는 제 아버지의 아우입니다. 제게는 숙부님이 되지요. 숙부님과 저는 품성이 거의 같습니다. 숙부님이 저보다 키가 조금 작긴 하지만 모습도 비슷하게 생겼어요."

정직 : "그를 알고 있을 줄 알았네. 둘이 창백한 안색이며 눈빛, 말투까지 똑 닮은 걸 보니 친척인 게 확실한 것 같구면."

심약 : "저희를 아는 사람들은 거의 그렇게 말합니다. 심지어 제가 봐도 숙부님과 저는 비슷한 점이 아주 많거든요."

가이오 : "기운 내시오, 심약. 제 집에 오신 걸 환영합니다. 바라는 게 있으면 뭐든지 말만 하세요. 아랫사람들도 시키는 일이 있으면 기꺼이 해 줄 겁니다."

심약 : "생각지도 못한 호의를 받으니 마치 짙은 먹구름 사이로 햇살이 비치는 것 같습니다. 거인이 나를 가로막고 더 멀리 못 가게 한 것도 다 지금을 위해 그랬던 것일까요? 제 물건을 훔친 뒤에 저를 가이오 주인님 댁으로 보내려고 한 걸까요? 어찌됐건 결과는 그렇게 되었군요."

심약과 가이오가 이런 대화를 나누고 있을 때 어떤 사람이 달려와서 문을 두드리며 외쳤다.

"여기서 4리쯤 떨어진 곳에서 부정(Not right)이라는 순례자가 벼락을 맞고 즉사했습니다!"

심약 : "세상에! 그가 죽었단 말입니까? 제가 대엿새 전에 막 이곳에 도착했을 무렵 그는 저와 동행하고 싶다고 했었지요. 제가 거인에게 붙잡힐 때도 그가 저와 함께 있었는데, 그는 발이 빨라 혼자 멀리 달아났습니다. 마치 그는 죽기 위해 달아나고 저는 살기 위해 붙잡힌 셈이 되었군요."

곧 죽일 듯이 달려들던 것이
종종 궁지에 몰린 사람을 구하는구나
죽음의 얼굴을 한 하늘의 뜻이
때로는 비천한 자에게 생명을 주기도 하네
나는 붙들리고 그는 달아났건만
뒤바뀐 운명의 손길이
그에게는 죽음을 내게는 생명을 주었도다

이즈음 마태와 자비가 결혼을 했다. 그리고 가이오가 딸 뵈뵈를 마태의 동생인 야고보에게 시집보냈다. 순례자들은 그런 뒤에도 가이오의 집에서 열흘 넘게 머물며 여느 순례자들처럼 시간을 보냈다.

그들이 떠날 때가 되자 가이오가 잔치를 베풀어 모두 먹고 마시며 마음껏 즐겼다. 담대는 길을 떠나기에 앞서 가이오에게 청구서를 달라고 했다. 그러나 가이오가 자기 집에서는 순례자들을 대접한 대가를 받지 않는 게 관례라고 말했다. 그는 순례자들을 일 년씩 묵게 하는데 돈은 착한 사마리아 사람에게 받게끔 되어 있다고 한다. 사마리아 사람은 비용이 얼마가 됐든 자신이 돌아올 때 순례자들을 대신하여 충실히 갚겠다고 약속했다.[109]

**담대** : "사랑하는 이여, 그대는 형제자매에게, 더욱이 낯선 이들에게 봉사하는 일을 무엇이든 충성스럽게 하고 있습니다. 그들은 교회의 회중 앞에서 그대의 사랑을 증언하였습니다. 그대가 그들을 하느님께서 보시기에 합당하게 잘 보살펴서 보내는 것은 잘하는 일입니다."[110]

가이오는 순례자들과 자신의 딸에게 작별 인사를 했다. 특히 심약과 각별히 인사를 나눴다. 그는 또한 순례자들에게 여행하면서 마실 것도 주었다.

순례자들이 막 문을 나서려고 하자 어쩐지 심약이 일부러 꾸물대는 눈치였다. 이를 알아챈 담대가 말했다.

**담대** : "부디 우리와 함께 갑시다. 내가 안내하면 당신도 다른 사람들처럼 길을 잘 갈 수 있을 겁니다."

---

109) 누가복음 10 : 33~35.
110) 요한삼서 1 : 5~6.

**심약** : "아아, 저에게 딱 맞는 길동무가 있으면 좋겠군요. 여러분은 모두 활기차고 튼튼하지만 보시다시피 저는 약하기 짝이 없습니다. 그러니 저는 뒤에서 혼자 가는 게 낫겠어요. 결점이 많은 제가 함께 가면 저 자신뿐 아니라 여러분에게도 짐이 될 테니까요. 이미 말씀드렸다시피 저는 나약하고 소심한 사람이라서 남들이 잘 견뎌내는 것도 버거워하며 금방 포기해 버려요. 잘 웃지 않고 화려한 옷도 좋아하지 않으며 쓸데없는 질문을 싫어하지요. 저는 남들이 마음껏 누리는 일에도 걸려 넘어질 만큼 나약해요. 게다가 무지한 신자라서 진리를 속속들이 알지 못합니다. 가끔 누군가가 주님 안에서 기뻐하는 소리를 들을 때면 그러지 못하는 저 자신이 무척이나 괴롭습니다. 저는 마치 힘센 이들 틈에 섞인 나약한 외톨이 같고, 건강한 사람들 사이에 낀 병자 같습니다. 비웃음을 받는 등불이나 다름없어요. 발이 미끄러지기 쉬운 사람은, 평온하게 길을 가는 이들이 속으로 비웃는 등불과 같다고 하지요.[111] 그래서 저는 어찌하면 좋을지 잘 모르겠습니다."

**담대** : "하지만 형제여, 나는 마음이 약한 사람을 격려하고 힘이 없는 사람을 붙들어주라는 임무를 맡았습니다.[112] 그러니 당신은 우리와 함께 가야 합니다. 우리가 당신을 기다려주고 도와줄 것이며, 말과 행동을 조심하고, 쓸모없는 언쟁을 피하겠습니다. 당신이 혼자 뒤처지게 내버려두기보다 우리가 당신에게 맞추어 가지요."

그들이 가이오의 집 대문 앞에서 이런 이야기로 옥신각신하는 동안 주저(Ready to halt)가 손에 목발을 짚고 나타났다.[113] 그 역시 순례를 가고 있었다.

그를 보고 심약이 말했다.

**심약** : "여긴 어쩐 일로 오셨습니까? 안 그래도 내게 어울리는 길동무가 없다고 푸념하던 참이었는데 당신이야말로 내가 바라던 사람이군요. 반갑습니다, 잘 오셨어요! 나와 당신이라면 서로 도움을 줄 수 있을 겁니다."

**주저** : "기꺼이 길동무가 되어 드리지요. 이렇게 운 좋게 만났으니 떨어져서 가기보다야 서로 함께 가는 게 좋지요! 제 목발 하나를 빌려드리겠습니다."

---

111) 욥기 12 : 5.
112) 데살로니가전서 5 : 14.
113) 시편 38 : 17.

**심약** : "아니요, 괜찮습니다. 말씀은 고맙지만 절름발이가 되기도 전에 다리를 절면서 가고 싶지 않군요. 개를 쫓을 때라면 필요할지도 모르겠지요."

**주저** : "내 도움이나 목발이 필요하면 언제든 말만 하세요."

그리하여 순례자들은 다시 길을 떠났다. 담대와 정직이 앞장을 서고, 크리스티아나와 그녀의 가족이 그 뒤를 따랐으며, 맨 뒤에서 심약과 목발을 짚은 주저가 따라갔다. 정직이 담대에게 말을 걸었다.

**정직** : "이렇게 다시 순례 길로 들어섰으니, 우리보다 앞서 순례를 떠났던 사람들에 대해 유익한 이야기를 좀 들려주게."

**담대** : "기꺼이 해드리죠. 예전에 크리스천이 겸손의 골짜기에서 아바돈과 마주했던 일과 죽음의 그늘 골짜기에서 힘든 일을 겪었다는 얘기는 들어보셨을 겁니다. 믿음이 부정, 태초의 아담, 불만, 부끄러움이라는 네 악당을 만나 얼마나 혼이 났는지도 들어보셨겠지요?"

**정직** : "그 이야기는 모두 들어보았네. 착한 믿음은 특히 부끄러움을 만났을 때 가장 애를 먹었다지? 부끄러움은 아주 끈질긴 자였으니까."

**담대** : "그렇습니다. 모든 이들 가운데 부끄러움만 이름이 거꾸로 되었다고 순례자들이 입을 모아 말했지요."

**정직** : "그런데 크리스천과 믿음이 수다쟁이를 만난 곳이 어딘가? 그도 매우 악명이 높지."

**담대** : "그는 건방진 바보입니다. 그런데 수많은 사람이 그의 뒤를 따랐답니다."

**정직** : "믿음마저도 그에게 감쪽같이 속아 넘어갈 뻔했지."

**담대** : "네, 하지만 크리스천이 수다쟁이의 실체를 꿰뚫어본 덕에 믿음이 재빨리 정신을 차릴 수 있었습니다."

계속 길을 가던 그들은 전도사가 크리스천과 믿음을 만나 허무의 시장에서 겪게 될 일을 예언했던 곳에 이르렀다.

**담대** : "크리스천과 믿음은 이 근처에서 전도사를 만났습니다. 전도사는 그들이 허영의 시장에서 겪게 될 시련을 미리 일러주었지요."

**정직** : "전도사가 당시 그들에게 전해준 말씀은 어려운 부분이 많았지."

**담대** : "하지만 전도사는 그들에게 용기를 북돋아주기도 했습니다. 우리가 무슨 말로다가 그들을 설명할 수 있을까요? 두 사람 모두 사자처럼 용맹하고

굳센 각오를 다졌지요. 둘이 재판장 앞에 섰을 때 얼마나 당당했는지 어르신도 기억하십니까?"

**정직** : "생생하게 기억하고 있네. 믿음은 꿋꿋하게 어려움을 견뎌냈지."

**담대** : "참말입니다. 믿음 덕분에 그 못지않게 용감한 이들이 일어나게 되었지요. 소망을 비롯한 많은 이들이 그의 죽음을 보고 마음을 고쳐먹었다고 합니다."

**정직** : "정말 잘 된 일이야. 계속 이야기해 주게. 자네는 여러 가지를 알고 있는 것 같구먼."

**담대** : "그러지요. 크리스천이 허무의 시장을 지나간 뒤 만난 이들 가운데 사심이라는 자가 참으로 지독했습니다."

**정직** : "사심? 어떤 사람인가?"

**담대** : "세상에 둘도 없는 위선자로 아주 몹쓸 악당이었지요. 그는 세상 풍조에 따라 종교를 믿었습니다. 종교 때문에 결코 손해를 보거나 고통 받는 법이 없는 약삭빠른 자입니다. 형편이 새롭게 바뀔 때마다 종교를 믿는 법도 달리했거든요. 그의 아내도 만만치 않았습니다. 생각을 이랬다저랬다 바꾸기 일쑤였고, 자기 행동을 정당화하기까지 했지요. 하지만 내가 알기로 그는 자신의 사심 때문에 불행한 최후를 맞았다고 합니다. 그의 자식들 가운데 한 명이라도 하느님을 진심으로 경외하는 사람들에게 존경받았다는 소문을 들어보지 못했습니다."

이 무렵 허무의 시장이 열리는 허영 마을[114]이 저 멀리 보였다. 그들은 마을이 가까워지자 그곳을 어떻게 빠져나가야 할지 상의했다. 다들 한마디씩 한 뒤 끝으로 담대가 말했다.

**담대** : "여러분도 아시다시피 나는 순례자들을 안내하며 몇 번이나 이 마을을 지난 적이 있습니다. 구브로 출신의 나손이라는 늙은 제자와 내가 친분이 있으니 그의 집에 묵는 게 어떻습니까? 다들 괜찮으시면 그리로 갑시다."

**정직** : "그렇게 합세."

**크리스티아나** : "좋아요."

**심약** : "저도 좋습니다."

---

114) 시편 12 : 2.

다른 사람들도 모두 찬성했다.

그들이 마을 변두리에 다다랐을 때는 이미 해가 기울어 있었다. 그러나 다행히 담대가 나손의 집으로 가는 길을 잘 알고 있었다. 집으로 찾아간 그들이 문을 두드렸다. 안에 있던 나손이 그들의 목소리를 알아듣고 문을 열어주었다. 모두 집 안으로 들어오자 집주인인 나손이 물었다.

**나손** : "오늘은 얼마나 멀리서 오신 겁니까?"

그들은 가이오의 집에서 오는 길이라고 대답했다.

**나손** : "먼 길을 오느라 몹시 피곤할 텐데 어서 앉으세요."

**담대** : "자, 여러분 기운 내십시오. 제 친구가 여러분을 반가워하는군요."

**나손** : "진심으로 환영합니다. 필요한 게 있으면 무엇이든 말씀하세요. 해드릴 수 있는 건 다 해드리겠습니다."

**정직** : "우리는 잠시 머물 안식처와 좋은 친구가 필요했소. 그런데 두 가지를 모두 얻게 되었군."

**나손** : "안식처라면 보시는 바와 같이 바로 여기 있습니다. 하지만 좋은 친구는 시험 당하고 있을 때 나타난답니다."

**담대** : "자, 순례자들을 방으로 안내해 주시겠습니까?"

**나손** : "그러지요."

나손은 그들에게 저마다 방을 안내해 주고, 근사한 식당도 보여주었다. 잠자리에 들기 전에 다 함께 모여 식사할 곳이었다.

그들이 자리에 앉아 쉬면서 어느 정도 기운을 되찾자 정직이 집주인에게 물었다.

**정직** : "이 마을에는 선량한 사람이 얼마나 되는지요?"

**나손** : "다른 마을에 비하면 아주 적지만 그래도 몇 사람 있습니다."

**정직** : "그 사람들을 만나려면 어떻게 해야 하오? 순례자들이 선량한 사람들을 만나는 것은 밤바다를 항해하다가 달과 별을 발견하는 것만큼 반가운 일이거든요."

그때 나손이 발을 쿵쿵 구르자 그의 딸인 은혜(Grace)가 올라왔다.

**나손** : "얘야, 아버지의 친구인 뉘우침(Contrite), 성인(Holy man), 성도 사랑(Love saint), 솔직(Dare not lie), 참회(Penitent)에게 가서 전해라. 우리 집에 온 손님들이 오

늘 저녁에 뵙고 싶어 하더라고 말이다."

은혜가 그들을 부르러 가자 그들은 열 일을 제치고 한달음에 달려왔다. 서로 인사를 나눈 뒤에 모두 함께 식탁에 둘러앉았다.

집주인인 나손이 말했다.

"이웃들이여, 보다시피 낯선 친구들이 이렇게 제 집에 와 있습니다. 이들은 먼 데서 온 순례자들인데 지금 시온산으로 가는 길입니다. 여러분! 이분이 누구신지 알겠습니까?"

그가 크리스티아나를 가리키며 말했다.

"이분은 크리스티아나입니다. 바로 믿음과 함께 우리 마을에서 치욕을 당한 유명한 순례자 크리스천의 아내이지요."

나손의 친구들은 이 말을 듣고 깜짝 놀라서 벌떡 일어나 말했다.

"은혜가 우리를 부르러 왔을 때 크리스티아나를 보게 되리라고는 상상도 못 했습니다. 참으로 놀랍고 기쁜 일이군요."

그들은 크리스티아나에게 안부를 묻고, 옆에 있는 젊은이들이 그의 아들들이냐고 물었다. 그녀가 그렇다고 대답하자 그들이 말했다.

"너희들이 사랑하며 섬기는 왕께서 너희를 너희 아버지처럼 되게 하시고, 그가 평안히 쉬고 있는 곳으로 이끄시길 바란다."

그들이 모두 자리에 앉자 정직이 뉘우침에게 물었다.

정직 : "이 마을은 요즘 형편이 어떻소?"

뉘우침 : "장이 설 때마다 우리 모두 무척 바쁘답니다. 할 일이 많은 처지에 마음과 영혼을 제대로 돌보기란 아주 힘들지요. 이런 곳에서 장사하며 살아가는 사람들에게는 매일 끊임없이 주의를 되새겨 줄 말씀이 필요합니다."

정직 : "이웃들은 어떻소? 좀 평온해졌습니까?"

뉘우침 : "옛날에 비하면 한결 부드러워졌습니다. 크리스천과 믿음이 이 마을에서 어떤 시련을 당했는지는 아시지요? 요즘은 그때보다 훨씬 순해졌지요. 믿음을 죽인 죄가 지금껏 그들에게 마음의 짐으로 남아 있는 모양입니다. 믿음을 불태워 죽인 뒤로 그 일을 부끄러워하며 다시는 사람을 불태우지 않았거든요. 그 당시 우리는 거리에 나서는 것조차 무서워했지만, 지금은 고개를 들고 나다닐 수 있답니다. 예전에는 신자들이 아주 미움을 받았지요. 그러나 이 커

다란 마을 가운데 일부 지역에서는 이제 종교가 존중받고 있습니다."

뉘우침이 말을 마치고 다시 순례자들에게 물었다.

**뉘우침** : "그건 그렇고 여러분, 순례는 어떻습니까? 마을을 들를 때마다 어떻게 대해주던가요?"

**정직** : "다른 여행자들과 별로 다를 게 없소. 길은 깨끗하거나 더러울 때도 있고, 오르막길이 있는가 하면 내리막길도 있지요. 앞길을 전혀 예측할 수 없어요. 늘 순풍이 부는 것도 아니고, 길을 가다 만나는 사람들이 다 친구인 것도 아니었지요. 이미 제법 많은 고난을 겪었지만 또 어떤 어려움이 닥칠지 알 수가 없어요. 대부분의 경우 착한 사람은 고통을 당하리라는 옛말이 옳다는 사실을 깨닫게 되었습니다."

**뉘우침** : "시련에 대해 말씀하셨는데 어르신은 어떤 시련을 겪었습니까?"

**정직** : "그건 우리 안내자인 담대에게 물어보세요. 그가 잘 설명해 줄 거요."

**담대** : "시련이라면 이미 서너 차례나 겪었지요. 먼저 크리스티아나와 자식들은 불량배에게 습격을 받아 목숨을 잃을 뻔했습니다. 또 피에 굶주린 자라는 거인, 몽둥이 거인, 살선 거인에게 공격을 받았어요. 사실 세 번째 거인은 괴롭힘을 당했다기보다 우리가 나서서 거인을 해치웠지요. 말하자면 이렇습니다. 우리가 나와 온 교회의 주인인 가이오의 집에 머무를 때입니다.[115] 어느 날 우리는 무기를 들고 순례자의 적들이 있는지 살펴보기로 했습니다. 그 부근에 악명 높은 거인이 산다고 들었거든요. 가이오는 그 근처에 살고 있어서 악당이 어디에 자주 나타나는지 저보다 잘 알고 있었습니다. 그래서 우리는 주변을 샅샅이 뒤져서 마침내 거인이 사는 동굴 입구를 찾아냈어요. 우리는 기뻐하며 용기를 내었습니다. 동굴 쪽으로 가보자 거인이 이 가련한 심약을 억지로 끌고 와 목숨을 빼앗으려던 참이었습니다. 그런데 우리를 보고는 또 다른 먹이가 생겼다고 생각했는지 거인이 가엾은 심약을 동굴 속에 내버려둔 채 밖으로 나왔어요. 그리하여 거인과 무시무시한 싸움을 하게 되었습니다. 그놈은 거칠게 날뛰며 우리에게 덤볐지만 결국 땅에 쓰러져 머리가 잘려나갔습니다. 그 머리는 앞으로 사악한 짓을 저지르려는 자에게 주의를 주려고 우리가 길가에 매달아 놓았지

---

115) 로마서 16 : 23.

요. 내 말이 사실이라는 것은 여기 있는 심약이 증언해 줄 겁니다. 사자의 입에서 살아나온 어린 양과 같은 사람이지요."

**심약** : "모두 사실입니다. 이 일로 나는 고통과 위안을 모두 경험했습니다. 거인이 당장이라도 나를 갈기갈기 찢을 것만 같아 고통스러웠지만, 담대와 그의 친구들이 무기를 들고 나를 구하러 다가왔을 때 나는 진정한 위안을 얻었습니다."

**성인** : "순례를 떠나는 사람에게 필요한 것이 두 가지 있는데, 바로 용기와 타락하지 않은 삶이지요. 용기가 없으면 절대 순례 길을 꿋꿋이 나아가지 못할 것이며, 삶이 타락했다면 순례자들의 이름에 먹칠을 하게 되니까요."

**성도 사랑** : "당신에게 이런 주의는 필요 없다고 생각하지만, 여행을 다니는 사람 가운데는 자신이 나그네이자 순례자임을 인정하지 않는 사람이 있습니다."[116]

**솔직** : "사실 그들은 순례자의 모습이나 용기를 가지고 있지 않습니다. 그들은 똑바로 나가지 않고 제멋대로 발을 디딥니다. 한 발은 안으로 향하고 다른 쪽 발은 밖으로 향해 있지요. 그들의 바지는 누더기처럼 너덜너덜하고 구멍이 나 있어 주님을 욕되게 합니다."

**참회** : "이런 일이 걱정스러운 것도 당연한 일이지요. 순례자들 또한 얼룩과 흠투성이가 깨끗해지기 전에는 그들과 그들의 순례 길에 은총을 받을 수 없습니다."

그들은 이렇게 이야기를 나누며 시간을 보내다 저녁 식사가 차려지자 식탁으로 갔다. 식사를 하면서 지친 몸의 피로를 푼 다음, 모두 잠자리에 들었다. 그들은 시장 안에 있는 나손의 집에서 오래도록 머물렀는데 그러는 동안 나손은 자기 딸 은혜를 크리스천의 아들인 사무엘과 맺어주고, 딸 마사를 요셉과 맺어주었다.

앞서 말했다시피 순례자들은 그곳에서 오랫동안 머물렀다. 그 덕분에 순례자들은 마을의 선량한 사람들과 친해질 수 있었고, 그들에게 성심성의를 다해 봉사했다. 자비는 늘 하던 대로 가난한 사람들에게 입을 것과 먹을 것을 많이

---

116) 히브리서 11 : 13, 시편 39 : 12.

만들어 주었다. 그녀에게 도움을 받은 사람들은 모두 순례자들을 축복했으며, 그녀는 그곳 신자들의 자랑거리가 되었다. 은혜, 뵈뵈, 마사도 마음씨가 고와서 착한 일을 많이 했다. 크리스천의 며느리들은 자식을 많이 낳아 크리스천의 이름이 세상에 길이 남게 되었다.

그들이 마을에 머무르는 동안 숲 속에 사는 괴물이 마을에 나타나 사람들을 마구 죽였다. 괴물은 아이들을 납치해서 자기 새끼들처럼 젖을 빨도록 가르쳤다. 그러나 마을에는 감히 괴물과 대적하려는 사람이 아무도 없었다. 다들 괴물이 오는 소리를 들으면 달아나기에 바빴다.

괴물은 이 세상 그 어떤 짐승과도 닮지 않았다. 용처럼 생긴 몸뚱이에 머리가 일곱 개, 뿔이 열 개 달려 있었다.[117] 괴물은 한 여자의 조종을 받고 마을 아이들을 많이 해쳤다. 그러다 괴물이 사람들에게 조건을 제시했는데, 자신의 영혼보다 목숨을 더 소중히 여기는 사람들은 그 제안을 받아들였다.

마침내 담대는 나손의 집에 순례자들을 만나러 오는 사람들과 함께 괴물과 맞서 싸우기로 결의했다. 혹시나 탐욕스러운 독사의 마수에서 마을 사람들을 구할 수 있지 않을까 하는 생각에서였다.

담대, 뉘우침, 성인, 솔직, 참회는 무기를 들고 괴물과 싸우러 나섰다. 그들이 다가가자 괴물은 몸을 일으켜 매우 깔보는 듯한 시선으로 그들을 내려다보았다. 하지만 단단히 무장한 그들은 용감히 괴물을 물리치고 마을에서 멀리 쫓아버린 뒤 나손의 집으로 돌아왔다.

괴물이 마을에 나타나 아이들을 노리는 시간은 정해져 있었다. 씩씩한 그들은 그때를 기다렸다가 괴물과 용감하게 맞서 싸웠다. 괴물은 나날이 상처가 깊어져 다리까지 절뚝거렸고 전처럼 마을 아이들을 괴롭힐 수 없게 되었다. 몇몇 사람들은 괴물이 상처가 깊어 결국 죽을 거라고 믿었다.

이 일로 담대와 그의 친구들이 마을에 널리 알려졌다. 허영에 들떠 있던 사람들조차 그들을 존경하기에 이르렀다. 그 덕분에 순례자들은 마을에서 더는 피해를 입지 않게 되었다. 두더지처럼 앞을 못 보고 이해력이 짐승만도 못한 비천한 사람들도 더러 있기는 했다. 그들은 순례자들을 존경하지 않았고 그들의

---

117) 요한계시록 17 : 3.

용과 맞서 싸우는

용기와 모험에 전혀 관심을 갖지도 않았다.

시간이 점점 흐르고 다시 출발해야 할 날이 가까워지자 순례자들은 길 떠날 채비를 했다. 그들은 친구들을 불러 상의한 끝에 서로를 위하여 하느님께 보호를 바라는 기도를 올리기로 했다. 어떤 사람은 약한 자나 강한 자, 남자나 여자 모두에게 적합한 물건들을 가져와 순례자들과 함께 가득 실어 보내기도 했다.[118]

마침내 순례자들이 길을 떠났다. 그들의 친구들이 적당한 곳까지 그들을 바래다주고 하느님의 보호가 있기를 서로에게 빌어준 다음 헤어졌다.

순례자 일행은 계속 길을 걸어갔다. 여전히 담대가 앞장을 섰다. 여인과 아이들은 기운이 약해서 안간힘을 다해 뒤따라가야 했다. 주저와 심약이 그런 처지를 딱하게 여길 정도였다.

그렇게 마을 사람들과 친구들을 떠나며 작별 인사를 나눈 지 얼마 안 되어 그들은 믿음이 사형당한 곳에 이르렀다. 그들은 걸음을 멈추고 서서 믿음이 십자가를 지고 잘 견딜 수 있도록 해주신 주님께 감사를 드렸다. 믿음이 고통을 담담하게 받아들인 덕분에 자신들이 혜택을 받았음을 알고 있었기에 그들은 더욱 깊이 감사드렸다.

그런 뒤 그들은 크리스천과 믿음에 관한 이야기, 믿음이 순교한 뒤 소망이 어떻게 크리스천과 함께 순례를 떠났는지 하는 이야기를 나누며 먼 길을 갔다.

이윽고 순례자들이 재물의 산에 다다랐다. 그곳에는 은광이 있었는데, 순례를 가던 데마는 그 은광 때문에 유혹에 빠져 길을 벗어났다. 또 소문에 따르면 사심이 그곳에 떨어져서 죽었다고도 한다. 순례자들은 그런 일들을 곰곰 떠올리면서 길을 갔다. 그러나 재물의 산 맞은편에 우뚝 솟은 오래된 비석[119]을 보았을 때는 전에 크리스천이 그랬듯, 지식과 지혜가 풍부한 사람들이 어쩌다 눈이 멀어 샛길로 빠졌는지 의문스러워했다. 하지만 다시 생각해 보니, 인간의 본성은 다른 사람의 허물을 보고 쉽게 고칠 수 있는 게 아님을 깨달았다. 특히 그들이 본 것이 어리석은 눈을 매혹할 때 더욱 그러하다고 생각했다.

나는 계속 길을 가던 그들이 마침내 기쁨의 산 기슭에 있는 강가에 이르는 걸 보았다. 강의 양쪽 둑에는 아름다운 나무가 울창하게 자라나 있었는데 그

---

118) 사도행전 28 : 10.
119) 소돔과 썩은 내가 나는 호수가 바라다 보이는 곳에 서 있는 소금 기둥.

잎사귀를 따 먹으면 배앓이가 금세 나았다. 일 년 내내 푸른 풀밭은 사람들이 누워서 안전하게 쉴 수 있는 곳이었다.[120]

강둑에 있는 풀밭에는 양 우리가 있었다. 어린 양과 순례 중에 태어난 아이들을 기르고 보살피기 위해 마련된 집도 있었는데 그곳에 새끼 양과 순례자의 아이들을 돌보는 목자가 살고 있었다. 그는 어린 양을 너그럽게 품속에 안고 다니며, 젖을 먹이는 어미 양을 다정하게 이끌어 주었다.[121] 크리스티아나는 네 명의 며느리들에게 아기를 그분께 맡기라고 당부했다. 그러면 아이들이 강가에서 살면서 보호받고 자라나 아무런 부족함이 없이 지낼 수 있기 때문이었다.

**크리스티아나** : "아이들 가운데 누가 길을 잃고 헤매게 되면 그분이 찾아서 집으로 데려오실 것이다. 상처를 입은 아이는 싸매 주시고 병든 아이는 튼튼하게 만드실 것이다. 아이들은 여기서 고기, 마실 것, 옷 등 무엇 하나 부족함 없이 살 거란다.[122] 도둑이나 강도로부터 보호도 받을 수 있을 거야. 그분은 자신이 돌보는 아이들을 잃지 않기 위해서라면 목숨도 버릴 분이시거든.[123] 게다가 아이들은 여기서 옳은 길을 가도록 좋은 지도와 가르침을 받을 것이다. 이 모든 것은 너희들도 알다시피 아주 특별한 은총이다. 보아라, 이곳에는 깨끗한 물, 아름다운 꽃, 몸에 좋은 과일이 열린 수많은 나무가 있다. 마태가 먹었던 바알세불 정원의 나무 열매와 달리, 병약한 자에게 건강을 가져다주고 건강한 자는 건강을 유지하며 더욱 튼튼하게 해주는 열매란다."

그리하여 며느리들은 기꺼이 목자에게 아이들을 맡겼다. 더욱이 그곳은 왕이 직접 경영하며 어린아이들이나 고아들을 보호하고 돌보는 곳이었기 때문이다.

계속해서 길을 걸어가던 그들은 샛길 풀밭에 있는 계단에 이르렀다. 크리스천과 그의 친구 소망은 그 계단을 넘어갔다가 절망 거인에게 잡혀 의심의 성에 갇힌 일이 있다. 순례자들은 자리에 둘러앉아서 어떻게 하면 좋을지 상의했다. 그들은 이제 매우 강해졌으며 안내자인 담대도 함께 있으니 더 멀리 가기 전에

---

120) 시편 23 : 2.
121) 히브리서 5 : 2, 이사야 40 : 11.
122) 예레미야 23 : 4, 에스겔 34 : 11~16.
123) 요한복음 10 : 16.

거인을 물리쳐서 성을 무너뜨리고, 성안에 잡혀 있는 순례자가 있으면 풀어주는 게 좋지 않겠냐는 것이었다. 한 사람이 의견을 내면 다른 한 사람이 반대하기를 되풀이했다. 어떤 이는 신성하지 않은 곳에 들어가도 괜찮은지 물었고, 의도만 좋으면 상관없다고 말하는 이도 있었다.

담대 : "의도가 좋으면 무슨 짓을 해도 괜찮다는 의견이 늘 옳은 것은 아닙니다. 하지만 나는 죄에 맞서 악을 물리치고, 믿음을 지켜 선한 싸움을 하라는 명을 받았습니다.[124] 절망 거인을 그대로 내버려 둔다면 내가 누구와 선한 싸움을 벌이겠습니까? 나는 거인의 목숨을 빼앗고 의심의 성을 쳐부수러 갈 생각입니다. 나와 같이 가실 분 없습니까?"

정직 : "나도 같이 가겠소."

이제 어엿한 젊은이가 된 크리스티아나의 네 아들 마태, 사무엘, 야고보, 요셉이 말했다.

"저희도 함께 가겠습니다."

그들은 여인들을 길에 남겨두고 싸우러 나갔다. 그들이 돌아올 때까지 심약과 목발을 짚은 주저가 여인들을 지켰다. 비록 그 근처에 절망 거인이 살고 있긴 했지만 길에서 벗어나지만 않으면 어린아이라도 그들을 안내할 수 있는 곳이었기 때문이다.

담대, 정직, 그리고 네 명의 젊은이는 절망 거인을 찾으러 의심의 성으로 올라갔다. 그들은 성문 앞에 이르러서 요란하게 문을 두드렸다. 그 소리를 듣고 늙은 거인이 나타났고, 거인의 아내 의심도 그를 따라 나왔다.

절망 : "웬 놈이냐? 누가 감히 겁도 없이 나 절망 거인을 성가시게 하는 것이냐!"

담대 : "나는 담대다. 천국의 왕을 섬기는 신하로서 천국에 가려는 순례자들을 안내하고 있다. 어서 내가 들어가도록 문을 열어라! 나는 너의 목을 베고 의심의 성을 쳐부수러 왔으니 싸울 준비를 해라."

절망은 자신이 거인이기 때문에 아무도 자신을 이길 수 없다고 믿었다. 속으로 천사들도 물리친 적이 있으니 담대가 누구든 조금도 두려워할 필요가 없다

---

124) 디모데후서 4 : 7.

고 생각했다. 거인은 무장을 하고 성문 밖으로 나갔다. 머리에는 강철 투구를 썼고, 가슴에는 불타는 갑옷을 댔으며, 쇠로 된 신발을 신고, 손에는 커다란 몽둥이를 쥐었다. 거인이 밖으로 나오자마자 여섯 남자가 그를 앞뒤로 에워쌌다. 거인의 아내 의심이 그를 도우러 나오자 정직이 그녀를 단칼에 베어버렸다. 그들은 죽을힘을 다해 싸운 끝에 거인을 바닥에 쓰러뜨렸다. 거인은 죽음이 두려워 마지막까지 미친 듯이 버둥거렸다. 흔히 말하듯 목숨이 고래 심줄보다 질겼지만 결국 담대 손에 죽고 말았다. 담대가 거인의 목을 베어버린 것이다.

이어서 그들은 의심의 성을 무너뜨렸다. 거인이 죽고 난 뒤였기 때문에 독자 여러분 생각대로 그것은 매우 손쉬운 일이었다. 그들은 일주일 만에 성을 허물어버렸다. 그리고 성안에 갇혀 굶어 죽기 직전이었던 순례자 낙심(Despondency)과 그의 딸 근심(Much afraid)을 찾아내 목숨을 구했다. 하지만 성 안뜰에 널려 있는 수많은 시체와 지하 감옥에 가득 찬 해골을 보았다면 독자 여러분도 아마 깜짝 놀랐을 것이다.

담대와 그의 친구들이 이렇게 눈부신 활약을 펼친 뒤 낙심과 그의 딸 근심을 보호해 주었다. 부녀가 의심의 성에서 거인에게 포로로 잡혀 있긴 했지만 둘 다 정직했기 때문이었다. 그들은 거인의 몸을 돌 더미 밑에 묻어버린 다음 머리만 들고서 나머지 일행이 있는 길로 돌아갔다. 심약과 주저는 그것이 진짜 거인의 머리임을 알고는 기뻐 날뛰었다. 크리스티아나는 필요한 경우 비올라를 켤 줄 알았고 며느리 자비도 비파를 연주할 수 있었는데, 그들은 기쁨에 들떠 음악을 연주했다. 이때 춤을 추고 싶어진 주저가 낙심의 딸 근심에게 다가가 손을 잡아끌어 함께 길에서 춤을 추었다. 그는 한 손으로 목발을 짚고 춤췄는데도 발을 잘 맞추었다. 근심도 음악에 맞춰 멋지게 춤을 추면서 칭찬받을 만한 솜씨를 뽐냈다.

하지만 낙심은 음악이 귀에 들어오지 않았다. 배가 고파 거의 굶어 죽을 지경이었기 때문에 춤추는 것보다는 배를 채우고 싶은 마음이 굴뚝같았다. 그래서 그가 잠시 배고픔을 견딜 수 있도록 크리스티아나가 그에게 기운을 차리게 해주는 음료와 먹을 것을 내어주었다. 그러자 잠시 뒤 이 노신사는 정신을 차리고 기운을 되찾았다.

나는 꿈에서 이 일이 모두 끝나자 담대가 절망의 머리를 길가에 있는 장대에 꽂아놓는 걸 보았다. 장대는 크리스천이 나중에 이곳에 이른 사람들이 거인의 땅에 들어가지 않게끔 주의를 주려고 세워놓은 기둥의 맞은편에 서 있었다.

담대는 장대 아래 대리석에다가 이렇게 적어 넣었다.

이것은 순례자들이
이름만 듣고도 벌벌 떨던 자의 목이로다
성은 무너졌고 그의 아내 의심도
용감한 담대 손에 죽었다
낙심과 그의 딸 근심을 위해서도
담대는 용기를 발휘했으니
믿지 못하는 자는 눈을 크게 뜨고 여기를 보라
의심이 깨끗이 걷힐 것이다
의심하던 절름발이들이 춤을 출 때
비로소 두려움에서 벗어났음을
이 머리로 보여주는 바이다

용감하게 거인을 죽이고 의심의 성을 무너뜨린 순례자들은 계속 길을 가다가 마침내 기쁨의 산에 다다랐다. 크리스천과 소망이 다양한 것들을 구경하며 기운을 차렸던 곳이다. 그들은 양 떼를 돌보는 목자들을 만나 금세 친하게 지냈다. 목자들은 전에 크리스천에게 했던 것처럼 그들이 기쁨의 산에 온 것을 환영해 주었다.

목자들은 담대와 이미 잘 아는 사이였는데 그를 따르는 많은 사람들을 보고 목자들이 물었다.

"일행이 참 많으시군요. 이 사람들을 모두 어디서 만났나요?"

그러자 담대가 대답했다.

"먼저 여기는 크리스티아나 가족입니다. 크리스티아나와 자식들과 며느리들은 북두칠성처럼 북극을 떠나지 못하고, 나침반을 따라 죄에서 벗어나 은총으로 돌아섰지요. 그렇지 않으면 여기까지 오지 않았을 것입니다. 다음으로 노인 정직도 순례를 가고 있습니다. 여기 주저가 성실하다는 사실은 내가 보증하지

절망 거인은 죽고 의심의 성은 허물어지다

요. 뒤에 남는 것을 꺼려한 심약도 있습니다. 이쪽은 우리 뒤를 따른 착한 낙심과 그의 딸 근심입니다. 우리가 여기서 대접을 받을 수 있습니까? 아니면 더 가야 하나요? 어떻게 해야 하는지 대답해 주십시오."

그러자 목자들이 말했다.

"기쁨이 가득한 일행이로군요. 기꺼이 환영합니다. 우리는 강한 자나 약한 자나 가리지 않고 받아들입니다. 우리 주님은 우리가 약한 자들에게 어떻게 대하는지 유심히 살피고 계십니다.[125] 그러니 보잘것없는 사람이라고 해서 대접하기를 거절하는 일은 결코 없지요."

목자들은 순례자들을 궁전 문으로 데려가서 말했다.

"어서 들어오세요, 심약과 주저! 낙심과 그의 따님 근심도 어서 오세요!"

목자들이 안내자에게는 이렇게 말했다.

"우리가 이 사람들의 이름을 하나하나 부른 이유는 이들이 다른 이들보다 쉽게 물러서려고 할 것 같아서입니다. 하지만 나머지 분들은 강하시니 지금껏 해오신 대로 자유롭게 행동하셔도 됩니다."

그러자 담대가 말했다.

"여러분의 얼굴이 은혜로 환하게 빛나는 걸 보니 우리 주님의 참된 목자들이 분명하군요. 여러분은 약한 자들을 옆구리나 어깨로 밀어내지 않고, 궁전으로 가는 그들의 길에 꽃을 뿌려줬으니까요."[126]

그리하여 몸과 마음이 약한 사람들이 먼저 안으로 들어가고, 담대와 나머지 사람들이 그 뒤를 따라 들어갔다. 그들이 자리에 앉자 목자들이 약한 사람들에게 먼저 말을 건넸다.

"어떤 음식을 원하십니까? 여기서는 난폭한 사람들에게 주의를 주는 것은 물론이고 약한 사람들을 돕기 위한 음식을 마련해 준답니다."

목자들은 소화가 잘 되고 맛도 있으면서 영양이 듬뿍 담긴 음식을 푸짐하게 차려 주었다. 음식을 맛있게 먹은 순례자들은 저마다 정해진 방으로 가서 쉬었다. 아침이 밝자 높은 산 주변 날씨가 무척 맑았다. 그래서 목자들은 관례대로 순례자들이 식사를 하고 떠날 채비를 다할 때까지 기다렸다가, 그들이 떠나기

---

125) 마태복음 25 : 40.
126) 에스겔 34 : 21.

전에 들판으로 데려가 예전에 크리스천에게 보여주었던 것을 구경시켜 주었다.

그런 다음 목자들은 그들을 새로운 장소로 데려갔다. 맨 처음 간 곳은 놀라움의 산(Mount Marvel)이었다. 그들이 바라다보니 저 멀리서 한 남자가 말씀에 따라 언덕에서 굴러떨어지고 있었다. 순례자들은 목자들에게 그것이 무엇을 의미하는지 물었다. 그러자 목자들이 대답했다.

"저 사람은 큰 은혜의 아들입니다. 순례자들에게 어떤 어려움을 만나든 믿음을 갖고 길을 가라고 가르치기 위해서 저 산에 있는 것입니다."[127]

큰 은혜에 관해서는 독자 여러분이 제1부에서 읽어보았을 것이다. 목자들의 설명을 듣고 담대가 말했다.

"나는 저 사람을 아는데 누구보다 뛰어난 사람입니다."

그러고 나서 목자들은 순례자들을 순결의 산(Mount Innocent)으로 데려갔다. 그들은 거기서 흰옷을 걸치고 있는 사람을 보았다. 그런데 편견(Prejudice)과 악의(Ill will)라는 사람이 그에게 끊임없이 진흙을 던지고 있었다. 하지만 놀랍게도 두 사람이 아무리 진흙을 던져도 흰옷에서 진흙이 금방 떨어져나갔고, 옷은 진흙이 묻었던 흔적 하나 없이 깨끗했다. 그것을 보고 순례자들이 물었다.

"이건 무엇을 뜻하죠?"

목자들이 대답했다.

"저 사람은 신실(Godly man)이라고 합니다. 그가 입고 있는 흰옷은 그의 삶이 순결함을 보여주는 것이지요. 그의 올바른 삶을 미워하는 두 사람이 그에게 진흙을 던지고 있지만 보시다시피 진흙이 옷에 묻지 않습니다. 세상에서 진실로 순결하게 사는 사람들 모두 저러하지요. 하느님께서 그들의 순결함을 빛나게 하시고 의로움을 한낮처럼 환히 밝히시기 때문에 그들에게 아무리 진흙을 던져봤자 헛수고만 할 뿐입니다."

다음으로 목자들은 순례자들을 데리고 자선의 산(Mount Charity)에 갔다. 거기서 한 사람이 자기 앞에 옷감 한 필을 펼쳐놓은 채 자신을 둘러싸고 있는 가난한 사람들을 위해 웃옷이나 겉옷을 만드는 모습이 보였다. 그런데 그가 아무리 옷을 만들어주어도 옷감은 전혀 줄지 않았다. 순례자들이 또 물었다.

---

127) 마가복음 11 : 23~24.

"이것은 무엇을 뜻하는 것이지요?"

목자들이 대답했다.

"가난한 사람들에게 나눠주려는 마음으로 일하는 사람은 결코 부족함이 없을 거라고 가르쳐 주는 것입니다. 남의 목을 축여주는 자는 자신도 목을 축이게 됩니다. 과부가 예언자에게 빵을 나눠준다고 해서 과부의 그릇이 바닥나는 일은 없지요."

목자들은 순례자들을 다른 곳으로 데려갔다. 그곳에서 바보(Fool)와 멍청이(Want wit)라는 자가 에티오피아 사람의 검은 피부를 하얗게 만들려고 열심히 씻기고 있었다.[128] 하지만 그들이 씻어내면 씻어낼수록 검은 피부는 점점 더 까매졌다. 순례자들이 목자들에게 이것은 무슨 의미를 담고 있느냐고 묻자 목자들이 말했다.

"사악한 자들에 대해 알려주려는 것이지요. 사악한 무리는 아무리 좋은 명성을 얻으려고 노력해봤자 결국 더 형편없어질 뿐입니다. 바리새인들이 그러했으며 모든 위선자들이 그러할 것입니다."

그러자 마태의 아내인 자비가 시어머니 크리스티아나에게 말했다.

"어머니, 가능하다면 이 산에서 지옥으로 가는 샛길이라 부르는 구멍을 보고 싶어요."

크리스티아나가 목자들에게 그녀의 뜻을 전하자 그들이 자비를 산모퉁이에 있는 문으로 데려갔다. 그들이 문을 열고 자비에게 잠시 동안 귀를 기울여 보라고 했다. 자비가 귀 기울여 보니 어떤 사람의 말소리가 들려왔다.

"평화와 삶의 길에서 내 발목을 붙잡은 아버지에게 저주가 내리기를!"

다른 사람이 소리쳤다.

"내 생명을 구하기 위해서 영혼을 잃을 바에야 내 몸이 갈가리 찢기는 편이 나았어!"

또 한 사람이 말했다.

"다시 태어날 수 있다면 무슨 수를 써서라도 여기 오지 않을 거야!"

자비는 겁에 질린 나머지 발밑에 있는 땅이 흐느끼면서 마구 요동치는 것

---

128) 예레미야 13 : 23.

같았다. 새하얗게 질린 자비가 부들부들 떨며 뒤로 물러나면서 말했다.

"저곳에서 구원받은 사람들은 참으로 축복받은 거예요!"

목자들은 순례자들에게 이 모든 것을 보여준 뒤 그들을 다시 궁전으로 데려가 집에 있는 온갖 음식으로 대접했다. 자비는 그곳에서 본 것 가운데 꼭 갖고 싶은 물건이 하나 있었다. 하지만 아직 젊고 임신 중인 그녀는 부끄러워 말도 꺼내지 못했다. 자비의 안색이 별로 좋지 않은 것 같아 시어머니가 그녀에게 무엇 때문에 그렇게 괴로워하느냐고 물었다.

**자비** : "식당에 있는 거울이 갖고 싶어 생각을 떨쳐버릴 수가 없어요. 거울을 갖지 못하면 유산할 것만 같아요."

**크리스티아나** : "네 소원을 목자들에게 전해 주마. 주지 않겠다고 하지는 않을 거야."

**자비** : "하지만 제가 거울을 얼마나 갖고 싶어 하는지 그들이 아는 게 부끄러워요."

**크리스티아나** : "아니다, 얘야. 그런 물건을 갖고 싶어 하는 건 부끄러운 일이 아니라 미덕이란다."

**자비** : "그렇다면 어머니, 목자들에게 거울을 팔 생각이 없는지 물어봐 주세요."

그 거울은 천에 하나 있을까 말까 한 아주 진귀한 물건이었다. 앞면은 사람의 모습을 그대로 비쳐주지만 반대쪽으로 보면 주님의 얼굴과 모습이 또렷이 보였다.[129] 나는 거울을 본 사람들과 이야기를 나눈 적이 있는데, 그들은 거울을 통해 머리에 가시 면류관을 쓴 그분의 모습을 보았다고 했다.[130] 또한 그분의 손과 발, 옆구리에 난 상처도 보았다고 말했다. 그만큼 아주 특별한 거울이라 주님을 보고 싶다고 생각만 하면 그분을 볼 수 있었다. 주님께서 살아계신 모습이나 죽은 모습, 지상이나 천국에 계신 모습, 처형당하는 모습이나 찬양받는 모습, 그리고 수난을 당하러 오시거나 다스리기 위해 오시는 모습 등을 두루 볼 수 있다.

크리스티아나가 지식, 경험, 조심성, 성실이라는 목자들을 찾아가 말했다.

---

129) 고린도후서 3 : 18.
130) 고린도전서 13 : 12.

"제게 출산을 앞둔 며느리가 하나 있는데, 이 집에서 본 물건 하나를 꼭 갖고 싶어 합니다. 그걸 갖지 못하면 유산하게 될 거라고 생각하고 있어요."

그러자 경험이 말했다.

"그녀를 불러 오세요! 도움이 될 만한 것은 무엇이든 드릴 테니."

목자들은 자비를 불러다 놓고 물었다.

"자비, 갖고 싶은 게 무엇입니까?"

그녀가 얼굴을 붉히며 말했다.

"식당에 있는 커다란 거울이 갖고 싶어요."

그러자 성실이 달려가 거울을 가져왔다. 목자들은 그녀에게 기꺼이 거울을 주었다. 자비가 깊이 고개를 숙이고 감사의 표시를 했다.

"제가 여러분께 큰 은혜를 입었습니다."

목자들은 다른 젊은 여인들에게도 저마다 원하는 것을 주었다. 여인들의 남편에게는 담대와 함께 절망 거인을 죽이고 의심의 성을 무너뜨린 공적을 매우 칭찬해주었다.

목자들은 또한 크리스티아나와 그녀의 네 며느리들 목에 똑같은 목걸이를 걸어주었다. 귀에는 귀걸이, 이마에는 보석까지 달아주었다.

이윽고 순례자들이 떠나려 하자 목자들은 그들에게 평화를 빌어주었다. 하지만 크리스천과 소망에게 했던 것처럼 주의를 주지는 않았다. 담대가 그들을 안내하고 있었기 때문이다. 담대는 모든 것을 알고 있는 데다가 위험이 닥치면 시기적절하게 경고를 해줄 수 있었다.

크리스천과 소망은 목자들로부터 주의를 받았는데도 막상 실천에 옮겨야 할 때 그만 경고를 깜빡 잊고 말았었다. 그러니 크리스티아나 일행이 크리스천 일행보다 더 유리한 처지였다.

순례자들은 이렇게 노래를 부르며 길을 갔다.


보라, 순례자가 된 이들을 위로하려
묵을 곳이 얼마나 알맞게 마련되어 있는지
우리 가운데 하나도 빠짐없이 대접하여
다음 세상을 목표로 하고 거처로 삼게 했네

순례자인 우리가 즐거운 삶을 누리게끔
그들이 가진 진기한 것을 내어주었다네
어디 가든 우리가 순례자임을 증명하는
진기한 것을 주었다네

　목자들을 뒤로하고 길을 떠난 순례자들은 금세 크리스천이 배교 마을 출신의 변절이라는 사람을 만났던 곳에 이르렀다. 그들의 안내자인 담대는 그들에게 이 사실을 상기시켜 주려고 말을 꺼냈다.

　"여기가 바로 크리스천이 변절을 만난 곳입니다. 변절은 배신자라는 낙인을 등에 지고 살았지요. 그자에 대해 말씀드리겠습니다. 그는 어떠한 충고도 귀담아 듣지 않아서 한번 타락한 뒤로는 아무리 설득해도 마음을 되돌려 놓을 수 없었습니다. 그가 십자가와 무덤이 있는 곳에 도착했을 때 한 사람이 그것들을 좀 보라고 권했지만, 그는 이를 부득부득 갈고 발을 쿵쿵 구르면서 다시 자기 마을로 돌아가겠다며 고래고래 소리쳤습니다. 그는 좁은 문에 다다르기 전에 전도사를 만났습니다. 전도사가 그에게 바른 길로 되돌아가라고 타이르기 위해 손을 내밀었지요.[131] 하지만 변절은 전도사에게 반항하며 험한 말을 퍼부어 댔습니다. 그러고는 전도사의 손길을 뿌리치고 담을 넘어 도망쳤지요."

　순례자들은 계속 길을 가다가 작은 믿음이 예전에 강도를 당했던 곳에 도착했다. 거기에는 한 남자가 칼을 뽑아 들고 얼굴은 온통 피투성이가 된 채로 서 있었다.

　**담대** : "거기 누구시오?"

　남자가 대답했다.

　**진리의 용사** : "나는 진리의 용사(Valiant for Truth)라고 합니다. 천성으로 가고 있는 순례자이지요. 그런데 길을 가다가 세 남자가 나타나 내 앞을 가로막더니 세 가지 제안을 하더군요. 나더러 자기들과 한패가 되든지, 고향으로 돌아가든지, 아니면 그 자리에서 죽으라고 말입니다. 첫 번째 제안에, 나는 오랫동안 진실하게 살아왔기 때문에 이제 와서 도적들과 운명을 함께할 수 없다고 대

---

131) 히브리서 10 : 26~27.

답했습니다.[132] 그들이 두 번째 제안은 어떻게 생각하는지 묻기에, 만약 고향이 불편하지 않았다면 그곳을 떠나지도 않았을 거라고 대답했습니다. 고향이 내게 알맞지 않으며 이롭지도 않은 곳임을 깨달았기 때문에 길을 떠나왔다고 말이지요. 그러자 그들이 세 번째 제안은 어떠냐고 물었습니다. 그래서 내 목숨은 함부로 버릴 수 없는 매우 값진 것이라고 말해주었습니다. '너희들은 내게 뭘 선택하라고 요구할 권리가 없다. 내 일에 간섭하려거든 단단히 각오하는 게 좋을 것이다!'라고 내가 소리쳤습니다. 그러자 이름이 난폭(Wild head), 무분별(Inconsiderate), 참견(Pragmatic)인 세 남자가 칼을 들고 내게 덤벼들기에 나도 칼을 뽑아 그들에 맞섰습니다. 나는 세 사람을 상대로 거의 세 시간이나 싸웠습니다. 보다시피 그들은 내게 영광의 상처를 남기고 달아났고, 나도 그들에게 상처를 냈지요. 지금 막 그들이 꽁무니를 내뺀 참입니다. 아마 당신들이 오는 소리를 듣고 도망친 것 같습니다."

담대 : "혼자서 세 명을 상대하다니 굉장하군요. 당신에게 매우 불리한 싸움이었을 텐데 말입니다."

진리의 용사 : "그렇지요. 하지만 진리의 편에 있는 사람에게 적수가 많고 적음은 문제가 안 됩니다. 어떤 사람은 이렇게 말했습니다.

'군대가 나를 치려고 에워싸도 나는 무섭지 않네.[133] 나를 해치려 전쟁이 일어나도 나는 자신만만할 것이로다.'

게다가 나는 한 사람이 군대와 맞서 싸웠다는 기록도 읽은 적이 있습니다. 삼손은 나귀 턱뼈를 가지고 수많은 사람을 죽였지요."[134]

담대 : "하지만 어째서 구해 달라고 소리치지 않았습니까?"

진리의 용사 : "하느님께 구해 달라고 소리쳤습니다. 나는 그분께서 내 목소리를 듣고 눈에 보이지 않게 도움을 주실 거라고 알고 있었습니다. 그것만으로도 충분했지요."

담대 : "훌륭하게 대처하셨군요. 당신의 칼을 좀 보여주십시오."

진리의 용사가 칼을 보여주자 담대는 한참동안 칼을 들여다보더니 말했다.

---

132) 잠언 1 : 10~14.
133) 시편 27 : 3.
134) 사사기 15 : 15~16.

**담대** : "이야! 이것은 진정한 예루살렘의 칼이군요."

**진리의 용사** : "그렇습니다. 이 칼 한 자루를 손에 쥐고 다룰 수 있는 실력만 있다면 누구든 천사와 대결을 벌일 수도 있을 겁니다. 어떻게 휘두르는지 알면 이 칼을 잡는 걸 전혀 두려워할 필요가 없거든요. 이 칼은 절대 날이 무뎌지지 않습니다. 살과 뼈, 영혼과 정신까지도 베어낼 수 있지요.[135]"

**담대** : "오랫동안 싸웠을 텐데 지치지는 않았습니까?"

**진리의 용사** : "나는 손이 칼에 달라붙을 때까지 싸웠습니다.[136] 손과 칼이 하나가 되어 마치 손에서 칼이 나온 것 같았고, 손가락 사이로 피가 흐를 때 가장 용감하게 싸웠습니다.[137]"

**담대** : "훌륭합니다. 죄와 맞서 싸우면서 피 흘릴 때까지 대항하셨군요.[138] 우리와 동행하며 함께 진퇴합시다. 우리는 당신의 친구들입니다."

순례자들은 진리의 용사를 맞아들여 상처를 씻겨주고, 기운을 회복할 수 있도록 가진 음식을 내주었다. 그런 뒤 다 함께 길을 떠났다. 담대는 본디 무술이 뛰어난 사람을 좋아한 데다, 힘없고 약한 길동무가 함께였던 터라 진리의 용사가 아주 마음에 들었다. 담대는 진리의 용사에게 고향이 어디인지를 비롯해 여러 가지 질문을 했다.

**진리의 용사** : "나는 어둠의 땅(Dark land)에서 왔습니다. 거기서 태어났고, 부모님은 아직도 거기에 살고 계십니다."

**담대** : "어둠의 땅이라면 혹시 멸망의 도시와 같은 바닷가에 있는 곳이 아닙니까?"

**진리의 용사** : "맞습니다. 제가 순례를 떠나게 된 이유는 이러합니다. 진리의 전달자(Tell true)라는 사람이 우리 마을에 와서 크리스천이 멸망의 도시를 떠나며 했던 일을 들려주더군요. 크리스천이 아내와 자식들을 버리고 혼자 순례자가 되었다는 이야기 말입니다. 크리스천이 자신의 여행을 방해하려고 나타난 뱀을 죽인 일이며 바라던 목적지까지 이르렀다는 사실을 전달자가 자신 있게

---

135) 에베소서 6 : 12~17.
136) 사무엘서 23 : 10.
137) 히브리서 4 : 23.
138) 히브리서 12 : 4.

말했습니다. 또한 크리스천이 주님의 모든 숙소에서 어떻게 대접받았는지, 특히 천성의 문에 다다랐을 때 어떻게 환영받았는지도 이야기했습니다. 거기서 크리스천은 나팔소리를 들으며 빛나는 이들의 영접을 받았다지요. 게다가 크리스천을 환영할 때 천성의 종이 기쁨에 넘쳐 울려 퍼졌고, 크리스천은 금으로 된 옷을 입게 되었다고 합니다. 이야기를 다 하자면 끝이 없는데, 그는 그렇게 수많은 이야기를 들려주었습니다. 한마디로 말해서 나는 크리스천이 순례를 떠난 이야기를 듣고 난 뒤로 그를 따라 순례를 가고 싶은 마음이 불타올랐습니다. 부모님도 나를 막을 수 없었지요. 그래서 나는 부모님과 헤어져 이렇게 먼 길을 온 것입니다."

담대 : "당신은 좁은 문으로 들어왔습니까?"

진리의 용사 : "그야 물론 좁은 문으로 들어왔습니다. 그 문으로 들어오지 않으면 아무 소용없다고 진리의 전달자가 말했기 때문입니다."

담대가 크리스티아나에게 말했다.

담대 : "보세요. 남편의 순례와 그가 순례를 통해 얻은 것들이 이렇게 온 세상 사람들에게 전해지고 있습니다."

진리의 용사 : "아니! 이분이 크리스천의 아내란 말입니까?"

담대 : "그렇습니다. 그리고 여기 네 젊은이들이 그의 자식들입니다."

진리의 용사 : "세상에! 이들도 순례를 가고 있는 건가요?"

담대 : "네, 그렇습니다. 크리스천의 뒤를 따르고 있지요."

진리의 용사 : "정말 기쁜 일이군요! 자기와 함께 순례를 떠나지 않으려 했던 가족이 천국 문 앞에 온 걸 보면 크리스천이 얼마나 좋아할까요?"

담대 : "분명 아주 기뻐할 겁니다. 천국에서 아내와 자식들을 만나는 일은 자신이 그곳에 있다는 사실 다음으로 기쁜 일일 겁니다."

진리의 용사 : "그렇게 말씀하니 한 가지 당신의 의견을 듣고 싶습니다. 우리가 천국에 가면 가족과 친구들을 알아볼 수 있을까요? 이를 궁금해 하는 사람이 있습니다."

담대 : "천국에 간 사람이 자기 자신을 알아보고, 자신이 천국에 있음을 알고 기뻐할 거라 생각하십니까? 만약 천국에서 자신을 알아보고 자신이 천국에 있음을 알 수 있다면 자신들이 누리는 행복을 어찌 기뻐하지 않겠습니까?

더욱이 가족은 우리의 분신과 마찬가지입니다. 천국에서는 그런 혈연관계가 모두 사라진다 하더라도 그들을 못 보는 것보다야 보는 게 마땅히 더 좋을 것입니다."

진리의 용사 : "무슨 말인지 잘 알겠습니다. 내가 순례를 시작한 것에 대해 더 물어보실 건 없습니까?"

담대 : "있습니다. 당신 부모님은 당신이 순례를 떠나는 것에 찬성했습니까?"

진리의 용사 : "말도 마십시오. 생각해낼 수 있는 모든 방법을 써서 저를 붙잡으려 했습니다."

담대 : "부모님이 뭐라고 하며 반대하시던가요?"

진리의 용사 : "순례자의 삶이 게으른 생활이라고 했습니다. 내가 게으른 생활을 싫어한다면 절대 순례자가 되려 하지 않을 거라고 말했지요."

담대 : "그 밖에 또 무슨 말을 했습니까?"

진리의 용사 : "순례 길이 매우 위험하다고 했습니다. 순례자가 가는 길은 세상에서 가장 위험하다고 하더군요."

담대 : "그럼 길에서 어느 곳이 그렇게 위험한지도 말해 주던가요?"

진리의 용사 : "그럼요. 그것도 하나하나 자세히 말해 주었습니다."

담대 : "예를 한번 들어 보십시오."

진리의 용사 : "부모님은 크리스천이 낙담의 늪에서 거의 질식해 죽을 뻔했다고 말했습니다. 바알세불성에는 궁수들이 서서 좁은 문을 두드리는 자에게 활을 쏠 준비를 하고 있다고도 했지요. 또 숲이 우거진 어두운 산, 고난의 산, 사자들은 물론이고 피에 굶주린 자, 몽둥이, 살선 등 세 거인에 대한 이야기도 들었습니다. 게다가 부모님은 겸손의 골짜기에 사악한 마귀들이 떠돌아다니며 거기서 크리스천이 강도를 당해 목숨을 잃을 뻔했다고 말했어요. 뿐만 아니라 죽음의 그늘 골짜기를 반드시 지나야 하는데, 그곳은 도깨비들이 득실거리고 불빛 하나 없이 깜깜하다고 말하더군요. 길에는 덫, 구덩이, 함정, 속임수 등이 가득하다고 했습니다. 의심의 성에 사는 절망 거인에 대한 이야기와 거기서 죽음을 당한 순례자들 이야기도 들었습니다. 심지어 위험하기 짝이 없는 마법의 땅을 지나야 한다는 이야기를 했습니다. 끝으로는 다리가 없는 강이 나와 천국 사이를 가로막을 거라고 했지요."

**담대** : "그게 다입니까?"

**진리의 용사** : "아니요. 그 밖에도 내가 가고자 하는 길에는 사기꾼이 돌아다니고, 착한 사람들을 길에서 벗어나게 하려고 기다리는 사람들이 우글거린다고 했습니다."

**담대** : "그걸 어떻게 증명하던가요?"

**진리의 용사** : "속세의 현인이 사람들을 속이려고 길에 도사리고 있고, 허례와 위선도 줄곧 길을 서성이고 있다고 했습니다. 사심, 수다쟁이, 데마 등도 나를 꾀어내려고 달려들 거라고 말했지요. 아첨꾼이 자기 그물에 나를 옭아매려고 할 것이고, 풋내기 무지는 천성의 문에 가는 척하다가 산허리에 있는 구멍으로 나를 밀어 넣어 지옥으로 가는 샛길로 빠지도록 할 거라고도 말했어요."

**담대** : "그 정도면 기를 꺾기에 충분하겠군요. 다른 말은 더 없었습니까?"

**진리의 용사** : "더 있습니다. 영광스러운 것을 찾을 수 있을까 하여 길을 떠났다가 되돌아온 어떤 자들이, 그 길로 들어섰던 스스로가 얼마나 어리석었는지 후회하여 온 마을의 웃음거리가 되었다고 말했습니다. 부모님은 그런 자들의 이름을 여럿 대셨는데 고집, 우유부단, 불신, 겁쟁이, 변절, 무신론자 등이었지요. 그들 가운데 천국을 발견할 수 있을까 하고 멀리까지 간 사람도 있지만 결국 털끝만큼의 이익도 얻지 못한 채 돌아왔다고 했습니다."

**담대** : "그것 말고도 부모님이 당신의 기를 꺾을 만한 말씀을 더 하던가요?"

**진리의 용사** : "그럼요. 순례자 두려움은 하루도 마음 편할 날이 없을 만큼 쓸쓸하게 길을 갔다고 말하더군요. 또한 낙심이 길에서 거의 굶어 죽을 뻔했다는 이야기도 했습니다. 깜빡 잊을 뻔했는데 그뿐이 아닙니다. 소문이 자자한 크리스천도 천상의 면류관을 갖기 위해 온갖 위험을 무릅썼지만 결국은 시커먼 강물에 빠져 한 발짝도 더 못 가고 죽고 말았다고 이야기했습니다."

**담대** : "그런 소리를 듣고도 의지가 꺾이지 않았나요?"

**진리의 용사** : "물론이지요. 그런 이야기가 모두 허튼소리처럼 들렸습니다."

**담대** : "어째서 그랬습니까?"

**진리의 용사** : "나는 진리의 전달자가 하는 말을 믿었습니다. 그래서 그런 이야기는 전혀 신경 쓰지 않았지요."

**담대** : "이는 당신의 승리이자 당신 믿음의 승리로군요."

**진리의 용사** : "그렇습니다. 나는 믿음이 있었기 때문에 집을 떠나 순례 길에 들어섰고 내게 칼을 겨누는 모든 것과 싸웠습니다. 믿음에 의지하여 여기까지 올 수 있었던 것이지요."

참된 용기를 보려는 자
이리로 오라
아무리 비바람 몰아쳐도
여기 있는 자가 품은 뜻 변치 않네
그 누가 용기를 꺾으려 애써도
순례자가 되기로
처음 맹세한 그 뜻을
단 한 번도 굽히지 않는구나

음울한 수많은 이야기 늘어놓아
그를 겁주려는 자는
저 혼자 혼란에 빠질 뿐
그의 힘은 더욱 샘솟는다
사자도 그를 위협하지 못하고
거인과도 맞서 싸우려 하네
그가 애타게 원하는 것은
오직 순례자가 될 권리로다

도깨비 마귀조차
그의 의지 꺾을 수 없네
그는 알고 있다
마침내 생명을 상속받으리라는 사실
그러니 헛된 마음 저 멀리 날아가고
무슨 말을 들어도 두려워 않네
그저 밤낮으로 노력한다

## 순례자가 되기 위해

그 무렵 순례자들은 마법의 땅에 다다랐는데 그곳의 공기는 사람을 저절로 졸리게 만들었다. 마법의 정자가 여기저기 들어서 있는 곳을 빼고는 사방이 온통 가시덤불로 뒤덮여 있었다. 사람들 말로는 정자에 앉거나 누워서 잠이 들면 다시는 이 세상에서 깨어나지 못할 수도 있다고 한다. 그래서 순례자들은 둘씩 짝을 지어 숲을 지나갔다. 안내자인 담대가 앞장서고 진리의 용사가 파수꾼으로서 맨 뒤에 따라갔다. 마귀나 용, 거인, 도둑들이 뒤에서 공격하여 해를 끼칠 것에 대비하기 위해서였다. 그들은 그곳이 위험한 장소임을 알았기 때문에 저마다 칼을 하나씩 뽑아든 채 걸어갔다. 그리고 서로에게 용기를 북돋아 주었다. 담대는 심약에게 자기 뒤를 바싹 따라오라고 말했고, 낙심이 진리의 용사 바로 앞에 붙어서 가게끔 했다.

얼마 지나지 않아 자욱한 안개와 어둠이 깔렸기 때문에 그들은 한동안 서로를 볼 수가 없었다. 눈으로 앞사람을 보면서 걷지 못하자 그들은 할 수 없이 말소리로 서로를 확인해야 했다.

그들 가운데 가장 힘센 사람도 걸어가기 힘든 판이었으니 몸과 마음이 약한 여인과 아이들은 얼마나 힘들었을지 상상이 갈 것이다. 그래도 그들은 앞장서서 안내하는 자와 맨 끝에서 호위하는 자가 격려해주는 말에 힘입어서 꽤 빠르게 걸어 나갔다.

길은 끈적끈적한 진흙탕이어서 걷기가 무척 힘들었다. 게다가 연약한 여행자들이 쉴 만한 여관이나 식당이 하나도 없었다. 숨을 헐떡이거나 투덜대는 소리, 한숨을 몰아쉬는 소리만이 들려왔다. 한 사람이 덤불에 걸려 넘어지는가 하면 다른 한 사람은 진흙탕에 빠지기도 했다. 몇몇 아이들은 진흙탕 속에 신발을 잃어버리기도 했다. 이쪽에서 한 사람이 "넘어졌어요!"라고 소리치면, 저쪽에서 "이봐요, 어디 있어요?"라고 말했다. 한 사람은 "빽빽한 가시덤불에 걸려서 못 빠져나가겠어요!" 하고 외쳐댔다.

순례자들은 드디어 정자에 도착했다. 따뜻하며 순례자들이 쉬어 가기에 알맞은 곳이었다. 처마가 아름답게 꾸며져 있고 사방을 푸른 나뭇잎이 둘러싸고 있었다. 기다란 의자와 등받이가 있는 의자, 지친 사람들이 누울 수 있는 푹신

푹신한 소파도 있었다. 아무리 생각해 봐도 사람을 유혹하기 위한 곳이었다. 순례자들은 험난한 길을 오느라 모두 녹초가 되었지만 정자에서 머물다 가려고 걸음을 멈춘 사람은 아무도 없었다. 내가 보기에 순례자들은 늘 안내자의 충고를 귀담아들었다. 담대는 위험이 닥칠 때마다 그들에게 주의를 주면서 그것이 어떤 위험인지도 성실하게 알려주었다. 그래서 순례자들은 위험이 가까워지면 더욱 정신을 똑바로 차리고, 육체적인 욕망에 넘어가지 않도록 서로에게 용기를 심어주었다. 게으름뱅이들의 친구(The Slothful's Friend)라고 불리는 그 정자는 지친 순례자들이 쉬다가 순례를 포기하게 하기 위해 지어진 것이었다.

나는 꿈에서 순례자들이 쓸쓸한 땅을 지나 누구나 길을 잃기 쉬운 곳에 이르는 것을 보았다. 날이 밝았다면 안내자가 헤매지 않게 길을 가르쳐 줬을 테지만 캄캄한 어둠 속에서는 그도 걸음을 멈춰야 했다. 그러나 담대는 천성으로 통하는 모든 길이 그려져 있는 지도를 품속에 갖고 있었다. 그는 부싯돌 상자도 늘 지니고 다녔기에 불을 켜고 지도를 꺼내보았다. 거기서 길을 조심하여 오른쪽으로 꺾으라고 적혀 있었다. 만약 그가 지도를 읽지 않았다면 순례자들은 아마 진흙탕에 빠져 죽고 말았을 것이다. 그들의 앞에 보이는 가장 말끔한 길 끄트머리에 구덩이가 하나 있었기 때문이다. 구덩이는 깊이를 전혀 알 수 없는 데다가 순례자들을 죽이기 위해 진흙으로 가득 채워져 있었다.

그때 나는 속으로 생각했다.

'순례를 떠나는 사람은 오도 가도 못할 때 어느 길을 가야 할지 볼 수 있게 누구나 이런 지도를 한 장씩 지니고 싶어 하겠구나.'

그들은 계속 마법의 땅을 지나다가 큰길가에 세워진 또 다른 정자에 도착했다. 정자에는 부주의(Heedless)와 무모(Too bold)라는 사람이 잠자고 있었다. 두 사람은 그곳까지 순례를 와 놓고도 여행에 지친 나머지 정자에 앉아서 쉬다가 그만 잠들어버린 것이다. 그들을 본 순례자들은 둘의 처지가 얼마나 딱한지 잘 아는 터라 고개를 가로저었다. 순례자들은 두 사람을 내버려두고 가던 길을 가야 할지 아니면 다가가서 한번 깨워봐야 할지 의논했다. 순례자들은 할 수 있다면 두 사람을 깨워보기로 결정했다. 단, 정자에 있는 의자에 앉거나 정자가 주는 안락함을 받아들이지 않도록 조심하기로 했다.

순례자들이 두 남자에게 다가가 말을 걸었다. 안내자가 둘의 이름을 알고 있어 이름도 불러보았다. 그러나 아무런 반응이나 대답이 없었다. 안내자가 그들을 흔들어보기도 하고 온갖 수를 써서 그들을 깨워보려 했다. 그러자 자고 있던 한 사람이 말했다.

"돈이 생기면 갚아줄게요."

그 모습을 보고 안내자가 고개를 절레절레 흔들었다. 자고 있던 또 다른 사람이 말했다.

"내 손에 칼을 들고 있는 한 끝까지 싸우겠어!"

크리스티아나가 담대에게 물었다.

"이게 무슨 뜻이지요?"

안내자가 대답했다.

"잠꼬대를 하는 것입니다. 아무리 이들을 때리거나 꼬집고 별짓을 다 해봤자 이런 식으로 대답할 겁니다. 옛날에 파도가 뱃전을 때리는데도 돛대 위에서 자면서 '술이 깨면 또 한 잔 해야지'하고 말하던 사람과 같지요.[139] 아시다시피 사람은 잠꼬대를 하면서 무슨 말이든 내뱉지만 모두 믿음이나 이성에 의해 나오는 말이 아닙니다. 이들이 한 말은 앞뒤가 맞지 않지요. 이들이 순례를 나설 무렵과 여기 앉아 있는 지금이 상반되듯 말입니다. 부주의한 사람들이 순례 길을 가면 열에 아홉은 이런 꼴이 됩니다. 마법의 땅은 순례자의 적들이 숨어드는 마지막 피난처 가운데 하나거든요. 보시다시피 이곳은 길이 거의 끝나는 지점에 있지요. 그렇기 때문에 적들에게 더욱 유리한 곳입니다. 적들은 이렇게 생각합니다.

'이 멍청이들은 먼 길을 오느라 몹시 지친 만큼 앉아서 쉬고 싶은 마음도 간절할 테지. 여행이 끝날 무렵이니 더욱 피곤할 거야.'

마법의 땅이 뿔라 땅[140]과 이웃하고 있고 순례의 마지막 지점과 가까운 것도 다 그 때문입니다. 그러니 이들처럼 여기서 잠들어 깨워도 못 일어나는 지경에 이르지 않도록 순례자들은 각별히 주의해야 합니다."

이야기를 들은 순례자들은 몸을 떨며 얼른 길을 떠나고 싶어 했다. 그들은 안내자에게 길을 잘 갈 수 있도록 등불을 켜달라고 부탁했다. 어둠이 짙게 깔려 있었지만 불빛 덕분에 순례자들은 남은 길을 걸어갈 수 있었다.

---

139) 잠언 23 : 34~35.
140) 이사야 62 : 4.

아이들은 몹시 지친 나머지 순례자들을 사랑하시는 그분께 자기들이 가는 길을 좀 더 편안하게 만들어달라고 큰 소리로 기도했다. 그러자 그들이 가는 길에 바람이 불어와 안개가 걷히고 공기가 한결 맑아졌다. 그렇다고 해서 순례자들이 마법의 땅을 완전히 벗어난 것은 아니었다. 그저 서로를 잘 볼 수 있게 되고 가야할 길이 더 뚜렷하게 보였을 뿐이다.

순례자들이 마법의 땅을 거의 벗어날 무렵, 앞쪽에 얼마 떨어지지 않은 곳에서 시름에 잠긴 사람이 토해내는 무거운 목소리가 들려왔다. 그들이 앞으로 나아가서 살펴보자 한 사람이 무릎을 꿇고 앉아 있었다. 그는 두 손과 두 눈을 하늘로 향한 채 하늘에 계신 분께 간절히 기도하듯 중얼거리고 있었다. 순례자들이 그에게 가까이 다가가 보았지만 무슨 말을 하는지 전혀 알아들을 수 없었다. 그래서 말을 마칠 때까지 조용히 기다렸다. 그런데 그는 기도를 끝내자마자 천성을 향해 달려갔다. 담대가 소리쳐서 그를 불러 세웠다.

**담대** : "이보시오! 보아하니 당신도 천성으로 가는 모양인데 우리와 함께 가지 않겠습니까?"

그 말에 그가 걸음을 멈추었고 순례자들이 다시 그에게 다가갔다. 정직이 그의 얼굴을 보더니 말했다.

**정직** : "내가 아는 사람이로군."

**진리의 용사** : "누군지 말씀해 주시겠습니까?"

**정직** : "같은 고향 사람이라네. 이름은 불굴(Stand fast)이라고 하지. 올바르고 선한 사람이 분명하네."

그들이 서로 마주하게 되자 불굴이 정직을 보고 말했다.

**불굴** : "아니! 정직 어르신이 아닙니까?"

**정직** : "그렇다네."

**불굴** : "이런 곳에서 만나게 되다니 참으로 반갑습니다."

**정직** : "나도 마찬가지네. 자네가 무릎 꿇고 있는 모습을 보고 반가웠지."

그러자 불굴이 얼굴을 붉히며 말했다.

**불굴** : "아이고, 보셨습니까?"

**정직** : "그럼, 보았지. 그 모습을 보고 아주 흐뭇했다네."

**불굴** : "보시고 무슨 생각을 하셨습니까?"

**정직** : "생각이라니? 내가 무슨 생각을 했겠는가? 길에서 정직한 사람을 만났으니 앞으로 같이 가면 되겠구나 생각했지!"

**불굴** : "어르신 생각이 틀리지 않다면 저도 얼마나 좋겠습니까? 하지만 어르신 생각만큼 제가 정직한 사람이 아니라면, 저 혼자서 모든 걸 견뎌내야 합니다."

**정직** : "그렇지. 하지만 자네의 경외심을 보니 주님과 자네 영혼의 사이가 올바르다는 게 더욱 확실해지는군. 주님께서 두려워하는 마음으로 사는 사람은 복을 받는다고 하시지 않았는가."

**진리의 용사** : "그런데 형제님, 어째서 무릎을 꿇고 있었는지 궁금하군요. 어떤 특별한 은총이라도 내렸던 겁니까? 아니면 다른 까닭이라도 있나요?"

**불굴** : "보시다시피 우리는 지금 마법의 땅에 있습니다. 나는 혼자서 길을 걸으면서 곰곰이 생각했습니다. 이 길이 얼마나 위험한 곳인지, 여기까지 온 순례자들 가운데 얼마나 많은 사람이 이곳에서 걸음을 멈추다 죽어갔는지 말입니다. 또한 이곳에서 신세를 망친 사람들이 어떻게 죽게 되었는지도 생각해 보았습니다. 여기서 죽은 사람은 몹쓸 병에 걸려서 죽은 게 아닙니다. 죽음이 고통스러웠던 것도 아니지요. 잠든 채 죽어간 사람은 소망과 즐거움을 안고 스스로 죽음의 여행을 떠난 것이니까요. 죽음이라는 병의 뜻에 순순히 따라간 겁니다."

그때 정직이 그의 말을 가로막으면서 물었다.

**정직** : "혹시 정자에서 자고 있는 두 사람을 보았소?"

**불굴** : "네, 부주의와 무모가 거기 있는 걸 봤습니다. 그 둘은 아마 썩어문드러질 때까지 거기 누워 있을 겁니다.[141] 그건 그렇고 제 이야기를 계속 해드리지요. 좀 전에 말했듯이 나는 그렇게 한참 생각에 잠겨 있었습니다. 그런데 그때 나이는 들었지만 차림새가 근사한 여인이 나타나 내게 세 가지를 주겠다고 말했습니다. 자신의 몸과 돈주머니 그리고 침대를 주겠다고 하더군요. 때마침 나는 몹시 지치고 졸린 상태였습니다. 게다가 가진 게 없는 빈털터리이기도 했지요. 하지만 나는 그 여자의 제안을 한두 번 거절했습니다. 그런데도 여자는 그저 웃기만 할 뿐 내 거절을 못 들은 척하더군요. 내가 화를 내보았지만 여자는 끄떡도 하지 않았습니다.

---

141) 잠언 10 : 7.

여자는 다시 똑같은 제안을 하면서, 내가 만약 자기 말대로 하면 나를 아주 위대하고 행복하게 만들어주겠다고 말했습니다. 내가 그 여자에게 이름이 뭐냐고 물었더니 거품 부인(Madame Bubble)이라고 하더군요. 그 말을 듣고 나는 여자를 더 멀리했지만, 여자는 나를 계속 따라오면서 유혹했습니다. 그래서 당신도 보았듯이 나는 무릎을 꿇고 두 손을 위로 쳐든 채 우리를 도와주시는 하느님께 기도를 드렸어요. 그때 여러분이 가까이 다가오자 그 여자가 떠나갔습니다. 그래서 나는 내게 큰 구원을 주신 하느님께 다시 감사의 기도를 드렸어요. 그 여자는 좋은 의도가 아니라 내가 여행하는 걸 포기하게 하려는 속셈을 갖고 있었다고 믿었기 때문입니다."

정직 : "그 여자가 나쁜 의도를 갖고 있던 건 틀림없네. 그런데 잠깐! 자네 얘기를 듣다 보니 나도 그 여자를 본 적이 있거나 소문을 들어본 것 같군."

불굴 : "아마 보기도 하고 들어보기도 하셨을 겁니다."

정직 : "거품이라, 혹시 키가 크고 얼굴은 예쁘장하며 살결이 거무스름하지 않던가?"

불굴 : "그렇습니다! 딱 그렇게 생긴 여자였어요."

정직 : "말이 유창하고 말끝마다 미소를 흘리지 않았나?"

불굴 : "그 말도 맞습니다. 그 여자 행동이 바로 그랬어요."

정직 : "허리춤에 큼직한 돈주머니를 차고 틈날 때마다 거기다 손을 집어넣지 않던가? 돈이 마치 자신의 즐거움인 양 만지작거리지 않던가?"

불굴 : "그랬습니다. 그 여자가 여기 서 있었더라도 그렇게 정확하게 묘사하진 못했을 겁니다."

정직 : "그럼 그 여자의 초상화를 그린 사람은 훌륭한 화가인가 보군. 그녀에 대해 글을 쓴 사람은 사실을 말한 것일 테고."

담대 : "그 여자는 마녀입니다. 이 땅이 마법에 걸린 것도 그녀 때문이지요. 그녀의 무릎을 베고 눕는 것은 도끼날이 달린 단두대 아래 눕는 것과 마찬가지입니다. 그리고 누구든 그녀의 미모에 한눈을 파는 자는 하느님의 원수가 됩니다.[142] 순례자의 원수들을 화려하게 꾸며주는 것도 그 여자예요. 많은 사람을

---

142) 야고보서 4 : 4, 요한일서 2 : 15.

돈으로 꾀어내어 순례를 포기하게끔 만들기도 했지요. 그녀는 말솜씨가 아주 그럴듯합니다. 그녀와 그 딸들은 늘 순례자들의 뒤를 졸졸 따라다니며 속세의 삶이 훨씬 좋다고 찬양하거나 추천합니다. 아주 뻔뻔하고 낯짝이 두꺼운 데다 약삭빠른 여자예요. 아무 남자와도 쉽게 이야기를 나누지요. 가난한 순례자들은 깔보고 비웃으면서 부자들은 늘 침이 마르게 칭찬합니다. 돈을 벌어들이는 요령이 뛰어난 자가 있으면 집집마다 다니며 그자를 칭찬해댈 겁니다.

그녀는 축제나 잔치를 매우 좋아해서 떠들썩한 자리에 빠지지 않고 참석합니다. 어떤 곳에서는 자신이 여신이라고 소문을 내고 다녀서 그녀를 섬기는 사람도 있다고 합니다. 그녀는 시간을 내어 넓은 장소에서 잔치를 베풀며 누구도 자기만큼 음식을 대접하지 못할 거라고 공언하지요. 그녀는 자기를 사랑하고 아껴주기만 하면 자신의 손자들과도 함께 살 거라고 약속합니다. 만나는 사람이나 장소에 따라서는 지갑에서 금을 꺼내 물 쓰듯 써버리기도 해요. 남들에게 사랑받거나 칭찬받고 남자 품에 안기는 걸 좋아합니다. 자신이 가진 것을 칭찬하는 데 지칠 줄을 모르고, 자기를 최고로 여기는 사람들을 가장 사랑합니다. 그녀는 자기 충고를 따르는 자에게 왕국과 왕관을 주겠다고 약속하지요. 하지만 그녀는 수많은 사람을 교수대로 보내고, 그보다 만 배도 더 되는 사람들을 지옥으로 보냈습니다."

**불굴** : "아! 그 여자를 뿌리쳤으니 얼마나 다행한 일인가요! 그러지 않았으면 어디론가 끌려갔을지도 모르겠군요."

**담대** : "어디론가요? 그건 하느님밖에 모르십니다. 하지만 보통 사람을 파멸과 멸망에 빠지게 하는 어리석고도 해로운 욕심으로 당신을 끌고 갔을 겁니다.[143]

그녀는 압살롬을 꾀어 아버지에게 반감을 품게 했고[144] 여로보암이 주인의 뜻을 거스르게 했습니다.[145] 유다로 하여금 주인을 팔아넘기게 하였으며[146] 데마를 설득해 거룩한 순례자의 길을 버리게 만들었지요.[147] 그녀가 저지른 사악

---

143) 디모데전서 6 : 9.
144) 사무엘하서 15장.
145) 열왕기상서 12 : 25~33, 역대하 13 : 1~20.
146) 마태복음 26 : 14~16.
147) 디모데후서 4 : 10.

한 짓은 이루 다 헤아릴 수 없습니다. 임금과 백성, 부모와 자식, 이웃과 이웃, 남편과 아내, 사람과 자아, 육체와 정신 사이를 이간질하는 것도 그 여자입니다.

그러니 착한 불굴, 당신의 이름처럼 굴하지 않고 모든 일을 다 한 뒤에도 꿋꿋이 일어서기를 바랍니다."

이러한 이야기를 듣고 순례자들은 기쁨과 두려움을 번갈아 느꼈다. 그들은 대뜸 큰 소리로 노래를 불렀다.

> 순례자들이 어떤 위험을 겪을까
> 원수들은 얼마나 많을까
> 죄에 이르는 길은 또 얼마나 많을까
> 사람들은 알지 못하네

> 어떤 이는 도랑을 두려워하다
> 진흙탕에 나뒹굴고
> 어떤 이는 프라이팬을 피하다
> 불구덩이로 뛰어든다네

그 뒤 나는 밤낮으로 햇빛이 비치는 뿔라 땅에 순례자들이 이르는 모습을 보았다. 그들은 몹시 지쳐 있었기 때문에 거기서 잠시 쉬었다. 그 땅은 순례자들이 공동으로 이용하는 곳이었다. 그뿐 아니라 그곳 과수원과 포도밭은 천국에 계신 하느님의 것이었으므로 순례자들이 과일을 마음껏 따 먹을 수 있었다. 그곳에 잠시 머무는 사이 그들은 기운을 되찾았다. 아름다운 종소리가 울려 퍼지고 나팔소리가 끊임없이 들려와 잠을 이루지는 못했지만 마치 푹 자고 일어난 것처럼 몸과 마음이 개운했다. 또한 거리를 다니는 사람들 사이로 순례자들이 또 마을에 왔다는 이야기가 퍼져나갔다. 그러자 아주 많은 사람들이 오늘 강을 건너서 황금 문으로 들어갔다고 대답하는 사람도 있었다. 사람들은 입을 모아 이야기했다.

"빛나는 이들이 방금 무리 지어서 우리 마을에 왔답니다! 또 많은 순례자들이 길을 오고 있는 게 틀림없어요. 그들이 여기에 오는 건 순례자들을 기다렸다가 순례자들의 슬픔을 위로해주기 위해서니까요."

그때 순례자들은 자리에서 일어나 길가를 서성였다. 마침내 하늘에서 들려오는 음악소리가 그들의 귓가에 흘러들었고, 그들의 눈이 천상의 환영을 보았으니 얼마나 기뻤을까! 이 땅에서 그들이 보고 듣고 느끼거나 냄새를 맡고 맛본 것 가운데 그들의 몸과 마음을 언짢게 하는 것은 하나도 없었다. 그저 그들이 건너야 하는 강에 이르러 물을 마셔보았을 때 씁쓸하다고 느꼈을 뿐, 그것조차 목구멍을 넘어간 뒤에는 달콤했다.

그곳에는 예전에 순례자였던 사람들의 명부와 그들의 널리 알려진 행적을 적어둔 기록이 보관되어 있었다. 또한 어떤 사람들이 강을 지날 때 물이 불어나거나 줄었는지 많은 이야기가 쓰여 있었다. 어떤 이가 건널 때는 물이 마르더니 다른 사람이 건널 때는 강둑까지 물이 넘쳐흘렀던 것이다.

그곳 아이들은 하느님의 정원에 들어가서 순례자들을 위해 꽃다발을 만든 다음 사랑을 가득 담아 순례자들에게 건네주기도 했다. 그곳에는 장뇌, 감송, 사프란, 창포, 계피, 유향, 몰약, 알로에 등 귀한 향료나무가 다양하게 자라나 있었다. 순례자들은 그곳에 머무는 동안 향료들을 방에 두어 향이 나게 했으며, 강을 건널 날을 대비해 몸에 향유를 발랐다.

순례자들이 그곳에 머물면서 적당한 시기를 기다리고 있을 때였다. 순례자 크리스천의 아내 크리스티아나에게 중요한 소식을 전하기 위해 천성에서 심부름꾼이 찾아왔다는 소문이 마을에 퍼졌다. 심부름꾼은 크리스티아나를 찾아다니다가 그녀가 살고 있는 집을 알아내고는 편지를 전해 주었다. 편지 내용은 이러했다.

"선한 여인이여, 안녕하십니까? 주님께서 당신을 부르신다는 소식을 전하러 왔습니다. 주님은 당신이 열흘 안에 불멸의 옷을 입고 그분 앞에 서기를 기다리고 계십니다."

심부름꾼은 편지를 읽어준 다음, 자신이 진정한 왕의 사자이며 그들에게 서둘러 떠나라고 일러주기 위해 왔음을 알려주는 확실한 증표를 보여주었다. 증표란 사랑으로 끝이 뾰족해진 화살이었다. 화살은 크리스티아나의 가슴에 재빨리 박히더니 점점 효과를 발휘해서 그녀가 정해진 시간에 떠나게끔 했다.

크리스티아나는 강을 건널 때가 되었으며 자신이 가장 먼저 건너가야 한다는 사실을 깨달았다. 그녀는 안내자 담대를 불러 사정을 털어놓았다. 그러자 담대는 그 소식에 진심으로 기뻐하며 자기에게도 심부름꾼이 찾아와 주면 좋겠다고 말했다. 크리스티아나는 담대에게 여행에 필요한 것이 무엇인지 알려달라고 부탁했다. 그러자 담대가 이것저것 일러주며 말했다.

"뒤에 남을 우리가 강기슭까지 바래다 드리겠습니다."

크리스티아나는 아이들을 불러 축복해준 다음 말했다.

"너희 이마에 새겨진 표시가 그대로 있는 걸 보니 안심이 되는구나. 너희가 나와 함께 여기까지 왔을 뿐 아니라 옷이 그렇게 새하얀 걸 보니 참으로 기쁘다."

끝으로 그녀는 가지고 있던 얼마 안 되는 물건들을 가난한 사람들에게 나눠주었다. 그리고 아들과 며느리들에게 왕의 심부름꾼이 올 때를 미리 대비해 두라고 당부했다.

안내자와 자녀들에게 그렇게 이야기한 다음 크리스티아나는 진리의 용사를 불러서 말했다.

"당신은 어디서나 참된 분임을 보여주었어요. 죽을 때까지 충실하게 살면 왕께서 당신에게 생명의 면류관을 주실 것입니다. 그리고 제 자식들을 앞으로도 잘 보살펴주기를 이렇게 부탁드릴게요. 자식들이 용기를 잃는 것 같으면 부디 잘 타일러 주시기 바랍니다. 제 며느리들은 지금까지 성실하게 살아왔으니 마지막까지 약속을 잘 지킬 것입니다."

그녀는 불굴에게 반지를 주었고, 정직을 불러서 이렇게 말했다.

"어르신이야말로 참된 이스라엘 사람입니다. 그 마음에 거짓이 없습니다."[148]

그 말을 듣고 정직이 말했다.

"시온산으로 떠날 때 날씨가 맑기를 바랍니다. 물에 발을 적시지 않고 강을 건너는 모습을 보면 참으로 기쁘겠습니다."

크리스티아나가 대답했다.

"발이 젖든 안 젖든 저는 나아갈 것입니다. 여행 중에 날씨가 어떻든 그곳에 가기만 하면 자리에 앉아 쉬면서 몸을 말릴 시간이 충분할 테니까요."

그때 착한 주저가 그녀를 만나러 왔다. 크리스티아나가 그에게 말했다.

---

148) 요한복음 1 : 47.

"그동안 여행하면서 많이 힘드셨을 테지만 당신은 그만큼 더욱 달콤한 휴식을 취할 수 있을 거예요. 심부름꾼이 예상치 못한 때에 나타날지 모르니 늘 준비하고 깨어 있도록 하세요."

이어서 낙심과 그의 딸 근심이 들어오자 그녀가 말했다.

"여러분은 의심의 성에 있는 절망 거인의 손아귀에서 구원받은 것을 영원히 감사하며 기억해야 합니다. 그 은총 덕분에 여러분이 여기까지 무사히 올 수 있었으니까요. 늘 조심하며 두려움을 버리세요. 절제하며 마지막까지 희망을 잃지 않기를 바랍니다."

그리고 나서 크리스티아나가 심약에게 말했다.

"당신이 살선 거인의 손에서 구원받은 것은 그분의 빛 속에서 영원히 살면서 즐거운 마음으로 왕을 뵙기 위해서예요. 그러니 그분께서 당신을 부르시기 전에 그분의 선하심을 의심하거나 두려워하는 성격을 부디 뉘우치기 바랍니다. 왕께서 오실 때 당신의 잘못 때문에 그분 앞에서 얼굴을 붉힐 일이 없도록 하세요."

마침내 크리스티아나가 떠나야 할 날이 왔다. 길에는 그녀가 여행을 떠나는 모습을 구경하려고 모여든 사람들로 붐볐다. 강 건너편 둑에도 크리스티아나를 성문까지 데려가기 위해 하늘에서 내려온 말과 마차가 가득했다. 크리스티아나는 자신을 배웅하러 나온 사람들에게 작별 인사를 한 뒤 강물로 들어갔다. 크리스티아나는 마지막으로 이런 말을 남겼다.

"주님, 당신과 함께 지내며 당신을 찬미하러 갑니다."

크리스티아나를 기다리고 있던 사람들이 그녀를 데리고 떠났다. 그녀의 자식과 친구들은 그 모습이 더는 보이지 않을 때까지 서 있다가 숙소로 돌아갔다. 크리스티아나는 성문을 지나서 그 안으로 들어갔는데, 전에 크리스천이 그곳을 지날 때와 마찬가지로 온갖 환영 예식을 받았다.

그녀가 떠나자 자식들은 눈물을 흘렸지만, 담대와 진리의 용사는 기쁜 마음으로 징을 치고 하프를 연주했다. 그런 다음 저마다 자기 거처로 돌아갔다.

얼마 뒤 심부름꾼이 주저에게 소식을 전하려고 다시 마을에 왔다. 심부름꾼이 그를 찾아와 말했다.

"당신이 사랑해 온 그분, 당신이 목발을 짚고서라도 따르던 그분의 이름으로 당신을 찾아왔습니다. 그분께서 부활절 다음 날에 그분의 왕국에 있는 식탁에서 당신과 식사를 하고 싶어 하십니다. 그러니 떠날 채비를 하십시오.”

심부름꾼은 자신이 진짜 주님의 심부름꾼이라는 증거로 그에게 이렇게 말했다.

“내가 너의 금 그릇을 깨뜨리고 은사슬을 끊어놓았다.”[149]

이 일이 있은 뒤 주저가 순례자 친구들을 불러놓고 말했다.

“나는 하느님의 부르심을 받았습니다. 하느님께서 분명 여러분에게도 찾아오실 겁니다.”

그리고 진리의 용사에게 자신의 유서를 적어달라고 부탁했다. 남겨줄 것이라고는 목발과 축복밖에 없었기 때문에 그는 이렇게 말했다.

“이 목발은 나를 뒤따라올 아들에게 물려주겠습니다. 내 아들이 나보다 순례 길을 훌륭하게 가기를 간절히 바랍니다.”

그리고 나서 그는 담대에게 그동안 길을 안내해주고 친절을 베풀어주어 감사하다는 인사를 하고는 길을 나섰다. 강가에 다다르자 주저가 말했다.

“저 건너편에 마차와 말이 나를 기다리고 있으니 이제 더는 목발이 필요 없겠구나.”

그는 마지막으로 이렇게 말했다.

“생명이여, 반갑다!”

그러고는 길을 떠났다.

이어서 심약이 초청을 받았다. 심부름꾼이 그의 방문 앞에서 나팔을 분 다음 안으로 들어와서 말했다.

“당신의 주님께서 당신을 필요로 하신다고 전하러 왔습니다. 당신은 곧 주님의 빛나는 얼굴을 뵈어야 합니다. ‘창밖을 내다보는 자의 눈이 어두워질 것이다.’[150] 이 말씀이 내가 전하는 소식이 참이라는 증거입니다.”

그러자 심약은 친구들을 불러 모아 심부름꾼이 전해준 소식과 그 소식이 진실임을 증명하는 표시가 무엇이었는지 말해주었다. 그리고 이렇게 말했다.

“나는 유산으로 물려줄 것이 하나도 없으니 유서가 무슨 필요가 있겠습니까? 내 나약한 마음은 내가 갈 곳에 필요 없어서 남겨두고 떠나지만, 이런 마

---

149) 전도서 12 : 6.
150) 전도서 12 : 3.

음은 아무리 가난한 순례자에게도 물려줄 만한 게 못 됩니다. 그러니 진리의 용사여, 내가 떠나고 나면 이 마음을 거름 더미에 묻어주시기 바랍니다."

심약은 떠날 날이 되자 전에 다른 사람들이 그랬듯 강물로 들어갔다. 그는 끝으로 이런 말을 남겼다.

"믿음과 인내심을 지켜나가십시오!"

그러고는 맞은편 강둑으로 건너갔다. 여러 날이 지나고 이번에는 낙심이 부르심을 받았다. 심부름꾼이 그에게 와서 이런 소식을 전했다.

"두려움에 떠는 이여! 다음 주일날까지 왕 앞으로 나아갈 준비를 하라고 전하러 왔습니다. 당신이 모든 의심에서 구원받은 것을 기뻐하며 소리치기를 바랍니다. 이 소식이 사실이라는 증거로 이것을 받으십시오."

심부름꾼이 그에게 짐이 될 메뚜기를 주었다.[151]

낙심의 딸인 근심이 소식을 듣고는 자기도 아버지를 따라가겠다고 했다. 낙심이 친구들에게 말했다.

"나와 내 딸이 어떤 사람인지, 우리가 모두를 얼마나 번거롭게 했는지 여러분이 더 잘 아실 겁니다. 우리가 떠난 뒤 아무도 우리의 실의와 비천한 두려움을 물려받지 않기를 바란다는 게 우리 부녀의 유언입니다. 내가 죽고 나면 이것들이 다른 사람들에게 옮겨가려 할 것이 분명하거든요. 이것들은 처음 순례 길을 나설 때 우리 품으로 들어온 유령인데 도저히 떨쳐버릴 수 없었습니다. 이제 이것들은 이곳 주변을 어슬렁거리면서 자기를 받아줄 또 다른 순례자를 찾겠지요. 그러나 우리를 봐서라도 마음의 문을 절대로 열어주지 마십시오."

떠날 시간이 되자 그들은 강가로 갔다. 낙심이 마지막으로 말했다.

"잘 가라, 밤이여! 반갑다, 낮이여!"

그의 딸은 강을 건너가면서 노래를 불렀는데 노랫말은 아무도 알아듣지 못했다. 얼마 뒤 심부름꾼이 다시 마을로 와서 정직이 사는 집이 어딘지 물었다. 정직의 집에 도착한 심부름꾼이 이런 소식을 전했다.

"오늘부터 일주일이 지난 뒤 아버지 집으로 가서 주님을 만나 뵙도록 하십시오. 내 말이 진실하다는 증거는 이 말씀입니다. '음악의 모든 딸들은 낮아질 것

---

151) 전도서 12 : 5.

이다.'[152]"

그러자 정직이 친구들을 불러 모아 말했다.

"나는 곧 죽을 테지만 유서를 남기지 않겠소. 내 정직은 나와 함께 갈 겁니다. 뒤에 오는 사람에게 그렇게 전해주시오."

떠날 날이 되자 정직은 강물로 들어갔다. 그 무렵 강물이 불어나 강둑까지 물이 찬 곳이 몇 군데 있었다. 하지만 오래전에 강에서 서로 만나기로 했던 양심(Good conscience)이 약속대로 강가에 와서 정직의 손을 잡고 강을 건너도록 도와주었다.

"은총이 다스린다!"

이 말을 남기고 정직은 세상을 떠났다.

이 일이 있은 다음 다른 이들과 마찬가지로 진리의 용사에게도 같은 심부름꾼이 찾아왔다는 소문이 돌았다. 심부름꾼이 전한 소식이 참이라는 증거는 물동이가 샘에서 깨졌다는 말씀이었다.[153] 심부름꾼의 말을 알아들은 진리의 용사가 친구들을 불러 모아 그 소식을 전하고 이렇게 말했다.

"나는 아버지의 집으로 갈 것입니다. 여기까지 오는 동안 수많은 어려움이 있었지만 이곳에 오기 위해서 겪었던 모든 일에 후회는 없습니다. 내 칼은 내 뒤를 이어 순례를 갈 사람에게 물려줄 것입니다. 내 용기와 솜씨는 마땅히 물려받을 만한 사람에게 주겠습니다. 하지만 상처 자국은 내가 가져가서 내게 상을 주실 그분께 내가 이만큼 싸웠다고 보여드릴 증거로 삼을 것입니다."

진리의 용사가 강 너머로 떠날 날이 되자 많은 사람이 강기슭까지 배웅을 나왔다. 그는 강으로 들어가면서 말했다.

"죽음아, 너의 독침은 어디 있느냐?"[154]

강으로 더 깊숙이 들어가며 그가 다시 말했다.

"죽음아, 너의 승리가 어디 있느냐?"

진리의 용사가 강을 건너가자 강 건너편에서 온갖 나팔 소리가 우렁차게 울려 퍼졌다.

---

152) 전도서 12 : 4.
153) 전도서 12 : 6.
154) 고린도전서 15 : 55.

다음으로 불굴이 부르심을 받았다. 그는 마법의 땅에서 순례자들에게 무릎 꿇은 모습을 보여주었던 사람이다. 심부름꾼이 그의 두 손에 편지를 전달해 주었다. 주님께서 그가 멀리 떨어진 곳에 사는 것을 더는 원치 않으시니 삶을 바꿀 준비를 하라는 내용이었다. 편지를 읽고 불굴이 생각에 잠기자 심부름꾼이 말했다.

"내가 전하는 말이 진실인지 의심하지 않아도 됩니다. 네 도로래는 우물에서 깨질 것이다.[155] 이것이 진실을 증명하는 말씀입니다."

그 말을 듣고 불굴이 안내자인 담대를 불러서 말했다.

"내가 순례를 하는 동안 당신과 오래 동행하지는 못했습니다. 하지만 서로를 알고 난 뒤로 당신은 내게 큰 도움이 되어주었어요. 나는 집을 나설 때 아내와 어린 다섯 아이를 남겨두고 왔습니다. 당신이 거룩한 순례자들을 더욱 많이 안내하기 위해 주님의 집으로 다시 돌아갈 거라는 걸 알기에 이렇게 부탁드리겠습니다. 돌아가시거든 우리 가족에게 사람을 보내서 지금까지 내게 일어난 일들과 앞으로 일어날 일을 모두 전해주십시오. 그리고 내가 얼마나 행복하게 이곳에 도착했는지, 최근에 얼마나 복되게 살았는지 이야기해주세요. 또한 크리스천의 아내 크리스티아나 이야기, 그녀와 그녀의 자식들이 남편을 뒤따라서 온 이야기를 해주십시오. 그녀가 마지막까지 얼마나 행복하게 살다 갔으며 어디로 떠났는지도 말해주시기 바랍니다. 내가 가족에게 보낼 거라고는 기도와 눈물밖에 없군요. 가족이 이 모든 이야기를 듣고 깨닫는 바가 있다면 그걸로 충분합니다."

남은 일을 다 처리한 불굴은 서둘러 떠나야 할 시간이 닥치자 강으로 내려갔다. 강물은 매우 잠잠했다. 불굴은 강물 중간쯤에서 잠시 걸음을 멈추고 배웅을 나온 사람들에게 말했다.

"이 강은 지금까지 많은 사람을 두렵게 만들었습니다. 나도 강을 떠올리고 겁을 먹은 적이 많습니다. 하지만 나는 지금 편안하게 서 있습니다. 이스라엘 백성들이 요단강을 건널 때 언약궤를 메고 가던 제사장들이 발을 디뎠던 그 자리에 내 발도 튼튼히 서 있습니다.[156] 강물이 입에 쓰고 배 속에 싸늘하게 느껴지

---

155) 전도서 12 : 6.
156) 여호수아 3 : 17.

지만 앞으로 가려는 곳이나 강 건너편에서 기다리고 있는 사람들을 생각하니 내 가슴에 석탄이 이글이글 불타오르는군요.

나는 이제 여행의 끝에 와 있습니다. 괴로웠던 세월도 끝이 납니다. 지금부터 저는 가시관이 씌워졌던 그분의 머리를 우러러보러 갑니다. 나를 위해 사람들에게 침을 맞았던 그분의 얼굴을 뵈러 갑니다.

나는 여태껏 소문과 믿음으로 살아왔습니다. 그러나 이제 가게 될 곳에서는 그분을 눈으로 직접 뵙고 그분과 함께 살면서 기쁨을 누릴 겁니다. 나는 그분의 말씀을 듣는 것을 좋아합니다. 또한 그분께서 지상에 남기신 발자취를 더듬어서 나도 그 발자취를 밟아볼 수 있기를 늘 애타게 바랐습니다.

그분의 이름은 내게 어떤 향기보다도 싱그러운 향기 주머니입니다. 그분의 목소리는 내게 더없이 감미롭지요. 그분의 얼굴을 그리워하는 내 마음은 햇빛을 갈망하는 사람보다 더욱 간절했습니다. 그분의 말씀은 언제나 내 양식이 되었고, 내 기력이 떨어질 때 약이 되었어요. 그분은 나를 붙들어서 내가 죄악에 빠지지 않게 지켜주셨습니다. 그분의 길을 걷는 내 발걸음이 힘차게끔 만드셨습니다."

그가 이렇게 이야기하는 동안 그의 모습이 변하고, 강인한 몸은 허리가 굽어졌다.

"주님 곁으로 가오니 저를 받아 주소서!"

그는 이런 말을 남기고는 사람들 눈에서 사라졌다. 하지만 드넓은 땅에 말과 마차, 나팔과 피리를 부는 사람, 노래하는 사람, 현악기를 연주하는 사람들이 가득 모여서 순례자들을 맞아들이고, 천성의 아름다운 문으로 줄지어 들어가는 모습을 보는 것은 참으로 영광스러운 일이었다.

크리스티아나가 데리고 온 크리스천의 네 아들은 내가 그곳을 떠날 때까지 강을 건너지 않았다. 내가 듣기로 그들은 아내와 자식들과 함께 그곳에 머물면서 교회의 부흥을 위해 힘쓰고 있다고 한다. 만약 내가 다시 그곳에 가 볼 기회가 생기면, 여기서 못다 한 이야기를 아쉬워하는 사람들에게 전해주겠다. 그때까지 독자 여러분이여, 안녕!

Vie de Jésus

# 예수의 생애

에르네스트 르낭

신약시대의 팔레스타인

# 1 유년기에서 청년기까지

사교(邪教)라는 막연한 이름으로 불리는 수많은 고대 종교가 그리스도교로 집약되어 간 과정은 세계사에 유례없는 혁명적 진보였으며, 가장 고귀한 영혼의 역정(歷程)이었다. 그렇게 되기까지 천 년이라는 세월이 걸렸지만, '유일신, 삼위일체, 하느님 아들로 태어난 자'로 이루어진 새로운 종교로 모습을 갖추기까지 3백 년이 넘는 시간이 더 필요했다.

이러한 파문은 아우구스투스와 티베리우스 황제 치세에 일어난 사소한 사건에서 비롯되었다. 그때 한 비범한 인물이 등장해 대담한 창의성과 사랑으로 새로운 신앙의 대상을 만듦으로써 신앙은 새로운 출발점에 서게 되었다.

## 가난한 나사렛 마을

예수는 딱히 이름도 없는 갈릴리 지방의 가난한 마을 나사렛에서 태어나 평생을 '나사렛 사람'이라는 이름으로 불렸다. 전설에는 베들레헴에서 태어났다고 되어 있지만, 순전히 억지이다. 예수의 메시아로서의 역할을 강조하고자 그런 억지를 갖다 붙여야만 했던 사정에 관해서는 나중에 다루도록 하겠다. 예수가 정확히 언제 태어났는지는 알 수 없지만, 대략 아우구스투스 황제의 치세였던 기원전으로 추정된다.

본디 '이방인 지역'이라는 말에서 유래한 지명처럼 갈릴리에는 유대인 외에도 페니키아인, 시리아인, 아랍인, 그리스인까지 다양한 인종이 섞여 살았고, 그러다 보니 유대교로 개종한 사람도 적지 않았다. 따라서 인종 차별을 없애기 위해 노력했던 예수에게 어떤 피가 흐르고 있었는지 알아보기란 불가능하다.

예수는 평민 출신이었다. 유복하지도 극빈하지도 않은 평범한 신분이었던 아버지 요셉과 어머니 마리아는 노동으로 생계를 꾸리는 근동(近東)의 흔한 장인이었다. 쾌적함을 위해 온갖 편리성을 추구하는 서양과는 달리 이곳 사람들의

아버지 요셉과 어머니 마리아는 평범한 신분이었다

삶은 매우 소박하다. 딱히 부자의 특권도 없고, 빈곤함 속에서도 마음 편히 산다. 예술이나 사치에도 전혀 관심이 없어서 부자의 집 안을 들여다봐도 휑하니 아무것도 없는 거나 마찬가지이다. 이슬람교도가 이 성지에 더럽고 천박한 흔적을 남기기는 했지만, 그것만 무시한다면, 천 년 전에 예수가 살았던 나사렛 마을과 현재의 마을은 거의 차이가 없다.

돌투성이 골목길은 어린 예수가 뛰어놀던 당시 그대로이다. 입구에서 들어오는 빛으로 집 안을 밝혔던 요셉의 집은 일과 식사와 잠을 모두 해결하는 곳이었다. 가구라고는 돗자리 하나와 맨바닥에 깐 방석, 항아리 한두 개, 옻칠한 뒤주 하나밖에 없는 가난한 장인의 집을 상상하면 될 것이다.

**예수의 가족**

요셉의 아내가 한 명이었는지 여러 명이었는지는 모르나, 가족은 꽤 많았다. 예수에게는 동생들이 있었다. 그는 맏이였던 듯하다. 그 이상은 알려지지 않았다. 예를 들어, 그에게는 남동생이 넷 있고 그중 야곱이라는 동생이 그리스도교 발전 초기 단계에 중요한 역할을 했다고 알려졌는데, 사실 야곱은 사촌이었다. 마리아에게는 같은 이름의 여동생이 있었는데, 이 동생은 알패오 또는 글로바라는 인물(그런데 이 두 사람은 동일 인물로 보인다)과 결혼하여 자식을 몇 명 낳았다. 이 사촌들이 예수의 첫 제자로서 중요한 역할을 했다. 예수의 남동생들은 그와 대립했지만, 사촌들은 이 젊은 스승을 따르며 '주님의 형제'라고 불렸다.

어머니 마리아와 마찬가지로 예수의 남동생들은 예수가 죽은 뒤에서야 이름이 알려지게 되었다. 그러나 그때에도 그들은 사촌들만큼 존경받은 것 같지 않다. 사촌들은 동생들보다 빨리 회개했고, 진심으로 예수를 믿었으며, 인격도 출

어깨에 항아리를 인 마리아는 날마다 우물가에 나타났을 것이다

중했다. 예수의 여동생들은 나사렛에서 결혼했다.

예수가 어린 시절을 보낸 나사렛은 북쪽으로 에스드렐론 평야를 가로막는 산맥의 습곡을 향해 크게 펼쳐진 지형에 생긴 작은 마을이다. 현지 인구는 3~4천 명인데, 옛날에도 거의 비슷했던 것으로 보인다. 겨울에는 추위가 매섭지만, 매우 살기 좋은 풍토이다. 당시 어디에나 있었던 유대인 마을들처럼 그곳에는 초라한 오두막이 모여 있었으리라 생각된다. 그 광경은 지금의 레바논과 똑같다고 보면 된다. 포도나무와 무화과나무로 둘러싸인, 안팎으로 아무런 장식도 없는 집들이 보였을 것이다.

## 나사렛의 교외 풍경

그러나 마을 교외로 나오면 아름다운 풍경이 펼쳐진다. 세계 어디를 찾아보아도, 절대 행복을 꿈꾸기에 이곳만큼 어울리는 땅은 없을 것이다. 지금도 나사렛에 가서 머물면 기분이 좋아진다. 비할 데 없이 갑갑하고 척박한 팔레스타인에서 영혼을 해방해 편안한 기분이 들게 해 주는 곳은 이곳 나사렛이 유일할 것이다. 주민은 다정하고 친절하며, 정원에는 싱싱한 초목이 있다. 6세기 말 순교자 안토니우스는 아름다운 그림과 같은 이 땅의 풍요로움을 가리켜 낙원 같다고 칭찬했는데, 서쪽 골짜기로 가 보면 그 말에 수긍이 간다.

작은 마을에서 즐거움의 중심이었던 우물이 이제는 허물어져서 작게 벌어진 수로에 탁한 물이 고여 있을 뿐이다. 하지만 저녁이면 그곳에 모여드는 여인들은 실로 아름답다. 처녀 마리아의 타고난 미모를 떠올리게 하는 부드럽고 애달파 보이는 시리아 여인들의 미모가 이미 6세기에 기록되어 있다. 어깨에 항아리를 인 마리아는 날마다 우물가에 나타나, 세상에 알려지는 일 없이 사라져간 여인들 행렬에 끼었을 것이 틀림없다. 순교자 안토니우스는 다른 곳에서는 그리스도교도를 경멸하는 유대인 여성들이 여기서는 친절하게 대해주었다고 기록했다. 오늘날에도 나사렛은 종교 갈등이 다른 곳만큼 심하지 않다.

마을은 탁 트인 전망이 아니다. 하지만 언덕을 조금 올라가 보면 미풍이 줄곧 불어오고 멀리 내다보인다. 서쪽에는 카르멜산 봉우리들이 솟아 있는데, 그 험준한 능선이 바다로 뛰어들 것만 같다. 남쪽으로는 메기도의 옛 전쟁터가 내려다보이는 봉우리 두 개, 족장 시대의 성지를 품은 세겜의 산들, 수넴과 엔돌의 그윽하면서도 무시무시한 기억이 담긴 언덕, 길보아산, 그 둥근 형태에서 고대인들이 유방에 비유한 타보르산 등이 이어져 있다. 수넴산과 타보르산 사이의 낮은 땅에서 바라보면 요르단 계곡과 페레아 고원이 보일 듯 말듯 동쪽으로 선을 이루며 쭉 뻗는다. 북쪽은 바다를 향해 경사진 사페드의 산들에 가로막혀 세인트 잔 다르크(아코) 항구가 보이지 않지만, 하이파 항구만큼은 똑똑히 보인다.

예수는 이 같은 풍경을 보고 있었을 것이다. 하느님 나라의 요람지가 된 아름다운 이 분지에서 어린 예수는 몇 년을 보냈다. 또한, 평생 이 친근한 땅을 떠나는 일이 거의 없었다. 북쪽으로 가면 헤르몬산 중턱에 가이사랴 빌립보 마을 끝자락이 이방인의 세상으로 튀어나와 있고, 남쪽으로 가면 음침한 사마리아의 산들 뒤로 메마름과 죽음과 열풍으로 말라붙은 유대의 황량한 땅이 기다리고 있기 때문이다.

그리스도교도가 올바른 기원을 더듬어 정당한 성지를 찾아간다면 그곳은 예루살렘이 아니라 나사렛의 야트막한 언덕 위가 될 것이다. 각국 그리스도교도가 모여 기도 올릴 교회를 지어야 할 곳이 바로 여기이다. 현자가 세상의 흐름을 바라보며, 가장 큰 잘못을 저지른 고통을 치유하기에, 또는 세상이 이처럼 끝없이 잘못을 반복하며 추구해 온 하느님의 목적과 주제가 무엇인지 확신하기에, 목수 요셉과 이름 없는 수많은 나사렛인이 잠든 이 땅만큼 어울리는 곳은 없다.

# 2 예수가 받은 교육

온화함과 장대함을 함께 지닌 이와 같은 자연이 예수를 키웠다. 글은 두루마리를 양손에 들고 박자를 붙여가며 친구들과 입을 맞춰 읽고 또 읽는 동양식으로 배웠을 것이다. 작은 유대 마을에서 선생은 하잔, 다시 말해 회당에서 경문을 읽는 사람이었다. 예수는 소페림(Soferim : 학자)이 가르쳐주는 상급 학교에는 가지 않았다(나사렛에는 없었던 것으로 보인다). 그래서 속인들 눈에 번듯해 보이는 칭호는 전혀 가지고 있지 않다. 그렇다고 예수를 못 배운 사람으로 생각한다면 크나큰 잘못이다. 지금이야 학교에 가지 못한 사람은 그 뒤로도 고립된 채로 사회와 접점을 가지지 못해 천박한 인간이 되지만, 당시는 교양과 시대정신이 사람들과의 접촉으로 전해졌었다. 아랍인 중에는 스승 없이도 훌륭한 교양을 갖춘 인물이 자주 보인다. 천막은 언제나 열린 일종의 학교였다. 이곳에 교양이 풍부한 사람들이 모여서 지적 운동이 일어나고, 나아가서는 뛰어난 문학도 탄생했다.

### 그리스 문화의 영향

예수는 그리스어를 몰랐을 것이다. 유대에서 그리스어는 정권에 관련된 자들이나 가이사랴처럼 이방인이 사는 마을 외에는 그렇게 보급되지 않았다. 예수가 쓰던 언어는 당시 팔레스타인에서 통용되던 히브리어가 섞인 시리아 방언이었다. 하물며 그리스 문화에 대해서는 전혀 몰랐을 것이다. 이 이문화를 금지했던 팔레스타인 학자들이 '돼지치기와 자기 자식에게 그리스 학문을 가르치는 자'에게 저주를 퍼부었기에 나사렛에서는 그리스 문화가 널리 퍼지지 못했다. 아무튼, 예루살렘에서 그리스어를 가르치는 일은 매우 드물었다. 위험하고 심지어는 비천하다고까지 생각했기에, 그리스 문화를 배워도 고작해야 아낙네들의 장신구 대신에 쓰는 정도로밖에 여기지 않았다. 성실한 사람이 배우기에

예수는 읽기 쓰기를 동양식으로 배웠을 것이다

적합한 고상한 학문은 오로지 율법 연구라고 보았다. 언제 자식에게 그리스의 지혜를 가르치면 좋겠느냐는 질문에 어느 위대한 학자가 이렇게 대답했다고 한다. "낮도 아니고 밤도 아닌 때에 배우면 될 것이다. 율법은 밤낮으로 배워라."

## 예수의 스승

이처럼 그리스의 교양은 직접적으로든 간접적으로든 예수에게 이르지 못했다. 그는 유대교 이외의 지식도 거의 몰랐다. 하지만 박학다식한 교양이 있으면 오히려 잃어버리기 쉬운 솔직함과 순수함을 예수는 간직했다. 유대교 문화 속에서 살면서도, 동시대인들이 몰두하는 일과는 인연이 없었다. 이를테면, 에세네파나 테라페우테파의 금욕주의는 예수에게 직접적인 영향을 끼치지 않았고, 알렉산드리아의 유대파(동시대에 살았던 필론이 이 파의 가장 뛰어난 대변자였다)가 낳은 종교 철학의 우수한 논문도 그는 본 적이 없다. 확실히 알렉산드리아의 철학자 필론의 말과 복음서에 기록된 예수의 말에는 일맥상통하는 구석이 있다.

신의 사랑, 자비, 신이 가져다주는 평안 등에 관한 말에서 많은 공통점이 보인다. 하지만 이는 고귀한 두 사람의 영혼에 시대가 요구한 공통된 경향으로 봐야 옳을 것이다.

예루살렘에서 가르쳐지다가 이후 《탈무드》가 된 기괴한 스콜라 철학을 연구하지 않았던 것은 예수에게 다행스러운 일이었다. 이 철학은 바리새인이 갈릴리로 가지고 들어온 것인데, 예수는 그들과는 어울리지 않았다. 성인이 된 다음에 이 학문을 접했지만, 유치하기 짝이 없고 억지만을 늘어놓는 이 학문에 불쾌감을 가졌을 뿐이었다. 단, 힐렐의 교훈만은 알고 있었을 것으로 추정된다. 힐렐은 이미 50년 전에 예수와 매우 비슷한 훈계를 했다. 온화한 태도, 꿋꿋하게 가난을 이겨낸 점, 위선자나 제사장에게 끝까지 반대한 점 등, 예수처럼 고매한 창조적 인물에게도 감히 스승이 있다고 친다면 이런 점에서 바로 힐렐이 예수의 스승이다.

## 예수에게 감동을 준 〈시편〉과 〈이사야서〉

그보다도 예수가 깊은 감명을 받은 것은 구약성서였다. 이 성전은 지금처럼 율법, 다시 말해 모세 5경과 예언서 등 두 가지 주요 부분으로 되어 있었다. 사람들은 이 책에 비유로 가득한 해석을 더해, 본디는 쓰여 있지도 않은 내용을 시대의 요구에 따라 성전에서 끄집어내려고 기를 썼다. 성경에 담긴 참된 시적 정취는 예루살렘의 유치한 해석학자들의 마음을 사로잡지 못했지만, 예수의 뛰어난 감수성과 닿자 풍요로운 계시를 가져다주었다. 율법은 썩 마음에 들지 않았는지, 더 좋은 것을 만들고자 했던 흔적이 보인다. 그러나 〈시편〉의 종교시는 그의 서정적인 마음과 딱 맞아떨어졌다. 장엄한 그 찬가는 평생 예수의 양분이 되고 정신적 지주가 되었다. 미래의 눈부신 꿈, 격렬한 웅변, 훌륭한 비유가 섞인 조롱으로 가득한 예언자들의 말(특히 이사야와 포로 시대 이후의 제2, 제3의 이사야의 말)은 예수의 참된 스승이 되었다.

예수는 수많은 경외성경도 읽었을 것이다. 사람들은 경외성경에 고대 서적에서만 주어졌던 권위를 입히기 위해 예언자와 족장의 이름을 덧씌웠지만, 사실 경외성경은 더 나중에 쓰였다. 그중에서도 특히 예수가 감동한 것은 〈다니엘서〉이다. 이 서도 고대의 현자 다니엘이 쓴 것으로 되어 있지만, 사실은 안티오코스 에피파네스 시대의 열정적인 유대인이 쓴 것으로 당시 정신이 요약되어 있다. 역사 철학의 진짜 창시자라고 불러야 할 이 필자는 세상의 움직임과 각 제국의 흥망사를 철저하게 '선택받은 유대인'의 관점에서만 바라본 최초의 인물이다. 예수는 어렸을 적부터 이 숭고한 소망에 매료되었다. 또한, 당시 성서처럼 존중받던 〈에녹서〉와 민중의 상상력을 자극해 커다란 사상의 물결을 만들어내던 비슷한 종류의 책들도 읽었을 것이다.

메시아의 군림, 그 영광과 공포, 차례차례 흥했다가 망해가는 민족, 천지의 대이변 같은 것들이 예수의 상상을 끊임없이 자극했을 것이다. 가까운 시일 안에 이변이 반드시 일어나리라는 믿음이 만연해 많은 사람이 그날이 대체 언제일지 열심히 논쟁을 벌일 정도였기에, 지금이라면 초자연적 환상으로 치부해버릴 일을 예수는 매우 당연하게 받아들였다.

## 예수가 본 세계정세

그는 세계정세 전반을 전혀 몰랐다. 이 사실은 예수가 실제로 했다고 여겨지는 설교 각 구절에서도 엿볼 수 있다. 그는 지상이 아직도 여러 나라로 나뉘어 싸우고 있다고 생각했다. 즉 로마의 평화(Pax Romana)도, 이미 시작된 새로운 사회 상황도 전혀 알지 못했다. 로마 제국이 얼마나 큰 힘을 가졌는지도 정확히 파악하고 있지 못했으며, 가이사랴라는 이름만 아는 정도였다. 갈릴리와 그 주변의 디베랴, 율리아, 디오가이사랴, 가이사랴 등에 헤롯 왕가가 화려한 궁전을 짓는 것을 예수는 목격했다. 로마 문명으로 귀의할 것과 아우구스투스 황제 일족에게 헌신할 것을 드러내 보일 목적으로 헤롯 왕가가 지은 궁들이었다. 운명의 장난인지, 지금은 유목민이 사는 초라한 마을들의 이름이 되어 일족의 이름을 유지하고 있다. 또 예수는 헤롯 대왕이 건설한 자만의 도시 세바스테를 보았을 것이다. 지금 폐허에 서서 상상해 보면, 저 도시는 조립식 건축물처럼 다 만들어진 자재를 옮겨와서 이곳에서 조립한 것만 같다. 도시는 유대에서 배로 옮겨 온 겉치레 건축물로 보이고, 같은 길이와 같은 굵기를 한 원기둥 수백 개는 파리의 '리볼리 거리'처럼 고약한 장식같이 보인다. 예수는 이것을 '이 세상의 왕국과 그 모든 영광'이라고 불렀다. 허울뿐인 호화로움과 겉만 번지르르한 예술은 예수의 마음에 들지 않았다.

예수가 좋아했던 것은 작은 집, 보리타작 하는 마당, 바위를 깎아서 만든 착유장(搾乳場), 우물, 무덤, 무화과, 올리브 나무 등이 어수선하게 뒤섞인 갈릴리의 마을들이었다. 언제나 그는 자연 가까이에 있었다. 예수는 궁전을 좋은 옷을 두르는 곳이라고만 생각했던 것 같다. 예수가 왕이나 권력자에 관해 말할 때 엉뚱하고 재미있는 비유를 자주 입에 담았다는 사실은, 소박한 프리즘을 통해 세상을 바라보는 마을 청년 같은 눈으로 귀족 사회를 보았다는 증거이다.

## 초자연과 예수

소박한 옛사람들은 우주를 지배하는 초자연의 힘을 믿었지만, 이것을 부정하는 새로운 학문이 조금씩 고개를 들고 있었다. 그러나 예수는 그 학문도 알지 못했다. 새로운 경향의 이 학문은 모든 철학의 기초인 그리스 학문에서 생겨나 뒷날 근대 과학에 옳다고 인정받은 것이었다. 이 점에서 예수는 동향 사람들과 전혀 다를 바가 없다. 신비로운 사건은 특별한 일이 아니라 당연한 일이었다. 초자연이란 존재하지 않는다는 사고방식은 자연에 관한 실험 과학이 생기고 나서야 등장한 것이다. 물리학 지식이라고는 눈곱만큼도 없고, 기도로써 구름의 흐름을 바꾼다든지 질병과 죽음조차도 피할 수 있다고 믿었던 사람들에게 기적은 전혀 이상한 일이 아니다. 모든 일은 하느님의 뜻대로 진행된다고 누구나가 믿었다.

평생 예수는 이 같은 지식 상황에 놓여 있었다. 그러나 보통 사람에게 초자연의 신앙은 터무니없는 미신이며 장사꾼들이 늘어놓는 헛소리 같은 것이었지만, 예수는 정반대였다. 그의 위대한 정신은 보통 사람들이 도달한 결과와 정반대의 결실을 보았다. 다시 말해 예수는 사람과 신을 친밀하게 엮음으로써 이 신앙을 인간의 힘을 무한하다고 믿는 방향으로 연결했다. 아름다운 실수라고 해야겠지만, 이 신앙이 그의 행동력의 원천이 되었다. 후세에 물리학자와 화학자들은 예수가 틀렸다고 생각하게 되지만, 당시는 예수의 이 신앙이 전무후무한 힘을 예수에게 부여했다.

## 사명의 자각

그의 특출한 성격은 일찌감치 나타났다. 전설에서는 그가 어렸을 적부터 친권에 반항하고, 주어진 사명에 따르고자 평범한 길에서 벗어나 있었다고 즐겨 말한다. 적어도 친족 관계가 그에게 중요하지 않았음은 확실하다. 그는 가족에게 사랑받지 못했던 것 같다. 예수도 때로는 가족에게 차갑게 대했다. 한 가지 사상에 빠진 사람이 모두 그런 것처럼, 예수도 혈육을 거의 돌아보지 않게 되었다. 이런 사람들이 인정하는 단 한 가지는 사상의 연줄이다. 그는 제자들에게 손을 내밀며 말했다. "나의 모친과 동생들을 보라. 누구든지 하늘에 계신 내 아버지의 뜻대로 하는 자가 내 형제요 자매요 모친이니라."[1] 단순한 사람은 이 말의 의미를 알 수 없었다. 어느 날 그의 곁을 지나가던 여인이 이렇게 소리쳤다. "당신을 밴 태와 당신을 먹인 젖이 복이 있나이다." 그러자 예수가 대답했다. "오히려 하느님의 말씀을 듣고 지키는 자가 복이 있느니라."[2]

---

1) 마태복음 12 : 49~50.
2) 누가복음 11 : 27~28.

# 3 예수를 둘러싼 사상계

얼어붙은 이 대지를 보더라도 이미 지구 창세기의 광경은 상상할 수 없다. 대지를 가로지르던 불길이 사라진 것이다. 그와 마찬가지로, 인류의 운명을 결정한 창조 시대의 혁명을 세심하게 분석하고 심오한 역사 설명을 더하더라도 한 가지 불만이 남는다. 유대 민족은 바빌론 포로 생활에서 중세에 이르기까지 매우 긴박한 특수 상황에 놓여 있었다. 그렇기에 민족정신의 '전달자'는 이 오랜 시기에 걸쳐 때로는 이성을 뛰어넘고 때로는 이성 아래로 가라앉으며, 다만 좀처럼 중도에 이끌리는 일 없이 격렬한 정념에 떠밀려 펜을 잡았다. 이렇게까지 필사적으로 용기 내어 미래와 자신의 운명을 직시하여 극한까지 도달한 민족은 유대인뿐이다. 유대 사상가는, 인류의 운명을 자신들 소종족의 운명과 동일시하고 인류 진보에 관한 일반 이론 정립에 힘쓴 최초의 사람들이다.

## 역사를 종교 안에 거두어들이다

그리스는 늘 자기 영토 안에서 소도시 간의 분쟁에만 전념하면서 뛰어난 역사가를 낳고 있었다. 그런 스토이시즘은 세계 공민의 일원으로서, 또 위대한 동포애(fraternité)의 일원으로서 어떠한 의무를 질 것인가 하는 물음에 최고의 격언을 제시했다. 그러나 로마 시대 이전의 옛 서적에 아무리 비추어 봐도, 온 인류를 포용하는 역사 철학 체계는 찾아볼 수 없다. 한편, 예언자적 감각을 타고난 유대인은 셈족 특유의 능력, 즉 미래의 대체적인 흐름을 내다보는 능력을 지녔기에 종교 안에 역사를 담을 수가 있었다. 이 정신의 일부는 페르시아에서 온 것으로 추정된다.

고대 페르시아에서는 세계 역사가 천 년마다 변한다고 생각했다. 각 시대를 예언자 한 명이 다스린다. 예언자는 저마다 천 년의 치세(Hazăr : 천년지복설)를 가지게 된다. 인도에서 부처가 저마다 몇백만 년(무량겁)을 차지하는 것처럼,

이 끊임없이 이어지는 시대들은 많은 사상의 '씨실'이 되어 오르무즈드[1]의 세상을 준비한다. 때가 되어 천 년 단위의 순환이 다 끝나면 마지막으로 낙원이 찾아온다. 그때 사람들은 행복을 누린다. 온 땅이 평야가 되고, 모든 사람을 하나의 언어, 하나의 율법, 하나의 정부가 다스린다. 하지만 이 날이 오기에 앞서 무시무시한 재앙이 일어난다. 악마 다하크[2]가 묶여 있던 사슬을 끊고 세상을 덮친다. 거기에 두 예언자가 와서 사람들을 위로하고, 위대한 세상을 준비한다고 한다.

이 사상은 여러 나라를 거쳐 로마까지 퍼지고 영감을 불어넣고 많은 예언 시를 낳는다. 시의 근본에 있는 사상은 인류사를 시대에 따라 구분하고 시대마다 신을 하나하나 대응하며 계속되어 간다. 하지만 어느 날 세상은 완전히 다시 태어나 마침내 황금시대를 맞이한다는 것이다.

〈다니엘서〉와 〈에녹서〉와 여예언자의 서 일부는 이 페르시아 사상을 유대식으로 표현한 것이라 할 수 있다. 말할 것도 없이, 당시 누구나가 그 설을 믿었던 것은 아니다. 처음에는 상상력 풍부하고 다른 나라 교리에 관심 있는 소수가 받아들였던 것에 불과하다. 〈에스더서〉를 쓴 편협하고 무미건조한 사람은 자기 나라 이외의 나라는 모조리 경멸하고 저주했다. 〈전도서(코헬렛)〉를 쓴 해탈한 쾌락주의자(Epicurean)들은 미래를 고민하지 않으며, 자식을 위해 일하는 것은 무의미하다고까지 말했다. 이기적인 이 독신주의자들에게 궁극적인 현자의 말씀이란 "재산을 모두 써 버리라"는 것이었다.[3]

민족의 대업은 으레 소수의 손으로 이루어진다. 유대인은 무자비하고 이기적이고 남을 비웃고 편협하고 음험하고 궤변을 늘어놓는 결점을 지녔다고 평가받는다. 그럼에도 그들은 역사상 가장 아름다운 금욕 운동의 발기인이었다. 대립 관계는 언제나 한 나라에 영광을 가져다주지만, 한 민족의 가장 큰 위인은 종종 그 민족에게 살해당한다. 그리스의 영광을 짊어진 소크라테스에게 아테네인은 독을 먹였다. 근대 유대인 가운데 가장 위대한 스피노자를 시나고그(유대교단)는 불명예스러운 자라며 제명했다. 이스라엘 민족의 영광을 짊어진 예수

---

1) 지혜·선의 신이며 아리만과 끝없이 싸우는 조로아스터교의 으뜸 신.
2) 페르시아의 사탄.
3) 전도서 9 : 9~10.

는 이스라엘 손으로 십자가에 못 박혔다.

## 유대 민족의 커다란 꿈

벌써 수 세기 전부터 커다란 영몽(靈夢)이 유대 민족을 따라다녔다. 그 꿈이 이 민족이 늙는 것을 막고 끊임없이 젊어지게 했다. 유대인은 비종교적인 그리스 문화에 물들지 않고, 자기 민족의 미래에 한결같이 사랑과 희망을 기울였다. 그들은 신에게서 한없는 약속을 받았다고 믿었지만, 기원전 9세기부터 점차 지상의 적국에 굴복하는 쓰라린 현실과 직면하면서 희망은 무참하게 짓밟혔다. 그래서 유대 민족은 모든 사상을 기상천외한 방법으로 결합하여 기묘하기 이를 데 없는 방향 전환을 시도했다. 포로 시대 이전에 북부의 각 부족이 분리되어 민족의 지상 미래가 흔적도 없이 사라진 적이 있다. 그때 사람들은 다윗 왕가의 부흥을 꿈꿨다. 언젠가 민족 분리가 해결되어 신정일치가 승리를 거두고, 우상 숭배가 배척되어 야훼 숭배가 승리를 거둘 것이라고.

포로 시대에 들어서 풍요로운 가락에 시를 담아 한 시인이 다가올 장려한 예루살렘을 노래했다. 여러 민족이 머나먼 섬들에서 공물을 끊임없이 가져오는 마을의 황홀한 모습을 상상하는 이 시인의 눈에는 예수의 눈에 비쳤던 광경이 6백 년의 시공을 초월해 보였던 것 아닐까. 페르시아 왕 키로스가 포로에서 해방해 주었을 때, 잠시나마 유대인의 희망이 겨우 실현되는 것처럼 보였다. 아베스타[4] 신자와 야훼 숭배자는 서로 형제라고 믿었다. 페르시아는 자신들의 종교를 개혁하여 일종의 일신교를 이끌어내기에 이르렀다. 이스라엘은 아케메네스 왕조 아래에서 휴식을 얻고, 크세르크세스 대왕 아래에서는 페르시아인에게 공포를 안겼다고 한다.

이어서 그리스·로마 문명이 도도하게, 때로는 거칠게 흘러들어 오자 유대인은 다시 공상의 세계에 갇혔다. 메시아가 심판자이자 복수자로서 도래하기를 이전보다 더욱 갈망하게 되었다. 높은 우월감과 눈앞에 펼쳐지는 굴욕 사이의 거리감에 원한은 더욱 쌓여 대지에 깊게 뿌리내리고, 근간을 뒤흔드는 완벽한 혁명에 대한 갈망은 깊어져 갔다.

---

4) 조로아스터교 경전.

사람들은 로마 깃발을 쓰러뜨리고, 헤롯 왕가의 건축물을 부수었다

## 소용돌이치는 정치 운동

예수가 자신의 사상을 품기 시작했을 무렵, 앞서 말한 사상이 팔레스타인에 들끓고 있었다. 실제로 학교에서 가르친 것은 아니지만 온 마을에 퍼져 나갔고, 예수의 젊은 혁명심도 물들여 갔다. 예수는 우리라면 품었을 망설임이나 의혹을 결코 몰랐다. 현대인이 같은 상황에서 나사렛의 산꼭대기에 선다면 자신의 운명이 덧없다는 생각에 틀림없이 불안감을 느꼈겠지만, 저 산꼭대기에 몇 번이고 앉은 예수에게는 일말의 의심도 그림자를 드리우지 않았다.

끝내 비애의 원인이 되는 감정에 빠지는 일 없이 예수는 오로지 자신의 사명, 민족, 인류를 생각했다. 눈앞에 펼쳐진 나사렛의 산들과 바다, 푸른 하늘, 머나먼 고원은 자신의 운명에 물음을 던지는 예수를 감상주의로 꾀어 들이지는 않았다. 그에게 자연은 명료한 상징, 즉 보이지 않는 세상과 새로운 천국의 뚜렷한 투영이었다.

예수는 당시 정치 사건을 그리 중요하게 보지 않았다. 아마 그런 일에 어두웠을 것이다. 헤롯 왕가에 관해서도 그 이름밖에 몰랐을 정도로 정치와 관계없는 세상에 살았다. 헤롯 대왕은 예수가 태어난 무렵에 죽었다. 헤롯에게 악의를 품은 후세 사람들조차 그 이름을 솔로몬의 이름과 나란히 하지 않을 수 없을 정도로 많은 기념비와 불멸의 업적을 남겼다. 단, 지속 불가능한 미완의 사업으로서. 종교 갈등으로 빠져든 야심 가득한 속인이자 교활한 이 이두메아인은 이성을 잃은 광신자들 한가운데에서 도덕은 나 몰라라 한 채 태연하게 이해득실을 따졌기에 이익을 볼 수 있었다. 그는 이스라엘에 세속적 왕국을 세우고 싶어 했지만, 이 꿈은 당시 세계 정세상 시대착오까지는 아니더라도 민족의 성격 자체에서 오는 난관에 부딪혀 솔로몬 왕의 비슷한 계획과 마찬가지로 좌절되고 말았다.

헤롯의 세 아들은 영국이 지배하던 인도의 태수(라자)처럼 로마인의 꼭두각시로 전락했다. 갈릴리와 페레아의 분봉 영주였던 무능하고 게으른 안티파스(예수는 평생 그의 지배하에 있었다)는 티베리우스 황제의 아첨에 능한 총신으로, 간사한 후처 헤로디아 탓에 번번이 일을 그르쳤다. 예수가 자주 여행 갔던 가말라와 베다니아의 분봉 영주 빌립보는 훨씬 뛰어난 군주였다.

예루살렘의 영주였던 아르켈라오스에 대해 예수는 알지 못한다. 유약하고 무기력하며 때로는 난폭했던 이 사내를 아우구스투스 황제가 폐위했을 때, 예수는 열 살이었다. 이를 끝으로 독립 정부는 예루살렘에서 자취를 감추었다. 유대는 사마리아와 이두메아에 병합되어 시리아 지방의 부속지가 되었다. 그 뒤 코포니우스, 마르쿠스 암비비우스, 안니우스 루푸스, 발레리우스 그라투스, 끝으로 본디오 빌라도(기원후 26년)가 로마 총독 자리를 이었다. 그들은 무슨 일이 생길 때마다 시리아 제국 총독에게 판결을 부추김으로써, 끊임없이 발치에서 폭발하는 민중의 분화를 끄기에 바빴다.

당시, 모세의 율법을 신봉하는 자들의 선동으로 말미암아 예루살렘에서 반란이 잇따라 일어났다. 반란에 참가하면 사형이 확실했지만, 율법을 지키기 위해 사람들은 싸우다 죽어갔다. 독수리 문장을 높이 치켜든 로마 깃발을 쓰러뜨리고, 모세의 율법을 지키지 않는 헤롯 왕가의 건축물을 부수고, 우상 숭배로 더러워진 명문이 새겨진 방패를 든 총독에게 맞서는 일이 죽음을 두려워하지 않는 흥분한 신자들을 매료했다. 사리파의 아들 유다와 마르가로트의 아들 마티아스 등 유명한 두 율법학자는 기존 질서를 대담하게 뜯어고치기 위해 당을 결성한다. 두 사람은 처형당하지만, 당은 남았다. 사마리아인도 같은 운동에 선동되어 크게 흔들리고 있었다.

## 가말라 유다의 운동

자신의 천부적인 재능과 위대한 정신으로 가득한 권위로써 율법을 폐지하려는 인물 예수가 태어나 있던 이 시기만큼 율법의 열광적인 신봉자가 많았던 적은 없다. 율법을 어기는 날에는 누구든지 가차 없이 살해하는 임무를 맡은 '결사대' 또는 '자객(셀롯)'이 거리에 출몰했다. 시대는 초자연과 신성을 추구했고, 자유자재로 신통력을 보여 주는 사람도 사람들의 신용을 받았다.

이러한 운동보다 예수에게 훨씬 큰 영향을 준 것은 가말라, 다시 말해 갈릴리의 유다였다. 로마에 새로 정복된 나라가 감수해야 하는 의무 가운데 특히 호구 조사는 평판이 나빴다. 그것은 강대한 중앙 행정 명령에 익숙지 않은 민족을 늘 동요시켰는데, 유대인은 유독 이것을 혐오했다. 이미 다윗 왕 때 호구 조사가 시행되어 맹렬한 반발과 예언자들의 경고를 부른 바 있었다. 호구 조사는 과세의 기준이 되지만, 순수한 신정 정치의 사고방식에서 보자면 신을 거역하는 것이다. 공금은 훔친 돈으로 간주했다. 기원후 6년, 구레뇨가 명령한 호구 조사는 이러한 생각을 자극해서 큰 소동을 빚었다. 북부 각지에서 폭동이 일어났다. 디베랴 호수 동쪽 기슭 마을인 가말라에 사는 유다라는 사내와 사독이라는 바리새인은 과세가 부당하다며 많은 사람을 선동하여 도당을 만들고, 이윽고 공공연히 반란을 일으켰다. 이 파의 근본에 있는 격언은 "자유는 목숨보다 소중하며, '주님'이라는 호칭은 오직 하느님 것으로 누구도 함부로 써서는 안 된다"는 것이었다. 유다는 그 밖에도 여러 원칙을 가지고 있었을 테지만, 이 운동을 논한 유대의 역사가 요세푸스는 일부러 함구했다. 자신과 같은 유대교 신도를 위험에 빠뜨리지 않도록 배려한 것으로 보인다. 이런 단순한 사상만으로 유다를 바리새파, 사두개파, 에세네파와 어깨를 나란히 하는 네 번째 유파의 수령으로 보기에는 무리가 있다.

유다는 분명히 메시아사상을 열렬히 신봉하는 갈릴리 종파의 수령으로, 이윽고 정치 운동을 전개한다. 총독 코포니우스는 이 가말라인의 반란을 진압하지만, 종파는 존속했고 또 다른 우두머리를 계속 받들었다. 유다의 아들 므나헴과 친족 엘리아자르 어쩌고 하는 이름의 사내가 로마에 저항할 마지막 조직을 만들자, 이 파도 다시 활발한 움직임을 보인다. 예수는 유대 혁명을 자신과는 전혀 다르게 생각하는 유다를 만난 적이 있지 않을까? 어쨌든 예수는 이 파를 알고 있었다. 가이사의 화폐에 대해 "가이사의 것은 가이사에게"[5]라는 격언을 얘기한 것은 유다의 방식을 비판한 데서 나온 것으로 보인다. 지혜로운 예수는 유다의 잘못에서 깨달음을 얻어, 반란을 일으키는 것이 아니라 전혀 다른 나라와 전혀 다른 구원을 꿈꾸게 되었다.

이처럼 갈릴리는 거대한 도가니로 변해 매우 복잡한 요소들이 펄펄 끓어올랐다. 지나친 생명 경시, 더 적절하게 말한다면 이른바 죽음에의 욕구가 소동의 핵심이었다. 열광적이고 대대적인 운동에서 실족의 경험 따위는 문제도 되지 않는다.

프랑스 군대에 점령당한 당시 알제리에도 이교도인 그리스도인을 쫓아내라고 하느님에게서 영감을 받았노라 자칭하는 '불사신'들이 봄마다 나타났다. 그들이 죽음을 당하면 이듬해에는 잊히고, 계승자는 그에 못지않은 신용을 얻었다. 로마의 통치는 매우 엄한 반면, 세세한 점에서는 많은 자유를 허락했다. 진압할 때는 무시무시한 난폭함을 보였지만, 확고한 도그마[6]를 가진 권력이 으레 그러하듯 함부로 의심하지는 않았다. 엄벌할 필요성을 느끼기 전까지는 모두 내버려두었던 것이다.

예수는 여기저기 방랑했는데 그동안 한 번도 경찰에 구속된 적이 없다. 갈릴리에서 이 같은 자유를 누릴 수 있었다. 무엇보다도 갈릴리는 바리새적인 현학(衒學)의 속박에서 자유롭다는 점에서 예루살렘보다 훨씬 나은 곳이었다. 그곳에서는 모든 사람의 머릿속에 혁명, 다시 말해 메시아의 기대가 소용돌이치고

---

5) 마태복음 22 : 21.
6) 그리스도교의 교리.

있었다. 대혁신의 전야가 있으리라 믿었고 제 나름대로 해석한 구약성경이 거대한 희망의 영양분을 보급해주었다. 구약성경의 한 구절 한 구절은 보증서이자 프로그램이었다. 거기에 따르면 올곧은 것에는 평화가 찾아오고 신의 조화를 영구히 완성할 다가올 세상이 실현되리라 생각하고 있었다.

## 대립하는 타인을 내포한 민족

히브리 민족은 이해관계와 사고방식이 늘 상반하는 두 파로 나뉘어 있었는데, 이것이 정신세계에 힘을 주는 원천이 되었다. 높은 사명을 받은 민족은 내부에 정반대의 양극을 품은 완전한 소세계이어야 한다. 그리스에는 수십 킬로미터 거리를 두고 스파르타와 아테네가 있었다. 두 마을은 겉만 보면 정반대 같지만, 사실은 서로 필요로 하는 경쟁자였다. 유대도 마찬가지였다. 남쪽 예루살렘의 발전에 비해 북부는 생동감이 부족하긴 했지만 결국 비슷한 정도로 풍요로웠고, 유대 민족의 가장 활기 넘치는 운동은 늘 북부에서 발생했다.

예루살렘 사람은 자연스러운 감정이 부족해 어딘가 건조하고 편협하며 거친 인상을 준다. 이 땅의 거드름피우는 학자, 따분한 법학자, 교단의 율법학자, 위선적이고 깐깐한 신자를 가지고서는 인류를 정복할 수 없었다. 한편 북부는 순진한 술람미 여인, 겸손한 가나안 여인, 열정적인 막달라 여인, 착한 양아버지 요셉, 딸 마리아를 낳은 땅이다. 북부 지역만이 그리스도교를 일궈냈다. 한편 예루살렘은 바리새인이 탈무드에 따라 지어 중세를 거쳐 오늘날까지 이어지는 완고한 유대교의 산지이다. 세상에서 가장 쓸쓸한 지방은 아마도 예루살렘 부근이 아닐까?

그에 비해 갈릴리는 우거진 녹음으로 둘러싸여 풍류와 사랑의 노래를 낳은 명랑한 지방이다. 황홀한 자연 덕분에 사람들의 마음은 풍요롭고, 그리 준엄하지 않은 일신교 아래에서 품은 꿈에서는 목가적이라고도 평가하고 싶은 다정함이 느껴진다. 3, 4월의 들판은 기이한 빛깔의 꽃들을 가득 깔아 놓은 양탄자이다. 여기에는 아주 작고 온순한 동물들이 산다. 늘씬한 자태로 활발하게 날아다니는 산비둘기, 풀잎조차 흔들지 않고 사뿐히 내려앉는 푸른 직박구리. 모관(毛冠)을 쓴 종달새는 나그네에게 짓밟히지는 않을까 싶을 정도로 가까이 다가온다. 강에 사는 온순하고 활기찬 작은 거북. 엄숙하고 절개 있어 보이는 황새는 다가가도 조금도 겁내지 않고, 말을 걸 수 있을 것만 같은 곳까지 다가온다.

여기만큼 산들이 조화롭고 아름답게 이어져 높은 사상을 불러일으키는 땅은 없다. 예수는 이 산들을 유난히 사랑했던 것 같다. 예수가 성스러운 생애에 이룬 주요 업적은 산꼭대기에서 완성되었다. 그는 그곳에서 가장 깊은 영감을 얻었다. 옛 예언자들과 은밀히 대화를 주고받은 것도, 제자들 앞에 하얀 모습으로 나타난 것도 산꼭대기에서였다.[7]

이 아름다운 고장이 19세기 말에는 터키의 이슬람교도 손에 매우 가난하고 비참하고 한탄스러운 모양새로 변해 버렸지만, 인간의 파괴의 손길이 닿지 않았던 곳은 아직도 여유롭고 조용하고 평화로운 분위기를 띠고 있다. 예수가 살던 시대에는 거기에 행복과 활기까지 있었다. 갈릴리 사람은 정력적이고 용감하고 근면하다고 알려졌다. 기원후 15년 무렵 티베리우스 황제에게 경의를 표하고자 안티파스가 로마식으로 건설한 디베랴를 제외하면 갈릴리에는 큰 마을이 없었다. 그럼에도 이 고장은 인구가 매우 많고 크고 작은 마을이 곳곳에 있어서 경작되지 않은 땅이 없었다.

당시의 번영이 남아 있는 폐허에 서서 바라보면, 성실하게 기술을 익히고 사치를 모르고 겉모습에 연연하지 않으며 오로지 가슴에 이상을 품은 농민이 떠오른다. 들에는 깨끗한 물과 과일이 넘쳐나고, 커다란 농가가 포도나무와 무화과나무 사이에 흩어져 있었을 것이다. 정원에 우거진 사과나무와 호두나무, 석류나무. 지금도 유대인은 포도주를 사페드 마을에서 만드는데, 이것으로 미루어 보아 당시 포도주도 매우 품질이 좋고 애음되었던 것 같다.

쉽게 채워지는 삶은 윤택한 프랑스 노르망디 농민에게 천박한 기쁨을 가져다주고, 플랑드르 농민의 중후한 기쁨을 이끌어냈다. 그러나 갈릴리 농민은 그러한 물질주의에 물들지 않았다. 그들은 가공의 꿈, 하늘과 땅에 녹아든 일종의 시적 신비에 둘러싸인 정신성 안에서 살았다.

---

7) 마태복음 17 : 1.

그는 어렸을 적부터 해마다 예루살렘의 축제를 보러 갔다

## 목가적인 요람의 땅

근엄한 세례 요한이라면 유대의 황야에서 끊임없이 목청 높여 회개를 부르짖으며 늑대를 벗 삼아 메뚜기를 먹으며 살리라. 하지만 어찌 결혼식에 모인 친구들이 신랑과 함께 식탁에 둘러앉아 먹지 않고 배길 수 있으리오? 기쁨도 하느님 나라의 일부를 차지하나니. 기쁨은 겸허하고 착한 사람에게 내려 주신 사랑하는 딸이 아니겠는가.

그리스도교 역사의 한 페이지를 펼치면 이런 감미로운 목가가 들려온다. 혼례 식탁에 앉은 메시아, 그 잔치에 초대된 창녀와 선량한 삭개오, 혼례 행렬로 착각할 천국 창설자들 일행 등은 갈릴리가 만들어내고 받아들여 온 것이다. 그리스는 조각, 시, 그림으로 인간 세상을 그려냈다. 하지만 거기에는 드넓은 배경도 아득한 지평선도 없다. 한편 갈릴리에는 대리석도 뛰어난 장인도 우아하고 세련된 언어도 없지만, 민중의 마음속에 가장 숭고한 이상을 낳았다. 갈릴리 목가에서는 인류의 운명이 꿈틀대는 것이 엿보이고, 그 화폭 위에는 '하느님 나라'에서 한 줄기 섬광이 내리쬐고 있었기 때문이다.

예수는 이처럼 황홀한 자연 속에서 어른이 되어 갔다. 어린 시절부터 해마다 예루살렘의 축제를 보러 갔다. 시골 유대인에게 도시 순례는 즐거운 행사였다. 〈시편〉에는 가족과 함께 며칠이고 산 넘고 물 건너 봄날을 즐기며 걸어가는 여정의 기쁨을 노래하는 구절이 있다. 장려한 예루살렘의 거룩한 광장을 찾아 그곳에 형제와 모이는 기쁨의 노래이다. 보통 예수가 여행한 길은 지금과 마찬가지로 기네아에서 세겜을 지나는 길이었다. 세겜에서 예루살렘까지 가는 길은 매우 험준했다. 도중 실로와 벧엘에 옛 예배당이 있는데, 그 옆을 지난다고 생각하면 몸이 굳어지곤 했다. 마지막 숙박지인 아인 엘 하라미에(Ain-el-haramie)는 적막하면서도 아름다운 곳으로, 그곳의 밤은 아주 신비로운 인상을 주었을 것이다. 골짜기는 좁고 컴컴하다. 무덤 구멍처럼 파인 암벽에서 시커먼 물이 떨어진다. 이것이 바로 향기로운 〈시편〉 84장에서 말하는 '눈물 골짜기'가 아니었을까? 순례 길의 숙박지 가운데 하나로 제시된 물줄기가 흐르는 골짜기는 뒷날 중세 시대에 감미로우면서도 쓸쓸한 신비주의자들이 생명의 상징으로 부르게 되는 곳이 아니었을까? 내일이면 예루살렘에 도착한다. 오늘날에도 대상(隊商)은 도시에 도착한다는 기대에 가슴을 두근댄다. 밤은 짧고 잠은 얕다. 나그네는 이곳에서 짐을 풀고, 모아온 정보를 교환한다. 시끌벅적한 시장이 들어선다. 예수도 이 여행을 통해 민중의 마음을 접했을 것이고, 유대교의 오만한 대표자들의 결점을 보고 그때부터 강렬한 반감에 불타올랐을 것이 틀림없다.

사람들은 예수가 황야를 수행장으로 삼아 그곳에서 오랫동안 머물렀을 것이라고 믿는다. 하지만 예수가 황야에서 본 하느님은 이윽고 그가 마음에 품은 하느님과는 달랐다. 오히려 구약성경에서 요셉이 본 하느님, 엄하고 무섭고 누구도 이해하기 어려운 하느님이었다. 황야에서는 사탄이 그를 유혹하러 오기도 했었다.

그 뒤 그는 그리운 갈릴리 마을로 돌아왔다. 푸른 언덕과 맑은 샘이 솟는 땅에서 환희와 천사의 노래를 가슴에 품고서 이스라엘이 구원되기를 기다리는 아이들과 여인들 사이에 있을 때, 예수는 하늘에 계신 '아버지'를 보았다.

# 4 최초의 훈계 "하느님 아버지"

요셉은 아들 예수가 본격적으로 대중에게 설교 활동을 하기 전에 죽었으므로, 남겨진 마리아가 가장이 되었다. 사람들은 예수를 그와 같은 이름을 가진 다른 사람들과 구별하고자 할 때 '마리아의 아들'로 불렀다. 마리아는 남편이 죽어 나사렛과 인연이 끊어지자 가나로 갔다고 전해진다. 가나가 마리아의 고향이었던 듯하다. 가나는 나사렛에서 걸어서 한 시간 반에서 두 시간쯤 떨어진 작은 마을로, 아소키 평원을 북쪽으로 가로막은 산기슭에 있다. 조망은 나사렛만큼 웅대하지는 않지만 평야가 펼쳐져 있고, 나사렛의 산들과 세포리스 언덕으로 둘러싸인 그림같이 아름다운 마을이다. 예수는 여기에서 잠시 머무른 소년 시절에 예사롭지 않은 빛을 뿜어냈다.

그는 아버지처럼 목수 일을 했다. 그것은 별로 천한 일도 부끄러운 일도 아니었다. 유대 관습에 따라, 지적 직업에 종사하는 사람은 한 가지 손일을 배워야 했다. 그토록 훌륭한 교육을 받았던 바울도 장막을 만들고 벽을 바르는 장인이었다. 예수는 결혼하지 않았다. 그의 사랑은 모두 자신이 천직이라고 믿는 것에 바쳤다. 여성에게 매우 다정했지만, 그 감정은 자신의 사상에 대한 한없는 열정과 성질이 같았다. 아시시의 프란체스코나 프란체스코 드 살은 자신과 같은 사명에 충실한 여인을 자매처럼 대했는데, 예수도 그와 같은 태도였던 셈이다. 그는 성 클레르나 프랑수와 드 샹탈과 같은 여성에게 둘러싸여 있었다. 하지만 여성들은 예수의 사명보다도 예수를 사랑하지 않았을까? 그는 사랑하기보다 오히려 사랑받았다. 뛰어난 교양을 가진 사람이 으레 그렇듯 상냥한 심성, 온화함, 풍부한 감수성이 두루 매력적인 인물이었다.

## 천둥도 불타는 가시덤불도 필요 없다

이 시기 예수의 발자취는 알려지지 않았다. 어떻게 사상적 진보를 시작했는지, 어떤 수행을 거쳐 예언자가 되었는지 단편적인 일화만 전해지는 데다 정확한 연도도 알지 못한다. 그러나 살아 있는 인격의 성장은 보편적인 과정을 거치므로, 예수만큼 강한 인격이라면 매우 엄밀한 법칙에 따라 발전했으리란 점은 의심할 여지가 없다.

'거룩함'이라는 높은 관념은 유대교에서 배운 것이 아니라 그의 위대한 정신이 만들어낸 것이다. 그는 이것을 모든 존재 안에 이른바 배아로서 지니고 있었다. 양심의 깊은 곳과 영혼의 정적 안으로 내려설 때 그 목소리가 들려온다, "하느님 아버지"라는 사상이다. 예수는 환상을 보는 사람이 아니었다. 그의 하느님은 그의 밖에서 그에게 말을 거는 하느님이 아니었다. 그의 하느님은 그 안에 있었으며, 그는 하느님과 함께함을 느꼈다. '아버지'를 말할 때면 자기 마음에 귀를 기울여 그 목소리를 들었다. 끊임없이 하느님과 교신하며 하느님의 품 안에서 살았다. 하느님의 모습은 볼 수 없었지만, 하느님의 말씀은 들려왔다.

그렇기에 모세 눈앞에 나타난 천둥과 불타는 가시덤불, 욥에게 찾아온 계시의 폭풍, 그리스의 옛 현자들이 들은 신탁의 목소리, 소크라테스를 지키고 이끈 영혼, 무함마드(마호메트)가 본 천사 가브리엘 따위는 필요 없었다. 성 테레사의 상상이 낳은 환각도 예수에게는 쓸모없었다. 하느님과 하나가 되었다고 스스로 믿는 수피교도의 도취와도 관계없었다. 예수는 자기 자신이 하느님이라는 불경한 생각을 단 한 번도 입에 담지 않았다. 다만 자신은 하느님의 자식이며, 하느님과 직접 관계하는 사람이라고 믿었다. 예수는 사람이 가질 수 있는 가장 높은 신 의식을 가지고 있었다. 이 같은 정신에서 출발한 예수라면 석가처럼 사색적인 철학자가 되지 못한 것도 수긍이 갈 것이다. 복음서만큼 스콜라 철학에서 먼 것도 없다. 그리스 철학자도 늘 신이란 누구인가를 사색했지만, 그 정신은 예수와는 전혀 다르다. 하느님을 거침없이 '아버지'로 여긴 것, 여기에 예수의 신학이 다 담겨 있다. 그는 제자에게 어떤 이론도 가르치지 않았다. 그런 것에 관심을 두게끔 하지도 않았다.

물론 예수가 단번에 이 높은 자기 긍정에 도달한 것은 아니다. 하지만 그는 처음부터 하느님과 자신을 부자 관계로 보고 있었던 것 같다. 바로 여기에서 예수의 위대한 독창성이 보인다. 이 점에서 그는 정말이지 유대인답지 않다. 유대교도도 이슬람교도도 이 아름다운 사랑의 신학을 이해하지 못했다.

예수의 하느님은 어떤 때는 우리를 죽이거나 벌하고 어떤 때는 우리를 구원해 주는 숙명의 주님이 아니다. 예수의 하느님은 '우리 아버지'이시다. 마음속으로 '아버지'라고 조용히 불러 보면 하느님의 목소리가 들려온다. 예수의 하느님은 이스라엘을 자신의 백성으로 선택하여 모든 박해에서 이스라엘을 지켜 준 편파적인 전제 군주가 아니다. 모든 인류의 신이다. 예수는 마카베오 일가 같은 애국자도, 가말라의 유다 같은 신정론자도 아니다. 그는 자기 민족의 편견을 대담하게 뛰어넘어 보편적인 '하느님 아버지'를 확립했다. 가말라 사람들은 오직 하느님만을 '주님'이라고 불러야 한다고 주장했다. 하지만 예수는 '주님'이라는 이름을 원하는 자들에게 주고, 하느님을 위해서는 더 아름다운 이름을 유보해 두었다. 예수는 지상의 권력자들에게 힘을 대표하는 자로서 비아냥거림을 가득 담아 나름대로 경의를 표했다. 하지만 진정한 하느님의 나라는 저마다 마음속으로 하늘에 계신 '아버지'에게 호소해야만 세워질 것이라는 설교로 세상에 크나큰 위안을 주었다.

### "하느님의 나라는 너희 안에 있느니라."

'하느님의 나라' 또는 '천국'이라는 이름을 예수는 즐겨 썼다. 그가 이 세상에 일으킬 혁명을 잘 표현한 말이다. 메시아에 관한 거의 모든 말과 마찬가지로, 이 말은 〈다니엘서〉에서 가져온 것이다. 이 특이한 책의 저자는 속세의 네 나라가 차례로 붕괴한 뒤에 다섯 번째 나라가 흥하리라고 말했다. 이것은 '성자'의 나라로, 영원히 멸망하지 않는다고 한다. 하느님이 지상을 다스린다는 말에 대해 온갖 해석이 난무했다. 만년의 예수는 갑작스러운 혁명으로 이 '하느님의 나라'가 출현한다고 믿었던 것 같다. 하지만 그것은 그가 처음부터 가진 사상이 아니었다.

예수가 '아버지 하느님(Abba father)'이라는 관념에서 이끌어낸 놀라운 도덕(moral)에는, 세상의 종말이 가까워졌으니 금욕하여 대재앙에 대비하라고 외치는 열광적인 구석이 조금도 없다. 그것은 삶을 욕심 내고, 지금까지 살아온 세상을 위하는 도덕이다. 하느님의 나라가 도래했을 때 어떤 물질적 상징이 나타나는지 구체적으로 가르쳐 달라고 묻자 예수가 말했다.

하느님의 나라는 너희 안에 있느니라.[1]

　하느님의 나라가 물질적으로 도래하리라는 믿음은 구름의 그림자를 믿는 것처럼 부질없는 오해로, 죽으면 흔적도 없이 사라져 버린다.

　진정한 하느님의 왕국, 즉 온유한 자와 겸손한 자의 왕국을 세운 것이야말로 초기 예수가 이룩한 일이었다. 이때 순수하고 정결한 예수의 마음속에서 아버지의 목소리가 가장 맑게 메아리쳤다. 따라서 하느님이 정말로 지상에서 계셨던 기간은 불과 몇 달, 길어야 1년이었다. 젊은 목수의 목소리가 갑자기 범상치 않은 상냥함을 띠었다. 한없는 매력이 그 몸에서 뿜어져 나와, 여태껏 그를 만난 적 있는 사람들도 이제 그를 알아보지 못했다. 아직 제자는 없었고, 그를 추종하여 모여든 사람들에게는 종파도 당파도 없었다. 다만 일찍감치 거기에는 공통된 정신, 즉 무언가 마음에 스며드는 온화함이 있었다. 다정한 성격과 이따금 유대인에게서 보이는 아름다운 용모가 예수 주변에 매혹의 고리를 만들었고, 순박한 주민은 이 후광에서 벗어나지 못했다.

　젊은 스승의 이 사상은 당시 인류가 도달했던 평범한 선의의 수준을 훨씬 뛰어넘었다. 당시 사람들이 예수 수준에 도달했다면 당장에라도 지상에는 낙원이 출현했을지 모른다.

　더없이 아름다운 심성으로 예수는 모든 사람은 하느님의 자식이므로 형제라는 주장과 거기에서 이끌어낼 수 있는 도덕의 귀결을 말했다. 당시 랍비처럼 이론을 논리정연하게 얘기한 것은 아니고, 간결하면서도 때로는 수수께끼 같은 날카로운 잠언으로써 설교했다. 이러한 격언 가운데 일부는 구약성경에서 따온 것이고, 어떤 것은 당시 현자인 소코의 안티고노스나 시락의 아들 예수 또는 힐렐의 사상이었다. 그가 학자처럼 연구하여 습득한 것들이 아니라, 입에서 입으로 전해지던 것을 우연히 들은 것이었다. 유대 교회에는 표현이 매우 뛰어난 잠언이 많이 전해졌는데, 이는 당시 격언 문학의 보고였다. 예수는 이 구전 교훈을 거의 다 받아들이고 여기에 뛰어난 정신을 불어넣었다. 대개 예수는 율법과 조상이 말한 의무에 무언가를 덧붙여 완전하게 만들고자 했다. 겸양, 관

---

1) 누가복음 17 : 21.

용, 자비, 희생, 극기 등의 덕목은 그리스도가 설파했다는 의미에서는 그리스도 교적이라고 불러도 무방하지만, 실은 유대교 초기 가르침 속에 이미 움터 있었다. 처음에 예수는 정의에 관해 "자기가 하기 싫은 일을 남에게 시키지 말라"고 거듭 강조하는 데에 만족했다. 그러나 나중에는 꽤 이기적인 구석이 남아 있는 이 오랜 지혜에 만족하지 못하고 극단까지 나아갔다.

- 네 이 뺨을 치는 자에게 저 뺨도 돌려 대며 네 겉옷을 빼앗는 자에게 속옷도 금하지 말라.[2]
- 만일 네 오른 눈이 너를 실족케 하거든 빼어 내 버리라.[3]
- 너희 원수를 사랑하며 너희를 핍박하는 자를 위하여 기도하라.[4]
- 비판치 마라, 그리하면 너희가 비판을 받지 않을 것이요. 정죄하지 마라, 그리하면 너희가 정죄를 받지 않을 것이요. 용서하라, 그리하면 너희가 용서를 받을 것이요.[5]
- 너희 아버지의 자비하심같이 너희도 자비하라.[6]
- 주는 것이 받는 것보다 복이 있다.[7]
- 누구든지 자기를 높이는 자는 낮아지고, 자기를 낮추는 자는 높아지리라.[8]

### 감동은 가르침 자체가 아니라 시적 정취에 있었다

자선, 연민, 선행, 온유, 평화를 사랑하는 마음, 무욕 등에는 유대 교회의 가르침에 보탠 것이 없다. 다만 힘찬 어조로 감정에 호소했기에 오랜 잠언에 새로운 맛이 더해졌다. 하지만 도덕은 잘 표현한다고 다가 아니다. 가르침을 듣고 감명받는 것은 추상된 진리 자체보다도 가르침이 발하는 시적 정취 때문이다. 복음서를 읽으면, 예수가 조상에게서 빌려 온 잠언이 옛 율법에 있을 때와는 전

---

2) 누가복음 6 : 29.
3) 마태복음 5 : 29.
4) 마태복음 5 : 44.
5) 누가복음 6 : 37.
6) 누가복음 6 : 36.
7) 사도행전 20 : 35.
8) 마태복음 23 : 12.

혀 다른 효과를 거두고 있음을 깨닫게 된다. 세상을 정복하고 바꾼 것은 옛 율법도 탈무드도 아니다. 확실히 복음서는 대부분이 오래된 잠언으로 되어 있기에 독창성이 떨어진다. 그럼에도 여전히 사람의 양심에서 나온 최고의 창작이며, 옛 군자가 제시한 완전하고 가장 아름다운 삶의 규범이다.

예수는 모세의 율법을 부정하지 않았지만, 그것만으로는 불충분하다고 넌지시 내비쳤다. 옛 현자가 말한 것 이상으로 행동해야 한다고 예수는 거듭 강조했다. 그는 조금이라도 심한 말을 나무랐으며, 이혼도 어떤 맹세도 금지했다. 복수를 비난하고, 고리대금을 죄로 여기고, 색정을 간음과 같은 죄로 여겼다. 또한, 명예가 짓밟히더라도 용서하라고 말했다. 그 속에 한결같이 흐르는 주제는 크나큰 자애로 가득한 다음 잠언에서 볼 수 있다.

> 그러면 너희가 하늘에 계신 아버지의 아들이 될 것이다. 너희 아버지는 악한 사람이나 선한 사람 모두에게 햇빛을 비추시고…… (생략) ……너희를 사랑하는 사람만 사랑한다면, 무슨 상을 받을 수 있겠느냐? 심지어 세관들도 그만큼은 하지 않느냐? 만일 너희 형제들에게만 인사한다면, 다른 사람들보다 너희가 더 나을 것이 무엇이냐? 심지어 이방 사람들도 그만큼은 하지 않느냐? 그러므로 하늘에 계신 너희 아버지가 완전하신 것처럼 너희도 완전하도록 해라.[9]

오로지 감성 위에, 하느님을 모방하는 것 위에, 하늘에 계신 아버지와 양심의 직접 관계 위에 기초를 둔 순수한 종교. 제사장을 두지 않고 눈에 보이는 형식도 갖지 않은 종교가 이러한 원리에서 생겨났다. 예수는 불굴의 강자이며, 그 덕분에 유대교의 한가운데에서 으뜸가는 혁명가가 되었다. 왜 인간과 아버지 사이에서 중개하는 자가 있는가? 하느님은 인간의 마음만 보신다. 그런데 육체에만 효과가 있는 수행과 정화 따위가 무슨 소용인가? 유대인에게는 매우 신성한 전통조차도, 순수한 마음에 비하면 아무것도 아니다. 남이 자기를 보는지 기도 중에 곁눈질한다든지, 거드름 피우며 자선을 베푼다든지, 스스로를 독

---

9) 마태복음 5 : 45~48.

실한 신자라고 일컬으며 옷에 표지를 달고 다니는 바리새인의 위선과 같은 허울뿐인 신앙을 예수는 신랄하게 비난했다.

그들은 이미 자기 상을 다 받았다. 자선을 베풀 때에는 네 오른손이 하는 일을 왼손이 모르게 해라. 아무도 너의 구제함을 모르게 해라. 그러면 숨어서 보시는 네 아버지께서 네게 갚아 주실 것이다. 기도할 때 위선자들처럼 하지 마라. 그들은 사람들에게 보이려고 회당이나 길모퉁이에 서서 기도하기를 좋아한다. 내가 너희에게 진정으로 말한다. 그들은 이미 자기 상을 다 받았다. 기도할 때에 골방에 들어가 문을 닫고, 숨어 계시는 네 아버지께 기도하여라. 숨어서 보시는 네 아버지께서 네게 갚아 주실 것이다. 기도할 때에 이방 사람들처럼 아무 의미 없는 말을 되풀이하지 마라. 그들은 많이 말해야 하느님께서 들어 주신다고 생각한다. 그들을 닮지 마라. 너희 아버지께서는 구하기도 전에 너희에게 무엇이 필요한지 이미 아신다.[10]

하느님을 찾기에 적당한 장소로서 마을에서 떨어진 곳이나 산꼭대기에서 그는 기도했다, 아니 묵상했다. 또한, 결코 금욕적인 모습을 보이지 않았다. 하느님과 사람의 관계에 관한 그 높은 관념에는 예수 이후에도 누구 하나 도달하지 못했다. 예수는 그 관념을 유대인 사이에서 쓰이는 경건한 구절 형태의 기도로 만들어서 제자들에게 가르쳤다.

하늘에 계신 우리 아버지, 이름이 거룩하게 여김을 받으소서.
아버지의 나라가 이루어지게 하소서. 아버지의 뜻이 하늘에서처럼 이 세상에서도 이루어지게 하소서.
오늘 우리에게 필요한 양식을 주소서.
우리에게 잘못한 사람을 우리가 용서해 준 것처럼 우리의 죄를 용서하여 주소서.
우리를 시험에 빠지지 않게 하시고, 악에서 구원해 주소서.[11]

---

10) 마태복음 6 : 2~8.
11) 마태복음 6 : 9~13.

예수가 가장 힘주어 강조한 말은 하늘에 계신 아버지는 우리가 무엇을 원하는지 우리보다 잘 아시기에, 이렇게 해 달라 저렇게 해 달라 기도하는 것은 하느님을 모욕하는 일이나 마찬가지라는 것이었다. 이는 예수가 유대교가 세워 놓은 큰 원리에서 이끌어낸 결론에 불과하다. 단, 유대의 지도층은 점차 그 원리를 무시해 갔다. 그리스·로마의 기도도 하나같이 이기주의에 물들어 있었다. 그리스도교 이외에 제사장은 "제단에 예물을 드리려다가 네 형제에게 원한 들을 것이 생각나거든 제단에 예물을 놓아두고 먼저 가서 형제와 화해한 다음 돌아와 예물을 바쳐라"[12]고 절대 이야기하지 않았다. 제사장직에 반발했던 고대 유대인 예언자들, 특히 이사야만이 인간이 하느님께 어떤 예배를 올려야만 하는지 제대로 알고 있었다.

> 여호와께서 말씀하시되, 너희의 무수한 제물이 내게 무엇이 유익하느냐? 나는 숫양의 번제와 살진 짐승의 기름에 배불렀고……. 다시는 헛된 제물을 가져오지 마라. 분향은 내가 가증스럽게 여기는 바요……. 너희가 손을 펼 때에 내가 내 눈을 너희에게서 가리고 너희가 많이 기도할지라도 내가 듣지 아니하리니 이는 너희의 손에 피가 가득함이라. 너희는 스스로 씻으며 스스로 깨끗하게 하여…….[13]

뒷날 이사야의 핵심으로 돌아간 의인 시몬, 시락의 아들 예수, 힐렐 등의 학자들은 율법의 요점이 정의에 있다고 분명히 말했다. 유대=이집트 세계에서 살던 유대인 필론은 예수와 같은 시기에 고상한 도덕적 거룩함에 관한 관념에 이르러, 무엇이 올바른 예배냐 하는 문제에 신경 쓸 필요가 없다고까지 단언했다. 스마야와 압탈리온도 매우 자유로운 교의학자의 태도를 이따금 보여 주었다. 랍비 요하난은 자비로운 행위가 율법 연구보다 중요하다고까지 단언하기에 이르렀다!

예수는 유독 효과적으로 이야기했다. 예수만큼 제사장답지 않은 제사장은 일찍이 없었으며, 종파를 지킨다는 명목 아래 오히려 종교의 숨통을 조여 버리

---

12) 마태복음 5 : 23~24.
13) 이사야 1 : 11~16.

랍비가 한 사람 늘었다(가장 매력적인 랍비였다)……

는 형식에 예수만큼 과감하게 싸운 사람은 없다.

이런 의미에서 우리는 모두 예수의 제자이자 후계자이다. 예수는 바로 여기에 참된 종교의 기초가 되어야 할 영원한 초석을 깔았다. 종교가 인간에게 본질적인 것이라면, 예수가 하느님의 자리에 오른 것도 이런 의미에서 당연하다고 봐야 한다. 예수는 깨끗한 마음과 동포애 위에 세워진 신앙이라는 전혀 새로운 사상을 세상에 도입했다. 그 사상이 너무나도 숭고해서 그리스도 교회도 그 점에서는 스승의 의도에 거스르지 않을 수 없었다. 오늘날에도 그 의도에 따를 수 있는 자는 극소수에 불과할 정도이다.

자연에 대한 탁월한 감성이 그의 뛰어난 비유가 되어 끊임없이 나타났다. 재치라고 불러야 할 두드러진 말솜씨가 그의 잠언을 돋보이게 한다. 때로는 흔한 격언을 적절하게 구사했다.

> 보라, 네 눈 속에 들보가 있는데 어찌하여 형제에게 그 눈 속에 있는 티
> 끌을 빼라 하느냐. 위선자들아, 먼저 네 눈 속에 있는 들보를 빼내어라. 그
> 뒤에야 밝히 보고 형제의 눈 속에서 티끌을 빼낼 것이다.[14]

젊은 스승의 가슴에 담겨 있던 이러한 가르침이 몇몇 제자를 순식간에 모았다. 소규모 교단이 공존하는 시대로 향하던 때였고, 그중에서도 에세네파와 테라페우테파가 우세했다. 스마야, 압탈리온, 힐렐, 샤마이, 가말라의 유다, 가말리엘 등 수많은 랍비가 곳곳에서 저마다 가르침을 겨루었다(그들이 말한 격언이 《탈무드》에 들어갔다). 당시는 글 쓰는 습관이 없어서 유대 학자들은 책을 쓰지 않았다. 모두 대화나 공개 강의였기에 기억이 남기 쉬운 표현을 쓰는 것이 중요했다. 나사렛의 젊은 목수가 이미 잘 알려진 이런 말솜씨를 새로이 구사한 일은 그리 놀랄 사건이 아니다. 그러나 예수는 그 말솜씨로 세상을 바꾸었다. 랍비가 한 사람 늘었고(가장 매력적인 랍비였다), 그 주위에는 이 낯선 사내의 이야기를 더 듣고 싶어 하는 젊은이들이 모여들었다. 대중이 깨우치고 눈을 뜨기까지는 많은 시간이 걸린다. 아직도 그리스도교도는 없지만, 참된 그리스도교의 초석은 다져졌다.

## 기적 없이도 세상은 회개했을까?

이 발생기만큼 그리스도교가 완전무결했던 때는 없을 것이다. 이후 예수는 영원한 것을 남기지 않았다. 오히려 초기 사상을 위태롭게 했다고까지 말할 수 있다. 사상이 성공하려면 희생을 치러야 하기 때문이다. 이 세상의 수라장에서 상처 하나 없이 돌아오기란 누구에게도 불가능하다.

사실 선은 마음에 그리는 것만으로는 충분하지 않다. 그 선을 실현해야 의미가 있다. 그러기 위해서는 순수하지 않은 길도 필요할 것이다. 확실히 복음서가

---

14) 마태복음 7 : 4~5.

마태복음과 누가복음 중 몇 장만으로 엮였더라면 그만큼 더 완전하게 후세에 전해졌을 것이고, 지금처럼 이론이 속출하는 일은 없었을 것이다. 그렇다면 복음서는 기적에 관해 언급하지 않고도 세상을 회개시킬 수 있었을까?

예수가 지금 내가 쓰고 있는 이 시기 즈음에 생애를 마쳤다고 가정해 보자. 그러면 그의 전기에 우리를 불쾌하게 하는 페이지는 없었을 것이다. 하느님 눈으로 보자면 그편이 더 나무랄 데 없었겠지만, 예수는 무명으로 역사에서 자취를 감추었을 것이다. 이름 없는 위대한 영혼 가운데서도 가장 뛰어난 존재로서 허무하게 묻혀 버렸을 것이다. 진리는 선포되지 못하고, 세상은 '하느님 아버지'께서 예수에게 내려 준 한없이 높은 도덕을 헛되이 하고 말았을 것이다.

시락의 아들 예수와 힐렐도 예수 못지않게 고결한 잠언을 이야기했다. 하지만 아무도 힐렐을 그리스도교의 진짜 창시자라고 보지 않는다. 예술과 마찬가지로, 도덕은 말만 가지고는 부족하다. 행동이 전부이다. 라파엘 그림의 근간에 있는 사상은 말할 것도 없다. 중요시해야 할 것은 화폭뿐이다. 도덕에서도 그렇다. 진리는 정념(情念) 차원으로 이동하지 않으면 가치를 지니지 못하고, 나아가 실현되었을 때 비로소 그 가치가 유감없이 발휘된다. 물론 평범한 군자도 꽤 훌륭한 교훈을 남긴다. 반면, 매우 덕망 있는 사람이 세상에 덕을 전하는 데 아무런 도움도 되지 못하는 예도 있다.

월계관의 명예는 말과 행위에 맞춰 힘을 지니고 선을 깨우치며, 몸을 내던져 그 선을 승리로 이끈 자에게만 주어진다. 예수는 이 두 점에서 누구보다도 뛰어난 사람이다. 그의 영광은 온전한 채로 영원히 거듭날 것이다.

# 5 세례 요한

비상한 인물이 나타났다. 그의 업적은 자료가 부족해서 알 수 없는 부분이 많지만, 예수와 교섭이 있었음은 분명하다. 두 사람의 관계는 오히려 나사렛의 젊은 예언자가 걷는 본질에서 벗어나는 경향을 보였다. 그러나 그는 확실히 예수가 자신의 종교를 형성하는 데 중요한 지침을 여럿 주었으며, 제자들에게는 유대의 특정 계급에 신앙을 전파할 때 예수의 권위를 각인시켜 주는 인물이었다.

기원후 28년 무렵, 즉 티베리우스 15년, 혈기왕성하고 열정적인 젊은 요한이라는 수행자의 소문이 팔레스타인 전역에 퍼졌다. 그는 제사장 집안 출신으로, 헤브론 부근의 유다 또는 헤브론 시내에서 태어났다고 한다. 그곳은 유대 황야와 가깝고 아라비아 대사막에서 걸어서 몇 시간이면 도착하는 전형적인 족장 마을로, 예나 지금이나 엄격한 형식을 고수하는 셈 정신의 '보루'였다. 요한은 어릴 적부터 나실인이었다. 나실인이란 어떤 맹세를 위해 계율을 만들고 엄격하게 지킨 사람들을 가리킨다.

요한은 문자 그대로 자신을 둘러싼 사막에 이끌렸다. 낙타 가죽과 털로 짠 옷을 걸치고 메뚜기와 야생 벌꿀만을 먹으며 인도의 요가 수행자처럼 살았다. 요한의 주위에는 몇몇 제자가 모여들어 그와 함께 살면서 그의 엄격한 말을 명상했다. 그들의 생활상을 보노라면, 인도의 갠지스 강가에 온 것 같은 착각마저 든다. 하지만 요한의 특출한 외모에서 미루어 이 고독의 은자가 이스라엘 대예언자의 마지막 후예임을 알 수 있다.

### 예언자 엘리야의 계보
유대 민족이 짊어진 신비로운 사명을 일종의 절망 속에서 반성하게 된 이후로 민족의 공상은 옛 예언자에게 향했으며, 거기에서 커다란 기쁨에 잠겼다.

요한은 인도의 요가 수행자처럼 살았다

괴롭고 기나긴 밤 꿈에 나타나 민중을 일깨우고 호소하는 예언자 가운데 특히 으뜸가는 이가 엘리야였다. 카르멜산에서 짐승들과 함께 고독하게 바위 틈새에서 살며 그곳에서 번개처럼 나타나 왕들을 옹립하거나 폐위했던 이 위대한 예언자는 점차 변화하여 신출귀몰하고 절대 죽지 않는 전설적인 초인이 되어 갔다. 민중은 이 엘리야가 돌아와서 이스라엘을 다시 일으키리라 믿었다.

　엄격한 인생을 보낸 그가 남긴 끔찍한 기억은 중동 사람들 마음에 생생하게 살아 있었다. 지금도 민중을 벌벌 떨고 숨 막히게 하는 그의 모습과 복수와 공포로 가득한 신화는 민중의 뇌리에 태어날 때부터 각인되어 있으며, 민족이 낳는 창작의 특색이 되었다. 민중에 큰 영향을 끼치려면 무조건 엘리야를 흉내

내야 했다. 무엇보다도 이 예언자가 은자였기 때문에, 사람들 사이에서는 제사장은 은자의 모습을 하고 있다는 전설이 생겨났다. 성자란 회개하여 황야에서 고행하는 자로 여겼다. 따라서 황야에 숨어 사는 일은 높은 사명을 띤 자의 조건이 되었고, 이른바 소명의 전주곡이 되었다.

엘리야를 흉내 내겠다는 생각이 요한의 마음 깊숙이 자리 잡고 있었던 것은 틀림없다. 이 같은 은둔 생활은 옛 유대 정신과는 반대되는 것이었지만, 당시 유대 곳곳에서 볼 수 있었다. 에세네파는 요한의 고향 근처인 사해 주변에서 살았다. 은혜를 얻기 위해서는 반드시 고기와 술, 성욕을 끊어야 한다고 여겼으며, 교파의 우두머리는 종교 창설자와 마찬가지로 자신만의 계율을 가진 은자여야 했다. 젊은 선생들은 이른바 수행자와 같은 존재로, 인도 브라만교의 구루(지도자)와 흡사했다.

이 교파 사람들이 행한 의식이란 침례, 다시 말해 온몸을 물에 담그는 것이었다. 목욕재계는 동양 종교와 마찬가지로 유대인에게 친숙한 것이었지만, 에세네파는 여기에 특별한 의미를 덧붙여, 새로 유대교에 귀의하는 자를 받아들이는 입교식으로 삼았다. 단, 요한 이전에는 물에 들어가는 의식에 그만한 중요성도 형식도 없었다.

요한은 활약의 무대를 사해와 가까운 유다의 사막 지방으로 정했다. 하지만 세례를 베풀게 되고부터는 요단강 기슭으로 옮겼는데, 구체적으로는 여리고 동쪽에 있었을 것으로 추정되는 베다니아(베다바라)와 물이 풍부한 살렘 부근의 '우물'이라는 뜻을 가진 애논이라는 곳으로 갔다. 그곳으로 군중, 특히 유대인들이 몰려들어 세례를 받았다. 이리하여 몇 달 사이에 요한은 유다에서 가장 큰 세력가가 되어 주목받았다.

민중 가운데는 요한을 예언자로 보고 엘리야가 되살아난 것으로 보는 사람도 많았다. 이러한 부활 신앙은 일반인들 사이에 널리 퍼져 있었다. 하느님은 이윽고 옛 예언자를 무덤에서 부활시켜 이스라엘을 궁극의 운명으로 인도할 지도자로 삼으리라고 모두가 믿었다. 요한은 스스로 주장한 적 없지만, 바로 그가 메시아라고 주장하는 사람도 있었다. 열광파를 적시하는 제사장과 랍비들도 이 예언자 부활설에 반대하여 코웃음 쳤지만, 요한의 덕망이 높아서 감히 반대 의견을 입 밖에 내지 못했다. 이는 성직자의 귀족주의에 대중 감정이

요한의 설교는 통렬했다

승리했음을 의미했다. 제사장들은 견해를 분명히 밝히라는 힐문에 매우 당황했다.

　요한에게 세례는 사람들의 주의를 끌어 더 큰 운동을 할 수 있게끔 마음의 준비를 하기 위한 의식이었다. 그가 메시아 출현 시기에 극단적으로 집착했던 것은 분명하다. "회개하라. 천국이 가까이 왔느니라." 요한은 부르짖었다. 머잖아 '커다란 진노'가 무시무시한 종말을 부르리라. 이미 도끼가 나무뿌리에 놓였으니 이윽고 찍혀 쓰러진 나무는 불 속에 던져지리라. 메시아가 손에 키를 들어 알곡은 줍고 쭉정이는 불태우리라. 요한은 말했다. 점차 다가오는 파국에 대비해 회개하고(세례를 받으면 상징적으로 회개한 셈이 된다), 동냥을 주고, 행실을 고치는 것이 가장 중요한 준비 수단이다. 요한이 과연 그날이 언제 오리라고 생각했는지 정확하게는 알 수 없다. 확실한 것은 뒷날 예수가 비난한 부유한 제사장·바리새인·학자 등 요컨대 제도로서의 유대교를 요한도 신랄하게 공격했으며, 예수와 마찬가지로 특히 멸시받던 계급에 환영받았다는 정도이다. 또한 유대인은 자신들을 아브라함의 자손이라고 자부하지만, 그러한 것은 아무 가치도 없다, 하느님은 길가의 돌멩이도 아브라함의 자손으로 바꿀 수 있다고 말했다.

요한에게서는 예수에게 승리를 가져다준 저 순수한 종교라는 사상의 씨앗조차 보이지 않는다. 하지만 중세의 채찍질 고행단이 공교회에서 성사(sacrament)와 면죄의 독점권을 빼앗아 종교 개혁의 선구자가 된 것처럼, 요한은 제사장이 있어야만 진행할 수 있는 율법상 의식을 부정하고 대신 사적 의식을 만듦으로써 예수의 사상에 크게 이바지했다.

요한의 설교는 통렬했다. 반대자에게 던진 표현은 격렬하기 그지없었고, 거친 조롱을 소나기처럼 퍼부었다. 아마도 그는 정치와 전혀 관계가 없지는 않았을 것이다. 이는 그의 스승 바누를 통해 요한과 접촉한 역사가 플라비우스 요세푸스가 암시한 바이며, 요한을 죽음으로 내몬 재앙도 이를 짐작하게 한다. 요한의 제자들은 침통한 듯 자주 단식하며 매우 엄격한 생활을 했다. 이 교파에는 부자는 재산을 분배해야 한다는 재산 공유 사상이 군데군데 보였으며, 가난한 사람이 하느님 왕국 맨 앞줄에 앉는 은총을 누려야 한다는 생각도 이미 엿보였다.

### 요한에게 세례 받다

요한은 주로 유다에서 활약했지만, 그 명성은 빠르게 갈릴리까지 전해졌다. 설교로 주위에 자그마한 청중 무리를 모으던 예수의 귀에도 소문이 들려왔다. 아직 예수는 별다른 권위를 갖지 못했다. 게다가 자신의 생각과 크게 관계 있는 설교를 한다고 소문난 스승과 만나보고 싶다는 바람을 억누를 수가 없었다. 그는 몇몇 제자를 데리고 갈릴리를 떠나 요한을 찾아갔다. 이리하여 새로 온 사람들도 다른 사람들과 구별 없이 세례를 받았다. 요한은 갈릴리에서 온 이 일행을 기꺼이 환영했으며, 그들이 자기 제자들과 선을 분명히 그어도 언짢게

새로 온 사람들도 다른 사람들과 구별 없이 세례를 받았다

여기지 않았다. 두 사람의 사상에는 공통점이 많았다. 두 스승이 서로 경애하고 친절을 베푸는 모습을 볼 수 있다. 그런 태도는 얼핏 세례 요한에게 어울리지 않기에 사실인지 아닌지 의심스럽다. 흔히 요한을 나이가 지긋한 사람으로 알고 있지만, 사실은 예수와 동갑으로 당시 관점에서는 젊은이에 해당했다. 같은 희망과 증오를 품고서, 피 끓는 두 청년은 손을 맞잡았다.

  뒷날 복음서 기록자들은 이 행복한 관계를 그리스도교의 체계를 전개해 가는 출발점으로 본다. 요한이 예수의 사명을 보증해 줌으로써 첫 번째 주춧돌이 놓였다고 생각한 것이다. 세례 요한이 준 권위는 절대적인 것으로, 이만한 보증은 또다시 없을 것으로 여겨졌다. 하지만 요한은 예수 앞에서 자신을 낮춘 것이 아니다. 오히려 예수는 요한을 선각자로 인정하여 자신의 타고난 자질은 조심스럽게 드러냈다.

  예수는 심오한 독창성을 갖고 있었음에도 적어도 몇 주 동안은 요한의 모방자였다고 한다. 아직 예수의 앞날은 자신에게도 확실하게 보이지 않았다. 게다가 예수는 어느 시기에건 의견을 잘 양보하고, 자신의 경향과 맞지 않는 것이나 그리 중요하다고 생각하지 않는 것도 민중이 좋아한다면 무작정 받아들였다. 물론 어디까지나 부차적인 문제에 관해서, 자신의 주요 사상을 해치지 않는 선에서였다.

요한이 주는 세례는 큰 인기를 끌었다. 예수도 그를 따라 해야겠다고 생각했다. 예수 자신도 사람들에게 세례를 해 주었고, 예수의 제자들도 세례를 해 주었다. 세례 중에는 요한식의 설교도 덧붙였을 것이다. 이리하여 요단강 양쪽 기슭은 세례자로 발 디딜 틈이 없었으며, 예수와 그의 제자들이 한 설교도 얼마간 성공했다. 예수에게 세례를 받으려는 사람들이 순식간에 늘어 요한과 어깨를 나란히 할 정도로 모여들자, 요한의 제자들은 예수를 시샘했다. 그들은 요한을 찾아가, 젊은 갈릴리인의 세례가 요한의 세례를 야금야금 빼앗고 있다고 호소했다. 하지만 두 스승은 그러한 작은 일에는 상관하지 않았다. 전해지는 바로는, 예수의 유명한 제자는 요한의 교파에서 빼내온 사람이었다고 한다.

누가 봐도 요한이 우월했기에, 아직 거의 무명인 예수가 요한과 겨룬다는 것은 생각할 수조차 없는 일이었다. 예수는 그저 요한의 그림자에서 성장하고 싶었다. 민중을 얻으려면, 깜짝 놀랄 성공을 거둔 요한의 방법을 답습해야 한다고 생각했다. 요한이 체포된 뒤 예수가 처음으로 한 설교에서 맨 먼저 나온 말은 요한이 늘 쓰던 말의 반복에 불과했다. 그 밖에도 예수는 요한의 표현법을 그대로 설교에 썼다. 두 파는 오랜 친교를 유지한 것으로 보인다. 요한이 죽자마자 예수에게 그 소식이 전해진 것을 보더라도, 예수가 믿음직하고 가까운 사람으로 대접받았음을 알 수 있다.

예언자로서 활약하던 요한은 머지않아 체포된다. 그는 유대의 옛 예언자와 마찬가지로 기성 권력을 극구 비난했다. 그것이 너무나도 신랄했기에 물의를 일으키지 않을 수 없었다. 유대에서 활약하는 동안 요한이 빌라도에게 위협받은 적은 없었던 것으로 보인다. 그러나 요단강을 넘어 베레아로 들어서면 폭군 안티파스의 영토였다. 안티파스는 요한의 설교에 정치적 소용돌이의 씨앗이 명백하게 들어 있음을 알고 있었다. 종교적 열기와 애국심에 들뜬 군중이 요한 주위로 속속 모여드는 것을 위험시했다. 거기에 요한이 안티파스를 개인적으로 공격했기에, 결국 이 준엄한 탄핵자는 죽음을 피할 수 없었다.

## 요한 체포

비극적인 헤롯 왕가 가운데서도 특히나 극단적인 성격의 소유자는 헤롯 대왕의 손녀딸인 헤로디아였다. 그녀는 야심가이자, 감정을 숨김없이 드러내는 난폭한 성격의 소유자였다. 유대교를 혐오하고 율법을 멸시했다. 그녀는 헤롯 대왕에게 상속권을 빼앗기고 공직에 앉지 못한 숙부 헤롯과 정략결혼했다. 남편의 지위가 다른 동족들보다 낮았기에 내심 언짢았다. 어떤 수를 써서라도 왕비가 되고 싶었다. 안티파스는 그녀의 야망의 도구로 사용되었다. 우유부단한 안티파스는 헤로디아에게 푹 빠져서 첫 번째 아내, 즉 페트라의 왕이자 베레아 부근의 부족장인 하렛의 딸과 이혼하고 헤로디아와 결혼하기로 약속한다. 남편의 계략을 눈치채고서 달아나기로 마음먹은 아라비아의 왕비는 부왕의 영토인 마케로로 여행을 다녀오겠다고 거짓말하고, 안티파스의 무관에게 자신을 호송하게 했다.

마카루 또는 마케로는 알렉산더 얀네우스가 짓고 헤롯이 재건축한 거대 성

신앙심이 낮은 헤롯 왕가와 엄격한 유대인 사이에서 갈등의 씨앗은 늘 혼인에 관한 유대의 규정이었다

채로, 사해 동쪽 기슭 험한 협곡에 있었다. 그곳은 악마가 사는 곳이라고 해서 기괴한 전설로 가득한 황량한 땅이었다. 성채는 헤렛 왕국과 안티파스 왕국 경계에 있었으며, 당시는 하렛이 소유하고 있었다. 소식을 들은 하렛이 딸의 도주를 돕고자 어떤 준비를 해 두었기에, 딸은 부족의 도움으로 페트라로 보내졌다.

안티파스와 헤로디아의 근친상간에 가까운 결혼이 이때 치러졌다. 신앙심이 낮은 헤롯 왕가와 엄격한 유대인 사이에서 갈등의 씨앗은 늘 혼인에 관한 유대의 규정이었다. 헤롯 왕가에는 많은 분가가 있었지만 꽤 독립적이어서 율법이 정한 금기 사항을 수시로 무시했기 때문에, 헤로디아는 울며 겨자 먹기로 결혼하지 않을 수 없었다.

요한은 신랄하게 안티파스를 비난하며 여론을 부추겼다. 안티파스는 안 그래도 눈엣가시인 요한을 이참에 벌하기로 한다. 그는 요한을 체포하여 마케로 성채에 가두라고 명령한다. 당시 마케로는 하렛의 딸이 떠나간 뒤로 안티파스 손에 넘어갔다고 한다. 잔인하기보다는 오히려 겁쟁이였던 안티파스는 요한을 죽이고 싶지 않았다. 소문에 따르면 안티파스는 민중의 반란을 두려워했다. 또 일설에 따르면, 이 죄수의 말을 유심히 듣고 매우 당황했다고 한다. 확실한 것은 요한이 감옥에 오래 갇혀 있었으며 그 안에서 넓은 활동의 자유를 만끽했다는 점이다. 그가 제자들과 연락했으며, 뒷날 볼 수 있듯이 예수와도 계속 연락했음을 확인할 수 있다. 요한은 주의 깊게 외부 동정을 살피며, 자신의 희망이 성취되는 데 좋은 징조를 찾으려고 애썼다.

# 6 '하느님 나라'라는 이념의 발달

요한이 체포된 것은 기원후 29년 여름 무렵으로 추정되는데, 그때까지 예수는 사해와 요단강 부근을 떠난 적이 없다. 유대 황야에서 홀로 살았던 것은 거사를 치르기 위한 준비이자 공적 활동에 나서기에 앞선 일종의 '은거'이다. 예수는 그곳에서 조상을 본받아 엄격하게 금식을 지키면서 들짐승들만을 벗 삼아 40일을 지냈다. 제자들은 이 황야 생활에 온갖 추측을 했다. 민간신앙에서 황야는 악마(demon)가 사는 곳이었다. 사해 서쪽 기슭의 돌투성이 경사지는 생명의 기척이 없고 하느님에게 버림받은 땅으로, 황량하기가 이루 비할 데 없다. 그는 이 척박한 땅에서 지내며 엄청난 시련을 받았다. 사탄이 환영으로 겁주고 달콤한 말로 꾀어내려고 했지만 자신이 그 유혹을 이겨내자, 예수는 하늘에서 천사가 내려와 자신을 섬기게 되었다고 믿었다.

예수가 요한의 체포를 알게 된 것은 이 사막에서 돌아왔을 때로 추정된다. 요한이 없는 이 땅에는 더 있을 이유가 없었다. 그는 귀중한 체험을 하고 고향으로 돌아왔다. 자신보다 훨씬 뛰어난 인물 요한과 만남으로써 그는 자신의 독자성을 깊이 자각하게 되었다.

예수에게 요한의 어진 가르침은 유익하기는커녕 매우 나쁜 영향을 미쳤다. 예수는 그 때문에 성장을 방해받았다고도 할 수 있다. 예수가 요단강에 내려왔을 때, 이미 예수의 사상은 요한의 사상보다 월등했다. 요한에게 세례를 받고 그를 따랐던 것은 일종의 양보였다고밖에 볼 수 없다. 요한이 이때 체포되지 않았더라면 예수는 거역하기 어려운 권위를 가지고 있던 요한의 의례와 물적 관행을 부정하지 못했을 것이고, 이름 없는 유대의 한 종파로 끝났을 것이 틀림없다. 세상이 의례와 관행을 버린 것은 예수의 가르침 덕분이다. 그리스도교가 고매한 사람들을 매료한 것은 외면적 형식을 완전히 없앴기 때문이다. 요한이 감옥에 갇히자 그의 교파는 바로 약해졌고, 예수는 본디 활동으로 되돌아갔다. 그가 요한에게서 배운 것은 단 한 가지이다. 가르침을 전하고 대중을 설득하는 기술이다. 실제로 이후 예수는 훨씬 힘이 담긴 설교를 했고, 군중은 엄숙한 권위를 느꼈다.

'천국'이라는 사상이 예수 마음속에서 급속도로 성숙되어 간 것은 그가 요한 곁에 머무를 때이지만, 요한의 영향이라기보다는 예수 자신의 진보에서 자연스럽게 생겨난 것으로 보인다. 이 뒤 예수는 '기쁜 소식'을 강령으로 삼고, 하느님의 세상이 가까워졌음을 알리게 된다. 이제 예수는 날카롭고 짧은 말씀에 숭고한 가르침을 담는 데 급급한 단순한 윤리학자가 아니라, 뿌리부터 세상을 바꾸고 자신이 품은 이상을 지상에 세우고자 노력하는 뛰어난 혁명가가 되었다. "하느님 나라를 기다린다"는 것은 예수의 제자가 된다는 말이 되었다. "하느님 나라" 또는 "천국"이라는 말은 앞서 말했듯이 훨씬 이전부터 유대인들에게 익숙한 말이었다. 하지만 예수는 이 말에 묵시록 특유의 열정으로 가득한 〈다니엘서〉에서조차 찾을 수 없는 정신적인 의미를 주어 사회에 적용을 시도했다.

### 겨자씨 한 톨

이 세상을 지배하는 것은 악이다. 사탄은 '이 세상의 왕'이 되었고, 모든 인간은 그에게 복종한다. 왕은 예언자를 죽이고, 제사장과 학자들은 남에게는 이래라저래라 명령하면서 자신들은 실천하지 않는다. 의로운 사람은 핍박받고 눈물을 흘릴 뿐이다. 현세에는 이른바 하느님과 성자의 적이 있다. 하느님이 이윽고 잠에서 깨어 성자들을 위해 복수해 주실 것이다. 그날이 다가왔다. 불신과 모독은 극에 달했다. 다음에 오는 것은 선한 세상이어야 한다. 선한 세상이 도래하면, 갑작스레 찾아온 대혁명으로 세상은 뒤집힌 것처럼 보일 것이다. 미래의 모습을 그리려거든 지금의 정반대를 상상하면 된다. 현세는 악에 지배당하고 있기 때문이다. 일등이었던 사람이 꼴찌가 된다. 새로운 질서가 인류를 지배하게 된다. 한 밭에 메귀리와 밀이 뒤섞여 자라듯이 지금은 선과 악이 뒤엉켜 있으며, 밭 주인은 어느 쪽이고 자라도록 내버려둔다. 하지만 엄격히 선별할 시간이 왔다. 하느님 나라는 좋은 물고기와 나쁜 물고기를 모두 거둬들이는 커다란 그물과 같아서, 좋은 물고기는 큰 항아리에 담고 나쁜 물고기는 던져 버린다. 이 대개혁의 씨앗은 씨앗 중에서도 가장 작은 겨자씨처럼 처음에는 발견하

예수는 그곳에서 조상을 본받아 엄격하게 금식을 지키며 40일을 지냈다

기 어렵다. 하지만 땅에 뿌려지면, 나뭇가지에 새가 날아와서 쉴 정도로 큰 나무가 될 것이다. 또한, 밀가루에 넣어 반죽하면 크기를 부풀려 주는 효모로도 비유할 수 있다.

이 비유들은 때때로 그 의미를 알기 어려운 경향이 있기는 하지만, 대개혁이 갑자기 찾아와서 사람들을 깜짝 놀랠 것이라는 점, 처음에는 악과 구별하기 어렵다는 점, 반드시 찾아온다는 점을 알리는 데 사용되었다.

## 근본 혁명

하느님 나라를 세우는 것은 누구인가? 여기서 먼저 떠올려야 할 것이 있다.

예수가 처음에 품었던 사상, 이윽고 근간이 될 그 사상은 자신이 하느님의 아들이요 아버지의 마음을 잘 헤아려 아버지의 뜻을 실천하는 존재라는 자각이었다는 것이다. 누구한테서 배운 것이 아니라 자신의 삶 속에서 저절로 생겨난 사상일 것이다. 그렇기에 앞서 물음에 예수의 대답은 정해져 있었다. 즉, 하느님이 이 세상을 다스려 주시리라는 신념이 그의 마음을 온통 사로잡고 있었다. 또한, 자신도 세상을 뒤바꿀 존재라고 믿었다. 하늘, 땅, 모든 자연계, 광기, 질병, 죽음 등은 그에게 수단에 불과했다. 영웅적 의지가 솟아날 때, 자신이 전능하다고 믿었던 것이다. 대지가 이 지고한 혁신에 동의하지 않는다면 대지는 하느님의 불길과 입김에 부서지고 정화되어야 하리라. 새로운 대지가 창조되고, 세상은 하느님의 사도들만이 사는 곳이 될 것이다.

자연계조차 포함하려는 근본 혁명, 바로 이것이 예수의 근본 사상이었다. 이후 그가 정치와 관계를 끊은 것은 틀림없다. 가말라의 유다가 일으킨 반란을 본 예수는 민중이 반란을 일으키더라도 아무것도 변하지 않음을 깨닫는다. 예수는 결코 로마인과 영주들을 거스르려 하지 않았다. 가말라의 유다처럼 과격하고 무질서한 방법은 쓰지 않았다. 기성 권력에 대한 복종은 마음속으로는 비웃을지언정 형식적으로는 나무랄 데가 없었다. 그는 말썽을 일으키지 않기 위해 카이사르에게 세금을 바쳤다. 자유와 권리는 이 세상의 것이 아니다. 어찌 신경을 무익하게 소모해 자신의 삶을 어지럽힌단 말인가? 그는 이 세상은 마음 쓸 것이 못 된다고 확신하고서 지상의 일은 경멸하고 이상적인 왕국에서 은신처를 찾아냈다. 이리하여 그는 초월적 멸시라는 위대한 교리를 만든다. 이것이야말로 영혼의 자유를 얻기 위한 참된 가르침이며, 마음에 평화를 가져다주는 유일한 것이다.

그러나 예수는 당시에는 아직 "내 나라는 이 세상에 속하지 않았다"[1]고까지는 단언하지 않았다. 몇 겹이나 되는 어둠의 장막이 더없이 올곧은 그의 시선을 가렸다. 이따금 발칙한 유혹이 예수의 머리를 스쳤다. 유대 황야에서 사탄은 예수에게 지상 왕국을 주겠노라고 말했다. 로마 제국이 얼마나 강성한지 잘 몰랐던 만큼, 동지의 담대함과 머릿수에 의지하여 왕국을 세우고 싶다는 소망

---

1) 요한복음 18 : 36.

이 어쩌면 예수의 마음을 스치고 지나갔을지도 모른다. 당시 유대 나라의 민중은 무시무시한 무력 저항 세력으로 성장하고 있었다. 예수는 자신에게 궁극의 물음을 몇 번이고 던졌을 것이다. "하느님은 어떻게 나라를 세우실까? 무력으로? 평화로? 저항으로? 아니면 인내로?" 소박한 갈릴리 사람들이 예수를 왕으로 옹립하려던 적이 있었다고 한다. 예수는 그들을 피해 한동안 산속에서 홀로 숨어 지냈다. 그런 고귀한 천성이 있었기에, 테우다스와 바르코케바처럼 선동을 일으키는 지도자의 전철을 밟지 않을 수 있었다.

## 정신이 자유로운 왕국

예수가 이룩하려 했던 것은 처음부터 끝까지 마음의 혁명이었다. 하지만 혁명을 일으킨다는 명목으로 천사나 마지막 심판 나팔 따위에 의지하지는 않았다. 예수는 인간을 상대로 인간의 손으로 혁명을 일으키고 싶었다. 최후의 심판이 다가오리라는 말밖에 할 줄 모르는 몽상가라면 영혼을 수련하기 위한 이런 배려는 하지 않았을 것이고, 가장 아름다운 교육법을 만들어낼 수도 없었을 것이다. 물론 그의 사상에는 불명확한 부분이 많이 남아 있었다. 그처럼 숭고한 사명으로 예수를 이끈 것은 그의 고귀한 감각이다. 명확하게 정해진 계획에 따른 것이 아니다. 단지 예수가 상상했던 것과는 꽤 다른 형태로 실현되기는 했지만.

확실히 그는 하느님 나라를 건설했고, 나는 그것을 "영혼의 왕국"이라고 부르고 싶다. 하늘에 계신 아버지 옆에 앉은 예수가 자신의 소행이 역사에 열매 맺어가는 모습을 보았다면 분명히 이렇게 말했을 것이다. "내가 바라던 게 바로 이것이다." 인간이 하는 일이니 뭐든 불완전함은 따라붙는 법이다. 어쨌든, 예수 손에 지어져 영원히 남은 것은 영혼의 자유란 무엇인가에 대한 가르침이다. 이미 그리스인은 이 물음에 훌륭한 사상을 가지고 있었다. 많은 스토아 학자가 폭군 아래에서 어떻게 하면 자유롭게 살 수 있을까 궁리했다. 대다수 고대인은 자유를 정치 형태와 깊이 연관 지어 생각했다. 자유주의자라고 불리는 하르모디오스, 아리스트게이튼, 브루투스, 카시우스가 그 예이다. 하지만 참된 그리스도교도는 이 세상에서 망명자이다. 자신의 조국도 아닌 현세를 일시적

으로 지배하는 자가 무슨 관계가 있겠는가. 그에게는 자유가 곧 진리였다.[2]

공화제 아래의 자유가 끝을 알리고 고대 소도시 국가가 로마 제국에 통일되며 사라져 가던 당시에 예수의 가르침은 시기적절한 것이었지만, 역사에 해박하지 못한 예수는 생각이 거기까지 미치지 못했다. 놀라운 확신으로 그를 여기까지 이끈 것은 자신의 사명에 관한 훌륭한 지식과 예언자로서의 본능이었다. "카이사르의 것은 카이사르에게 주어라. 그리고 하느님 것은 하느님께 바쳐라"라는 가르침으로 예수는 폭력적인 제국의 한복판에 정치와는 무관한 영혼의 피난처를 만들었다. 확실히 이러한 교리는 위험성을 품고 있었다. 첫째로 권력을 합법으로 인정하는 상징이 화폐 존중임을 원칙으로 확립했다는 점, 둘째로 완전한 자는 경멸하면서도 저항 없이 세금을 내겠노라고 선언했다는 점 때문이다. 이 두 행위는 고대 공화제를 파괴하는 것이자 폭정에 찬동하는 것이었다. 이런 의미에서, 그리스도교 탓에 시민의 의무감이 약해져 세상이 기성의 절대 권력의 뜻대로 움직이게 되었다고 할 수 있다. 하지만 바꿔 생각하면, 정치색이 빠진 자유 조직이 300년 동안이나 존속할 수 있었던 것은 시민이라는 덕의에 주어진 잘못을 보상하고도 남는 것이다. 그리스도교 덕분에 국가 권력의 영향력이 지상에만 한정된 셈이다. 인간의 마음은 자유를 얻었다. 적어도 로마 절대 권력의 '전능(omnipotence)'은 영원히 파괴되었다.

## 시민이기 이전에 인간으로서

머릿속에 공공 생활의 의무밖에 없는 사람은 당파 싸움보다 중요한 것이 있음을 인정하지 않는다. 그리고 정치 문제보다는 사회 문제를 중시하여 정치에는 무관심한 사람을 비난한다. 확실히 일리는 있다. 그런데 당파는 대체 우리 인류의 덕성을 얼마나 진보시켰을까? 예수가 영혼의 천국을 건설하는 대신 로마로 가서 티베리우스 황제를 끌어내릴 음모를 세우거나 게르마니쿠스의 죽음을 슬퍼했더라면 세상은 어떻게 되었을까? 예수가 엄격한 공화주의자이자 열렬한 애국자였다면, 그가 살았던 시대의 흐름을 크게 바꿔 놓지는 못했을 것이다. 예수는 정치가 무의미하다고 공언했다. 그럼으로써 애국이 전부가 아니며,

---

2) 요한복음 8 : 32.

공민이기 이전에 인간이라는 사실이 중요하다는 진리를 세상에 퍼뜨렸다.

실증 과학의 눈으로 보자면, 예수의 가르침 안에 든 공상적인 부분에 가로막힌다. 우리는 지구의 역사를 안다. 예수가 고대하던 천지 쇄신은 지질학이나 천문학상 변화 이외에는 일어날 낌새가 없고, 그것이 정신과 어떤 관계가 있는지조차 알아볼 방도가 없다. 하지만 위대한 창조자를 바르게 평가하고자 할 때는 창조자가 사로잡혀 있었을지 모르는 편견에 주목해서는 안 된다.

콜럼버스는 매우 잘못된 생각을 품고 출항했지만, 아메리카 대륙을 발견했다. 뉴턴은 묵시록에 오류투성이 해석을 내놓고, 만유인력의 법칙처럼 확실하다고 믿었다. 아시시의 프란체스코, 성 베르나르, 잔 다르크, 루터 등이 저지른 잘못과 똑같은 전철을 밟지 않았다고 해서 현대의 일반인이 그들보다 높은 지위에 서 있다고 말할 수 있는가? 물리학을 바르게 알고 있다거나 세계 체제에 관해서 다소 정확한 지식을 갖고 있다고 해서 그 사람을 높이 평가할 수 있는가?

예수가 들어선 곳, 예수의 힘의 원천이 된 것을 정확히 파악해야 한다. 18세기에 이신론과 프로테스탄티즘이 나타난 뒤로 우리는 그리스도교의 시조를 그저 걸출한 모럴리스트, 인류 최대의 은인으로만 보는 데에 익숙해져 버렸다. 복음서를 능란하게 쓰인 격언집으로밖에 생각하지 않게 되었다. 복음서를 낳은 신비로운 지적 상황에서 눈을 돌리고 조심스럽게 베일을 쓰고 있다. 프랑스 대혁명이 원칙에서 벗어난 적이 한두 번이 아니며 현명하고 온화한 인물들 손으로 이루어지지 않았음을 한탄하는 사람이 있다. 그러나 우리의 키를 훌쩍 넘긴 세상의 비범한 운동을 일반인의 주제넘은 생각으로 판단하는 일은 삼가라. '복음서의 도덕'에 담긴 놀랄 만한 특질을 끊임없이 찬탄하라. 우리 종교 교육의 중심을 차지하는 망상을 떨쳐 버려야 하지 않겠는가. 하지만 행복이나 개인의 덕성 같은 단순한 사상으로 세상을 움직일 수 있다는 말은 믿어서는 안 된다. 예수의 사상은 훨씬 더 깊은 것이었다. 지금까지 인간의 뇌세포에서 번뜩였던 것 가운데 가장 혁명적인 사상이었다. 역사가는 이를 포괄적으로 파악해야 한다. 인류의 재생에 효과적인 부분을 말살하는 옹졸한 짓은 피해야 한다.

사실 이상은 언제나 비현실(유토피아)이다. 위안자, 새로운 세상의 심판자로서의 예수를 현대로 가져와서 눈앞에 둔다면 우리는 어떤 예수를 그려낼까?

1840년 전에 활약한[3] 예수를 말이다.

완전히 다른 세계정세 속에서, 우리가 상상하는 예수는 무력을 쓰지 않은 채 흑인의 족쇄를 끊고 빈민층의 삶을 개선하고 핍박받는 민족을 구했을까? 잊기 쉬운 것은, 그렇게 된다면 세상이 뒤집혀 버지니아주와 콩고도 몰라보게 변하고, 수백만 핏줄과 민족은 뒤바뀌고 사회 분쟁은 놀랍도록 단순화되어, 유럽 정치 조직이 뿌리부터 질서를 바꿔야 하리라는 점이다. 이는 예수가 실현하려던 '만유의 회복'[4]에 버금가도록 어려운 일이다. 혁명가는 누구나 '새로운 땅', '새로운 대지'를 표방하며 새로운 예루살렘이 하늘에서 내려오리라 믿고서 "보아라, 내가 모든 것을 새롭게 하리라!" 하고 외친다. 냉철한 이성에 대한 이 같은 저항은, 이상과 비참한 현실이 이처럼 멀리 떨어져 있는 이상 끊임없이 인류에게 나타날 것이다. 이윽고 저항이 승리를 거두고 한때 적이었던 것이 가장 먼저 저항의 이유를 칭찬하게 될 때까지 평범한 사람들은 반항을 어리석은 짓이라고 비난하는 법이다.

**완전한 이상주의자**

예수를 당시 선동자나 모든 시대의 선동자들과 구별하는 것은 예수의 완전한 이상주의다. 어떤 의미에서 예수는 무정부주의자다. 그는 세상의 정치가 어때야 한다는 생각은 전혀 하지 않았다. 정치는 그 자체만으로 폐해라고 믿기조차 했다. 정치에 관해서는, 한 치의 정치 관념도 없는 대중처럼 막연하게 얘기했다. 예수의 눈에 위정자는 태어날 때부터 하느님의 백성의 적으로 보였다. 예수는 언젠가 자신은 경찰과 승강이를 일으킬 것이라고 한 점 부끄러운 생각 없이 예고했다. 하지만 자기가 대신 권력자나 부자가 되겠다는 생각은 추호도 없었다. 부자와 권력자를 없애고 싶어 했지만, 그렇게 되고 싶다고는 생각하지 않았다. 제자들에게 핍박과 고통을 예언하지만, 무기를 들고 저항하려고 생각했던 적은 한 번도 없다. 사람은 고뇌와 집념으로 전능해지며 순수한 마음으로 권력에 이긴다는 것이 예수의 독자적 사상이었다. 예수는 유심론자가 아니다. 모든 것은 손으로 만질 수 있는 현실에 이른다고 믿었기 때문이다. 오히려 그는

---

3) 이 책은 1870년에 발간되었다.

4) 사도행전 3 : 21.

완전한 이상주의자다. 그에게 물질은 이념 기호에 불과하며, 현실은 눈에 보이지 않는 것의 살아 있는 표현에 지나지 않기 때문이다.

하느님 나라를 건설하기 위해 대체 누구에게 도움을 청해야 할까? 예수는 그 대답에 조금도 주저하지 않았다. 사람들이 떠받드는 것은 하느님 앞에서는 미움받는다. 하느님 나라를 건설하는 자는 마음이 가난한 자들이다. 부자도 학자도 제사장도 아니다. 여성과 서민과 겸손한 자와 어린아이다. 메시아가 내세우는 커다란 상징은 "마음이 가난한 자들에게 전해지는 기쁜 소식"이다. 여기에 예수의 목가적 온화함이 잘 드러난다. 계급이 역전하여 잘난 척하던 자가 멸시받게 되는 사회 혁명, 그것이 그의 꿈이었다. 세상 사람들은 그를 믿지 않을 것이다. 세상은 그를 죽일 것이다. 하지만 그의 제자들은 이 세상에 속하지 않을 것이다.[5] 그들은 겸손하고 마음이 가난한 무리에 불과하지만, 그 겸손함으로 승리할 것이다. 예수가 "세상 사람들"을 "그리스도교도"의 반대말로 삼은 것은 정말이지 옳았다고 생각한다.

---

5) 요한복음 15 : 19.

# 7 가버나움에서의 예수

예수는 무슨 일이 있더라도 자기 자신이 해야 한다는 마음을 점차 다져갔다. 이제부터 예수는 운명에 담담하게 따르는 사람처럼, 자신의 천성과 살아온 비상한 시대가 제시하는 외길을 똑바로 걸어간다. 지금까지 예수는 자기 주위로 몰려든 몇몇 사람에게 사상을 은밀하게 전해주었을 뿐이지만, 이제 그 가르침은 공개적이고 일관된 것이 된다.

예수는 이제 서른 살쯤 되었다. 예수와 함께 세례 요한을 찾아갔던 무리는 다소 규모가 커지고, 요한의 제자도 몇 명쯤 합세했던 듯하다. 이들이 교회의 첫 번째 핵심이 되었다. 예수는 갈릴리로 돌아오자마자 그들과 함께 "하느님 나라에서 온 기쁜 소식"이 있음을 담대하게 선언한다. 바야흐로 그 나라가 눈앞에 다가왔다. 예수는 "하느님의 아들"이며, 예언자 다니엘이 환상 속에서 보았다는 지고하고 거룩한 마지막 집행자라는 것이었다.

### "사람의 아들"을 자칭하다

새 예언자의 설교가 이번에는 결정적인 성공을 거두었다. 모여든 사람들은 남녀 할 것 없이 순수한 솔직함과 어린아이 같은 천진함으로 예수를 따랐고, 이렇게 말했다. "당신이 바로 메시아입니다." 메시아는 다윗의 아들이라고 여겨졌기에, 사람들은 자연스럽게 메시아의 동의어인 "다윗의 아들"이라고도 불렀다. 예수는 평민 출신이었기에 꽤 당혹스러웠지만, 기꺼이 그렇게 부르도록 내버려 두었다. 오히려 "사람의 아들"로 불리는 것을 좋아했다. 이 호칭이 겸허해 보이는 데다 메시아를 간절히 기다리는 마음으로 직결되기 때문이었다. 그는 자신을 가리킬 때 이 말을 썼다. "나는"이라고 하지 않고 "사람의 아들은"이라고 말하는 식이다. 하지만 사람들은 결코 그를 "사람의 아들"이라고 부르지 않았다. 장차 재림의 날이 오기 전까지는 "사람의 아들"이라는 호칭이 그에게 어울리지 않는다고 생각한 것이 틀림없다.

이 시대에 예수가 주로 활동했던 곳은 게네사렛 호숫가(갈릴리 호숫가)에 있는 가버나움이라는 작은 마을이었다. '촌락(caphar)'이라는 뜻이 담긴 이 가버나움이라는 이름은 디베랴처럼 로마식으로 지어진 대도시와 대비되는 옛날식 마을이라는 의미였던 것 같다. 이 마을 이름이 너무도 생소했기에 요세푸스는 자신의 저서에 가버나움이 샘의 이름이라고 잘못 적었다. 근처에 있던 샘이 마을보다 유명했던 탓이다. 나사렛과 마찬가지로 가버나움도 이렇다 할 역사가 없고, 헤롯 왕가가 칭찬했던 비종교적 운동에는 조금도 참가하지 않았다.

예수는 이 마을을 사랑했고, 제2의 고향으로 생각했다. 그는 돌아오자마자 나사렛에서 포교를 시도했지만 성공하지 못했다. 한 전기 작가는 예수가 나사렛에서 별다른 기적을 보여주지 못했다고 솔직하게 지적했다.[1] 마을 사람들은 예수의 집안이 별 볼 일 없다는 사실을 알았기에, 그의 권위는 크게 상처 입었다. 예수의 형제자매와 의형제를 매일같이 보는 사람들에게 그를 다윗의 아들로 보기란 어려웠다. 나아가 예수의 가족들이 그에게 거세게 반대하며, 그 성스러운 사명을 믿지 않겠노라 단호히 거부한 것에 주목해야 한다. 예수의 어머니와 동생들은 예수가 망상에 사로잡혀 미쳤다고 생각했기에 억지로 붙잡아두려고 했고, 더 난폭한 나사렛인은 절벽에서 그를 밀어 죽이려고 했다고 한다. 현명하게도 예수는 이 같은 위기를 모든 위인에게 공통된 것으로 생각해, "누구든 고향에서는 예언자가 될 수 없다"는 옛말을 자신에게 적용했다.

### 시나고그에서 설교하다

예수는 이 실패에도 전혀 낙담하지 않았다. 가버나움으로 돌아온 그는 이곳 사람들의 품성이 나사렛보다 훨씬 온화하다는 것을 알고 이곳을 거점으로 삼아, 근처 작은 마을에서 포교할 준비를 한다. 아름답고 비옥한 이 땅의 사람들은 토요일이 아니면 모이지 않았다. 그래서 예수는 토요일을 설교 날로 정했다. 당시 각 마을에는 시나고그(회당)가 있었다. 아주 좁은 직사각형 방으로, 그리스 양식으로 장식된 회랑이 붙어 있었다. 유대인에게는 고유 건축법이 없었

---

1) 마가복음 6 : 5.

더 난폭한 나사렛인은 절벽에서 그를 밀어 죽이려고 했다고 한다

기에, 이러한 건물에 고유의 양식을 넣으려고 하지 않았다. 갈릴리에는 당시 시나고그가 있었던 흔적이 지금도 많이 남아 있다. 하나같이 훌륭한 재료를 잔뜩 사용했지만, 유대 건축물의 특징인 식물 모양, 덩굴, 꼬인 술 장식 등을 너무 많이 쓴 탓에 갑갑해 보인다. 내부에는 벤치, 모인 사람들에게 경전을 읽어 주기 위한 강단, 성스러운 두루마리를 보관한 책장이 있었다. 전혀 사원 같지 않은 이 건물이 유대인 삶의 중심이 되었다. 안식일에는 이곳에서 기도를 올리거나 율법과 예언서를 읽었다.

유대교에는 예루살렘을 제외하면 이른바 성직자가 없으므로, 가장 먼저 온 사람이 그날 경전을 읽고 거기에 지극히 개인적인 주석(미드라쉬라고 불리는)을 달아서 자신의 생각을 말했다. 이것이 '설교'의 기원이며, 완전한 양식은 필론의 소논문에서 볼 수 있다. 누구나 이의를 제기하고 책 읽는 사람에게 질문할 권리가 있었으므로 집회는 곧 일종의 자유로운 회합이 되었다. 이 집회에는 회장 한 사람과 장로 몇 명, '하잔'이라 불리는 전속 강사나 조수가 한 사람, 시나

하잔이 그에게 두루마리를 건네면 예수는 그것을 펼쳐……

곳그마다 연락을 담당하는 서기나 파견인 몇 명, '샴마쉬'라고 불리는 회당지기가 한 사람 있었다. 폭넓은 재판권을 가지고 자유와 해방을 보증하거나, 해방되어 자유 시민이 된 사람들을 보호했던 시나고그는 그야말로 독립된 소공화국이었다. 로마 제국이 아직 그리 성장하지 못했던 시대의 자치 단체처럼 시나고그는 명예 사령을 내리고, 신도들에게 법적 효력을 지니는 수많은 결의를 하고, 체벌을 선고했는데, 통례에 따라 하잔이 집행인이 되었다. 유대인의 변치 않는 특질인 예사롭지 않은 정신력 덕분에 언제나 활력 넘치는 논의가 펼쳐졌다. 때로 지나치게 자의적이고 엄격한 결정이 내려지기는 했지만. 유대교가 1800년에 걸친 박해를 무사히 넘길 수 있었던 것은 시나고그 덕분이다. 시나고그는 저마다 독립된 소세계와 같아서, 이곳에서 민족정신이 보존되고 내부 분쟁에도 충분히 안정된 장소를 제공했다.

이 별세계에서 수많은 열정이 소비되었다. 상석 다툼은 빈번히 일어났다. 가장 명예로운 앞자리를 차지하는 것은 깊은 신앙심에 대한 보답이나 부자의 특권이었다. 사람들은 신앙심보다는 재산에서 큰 가치를 발견했다. 한편, 누구나 성전을 읽고 주석을 달 수 있었으므로 새로운 사상을 전파하기에 더없이 알맞았다. 시나고그는 가르침을 전파하는 수단으로서 예수가 가장 자주 이용한 장소이며, 예수가 세력을 확장하는 원천이 되었다. 예수가 시나고그에 들어가 강단에 서면 하잔이 두루마리를 건넨다. 예수는 그것을 펼쳐서 그날의 파라샤[2]와 하프타라[3]를 읽고, 자신의 사상을 담은 해석을 부연한다. 예루살렘에서는 발을 들여놓기가 무섭게 거칠고 난폭한 기세로 저지당했었지만, 갈릴리에는 바리새인이 적었기에 반박하는 자가 그다지 없었다. 이곳 가버나움의 갈릴리인들은 이토록 명랑한 상상력에 호소하는 기분 좋은 말을 들어본 적이 없었다. 그래서 그들은 예수를 사랑하고 찬탄했으며, 언변이 뛰어나고 설득력 있는 인물로 여겼다. 아무리 어려운 반대론도 예수는 확신을 가지고 해결했다. 그 담론에는 거의 시적인 운율이 있어, 학자들의 뻔한 학설에 물들어 위축된 적이 없는 젊은이들의 마음을 사로잡았다.

## 게네사렛 근교 묘사

예수의 권위는 이처럼 날로 커졌다. 사람들이 예수를 믿으면 믿을수록, 당연한 얘기지만, 예수의 자신감도 더해져 갔다. 하지만 활동 범위는 매우 좁아서, 디베랴 호수 분지에 국한되어 있었다. 분지 내에서도 자주 방문하는 곳과 그렇지 않은 곳이 있었다. 호수는 길이 20킬로미터, 폭 12킬로미터 정도로 꽤 정확한 타원형이며, 디베랴에서 요르단 입구까지 일종의 만(灣)을 형성하며 약 12킬로미터의 호를 그리고 있다. 예수가 뿌린 씨앗은 이곳 들판에서 비옥한 땅을 찾았다. 이슬람의 악마가 이 들판을 고갈과 암흑의 망토로 덮어 버렸지만, 이것을 걷어가며 한 걸음 한 걸음 나아가 보자.

---

2) 안식일에 유대 교회에서 일과로서 낭독되는 율법의 일부.
3) 파라샤에 이어 영창 또는 낭독되는 구약 예언서의 일부.

디베랴에서 나오면 먼저 깎아지른 듯한 바위들과 호수 속으로 무너져 내릴 것 같은 산들이 이어진다, 이어서 탁 트인 평야가 호수 수면과 같은 높이에서 펼쳐진다. 푸르고 키 큰 풀이 우거지고 풍부한 물길이 여기저기로 뻗어 있는데, 그 일부는 고대에 만들어진 둥글고 큰 저수지에서 흘러나온다. 이 들판은 게네사렛이라 불리는 땅으로, 이곳에 메즈델이라는 가난한 마을이 있다. 그곳에서 호숫가 건너편까지 기슭을 따라 옛 마을 터math 맑은 샘가를 지나는 길이 이어진다. 바위를 깊게 파낸 좁고 아름다운 길이다. 예수는 이 길을 따라 게네사렛 평야에서 호수 북쪽 비탈을 자주 오갔다. 메즈델을 나와 15분쯤 가면 아인 타비가강을 건너게 된다. 염분이 든 이 강은 호수 바로 옆에 있는 수많은 커다란 샘에서 물을 모아, 수풀이 우거진 호숫가로 흘러들어 간다. 40분 정도 더 나아가면, 아인 타비가에서 요단강 하구로 펼쳐진 황량한 비탈에 초가집 몇 채와 역사적으로도 꽤 중요시되는 텔 훔이라는 폐허가 보인다.

인류가 로마, 아테네와 나란히 영원토록 구전해야 할 다섯 마을이 메즈델에서 텔 훔으로 이어지는 도중에 여기저기 흩어져 있다. 즉, 막달라, 달마누다, 가버나움, 벳새다, 고라신이다. 이중 오늘날 그 위치를 정확히 알 수 있는 것은 막달라뿐이다. 매우 황폐해진 이 마을은 예수의 가장 충직한 친구였던 여성을 낳은 마을의 위치와 이름을 고스란히 간직해 왔다. 달마누다의 위치는 전혀 알수가 없다. 고라신은 호수에서 조금 북쪽으로 들어간 곳에 있었던 것으로 추정된다. 벳새다와 가버나움에 관해서는 텔 훔의 근처이다, 아인 에탄이다, 칸 미니예다, 아인 메다와라다 하는 다섯 가지 설이 있지만, 검증된 것은 없다. 역사학자와 마찬가지로 지리학자들 또한 위대한 창설자의 발자취를 어떻게든 지워버리려는 꿍꿍이를 마음에 새기고 있는 것일까? 예수가 오가던 이 땅에 입 맞추고 싶어도, 황폐해질 대로 황폐해진 이 땅에서 그 장소를 알아내기란 불가능에 가깝다.

호수, 지평선, 작은 덤불, 꽃. 예수가 성스러운 사명을 시작한 사방 15킬로미터 작은 지방에 남은 것이라고는 이것이 전부이다. 나무는 한 그루도 남지 않았다. 한때 그곳은 플라비우스 요세푸스가 기적이라고 불렀을 정도로 자연에 축복받은 곳이었다. 열대와 한대의 식물들, 거기에 온대 나무까지 공생하여 사계절 내내 꽃이 흐드러지고 가지가 휠 정도로 과일이 열렸었다. 눈부시게 빛났던 이 지방도 오늘날에는 내일 식사 장소로 자그마한 나무 그늘을 찾는 일조차 전날부터 염려해야 할 정도이다. 적막한 호수를 보면 배 한 척이 몹시 처량한 모습으로, 한때는 살아 있는 기쁨으로 떠들썩했던 물 위에서 노를 저어 간다. 물만큼은 변함없이 투명한 물결을 일렁인다. 바위와 돌멩이뿐인 기슭은 훌레 호숫가와 달리 작은 바닷가 같은 정취를 풍긴다. 호숫가나 늪지대 기슭 같은 분위기는 없다. 진흙이 전혀 섞이지 않은 물은 맑고 투명하며, 파도가 같은 곳을 찰싹찰싹 때린다. 협죽도, 위성류, 가시 돋친 풍접초로 뒤덮인 작은 곶이 드문드문 보인다. 특히 요르단의 출구인 타리케 부근과 게네사렛 평야의 호수에 있는 황홀한 꽃밭으로 잔물결이 밀려왔다가 우거진 풀과 꽃 덤불 사이로 사라진다. 아인 타비가 협류는 고운 조개껍질을 모아서 작은 사주를 만든다. 물새 무리가 호수를 뒤덮고, 멀리 수평선은 빛으로 눈부시다. 그을린 암석 구렁은 맑은 쪽빛 물을 가득 담고 있어, 사페드 산꼭대기에서 바라보면 황금 잔의 밑바닥을 바라보는 듯하다. 북쪽은 눈 덮인 헤르몬산이 하늘에 하얀 능선을 또렷이 그린다. 서쪽은 나무 한 그루 자라지 않는 기복 심한 고란 고원과 페레아 고원이 강한 햇빛 탓에 벨벳 같은 안개에 휩싸여 하나의 산맥처럼 보인다. 가이사랴 빌립보에서 남쪽으로 끝없이 펼쳐지는 높은 비탈이라고 하는 편이 나을지도 모르겠다.

호숫가의 더위는 오늘날도 매우 혹독하다. 호수는 지중해 수면보다 189미터나 낮아서, 혹서에 시달리는 사해의 지리 조건과 비슷하다. 예전에는 식물이 이 극심한 더위를 누그러뜨려 주었다. 지금은 한증막 같은 더위에 허덕이는 이 호수 분지가 한때 5월이 되면 훌륭한 활동 무대를 제공했다는 말도 쉽게 믿기 어렵다. 하지만 요세푸스는 자신의 저서에서 이곳을 매우 온화한 땅으로 소개했다. 로마의 캄파냐 지방처럼 역사적으로 큰 기후 변화가 있었던 것이리라. 예수가 사랑했던 이 땅을 죽음의 바람이라도 분 것처럼 황폐하게 한 것은 이슬람교, 특히 십자군에 대항한 이슬람교도의 반격이었다. 게네사렛의 아름다운 땅은 이 온화하게 산책하는 사내의 이마에서는 도저히 짐작해낼 수 없는 사상 때문에 자신의 운명이 완전히 바뀔 줄은 꿈에도 생각지 못했을 것이다.

예수는 고향에서 위험인물이었다. 그를 키운다는 위험하기 짝이 없는 명예 덕분에 이 땅은 모진 고난을 겪었다. 갈릴리는 사랑과 증오라는 열광적 갈망에

그는 이교도 한복판으로 들어간다

두 갈래로 찢겨 명예를 버리고 사막으로 변해야 했다. 하지만 예수가 이 마을에서 아무도 모르게 천수를 누렸다면 훨씬 행복했으리라고 누가 말할 수 있겠는가? 한 나사렛인이 마을들의 장래가 위험해질 줄 알면서도 자신의 "아버지"를 인정하고 자신을 "하느님의 아들"이라 선언하지 않았더라면, 배은망덕한 나사렛인을 누가 신경이나 썼겠는가?

서로 30분 정도 거리에 있는 큰 네다섯 마을이 지금 이 이야기가 진행되는 당시 예수의 소세계였다. 디베랴는 매우 세속적이어서 대다수 주민이 이교도인데다 안티파스가 늘 머무는 곳이라 예수가 이 마을에 들어간 적은 한 번도 없는 것 같다. 이따금 그는 사랑하는 게네사렛을 떠나 이를테면 배를 타고 동쪽 기슭의 게르게사로 갔다. 북쪽으로는 바니아스와 가이사랴 빌립보에도 모습을 드러냈다. 두로와 시돈까지 간 적도 있다. 당시 이 지방은 매우 번영해 있었다.

그는 어느 지방에 가더라도 이교도의 한복판으로 들어간 셈이었다. 가이사랴에서는 파니움의 유명한 동굴을 보았다. 요단강의 수원지로 여겨지는 이곳은 민간 신앙이 기괴한 전설을 전하는 곳이었다. 그는 헤롯이 그 부근에 아우구스투스를 위해 지은 대리석 전당을 바라보았을 것이다. 신앙심 깊은 사람들이 그곳에 모아 놓은 판[4]이며 님프며 에코 상 앞에도 발길을 멈추었으리라. 유대인은 자신들의 신 이외에는 인간을 신격화한 것이거나 악마로 간주했으므로 예수도 이러한 조각상들을 우상으로 보았을 것이 분명하다. 감수성 풍부한 민족을 도취시킨 자연 숭배의 유혹에 예수는 냉담했다. 두로에 있는 오래된 멜카르스 성전에 유대인의 신앙과 매우 닮은 원시 신앙의 흔적이 있음을 예수는 전혀 몰랐을 것이다.

페니키아에는 언덕마다 사원과 신의 숲이 만들어져 있다. 예수는 이처럼 훌륭한 공예품과 세속적 풍요로움에 조금도 감동하지 않았을 것이 틀림없다. 일신교는 이교를 이해하기 위한 적응성을 빼앗아 간다. 이슬람교도도 다신교도 안에 던져지면 사리판단력을 잃어버린다고 한다. 예수도 이러한 여행에서 아무것도 배우지 못했다. 그는 언제나 사랑하는 게네사렛의 호숫가로 돌아왔다. 그의 사상의 중심은 그곳이었으며, 그는 그곳에서 신앙과 사랑을 발견했다.

---

4) 그리스 신화에 나오는 목신.

# 8 제자들

그곳은 지상 낙원이었다. 주민들은 지금까지 역사적 대개혁에 거의 봉착하지 않은 채로 정직하고 활발하고 활기차게 온화한 땅과 어울리는 삶을 영위했다. 디베랴 호수는 물고기가 풍부하기로 둘째가라면 서러운 곳이었다. 그중에서도 벳새다와 가버나움에 있는 어장은 어획량이 많아서 어부들은 풍요로운 생활을 꾸릴 수 있었다. 앞서 말했듯이, 어부의 가족은 호숫가 일대에 다양한 친척 관계로 맺어진 채 따뜻하고 평화로운 사회를 이루며 흩어져 살았다.

그들은 생활에 여유가 있어 언제든지 자유롭게 상상에 빠질 수 있었다. 하느님 나라라는 생각은 다른 곳보다 이 착한 사람들로 이루어진 작은 집단에서 굳게 믿어졌다. 그리스적이거나 비유대적인 것, 다시 말해 이른바 세속적 문명이라고 불리는 것은 그들 사이에 스며들어 있지 않았다. 게르만—켈트 특유의 진지함도 보이지 않았다. 그들의 선량함은 표면적일 뿐 깊이가 부족하다는 아쉬움이 없잖아 있었지만, 품성은 온화하고 어딘가 지적이고 세련된 구석이 있었다. 그들은 최고의 레바논 시민과 얼마간 닮았지만, 더불어 위인을 낳는 특유의 천부적 재능도 타고났다. 예수는 이곳에서 진정한 가족을 만나 진짜 가족처럼 함께 살았다. 가버나움은 '예수의 마을'이 되었다. 의심 많은 동생들과 배은망덕한 나사렛, 비웃으며 믿지 않는 자들에게서 멀리 떨어져 예수는 자신을 숭배하는 작은 무리에 둘러싸여 지냈다.

## 어부 시몬, 안드레, 야고보, 요한
그중에서도 가버나움에 사는 한 가족이 예수에게 쾌적한 주거를 제공하고 충실한 제자가 되었다. 두 형제의 집으로, 예수가 호숫가에 와서 자리 잡았을 무렵에는 이미 죽었다고 추정되는 요나라는 사나이의 아들들이었다. 한 사람은 시리아·갈대아어로는 케파, 그리스어로는 베드로, 즉 '반석'이라는 뜻을 가

예수는 두 사람에게 "사람을 낚는 어부"가 되라고 말했다

진 시몬, 또 한 사람은 안드레였다. 두 아들은 벳새다에서 태어나, 예수가 포교 생활을 시작했을 무렵에는 가버나움에서 살았다. 베드로는 결혼하여 자식이 있었고, 장모도 그의 집에서 살았다. 예수는 그의 가정을 좋아하여 언제나 그 곳에서 머물렀다. 안드레는 세례 요한의 제자 시절 요단강 가에서 예수와 만난 적이 있었다고 한다. 이 형제는 스승의 곁에 꼬박 붙어 있었다고 추정되는 시기 에도 어부 일을 그만두지 않았다. 재치 있는 비유를 즐겼던 예수는 두 사람에 게 "사람을 낚는 어부"가 되라고 말한다.[1] 실제로 제자 가운데 두 형제만큼 충 직하게 예수를 따랐던 사람은 없다.

---

1) 마가복음 1 : 17.

예수의 깨끗하고 온화한 아름다움이 여인의 광기를 가라앉혔다

배를 여러 척 가진 유복한 어부인 세베대와 그 가족도 예수를 극진히 섬겼다. 세베대는 형 야고보와 동생 요한을 자식으로 두었는데, 요한은 뒷날 초대 그리스도교 역사에 결정적인 역할을 맡는다. 두 사람은 열렬한 제자였다. 꽤 확실한 증거로 미루어 보건대 요한은 안드레와 마찬가지로 세례 요한을 따랐었으며, 그때 예수를 알게 된 듯하다. 어쨌든 요나와 세베대 두 집안은 친밀한 관계였던 것 같다. 세베대의 아내 살로메는 예수를 무척이나 따랐고, 그가 죽을 때까지 함께했다.

### 갈릴리의 여자들
예수는 많은 여성의 환영을 받았다. 예수는 여성을 조심스럽게 대했는데, 그것이 오히려 여성들의 마음을 확실하게 사로잡아 끈끈하고 다정한 관계를 유지할 수 있었다. 충직한 갈릴리 여인 서너 명은 늘 젊은 스승의 곁에 있었다. 예수가 들려주는 말은 한마디도 놓치지 않고 귀 기울였으며, 앞다투어 예수의 시중을 들고자 했다. 동양에서는 남녀가 자리를 같이하지 않는 규칙이 있어서 남녀 사이의 미묘한 관계는 좀처럼 생기지 않았지만, 도시보다 시골이 덜 엄격한 것은 당시나 지금이나 변함없다. 이러한 여인들의 존재는 이 새로운 종교에 흥분과 놀라움을 더했는데, 그것들의 중요성은 사람들도 이미 깨닫고 있었다. 그중 막달라의 마리아라는 한 여인이 자신이 살던 가난한 막달라 마을을 세상에 알리게 되는데, 그녀는 매우 정열적인 여성이었다고 한다. 당시 말로 표현하자면, 그녀는 일곱 악마에게 사로잡혀 있었다. 오늘날의 표현으로 말하자면, 누가 보더라도 설명하기 어려운 신경 질환을 앓았다. 예수의 깨끗하고 온화한 아름다움이 이 여인의 광기를 가라앉혔다. 그녀는 골고다 언덕에 이를 때까지 예수를 따랐다. 예수가 죽은 지 사흘 뒤에는 예수의 부활을 세상에 알리는 데 중대한 역할을 하게 된다. 그 밖에도 안티파스의 청지기였던 구사의 아내 요안나, 수잔나, 그 밖에 이름도 알려지지 않은 여인들이 끊임없이 그를 따르며 시중을 들었다. 그중에는 유복한 여인도 있어서, 당시 이 젊은 예언자가 직업이던 목수 일을 그만두어도 살아갈 수 있게끔 지원해 주었다.

## 마태, 유다

그 밖에도 수많은 사람이 예수를 스승으로 모시며 따랐다. 벳새다의 빌립보, 처음부터 제자였던 가나의 톨마이, 프톨레메오의 아들 나타나엘, 그리고 마태. 마태는 역사가 크세노폰이 그리스에서 한 것과 똑같은 역할을 초대 그리스도교에서 맡았다고 추정된다. 전해지는 바로 그는 세리였다. 직업상 다른 사람보다 훨씬 쉽게 펜을 놀릴 줄 알았을 것이다. 그렇기에 그는 이 무렵 이미 예수의 가르침의 기초 자료인 《로기아》[2]를 썼을 것으로 추측된다. 그 밖의 제자들로 도마 또는 디두모, 렙베오 또는 다대오, 그리고 시몬이 있다. 도마는 때때로 예수를 의심했지만, 심성이 착하고 쉽게 정에 얽매이는 인물이었다고 한다. 열혈한 시몬은 가말라의 유다의 제자로, 열심 당원이기도 했다고 한다. 이 무렵 이미 존재했던 열심당은 이윽고 유대 민족 운동에 큰 역할을 하게 된다. 이 밖에 유스도라는 별명으로 불렸던 요셉 바르사바, 마티아, 그리고 아리스티온이라는

---

2) Logia. 복음서의 원자료.

잘 알려지지 않은 인물이 있다. 끝으로 이스가리옷 시몬의 아들 유다가 있다. 지금까지 열거한 충직한 제자 가운데 유일하게 심한 악명을 떨친 인물이다. 유다만이 갈릴리 사람이 아니었다고 한다. 그가 태어난 이스가리옷은 유대 민족이 사는 지역 최남단에 있는 마을로, 헤브론에서 꼬박 하루가 걸리는 곳이다.

앞서 얘기한 것처럼 예수의 가족은 대체로 예수를 좋게 보지 않았다. 하지만 마리아 클레오파를 통해 예수의 사촌에 해당하는 야고보와 요셉은 그 무렵부터 예수의 제자가 되었고, 마리아 클레오파 역시 갈보리산까지 예수를 따라간 사람 가운데 한 명이었다. 한편 예수의 어머니 마리아는 예수와 함께 행동하지 않았다. 그녀는 예수가 죽은 뒤에야 매우 존경을 받았고, 제자들은 마리아와 친해지려고 애썼다. 예수의 조상에 해당하는 가족이 "주님의 형제"라는 유력한 단체를 만든 것도 예수가 죽은 뒤의 일이다. 이 단체는 오랫동안 예루살렘 교회를 주도했지만, 예루살렘이 황폐해진 뒤에는 바타네아로 피난 갔다. 예수의 친척이라는 사실만으로도 결정적인 이익으로 이어졌다. 무함마드(마호메트)의 아내와 딸이 그가 살아 있는 동안에는 아무런 명망도 없다가 죽은 뒤에 엄청난 권위를 손에 넣은 것처럼 말이다.

이러한 찬동자의 무리에서도 예수가 특히 아끼던 제자가 몇몇 있었는데, 그들이 또 다른 무리를 형성했다. 세배대의 두 아들 야고보와 요한이 이 무리의 우두머리였던 것으로 보인다. 두 사람은 불같은 열정으로 가득한 인물로, 예수는 그 거친 성격을 빗대어 "번개의 아들"이라는 재미난 별명을 붙여 주었다. 이 번개의 아들에게 정말로 번개를 자유자재로 다루는 능력이 있었다면 빈번하게 번개가 내리쳤을 것이 틀림없다. 그중에서도 동생 요한이 예수와 친밀하게 지냈던 듯하다. 나중에 제자들은 요한 주위에 뒤늦게 모여들어, 예수에 관한 기억을 자기들 교파에 유리하게 기술한 것으로 추정된다. 이로 보아, 예수가 요한에게 쏟은 애정은 아무래도 꽤 과장된 것 같다. 또한, 공관 복음서에는 바요나 시몬(베드로), 세배대의 아들 야고보, 그의 동생 요한 세 사람이 뜻깊게도 위원회 같은 것을 만들어, 예수가 신도들의 믿음과 지혜를 의심할 때 그 의회를 소집했다고 쓰여 있다. 이 세 사람은 물고기 잡는 일도 함께했던 것으로 보인다. 예수는 베드로에게 깊은 애정을 쏟았다. 올곧고 성실하고 무슨 일이든 솔선하려는 성격이 예수의 마음에 들었다. 베드로의 거리낌 없는 행동거지를 보면 절로 웃음이 나는 것이었다. 베드로는 신비로운 일은 전혀 받아들이지 못하는 인물로, 자신의 순순한 의문, 분노, 인간적인 약점 등을 솔직하게 예수에게 털어놓았다. 성 루이 곁에 있던 주앵빌처럼. 예수는 신뢰와 존경을 담아 차근차근 타일렀다. 요한은 청년다운 혈기와 활발한 상상력을 타고났으며, 그것이 그의 매력이었다. 이 비범한 인물의 개성은 뒷날에서야 빛을 발했다.

갓 태어난 이 종파에는 계급이라 할 것이 전혀 없었다. 모두 서로 "형제"라고 불렀다. 오직 예수만이 스승이었으며, 하느님만이 아버지였기에 윗사람을 랍비(스승)나 '아버지'로 부르는 것을 전면 금지했다. 중요한 인물이 되어갈수록 다른 사람의 종이 되어야 했다. 다만 바요나 시몬은 동료들 사이에서 가장 중요시되었다. 예수가 그의 집에 머물고 그의 배 위에서 설교하였기에, 그의 집은 복음을 전하는 중심지가 되었다. 사람들은 시몬을 종파의 우두머리로 보았다. 세금징수원들이 이 신도단이 물어야 할 세금을 교섭하러 왔을 정도였다. 예수를 가장 먼저 메시아로 인정한 사람은 시몬이었다. 예수가 사면초가에 빠졌을 때 제자들에게 이렇게 물었다. "너희도 나를 떠나려느냐?" 시몬이 대답했다. "주여, 영생의 말씀이 주님께 있사온데 우리가 어디로 가오리이까?" 예수는 교회에서 시몬이 우위에 있음을 거듭 인정했다. 시몬에게는 시리아어로 반석을 의미하는 "케파"라는 별명을 붙여 주었는데, 이는 시몬이 새롭게 지어질 교회의 초석이 되어야 한다는 뜻이라고 말했다. 한번은 시몬에게 '천국 열쇠'까지 약속하여, 천국에서 영원한 재상이 내린 판결을 지상에 알릴 권리를 주었다고 한다.

베드로가 우두머리 자리에 앉자 다른 제자들 마음에는 당연히 질투가 일었다. 이스라엘의 열두 씨족이 심판받는 날이 찾아왔을 때 왕좌에 앉은 스승의 오른편에는 누가 앉고 왼편에는 누가 앉을 것인가를 생각하면 질투심이 절로 솟아났다. 하느님 나라가 왔을 때 예수 바로 옆에 재상이자 최고보좌관으로서 앉을 사람이 누구일까를 생각한 것이다. 세배대의 두 아들 야고보와 요한은 예수의 오른편과 왼편에 앉고 싶어서 어머니 살로메를 예수에게 보냈다. 어느 날 살로메는 예수를 살며시 불러내어, 두 아들에게 영광스러운 자리를 내어 달라고 부탁했다. 예수는 누구든지 첫째가 되고자 하면 뭇 사람의 종이 되어야 하며, 천국은 작은 자의 것이라는 평소의 가르침을 인용하면서 그 청을 물리쳤다. 이 사실이 종파 내에 알려지면서 야고보와 요한의 평판은 크게 떨어진다. 요한이 썼다는 복음서에도 이런 대립이 엿보인다. 필자로 알려진 요한은 이 복음서에서 자신이 "사랑받는 제자"였다는 점과 스승이 마지막 순간에 어머니 마리아를 자신에게 맡겼다는 점을 몇 번이나 밝힘으로써 자신이 시몬, 베드로와 동등함을 강조했다. 이보다 앞서 쓰인 복음서에는 없던 중요한 상황을 더함으로써 자신이 베드로보다 위에 있음을 나타낸 셈이다.

## 세리 제자

지금까지 얘기한 사람 가운데 다소 알려지지 않은 인물은 처음부터 어부였지 않았을까? 이 지방의 풍습은 실로 소박해서 누구나가 노동에 종사하며, 어부는 그렇게 비천한 직업이 아니었다. 어쨌든 제자들은 누구도 계급이 높지 않았다. 예외는 알패오의 아들 레위와 사도 마태였는데, 두 사람은 세리였다. 다만 유대에서 세리라 불렸던 사람들은 로마에서 푸블리카니[3]라 불리던 높은 지위의 세금징수원이 아니라 세금징수원의 부하로, 하급 고용인이자 세무서 관리에 불과했다.

호숫가를 지나 갈릴리를 가로질러 악고에서 다마섹으로 가는 세계에서 가장 오래된 길에는 이런 고용 세리가 매우 많았다. 길가에 있었던 가버나움에도 그런 사람이 많이 살았을 것이다. 이 직업은 무척 평판이 나빴으며, 유대인 사이에서는 몹시 악덕한 직업으로 간주했다. 유대인에게 새롭게 내야만 하는 이 세금이란 것은 자신들이 노예 신분이 되었다는 상징이었다. 가말라의 유다 일파는 세금을 내는 일이 사교(邪敎) 행위라고 주장했다. 당연한 얘기지만, 세리는 율법 신봉자들에게 미움받아 살인자, 노상강도, 무뢰한이라고 욕먹었다. 이 같은 직업을 가진 유대인은 따돌림을 당했고, 유언을 남길 권리도 없었다. 그들이 가진 돈은 저주받았다는 이유로 수학자들은 그들에게 환전하기를 금지했다. 사회에서 배척된 이 가엾은 사람들은 자신들끼리 어울렸다.

예수는 레위가 베푼 잔치에 참석했다. 당시 말로 말하자면 "많은 세리와 죄인"이 있는 잔치였다. 사람들은 얼굴을 찌푸렸다. 그처럼 악평이 자자한 집에

---

3) 로마의 기사 작위.

들어가 악한들을 만나서 어쩌자는 말인가. 이처럼 예수는 이성적인 사람들의 편견과 충돌하더라도 전혀 개의치 않고, 정통파에게 천대받던 자들을 높이려다가 신자들의 거친 비난을 사곤 했다.

바리새인은 무수한 계율과 눈에 보이는 '존엄'을 소중히 함으로써 구원을 얻을 수 있다고 믿었다. 그러므로 하느님이 가상히 여기시는 단 하나는 의로운 마음뿐이라고 말하는 진정한 모럴리스트 예수의 가르침, 표면만을 신경 쓰는 위선에 물들지 않은 사람들에게 환영을 받았을 것이 틀림없다.

이처럼 예수가 수많은 사람의 마음을 움직인 데에는 그의 인격과 언변의 영향이 컸다. 깨어나기만을 기다리는 소박한 마음에 스며드는 말씀과 가만히 바라보는 눈길로 열렬한 제자들을 키웠다. 때로 예수는 악의없는 책략을 썼는데, 뒷날 잔 다르크도 이 책략을 썼다. 자기편으로 만들고 싶은 사람에게 그 사람의 비밀을 알고 있는 것처럼 행동하거나, 그 사람이 소중하게 생각하는 것을 정확히 알아맞히는 것이다. 이 방법으로 나타나엘, 베드로, 사마리아 여인들의 마음을 사로잡았다. 예수는 자신이 강력하고 누구보다 탁월한 인물임을 드러내지 않고, 시대의 사상과 자신의 사상이 실현되도록 하늘이 알아서 그 비밀을 계시하고 사람 마음 여는 방법을 알려 주었다고 믿게 한 것이다. 사람들은 예수가 평범한 사람이 다가가기 어려운 세상에서 산다고 생각했다. 산속으로 들어간 모세와 엘리야와 얘기를 나눈다는 소문이 퍼졌다. 예수가 혼자 있을 때는 천사가 시중을 들러 찾아오느라, 하늘로 통하는 신비한 다리를 놓는다고 믿었다.

# 9 호숫가에서의 설교

## 하느님 나라의 서곡

앞장에서 열거한 사람들이 디베랴 호숫가의 예수 곁으로 모여들었다. 그중 귀족이라고 부를 만한 사람은 세리 한 사람과 집사의 부인뿐이고, 나머지는 어부와 소박한 서민이었다. 그들은 매우 무지하고 교양이 전혀 없었으며, 귀신이나 요괴를 믿었다. 이 무리에 그리스 문화는 눈곱만큼도 섞이지 않았고, 유대교 교육도 매우 부족했다. 하지만 인정 많고 선의로 넘쳤다. 갈릴리의 수려한 풍토에서 이 순박한 어부들의 삶에는 즐거움이 끊일 틈이 없었다.

진정으로 그곳에는 하느님 나라의 서곡이 들려왔다. 소박하고 선량하고 행복한 그들은 낮에는 아름다운 호수 위에서 조각배에 몸을 싣고 고기를 잡고, 밤에는 호숫가 집에서 잠들었다. 지금은 상상할 수도 없지만, 당시 사람들은 하늘이며 자연과 매우 가까이서 생활했다. 때로는 가혹하고 때로는 따스한 오후 햇볕을 온몸으로 쬐고, 달과 별이 끝없이 펼쳐진 둥근 하늘 아래에서 몽상에 잠겼다. 야고보가 돌을 베고 누워 별들 사이에서 수많은 자손을 주겠다는 약속을 듣거나, 하느님의 사자가 신비한 사다리를 하늘에서 지상으로 걸치고 오르내리는 꿈을 꾼 것은 이런 밤이었다. 예수가 살았던 시대에는 아직 하늘이 닫히지 않았으며 땅도 차갑지 않았다. "사람의 아들" 예수의 머리 위로 구름이 열리고, 천사들은 그의 머리 위를 맴돌았다. 하느님 나라의 환상은 어디에서나 보였고, 사람들 마음속에서 살아 숨 쉬었다. 청렴하고 소박한 그들은 우주를 이상의 근원에서 보았다. 이 행복한 사람들의 맑고 투명한 마음에 세상은 그 비밀을 들려주었다. 그들은 마음이 순수하기에 이윽고 하느님 앞에 서도록 허락되었다.

## 들판의 향기로 가득한 시인 예수

예수는 제자들과 거의 언제나 들판에서 보냈다. 어떤 때는 호숫가로 몰려든 청중에게 배 위에서 설교하고, 어떤 때는 호수 바로 옆 언덕 위에 앉았다. 공기가 맑고 시야가 탁 트인 곳이었다. 신자들은 막 피어나는 꽃처럼 예수가 퍼뜨리는 영감을 즐기며 무리 지어 뒤를 따라 걸었다. 때때로 사람들은 소박한 질문이나 잔잔한 의구심을 입에 담았다. 예수는 미소 짓거나 그 사람을 힐끔 바라볼 뿐이었지만, 사람들은 그 이상 파고들지 않고 입을 다물어 버렸다. 날아가는 구름, 봄에 싹을 틔우고 가을에 누렇게 익는 보리 이삭. 예수와 함께 걷는 앞쪽에서 보이는 이러한 것들이 이윽고 다가올 하느님 나라의 상징으로 보였다. 사람들은 내일에라도 당장 하느님이 나타나 세상을 지배하시리라 믿었다. 눈물은 기쁨으로 바뀌고 온 땅에 위안이 찾아오려 하는 것이었다. 스승은 이렇게 말했다.

> 마음이 가난한 사람은 행복합니다. 하늘나라가 그들의 것입니다.
> 슬퍼하는 사람은 행복합니다. 그들은 위로받을 것입니다.
> 마음이 온유한 사람은 행복합니다. 그들은 땅을 물려받을 것입니다.
> 의를 위해 굶주리고 목마른 사람은 행복합니다. 그들은 원하는 것을 다 얻을 것입니다.
> 남을 불쌍히 여기는 사람은 행복합니다. 하느님도 그들을 불쌍히 여기실 것입니다.
> 마음이 깨끗한 사람은 행복합니다. 그들은 하느님을 볼 것입니다.
> 화평을 이루는 사람은 행복합니다. 그들이 하느님의 아들이라 불릴 것입니다.
> 의를 위해 핍박받는 사람은 행복합니다. 하늘나라가 그들의 것입니다.[1]

예수의 설교는 자연과 들판의 향기로 가득해 상쾌하고 기분이 좋았다. 그는 꽃을 좋아해서 꽃에서 가장 매력적인 가르침을 땄다. 하늘을 나는 새, 바다, 산,

---

1) 마태복음 5 : 3~10.

어떤 때는 호숫가로 몰려든 청중에게 배 위에서 설교하고……

아이들의 장난도 그의 가르침 안에서 비유로 쓰였다. 그 어법에는 조금도 그리스적인 부분이 없었다. 《피르케 아보트》(격언집)로 대표되는 히브리의 비유가 자주 사용되어, 당시 유대 학자의 말투에 훨씬 가까웠다. 전개는 거의 없고, 코란처럼 단락이 나열되었다. 이것들을 하나로 엮은 것이 뒷날 마태가 쓴 기나긴 설화가 되었다. 구슬들을 이어 주는 실은 전혀 없었다. 그저 같은 영감이 전체를 꿰뚫어 하나의 주제를 보여주었다.

　예수는 특히 비유를 능숙하게 사용했다. 온 유대교를 뒤져도 이 스승보다 뛰어난 본보기는 찾아볼 수가 없다. 예수는 독자적으로 비유를 만들어냈다. 불교 경전에 복음서의 비유와 똑같은 형식으로 똑같은 주제를 말하는 부분이 있지만, 불교의 영향이 여기까지 미쳤다고 보기는 어렵다. 불교와 발생기의 그리스도교에 모두 온후하고 깊은 정신이 깃들어 있었다는 점을 들어 양쪽이 닮은 이유를 설명한다면 충분할 것이다.

## 청빈 사상

프랑스처럼 어두운 나라에서는 의복이나 가구 등 쓸데없는 사치품이나 겉모습을 꾸미는 물건이 꼭 필요했지만, 갈릴리 사람들은 그런 것에는 전혀 무관심하게 소박하고 평화롭게 지냈다. 추운 곳에서 사람은 끊임없이 바깥세상과 싸우기 위해 물질적 충족을 좇는 일에 커다란 의의를 둔다. 이에 반해, 그다지 물질의 필요성을 느끼지 못하는 나라는 이상주의와 시적 정취의 고향이다. 그곳에서는 사는 기쁨에 비하면 생활의 부속품 따위는 대수롭지 않다. 집 꾸미기는 쓸데없는 일이다. 사람들은 집 안에만 틀어박혀 있는 것이 아니라 되도록 문밖으로 나가려고 한다. 프랑스처럼 가혹한 기후에서는 영양가 있는 식사를 규칙적으로 하는 것도 좋을지 모르지만, 갈릴리 사람들은 오히려 번거롭고 불쾌하게 생각할 것이다. 옷에 아무리 화려한 장식을 한들 하느님이 대지나 하늘 나는 새에게 주신 것에 견줄 바 없으리라.

이곳에는 노동을 쓸데없는 것으로 보는 관념이 있다. 아무리 피땀 흘려도 그에 합당한 보상을 받지 못한다. 들판을 뛰노는 짐승은 아무 일도 안 하지만, 아무리 유복한 사람보다 깨끗한 차림을 하고 있다. 이 같은 노동 경시 풍조는 게으름 예찬이 되지 않는 한 영혼을 높이 비상시키는 데 도움이 된다. 예수의 아름다운 교훈을 읽어 보자.

지상에 재물을 쌓아 두지 마라. 땅에서는 좀 먹거나 녹슬어 못 쓰게 되고, 도둑이 와서 훔쳐 갈 것이다. 재물은 하늘에 쌓아 두어라. 하늘에서는 좀 먹거나 녹슬지 않으며, 도둑이 들어와 훔쳐 가는 일도 없을 것이다. 네 재물이 있는 곳에 네 마음도 있다.[2]

아무도 두 주인을 섬기지 못한다. 한쪽을 미워하고 다른 쪽을 사랑하든지, 한쪽을 귀히 여기고 다른 쪽을 업신여길 것이다. 너희는 하느님과 재물을 같이 섬길 수 없다.[3]

그러므로 너희에게 말하노니, 자기 목숨을 위해 무엇을 먹을까 무엇을 마실까 고민하지 마라. 몸을 위해 무엇을 입을까 고민하지 마라. 목숨이 음

---

2) 마태복음 6 : 19~21.
3) 마태복음 6 : 24.

식보다 소중하지 않느냐? 몸이 옷보다 소중하지 않느냐? 하늘에 있는 새를 보아라. 새는 씨앗을 뿌리지도, 거두지도, 창고에 쌓아 두지도 않는다. 그러나 하늘에 계신 너희 아버지께서 새들을 먹이신다. 너희는 새보다 훨씬 귀하지 않느냐? 너희 가운데 누가 걱정으로 수명을 조금이라도 늘릴 수 있느냐? 왜 옷 때문에 고민하느냐? 들에 피는 백합꽃이 어떻게 자라는지 주의 깊게 보아라. 백합은 수고도 하지 않고, 옷감도 짜지 않는다.

그러나 너희에게 말하노니, 온갖 영화를 누린 솔로몬도 이 꽃 한 송이보다 아름다운 옷을 입지 못하였다. 하느님은 오늘 살았다가 내일이면 불 속에 던져질 들풀조차 이렇게 입히신다. 하물며 너희를 더 소중하게 입히시지 않겠느냐? 믿음이 적은 사람들아! 그러므로 "무엇을 먹을까?", "무엇을 마실까?", "무엇을 입을까?" 하면서 걱정하지 마라. 이런 걱정은 이방인이나 하는 것이다. 하늘에 계신 너희 아버지께서는 너희에게 이 모든 것이 필요한 줄 아신다.

먼저 하느님의 나라와 하느님의 의를 구하여라. 그러면 이 모든 것이 덤으로 주어지리라. 그러므로 내일 일을 걱정하지 마라. 내일 일은 내일이 걱정할 것이다. 오늘의 고통은 오늘로 충분하다.[4]

갈릴리 지방의 이 독특한 감정은 갓 태어난 종파의 운명을 결정지었다. 이 행복한 사람들이 삶의 필요를 채우는 일은 모두 하늘에 계신 아버지에게 맡기고, 사람이 그런 일로 고민하는 것은 선의 싹을 뽑아버리는 해악이라는 것을 첫 번째 규칙으로 삼은 것이다. 그들은 하느님께 날마다 내일 먹을 양식을 구걸했다. 하느님 나라가 눈 앞으로 다가왔는데, 부를 쌓아서 무엇 하겠는가?

너희 소유를 팔아 자선을 베풀어라. 닳지 않는 지갑을 만들고, 없어지지 않을 재물을 하늘에 쌓아라.[5]

스승은 이렇게 말했다.

---

4) 마태복음 6 : 25~34.
5) 누가복음 12 : 33.

만나볼 일도 없는 상속인을 위해 재산을 모으는 것만큼 어리석은 일은 없다. 곳간을 넓히고 긴 장래에 대비하여 부를 쌓았지만 누릴 틈도 없이 죽어 버린 사내 이야기를 예수는 어리석은 예로서 자주 인용했다. 갈릴리에 노상강도와 도둑이 뿌리를 내리고 있었던 사실도 이러한 견해에 힘을 실었다. 그런 걱정은 전혀 없는 가난한 사람은 하느님께 사랑받고 있다고 생각해야 하며, 반대로 가진 것이 언제 없어질지 모르는 부자는 불행으로 생각해야 한다.

우리 사회는 소유라는 견고한 관념 위에 세워져 있기에 가난한 사람의 처지는 비참하다. 가난한 사람은 문자 그대로 볕 들 날이 없다. 땅이 없는 자에게는 한 송이 꽃도 풀도 나무그늘조차도 없다. 하지만 동양에서 그러한 것은 모두 하느님의 선물이다. 소유자의 특권은 제한되어 있으며, 자연은 만인의 재산이다. 갓 태어난 그리스도교는 이 점에서 다른 유대 종파들의 발자취를 따른 것에 불과하다. 은둔 생활을 했던 에세네파와 테라페우테파 등의 사상에 있는 핵심은 공산주의적 원리였다. 따라서 이들 종파는 바리새인과 사두개인에게 배척당했다. 메시아사상은 정통 유대인에게는 정치 문제였지만, 이들 종파에게는 오로지 사회 문제였다. 각 종파의 소교회는 참가를 개인의 자유에 맡기고, 평화롭고 규칙적인 명상 생활로 지상에 천국을 만들고자 했다. 형제애와 하느님에 대한 믿음을 기초로 하는 행복이라는 유토피아 사상이 사람들의 마음을 고양하여 곳곳에서 대담하고 진지한 시도가 이루어졌다. 하지만 결실은 빈약했다.

## 재산은 가난한 사람에게

예수와 에세네파 사이에 교섭이 있었는지 아닌지는 알 수 없다. 역사학적으로 봤을 때, 닮았다고 해서 반드시 교섭이 있었다고 볼 수는 없기 때문이다. 역사학적으로 확실히 예수는 그들과 형제 관계에 있었다. 에세네파 사회에서는 재산 공유가 규칙이었고, 탐욕은 큰 죄였다. 그런데 여기서 주목해야 할 것은 탐욕의 의미이다. 당시 탐욕이란 사유재산에 집착한다는 뜻이었다. 예수의 완전한 제자가 되는 첫 번째 조건은 자기 재산을 팔아 그 대가를 가난한 자에게 주는 것이었다. 이런 극단적 아량을 주저하는 자는 신도에 낄 수 없었다. 하느님 나라를 발견한 자는 전 재산을 주고 사들여야 하며 이는 무척 큰 이득이라고 예수는 거듭 이야기했다.

하늘나라는 밭에 숨겨진 보물과 같다. 어떤 사람이 그 보물을 발견하면 다시 밭에 숨긴 뒤 매우 기뻐하며 돌아가, 가진 것을 모두 팔아 그 밭을 살 것이다. 또한, 하늘나라는 좋은 진주를 찾는 상인과 같다. 값진 진주를 발견하면 그는 가서 가진 것을 모두 팔아 그 진주를 살 것이다.[6]

하지만 애석하게도 이 제도에는 불편한 점이 많다는 사실이 이윽고 분명해졌다. 회계 담당이 필요해졌고, 이스가리옷 유다가 뽑혔다. 진위는 알 수 없지만, 사람들은 그가 공금을 횡령했다고 질책했다. 반감이 유다를 무겁게 짓눌렀다.

머릿속에 지상보다 하늘나라 일로 가득했던 예수는 때로 기상천외한 경제학을 설파했다. 이를테면 다음과 같은 기이한 비유이다. 한 청지기가 가난한 자에게 부탁해서 하늘나라에 들어가고자, 주인의 돈을 가난한 자에게 주고 그의 친구가 되었다. 예수는 이것을 칭찬할 일이라고 말했다. 확실히 하느님 나라에 누가 들어갈지 정하는 사람은 가난한 사람들이므로, 그들은 자신에게 베푼 자만을 천국으로 인도할 것이다. 따라서 머리 좋은 사람이라면 가난한 자의 환심을 사려고 들 것이다. 복음서를 쓴 사람은 "돈에 집착하는 바리새인들은 이 이야기를 듣고 예수를 비웃었다"[7]고 썼다. 바리새인은 다음과 같은 무시무시한 비유를 들었던 것일까?

어떤 부자가 있었다. 이 사람은 언제나 호화롭고 부드러운 옷을 입고 날마다 사치를 부리며 놀고먹었다. 이 부자네 집 대문 앞에 나사로라는 부스럼투성이 거지가 누워 있었는데, 그는 부자의 식탁에서 떨어지는 부스러기로라도 배를 채우고 싶어했다. 개들도 와서 그의 부스럼을 핥았다. 이윽고 이 거지는 죽어 천사들에게 이끌려, 잔치 자리에 있는 아브라함 바로 옆에 앉았다. 부자도 죽어 땅에 묻혔다. 지옥에 떨어져 고통받던 부자가 눈

---

6) 마태복음 13 : 44~46.
7) 누가복음 16 : 14.

을 들어 보니, 저 멀리 잔치 자리에 아브라함과 그 바로 옆에 앉은 나사로가 보였다. 그가 소리쳐 말했다. "아버지 아브라함이여, 저를 불쌍히 여기소서. 제 혀를 적실 수 있도록 나사로의 손가락 끝에 물을 찍어 제게 보내소서. 제가 이 불길 속에서 몸부림치고 있나이다." 그러나 아브라함은 말했다. "아들아, 네가 살아 있을 때에 좋은 것을 누렸으나, 나사로는 반대로 나쁜 것을 받았음을 기억하여라. 이제 이곳에서 나사로는 위로받고, 너는 고통받는 것이다."[8]

얼마나 평등한 응보란 말인가. 뒷날 이 이야기는 '나쁜 부자'의 비유로 알려지게 된다. 하지만 실은 '모든 부자'를 가리킨다. 부자이기에, 재산을 가난한 자에게 나누어 주지 않았기에, 누가 문 앞에서 굶주리고 있는데 자신은 호화로운 식사를 했기에 지옥에 떨어진 것이다. 예수는 자기 재산을 팔아 가난한 자에게 베푸는 의무를 너무 과장하지 않고 단지 완전한 사람이 되려면 그렇게 하라고 가볍게 충고해도 될 때에도 다음과 같은 무시무시한 선언을 했다.

부자가 하느님 나라에 들어가기가 낙타가 바늘구멍에 들어가기보다 어렵다.[9]

이처럼, 예수와 그를 둘러싼 순수하고 행복한 사람들을 지배하던 것은 놀랍도록 깊은 감정이었다. 예수는 자신이 말하는 "세상의 근심"에서 사람들을 구원하기 위해 지나치게 극단으로 치닫는 바람에 오히려 인간 사회 본연의 모습에 해를 끼쳤을지도 모른다. 하지만 그는 "눈물계곡"에서 고통받는 영혼을 수 세기에 걸쳐 기쁨으로 채우기 위한 높은 이상주의의 기초를 다졌다. 그는 인간이 철학도 도덕도 익히지 않은 채 멍하니 시간을 보내는 것은 유혹에 넘어가 넋이 빠지거나, 문명이 진보할수록 한없이 늘어가는 걱정거리에 쫓기기 때문이라는 사실을 정확하게 꿰뚫어 보았다. 이리하여 복음은 세속의 걱정을 치유하는 최고의 묘약이자, "마음을 바쳐 주를 섬기

8) 누가복음 16 : 19~25.
9) 마태복음 19 : 24.

라(sursum corda)"는 격려의 표어가 되었다. 복음은 세상의 비참함을 잊게 해주는 힘찬 목소리요, 마르타에게 속삭인 저 부드러운 목소리이다. "마르타야, 마르타야! 너는 너무 많은 일을 신경 쓰는구나. 하지만 정말로 신경 써야 할 일은 오직 한 가지이다."[10]

예수 덕분에, 우울하고 불쾌한 직무에 신음하는 나날을 뒤덮은 구름 낀 하늘에 틈이 생기며 천국의 한쪽이 들여다보인 것이다. 바쁜 문명 한복판에 있는 우리가 갈릴리인의 자유로운 삶의 방식을 돌이켜볼 때, 머나먼 하느님 나라에서 꽃향기가 날아온 것만 같았다. 하느님의 들판을 휩쓴 가뭄과 비속함에서 구원이 되어 준 '헤르몬산에 내리는 이슬'[11]이었다.

---

10) 누가복음 10 : 41~42.
11) 시편 133 : 3.

# 10 하느님 나라는 가난한 자들을 위해

이 같은 예수의 가르침은 빛과 공기만으로 충분히 살아갈 수 있는 나라에서라면 설득력이 있을지도 모른다. 아버지 품에서 안심하고 사는 하느님의 자식들이 누리는 풍요로운 공산주의는, 당장에라도 유토피아가 실현되리라 믿었던 순박한 종파에는 꼭 들어맞는 이야기였을는지 모른다.

하지만 이러한 원리로 사회 전체를 통합해 가기란 불가능하다는 것은 명백하다. 예수도 권세를 쥔 자들은 결코 하느님 나라에 들어가지 못하리라는 것을 재빨리 알아채고는 놀랄 정도로 대담하게 그들을 단념해 버린다. 좁은 편견에 갇히고 메마른 마음을 가진 사람은 내버려두고, 예수는 순박한 사람들에게 향했다. 이제부터 사람을 대대적으로 교체하리라. 하느님 나라는 다음과 같은 자들을 위해 존재한다.

첫째, 어린아이와 아이를 닮은 사람.

둘째, 겸허한 사람을 밀어내는 오만한 사회에 희생되어 이 세상에서 냉대받는 선량한 사람.

셋째, 이단자, 종파 분리론자(schismatics), 세리, 사마리아인, 두로와 시돈의 이교도.

예수는 다음과 같은 비유를 들어, 이 민중에 호소하는 것이 왜 정당한지를 설명했다.

한 왕이 혼례 잔치를 준비하고 손님들을 데려오라고 하인들을 보냈지만, 아무도 오지 않았다. 찾아간 하인에게 심한 말을 하는 사람조차 있었다. 왕은 와야 할 손님이 오지 않는다면 가난한 사람, 거지, 절름발이 등 광장이나 길거리에 있는 아무나 데리고 와서 방을 채우기로 굳게 결심했다. 왕이 말했다. "먼저 초대받았던 사람들은 아무도 내가 준비한 음식을 맛보지 못할 것이다."[1]

이윽고 가난한 자(evionim)의 세상이 찾아와 가난한 자들만이 구원받으리라는 순수한 에비오니즘, 이것이 예수의 교리였다.

> 부유한 너희는 불행하다. 너희는 이미 위로를 받았다.
> 지금 배부른 너희는 불행하다. 너희가 굶주리게 될 것이다. 지금 웃는 사
> 람들은 불행하다. 너희는 슬퍼 울게 될 것이다.[2]

예수는 또 이렇게 말했다.

> 점심이나 저녁을 차렸을 때는 친구도, 형제도, 친척도, 부유한 이웃도 초
> 대하지 마라. 이들은 너를 도로 초대하여 보답할지도 모르기 때문이다. 잔
> 치를 베풀 때는 오히려 가난한 사람, 몸이 불편한 사람, 다리 저는 사람, 보
> 지 못하는 사람을 초대하라. 그러면 너희는 행복할 것이다. 그들은 되갚을
> 것이 없기 때문이다. 너는 의인들이 부활할 때 보상받으리라.[3]

## 에비오니즘의 역사

아마도 이와 비슷한 의미에서 예수는 "착한 대금업자가 되라"고 가르쳤다.
"가난한 자를 불쌍히 여기는 자는 주님께 빌려 드리는 것"[4]이라는 옛 격언대로
가난한 자에게 재산을 주어 하느님 나라를 위해 좋은 투자를 하라고 거듭 말
했다.

이것은 참신한 생각은 아니었다. 훨씬 전부터 민주 운동은 인류의 기억에 남
아 있으며, 유대 민족의 마음을 흔들고 있었다(이 운동만이 빛을 보았다고 할 수
있다. 순수하게 관념의 세계에서만 전개된 유일한 운동이었기 때문이다). 하느님이 가
난한 자, 약한 자를 위해 부자와 권력자에게 복수한다는 사상은 구약 성서를
뒤져 봐도 여러 군데에서 발견된다. 특히 이스라엘 역사에는 이러한 민주주의
기질이 언제나 넘쳤다. 예언자들은 진정한 민중 보호자(tribune)요, 대담한 호민

---

1) 누가복음 14 : 16~24.
2) 누가복음 6 : 24~25.
3) 누가복음 14 : 12~14.
4) 잠언 19 : 17.

관이었다. 그들은 끊임없이 강자를 공격하고 꾸짖었으며, '부, 불신앙, 폭력, 사악'을 유의어로 묶는 한편 '가난, 온유, 겸허, 신앙'을 한데 묶었다. 셀레우코스 왕조 시대에 대다수 귀족이 그리스 문화로 전향해 버리자 이 관념의 연합은 더욱 강해졌다. 〈에녹서〉는 복음서보다 더 거세게 상류 사회와 부자, 권력자를 비난한다. 거기서는 사치를 죄악시한다. 기이한 묵시록이라고도 불리는 이 책에서 "사람의 아들"은 모든 왕을 왕좌에서 끌어내리고 방만한 삶을 빼앗아 지옥으로 던져버린다. 유대 국가가 세속 생활에 문을 열어 천박한 사치·안락이라는 요소가 도입되자, 그에 대항하여 족장 시대의 소박함을 지키려는 격렬한 반동이 일어난 셈이다.

　　선조의 누추한 집과 영토를 버린 너희는 재난이로다. 타인의 노고로 집을 짓는 너희는 재난이로다. 그 건축 재료는 모두 죄의 벽돌이고 돌이 아니겠느냐.[5]

'가난한 자(evionim)'라는 단어는 '성인(聖人)' 또는 '하느님의 친구'와 동의어였다. 갈릴리에 있는 예수의 제자들은 자신들을 이 이름으로 즐겨 불렀다. 그 때문에 지금도 이 이름은 예수의 첫 번째 교훈을 충실하게 지켜 예수의 후예임을 자랑했던 바타네아와 하우란의 유대교적 그리스도교도(나사렛인, 히브라이인)를 가리킨다. 이 착한 신도들은 다른 교회들을 집어삼켜 가던 주류에서 벗어난 곳에서 살아남았지만, 11세기 말에는 이교도 취급을 받게 된다. 에비오니스트라는 이름을 가진 이 교파의 유래를 설명하기 위해, 에비온이라는 이름의 사내를 이 교파의 시조로 꾸민 이야기까지 날조했다.

가난함을 찬미하는 이런 과장된 취미가 그리 오래가지 못한 것도 무리는 아니다. 유토피아를 건설하려다 보면 반드시 이러한 경향이 섞여들지만, 이윽고 시간이 지남에 따라 교정되어 간다. 애당초 출가자만의 것이었던 불교가 귀의자가 늘어남에 따라 세속의 사람들도 받아들이게 된 것처럼, 그리스도교가 인간 사회의 한복판으로 옮겨가자 어느새 부자들까지도 옹호하지 않을 수 없게

5) 에녹서 99 : 13~14.

되었다. 하지만 살았던 흔적은 반드시 남는 법이다. 오랜 과거의 산물로서 잊히긴 했지만, 에비오니즘은 그리스도교 역사 속에서 사라지지 않고 누룩을 남겼다.

《로기아(Logia)》라고 불리는 예수의 말씀집은 바타네아의 에비온파 교회에서 만들어졌다. 적어도 이곳에서 완성되었다. 그 이래 예수의 직계자에게 '가난'은 버릴 수 없는 이상이 되었다. 무소유야말로 진정한 복음 상태인 것이다. 동냥은 하나의 미덕이자 거룩한 상태라고 보았다.

종교 건설 시도 가운데 갈릴리의 운동과 매우 닮은 것이 13세기 이탈리아에서 일어난 움브리아교도의 대운동이다. 이 운동 또한 가난함을 기치로 펼쳐졌다. 귀족 출신인 아시시의 프란체스코는 다정한 사랑의 마음을 가지고 만물의 생명과 섬세하고 따뜻한 교감을 나눌 줄 알았다는 점에서 가장 예수에 가까웠지만, 그 역시 빈자 가운데 하나였다. 중세의 탁발수도회와 수많은 공산주의파[6]는 자신들이야말로 예수의 진짜 제자라고 주장했다. 또한, 사실이 그러하다. 발생기의 그리스도교가 품었던 그 불가능한 꿈은 이처럼 살아남았다. 경건한 탁발 의식은 오늘날처럼 산업과 행정이 발달한 사회에서는 답답하게 보이지만, 당시 그에 어울리던 하늘 아래에서는 사람들의 마음을 강하게 사로잡았다. 탁발은 하느님을 생각하는 온유한 영혼의 소유자들이 유일하게 소망하는 삶의 방식이었다. 가난을 기꺼이 선택하게 하고, 탁발승을 제단 위로 올려 가난한 사람의 옷을 신성시하는 일은 경제학의 관점으로 판단하면 그리 바람직하다고 할 수 없지만, 진정한 모럴리스트에게는 무시하기 어려운 대단한 지혜라고 할 수 있다. 인생의 무거운 짐을 지고 가기 위해서는 일해서 돈을 버는 것만으로는 부족하다는 사실을 깨달아야 한다. 우리가 타인에게 할 수 있는 가장 큰 의무는 사람은 빵만으로 살 수 없다고 거듭 얘기하는 것이다.

## 민주적인 지도자

모든 위인이 그러하듯이, 예수도 민중을 사랑했고 민중과 함께함으로써 평안을 얻었다. 그가 생각하는 복음은 가난한 자를 위한 것이었다. 예수는 신자

---

6) 리옹의 빈자파(Pauvres), 베가르, 봉좀, 위밀리에, 포브르 제방젤리크, 영원한 복음 등 각 종파.

들에게 구원의 기쁜 소식을 전했다. 정통 유대교가 멸시한 모든 사람을 예수는 안타까워했다. 무력한 민중을 연민하고, 대중의 대변자로서의 자신 안에 그들의 정신이 살아 있다고 믿었다. 그 행동에서는 민주적인 지도자로서의 기세가 끊임없이 또렷하게 엿보인다.

사실 예수에게 선택받은 사람들이 얼마나 각양각색인지, 엄격한 사람들이 봤더라면 분명히 기겁부터 했을 것이다. 신중한 유대인이라면 교제를 꺼릴 자도 섞여 있었다. 외면의 덕행에만 매달려 형식적으로 난해한 말만 하는 부자들보다 일반 사회에서 밀려난 사람들 가운데에서 예수는 훨씬 뛰어난 진심을 보았을 것이다. 바리새인은 모세의 계율을 과대해석하여, 자신들보다 엄격하지 않은 자들과 접촉하면 더러워진다고 믿었다. 식사 시에는 인도의 카스트 제도도 울고 갈 어처구니없는 차별을 했다. 예수는 이 한탄스러운 종교 감정의 그릇된 집착을 경멸하여, 그에 희생된 사람들의 집으로 즐겨 식사하러 갔다. 예수 곁에는 이러한 거짓 신자처럼 행동하지 않는다는 이유만으로 비난받는 사람도 있었다. 바리새인과 학자들은 얼굴을 찌푸리며 소리쳤다. "어찌하여 저런 녀석들과 식사하느냐!" 예수는 무척 재치 있는 대답으로 위선자들을 더욱 격분하게 했다. "건강한 사람은 의사가 필요 없다.", "양치기가 양 백 마리를 친다고 가정하자. 그중 한 마리를 잃어버렸다면 양치기는 나머지 아흔아홉 마리를 들판에 남겨 두고, 잃은 양을 찾아다닐 것이 아니냐? 그리고 양을 찾으면 크게 기뻐하며 그것을 어깨에 메고 돌아갈 것이다."[7] 다음과 같은 이야기도 했다. "사람의 아들은 잃어버린 자를 찾아 구원하려고 왔다."[8] 이런 말도 했다. "나는 의인을 부르러 온 것이 아니라 죄인을 부르러 왔다."[9]

또한, 타락한 자들이 늘 올바른 자보다 하느님의 사랑을 받을 권리가 있다고 설교하면서 돌아온 탕아 이야기를 인용했다. 나약하거나 죄지은 여인들이 예수의 빛나는 인덕을 보고 그에게 용기 내어 다가왔다. 그들을 물리치지 않는 예수를 보고 사람들은 놀랐다. 엄격한 사람들은 이렇게 생각했다. '이 사람이 예언자라면 지금 자신을 만지는 여인이 죄인임을 알았을 것이다.' 예수는 한 사

---

7) 누가복음 15 : 4.
8) 누가복음 19 : 10.
9) 마태복음 9 : 13.

"어찌하여 저런 녀석들과 식사하느냐!"

람에게는 큰돈을 다른 한 사람에게는 적은 돈을 빌려 준 대금업자의 비유를 들어, 큰 빚을 진 사람에게 더 마음이 쓰인다고 대답하며 개의치 않았다. 예수는 사람의 영혼을 거기에 얼마나 사랑이 있느냐는 기준만으로 평가했다. 그저 타락하지 않았을 뿐 일말의 가치도 없는 평범한 사람보다, 죄를 저질러 눈물을 흘리며 겸허한 마음을 갖게 된 여인이 그의 나라에 가까운 사람이었다. 이리하여 마음씨 고운 사람들은 예수 종파에 귀의하면 쉽게 명예를 회복할 수 있다는 사실을 깨닫고 뜨거운 마음으로 그에게 몰려들었을 것이다.

당시 사회 감정을 거스르는 예수의 행동은 당연히 불만의 목소리를 불러일으켰지만, 예수는 불만을 가라앉히기는커녕 즐기면서 부추기는 것처럼 보인다. 예수만큼 '세상'의 규칙을 당당하게 경멸한 사람은 없었다. 이 멸시야말로 위업

그는 혼인 잔치에도 기꺼이 참석했다

과 창조를 위한 조건이다. 예수가 부유한 자를 용서한 것은 어떤 편견 때문에 부자가 사회에서 미움받을 때뿐이었다. 예수는 정통파의 유력자보다 저속한 삶을 사는 사람들을 공공연하게 선택했다. 그는 말했다. "세리와 창녀들이 너희보다 먼저 하느님 나라에 들어갈 것이다. 요한이 와서 의로운 길을 제시했을 때 그들은 회개했지만, 너희는 회개하지 않았기 때문이다." 자중과 엄격을 자랑거리로 삼던 자들은, 창녀 따위가 보여준 좋은 모범을 따르지 않았다는 예수의 비난에 정곡이 찔렸을 것이 틀림없다.

예수는 조금도 허세를 부리지 않았으며, 근엄한 모습도 보이지 않았다. 환락도 피하지 않았고, 혼인 잔치에도 기꺼이 참석했다. 어떤 작은 마을에서는 혼례에 흥을 더하고자 기적을 행했다고 전해진다. 동양에서 혼례는 저녁에 시작되는데 저마다 등불을 들고 가기 때문에, 밤길에 빛이 이동하는 모습이 무척 아름답다. 예수는 이 즐겁고 활기찬 광경을 좋아하여 몇 가지 비유를 이끌어냈다. 세례 요한의 방식을 따랐던 자들은 이러한 예수의 태도에 눈살을 찌푸렸다. 요한의 제자와 바리새인이 금식 중이던 어느 날, 사람들이 예수에게 물었다. "요한의 제자들과 바리새파 제자들은 금식하는데, 왜 당신 제자들은 금식하지 않습니까?" 예수가 대답했다. "신랑이 혼례 자리에 있는데 결혼식에 참석한 사람들이 어찌 금식할 수 있겠느냐? 언젠가 신랑을 빼앗길 날이 왔을 때 그들은 금식하리라."[10]

온화하고 밝은 예수는 생기 넘치는 말과 애교 있는 농담을 늘 입에 담았다.

이 세내들 무엇에 비실 수 있으랴? 장터에서 아이들이 편 갈라 앉아 서로 소리 지르며 "우리가 피리를 불어도 너희는 춤추지 않았고, 우리가 곡을 하여도 가슴을 치지 않았다"고 말하는 것과 같다.

요한이 와서 먹지도 마시지도 않자 사람들은 "저 사람은 귀신들렸어"라고 말하고, 사람의 아들이 와서 먹고 마시자 이렇게 말했다. "저 게걸스러운 술꾼을 봐! 저 사람은 세리와 죄인의 친구야." 그러나 지혜가 옳다는 것은 나타난 결과로 증명된다.[11]

### "다윗의 아들!", "호산나!"

이처럼 예수는 갈릴리를 두루 돌아다니며 언제나 환대를 받았다. 그는 자주 당나귀를 탔다. 동양에서 당나귀는 꽤 안전한 이동 수단으로, 긴 속눈썹 아래에 가려진 크고 검은 눈동자에는 온화함이 서려 있다. 때때로 제자들은 예수를 둘러싸고 화려한 들판에서 잔치를 벌였다. 제자들은 옷을 양탄자처럼 바닥에 깔거나, 예수가 탄 당나귀의 등에 깔거나, 예수가 지나가는 길에 펼쳤다. 예수가 들르는 집에서는 환희와 축복의 함성이 일었다. 큰 농장에 이르면 융숭한 대접을 받았다.

동양에서는 집에 낯선 사람이 묵으면 그곳으로 즉시 마을 사람들이 우르르 몰려든다. 아이들까지 집 안으로 들어오려고 해서 하인들이 쫓아내지만, 곧바로 다시 숨어든다. 그런 천진한 어린 청중을 거칠게 다루는 것을 보다 못해 예수는 아이들을 불러서 안아 주었다. 어머니들은 그런 예수의 태도에 용기를 얻

---

10) 마태복음 9 : 14~15.
11) 마태복음 11 : 16~19.

그가 들르는 집에서는 환희와 축복의 함성이 일었다

그는 아이들을 불러서 안아 주었다

어, 젖먹이를 안고 다가가 그 아이를 만져 달라고 부탁했다. 여인들은 예수 머리에는 향유를, 발에는 향수를 부었다. 너무 자주 그러다 보니 제자들은 때때로 여인들을 돌려보냈다. 옛 풍습과 순박함을 사랑하는 예수는 스승을 지나치게 생각하는 제자들의 열정을 타일렀다. 이처럼 예수가 자신을 숭배하려는 사람을 어루만져 주었기에, 여인과 아이들은 예수를 열렬히 사랑했다. 하지만 적들은 예수가 유혹에 약한 자들을 가정에서 멀어지게 한다며 예수를 비난했다. 이처럼 갓 태어난 그리스도교의 운동은 많은 점에서 여자와 아이들의 운동이었다. 아이들은 왕의 대관식에 선 순진한 소년근위병처럼 종려나무 가지를 손에 들고 "다윗의 아들!", "호산나!"를 큰 소리로 연호하며 예수 주위를 둘러싸고 귀엽게 환영했다. 사보나롤라[12]처럼 예수는 아이들을 전도의 수단으로 사용했던 듯하다. 예수는 자신의 평판을 떨어뜨릴 염려가 없는 이 젊은 사도들이 앞

---

12) 15세기에 종교개혁을 시도했던 수도사로, 화형당했다.

아이들이 예수를 그런 호칭으로 부르는 것을 보고 내심 만족했다

으로 몰려나와, 자신은 결코 입 밖에 낼 수 없는 호칭으로 자신을 부르는 모습을 보고 내심 만족했다. 예수는 아이들이 부르는 대로 내버려 두고, 거기에 대해 어떻게 생각하느냐는 물음에 아이들 입에서 나오는 찬양은 하느님께서 가장 기뻐하시는 것이라고 발뺌했다. 그는 기회가 있을 때마다, 어린이는 거룩하다는 점, 하느님 나라는 아이들 것이며 어린아이의 마음으로 그곳에 들어가 맞이해야 한다는 점, 하늘에 계신 아버지는 그 비밀을 현자들에게는 숨기고 아이들에게는 드러낸다는 점을 거듭 설교했다. 제자들도 아이들처럼 되어주기를 바랐다. 어느 날 제자들이 누가 첫 번째 제자인가를 놓고 다투고 있자, 예수가 한 아이를 불러서 제자들 가운데에 앉히고서 말했다. "이 아이처럼 자신을 낮

예수는 한 아이를 불러 제자들 가운데에 앉히고……

추는 사람이 하늘나라에서 가장 높은 사람이다." 확실히 모든 어린아이는 하느님처럼 순수함과 천진난만한 기쁨에 넘쳐 땅을 차지한 자, 바꿔 말하자면 선함과 진실을 손에 든 자였다.

### 짧은 꿈이었다 할지라도

모두 고대하던 천국이 시시각각 다가오고 있다고 확신했다. 주님 옆자리를 서로 양보하면서, 왕좌에 앉는 모습을 눈앞에 그리며 그날이 오기를 손꼽아 기다렸다. 이것이 '좋은 소식'이며, 유일한 교리였다. 모든 이의 꿈은 '낙원(paradise)'이라는 옛말 하나로 표현되었다. 이 어원은 모든 동양의 언어와 마찬가지로 페르시아어에서 들어온 히브리어로 본디 아케메네스 왕조의 '정원'을 가리키는

데, 이는 이 세상의 유쾌한 삶이 영원히 지속되는 아름다운 정원이다. 이 같은 도취가 얼마나 지속되었을까. 꿈속의 시간을 잴 수 없듯이, 마법처럼 지나가는 환상의 시간을 재기란 불가능하다. 시간은 흐름을 멈추었다. 일주일이 한 세기처럼 느껴졌다. 이 꿈은 겨우 몇 년이나 몇 달밖에 충족해 주지 못했다. 그렇지만 그 시간은 실로 아름다웠다. 이후 인류는 그 시간을 마음의 양식으로 삼아 살아갈 수 있었고, 그 희미한 향기를 맡는 것만으로 위안을 얻을 정도였다. 이만큼 커다란 기쁨이 인류의 마음을 벅차게 한 예는 없었다. 이 지구에서 뛰어오르려고 있는 힘껏 노력했을 때, 사람들은 자신을 지상에 묶어둔 중력도 이 세상의 비애도 잠시나마 잊었다. 이 고상한 낙원의 출현을 목격하고, 이 비길 데 없는 환영에 참여할 수 있었던 자는 행복하다. 그것이 단 하루에 불과했더라도!

하지만 모든 환영을 떨쳐버리고, 천년지복설의 꿈을 갖지 않고, 하늘에 한 점 징조가 없더라도 올바른 의지와 영혼의 시적 정취의 힘으로 자기 가슴속에 진정한 하느님 나라를 세우는 자는 더욱 행복하다! 예수라면 우리에게 이처럼 이야기할 것이다.

# 11 붙잡힌 요한

　기쁨의 목소리로 가득한 갈릴리가 사랑하는 예수의 도래를 기뻐하던 바로 그 무렵, 요한은 마케루스 감옥에서 기대와 갈망에 시달리며 여위어 있었다. 몇 달 전에 자신을 찾아왔던 젊은 사내가 스승으로서 인기를 얻고 있다는 소식은 요한에게도 전해졌다. 듣자하니 그 사내는 예언자들이 예언해 왔던 메시아로, 이스라엘 왕국을 부흥하고자 갈릴리에 나타나 신기한 능력을 보여 주고 있다고 했다. 요한은 소문의 진상이 알고 싶었다. 다행히도 제자들과 자유롭게 편지를 주고받을 수 있었으므로, 두 사람을 골라 갈릴리의 예수에게 보냈다.

다행히도 요한은 제자들과 자유롭게 편지를 주고받을 수 있었으므로……

명성이 자자한 예수를 만난 두 제자는 그를 둘러싼 축제 분위기에 놀랐다. 금식하고 끊임없이 기도하는 금욕 생활에 익숙해 있었기에, 뜻밖에 환영을 받고 당황한 것이다. 그들은 예수에게 전언을 전했다. "오실 이가 당신입니까? 아니면 다른 자를 기다려야 합니까?" 이 무렵부터 자신의 임무는 메시아 역할을 수행하는 것이라고 믿기 시작한 예수는 자신들이 병자를 치료하고 가난한 사람들에게 구원이 다가왔음을 알리는 등 이윽고 하느님 나라가 찾아올 거라는 증표를 여럿 알려 주었다. 그리고 덧붙여 말했다. "나를 의심하지 않는 자는 행복할지니!"

## "이 쟁반에 요한의 머리를"

이 대답이 요한이 살아 있을 때 전해졌는지, 엄격한 금욕자를 어떤 기분으로 만들었는지는 알 수 없다. 요한은 자신이 예언한 자가 벌써 나타났다고 믿고 안심하고 죽어갔는지, 예수의 사명에 의심을 품었는지 무엇 하나 알려주지 않았다. 단, 요한파가 그리스도교와 나란히 존속했던 사실을 볼 때, 요한은 예수를 존경하기는 했지만 하느님의 약속을 실현할 자로는 인정하지 않았다고 보는 것이 옳을 것이다. 그리고 이러한 요한의 당혹감은 그 목과 함께 말끔히 잘려나가고 말았다. 이 자유롭고 고독한 불굴의 수행자는 불안하고 고통스러웠던 생애에 가장 잘 어울리는 죽음으로 삶의 막을 내렸다.

안티파스왕이 처음에 요한에게 베푼 관용도 오래가지는 않았다. 그리스도교의 전승에서는 왕을 알현한 요한이 왕의 결혼은 잘못됐으며 아내 헤로디아는 추방해야 마땅하다고 거듭 주장했다고 한다. 헤롯왕의 손녀 헤로디아가 이 끈질긴 충고자를 미워한 것은 쉽사리 짐작할 수 있다. 그녀는 요한을 망자로 만들 기회를 호시탐탐 기다렸다.

어머니 헤로디아처럼 야심가에 음탕한 성품인 데려온 딸 살로메도 음모에 참가했다. 아마도 기원후 30년에 안티파스는 자신의 생일을 마케루스에서 맞이한다. 헤롯왕이 성벽 안에 지은 장대한 궁전에서 안티파스는 한동안 머물렀고, 살로메는 춤을 추었다. 살로메가 춘 춤은 시리아에서는 고귀한 신분이 춰도 이상하지 않은 종류였다고 한다. 이 춤에 완전히 매료된 안티파스는 원하는 것은 뭐든 들어주겠다고 말했다. 살로메는 어머니의 부추김에 따라 "이 쟁반에

살로메는 그곳에서 썩 어울리는 춤을 추었다

요한의 머리를 담아 달라"고 대답했다. 안티파스는 망설이면서도 굳이 거절하지 않았다. 경비병이 쟁반을 가지고 가서 죄인의 목을 베어 들고 왔다.

제자들이 요한의 시신을 거두어 무덤에 묻었다. 안티파스에 대한 민중의 원성이 높아졌다. 6년 뒤, 딸의 불명예를 씻어내고자 하렛이 마케루스를 탈환하고 안티파스를 무찔렀다. 사람들은 이 패배가 요한을 죽인 천벌이라고 수군댔다. 요한이 죽었다는 소식은 요한의 제자들이 직접 예수에게 전했다. 요한이 예수에게 사자를 보낸 뒤로 두 종파는 긴밀한 관계에 있었다. 안티파스 측의 표적이 될까 봐 두려웠던 예수는 신중을 기해 황야로 피난했다. 많은 사람이 그를 따라갔다. 식량을 극도로 아낀 덕분에 거룩한 신도들은 황야에서 살아남았다. 사람들은 그곳에서 기적이 일어났다고 믿었는데, 그러는 것도 무리는 아니다. 그 이후 예수는 요한을 더욱 칭찬했다. 요한은 예언자 이상의 존재이며, 그의 출현으로 과거의 예언자와 율법은 쓸모없어졌지만, 이윽고 천국이 도래하면 요한의 예언도 쓸모없어질 것이라고 분명히 선언했다. 즉 예수는 그리스도교적 교리를 만들어내는 동시에 요한에게 특별한 지위를 부여함으로써 그를 구약 세계와 신약 세계를 이어 주는 다리로 삼은 셈이다.

## 조로아스터교의 영향

이 문제에 탁월한 견해를 가지고 있던 예언자 말라기는 메시아가 나타나기 전에는 선구자가 반드시 나타나리라고 일찍부터 역설했다. 하느님께 선택받아 인간의 길을 다질 사자로서, 첫 개혁을 맞이하도록 준비하라고 사람들을 재촉하러 찾아온다는 것이었다. 이 사자가 누구인가도 분명히 밝혔다. 바로 예언자 엘리야였다. 엘리야는 천국으로 올라갔지만 이윽고 내려와 메시아 도래의 밑 준비를 위해 사람들을 회개시키고 하느님과 유대 민족을 화해시키리라는 믿음이 두루 퍼져 있었다. 엘리야를 족장 에녹이나 예레미야와 엮어 생각하기도 했다. 에녹은 바로 앞 한두 세기 전부터 매우 거룩하게 여겨지기 시작했고, 예레미야는 하느님의 왕좌 앞에서 백성을 위해 일심으로 기도하는 일종의 수호자로 여겨졌다. 고대의 두 예언자가 부활하여 메시아의 선구자가 될 것이 틀림없다는 생각은 조로아스터교 경전에 매우 인상적으로 기록되어 있다. 따라서 이 생각을 페르시아에서 온 것으로 생각해도 좋을 것이다. 어쨌든, 예수가 살았던 시대에 이 사상은 유대 교리 속에 녹아들어 있었다. 회개의 투박한 천을 두른 '두 충직한 증인'이 나타나, 만인이 놀라는 가운데 일대 드라마의 개막을 알리리라고 여겨졌다.

이 같은 사상이 배경에 있었기에 예수와 그 제자들이 세례 요한의 사명에 단호한 태도를 보일 수 있었다고 생각된다. 학자들이 엘리야가 아직 오지 않았는데 먼저 메시아가 올 리 없다고 이의를 제기했을 때, 예수는 제자들에게 엘리야는 와 있으며 요한이 바로 엘리야라고 대답했다. 확실히 요한은 생활상이며 기성 권력에 반항하는 태도 등으로 보아 이스라엘 고대사의 기인 엘리야를 떠올리게 하는 점이 있었다. 예수는 선구자 요한의 뛰어난 공적을 지치지 않고 칭찬하고, 사람의 자식 가운데 그만큼 위대한 자는 없다고 거듭 말했다. 그리고 바리새인과 학자들은 요한의 세례도 받지 않고 그의 가르침에 따라 회개하지도 않았다고 거세게 비난했다.

예수의 제자들은 스승의 이러한 교리를 충실히 믿었다. 요한에 대한 존경은

경비병이 쟁반을 가지고 가서 죄인의 목을 베어 들고 왔다

초대 그리스도교의 변하지 않는 전통이 되었다. 요한은 예수의 친족으로 여겨졌으며, 요한의 세례는 복음의 역사상 첫 번째 사건, 아니 결코 간과해서는 안 되는 '서론'으로 보았다. 요셉의 아들 예수가 메시아의 사명을 짊어졌다는 사실을 공인시키기 위해 다음과 같은 일화도 이야기되었다. 요한은 예수를 보자마자, 그가 메시아이며 자신은 예수보다 훨씬 못한 존재로 그의 들메끈을 풀 가치조차 없는 사람이라고 단언했다. 그리고 처음에는 예수에게 세례를 해 주려고 하지 않고, 오히려 자신이 예수에게 세례를 받아야 한다고 주장했다는 것이다. 이 이야기에 과장이 있음은 요한이 보낸 사자가 의심을 품었다는 사실을 떠올리는 것만으로 충분히 증명될 것이다.

## 두 종파의 관계

그렇지만 더 넓은 눈으로 보면, 요한은 그리스도교 전설 속에서 확실히 매서운 선구자였다. 신랑이 오는 기쁨을 앞두고 회개를 외치는 침울한 설교자이자, 하느님 나라를 예고하면서도 그것을 보지 못하고 떠나간 예언자이자, 초창기 그리스도교의 거물이었다. 메뚜기와 야생 벌꿀로 연명하고 부정을 바로잡는 이 준엄한 인물은 하느님 나라라는 달콤함을 맛보기 전에 준비된 압생트[1]였다. 헤로디아에게 목이 잘린 이 인물이 그리스도교의 순교자 시대를 열었다. 그는 새로운 신앙을 증명한 첫 번째 인물이었다. 속인들은 요한을 하늘의 적이라고 간주하여 살려 둘 수가 없었다. 그리스도교의 출발 시기에 목이 잘려 누운 그 시체는 이후 많은 사람이 지나가야 할 피투성이 앞길을 상징했다.

창시자는 죽었지만, 요한파는 멸망하지 않았다. 이 파는 예수파와는 별개로 한동안 사이좋게 존속했다. 두 스승이 세상을 떠나고 몇 년 동안 사람들은 요한식으로 침례를 받았다. 두 파에 모두 속한 사람도 있었다. 바울[2]의 맞수로 유명한 아폴로, 에베소에 사는 많은 그리스도교도가 그러했다. 역사가 요세푸스도 바누라는 이름의 금욕주의자 파에 있었던 적이 있다.[3] 세례 요한파에 속해 있었다고 전해지는 바누라는 인물은 요한처럼 나뭇잎으로 몸을 가리고 황야에서 살며 식물과 야생 과일만 먹고, 낮에도 밤에도 몸을 깨끗이 하기 위해 차가운 물로 몸을 씻었다. "주님의 형제"라고 불렸던 야고보도 금욕 생활을 했다. 하지만 1세기 말이 되자 세례파와 그리스도교는 특히 소아시아에서 분쟁을 일으켰다. 요한이 창시한 직계 교파는 거의 그리스도교와 융합하였고, 그리스도교 안의 작은 이단으로서 조용히 역사에서 사라졌다. 요한은 이러한 결말을 예견했던 것 같다. 예수와 변변찮은 분쟁을 일으키려고 생각했더라면, 그는 수많은 종파와 마찬가지로 묻혀 진작 잊히고 말았을 것이다. 그는 자애심보다 더 높은 것을 가지고 있었다. 그렇기에 인류 종교의 전당에서 영광으로 가득한 독자적 자리를 차지하고 있는 것이다.

---

1) 쑥으로 만든 독한 술.
2) 기원후 45년 무렵.
3) 기원후 53년.

# 12 예루살렘에서의 첫 시도

예수는 거의 해마다 유월절을 지내러 예루살렘으로 갔다. 각각 어떤 여행이 있었는가는 거의 알려지지 않았다. 공관 복음은 이를 전혀 다루고 있지 않고, 제4복음서는 그 내용이 몹시 모호하기 때문이다. 가장 중요한 여행은 요한이 죽은 뒤인 기원후 31년, 예루살렘에 머물 때일 것이다. 제자 몇 명이 그를 따라갔다. 예수는 이 무렵부터 순례를 그다지 중요시하지 않았지만, 아직 유대 여론에 신경을 끊은 것은 아니었기에 순례를 갔다. 그렇지만 이러한 여행은 그의 계획에는 중요한 것이었다. 선도적인 역할을 한다는 인상을 주려면 갈릴리를 떠나 유대교의 근거지인 예루살렘을 공략해야 함을 그는 이미 알고 있었다.

갈릴리에서 온 이 작은 일행은 도시에서 완전히 이방인이었다. 당시 예루살렘은 오늘날과 거의 마찬가지로 현학주의, 독설, 논쟁, 증오, 편협의 도시였다. 또한, 바리새 학자의 근거지로, 오로지 사소한 율법 연구에 몰두했다. 신학과 경전에 관한 것만 연구할 뿐, 영혼을 수련하는 데는 아무런 도움도 되지 않았다. 이슬람교 고행승의 무미건조한 교리와 같아서, 이슬람 사원 주위에서 논의되는 시간 때우기식 정신 수양에도 써먹을 수 없는 전혀 쓸모없는 변론 학문이었다. 근대 성직자의 신학 교육도 무미건조하기는 하지만, 이 정도는 아니다. 르네상스가 우리 교육에 문예와 뛰어난 문법 가운데 가장 선구적인 것을 조금이나마 도입한 덕분에 스콜라 철학에도 다소나마 인간미가 첨가되었기 때문이다.

소페르[1]의 학문은 야만스럽기 그지없고 터무니없으며, 덕이라는 요소가 전혀 없었다. 거기다 불행하게도, 참고 그것을 습득한 사람은 우스꽝스러울 정도로 오만해졌다. 애써 습득한 학문을 과신한 나머지 유대 학자들은 그리스 문명을 멸시했다. 오늘날 이슬람학자가 유럽 사회를, 또는 옛 가톨릭 신학자들이

---

1) 율법학자.

속세의 학문을 경멸하는 태도와 똑같았다. 이들 세 스콜라 철학풍 교양의 특색이라면, 섬세한 문제에 마음을 닫고 유치한 난문만을 중시하여 정신을 피로하게 만들면서도 그것을 엄숙한 일을 하는 사람이 나아갈 길이라고 맹신한다는 것이다.

### '어리석은 갈릴리 사람'

이 추악한 사회는 북부 이스라엘 사람의 따뜻한 마음과 올곧은 영혼을 무겁게 짓눌렀다. 갈릴리 사람이, 동경하던 아름다운 전당으로 들어서서 마주치는 것은 모욕뿐이었다. 순례 시편에 있는 "주님을 거스르는 자들의 천막에서 사느니 내 하느님 집에서 문지기로 지내겠다"[2]는 구절은 자신들을 위해 만들어진 것만 같았다. 제사장들은 갈릴리 사람을 깔보고, 그 소박한 신앙에 코웃음쳤다. 옛 이탈리아 승려가 자신들이 사는 성지에 익숙해진 나머지, 멀리서 찾아온 순례자의 열정에 냉소 지었던 것과 비슷했다. 게다가 갈릴리 사람은 심한 사투리로 얘기했기 때문에 알아듣기가 어려웠다. 독특한 발음이 섞여 있어 잘못 알아듣기 일쑤였으므로 조롱거리가 되는 것이었다. 종교에도 무식하다고 여겨져 '어리석은 갈릴리 사람'이라는 말이 속담처럼 쓰였다. 갈릴리 사람에게는 순수 유대인의 것이 아닌 피가 섞여 있다고 여겨졌는데, 이것은 근거 없는 이야기가 아니다. 갈릴리에서 예언자는 태어나지 못한다고도 했다. 이처럼 유대교 주변이 아니라 아예 바깥에 놓여 있던 가엾은 갈릴리 사람에게 한 줄기 희망을 준 것이 있다면, 억지해석을 갖다 댄 〈이사야서〉의 다음과 같은 한 구절이다. "옛적에는 스불론 땅과 납달리 땅으로 하여금 멸시를 당하게 하셨더니, 후에는 해변 길과 요단강 건너편 이방의 갈릴리를 영화롭게 하셨느니라. 어둠 속에 살던 백성이 큰 빛을 보고, 죽음의 그늘진 땅에 살던 백성에게 빛이 비춰도다."[3]

예수가 태어난 마을의 평판은 특히나 나빴던 것 같다. "나사렛에서 좋은 것이 나오랴?"라는 속담이 널리 쓰였다고 한다. 아닌 게 아니라 예루살렘 근교의 기후는 매우 건조해서 예수는 틀림없이 견디기 어려웠을 것이다. 계곡에는 물이 없고, 황폐한 대지에 있는 것이라고는 돌뿐이다. 눈을 돌려 사해의 골짜기를

---

2) 시편 84 : 10.

3) 이사야서 9 : 1~2.

보면 감동을 자아내는 풍경이 펼쳐지지만, 그밖에는 단조롭다. 이스라엘에서 가장 유서 깊은 미스바 언덕이 조금 눈길을 끌 뿐이다. 현재의 마을 모습은 예수가 있던 시절과 거의 다르지 않다. 오랜 기념 건축물은 하나도 없었다. 하스몬 왕조가 탄생하기까지 유대인은 예술에 전혀 관심이 없었다. 요한 히르카누스가 거리를 꾸미기 시작하고 헤롯 대왕 치세에 이르러서야 마을은 장려한 외관을 갖게 된다. 왕이 건설하여 웅장한 분위기로 완성된 도시는 훌륭한 자재를 썼다는 점에서 고대에서 가장 완성도 높은 건물과 견줄 만했다.

예루살렘 근교에 독특한 무덤이 숱하게 들어섰다. 양식은 그리스풍이지만 유대인의 관습에 맞게 변형한 무덤도 수두룩했다. 헤롯왕가는 무덤에 인체 조각상을 장식하도록 허락했지만, 엄격주의자들의 반대에 부딪혀 무산되고 그 대신에 식물 문양이 새겨졌다. 이처럼 독특한 묘석에서, 페니키아와 고대 팔레스타인 주민이 좋아했던 천연 암석에서 잘라낸 바위 덩어리로 만든 돌기둥 비석의 흔적을 읽을 수 있다. 그리스 양식과 혈거 민족 건축의 절묘한 혼합이 엿보인다. 공예 작품을 허영의 과시라고 생각했던 예수는 이러한 건축물을 혐오의 눈으로 바라보았다.

그는 정신에 절대적인 무게를 두었다. 지금의 이 세상은 사라질 것이라는 굳은 신념을 품고서, 정신적인 것에만 마음을 움직였다. 당시 성전은 막 지은 것으로서 외장 공사도 끝나지 않았다. 헤롯은 다른 건축물과의 조화를 생각해서 기원전 20년 또는 21년에 개축에 들어갔다. 성전 내부는 1년 반, 주랑은 8년이 걸려 완성했다. 하지만 부속 건축은 조금씩 진행하여, 예수가 예루살렘을 공략하기 직전에 완성을 보았다.[4] 예수는 공사를 지켜보면서 남몰래 불쾌해하지 않았을까? 영원한 세상을 기원하며 만든 이 건물은 메시아 도래가 눈 앞으로 다가왔다는 그의 신념을 모욕하는 것이었다. 예수는 불신자나 광신자들보다 뛰어난 통찰력으로, 그 장대한 건축물이 머지않아 소멸할 운명임을 내다보았다.

## 추잡한 성전 내부

성전 내부는 놀랍도록 장엄하게 꾸며져 있었고, 안뜰과 그 주변을 둘러싼 회

---

4) 요한복음 2 : 20.

당시 성전은 막 지은 것으로서 외장 공사도 끝나지 않았다

랑에는 언제나 많은 군중이 밀집해 있었다. 이 넓은 장소는 성전이자, 집회장이
자, 법정이자, 대학이었다. 그곳에는 각 유대 종파의 논쟁, 카논법 전수, 민사 재
판 등 각종 활동이 모여 있었다. 아무래도 상관없는 억지 문제를 둘러싸고 시
끄럽고 끝없는 논쟁이 펼쳐지는 시합장이었다. 당시 로마인은 활동이 그 영역
에 머물러 있는 한 외국 종교를 충분히 존중해서, 성전에 들어가기를 자제했다.
비유대인이 들어가도 되는 곳에는 그리스어와 라틴어로 경계선이 표시되었다.
그러나 로마군의 사령부가 있는 안토니아 탑에서는 성전의 모든 구역이 내려
다보였기에, 그곳에서 무슨 일이 벌어지는지는 일목요연했다. 성전 내부의 치안
은 유대인인 성전의 장이 맡았다. 그는 문을 지키며, 손에 막대기를 든 사람, 신
발이 더러운 사람, 보따리를 든 사람, 지름길로 쓰려고 성전에 들어오는 사람을
가로막았다. 특히 율법을 저버린 부정한 사람이 안으로 들어오지 못하게 주의
깊게 살폈다. 여성에게는 첫 번째 정원 가운데에 나무 울타리를 두른 특별 장
소가 마련되었다.

성전 안에서도 제물용 짐승을 팔았다

예수가 예루살렘에 머무르며 날마다 시간을 보낸 곳은 이 성전 안이었다. 축제가 시작되면 마을에는 많은 사람이 몰려들었다. 순례자는 열 명, 스무 명씩떼 지어 아무 데로나 몰려다니며 동양 특유의 북적북적한 소란 속에서 보냈다. 예수는 이 군중 속에 섞여 눈에 띄지 않았다. 그를 따라왔던 가난한 갈릴리 사람들도 존재감이 옅었다.

예수는 적의와 경멸에 둘러싸여 있다고 느꼈을 것이다. 보는 것 듣는 것 모두 불쾌했을 것이다. 어느 성전 할 것 없이 참배객은 떼 지어 몰려다니고, 감사함은 눈을 씻고도 찾아볼 수 없는 모습이었다. 의식에는 허식이 따라붙기 마련인지라 성전에는 상인들까지 들어와 좌판을 벌였다. 제물용 동물을 팔고 환전

어느 날은 화가 난 나머지, 뻔뻔한 상인들을 채찍질하며 좌판을 엎어 버렸다

상까지 있어서 장터에 온 기분마저 들었을 것이다. 성전 관리인은 어느 시대 회당지기나 그러하듯 신앙심 없이 건성건성 근무했을 것이 뻔하다. 신성한 것을 다룸에도 불경하고 부주의한 태도는 예수의 신앙심을 상처 입혔고, 때로는 어처구니없는 기분이 들게 했다. 기도하는 집이 도둑 소굴이 되었다며 예수는 비난했다. 어느 날은 화가 난 나머지, 뻔뻔한 상인들을 채찍질하며 좌판을 엎어 버렸다고 한다.

애초에 예수는 성전을 좋아하지 않았다. 그가 마음에 그리는 '아버지'를 위한 예배는 짐승을 도살하는 피비린내 나는 장면과 무관했다. 유대의 전통적 제도에 하나같이 혐오감을 느꼈기에, 예수는 그것에 순응해야 한다는 사실이 괴로웠다. 성전과 경내에서 마음이 경건해지는 사람은 유대식으로 변한 그리스도교도뿐이었다. 진정으로 새로운 사람은 이 오랜 성전을 싫어했다.

콘스탄티누스를 비롯한 초대 그리스도교의 황제는 하드리아누스 황제가 지은 이교 건물을 그대로 두었다. 율리아누스 황제 같은 그리스도교의 적들이 오히려 이 건물을 마음에 들어 했다. 오마르[5]는 예루살렘에 들어왔을 때, 유대인을 증오한 나머지 이곳을 더럽혔다. 영광을 되찾아 준 것은 유대교의 부활이라고 볼 수 있는 이슬람교였다. 이곳은 적 그리스도교의 땅으로 남았다.

## 사두개인 제사장

이렇게 방만한 유대인에게 불만이 커지면서 예수의 예루살렘 체류는 고달픔으로 가득 차게 된다. 그의 사상이 성숙해질수록 제사장들의 가치는 떨어져 갔다. 시나고그 제도에 따르면 제사장의 지위는 율법해석자나 학자보다 훨씬 낮았다. 제사장들은 예루살렘에만 있었는데, 그곳에서 하는 일이라고는 의식을 집행하는 것뿐이었다. 가톨릭 소교구 신부에게 설교가 허락되지 않은 것과 마찬가지이다. 제사장보다는 회당의 설교자, 교리학자, 그리고 완전히 평신도에 불과한 학자가 우월했다. 당시 사고방식에 따르면 《탈무드》에서 유명한 인물은 제사장이 아니라 학자였다. 예루살렘의 고급 제사장은 확실히 민족 내에서 높은 지위를 차지했다. 그러나 종교 운동에 앞장서지는 않았다. 대제사장은 헤롯 대왕 시대에 권위가 크게 떨어지더니 점차 로마에 충성하는 관리가 되어 갔다. 그나마 로마에 유리한 위치에 되도록 많은 사람을 앉히기 위해 빈번하게 경질되었다. 바리새인들이 평신도임에도 신앙심이 무척 깊었던 데에 비해, 제사장들은 거의 사두개인으로, 성전 근처에 살면서 제단으로 입에 풀칠하며 그 허무함을 뼈저리게 아는 신앙심 옅은 귀족이었다. 이처럼 제사장 계급은 민족 감정과는 동떨어진 존재로, 대중을 이끌던 종교적 조류의 바깥에 있었다. 사두개인은 본디 제사장 사독의 집안을 가리키는 말이었지만 이제는 '물질주의자', '쾌락주의자'의 동의어가 되었다.

헤롯 대왕 치세 이후가 되자 고급 제사장직은 더욱 추락한다. 헤롯 안티파스는 알렉산드리아 태생 보에투스의 아들 시몬이라는 자의 딸 마리아나에게 연정을 느껴 결혼하려고 했다.[6] 마리아나의 아버지를 귀족으로 만들어 자신과 같은 지위에 놓으려면 그를 대제사장으로 삼는 수밖에 없었다. 이 계략에서 생겨난 집안이 거의 35년 내내 대제사장 자리에 앉았다. 왕가와 밀접한 관계를 쌓

---

5) 우마이야 왕조의 칼리프.
6) 기원전 28년 무렵.

은 이 집안은 아켈라오왕이 폐위된 뒤에 겨우 지위를 잃었지만, 헤롯 아그리파가 헤롯 대왕의 사업을 재부흥한 뒤에 다시 그 지위를 얻었다.[7] 이렇게 보에투스 집안이라는 새로운 제사장 계급이 날조되었다. 그들은 매우 저속하고 신앙심이 없으며, 대다수 사두개인과 구별이 되지 않았다. 《탈무드》나 랍비들의 저서를 보면, 보에투스 일족은 불신자 무리로 사두개인과 늘 친하게 지냈다고 쓰여 있다.

## 예루살렘에서 인기 없는 예수

이 같은 사정 탓에 성전 주변에는 일종의 '로마 궁정'이 생겨났다. 그들은 기득권을 누렸기에 정치에만 빠져서 성인과 개혁자에게 귀 기울이지 않고, 과도한 열의를 보이지 않았으며, 오히려 그런 열의를 두려워했다. 쾌락주의자로서, 바리새인처럼 과격하지는 않고 그저 안식을 바랐다. 예수는 도덕적 무관심도, 불신앙도 매우 싫어했다. 앞서 본 것처럼, 제사장과 바리새인은 매우 다르지만 예수가 싫어했다는 점에서는 같았다. 다만 예수는 이방인인 데다 신용도 없었기에 불만은 마음속에 담아 두고, 자신을 따르는 친밀한 동료들에게만 그 불만을 드러냈다. 마지막 예루살렘 체류는 결국 예수의 죽음으로 끝났지만, 그 이전 체류 때도 예수는 소신을 밝히려고 했다. 그래서 기적을 일으킨 인물이라는 소문만은 났다. 하지만 그것만으로 예루살렘에 교회가 세워질 리도 없거니와 제자 무리가 생길 리도 없었다. 누구든 그를 사랑하기만 하면 받아들여 주는 이 매력 있는 스승도 공론과 케케묵은 제물 의식이 만연한 이 성지에서는 대단한 반향을 일으키지 못했다. 고작 착한 몇몇 사람과 알게 되었을 뿐인데, 이는 뒷날 결실을 보았다. 예수가 예루살렘에서 마지막 시련을 받았을 때 그를 크게 도와준 베다니 일가는 이 무렵에는 예수와 알고 지내지 않은 것 같다. 마가와 그의 어머니 마리아와는 이 무렵 알고 지냈으리라 추측된다. 마가의 집은 몇 년 뒤 제자들의 집회소가 되었다. 예루살렘에서 인망 두텁고 유복한 유대 의회 의원이었던 니고데모라는 바리새인도 예수에게 다가왔다. 정직하고 성실한 인물이었다고 알려진 그는 이름도 없는 한 갈릴리 사람에게 마음을 빼앗

---

7) 기원후 42년.

겨 밤중에 몰래 찾아와 오랫동안 이야기를 나누었다고 한다. 나쁜 소문이 나는 것을 피하기 위해서였다. 그는 점점 예수에게 마음이 끌렸던 것이 틀림없다. 나중에는 동료들의 편견에 맞서 예수를 변호하고, 예수가 죽자 그 유해를 정중하게 거두었다. 하지만 니고데모는 그리스도교도는 되지 않았다. 명사가 가담하지 않은 혁명 운동에 참가하는 일은 자신의 지위로 볼 때 온당치 않다고 판단했기 때문이다. 그럼에도 그는 예수에게 두터운 우정을 보였고, 여러모로 도와주었다. 하지만 예수를 죽음에서 구해낼 수는 없었다.

당시 저명한 학자들과 예수 사이에 교류는 없었다고 한다. 힐렐과 샤마이는 이미 고인이었다. 당시 최고 권위자는 힐렐의 손자 가말리엘이었다. 그는 활달한 사교인으로, 세속 학문에도 통달하고 상류 사회와도 교류가 있었으며 아량이 넓었다. 엄격한 바리새인은 길을 걷다가 여인들을 만나면 얼굴을 가리거나 눈을 감았는데, 가말리엘은 길 가는 여인이나 이교도 여인도 똑바로 바라보았다. 그는 궁정과도 가까워 그리스어를 할 줄 알았다고 전해진다. 예수가 죽은 뒤, 가말리엘은 그 새로운 종파에 관해 매우 온화한 견해를 말했다고 한다. 성 바울은 이 가말리엘파에서 나왔다. 예수는 이 종파에 들어간 적이 없었다고 한다.

## 유대교와 결별하다

예수는 예루살렘에서 적어도 한 가지 생각을 가지고 돌아와 이후 가슴에 새겨 넣었다. 낡은 유대교와 손잡겠다는 생각은 일절 하지 말자는 것이었다. 자신을 소름 끼치게 했던 제물 의식을 폐지하는 일, 방만하고 믿음이 부족한 제사 장직을 폐지하는 일, 율법 자체를 넓은 의미에서 파기하는 일, 이 세 가지가 절대로 필요하다고 생각했다. 즉 그는 이때부터 유대교의 개혁자가 아니라 파괴자로 나선 것이다. 메시아사상을 섬기는 사람 가운데는 메시아가 유대 사회뿐만 아니라 전 세계에 통용하는 새로운 법을 가져오리라고 믿는 자도 있었다. 엄밀히 말해 유대교라고는 할 수 없지만, 에세네파도 성전이나 모세의 율법을 무시했다고 한다. 하지만 이런 담대함은 공공연히 말해지지 않았거나 내부에서만 말해졌다. 예수는 자신 이후, 아니 요한 이후는 율법이 존재하지 않는다고 공언했다. 이때 신중하게 말을 고르긴 했지만, 그것은 상식화한 편견에 지나친 충격을 주지 않기 위해서였다. 하지만 추궁을 받으면 베일을 벗고, 율법은 이미 힘을 잃었다고 힘차게 비유를 들어 잘라 말했다. "새 천 조각을 낡은 옷에 대고 깁는 사람은 없다. 새 포도주를 낡은 가죽 부대에 담는 사람도 없다."[8]

## 혈통 위가 아닌 마음 위에

여기에서 행동하는 스승으로서, 또 창조자로서의 예수의 모습을 볼 수 있다. 성전에서는 거만한 게시물을 붙여 비유대인을 경내에서 쫓아냈다. 예수는 그것을 역겨워했다. 아브라함의 후예만을 위해 만들어진 율법은 편협하고 엄격하고 무자비했다. 그에 반해 예수는 모든 착한 사람, 그를 환영하고 사랑하는 사람은 모두 아브라함의 자식이라고 이야기했다. 민족 혈통을 자부하는 자는 가장 증오스러운 적이라고 믿었다. 즉, 이때 예수는 이미 유대인이 아니라 최고 혁명가였다. 오로지 "모든 사람은 하느님의 자식"이라는 자격 위에 세워진 종교로 그는 만인을 초대했다. 그가 선언한 것은 모든 사람이 누릴 권리이지 유대인의 권리가 아니었다. 인류의 구원이지 유대인의 구원이 아니었다. 율법의 이름으로 혁명을 역설한 가말라의 유다나 맛디아 마르갈로트 등과 예수는 얼마나 거리가 먼가! 혈통 위가 아니라 마음 위에 세워진 인류의 종교가 여기에 있다. 모세는 과거가 되었다. 성전은 이제 존재 이유를 잃고 뼈아픈 비난을 받았다. 예수가 탄핵을 철회하기란 이제 불가능했다.

---

8) 마태복음 9 : 16~17.

# 13 착한 사마리아인

예수는 앞서 말한 원칙에 따라 마음의 종교가 아닌 것을 모두 경멸했다. 따라서 의미 없는 의식에 힘쓰는 신자들과 구원을 바라며 형식에만 만족하는 완고한 엄격주의자들에게 예수는 불구대천의 원수였다. 예수는 금식을 하찮게 생각했다. 제물을 바치는 것보다 모욕을 잊는 편이 중요하다고 말했다. 하느님을 사랑하는 것, 자비로운 마음을 지니는 것, 서로 용서하는 것, 이것이 그의 율법의 전부였다. 이만큼 제사장과 거리가 먼 것도 없었다. 직업상 제사장들은 대중에게 제물을 바치라고 권했으며, 그것을 지휘할 사람은 자신들밖에 없었기 때문이다. 또한, 눈이 닿지 않는 곳에서 기도하지 못하게 하려고, 혼자서 기도하는 것은 좋지 않다고 말했다. 복음서에 예수가 전도한 종교의식이 있는지 없는지 아무리 뒤져 봐도 헛수고였을 것이다. 세례는 대단한 의미가 없고, 기도도 마음으로 하라고 말했을 뿐 규칙다운 규칙이 없기 때문이다. 영혼이 나약한 사람도 선의만 있다면 진정으로 선을 사랑하게 된다고 생각하거나, 랍비라고 불린 것만으로 천국에 갈 수 있다고 생각하는 사람이 부지기수였다. 예수는 이런 사람들을 물리치고, 자신의 종교는 선의 실천에 있다고 선언했다. 〈이사야서〉의 한 구절을 인용하기도 했다. "이 백성이 입으로는 나를 가까이하고 입술로는 나를 공경하나 마음은 내게서 멀도다."[1]

안식일은 바리새인들의 걱정과 탐구를 낳는 원천이 되어 있었다. 예전에는 훌륭했던 이 오래된 약속은 이윽고 교리학자들의 한심스러운 논쟁거리가 되고, 허다한 미신을 낳는 원천이 되었다. 이를테면 자연조차 안식일을 지키고 있다고 믿거나, 샘이 주기적으로 물을 뿜어내는 것은 안식일을 지키기 때문이라고 생각했다. 예수는 이 안식일을 소재로 자주 논적을 물리쳤다. 먼저 공공연

---

1) 이사야서 29 : 13.

하게 안식일을 어기고, 비난받으면 교묘한 조롱으로 응했다. 나아가, 습관 그대로 율법에 더해 만든 새로운 계율은 그런 만큼 신자들에게 친숙했지만, 예수는 이것을 더욱 경멸했다. 목욕재계다, 어느 음식을 먹어야 한다 하는 지나치게 세밀한 구분에도 그는 냉담했다. "입으로 들어가는 것은 사람을 더럽히지 않는다. 입에서 나오는 것이 사람을 더럽힌다."[2] 허례의 전도사인 바리새인은 예수가 쏜 일제사격의 표적이 되었다. 그들이 도저히 지킬 수 없는 규정을 만듦으로써 율법을 쓸데없이 어렵게 바꾸어 범죄 기회를 늘리고 있다고 공격했다. "그들은 맹인을 안내하는 맹인이다. 맹인이 맹인을 안내하면 둘 다 구덩이에 빠질 것이다."[3] 그리고 은근히 덧붙였다. "독사의 자식들아! 너희가 악한데 어찌 선한 말을 하겠느냐? 너희는 선을 말하지만 속은 검다. '입은 마음속에 가득 찬 것을 내뱉는다'는 격언을 기만하고 있다."[4]

## 이교도에 대한 상반된 척도

예수는 이방인을 잘 몰랐기에 그들을 개종시켜 견실한 사람으로 인도하겠다는 생각은 하지 않았다. 갈릴리에는 이교도가 많았지만, 사이비 신을 조직적으로 예배하는 습관은 없었던 것 같다. 이교의 예배가 버젓하게 두로, 시돈, 가이사랴 빌립보, 데가볼리 지방으로 퍼져가는 것을 보았을 테지만, 예수는 그것이 나쁘다고는 추호도 생각하지 않았다. 예수는 당시 유대인처럼 따분한 페단티즘(현학적 태도)에 빠지지도 않았으며, 알렉산더 이래 그와 같은 종파 사이에서 번성하고 〈지혜의 서〉 따위로 가득한 반 우상 숭배를 부르짖지도 않았다. 예수가 이교도에게서 주목한 것은 우상 숭배를 한다는 점이 아니라 그들 사이에서 노예 관계가 인정된다는 점이었다. 이 젊은 유대 민주주의자는 하느님 이외에는 주인을 인정하지 않았다. 그 점에서 가말라의 유다와 같다. 그렇기에 이교도들이 왕을 받들고 가짜 칭호를 바치는 모습을 보고 크게 기분이 상했다. 이 점만 별개로 치면, 그는 이방인에게 매우 너그러웠다. 유대인보다 이교도에게 더 큰 희망을 건 것처럼 보인다. 하느님 나라는 그들에게 옮겨갈 것이라고

---

2) 마태복음 15 : 11.
3) 마태복음 15 : 14.
4) 마태복음 12 : 34.

했다. "포도밭 주인이 그곳에서 일하는 소작인에게 만족하지 못했을 때 어떻게 하겠느냐? 더욱 풍요로운 열매를 거둘 수 있는 다른 소작인에게 밭을 빌려줄 것이다."[5] 유대 사상에서 이교도의 개종은 메시아 도래의 가장 확실한 증거로 여겨졌으며, 예수도 이 생각을 중시했다. 예수의 가르침에 따르면 천국에서 아브라함, 이삭, 야고보 곁에 앉는 사람은 사방 하늘에서 온 사람들이며, 천국의 정통 상속인은 쫓겨난다. 하지만 예수는 이와 반대되는 말도 했다. 정통 유대인에게만 구원을 전파해야 한다고도 했으며, 유대인의 편견에 따라 이교도를 표현하기도 했다.

이는 소견이 좁은 제자들이 아브라함의 자식이라는 유대인의 자격에 관한 스승의 속 깊은 무관심을 이해하지 못해 스승의 가르침을 자기들 생각대로 왜곡한 탓이라고 설명하면 어떨까 싶다. 무함마드가 코란에서 유대인을 논하며 어떤 때는 매우 경의를 표하고 어떤 때는 혹평하면서, 그들을 아군으로 받아들일지 말지 오락가락했던 것처럼 예수도 이 점에서 오락가락했을 가능성도 크다. 실제로 예수는 전도할 때 전혀 다른 두 척도를 번갈아 사용했다. "나를 적대하지 않는 자는 내 편이다.", "내 편을 들지 않는 자는 내 적이다." 격렬한 항쟁은 이러한 모순을 반드시 동반한다.

예수의 제자 중에 유대인에게 헬레네(그리스인)라고 불리던 자가 몇 명 섞여 있었던 것은 분명하다. '헬레네'라는 말은 팔레스타인에서 매우 다양한 뜻을 지니고 있었다. 이교도를 지칭하기도 했고, 이교도와 함께 살며 그리스어를 쓰는 유대인을 가리키기도 했으며, 이교도에서 유대교로 개종한 사람을 뜻하기도 했다. 예수는 이중 마지막 부류에 공감하지 않았을까?

유대교로 개종하려면 많은 단계를 밟아야 했다. 개종한 사람은 유대인으로 태어난 사람보다 늘 낮은 위치에 놓였다. 이들은 "문간의 개종자" 또는 "하느님을 두려워하는 자"로 불리며, 모세의 율법이 아니라 노아의 율법을 따랐다. 이처럼 낮은 지위에 놓였기에 그들은 더욱 예수를 따르고 사랑했을 것이다.

---

5) 마태복음 21 : 41~41.

## 자애, 착한 사마리아인

유다와 갈릴리라는 커다란 두 유대 교구 사이에 끼어 있는 사마리아는 팔레스타인에서도 일종의 격리 지구였다. 그곳에는 유대파의 형제이자 맞수이기도 한 게리짐파라는 오랜 종파가 남아 있었다. 유대교 본래의 특질도 치밀한 조직도 없는 이 종파는 이스라엘 사람들에게 매우 냉대받는 빈약한 종파였다. 이스라엘인들은 이 종파 사람들을 이교도와 동일시하여 증오의 눈길로 바라보았다. 예수는 일종의 반발심에서 이 종파에 호의를 보였다. 그는 정통 유대인보다도 사마리아인에게 호의를 보이는 경향이 있었다. 하지만 어떤 때는, 복음은 순수한 이스라엘 사람만의 것이니 사마리아인에게는 설교하러 가지 말라고 제자들에게 명령했다고 한다. 이는 예수가 임기응변으로 한 말을 사도들이 절대적 의미로 해석한 것일 것이다. 사마리아인들도 예수를 편견에 물든 사람으로 보고 차갑게 대한 적이 있다. 오늘날 이슬람교도가 유럽의 자유사상가를 통틀어 그리스도교 광신도 무리로 보고 적대시하는 것처럼 말이다. 하지만 예수는 이 같은 오해에 초연할 수 있었다. 그는 세겜에 제자를 몇 명 두었던 것으로 보이며, 적어도 이틀은 그곳에서 보냈다. 어느 날 예수는 한 사마리아인을 만남으로써 감사와 참된 신앙심을 처음으로 접한다. 이 사건은 가장 아름다운 비유로 전해진다.

여리고로 가는 길목에 상처를 입고 쓰러진 사나이가 있었다. 한 제사장이 그 길을 가다가 그 사람을 보았지만, 못 본 척하고 그냥 지나갔다. 어떤 레위인도 그대로 지나쳐 갔다. 이번에는 어떤 사마리아인이 그 길을 가다가 사나이를 보고 불쌍히 여겨 다가가 상처에 기름을 바르고 붕대를 감아 주었다.

예수는 참된 형제애는 종파의 교리가 아니라 자비심에서 생겨난다는 결론을 이끌어냈다. 유대교에서 '이웃'은 같은 종파 사람을 가리키는 예가 많았다. 하지만 예수에게는 교파에 상관없이 동포를 사랑하는 자를 뜻했다. 가장 넓은 의미의 우애가, 그가 퍼내는 모든 교훈의 우물가에서 철철 흘러넘쳤다.

예루살렘을 떠날 무렵, 예수의 머릿속을 가득 채우고 있었던 이 사상은 가는 도중에 일어난 한 사건 속에 생생하게 표현되어 있다.

예루살렘에서 세겜을 지나 30분 정도 더 가면 에발산과 게리짐산으로 둘러싸인 계곡으로 들어서는 입구가 나온다. 갈릴리로 향하는 이 길은 보통 유대

그는 말했다. "여인이여, 나를 믿으시오."

순례자들이 피해 다니는 길이다. 순례자는 사마리아인에게 모욕을 당하거나 사마리아인에게 무언가를 구걸하기보다는 빙 돌아서 베레아를 거치는 쪽을 택했다. 사마리아인과 함께 식사하는 일은 금지되어 있었다. "사마리아 사람의 빵은 돼지고기와 같다." 이런 격언을 말하는 교리학자도 있었기에, 이 길을 지나 여행할 때는 미리 식량을 준비했다. 그래도 싸움이나 천대를 피하기는 어려웠다. 하지만 예수는 그런 걱정이나 두려움이 없었다. 왼쪽으로 세겜의 골짜기가 펼쳐지는 곳까지 오자 피로를 느낀 그는 어떤 우물가에서 발을 멈추었다. 사마리아인에게는 골짜기마다 족장 시대의 추억에서 따온 지명을 붙이는 습관이 있었는데, 이 우물은 지금도 비르야쿱(야고보의 우물)이라고 불리는 우물이었을 것으로 추정된다. 제자들은 골짜기로 내려가 식량을 사러 마을로 갔다. 예수는 게리짐산을 정면으로 올려다보며 우물가에 앉아 있었다.

## 번쩍이는 한 줄기 말이 영원한 종교로

이래저래 정오가 되었다. 한 세겜 여인이 홀로 물을 길으러 왔다. 예수가 물을 달라고 하자, 여인은 눈을 휘둥그레 뜨고 놀랐다. 유대인은 보통 사마리아인과 상종하지 않기 때문이다. 예수의 말에 매료된 여인은 예수를 예언자로 생각했다. 분명히 자신의 신앙이 시험당하리라고 짐작하고 선수 쳐서 말했다. "우리 조상은 이 산에서 예배했지만, 당신네 유대인은 꼭 예루살렘에서 예배해야 한다고 믿지요." 예수는 대답했다. "여인이여, 나를 믿으시오. 당신네가 이 산도 예루살렘도 아닌 곳에서 아버지께 예배할 때가 올 것이오. 진실한 예배를 올리는 자들이 영과 진리로 아버지께 예배할 때가 올 것이오."[6]

이 말을 입에 담은 날, 그는 진정한 하느님의 아들이었다. 이날 처음으로 이 말을 꺼냄으로써 예수는 영원한 종교의 집을 그 위에 세울 주춧돌을 마련했다. 시간과 국경을 초월한 순수한 종교이자, 모든 숭고한 사람이 세상의 종말까지 지켜야 할 신앙이다. 이날 그가 마련한 것은 인류 최선의 종교였을 뿐만 아니라 절대 종교였다. 다른 행성에 이성과 덕성을 갖춘 사람이 산다고 가정해도, 그들의 종교는 예수가 야고보의 우물가에서 말한 것과 다르지 않을 것이다. 하지만 인간은 그 가르침을 지키지 못했다. 사람이 이상을 손에 넣을 수 있는 것은 겨우 한순간이기 때문이다. 예수의 이 말씀은 어두운 밤을 가로지르는 한 줄기 빛이었다. 이 빛에 인류의 눈이 익숙해지기까지 1800년이 걸렸다. 그것도 아주 소수의 눈이! 그 섬광은 언젠가 찬란한 햇빛이 될 것이다. 인류는 온갖 잘못의 소용돌이를 거친 뒤에, 신앙과 희망을 표현한 그 영생의 말씀으로 되돌아올 것이다.

---

6) 요한복음 4 : 21~23.

# 14 전설 탄생, 예수의 기적

예수는 유대교에 대한 신앙심을 모조리 잃고 혁명의 불꽃에 휩싸인 채 갈릴리로 돌아왔다. 이 무렵이 되면서 그의 사상은 매우 명료한 형태로 나타난다. 초기 예언자적인, 일부는 이전 랍비들에게서 빌려 온 순진한 훈계와 제2기의 아름다운 도덕적 설교가 한데 어울려 확고한 방침을 제시하게 된다. 율법은 폐지되어야 하며, 그 일을 할 사람은 그였다. 메시아는 도래했으며, 그건 바로 그였다. 하느님 나라는 바야흐로 열리려 하고 있으며, 그 문을 열 사람은 그였다. 예수는 자신이 그 담대함에 희생되리라는 사실을 잘 알았다. 하지만 하느님 나라는 무리하지 않고서 얻을 수 있는 것이 아니었다. 위험을 무릅쓰고 고통에 가슴이 찢겨가며 세워야 하는 것이다. '사람의 아들'은 생명이 다하여, 수많은 천사에게 둘러싸인 채 영광으로 충만하여 돌아갈 것이다. 그를 배척하던 자들은 당황하여 어찌할 바를 모를 것이다.

이 담대함에 놀라서는 안 된다. 예수는 훨씬 이전부터 하느님과 자신의 관계를 아버지 슬하에 있는 아들처럼 생각했다. 다른 사람이 이런 생각을 했다면 용서하기 어려운 오만과 불손이지만, 예수를 그렇게 봐서는 안 된다.

## '다윗의 아들'에 관하여

"다윗의 아들"은 예수가 받아들인 첫 번째 칭호였다. 예수에게 이 이름을 붙이기 위해 악의없는 속임수가 행해졌지만, 예수는 거기에 가담하지 않은 것으로 보인다. 다윗 집안은 오래전에 대가 끊긴 것으로 알려졌으므로, 제사장 출신인 하스모니아 왕가도 헤롯왕가도 로마인도 설마 자신들 주위에 고대 왕가의 계통을 대표하는 자가 있으리라고는 꿈에도 생각하지 못했다. 그러나 하스모니아 왕가가 끊어진 이래로 고대 왕조의 후손 가운데 누군가가 유대 민족을 위해 원수를 갚아 주리라는 꿈은 모든 이의 가슴속에 있었다. 메시아는 다윗의 자손이며, 다윗처럼 베들레헴에서 태어나리라고 믿었다. 하지만 예수의 처음 생각은 전혀 달랐다. 예수가 생각하는 천국은 유대 민중의 마음을 사로잡고 있던 다윗의 추억과는 아무런 공통점이 없었다. 예수는 자신을 하느님의 아들이라고 믿었지만, 다윗의 아들이라고는 믿지 않았다. 그가 생각하는 하느님 나라의 구원은 다윗 왕국과는 전혀 달랐다. 하지만 사람들은 여기에 한 가지 억지 해석을 갖다 붙였다. '예수는 메시아다'라는 명제를 '예수는 다윗의 아들이다'라는 다른 명제로 뒤바꿔 버린 것이다. 하지만 예수는 자신을 그렇게 부르도록 내버려 두었다. 이 칭호가 없는 한 성공할 가망은 없었기 때문이다. 이윽고 예수는 그 호칭을 기꺼이 받아들였다. "다윗의 아들이시여, 기적을 일으켜 주십시오"라는 요청을 받으면 아주 흔쾌히 응해 주었다. 예수의 일생에서 자주 보이듯이, 꼭 찬성은 아니더라도 당시 풍조에 타협한 셈이다. '하느님 나라'라는 교리 안에 감정과 상상을 자극하는 것은 모두 결부했다. 앞서 예시처럼, 분명히 그리 대단할 것 없었을 요한의 세례를 굳이 채용한 것도 같은 맥락이다.

그런데 한 가지 매우 골치 아픈 일이 생겼다. 그의 출생에 이의가 제기된 것이었다. 그가 나사렛에서 태어났다는 사실은 누구나가 알았다. 예수가 이 이의 제기에 반박했는지 아닌지 알 수 없다. 갈릴리에서는 아마도 이러한 이의 제기가 없었을 것이다. 이 지방에는 다윗의 자식은 베들레헴에서 태어나야 한다는 생각이 그다지 널리 퍼져 있지 않았기 때문이다. 게다가 갈릴리 사람은 이상주의자였기 때문에, '다윗의 아들'이라는 호칭을 받은 자가 유대 민족의 명예를 다시 드높이고 이스라엘의 영광을 되찾아 준다면 그걸로 충분하다고 생각했다. 예수를 떠받드는 자들은 예수가 왕의 후손임을 증명하고자 계보를 날조했는데, 예수는 그것을 묵인했던 것일까? 그를 베들레헴 출신으로 만들기 위해 가공된 전설, 특히 그 탄생을 총독 구레뇨의 명령으로 행해진 호적 등록에 갖다 붙인 허구를 예수는 과연 알고 있었을까? 그건 알 수 없다. 예수의 계보가 부정확하고 모순되는 것은 사람들이 자신들의 구미에 맞도록 가공한 탓일 것이다. 예수가 옳다고 인정한 계보는 하나도 없다. 다윗의 아들을 자칭한 적도 없다. 단, 그보다 훨씬 식견이 떨어지는 제자들은 예수가 자기 자신을 어떻게 언급했는지 걸핏하면 과장했다. 예수는 자신의 존재가 이렇게 부풀려진다는 사실을 몰랐다. 참고로 초기 3백 년 동안 그리스도교의 주요 종파는 예수가 왕의 후손이라는 주장도, 계보가 정확하다는 주장도 모두 완강히 부인했다는 사실을 덧붙여 두는 바이다.

## 찬양이 빚어내는 전설

예수의 출생에 얽힌 전설은 세상의 커다란 흐름 속에서 제멋대로 탄생하여 예수가 살아 있는 동안에 다듬어졌다. 대개 역사상 대사건이 벌어지면, 있지도 않은 사실이 꼬리에 꼬리를 물고 생겨나는 법이다. 예수가 이 같은 대중 설화의 탄생을 막고자 생각했어도 도리가 없었을 것이다. 걸출한 인물은 일반적인 남녀 관계로 태어나지 않는다는 오랜 속설이 있었고, 메시아는 처녀에게서 태어난다는 〈이사야서〉의 오독(誤讀)에서 비롯한 신념도 있었다. 하느님의 모습 가운데 하나인 '하느님의 숨결'에는 생명을 잉태하는 힘이 있다는 생각도 있었다. 이러한 견해를 근거로 예수 탄생을 초자연의 사건으로 만들어 버리는 이야기가 생겨나는 과정을 명민한 예수는 틀림없이 지켜봤을 것이다. 메시아적 이상의 성취를, 더 적절하게 말하자면 당시의 우화적 해석 그대로 메시아가 출현했다는 사실을 그의 전기에 쓸 수 있도록 꾸며진 예수의 어릴 적 일화는 그 무렵 이미 많이 유포되어 있었을 것으로 추정된다. 메시아 탄생은 별이 예고해 준다, 탄생과 동시에 멀리서 사자(使者)가 선물을 들고 경의를 표하러 찾아올 것이다 하는 생각이 널리 퍼져 있었다. 별의 예고는 갈대아의 점성술사가 예수가 태어날 무렵 예루살렘에 왔다는 이야기로 실현되었다고 보았다. 또한, 사람들은 예수가 어릴 적부터 세례 요한, 헤롯 대왕, 성자의 자취를 남긴 시몬, 안나 같은 유명인들과 알고 지냈다는 이야기를 날조했다. 이 같은 농간은 대개 사실이 왜곡된 채 꽤 적당한 연대에 끼워 맞춰졌다. 단, 이 만들어진 이야기들은 신기하게도 온유와 자애 등 민중 감정의 깊은 곳과 연결되어 있어 설교에 긍정적인 효과를 준다. 이 이야기들이 예수가 죽은 뒤 특히 널리 퍼진 것은 사실이지만, 예수가 살아있을 때부터 이미 오로지 경건한 믿음과 순수한 찬양을 모으며 입에서 입으로 전해졌을 것으로 추측된다.

## 우주를 꿰뚫는 하느님의 숨결

예수는 결코 하느님의 화신(탁신)으로 보이려고 애쓰지 않았다. 이는 의심할 여지가 없다. 자신을 하느님과 동일시하는 것은 유대 정신과는 전혀 무관한 것으로, 공관 복음에는 그런 흔적이 조금도 없다. 예수의 사상이 반영되었다고 가장 보기 어려운 제4복음서에 일부 나타나 있을 뿐이다. 때때로 예수는 주의 깊게 이러한 생각을 물리치는 것처럼 보인다. 예수가 자신을 하느님이나 하느님과 동등한 자로 생각한다는 비난은 제4복음서에조차 유대인의 중상모략으로 나온다. 제4복음서에서 예수는 자신을 '아버지'보다 작은 존재라고 분명히 말했다. 또한, 아버지는 자신에게 모든 계시를 내려 주시지 않았다고 고백했다. 예수는 자신을 평범한 사람보다는 위지만, 하느님에게서는 무한히 먼 존재라고 믿었다. 그가 자신을 하느님의 아들이라고 선언한 것은 맞다. 하지만 정도의 차는 있을지언정 누구나 하느님의 아들이다. 그렇기에 모든 사람은 언제나 하느님을 '우리 아버지'라고 불러야 한다. 마지막 심판이 끝난 뒤 부활한 사람은 모두 하느님의 아들이 될 것이다. 구약 성서를 보면, 도저히 하느님과 동등하다고 볼 수 없는 사람들이 하느님의 아들이라 일컬어진다. '아들'이라는 말은 셈어와 신약 성서에서 가장 넓은 비유적 의미로 쓰인다.

더구나 예수는 '사람'을 냉소적인 이신론이 이끌어낸 청승맞은 존재로 생각하지 않았다. 예수가 자연을 바라보는 시적 사고방식에 따르면, 하느님은 단 하나의 숨결로도 이 우주를 속속들이 꿰뚫어 보신다. 사람의 숨결은 곧 하느님의 숨결이다. 하느님은 사람의 이치에 따라 살고, 사람으로 말미암아 살아간다. 사람도 하느님의 이치에 따라 살고, 하느님으로 말미암아 살아간다. 예수의 탁월한 이상주의는 자기 존재를 신성과 인성으로 뚜렷하게 구분 짓는 것을 허락지 않는다. 예수는 예수의 '아버지'와 같고, '아버지' 역시 예수와 같다. 또한, 예수는 제자의 이치에 따라 살고, 제자들과 함께 어디에나 있다. 그와 제자들은 한몸이다. 예수와 아버지가 하나이듯이. 그에게는 사상이 전부이다. 사람과 사람을 구별 짓는 육체는 아무 의미도 없다.

이처럼 '하느님의 아들' 또는 그냥 '아들'이라는 호칭은 예수에게 '사람의 아들'과 같은 의미였다. 그리하여 '사람의 아들'은 '메시아'와 동의어가 되었다. 단, 그는 자신을 '사람의 아들'이라고 불렀지만, '하느님의 아들'이라는 말을 쓴 적은 없는 듯하다. '사람의 아들'이라는 호칭은 예수의 심판자로서의 자격을 나타내며, '하느님의 아들'이라는 호칭은 하느님의 지고한 계획에의 참여와 힘을 나타낸다. 이 힘은 무한하다. 아버지가 예수에게 모든 능력을 주었음을 뜻한다. 그는 안식일조차도 바꿔 버릴 힘을 지녔다. 누구도 예수를 통하지 않고서는 아버지를 알 수 없다. 아버지는 그에게 심판할 권리를 주셨다. 자연은 그를 따른다. 하지만 자연은 몇 명이건 믿고 기도하는 자를 따른다. 믿음은 전능하다.[1]

예수의 마음에도 예수의 말을 듣는 사람들의 마음에도, 자연법칙으로는 일어날 수 없는 일도 있다는 관념은 조금도 없었다. 예수에게도 그의 청중의 마음에도 불가능의 한계를 조정하는 자연법의 관념이 전혀 없었다는 점에 주목해야 한다. "그의 기적을 본 사람들은 '사람에게 이만한 권위를 허락하신' 하느님께 감사하고 예수는 죄인을 용서했다는 사실은 그가 다윗보다도 아브라함보다도 솔로몬보다도 예언자들보다도 뛰어난 사람임을 증명한다"라는 주장이 어떠한 형태로 어디까지 이루어졌는지는 알 수 없다. 예수를 우리의 철없고 편의에 맞춘 척도로 판단해서는 안 된다. 제자들의 찬양은 그를 감싸 멀리 데려가고 말았다. 예수는 처음에는 '랍비'라는 호칭에 만족했지만, 이제는 충분하지 않았다. '예언자'라든지 '하느님이 보낸 자'라는 명칭도 그의 생각과 맞지 않게 되었다. 그는 자신에게 초인적 존재라는 지위를 주었고, 평범한 사람이 갖지 못한 높은 관계를 하느님과 맺은 자로 생각되기를 바랐다.

그러나 시시한 프랑스 신학자들이 쓰는 '초인'이니 '초자연'이니 하는 말은 예수의 높은 종교심에 아무런 의미도 없다는 데에 주목해야 한다. 예수에게는 자연도 인류의 진보도 하느님의 지배 밖에 있지 않으며, 진절머리 날 정도로 엄격한 법칙에 종속하는 빈약한 실재도 아니다. 그에게는 초자연이라는 개념이 없다. 자연이라는 개념이 없기 때문이다. 그는 무한한 사랑에 심취하여, 사람의 마음을 묶은 무거운 사슬을 잊어버렸다. 인간의 평범함으로는 도저히 뛰어넘을 수 없는 신과 인간 사이에 놓인 심연을 예수는 단번에 뛰어넘었다.

### 기록이 모순되는 이유

어쨌든 사변적 철학의 엄밀함은 그의 세상과는 무관하다. 지금까지 봐온 예수를 둘러싼 사상의 전체상은 제자들의 마음속에서 매우 모호하고 유동적이

---

1) 마태복음 17 : 18~19, 누가복음 17 : 6.

었다. 따라서 제자들은 하느님의 분신이라고도 할 수 있는 하느님의 아들은 순전히 인간으로서 행동하고 있다고 생각했다. 당연히 예수는 유혹을 받기도 했고 모르는 것도 많았다. 잘못도 저질렀고 의견도 바뀌었다. 좌절해서, 부디 더는 시험에 들지 않게 해 달라고 아버지에게 기도한 적도 있었다. 예수는 아이처럼 하느님이 시키는 대로 했다. 세상을 심판해야 할 그가 심판의 날이 언제 올지 모른다. 자신의 안전을 신경 쓴다. 태어나면 곧바로 그를 죽이려고 들 권력자들의 손아귀에서 벗어나기 위해 몸을 숨겨야 한다. 이러한 것은 하느님이 보내신 자, 하느님이 보호하시고 사랑하시는 자임을 증명할 뿐이다. 거기에서 이론이나 결론을 찾아서는 안 된다. 온갖 모순이 겹치는 것은 예수로서는 제자들에게 믿음을 주어야 했기 때문이고, 제자들로서는 예수를 열광적으로 사랑했기 때문이다. 그는 천년지복설을 주장하는 메시아론자와 〈다니엘서〉, 〈에녹서〉에 푹 빠진 독자에게는 '사람의 아들'이었고, 평범한 믿음을 가진 유대인과 〈이사야서〉, 〈마가복음〉의 독자에게는 '다윗의 아들'이었다. 또한, 제자들에게는 '하느님의 아들' 또는 그냥 '아들'이었다. 나아가, 옛 예언자들이 메시아 도래를 준비하러 부활하여 이 세상으로 되돌아온다는 민간 신앙을 믿는 사람들에게는 세례 요한이나 엘리야나 예레미야의 환생이었다. 하지만 그런 설을 주장해도 제자들은 별반 비난하지 않았다.

## 고대인과 기적에 관하여

당시 사람들에게 기적은 그 사람이 성자임을 증명하는 데 빼놓을 수 없는 증거이며, 예언자라는 천직을 보증하는 증표였다. 그리스의 위대한 과학자들과 그 문하에 있는 로마인을 제외한 모든 고대인이 기적을 인정했음을 떠올려야 한다. 예수도 기적을 믿었다. 자연에는 법칙이 있으며 그것에 따라 지배받는다는 생각은 털끝만큼도 하지 않았다. 이 점에 관한 예수의 지식은 그와 동시대인의 인식과 대동소이하다. 게다가 신앙과 기도만 있으면 사람은 자연을 마음대로 지배할 수 있다는 생각이 예수의 마음속에 깊이 뿌리 내리고 있었다. 기적을 일으키는 능력은 하느님이 정식으로 주신 특권이라고 생각했으니 별로 놀랄 일은 아니다. 게다가 예수의 생전과 사후에 걸쳐 민중 사이에서 고조되던 인기가 이 같은 기담을 부풀려 버린 것은 명백하다.

예수가 일으켰다는 기적의 대부분은 병을 고치는 기적이었다고 한다. 당시 유대의 의술은 오늘날 동양에서도 볼 수 있는 것처럼 조금도 과학적이지 않고 완전히 개인의 영감에 맡긴 것이었다. 당시보다 5백 년이나 거슬러 올라간 그리스에서 시작된 과학적 의술은 당시 팔레스타인의 유대인들에게 전혀 알려지지 않았다. 상황이 이러했으니, 뛰어난 인물이 병자를 따뜻하게 보살피면서 "네 병은 반드시 낫는다"고 자신 있게 이야기하면 곧잘 극적인 치료 약이 되었다. 흔히 아주 심각한 병세를 제외하고는 훌륭한 인물과 만나는 것만으로 효험이 있다는 사실은 부정할 수 없다. 그런 인물을 만난 기쁨에 병이 치료되는 것이다. 그 인물이 보여 주는 가없는 미소가 병자에게 희망을 준다. 이것이 힘을 발휘했다. 예수는 당시 대다수 사람과 마찬가지로 합리적

의술을 알지 못했다. 예수도 다른 사람들처럼 치료는 종교 행위로 이루어져야 한다고 믿었다. 그도 그럴 것이, 당시 병은 신체적 원인에서 오는 것이 아니라 죄를 지은 벌이나 악마의 짓이라고 간주했기 때문이다. 초자연적 능력을 지닌 성자는 최고의 의사였으며, 치료는 정신적 행위로 여겨졌다. 자신의 정신력을 믿었던 예수는 자신을 특별히 치유 능력을 받은 자라고 믿었을 것이 틀림없다. 자신의 옷으로 병자들을 만지고, 손을 대고, 침을 바르는 행위가 병자에게 효험이 있다고 확신했다. 자신에게는 사람을 위로하는 능력이 있으며, 그 능력을 고통받는 자에게 베풀지 않는다면 자신은 냉혹한 사람이라고 생각했을 것이 분명하다.

병자의 회복은 하느님 나라의 징조 가운데 하나로 보았으며, 언제나 가난한 자의 해방과 관련지어서 생각되었다. 양쪽 모두 대혁명의 전조이며, 이윽고 모든 장애인의 완치로 이어진다고 믿었다. 예수와 꽤 친한 관계에 있었던 에세네파도 대단한 능력을 지닌 영혼의 의사로 여겨졌다.

예수가 가장 많이 한 치료는 퇴마의식, 다시 말해 악마를 내쫓는 일이었다. 악마가 사람 몸에 들어와 본인의 의사와는 다르게 행동하게 한다는 믿음은 유대뿐만 아니라 전 세계 어디에나 퍼져 있었다. 간질이나 정신병처럼 자기를 제어하지 못하는 병은 물론이요, 말을 못하거나 귀가 들리지 않는 것처럼 원인이 불명확한 병도 악마 탓으로 여겨졌다.

당시 유대에는 미치광이가 많았다. 정신이 너무 격양되어 있었기 때문일까.

자신의 옷으로 병자들을 만지고, 손을 대고, 침을 바르는 행위가 병자에게 효험이 있다고 확신했다…

이러한 미치광이는 떠돌아다니는 대로 방치되어, 버려진 동굴에서 살았다. 이 지방에서 이는 오늘날에도 변함이 없다. 그곳에는 부랑자도 살았다. 예수는 이런 불행한 사람들에게 힘을 쏟았다. 사람들은 예수의 치료에 당시 미신을 듬뿍 섞어서 신비로운 이야기를 저마다 떠들어댔다. 따라서 여기에서도 예수가 이룬 업적을 대단하게 생각할 필요는 없다. 악마가 들렸다고 설명되는 정신 이상은 종종 매우 가벼운 것이었다. 오늘날 시리아에서는 뭔가 조금 기묘한 점이 있으면 그 사람을 미치광이나 악귀 들린 사람이라고 부른다. 이럴 때는 대개 악귀를 쫓아내는 데 부드러운 말만으로 충분했다. 예수가 쓴 방법도 분명 그러한 것이었을 것이다.

미치광이는 떠돌아다니는 대로 방치되어, 버려진 동굴에서 살았다

천진난만하고 열성적인 예수는 한 점 의심 없이 대담하게 움직였다. 그 정도로 순수하지 못한 자들은 반란에 그의 이름을 이용하려고도 했다. 하지만 예수는 순전히 정신적이고 비정치적인 것을 지향했으므로 그런 일에 말려들지 않았다. 예수의 왕국은 어린아이 같은 마음을 지닌 사람들이 모이는 곳이었다. 예수처럼 젊은 상상력과 하늘의 예감이 이 모임을 성립시켜 주었다.

# 15 '하느님 나라'의 결정적 개념

기원후 31년 유월절을 위한 예루살렘 순례를 마치고 이듬해 32년에 초막절을 쇠러 여행에 나서기까지의 약 1년 8개월을 예수 마지막 활동기라고 부르겠다. 이 사이 예수의 사상에 새로운 요소가 더해졌다는 뜻은 아니다. 그의 마음에 있던 것이 강력함과 담대함이 더해지면서 형태를 갖추고 한꺼번에 세상 밖으로 나왔다.

예수의 근본 사상은 처음부터 '하느님 나라'의 건설이었다. 하지만 앞서 말했듯이 예수는 하느님 나라를 실로 다양한 의미로 보았던 것 같다.

때로 그는 단순히 가난한 자들과 축복받지 못한 자들의 세상을 바라는 민주적 우두머리처럼 행동했다. 또 어떤 때는 하느님 나라란 메시아에 관해 기록한 묵시록에 있는 환상이 문자 그대로 성취된 세상이라고 믿었다. 그런가 하면, 하느님 나라란 영혼의 나라이며, 다가오는 구원이란 영혼의 구원이라고도 생각했다.

예수가 바란 혁명은 실제로 일어났으며, 그것은 모세의 혁명보다도 순수한 신앙의 확립이었다. 앞서 든 세 사상은 모두 예수의 의식과 병행했던 것으로 보인다. 그러나 민주적 우두머리로서 한순간의 혁명을 일으키겠다고는 강하게 의식하지 않았던 듯하다. 예수는 이 세상도 지상의 재물도 물질적 권력도 고려할 가치가 있다고는 절대로 보지 않았다. 그에게는 명성을 떨치겠다는 야심이 전혀 없었다. 하지만 종교적 영향력이 커진 나머지 사회적 영향력으로 변하려고 했으며, 그것도 당연한 추세였다. 이해 문제가 얽힌 사건을 가지고 예수에게 판결과 중재를 부탁하러 오는 사람도 있었지만, 예수는 부정한 것을 부탁받기라도 한 것처럼 단호하게 거절했다. 그의 머릿속은 천국의 이상으로 가득했으며, 자랑스러운 가난을 버리는 일은 결코 없었다. 예수는 하느님 나라에 관한 두 생각을 죽을 때까지 함께 품었던 것으로 보인다.

## '하느님 나라'는 이미 시작되었다

종말이 다가오고 있으니 대비하라. 이것이 그의 사상의 전부였다면 그는 세례 요한을 뛰어넘지 못했을 것이다. 당장에라도 붕괴하려는 세상에서 조금씩 해탈하여, 이윽고 찾아올 새로운 나라를 기다리는 것이 예수의 궁극적 사고가 되어 있었을 것이다. 그러나 예수의 가르침은 언제나 훨씬 넓은 의미를 담고 있었다. 지금 있는 이 세상의 종말에 대비하라는 것만이 아니다. 인류의 새로운 국면을 열라고 가르친 것이다. 이 세상의 종말을 맞아 엘리야나 예레미야가 사람들에게 각오를 다지라고 재촉하기 위해 찾아왔더라면, 예수처럼 설교하지는 않았을 것이다. 그렇기에 이 시기의 예수의 가르침이 사람의 가르침으로 받아들여져 인류를 구한 것이다. 예수는 묵시록적인 표현에는 없는 표현을 자주 썼다. 그는 때때로 이렇게 공언했다.

> 하느님 나라는 볼 수 있게 임하는 것이 아니요, 또 여기 있다 저기 있다고도 못하리니, 하느님 나라는 너희 안에 있다.[1]

하느님 나라는 이미 시작되었다. 누구나 자신 안에 나라를 가지고 있으며, 합당한 자는 그 나라를 맛볼 수가 있다. 각자가 하느님 마음에 귀의함으로써 소리 없이 하느님 나라를 만들어낼 수 있다.

## 불교에서 말하는 해탈

그렇기에 하느님 나라란 곧 선이다. 지금보다 뛰어난 질서이며 정의로운 세상이다. 믿음이 있는 자라면 그 역량에 맞춰 건설에 힘을 쏟을 수 있다. 그것은 또한 영혼의 자유이다. 불교에서 말하는 '해탈'에 가까운, 번뇌에서 벗어난 성과이다. 이렇게 말하면 매우 추상적으로 들리겠지만, 이 진리는 예수에게 생생한 표현이었다. 그의 사상은 모두 구체적이고 실질적이었다. 예수만큼 이상이 실현될 것을 굳게 믿은 사람은 없다.

그것은 너무 좋게만 해석한 게 아닌가, 우리 위대한 스승의 꿈이 잘못되었다

---

1) 누가복음 17 : 20~21.

는 사실이 폭로되지 않도록 스승의 명예를 지키기 위해 만들어낸 변명이 아닌가, 이렇게 생각하지 말아 주었으면 한다. 그게 아니라 예수는 모든 위대한 개혁자가 공통으로 갖는 환상을 품었다. 즉, 여태껏 상상하지 못했을 만큼 금방 달성될 목적을 마음에 그렸다. 그는 인류의 걸음이 더디다고는 생각하지 않았다. 1800년이 지난 지금도 실현되지 못했는데, 예수는 그것이 단 하루 만에 실현되리라 상상했다. 하지만 진정한 하느님 나라, 영혼의 나라에서는 누구나가 왕이며 제사장이다. 이 나라는 작은 겨자씨와 같아서, 이윽고 큰 나무가 되어 세상에 편히 쉴 그늘을 드리우고 나뭇가지에 새 둥지를 제공할 것이다. 예수는 이것을 알았다. 이것을 바랐다. 그리고 그 초석을 세웠다.

낭랑한 나팔 소리와 함께 강림을 맞이하리라는 그릇된 견해와 달리 예수는 현실의 하느님 마을, 참된 부활, 산상수훈, 약자의 영광, 인류애, 가난한 자에 대한 호, 겸허한 자, 성실한 자, 선한 자 이 모두의 권리가 회복되기를 꿈꿨다. 이는 역사상 가장 뛰어난 예술가의 훌륭한 붓 솜씨를 영원히 담은 것이다. 우리는 모두 그 자체로 가장 좋은 것을 예수에게 빚졌다. 하늘의 구름을 타고 화려하게 재림하리라는 그의 희망은 다루지 않겠다. 아마도 그것은 그의 잘못이 아니라 다른 사람이 잘못 전한 것일 것이다. 예수도 다른 사람들과 마찬가지로 환상을 보았던 것이라고 가정한다 해도 그걸로 충분하지 않은가? 죽음이 임박한 예수에게 힘을 실어 주고 이 세상의 싸움에서 그를 지지해 준 그 꿈이 없었더라면 그는 일관된 태도를 보일 수 없었을지도 모르니까.

당시 시대와 민족이 꿈꾸었던 유토피아 사상과 이 풍요로운 오해가 어우러져 예수는 높은 진리를 만들어내는 데 성공했다. 그가 말하는 하느님 나라는 이윽고 천상에서 펼쳐질 나라이기는 했다. 하지만 그 이상으로, 덕망 있는 사람이 아버지 품에서 느낄 자유와 부자간의 애정으로 이루어진 영혼의 왕국이었을 것이다. 의례도 성전도 제사장도 없는 순수한 종교였다. 의로운 사람의 양심과 민중의 손에 맡겨진, 세상의 도덕적 심판이었다. 여기에는 오랜 가르침도 보이지만, 새로운 가르침도 살아 숨 쉰다.

예수가 죽고 부질없이 한 세기나 기다린 뒤, 세상이 종말을 고하리라는 현실의 희망이 사라지고 나서야 신도들에게 참된 하느님 나라가 보이기 시작했다. 조금도 찾아올 기색이 없는 현실의 왕국을 사람들은 제멋대로 설명하며 얼버

무렸다. 반성의 시대에 들어서서도 처음에 제자들이 품었던 희망을 고집하는, 시대에 뒤떨어진 사람도 있었다. 그중 몇몇은 그리스도교의 깊은 늪에 빠져 에비온파가 되거나 천년지복설을 믿는 이교도가 되었다. 이제 시대는 다른 하느님의 왕국으로 옮겨갔다. 예수의 사상을 난해하게 했던 환상이 사라지고, 진리가 분명하게 드러났다.

## "이 세상의 저녁에 이르러……"

그렇다고 이 환상을 경멸해서는 안 된다. 이 환상은 우리 생명의 양식인 신성한 알뿌리를 감싼 '조악한 껍데기'이기 때문이다. 부지런히 추구해 온 하느님의 도시와 환상적인 하느님 나라는 오랫동안 그리스도교의 중심 사상이자, 미래를 맡길 희망이라는 본능을 불러일으키는 원동력이었다. 피오레의 요아킴에서 오늘날 개신교도에 이르기까지 묵시록을 굳게 믿는 개혁자들의 희망의 원천이었다. 완전한 사회의 건설을 지향하는 이 무의미해 보이는 노력은 터무니없는 긴장을 낳고, 참된 그리스도교도를 현실과 맞서 싸울 강자로 만들었다.

지구가 종말을 맞이하려 한다고 처음 알려졌을 때, 사람들은 기꺼이 죽음을 맞이하는 어린아이처럼 일찍이 맛보지 못한 강렬한 기쁨을 느꼈다. 그러나 이들도 노후에 들어서자 삶에 집착하게 되었다.

순수한 갈릴리 사람들이 그토록 오랫동안 기다렸던 축복의 날은 중세 암흑 시대가 되자 '분노의 날'이 되었다. Dies irae, dies illa!(그날은 신이 분노하는 날이다!) 하지만 몽매의 한복판에 있어도 하느님의 왕국이라는 관념은 여전히 풍요로웠다. "이 세상의 저녁에 이르러……"(A l'approche du soir du monde)라는 구절로 시작하는 중세 전반에 쓰인 증서는 사람들에게 해방을 약속했다. 교회 조직은 봉건적이었지만, 각 종파, 수도회, 성자들은 복음서를 방패 삼아 세상의 불평등에 끝없이 대항했다. 예수의 사상을 배척하는 무리가 예수의 정당한 후계자로 여겨지는 이 혼탁한 오늘날에조차 이상 사회를 만들고자 하는 꿈은 그리스도교 초기 각 종파의 꿈과 매우 비슷하다. 사상이라는 하나의 거목에서 피어난 꽃과 같다. 그 나무의 영원한 뿌리와 줄기는 '하느님 나라'이며, 거기에서 모든 사상이 싹튼다. 인간이 행하는 모든 사회 혁명도 '하느님 나라'라는 말에 접목되어 갈 것이다.

하지만 조악한 물질주의에 물든 현대의 '사회주의자'들은 정치·경제 변혁으로 인간의 행복을 이루려고 헛된 노력을 계속한다. 그들이 예수의 참된 정신인 절대 이상론, 다시 말해 "땅을 차지하려거든 땅을 버려야 한다"는 교훈을 기본 방침으로 삼지 않는 한, 언제까지고 결실을 보지 못할 것이다.

### 백만 년의 잠도 '한순간'

한편, '하느님 나라'라는 말은 '현실 생활의 허무함을 메우고 싶다', '내 불행을 보상하고 싶다'는 개개인의 마음의 갈증을 훌륭하게 해소해 주었다. 수백만 세기가 지나 마지막 진보가 왔을 때, 우주의 절대 의식이 나타나 그 의식 속에서 모든 생존한 것이 깨어나지 않으리란 보장은 없다. 백만 년의 잠이 한 시간의 잠보다 길다고 누가 말할 수 있겠는가.

> 너희에게 비밀을 말하노니 우리가 다 잠 잘 것이 아니요, 마지막 나팔에 '홀연히(in ictu ocuri)' 다 변화되리니, 나팔 소리가 나매 죽은 자들이 썩지 아니할 것으로 다시 살아나고 우리도 변화되리라.[2]

이렇게 생각하면, 예수가 내일의 마지막 보상을 선언한 것도 지당하다고 할 수 있다. 틀림없이 마침내 사람의 덕성과 도덕심이 이 세상을 정화해 줄 것이다. 가난하고 정직한 사람의 의견이 세상을 심판할 날이 반드시 온다. 그날 예수의 찬란한 모습을 목격하고, 덕을 믿지 않았던 천박한 무리와 덕을 지니지 않았던 이기주의자들은 분명히 당황할 것이다. 예수가 즐겨 쓴 '하느님 나라'라는 말에 영원한 아름다움이 담겨 있는 것은 그 때문이다. 이 말에 숨은 장대한 예감 같은 것이 비할 데 없는 숭고함 속에 오색 찬연한 진리를 품고서 이 빼어난 스승을 인도하고 뒷받침해 준 것 아닐까.

---

2) 고린도전서 15 : 51~52.

# 16 예수가 정한 것

예수가 묵시록적인 사상에만 전념했던 것은 아니다. 거기에 몰두했을 때조차 매우 확실한 견해를 가지고 영속해야 할 교회의 기초를 만들었다. 예수 스스로 자신의 제자 가운데에서 '사도' 또는 '열두 제자'로 불리는 자를 선택했음은 거의 의심할 여지 없는 사실이다. 예수가 죽은 뒤에 그들이 단체를 만들고, 결원이 생기면 그 자리를 선거로 채워 넣은 것을 보면 알 수 있다. 그들은 요나의 두 아들, 세배대의 두 아들, 알패오의 아들 야고보, 빌립보, 나타나엘(바돌로매), 도마, 마태, 열심당원 시몬, 다대오 또는 레배오, 그리고 이스가리옷 유다였다. 열둘이라는 수와 이스라엘의 열두 지파 관념과는 무관하지 않을 것이다. 요컨대, '열두 제자'는 특히 유력한 제자들로 이루어진 단체를 형성하고 베드로가 맏형처럼 조직의 장을 맡았으며, 예수는 이들에게 자신의 업적을 널리 알리는 일을 맡겼다. 규칙으로 조직된 제사장단 같은 분위기는 전혀 없었다. 오늘날 전해지는 '열두 제자'가 누구누구인지는 불확실하고 모순이 있어서, 결국 두세명은 누구인지 알 수가 없다. 그리고 적어도 베드로와 빌립보에게는 처자식이 있었다.

### 열두 사도에게 임무를 맡기다

분명히 예수는 이 열두 명에게만 비밀을 말하고, 누구에게도 발설하지 말라고 명했다. 때로 그에게서는 자신이 죽은 뒤에 위대한 증거가 될 수 있도록 자신을 신비로운 존재로 만들려고 계획했던 면모가 엿보인다. 그는 제자들에게만 자신의 모습을 확실하게 보여 주고, 그것을 뒷날 세상에 밝히라고 명령했다.

내가 어두운 데서 말한 것을 너희는 밝은 데서 말하여라. 너희가 귓속말

로 들은 것을 지붕 위에서 외쳐라.[1]

　이리하여 그리 명확한 선언을 하는 일 없이 대중과 자신 사이에 일종의 중개인을 둔 셈이었다. 그가 사도들에게만 특별한 교훈을 주고, 대중에게는 의미를 알 수 없는 비유로 얘기한 것은 사실이다. 《피르케 아보트(Pirké Aboth)》[2]에서 그 예시를 볼 수 있듯이, 기발한 관념을 수수께끼처럼 표현하는 방식은 학자들 사이에서 유행하던 것이었다. 예수는 친근한 제자들에게 자신의 격언이나 우화 가운데 이해하기 어려운 부분을 설명해 주며, 그의 가르침을 풍요롭지만 때로는 그 의미를 모호하게 만드는 비유로 표현했다. 이러한 설명의 대부분은 잘 보존된 것으로 보인다.

　제자들은 예수가 살아있을 때부터 설교했다. 단, 예수에게서 그리 멀리 떨어진 곳까지는 설교하러 가지 않았으며, 내용은 하느님 나라가 가까워졌음을 예고하는 데에 그쳤다. 그들은 이 마을에서 저 마을로 다니며 환대받았다. 더 적절하게 말하자면, 풍습에 따라 스스로 환대를 요구하며 돌아다녔다. 동양에서는 손님을 매우 존중해서 집주인보다 상석에 앉히고 대단히 신뢰한다. 이처럼 가정에서 설교하는 방법은 새로운 교리를 퍼뜨리기에 더없이 알맞았다. 중요한 비밀을 알려 준 보답으로 극진히 대접한다. 가족은 거기에서 빚어지는 우호적 분위기에 감동하여 개종한다. 이러한 동양 특유의 손님 대접 방식 없이는 그리스도교가 보급된 이유를 설명하기 어렵다. 이 옛 관습을 중요시한 예수는 여관이 있는 큰 마을에서는 이미 사라진 이 관례를 주저하지 말고 이용하라고 제자들에게 권하며 "일꾼이 품삯을 받는 것은 당연하다"[3]고 말했다. 일단 누군가의 집에 머물면 그들은 포교가 계속되는 한 그곳에 머물며 주어지는 것을 먹고 마시는 것을 당연하게 생각했다. 예수는 복음의 사자들이 자신처럼 친절하고 정중한 태도로 유쾌하게 설교하기를 바랐다. 집에 들어갈 때는 '셀람', 즉 평안을 바라는 기도를 하라고 주문했다. 두세 제자는 이를 망설였다. 당시 동양에서 종교적 친분의 증표였던 셀람은 불확실한 신자에게 함부로 할 수 없는

---

1) 마태복음 10 : 27.
2) 지혜에 관한 유대인의 경구집.
3) 누가복음 10장 7절.

말이었기 때문이다.

그에 예수는 이렇게 말했다. "그 집이 평안을 받을 만하면 너희가 빌어 준 평안이 거기에 머물 것이고, 평안을 받을 만하지 않다면 그 평안이 너희에게 돌아갈 것이다."[4] 실제로 하느님 나라의 사도들은 때때로 찬밥 신세를 당하고 예수에게 하소연했다. 그럴 때면 예수는 으레 그들을 달래주었다. 스승의 전능함을 믿었던 한 제자는 그 강한 인내심에 화를 냈다. 세배대의 두 아들은 자신들을 냉대한 마을에 하늘에서 불이 떨어지게 해 달라고 예수에게 부탁했지만, 예수는 그들의 분노를 능란한 비유로 달랬다. "나는 사람들을 멸하러 온 것이 아니라 구원하러 왔다."[5]

### 교회의 발단

교회는 그 무렵 이미 싹트고 있었다. 에클레시아(회합한 사람들)의 힘에 관한 수많은 이념은 곧 예수의 이념처럼 보인다. 사랑으로 한데 모이는 것, 이것이야말로 영혼을 현존케 한다는 완전한 이상주의적 교리에 힘을 담아 그는 이렇게 선언했다. "너희가 내 이름 아래에 모일 때 나는 반드시 너희의 가운데에 있으리라." 그는 맺고 풀고(즉, 어떤 사실을 적법이나 불법으로 판단하고), 죄를 용서하고, 징계하고, 권위로써 권고하고, 소원이 확실히 이루어지도록 기도할 권리를 교회에 맡겼다. 예수가 남긴 위탁의 말 가운데에는 뒷날 예수의 권위를 대신하려는 단체가 자신들에게 권위를 부여하기 위해 예수의 말이라고 날조했을 가능성이 큰 것도 있다.

어쨌든 수많은 특수한 교회가 구성된 것은 예수가 죽은 뒤이다. 그것도 처음에는 단순히 시나고그(유대 회당)를 모델로 한 구성이었다. 아리마대의 요셉, 막달라의 마리아, 니고데모처럼 예수를 사랑하고 그에게 큰 희망을 품었던 사람들은 이러한 교회에 들어가지 않고, 그저 예수를 존경하고 사랑했던 따뜻한 추억을 가슴에 묻었던 것으로 보인다.

종교법과 신앙 조항을 포함하는 경전이라는 관념이 예수의 사상과 얼마나 동떨어져 있었는가는 말할 것도 없다. 그는 글을 쓰지 않았을뿐더러, 성전을

---

4) 마태복음 10 : 13.
5) 누가복음 9 : 56.

만들기를 바라는 초기 종파의 사고방식에 반대했다. 그는 대변동이 내일 당장에라도 일어나리라 믿었다. 메시아는 율법과 예언을 완성하고 옥새를 찍으러 오는 것이지 새로운 성전을 공포하러 오는 것이 아니다. 그렇기에 초기 그리스도교의 유일한 묵시록인 요한계시록을 제외하고 사도 시대에 쓰인 책에는 제대로 된 교리를 전하려는 의도가 전혀 보이지 않고 그때그때 필요에 따라 쓰였다. 복음서도 처음에는 매우 비공식적인 성격의 것이었고, 전승과 비교하면 훨씬 권위가 없었다.

### "내가 생명의 빵이다."

그럼 이 종파는 성찬식이랄지 의식이랄지 가맹의 증표를 전혀 갖지 않았느냐 하면, 그렇지 않다. 어느 전승을 보아도 예수에서 비롯되었다고 인정되는 의식이 딱 하나 있다. 스승이 특히 좋아한 사상 가운데 하나는 "나 자신이 새로운 빵이다. 그것은 만나[6]보다 훨씬 영양가 있으며, 인류는 앞으로 그것을 먹고 살아가리라"는 것이었다. 성찬의 시작이기도 한 이 사상은 때때로 그의 입에서 매우 구체적인 형태로 나타났다. 언젠가 예수는 가버나움 회당에서 담대한 마음이 움직이는 대로 다음과 같이 설교했다가 많은 제자를 잃게 된다.

> 진실로 너희에게 이르노니, 하늘에서 내린 빵은 모세가 준 것이 아니다. 내 아버지가 하늘에서 참된 빵을 주신 것이다……. 내가 생명의 빵이다. 내게 오는 사람은 결코 굶주리지 않을 것이며, 나를 믿는 사람은 결코 목마르지 않을 것이다.[7]

이때부터 이 종파 사람들이 회식할 때, 가버나움에서 빈축을 산 이 설교에서 말미암은 습관이 생긴 듯하다. 하지만 사도가 전하는 이야기가 각양각색인 것으로 보아, 모든 사실을 말하기를 일부러 피한 것 같다. 공관 복음서가 전하는 이야기는 성 바울이 시인한 내용인데, 그것을 보면 신비로운 의식의 기초가 된 성찬식 동작은 최후의 만찬 때 단 한 번만 행해졌다. 하지만 가버나움 회당

---

6) 이집트 탈출 때 여호와가 내려 주었다는 음식.

7) 요한복음 6 : 32~35.

에서 있었던 일을 기록한 제4복음서는 최후의 만찬은 상세하게 다루면서도 성찬식 동작은 전혀 언급하지 않았다. 다만 다른 몇 군데에서, 부활한 예수가 빵을 뜯는 동작을 보고 제자들이 "아, 이 사람은 예수구나"라고 알아차렸다고 나와 있다. 빵을 뜯는 그 몸짓이 예수를 알던 사람들에게 예수라는 인물의 특징을 가장 잘 말해주는 것처럼 기록된 것이다.[8]

죽은 뒤, 제자들의 경건한 추억으로 되살아난 예수는 손에 빵을 들고 축복하면서 그것을 뜯어 그 자리에 있는 사람들에게 나누어 주는 모습이었다. 그것은 예수가 자주 했던 일로, 그때 그는 특히 온화하고 즐거워 보였으리라 생각된다. 식탁에는 물고기도 있었다고 구체적으로 묘사되어 있지만, 이는 의식이 디베랴 호숫가에서 이루어졌음을 명시하는 것이다. 물고기는 그 자체만으로 성찬식의 상징이 되어, 성찬 모습을 구체적으로 상상할 때 반드시 등장하게 되었다.

식사는 초기 교도들에게 가장 즐거운 시간이었다. 많은 사람이 모인 가운데 스승은 한 사람 한 사람에게 말을 걸어 주고, 밝고 유쾌한 이야기를 나누었다. 예수는 이 시간을 즐겼다. 자기 주위에 모인 정신적 가족을 보며 기뻐했다. 유대 습관에서는 식사가 시작되면 집주인이 빵을 들어 기도를 올려 축복하고 이것을 뜯어 모두에게 나누어 주었다. 포도주도 정화를 받는 음식이었다. 에세네파와 테라페우테파에게 성찬은 뒷날 그리스도교의 성찬식이 밝게 되는 발전과 의식적 의의를 이미 가지고 있었다. 같은 빵을 나눠 먹는 일은 하나가 되는 것, 서로가 이어지는 것으로 생각했다. 예수는 이 일을 열띤 표현을 써가며 강조했는데, 이 표현은 뒷날 지나치게 문자 그대로 해석된다. 예수는 생각은 매우 이상적이었지만, 표현은 매우 구체적이다. "신자는 나로 말미암아 산다. 내 몸과 피와 영혼은 모두 신자의 생명의 원천이다." 이 같은 사상을 표현하기 위해 예수는 제자들에게 이렇게 말했다. "나는 너희의 양식이다." 때로는 더 비유적으로 "내 살은 너희의 빵이며, 내 피는 너희의 포도주이니라"라고 말하기도 했다. 언제나 구체적인 표현을 쓰고자 했던 예수는 이 원칙을 철저히 지켜, 식탁 위의 음식을 가리키며 "여기 내가 있다"라고 말하고, 빵과 포도주를 들며 "이것이 나의 살이며, 이것이 나의 피다"라고 말했다. 둘 다 "나는 너희의 양식이다"와

---

8) 누가복음 24 : 30~35.

식탁 위의 음식을 가리키며 "여기 내가 있다"라고 말했다

같은 비유이다.

### 영혼의 출현

신비로운 이 의식은 예수가 살아 있을 때부터 중요한 의의가 있었으며, 예루살렘으로 마지막 여행을 떠나기 훨씬 이전에 확립되었던 듯하다. 이는 어떤 정해진 행사의 결과물이라기보다는 그의 가르침 전체에서 자연스럽게 생겨난 것이다. 예수가 죽은 뒤 이 의식은 그리스도교도의 교류를 나타내는 중요한 상징이 되어, 구세주의 생애에서 가장 숭고한 때에 만들어진 것으로 여겨지게 되었다. 예수가 세상을 떠나면서 빵과 포도주를 성스러운 것으로 만들어 제자들에게 유품으로 남겼다고 생각한 것이다. 사람들은 성찬식이 진행되는 동안 예수를 발견했다. 스승의 사상 기반인 "영혼은 손이 닿는 곳에 있다"는 사고방식은 이를테면 제자들이 자기 이름으로 모이면 그 중심에 친히 자기가 있으리라는 뜻이다. 매우 높은 영혼을 지녔던 예수에게 이상은 모든 것보다 탁월했고, 개

인의 육체는 전혀 문제가 아니었다. 서로 사랑한다면, 서로 돕고 산다면 사람은 하나다. 그렇다면 예수와 제자가 하나가 아니었다고 어찌 말하겠는가. 제자들은 주인과 똑같은 말을 썼다. 몇 년이고 그로 말미암아 살아온 자는 언제나 예수가 '거룩하고 귀한 손에' 빵과 잔을 차례로 들어 자기 자신을 그들에게 내미는 모습을 지켜보았다. 사람들은 바로 예수를 먹고 마셨다. 그는 유월절에 잡는 '새끼 양' 그 자체였다. 새끼 양을 잡아 제물로 바치는 의식은 그의 피 덕분에 폐지되었다. 프랑스어는 문자 그대로의 말과 은유를 확실하게 구별해야 하는 본질상 그 사용법이 한정적이기 때문에, 은유에, 더 적절하게 말하자면 은유로 표현되는 관념에 모든 진실을 담는 것이 본질인 히브리어 표현을 프랑스어로 옮기기란 어렵다.

# 17 예수에 대한 반대

예수의 생애 초기에는 대단한 장애와 마주치지 않았던 것으로 보인다. 갈릴리는 매우 자유로운 곳이었고, 교주도 곳곳에서 배출되고 있었다. 따라서 그의 설교는 꽤 제한된 사람들 사이에서만 빛을 발하는 데 그쳤다. 하지만 예수가 기적과 세속적인 성공이라는 화려한 길을 걷자 곧 파란이 일기 시작했다. 몸을 숨기거나 달아나야 했던 일이 한두 번이 아니었다. 분봉왕 안티파스는 예수에게 가끔 호된 비난을 들었지만, 그를 한 번도 구속하지 않았다. 이 분봉왕이 상주하던 디베라는 예수가 활동 거점으로 선택한 곳에서 겨우 6, 7킬로미터밖에 떨어져 있지 않았다. 그는 예수의 기적에 관한 소문을 듣고, 예수가 어떤 기술을 쓰는 것인지 호기심이 일었다. 당시는 불신자들도 요술에는 대단한 흥미를 느꼈다. 예수는 평소의 기지를 발휘해서 그것을 거절했다. 자신을 시답잖은 구경거리로 삼으려는 불신 세력에 휘둘리지 않고, 그저 민중만을 아군으로 삼고자 노력했다. 그의 유익한 기술은 순박한 사람들만을 위해 존재하며, 이들에게만 썼다.

한때, 예수는 죽은 자 가운데서 부활한 세례 요한이 틀림없다는 소문이 돌았다. 안절부절못하던 안티파스는 이 새로운 예언자를 자신의 영지에서 내쫓고자 한 가지 계략을 꾸몄다. 바리새인들은 예수의 안위를 걱정하는 척하며, 안티파스가 당신을 죽이려 한다고 예수에게 귀띔했다. 예수는 매우 순진했지만, 그 계략을 꿰뚫어 보고 달아나지 않았다. 그의 행동거지가 매우 온건하고 폭동과 거리가 멀었으므로 안티파스는 경계를 풀었고, 위험은 사라졌다.

**"사람의 아들은 머리 둘 곳이 없다."**
그 새로운 가르침이 갈릴리의 어느 마을에서나 환영받던 것은 아니다. 의심 많은 나사렛 사람들은 이윽고 그 땅의 영광이 될 예수를 계속 배척했고, 예수의 형제자매들도 그를 믿지 않았다. 호숫가 마을들은 대체로 호의적이었지만, 예수에게 귀의하지 않은 사람도 많았다. 예수는 자신을 불신하고 냉담하게 구는 사람들을 만나면 탄식하곤 했다. 이러한 탄식에는 예수가 설교할 때 즐겨 썼던 과장이 당연히 들어 있었지만, 도저히 이 지방이 하느님 나라에 모든 영혼을 바칠 곳이 아니라는 것은 명백했다.

화가 미칠 것이다, 고라신아! 화가 있을 것이다, 벳새다야! 너희에게 베풀었던 기적이 두로와 시돈에서 있었다면, 그곳 사람들은 벌써 베옷을 입고 재를 뒤집어쓰며 회개했을 것이다. 너희에게 이르노니, 심판 날에는 두로와 시돈이 너희보다 가벼운 벌을 받으리라. 가버나움아, 네가 하늘까지 높아질 줄 아느냐? 오히려 너희는 지옥에 떨어질 것이다. 내가 너희에게 베풀었던 기적이 소돔에서 일었다면, 그 도시는 오늘날까지 남아 있었을 것이다. 너희에게 이르노니, 심판 날에는 소돔이 너희가 가벼운 벌을 받으리라..[1]

이렇게도 외쳤다.

심판 날에 니느웨 사람들이 이 세대 사람들과 함께 일어서서 그들을 정죄할 것이다. 니느웨 사람들은 요나의 설교를 듣고 회개했기 때문이다. 여기에 요나보다 더 큰 이가 있다! 또한, 심판 날에 남쪽 나라 여왕이 이 세대 사람들과 함께 일어서서 그들을 정죄할 것이다. 그 여왕은 솔로몬에게 지혜를 들으려고 땅 끝에서 왔기 때문이다. 여기에 솔로몬보다 더 큰 이가 있다![2]

처음에는 즐겁기만 했던 그의 방랑 여행도 점차 고통으로 변해 갔다.

여우도 굴이 있고, 하늘의 새도 둥지가 있건만, 사람의 아들은 머리 둘 곳조차 없다.[3]

---

1) 마태복음 11 : 20~24.
2) 마태복음 12 : 41~42.
3) 마태복음 8 : 20.

그는 명백한 증거가 있음에도 그것을 거부하는 불신자 무리를 질타했다. 고뇌와 비난이 차츰 그의 마음속에 싹텄다.

## 바리새인의 전통적 형식주의

예수의 사상이 가장 타파하기 어려운 장애는 바리새인에게서 왔다. 점차 예수는 정통으로 인정받는 유대교에서 멀어졌다. 유대교의 힘의 원천이자 핵심이 바로 바리새인이었다. 이 종파는 예루살렘을 거점으로 했지만, 갈릴리에도 신도가 살았고 자주 북부를 드나드는 바리새인도 있었다. 그들은 대개 도량이 좁고 겉모습을 중시했으며, 자신의 신앙에 지극히 만족했다. 그들의 태도는 우스꽝스러워서, 그들을 존경하는 사람들조차 비웃을 정도였다. 그들에게 붙여진 풍자 가득한 별명이 그 사실을 증명해 준다. 다리를 질질 끌면서 길을 걷다가 돌부리에 발이 걸리는 '안짱다리 바리새인(Nikfi)', 여성을 보지 않으려고 눈을 내리깔고 걷다가 돌담에 이마를 찧어서 언제나 이마가 피투성이인 '피투성이 바리새인(Kizai)', 절굿공이 손잡이처럼 등이 굽은 '절굿공이 바리새인(Medinkia)', 두 어깨에 율법의 무게를 모두 짊어진 것처럼 등을 굽히고 걷는 '힘센 바리새인(Shikmi)', 눈에 불을 켜고 계율을 찾아다니는 '헌신적인 바리새인'. '도금된 바리새인'이라는 별명도 있다. 믿음이 깊어 보이지만 겉만 번지르르하다는 뜻이다.

이러한 엄격주의는 사실 겉치레에 불과하고 그 뒤에는 해이한 정신이 숨어 있는 일이 자주 있었다. 그래도 민중은 거기에 걸려들었다. 민중은 개인 문제로 몹시 고민할 때도 본성은 절대로 비뚤어지지 않는다. 그렇기에 가짜 신자를 만나도 쉽사리 속아 넘어가는 것이다. 민중은 가짜가 내세우는 선량함과 사랑을 매우 좋아해서 그 뒤를 꿰뚫어볼 능력이 없다. 이 열띤 시대에 바리새인과 예수 사이에 불꽃이 튀었음은 쉽게 상상할 수 있다. 예수는 오로지 마음의 종교를 원했지만, 바리새파의 종교는 계율을 지키라고만 가르쳤다. 예수는 겸허한 자, 핍박받는 자에게 눈을 돌렸지만, 바리새인에게 모범적인 인물에게 눈을 두지 않는 것은 자신들의 종교에 대한 모욕이었다. 그들은 자신이 흠잡을 데 없고 완벽한 교사라고 자부했다. 시나고그에서는 상석에 앉고, 여봐란듯이 길거리에서 기도하고, 요란하게 적선하고, 그런 자신을 바라봐 주는지 눈을 치켜뜨고 살피는 것이다. 예수는 누구나 하느님의 심판을 두려워하며 기다려야 한다

대개 바리새인은 도량이 좁고 겉모습을 중시했으며, 자신의 신앙에 지극히 만족했다

고 강조했다.

단, 이러한 편향이 바리새인의 종교 전체를 뒤덮고 있었던 것은 아니다. 예수 이전에도, 그리고 동시대에도 복음서에 가까울 정도로 높은 가르침을 설파한 바리새인은 있었다. 이를테면 시락의 아들 예수는 나사렛 시대의 예수의 진정한 선구자라고 할 수 있으며, 가말리엘과 소고의 안티고네도 있었다. 온화하고 고결한 힐렐도 잊어서는 안 된다. 힐렐은 율법을 공평이라는 단어로 요약해서 아름다운 격언을 남겼고, 시락의 아들 예수는 종교는 선행 안에 있다고 설교했지만 무시당하거나 배척받았다. 한편, 편협하고 배타적인 태도를 고수한 샤마이는 인기를 누렸다. 율법을 해석하고 지킨다는 구실로, 엄청난 양의 구전이 오

히려 율법의 숨통을 끊어 버렸다.

예수는 이처럼 활개치고 다니는 위선에 맞서 계속 싸웠다. 엄격한 개혁자는 세대에서 세대로 이어져 내려온 당시 신학을 비판하고자 부동의 성경 본문에서 출발했으므로, 본질에서는 '성경 회귀주의자' 들이었던 셈이다. 뒷날 유대교에서는 카라임파(8세기), 그리스도교에서는 개신교가 같은 길을 걸었다. 그러나 예수는 이들보다 더 힘차게 도끼로 나무뿌리를 내리찍었다. 예수도 바리새인들의 거짓투성이 해석에 대항하여 성경 구절을 인용할 때가 있었다. 하지만 평소에는 해석의 시비를 묻지 않았다. 양심에 물었다. 해석을 찍어내는 도끼로 본문도 썩둑 잘랐다. 이를테면, 바리새인은 전승이라는 명목으로 모세의 가르침을 명백하게 왜곡하고 있다고 지적했다. 하지만 모세에게 돌아가라고는 말하지 않았다. 그가 보는 곳은 앞이지 뒤가 아니었다. 그는 오랜 종교를 개혁한 것이 아니라, 인류의 영원한 종교를 창조했다.

가장 격렬한 논쟁은 전승에서 생겨난 외면적인 금기를 둘러싸고 벌어졌다. 예수도 제자도 그것을 전혀 지키지 않았기 때문이다. 바리새인은 그런 태도를 강하게 비난했다. 자신들의 집에서 식사할 때 예수가 손 씻는 관례를 일부러 따르지 않자 바리새인들은 화를 냈다. 그러자 예수가 대답했다. "그릇 안에 담긴 것으로 자비를 베풀어라. 그러면 모든 것이 너희에게 깨끗해질 것이다."[4]

섬세한 예수가 가장 분노했던 것은 바리새인이 터무니없이 사소한 일에 연연하면서, 자신들의 신앙에는 크게 만족하며 자신만만하다는 것이었다. 그들은 지위나 서열의 우열을 논하는 일에만 바쁘고, 마음을 더욱 드높이는 일은 절대로 하지 않았다. 예수는 그 생각을 훌륭한 비유로 재미있고 적절하게 표현했다.

두 사람이 기도하러 성전에 올라갔다. 한 사람은 바리새인이고, 한 사람은 세리였다. 바리새파 사람이 서서 마음속으로 이렇게 기도했다. "하느님, 제가 다른 사람처럼 강도나 죄인이나 간음한 사람이 아니고, 저 세리 같은 사람이 아닌 것에 감사합니다. 저는 일주일에 두 번씩 금식하며, 십일조를 바칩니다." 한편, 세리는 멀찍이 서서 감히 눈을 들어 하늘을 보지도 못

---

4) 누가복음 11 : 41.

고 가슴을 치며 말했다. "하느님, 이 죄인을 불쌍히 여기소서." 너희에게 이르노니, 의인으로 인정받고 집으로 돌아간 사람은 이 사람이지 바리새파 사람이 아니다.[5]

## 바리새인을 도발하는 예수

이 싸움이 치닫는 곳은 상대를 죽이지 않고는 용서할 수 없는 증오였다. 이미 세례 요한이 이런 종류의 원한을 도발한 적이 있었다. 하지만 예루살렘 귀족들은 요한을 경멸했기에, 단순한 사람들이 요한을 예언자라고 부르도록 내버려 두었다. 그러나 이번에는 목숨이 걸린 도전이었다. 하나의 새로운 정신이 나타나, 그 이전의 모든 자를 폐위로 내모는 것이었다. 세례 요한은 철저한 유대인이었지만, 예수는 유대인다운 구석이 거의 없었다. 언제나 도덕 감정에 호소했다. 예수가 아직 갈릴리에 있었을 무렵부터 바리새인들은 그를 죽이려고 책략을 세웠다. 그 책략은 이윽고 예루살렘에서 성공을 거두게 된다. 그들은 신흥 정치 체제에 속한 이들을 이 싸움으로 끌어들였다. 예수는 갈릴리에서 손쉽게 달아날 수 있었고 안티파스의 통치력도 약했으므로 다행히 죽음을 면했다. 하지만 예루살렘에 들어감으로써 과감하게 위험에 몸을 던졌다. 갈릴리에만 머물러서는 행동이 제한되는 사실을 통감했기 때문이다. 유대 땅은 그를 신기한 매력으로 끌어당겼다. 그는 귀를 기울이려 하지 않는 도시를 다시 한 번 설득하고자 마지막 노력을 다하기로 마음먹었다. "예언자는 예루살렘 밖에서는 죽지 않는다"는 속담이 옳다는 것을 증명하려고 애쓰는 것처럼도 보였다.

---

5) 누가복음 18 : 10~14.

# 18 마지막 여행

훨씬 전부터 예수는 신변에 위험을 느꼈다. 약 18개월 동안 그는 성도 순례를 피해 왔다. 하지만 기원후 32년 초막절에(나는 이 가설을 따랐다), 예수를 싫어하고 불신감을 키워 왔던 그의 형제들이 그에게 예루살렘행을 권했다. 복음서 작성자는 이 권유에 그를 해하려는 숨은 계획이 있었음을 암시하는 것 같다. 형제들은 이렇게 말했다고 한다. "형님이 하시는 일을 모두에게 보여 주십시오. 그런 일은 은밀하게 할 일이 아닙니다. 유대 땅으로 가서 형님의 힘을 보여 주십시오." 예수는 이것이 음모임을 눈치채고 처음에는 거절했다. 하지만 순례 일행이 떠나자 그 역시 아무도 모르게 몇 명만 데리고 길을 떠났다. 이때 예수는 갈릴리에 마지막 작별을 고한다. 초막절은 추분 무렵이었다. 운명의 최후까지는 아직 여섯 달이 남은 셈이다. 하지만 이제 이것으로 예수는 정든 북부 마을들을 볼 수 없었다. 평화로운 시기는 지나갔다. 이제부터는 죽음의 고통에 이를 때까지 가시밭길을 한 걸음 한 걸음 걸어가야 했다.

그를 따르는 제자와 믿음이 깊은 여인들이 유다에서 합류했다. 하지만 그것과는 별개로, 예수에게는 엄청난 환경의 변화였을 것이다! 예루살렘에서 예수는 한낱 이방인이었다. 그곳에는 뛰어넘을 수 없는 벽이 가로막고 서 있는 것처럼 보였다. 어디를 가나 덫이 놓여 있고, 비난이 들끓고, 바리새인의 적개심이 끈질기게 따라다녔다. 절대로 이의를 제기하지(이것은 다소나마 악의와 고집에서 비롯하는 것이다) 않는 온화하고 선량한 사람들이 사는 갈릴리에서 예수가 만난 것은 젊은 마음만이 가지는 행복한 천성, 즉 한결같은 믿음이었다. 이에 반해 예루살렘에서 만난 것은 고집스러운 불신자 무리뿐이었다. 이런 사람들 앞에서는, 북부에서 그토록 성공을 거둔 예수의 방식도 거의 무용지물이었다. 그의 형제들은 갈릴리 출신이라는 이유로 경멸당했다. 예수가 전에 예루살렘에 왔을 때 밤새워 얘기 나눈 적 있던 니고데모는 최고의회(Sanhedrim)에서 예수를 변호하다 위험에 처한다. 사람들은 니고데모에게 말했다. "당신도 갈릴리 출신 이었소? 성전에 갈릴리에서는 예언자가 나오지 않는다고 쓰여 있는 것도 못 봤 소?"

## 예수를 불쾌하게 하는 도시

앞서도 말했듯이, 도시는 예수를 불쾌하게 했다. 지금까지 그는 대도시를 피 해 시골이나 작은 마을을 골라 가르침을 전했다. 예수가 제자들에게 일러 준 가르침도 하층민들이 사는 단순한 사회 밖에서는 절대로 통용하지 못할 것이 대부분이었다. 순박한 갈릴리 사회에서 살아온 그는 세상 물정에 몹시 어두웠 다. 그의 언동이 예루살렘에서 이상하게 보였음은 쉽게 짐작할 수 있다. 그의 상상력과 자연을 사랑하는 마음은 이 성벽 안에서는 쉴 곳조차 없었다. 참된 종교는 소란스러운 도시에서가 아니라 조용하고 푸근한 시골에서 나오는 법 이다.

성전 안으로 들어가도 제사장들이 너무나 거만해서 예수는 불쾌해졌다.

어느 날, 예수보다는 도시 사정에 밝은 한 제자가 성전의 건축미라든가 자재 의 훌륭함, 벽 한 면을 장식한 수많은 헌납품에 예수의 시선을 끌려고 했다. 예 수가 대답했다. "이 성전을 보느냐? 하지만 잘 기억해 두어라. 여기에 있는 돌 하나 빼놓지 않고 다 무너질 것이다."[1] 그때 가엾은 과부가 와서 헌금함에 동전 두 닢을 던져 넣었다. 예수는 그 모습을 보고서야 찬미의 목소리를 높였다. "이 가난한 과부가 헌금함에 돈을 넣는 다른 누구보다 많이 헌금했다. 다른 사람 들은 넉넉한 중에서 헌금했지만, 이 과부는 가난한 중에서 생활비 전부를 넣 었기 때문이다."[2]

이처럼 예수는 예루살렘에서 일어나는 일을 틈만 나면 비판적으로 바라보 았다. 조금밖에 내지 않은 가난한 자를 칭찬하고, 많은 돈을 적선한 부자를 헐 뜯고, 유복한 성직자는 민중의 행복을 위해 아무것도 하지 않는다고 큰 소리로 비난했다.

당연히 제사장들은 이 이야기를 듣고 격분했다. 나중에 들어온 이슬람교의

---

1) 마태복음 24 : 2.
2) 누가복음 21 : 3~4.

"이 성전을 보느냐? 하지만 잘 기억해 두어라……"

하람과 마찬가지로, 성전은 보수파 귀족 계급의 근거지였으며, 이 세상에서 혁명이 일어나더라도 가장 마지막에 일어날 장소였다. 유대인의 생활 중심지였으며, 목숨을 걸고 지켜야 할 거점이었다. 이 갈보리 언덕 위에서 예수는 골고다 처형장에서보다 쓰라린 고통을 맛보았다. 예수의 하루하루는 이 언덕에서 논쟁과 울분에 휩싸인 채 성경 해석과 교회법에 관한 성가신 논쟁 가운데 흘러갔다. 예수의 높은 도덕성은 이런 논쟁에서 유리하게 작용하기는커녕 예수를 모자란 사내로 보이게 했다.

### 예루살렘 근교의 은신처

불안한 생활을 보내면서도, 다정다감한 예수는 다행히 은신처를 찾아서 그곳에서 평화로움을 누릴 수 있었다. 그는 하루를 성전에서 논쟁으로 보낸 뒤 저녁이 되면 기드론 골짜기로 내려와, 시민의 휴식처였던 겟세마네라는 과수원(아마도 기름을 짜는 밭이었을 것이다)에서 잠깐 쉬고, 마을 동쪽 끝에 있는 올리

"이 가난한 과부는 누구보다도 많이 넣었다……"

브산에서 밤을 보냈다. 예루살렘 근교에서는 이쪽에만 상쾌한 녹음이 있었다. 벳바게, 겟세마네, 베다니 같은 마을 주변 농장과 일대에는 올리브, 무화과, 종려나무가 우거져 있었다. 올리브산에는 큰 삼나무가 두 그루 있었는데, 그 뒤이 나무들은 각지로 뿔뿔이 흩어진 유대인들의 기억에 오랫동안 남았다. 그 가지는 비둘기 떼의 보금자리였고, 나무 그늘에는 작은 가게가 옹기종기 모여 있었다. 이 교외 일대가 예수와 그 제자들의 근거지로, 그들은 모든 들판과 집을 속속들이 꿰뚫었다.

예루살렘에서 걸어서 한 시간 반 거리인 베다니는 사해와 요단강이 내려다보이는 언덕 비탈에 있었다. 예수는 특히 이곳을 좋아했다. 그는 이곳에서 두 자매와 한 남자가 사는 집을 알게 되었다. 그들의 애정은 예수에게 큰 기쁨이

"……마리아는 그쪽을 선택했으니 그것을 빼앗지 말라"

었다. 자매 가운데, 마르다라는 친절하고 착하고 바지런한 여인이 있었다. 또 한 사람은 마리아였는데, 반대로 어딘가 깨나른하고 생각에만 몰두하는 면이 예수는 마음에 들었다. 그녀는 자주 예수 발치에 앉아 얘기를 듣느라 집안일을 깜빡했다. 집안일이 모두 자신에게 돌아오자, 한번은 마르다가 부드럽게 마리아를 꾸짖었다. 예수가 말했다. "마르다야, 마르다야! 너는 많은 일로 염려하고 근심하는구나. 하지만 필요한 일은 오직 한 가지이다. 마리아는 그쪽을 선택했으니 그것을 빼앗지 말라."[3]

---

3) 누가복음 10 : 41~42.

집주인이자 나병 환자인 시몬은 마리아와 마르다의 형제이거나 친척이었던 것으로 보인다. 이 집에 있으면 예수는 경건한 애정에 둘러싸여 바깥에서의 우울함을 잊을 수 있었다. 조용한 집 안에 있노라면, 바리새인과 학자들에게 쉴 새 없이 시달린 마음의 피로가 풀리는 기분이었다.

## 예언자를 죽이는 예루살렘이여

예수는 이따금 올리브산 꼭대기에 올라가 앉았다. 정면에는 모리아산이 보이고, 아래로는 성전의 테라스와 금박 지붕이 번쩍거렸다. 이 광경은 나그네들의 찬탄을 샀다. 특히 해가 떠오를 때, 성스러운 산은 눈과 황금을 쏟아 부은 것처럼 눈부시게 빛났다. 이스라엘 사람을 기쁨과 긍지로 넘치게 하는 장관도 예수의 마음을 깊은 슬픔에 잠기게 할 뿐이었다.

> 예언자들을 죽이는 예루살렘아! 하느님께서 네게 보내신 사람들을 돌로 쳐 죽이는 예루살렘아! 암탉이 병아리를 날개 아래에 품듯이, 내가 너희들 자녀를 얼마나 모으려고 했느냐! 그러나 너희는 응하지 않았다.[4]

갈릴리에서처럼 예루살렘에서도 선량한 사람들의 영혼은 동요했을 것이 틀림없다. 하지만 감동했노라고 감히 말할 수 없을 정도로 정통파의 압력은 지배적이었다. 갈릴리인의 종교에 들어갔다가 예루살렘 사람의 신용을 잃을까 봐 두려웠던 것이다. 시나고그에서 쫓겨날지도 몰랐다. 신앙에 빠진 경직한 사회에서 이는 가장 불명예스러운 일일 뿐만 아니라, 재산 몰수를 뜻하기도 했다. 더는 유대인이 아니라고 해서 로마인이 되는 것도 아니었다. 아무런 보호도 받지 못하고 알몸으로 신정 정치의 법 앞에 내던져지는 것이다. 어느 날, 성전 경비병들이 예수의 설교를 듣고 감격하여 제사장에게 달려가, 예수가 옳지 않느냐고 속내를 털어놓았다. 제사장들의 대답은 이랬다. "의원이나 바리새파 사람 가운데 그를 믿은 사람이 있느냐? 율법을 전혀 모르는 이 군중이나 그를 믿는데, 그들은 저주받은 사람들이다."[5]

---

4) 마태복음 23 : 37.
5) 요한복음 7 : 48.

이처럼 예수는 예루살렘에서 촌뜨기로서 같은 촌사람들에게는 존경받았지만, 귀족들에게는 멸시받았다. 게다가 새로운 종파의 교주는 넘쳐날 정도로 많았기에, 그런 자가 하나 더 늘었다고 해서 동요하는 사람은 없었다. 새로운 환경에 들어오고 나서 예수의 가르침은 필연적으로 커다란 변화를 보였다. 청중의 젊은 상상력과 순수한 도덕의식이 있었기에 효과를 거두었던 지금까지의 아름다운 설교도 이곳에서는 길가의 돌멩이에 맞고 허무하게 튕겨 나올 뿐이었다. 저 아름다운 호숫가에서는 그토록 마음이 편했는데, 현학자들 앞에서는 움츠러들고 어찌할 바를 몰랐다. 이곳에서는 격렬하게 논쟁하고 율법을 해석하고 신학 지식을 과시하는 사람이 되어야 했다. 평소에는 우아함이 넘치던 그의 담론은 반박하기에 급급한 하찮기 짝이 없는 논쟁이 되어 버렸다. 예수는 본디 협조성이 풍부했지만, 율법이나 예언자에 관한 싱거운 설전에는 진절머리가 났다. 그래도 그는 능란하게 궁지에서 빠져나왔다. 예수의 영혼이 빼어난 매력을 발휘했을 때 승리를 얻은 것이다.

### 촌철살인은 자신도 찌른다

어느 날 사람들은 예수를 곤란에 빠뜨리려고, 불륜을 저지른 여인을 그의 앞으로 데려가서, 어떻게 벌할 것인지 물었다. 예수가 이 시험을 어떻게 능란하게 빠져나갔는지는 잘 알려진 바이다. 하느님의 자비심을 담아 촌철살인의 조소를 날렸는데, 이것을 이길 표현은 또 없을 것이다. 하지만 어리석은 자들에게는 위대한 도덕성과 결부한 기지야말로 가장 견디기 어려운 것이었다.

너희 가운데 죄 지은 적 없는 사람이 먼저 이 여인에게 돌을 던져라.[6]

이 유명한 경구를 입에 담았을 때, 예수는 위선자들의 심장을 찌르는 동시에 그 손으로 자신의 죽음의 판결문에 서명한 셈이다. 실제로 예수가 이토록 예리한 언변으로 격노를 사지 않았더라면, 그는 이윽고 유대 민족 전체를 휩감고 지나갈 거대한 폭풍 속으로 조용히 사라졌을지도 모른다. 고급 제사장과 사

---

6) 요한복음 8:7.

두개인들은 예수를 미워했다기보다는 경멸했다. 유명한 제사장 집안인 보에투스 가문과 하난 가문은 자신의 안위가 걸려 있지 않은 한 웬만한 일에는 열을 내지 않았다. 이 거만한 제사장들은 눈을 정치권력으로 돌려 그것과 깊이 결탁했으며, 당시 소용돌이치던 열렬한 운동에 관해서는 아무것도 몰랐다. 새로운 스승의 가르침이 자신들의 편견과 이익을 위협하고 있다는 경보를 울린 것은 중류 바리새인, 즉 '전승(율법)' 해석 비결로 생계를 꾸리던 수많은 학자였다.

## 카이사르의 것은 카이사르에게

바리새인들은 예수를 정치 무대에 올려 가말라의 유다 일당과 연좌시키려고 안달이었다. 그 계략은 매우 교묘했다. 예수는 하느님 나라를 선언해 오면서도 심려를 가지고, 로마 권력과 충돌을 일으키지 않았다. 바리새인은 그 모호한 점을 노려, 예수에게 로마 권력을 확실히 부정시키려고 꾀했다.

"너희 가운데 죄 없는 자가 먼저 이 여인을 돌로 쳐라……."

어느 날, 바리새인 무리와 '헤롯 당원'[7]을 자칭하는 정치가가 열정적인 구도자 행세를 하며 물었다. "선생님, 당신은 신실한 분이어서 누구에게나 하느님의 길을 알려 주십니다. 그러니 부디 가르쳐 주십시오. 황제에게 세금을 바치는 것이 율법에 맞는 일입니까, 맞지 않는 일입니까?" 그들은 대답에 따라 예수를 빌라도에게 넘길 구실로 삼을 수 있겠다고 기대했다. 하지만 예수의 대답은 훌륭했다. 그는 동전을 가져오게 하더니, 거기에 새겨진 초상을 가리키며 말했다. "황제(카이사르)의 것은 카이사르에게 주고, 하느님 것은 하느님께 바쳐라." 그리스도교가 갈 길을 결정지은 함축된 말! 이것이야말로 완벽한 정의와 궁극의 정신주의를 나타내며, 영혼 세계와 짧은 속세를 확실하게 나누어 진정한 자유주의와 문명의 초석을 쌓은 말이다!

마음에 스며드는 온화한 예수의 품성은 특히 제자들과 함께 있을 때에 발휘되었다.

너희에게 진실로 이르노니, 양 우리에 문으로 들어가지 않고 다른 곳으로 넘어가는 사람은 도둑이며 강도다. 문으로 들어가는 사람이 양의 목자이다. 문지기는 목자에게 문을 열어 주고, 양들은 목자의 음성을 듣는다. 목자는 자기 양들의 이름을 불러 그들을 밖으로 인도한다. 목자가 자기 양을 모두 밖으로 이끌어 낸 뒤 맨 앞에서 걸어가면, 양들은 목자의 음성을 아는 고로 그의 뒤를 따른다. 도둑은 양을 훔치고, 죽이고, 멸망시키러 온다. 그러나 나는 양들로 하여금 생명을 얻고 더욱 풍성하게 하러 왔다. 나는 선한 목자다. 선한 목자는 양을 위해 자기 목숨을 내놓는다.[8]

### 정통 유대교에 던진 도전장

인류의 위기와 새로운 전개가 다가오고 있다는 생각은 그의 이야기 속에 몇 번이고 나온다.

무화과나무와 다른 모든 나무를 보아라. 잎이 돋는 것을 보면 여름이 가

---

7) 보에투스 일족이었던 것으로 보인다..
8) 요한복음 10 : 1~4, 10~11.

"카이사르의 것은 카이사르에게 주고, 하느님 것은 하느님께 바쳐라."

까웠음을 알 것이다.[9)]

위선자를 공격할 때 예수는 웅변가로 돌변했다.

율법학자들과 바리새파 사람들은 모세의 자리에 앉았다. 그러므로 그들
이 말하는 것을 다 행하고 지켜라. 그러나 그들의 행동을 따라 하지는 마라.
그들은 말만 하고 행하지는 않는다. 그들은 무거운 짐을 하나로 묶어 다른
사람의 어깨에 올리지만, 정작 자신들은 그 짐을 올리는 데 손가락 하나 까
딱하지 않는다.[10)]

그들은 다른 사람들에게 보이려고 일한다. 그래서 경구가 들어간 상자
를 크게 만들거나 옷에 술을 길게 늘어뜨린다. 잔치에서는 상석에 앉기를
좋아하고, 회당에서는 높은 자리에 앉기를 좋아한다. 광장에서는 인사받고
'선생'이라고 불리기를 좋아한다.[11)]

너희 율법학자들에게 화가 있다. 너희는 지식의 열쇠를 가로챘으면서도
그 안에 들어가지 않고, 들어가려는 다른 사람들까지도 막았기 때문이다.[12)]

이들은 과부의 집을 삼키며, 남에게 보이려고 길게 기도한다. 이들은 더
무시무시한 심판을 받을 것이다.[13)]

너희 위선자들에게는 화가 있다! 개종자 한 사람을 만들려고 바다와 육
지를 두루 다니지만, 개종자가 생기면 자신보다 더 나쁜 지옥의 아들로 만
들기 때문이다.[14)]

너희 위선자들에게 화가 있다! 박하와 회향과 뿌리채소의 십일조는 드리
지만, 율법에서 가장 중요한 정의와 자비와 신실함은 무시하기 때문이다. 십
일조도 중요하지만, 더 중요한 것은 이런 것들이다. 눈먼 안내자들이여, 너

---

9) 누가복음 21 : 29~30.
10) 마태복음 23 : 2~4.
11) 마태복음 23 : 5~7.
12) 누가복음 11 : 52.
13) 누가복음 20 : 47.
14) 마태복음 23 : 15.

희는 모기는 한 마리까지도 걸러내면서 낙타는 삼켜 버린다!.[15]

너희 위선자들에게 화가 있다! 잔과 접시의 겉은 깨끗하게 하지만, 안은 탐욕과 방종으로 가득하기 때문이다. 눈먼 바리새파 사람들이여, 먼저 잔의 안을 깨끗하게 해라. 그러면 겉도 깨끗해질 것이다.[16]

율법학자와 바리새파 사람들이여, 너희 위선자들에게 화가 있다! 너희는 하얗게 칠한 무덤과 같다. 겉은 아름다워 보이지만, 그 안은 뼈가 드러난 시체와 온갖 더러운 것으로 가득 차 있다. 너희도 겉으로는 의롭게 보이지만, 속은 위선과 죄악으로 가득하다.[17]

율법학자와 바리새파 사람들이여, 너희 위선자에게 화가 있다! 예언자들의 무덤을 만들고, 의인의 기념비를 꾸몄기 때문이다. 그러면서 "조상이 살았던 시대에 살았더라도 나는 예언자가 피를 흘리는 데 함께하지 않았을 것"이라고 말한다. 이렇게 너희 자신이 예언자를 죽인 이의 자손임을 스스로 증명한다. 나는 예언자와 현자와 학자를 너희에게 보냈지만, 너희는 그중 몇 명은 죽여 십자가에 못 박고, 몇 명은 회당에서 채찍질하고 이 마을 저 마을로 쫓아다니며 핍박할 것이다. 이리하여 의인 아벨의 피부터 너희가 성소와 제단 사이에서 죽인 바라갸의 아들 스가랴의 피에 이르기까지, 너희는 지상에 흐른 의인의 모든 피에 대한 죗값을 치르리라. 너희에게 진정으로 이르노니, 이 모든 보상은 이 시대가 치러야 하리라.[18]


이방인이 유대인 대신에 하느님 나라로 들어간다는 무시무시한 그의 교리. 이 나라를 받도록 정해진 자는 정작 그것을 원치 않으니 이 나라는 다른 나라 사람들에게 넘어가리라는 것이다. 이 가르침은 피바람을 부르는 협박처럼 거듭되었다. 또한, 예수는 생생한 비유 속에서 확실하게 '하느님의 아들'임을 자칭하고, 적은 하늘에서 보낸 자를 죽이는 역할을 하게 되리라고 공언했다. 이는 정통 유대교에 던진 도전장이었다. 가난한 사람들에게 호소한 대담한 목소리는

---

15) 마태복음 23 : 23~24.
16) 마태복음 23 : 25~26.
17) 마태복음 23 : 27~28.
18) 마태복음 23 : 29~36.

어느 날, 성전에 대한 반감에서 그는 무심코 입을 잘못 놀렸다……

더욱 도발적이었다. "나는 앞 못 보는 사람을 보게 하고, 보인다고 믿는 사람을 보지 못하게 하러 왔다"라고 공언하기를 서슴지 않았다. 어느 날, 성전에 대한 반감에서 그는 무심코 입을 잘못 놀렸다. "인간의 손으로 지은 이 성전을 당장 헐고, 사흘 만에 인간의 손으로 짓지 않은 다른 성전을 세우겠다."[19] 제자들은 이 말에 억지로 비유적인 뜻을 부여했지만, 과연 예수가 이 말로 무엇을 표현하고자 했었는지 분명하지 않다. 사람들은 뭐든 구실만 찾으면 되었기에 이 발언은 곧바로 기록되었다. 이 말은 예수가 사형 판결을 받는 이유가 되어, 골고다에서 마지막 숨을 거둘 때 예수의 귓가에서 울렸다.

이처럼 사람들의 노여움을 산 격론은 당연히 풍파를 불렀다. 바리새인들은 예수에게 돌을 던졌다. 민중을 선동하는 자가 있으면 예언자건 마술사건 귀 기울이지 말고 돌을 던져 죽이라고 명한 전통 율법을 따른 것이었다. 어떤 때는

---

19) 마가복음 14 : 58.

바리새인들은 예수에게 돌을 던졌다

예수를 미치광이, 악마 들린 자, 사마리아인이라고 불렀다. 또 어떤 때는 그를 죽이려고 했다. 그가 한 말을 기록으로 남기는 자도 있었다. 로마 정부는 아직 완고한 신정 정치 율법을 폐지하지 않았기에 예수의 말을 이용하려 한 것이다.

# 19 적의 계략

예수는 가을부터 겨울에 걸쳐 그 해를 예루살렘에서 보냈다. 이곳의 겨울은 퍽 춥다. 솔로몬의 회랑에는 통로에 지붕이 있는데, 그가 자주 거닌 장소이다. 회랑은 고대 성전의 흔적을 간직한 유일한 사적지로, 나란히 늘어선 원형 기둥들과 기드론 골짜기를 내려다보는 벽으로 되어 있다. 바깥출입은 수사 문을 통한다. 당시 주춧돌은 지금 '황금의 문'이라고 불리는 곳에 여전히 남아 있다.

계곡 건너편에는 호화스러운 묘석이 늘어서 있는데, 몇몇 묘비는 옛 예언자들의 기념비이다. 예수는 회랑에 앉아서 그것들을 바라보며 생각에 잠겼다. 묘석 중에는 당시 예수를 계속 떨게 한 지배 계급이 위선과 허영을 등지고 잠들어 있었다.

12월 말, 그는 예루살렘에서 축제를 축복했다. 안티오코스 에피파네스의 신성 모독 뒤 성전이 정화된 것을 기념하여 유다 마카비우스가 시작한 축제이다. 이것은 '빛의 축제'라고 불렸다. 여드레에 걸친 축제 기간 동안 모든 집이 등불을 밝힌다. 그로부터 얼마 뒤 예수는 베레아와 요단 강변을 여행한다. 몇 년 전 그가 요한파에 속해 있을 무렵에 방문했던 곳으로, 그도 그곳에서 세례를 받았었다.

그는 특히 여리고 마을에서 작은 위안을 얻었다. 중요한 길의 기점이기 때문인지 향료 농장과 풍요로운 농원이 있기 때문인지는 모르나 그곳에는 꽤 큰 세무서가 있었다. 예수를 보고 싶었던 이곳의 세리장이자 부자인 삭개오는 일행이 지나갈 예정인 길가의 뽕나무 위로 올라가 예수를 기다렸다. 키가 작았기 때문이다. 높은 관리인데도 순수한 삭개오에게 감동한 예수는 비난받을 위험을 무릅쓰고 그의 집에서 묵었다. 역시나 죄인의 집을 방문하는 것을 보고 사람들은 못마땅하다는 듯이 수군댔다. 그의 집을 떠나면서 예수는 삭개오에게 "너는 아브라함의 착한 아들이다"라고 선언했다. 그리고 정통파를 더욱 약 올리려는 듯이 삭개오를 성자로 삼았다. 삭개오는 재산의 절반을 가난한 사람에게 줌으로써 자신이 저지른 부정을 네 배로 갚았다고 한다. 예수의 기쁨은 여기서 그치지 않았다. 거지 바디매오가 마을 어귀에서 예수를 "다윗의 아들"이라고 부르며, 아무리 그만 하라고 말려도 듣지 않았다.

갈릴리에서 보인 일련의 기적이 북부와 매우 닮은 이곳 여리고에서도 짧게 재현되었다고 한다. 당시 여리고에는 시원한 오아시스가 있어서 물이 풍족했다. 시리아에서도 손꼽히는 아름다운 곳임은 틀림없다. 플라비우스 요세푸스는 이곳을 갈릴리와 비교하며 찬탄하며 "거룩한 땅"이라고 불렀다. 이리하여 예수는 예언자 활동을 처음 시작했던 요단 강변에서 일종의 순례를 마치고, 사랑하는 베다니로 돌아왔다.

키가 작은 삭개오는 뽕나무 위로 올라갔다

마을 어귀에서 거지 바디매오가 예수를 "다윗의 아들"이라고 불렀다

## 참극의 주범은 누구인가

적의 증오는 극에 달했다. 예수가 점점 고양되어 가는 것과 반대로 유대인은 그에게 더욱 마음을 닫았다. 동시에 공권력도 그를 못살게 굴기 시작했다. 2월 또는 3월초부터 제사장들은 회의를 소집해서 "예수와 유대교는 공존할 수 있는가?"라는 의제를 제출했다. 하지만 이미 대답은 준비되어 있었다. 복음서 작성자의 말처럼, 대제사장은 예언자도 아닌 주제에 다음과 같은 잔혹한 원칙을 내뱉었다. "한 사람이 백성을 위하여 죽는 편이 더 낫다."[1]

이 해의 대제사장은 누구였을까? 요한복음에는 요셉 가야바로 나와 있다. 그는 로마에 충성을 맹세하여 발레리우스 그라투스의 임명으로 대제사장이 되었지만, 임기가 단축되어 신분은 낮았다고 한다. 예루살렘이 총독의 지배로 넘어간 뒤로 대제사장직은 파면이 가능한 직무로 전락하여 해마다 파면이 잇따랐지만, 가야바는 다른 사람보다 오래 그 자리에 머물렀다. 그는 기원후 25년에 내제사장이 되었는데, 그 자리에서 물러난 것은 기원후 36년이었다. 그의 성격에 관해서는 알려지지 않았다. 여러모로 짐작건대, 그의 권력은 유명무실했던 듯하다. 배후에서 그를 마음대로 조종하는 사람이 언제나 있었는데, 예수를 어떻게 처분할 것이냐는 중요한 안건이 제기되었을 때 바로 이 배후의 인물이 결정권을 쥐고 있었다고 한다.

그 인물이란 가야바의 장인이다. 셋의 아들 하난 또는 안나스라는 이름의 퇴직한 늙은 대제사장으로, 제사장직이 불안정해졌던 이 시기에 사실상 모든 권력을 쥐고 있었다. 하난은 기원후 7년에 총독 구레뇨의 임명으로 대제사장이 되었다가 티베리우스 황제가 즉위한 14년에 직위를 잃었다. 하지만 그 뒤에도 여전히 대단히 인망이 높아, 직위에서 물러났음에도 "대제사장"으로 불리며 모든 중요 문제의 상담을 맡았다. 또한, 대제사장직은 그의 집안사람들이 독점하다시피 했다. 사위 가야바 외에도 다섯 아들이 줄줄이 이 높은 지위에 앉았다. 제사장직이 세습제가 되기라도 한 것처럼, 사람들은 이 집안을 "제사장 집안"으로 불렀다.

성전의 요직도 거의 그들이 차지했다. 보에투스 가문과 하난 가문이 교대로

---

1) 요한복음 11 : 50.

대제사장직 자리에 앉은 것은 사실이지만, 보에투스 가문은 그다지 명예롭지 못한 방법으로 그 지위를 손에 넣었기에, 신앙심 깊은 시민들에게는 존경받지 못했다. 따라서 사실상 하난이 제사장들의 우두머리였다. 가야바는 하난 없이는 아무것도 못했다. 무엇을 하더라도 두 사람의 이름이 붙어 나오는 것이 관례가 되었고, 그나마 하난의 이름이 늘 먼저 나왔다. 실제로 대제사장이 총독의 변덕에 따라 해마다 바뀌는 제도 아래에서 이 늙은 제사장이 매우 중요한 인물이었음은 틀림없다. 전승의 비밀을 쥐고 있던 그는 새로운 얼굴들이 큰 집안을 상속하는 모습을 곁눈질로 느긋하게 바라보면서, 생각대로 다룰 수 있는 자기 집안사람들을 권력에 앉혀 절대 권세와 명망을 유지했다. 성전의 모든 귀족 계급과 마찬가지로 하난도 사두개인이었으며, 역사가 플라비우스 요세푸스는 "매우 비정한 재판을 하는 일파"로 불렀다.

그의 아들들도 맹렬한 박해자였다. 그중 아버지와 같은 이름인 하난이라는 한 아들은 예수의 죽음과 매우 비슷한 이유를 들어 예수의 형제인 야고보를 돌로 쳤다. 이 집안 가풍은 방만·대담·잔혹으로, 유대 정치의 특색인 교만과 음험한 악의를 가지고 있었다. 그러므로 지금부터 일어날 모든 행위의 책임은 하난과 그 일족에게 있다. 예수를 죽인 것은 하난 또는 하난을 대표로 하는 일족이라고 해도 무방할지 모른다. 하난은 참극의 주역이며, 가야바나 빌라도보다도 인류의 저주를 받아 마땅한 인물이다.


**내버려 두었더라면 예수의 신성은 확립되지 않았을 것이다!**

요한복음에는 예수를 사형 선고로 이끈 결정적인 말은 가야바의 입에서 나왔다고 나와 있다. 대제사장은 예언 능력이 어느 정도 갖추어진 것으로 보았다. 따라서 가야바의 말은 그리스도교도 공동체에 깊은 의미가 있는 계시였던 셈이다. 하지만 이 같은 말을 입에 담은 것이 누구이건 그것은 제사장 집단 전체의 생각이라고 할 수 있다. 이 일당은 민중의 반란을 크게 반대했다. 열광적인 종교 활동가도 잡아 가두려고 했다. 그들이 열렬한 선교로 나라를 파멸로 이끌지 모른다는 지당한 예견 때문이었다. 예수가 일으킨 선동은 현세와 전혀 무관했지만, 제사장들은 이 선동이 결국 로마를 더욱 압박해, 자신들의 재산과 권세의 원천인 성전을 무너뜨릴지도 모른다고 생각했다.

예수가 죽고 37년이 지나서 예루살렘은 멸망한다. 그 원인은 초대 그리스도교와 직접적인 관련이 없다. 하지만 제사장들이 내세운 이유가 거기에서 악의를 찾아야 할 정도로 부당했다고는 말하기 어렵다. 넓은 의미에서, 예수가 성공했더라면 분명 실제로 유대 민족을 멸망시켰을 것이라고 나는 생각한다. 따라서 모든 고대 정치가라면 두말없이 찬성할 원칙에 따라 하난과 가야바가 "한 사람이 백성을 위하여 죽는 편이 더 낫다"고 말한 것도 지극히 당연하다. 우리가 볼 때는 역겨운 생각이다. 하지만 인간 사회가 생겨난 이래 보수파는 쭉 그렇게 생각해 왔다. '질서의 당파'는 어느 시대에나 같다(나는 보수라는 단어를 좁고 나쁜 의미로 쓰고 있지만). 이들에게 정치의 요점은 민중의 열정을 저지하는 것이다. 미쳐서 들끓는 피를 적법한 살인으로 억누르는 것이 애국 행위라고 믿는다. 장래를 그다지 신경 쓰지 않는 그들은 뒷날 반드시 승리할 사상을 자신들이 선제공격으로 짓밟고 있다고는 생각하지 않는다. 예수의 죽음은 이러한 정책이 적용된 수많은 예시 가운데 하나이다.

예수가 지도한 운동은 순전히 정신적인 것이었다. 하지만 역시 하나의 운동임은 분명했다. 그렇기에 질서를 지키는 쪽은 여기서 동요하지 않는 것이 가장 인류를 위한 길임을 깨닫고, 새로운 사상이 번져나가지 않도록 가만히 있었어야 옳았다. 좋은 줄 알고 한 일이 얼마나 큰 반발을 부르는지 이만큼 잘 보여 준 예는 없다. 이때 예수를 가만 내버려 두었더라면, 예수는 불가능을 가능하게 하려는 절망적인 싸움에서 수단을 잃고 패배했을 것이다. 어리석게도 예수를 미워한 탓에 그들은 예수의 사명을 보란 듯이 성공시키고, 예수가 곧 하느님이라는 각인을 심어 버렸다.

예수를 죽이자는 결정은 2, 3월 무렵부터 되어 있었다. 예수는 얼마 동안 몸을 숨겼다. 그는 예루살렘에서 하루 거리인 벧엘 방면의 광야 언저리에 있는 에브라임 또는 에브론이라는 낯선 마을로 피신해서 제자들과 함께 폭풍이 지나가기를 몇 주 동안 기다렸다. 예수를 다시 성전 부근에서 목격하거든 곧장 체포하라는 명령이 떨어졌다. 유월제의 성대한 의식이 다가오고 있었다. 사람들은 예수가 이전처럼 이 절기를 축복하러 예루살렘에 오리라고 생각했다.

# 20 마지막 주간

마침내 예수는 제자들과 함께 배신의 마을로 마지막 여행을 떠났다. 함께 행동하는 사람들의 기대는 높아질 뿐이었다. 모두의 가슴속에서 예루살렘에 가면 그곳에 하느님 나라가 나타나리라는 확신이 커져만 갔다. 이 정도로 불신앙이 극에 달한 것은 세상의 종말이 다가왔다는 크나큰 증거가 아니겠는가. 제자들은 그렇게 믿었다. 벌써 하느님 나라에서 어느 자리에 앉을지를 놓고 다툴 정도였다. 살로메가 예수에게 자기 두 아들에게 양 옆자리를 내어 달라고 부탁한 것도 이때였다고 한다.

한편, 예수는 심각한 생각에 시달렸다. 때때로 그는 적들에 대한 침통한 원한을 고귀한 마음을 지닌 왕의 비유를 들어서 털어놓았다. "그 귀인은 왕국을 넓히기 위해 원정을 떠났다. 하지만 왕이 출발하자 시민들은 더는 저런 왕은 필요 없다고 말했다. 귀국한 왕은 자신을 왕으로 받들지 않는 자들을 앞으로 끌어내어 모두 사형에 처했다." 제자들의 환상을 단번에 무너뜨린 일도 있었다. 일행이 북부 예루살렘의 자갈길을 걷고 있을 때, 예수는 생각에 빠져 자신도 모르게 무리에서 빠져나와 앞장서 걷고 있었다. 그런 예수를 보고 제자들은 마음을 졸이며 말도 못 붙인 채 뒷모습만 바라보았다. 예수는 전부터 기회가 있을 때마다, 자신은 고난을 받을 것이라고 제자들에게 말했었다. 하지만 제자들은 귓등으로 들었다. 하는 수 없이 예수는 자신의 죽음이 가깝다는 예감을 구체적으로 입에 담았다. 당장에라도 구름 사이로 천국의 징조가 나타나리라고 믿었던 제자들은 깊은 슬픔에 휩싸였다. "주님의 이름으로 오시는 분에게 복이 있다!"[1]고 하느님 나라의 도래를 알리는 즐거운 외침이 오래전부터 귓전을 맴돌던 제자들은 귀를 틀어막고 싶어지는 이 예고를 듣고 공황에 빠졌다. 숙명의

---

1) 마태복음 23 : 39.

길을 한 발짝 뗄 때마다 하느님 나라가 허무한 신기루가 되어 가까워지거나 멀어져 갔다. 예수는 자신이 곧 죽지만, 자신의 죽음은 세상을 구원하리라고 믿어 의심치 않았다. 그와 제자들 사이의 오해의 골은 시시각각 깊어져 갔다.

### 8일(토요일)

예루살렘에는 준비를 위해서 유월절 며칠 전에 도착하는 것이 관례였다. 하지만 예수는 그렇게 빨리 모습을 드러내지 않았기에, 예수를 붙잡으려던 사람들은 예상이 빗나갔다고 생각했다.

예수가 베다니에 도착한 것은 평소처럼 겨우 엿새 전(니산월 8일 토요일, 즉 3월 28일)이었다. 그는 마르다와 마리아의 집, 즉 나병 환자 시몬의 집에서 머무르며 큰 환영을 받았다. 많은 사람이 새로운 예언자를 보려고 시몬의 집에 모여들어 다 함께 식사했다. 마르다는 평소처럼 부지런히 움직였다. 사람들의 닝담한 호기심을 물리치고, 찾아온 손님의 품위를 드높이고자 최대한 경의를 보

예수는 생각에 빠져 자신도 모르게 무리에서 빠져 나와 앞장 서 걸었다

마리아는 무릎 꿇고 긴 머리카락으로 스승의 발을 닦았다

이려는 듯했다. 마리아는 잔치 분위기를 더욱 북돋우고자 향유 단지를 가지고
식탁으로 와서 예수의 발에 향유를 부었다. 그러고는 귀한 손님을 대접하는 데
쓴 물건을 부수는 오랜 전통에 따라 그 단지를 깼다. 끝으로, 존경의 표시를 보
여 주고자 무릎을 꿇고 긴 머리카락으로 스승의 발을 닦았다. 방 안은 향기로
운 향유 냄새로 가득 찼고, 사람들은 매우 기뻐했다. 하지만 탐욕스러운 이스
가리옷 유다만은 예외였다. 이 공동체의 검약 습관에서 본다면 이것은 대단한
낭비였다. 일행의 회계를 맡았던 유다는 향유가 얼마에 팔리며 가난한 자에게
얼마나 적선해 줄 수 있는지 즉시 계산했다. 이 구두쇠의 인정 없는 태도에 예
수는 불만이었다. 예수의 인격보다 더 높은 것이 있다는 듯한 태도가 아닌가.
그는 명예를 사랑했다. 그 명예가 다윗의 아들이라는 칭호로 확정되어, 예수의
목적을 달성시키는 데 도움이 되는 것이었다. 유다가 가난한 자의 이야기를 꺼
내자 예수는 노기를 띠고 대답했다. "너희는 가난한 사람들과 늘 함께할 수 있

지만, 나는 늘 함께 있는 것이 아니지 않느냐?[2] 고난에 즈음하여 자신에게 사랑의 증거를 보여 준 마리아에게 예수는 의기양양하게 영생을 약속했다.

## 9일(일요일)~11일(화요일)

다음 날(니산월 9일 일요일), 예수는 베다니에서 예루살렘으로 내려갔다. 올리브산 고개의 굽잇길에서 아래로 펼쳐진 도시가 보였을 때, 그는 예루살렘을 위해 눈물을 흘리고 마을에 마지막 인사를 건넸다고 한다. 예수는 이곳에서 잠시 인간다운 기쁨을 맛보았다. 그가 온다는 소문은 이미 퍼져 있었다. 절기를 지내러 온 갈릴리 사람들은 매우 기뻐하며 그를 위해 자그마한 환영 준비를 했다. 관례에 따라, 새끼를 데리고 있는 암나귀를 그에게 끌고 왔다. 갈릴리 사람들은 하찮은 이 짐승 등에 안장 대신 가장 좋은 옷을 깔고 예수를 그 위에 앉혔다. 그동안 다른 사람들은 양탄자 대신 자기 옷을 길에 펼치고 푸른 나뭇가지를 깔았다. 손에 종려나무 가지를 들고 예수의 앞을 가는 자, 뒤를 따르는 자가 이어졌다. "다윗의 아들에게 호산나! 주님의 이름으로 오신 분이시여!" 예수를 이스라엘의 왕이라고 부르는 자도 있었다. 그러자 바리새인들이 이렇게 말했다. "선생님, 저렇게 부르지 못하도록 꾸짖으십시오." 예수는 "이 사람들이 잠잠하면 돌들이 소리 지를 것이다"라고 대답하며 마을로 들어갔다.[3] 그를 잘 모르는 예루살렘 사람들이 그가 누구인지 묻자, "예수다. 갈릴리 나사렛의 예언자이다"라는 대답이 돌아왔다.

당시 예루살렘의 인구는 얼추 5만 명이었다. 평소에는 유명한 외국인이 찾아온다든지 시골에서 사람들이 도당을 만들어 올라온다든지 한길에서 뭔가 작은 사건이라도 일어나면 곧바로 소문이 퍼졌다. 하지만 절기 때는 매우 혼잡했다. 이 시기 예루살렘은 외부에서 온 사람들로 점거된 상태나 마찬가지였으며, 흥분의 도가니로 변했다. 절기에 찾아온 그리스어로 말하는 유대교 개종자들은 예수의 소문을 듣고 만나고 싶어서 제자들에게 만나게 해 달라고 졸랐다. 그 결과가 어떻게 되었는지는 기록에 없다. 예수는 평소처럼 밤이 되면 친숙한 베다니 마을로 가서 보냈다. 다음 사흘 동안(월, 화, 수)도 예루살렘으로 내려갔

---

2) 마태복음 26 : 11.
3) 누가복음 19 : 35~40.

군중은 종려나무 가지를 들고 예수의 앞뒤에서 외쳤다……

다가, 해가 지면 베다니나 친구가 많은 올리브산 서쪽 농장으로 올라갔다.

언제나 쾌활하고 명랑한 예수의 마음도 이 마지막 며칠 동안은 깊은 슬픔으로 가득했던 것 같다. 체포되기 전에 예수는 고통스러운 죽음이 다가오고 있음을 예지하고 마음이 흐트러졌었다고 어느 복음서에나 똑같이 적혀 있다. 〈요한복음〉에는 그가 갑자기 "지금 내 마음이 무척 괴로우니 무슨 말을 하겠습니까? 아버지, 이때를 벗어나게 해 주십시오!"라고 외쳤다고 쓰여 있다. 그때 하늘에서 목소리가 들려왔다고 사람들은 믿었다. 〈누가복음〉에는 천사들이 와서 그를 위로해 주었다고 나와 있다. 가장 잘 알려진 이야기에는 이 사건이 겟세마네 동산에서 일어났다고 되어 있다. 예수는 잠든 제자들에게서 떨어져 게바와 세배대의 두 아들만 데리고 아주 가까운 곳으로 걸어갔다. 그러고는 얼굴을 땅에 대고 기도했다. 끔찍한 번민이 마음을 짓눌렀다. 하지만 끝내 하느님 마음에 자기 몸을 바치겠다는 마음이 이겼다.

그러고는 얼굴을 땅에 대고 기도했다

## 인성과 신성 사이

확실하게 말할 수 있는 것은 예수에게 주어진 사명의 중압감이 마지막 며칠 동안 예수의 마음을 무겁게 짓눌렀다는 사실이다. 한순간, 인간으로서의 자연스러운 감정이 눈뜬 것이다. 그때 그는 자신의 사명에 의심이 들기 시작하지 않았을까? 마음이 크게 요동치며 공황 상태에 빠졌다. 무엇보다도 심한 심신상실이 그를 덮쳤다. 위대한 사상 때문에 보상이나 쉼 없이 계속 일하다가 곧 자신이 죽는다는 사실을 알았을 때는 허무함에 쓸쓸히 과거를 되돌아보게 된다. 가장 강인한 정신력을 지닌 사람에게도 그리운 추억은 있다. 예수의 가슴을 예리한 칼처럼 갈기갈기 찢는 것은 분명히 그런 추억이었을 것이다. 피로를 풀어주었을 갈릴리의 맑은 샘, 편하게 쉴 수 있는 그늘을 만들어준 포도나무와 무화과나무, 자신을 사랑했다고 말해 주었을 여인들과 같은 추억이 마음을 스쳤을까? 아니면 기쁨을 다른 자에게는 나누어 주면서 자신에게는 주지 못했던 가혹한 운명을 저주했을까? 지나치게 고상한 자신의 성품을 안타까워했을까? 아니면 나사렛의 보잘것없는 목수로 지내지 않고 위대한 희생을 자처한 것을 후회했을까? 알 길이 없다. 제자들에게 예수의 내적 고뇌는 '열어보지 않은 편지'였기 때문이다. 그들은 아무것도 몰랐기에, 스승의 위대한 영혼에 있는 알 수 없는 부분은 소박한 추측으로 채워 넣었다.

여하튼 확실한 것은 한 가지 있다. 예수 영혼의 신적 부분이 인간적인 번뇌를 이겨냈다는 것이다. 당장에라도 죽음은 피할 수 있었다. 하지만 그는 그것을 바라지 않았다. 그보다 자신의 사명을 완성하는 쪽을 택했다. 잔 바닥에 남은 찌꺼기까지 다 마셔 버리기로 한 것이다. 이리하여 예수는 한 점 부끄러움 없이 자아를 완전히 되찾았다. 교묘한 변론가의 얼굴도, 기적을 보여 악마를 내쫓는 마술사의 얼굴도 떨쳐냈다. 이제 남은 것은 수난의 영웅으로서, 자유 신앙 권리의 창시자로서, 또한 모든 고통받는 자가 스스로 크게 위로할 때 떠올리는 완전무결한 모델로서의 예수뿐이었다.

### 12일(수요일), 유다라는 사내

예수가 벳바게에서 큰 환영을 받았으며, 시골 사람들이 메시아의 도래를 예루살렘 성 밖에서 축하했다는 대담하고 불경한 사실에 바리새인과 성전 귀족들은 격노했다. 수요일(니산월의 12일)에 요셉 가야바의 집에서 열린 새 회의에서 예수의 즉각 체포가 결정되었다. 질서와 치안을 지키겠다는 강한 의지에서 모든 방침이 정해졌다. 소란만큼은 피해야 했다. 이해 유월절은 금요일에 시작되는데, 혼잡과 흥분은 날로 커질 테니 체포는 금요일 전에 하기로 결정되었다. 인기인인 예수를 체포하면 소동이 벌어질지도 몰랐다. 민중을 종교적 흥분으로 이끌고자 제사장의 권위에 대든 자는 화형에 처해, 민중이 모인 제사 분위기를 북돋우는 것이 관례였다. 하지만 그날이 제삿날과 겹치지는 않도록 했다고 한다. 그래서 체포는 다음 날인 목요일로 정해졌다. 또한, 예수가 날마다 찾아오는 성전에서 체포하는 것이 아니라 사람들 눈에 띄지 않는 곳에서 덮치기로 했다. 어디가 좋을지는 그의 행동을 살핀 다음에 결정하기로 했다. 제사장의 하수들은 유용한 정보를 찾아 제자 가운데 나약하고 단순한 자에게 접근했다. 이스가리옷 유다라는 적합한 인물이 발견되었다.

그 동기를 이해하기는 어렵지만, 이 불행한 사내는 스승을 배반하고 체포에 필요한 모든 지시를 내리고 군대를 안내하는 임무까지 맡았다. 어째서 이런 극악무도한 짓을 저질렀는지 언뜻 이해가 가지 않는 것은 사실이나, 유다의 어리석음과 사악함에 대한 혐오를 그리스도교가 전승 과정에서 얼마간 부풀린 것이 분명하다. 그때까지 유다는 다른 제자들과 별반 다를 것 없는 제자였고, 사도라는 명칭도 받았었다. 기적을 일으키고, 악마를 물리쳤다. 이해를 돕기 위해 이야기에서는 열한 성자와 한 악한 사도가 있었다고 되어 있다. 하지만 현실에서는 인간을 그렇게 확실하게 구분 지을 수 없다. 공관 복음서는 악행의 동기를 탐욕으로 보지만, 그것만으로는 충분히 설명되지 않는다. 주인이 죽으면 얼마나 손해가 막심할지 잘 아는 회계 담당이 그 이익을 푼돈과 맞바꾸었다고는 이해하기 어렵다. 베다니에서의 만찬 때 스승에게 꾸중을 듣고 자존심에 상처를 입었었기 때문이라고도 설명하지만, 그래도 충분히 이해가 가지는 않는다.

제4복음서는 유다가 처음부터 도둑에 불신자였다고 단정하지만, 이것도 믿기 어렵다. 오히려 나는 어떤 질투나 불화가 있었다고 생각한다. 요한이 썼다고 알려진 복음서가 특히 유다를 극심한 악인으로 묘사한다는 점이 그 근거이다. 다른 제자에 비해 마음이 깨끗하지 못했던 유다가 저도 모르게 점점 그 직책에 집착하게 되었던 것은 아닐까? 직무에 충실한 나머지 이해득실을 그 회계가 이바지해야 할 사명보다 중요시하게 된 것은 아닐까? 회계 관리자로서의 그가 사도로서의 그를 말살한 것은 아닐까? 베다니에서 했던 유다의 불평 한마디로 미루어 보아, 그는 주인이 그 정신적 가족에게 지나치게 금전적 부담을 주는 사람이라고 종종 느끼고 있었다고 추측할 수 있다. 이처럼 옹졸한 절약이 이 작은 단체 내에서 그 밖에도 많은 내분을 일으키지는 않았을까?

### 13일(목요일), 최후의 만찬
이날부터 시계는 장중한 1분 1초를 새겨 나갔다. 지금까지 인류가 보내온 모든 세기보다 길고 농밀한 시각. 이 글도 드디어 목요일, 즉 니산월 13일(4월 1일)로 들어섰다. 유월절은 다음 날 밤에 새끼 양을 먹는 잔치로 시작된다. 절기는 이후 이레 동안 이어지며, 이 동안 효모를 쓰지 않은 빵을 먹는다. 이레 중 첫날과 마지막 날은 특별히 성대해서 제자들은 이미 그 준비로 바빴다. 유다의 배신을 알았던 예수는 자신을 기다리는 운명을 예측했을 것이다. 저녁에 예수는 제자들과 마지막 식사를 한다. 만찬이 유월절 의식에 따라 그날 밤에 열렸다고 후세에 잘못 전해졌지만, 사실은 하루 빠른 셈이다. 하지만 초대 그리스도 교회에서 목요일 만찬은 진정한 유월, 새로운 계약의 징표이다. 제자들은 스승과의 가장 그리운 추억을 이 만찬과 연결 지었다. 이윽고 이것이 그리스도 신앙의 초석이 되어 수많은 제도의 기점이 되었다.

실제로 이때 예수를 중심으로 생겨난 '작은 교회'에 그가 다정한 애정을 쏟았음은 의심할 여지가 없다. 온화하고 강고한 그 정신은 그를 둘러싼 어둡고 무거운 걱정거리 아래에서도 가벼웠다. 그는 친구 한 사람 한 사람에게 말을 걸었다. 특히 요한과 베드로에게 따뜻한 애정을 보였다. 요한은 예수와 나란히 긴 의자에 앉아서 머리를 스승의 가슴에 기대고 있었다. 식사가 끝날 무렵, 예수의 마음을 짓누르던 비밀이 새어나오려 하고 있었다. "진실로 말하노니, 너희 가운데 하나가 나를 배반할 것이다." 순박한 제자들은 그 말에 크게 당황했다. 그들은 얼굴을 마주 보며 서로에게 물었다. 유다도 그 자리에 있었다. 전부터 유다를 의심했던 예수는 이렇게 말함으로써 유다의 눈빛과 당황하는 모습에서 죄의 고백을 유도하려고 했던 것 아닐까? 하지만 이 뻔뻔한 제자는 낯빛 하나 안 바꾸고 다른 제자들처럼 "스승님, 설마 제가 그 사람입니까?"라고 묻기까지 했다.

착하고 정직한 베드로는 고민했다. 그리고 요한에게 주인이 누구를 얘기하고 있는지 눈짓으로 물었다. 누구에게도 들리지 않게 예수와 대화할 수 있는 자리에 앉아 있던 요한은 누구를 말하는 것인지 물었다. 예수는 의심만 하고 있을 뿐이기에 이름은 말하려 하지 않았다. 다만, 자신이 빵 한 조각을 소스에 찍어 누구에게 주는지 잘 보라고 말했다. 그러고는 곧바로 빵 한 조각을 소스에 적셔 유다에게 주었다. 이 사실은 요한과 베드로밖에 몰랐다. 예수는 유다에게 거친 비난이 담긴 몇 마디를 던졌지만, 그 자리에 있던 제자들은 눈치채지 못했다. 예수가 유다에게 다음 날을 위한 지시를 내리고 있다고만 생각했다. 유다는 도중에 자리를 떴다.

"진실로 말하노니, 너희 가운데 하나가 나를 배반할 것이다."

## 유카리스티아(성찬)

만찬은 평소와 다를 바 없었다. 스승이 제자들에게 걱정거리를 살짝 일러 주었음에도 제자들이 무슨 뜻인지 잘 이해하지 못했다는 점 말고 이상한 것은 없었다. 예수가 죽은 뒤 제자들은 이날 밤에 특히 장중한 의미를 두어 최대한의 상상력으로 그날 만찬을 감미롭고 신비스럽게 각색했다. 친한 사람이 죽은 뒤에 그 사람에 관해 가장 잘 떠오르는 것은 당연히 마지막에 만났던 때일 것이다. 자연스레 환상이 생겨나, 마지막에 주고받은 대화에 사후에서야 깨달은 의미를 덧붙여 수년간의 추억을 죽기 전의 짧은 시간으로 압축한다.

제자 가운데 대부분은 이 만찬 뒤에 더는 스승과 만날 수 없었다. 이것이 작별을 고하는 최후의 만찬이었다. 이 식사 때 예수는 평소처럼 빵을 뜯어 제자들 손에 건네는 신비로운 의식을 했다. 교회 초기부터 이 만찬은 유월절에 있었고 절기 당일에 이루어졌다는 오해를 사면서, 성찬 제도는 이날 생겨났다고 자연스레 여겨지게 되었다.

제자들은 예수가 자신의 죽음이 언제 어떻게 찾아올지 처음부터 정확하게 알고 있었다고 믿었기에, 스승이 가장 중요한 의식을 최후의 만찬 때 하려고 남겨 두었다고 추측하게 되었을 것이다. 또 한 가지가 있다. 예수의 죽음은 오랜 율법에 나오는 모든 제물을 대신한다는 생각이 초대 그리스도교의 근본 사상 가운데 하나가 되었기에, 수난 전날 열린 '최후의 만찬'은 특별한 희생과 새로운 계약을 성립시키는 의식으로 여겨지게 되었으며 만인 구제를 위해 흘린 피를 상징하게 되었다. 빵과 포도주는 예수의 죽음과 결부해 생각하게 되었고, 예수가 수난으로써 새롭게 맺은 계약을 뜻하게 되었으며, 그리스도가 산 제물이 된 사건을 재림 날까지 추모하는 상징이 되었다.

사랑, 화합, 자비, 양보, 이러한 고귀한 감정이 예수와 함께한 마지막 밤을 한층 선명하게 떠올리게 했다. 예수의 마음을 이어받아 지어진 교회는 상징과 설교의 보고가 되어 가지만 교회들을 단결시키는 것은 앞서 말한 감정이며 그리스도와 함께한 마지막 밤에서 발단한다고 그리스도교에서는 생각하게 되었다.

새 계명을 너희에게 주노니, 서로 사랑하라. 내가 너희를 사랑한 것 같이 너희도 서로 사랑하라. 서로 사랑하면 이로써 모든 사람이 너희가 내 제자인 줄 알리라.[4]

이 성스러운 순간에도 누가 가장 높은 제자인지를 놓고 다툼이 벌어졌다. 예수는 주인인 내가 너희를 섬기니 너희도 서로 섬겨야 한다고 말했다. 일설에는 예수가 포도주를 마시면서 이렇게 말했다고 한다. "앞으로는 아버지 나라에서 너희와 함께 새롭게 마실 그날까지 포도 열매에서 난 것을 마시지 않을 것이다."[5] 천국에서 열리는 잔치가 다가오고 있으며, 그때는 모두 왕좌에 나란히 앉게 되리라고 약속했다는 설도 있다.

만찬이 끝날 무렵, 예수의 예감은 제자들에게도 전해진 모양이었다. 중대한 위기가 스승을 위협하고 있으며, 게다가 매우 가까이 왔음을 겨우 깨달은 것이

---

4) 요한복음 13 : 34~35.
5) 누가복음 22 : 18.

다. 언젠가 만일의 일을 대비해서 예수는 칼이 있느냐고 물었다. 합쳐서 두 자루가 있었다. "그만하면 되었다." 예수는 그 이상 말하지 않았다. 겁 많은 시골 사람들이 예루살렘 군대와 맞서지 못하리란 것을 잘 알고 있었기 때문이다. 직선적이고 긍지 높은 게바(베드로)는 감옥이든 죽음이든 예수와 함께 가겠노라고 맹세했다. 예수는 그렇지 않으리란 것을 특유의 교묘한 표현으로 암시했다. 닭이 울기 전에 네가 나를 세 번 부인하리라고 대답한 것이다.[6] 이 전승에서는 베드로 자신이 증언한 것이라고 한다. 제자들은 게바처럼 겁내지 않겠다고 맹세했다.

---

6) 마태복음 26 : 34.

# 21 예수의 체포와 고소

## 달아난 제자들

밤이 되어 일동은 식당을 나왔다. 평소처럼 예수는 기드론 골짜기를 지나 제자들과 함께 올리브산 기슭에 있는 겟세마네 동산으로 가서 그곳에 앉았다. 제자들보다 훨씬 높은 곳에 군림하는 예수가 밤에 잠도 자지 않고 기도를 올리는 동안 제자들은 옆에서 자고 있었다. 그때 갑자기 한 무리가 횃불을 들고 나타났다. 몽둥이로 무장한 성전 관리들로, 제사장들의 호위를 맡은 일종의 경찰이었다. 뒤에는 칼을 찬 로마 부대가 있었다. 대제사장과 의회가 체포 영장을 발부한 것이다. 예수의 습관을 알던 유다는 예수를 가장 쉽게 덮칠 수 있는 장소로 겟세마네 동산을 지정했었다. 초기 전승은 유다가 직접 무리를 이끌고 왔다고 입을 모아 말한다. 나아가 유다의 배반 행위가 무척 가증스러웠다는 설도 있다. 예수에게 다가가 입 맞추고, 그것을 공격 신호로 삼았다는 것이다. 사정이야 어떻건, 제자들이 저항하려고 한 것은 확실하다. 베드로는 칼을 뽑아 대제사장의 하인 말레크라는 자의 귀에 상처를 입혔다고 한다. 예수는 그것을 저지하고, 스스로 병사들에게 몸을 내주었다. 강대한 권세를 갖춘 관리에게 저항할 길이 없는 무력한 제자들은 뿔뿔이 달아나 버렸다. 베드로와 요한만이 스승을 계속 따라왔다. 또 한 젊은이(아마도 마가)도 얇은 천으로 얼굴을 가리고 뒤를 따랐다. 관리들은 이 청년을 잡으려고 했지만, 청년은 그들 손에 천만 남기고 달아났다.

제사장들이 계획한 재판 순서는 당시 제정법과 매우 흡사했다. 먼저 모세의 율법을 침해했다는 죄목으로 증인을 심문한 다음 이어서 자백시키고, 법에 따라 사형을 선고한 뒤 빌라도에게 판결을 승인시키겠다는 계획이었다.

제사장들의 권력은 사실상 오로지 하난의 손아귀에 있었다. 체포영장을 발부한 것도 틀림없이 그일 것이다. 예수는 이 유력자 앞으로 끌려갔다. 당연히

체포되는 예수

예수는 이 유력자 앞으로 끌려갔다

예수는 장황한 설명을 피하고, 비밀 교리는 한 번도 가르친 적이 없으니 자신의 가르침을 들어 본 자에게 물어보면 될 것이라고 위풍당당하게 대답했다. 지극히 평범한 답변이었다. 하지만 늙은 제사장을 둘러싼 그들의 지나친 존경심이 지배하는 자리에서 이 같은 답변은 실로 건방지게 들렸다. 앉아 있던 한 사람은 예수의 따귀를 때렸다고 한다.

베드로와 요한은 스승을 따라 하난의 저택까지 왔다. 요한은 이 집과 면식이 있었기에 쉽게 안으로 들어갈 수 있었다. 베드로는 입구에서 저지당했다. 요한이 문지기에게 베드로를 들여보내 달라고 머리 숙여 간청했다. 그날 밤은 추웠다. 복도에 남은 베드로는 하인들이 쬐고 있던 숯불 근처로 다가갔다. 하지만 말을 주고받는 사이, 갈릴리 사투리 때문에 정체가 드러나고 만다. 말레크의 친척인 한 하인이 겟세마네에서 그를 목격했던 것이다. 추궁을 받은 베드로는 예수와 자신은 아무 관계도 아니라고 세 번이나 되풀이했다. 처음에 베드로는 자신의 목소리가 예수에게 들릴 리도 없고, 예수를 모른 척한 것이 그렇게

베드로는 갈릴리 사투리 때문에 정체가 드러난다

심한 짓이라고도 생각하지 않았다. 하지만 잠시 뒤, 착한 베드로는 자신이 죄를 지은 것이 아닌가 하는 생각이 들었다. 그때 닭이 울었다. 그는 예수의 말을 떠올리고 깜짝 놀라 집 밖으로 뛰쳐나가 심히 통곡했다.

　하난은 이제부터 집행되려는 합법적 살인의 주모자였지만, 예수에게 형을 선고할 권한은 없었다. 그래서 공적 권한을 가진 사위 가야바에게 예수를 보냈다. 가야바는 장인을 맹목적으로 따르니 당연히 모든 것을 승인해 줄 터였다. 가야바의 저택에서 다시 재판이 열려 심문이 시작되었다. 《탈무드》에 규정된 소송 절차에 따라, 미리 수배되어 있던 증인들이 법정에 출두했다. 두 증인이 "예수가 성전을 헐고 사흘 만에 다시 짓겠다"고 말했다고 증언했다. 이 치명적인 발언을 예수는 확실히 입에 담았었다. 거짓이 아니었다. 유대 법률에서 성전 모독은 곧 신성 모독이었다. 예수는 묵비권을 행사하여, 제소 사실을 설명하기를 거부했다. 죽음을 앞둔 예수는 거의 침묵으로 맞섰다. 판결문은 이미 작성되어 있었고, 단지 구실이 필요했다. 예수는 그것을 간파하고, 쓸데없는 변호는 시도하지 않았다.

## 옥신각신하는 사형 판결

정통 유대교 관점에서 보면 확실히 예수는 기성 종교를 모독하고 파괴하는 자이며, 이 죄는 율법에 사형으로 규정되어 있었다. 법정은 만장일치로 예수가 사형받아 마땅하다고 선언했다. 남몰래 예수를 좋게 보던 의원들은 결석하거나 기권했다. 이때 의원들은 오랜 귀족 정치에 빠져 사태의 중대함을 깨닫지 못했으며, 자신들의 선고가 어떤 결과를 빚게 될지 생각하려고도 하지 않았다. 이렇게 예수의 목숨은 가볍게 희생되었다. 그들은 무심코 내린 경멸스러운 이 판결이 뒷날 비난받고 자신의 자손들이 해명에 시달리게 될 줄은 꿈에도 생각하지 못했을 것이다.

유대 의회는 사형을 집행할 권한이 없었다. 이처럼 유대의 권력 구조는 매우 혼란스러웠지만, 예수가 사형 판결을 받은 것은 변함없는 사실이었다. 예수는 가차 없이 모욕을 퍼붓는 천한 하인들의 학대를 받으며 그날 밤을 보냈다. 다음 날 아침, 제사장과 장로들이 다시 모였다. 로마인에게 점령된 이후로 유대 의회가 내린 판결은 효력이 없었기에, 예수를 사형하기 위해서는 빌라도의 승인이 필요했다. 유대 총독 빌라도는 상위 기관인 시리아 제국 총독과는 달리 살생 권한을 갖고 있지 않았다. 하지만 예수는 로마 시민이 아니었기에 빌라도의 허가만 있으면 예수에게 내려진 판결은 유효했다. 이는 사법과 종교법이 혼합된 국민을 다른 나라가 지배할 때 정책으로 자주 쓰이던 방식으로, 로마인은 유대 율법을 공공연히 지원했다. 그렇기에 로마 점령 아래에서도 유대인은 《탈무드》에 규정된 종교법을 따를 수 있었다. 로마인은 종교 문제에 중립을 지켰지만, 종교적 범죄에 대한 처벌을 이처럼 승인하는 예는 더러 있었다. 플라비우스 요세푸스가 주장하길, 로마인이 유대인이 세운 출입금지 표식을 무시하고 넘어갔을 때는 로마인들 자신이 그 로마인을 사형에 처하도록 유대인들에게 넘겨주었다고 한다(물론 의심스러운 이야기다).

예수는 천한 하인들의 학대를 받으며 그날 밤을 보냈다

제사장의 수하들은 예수를 결박하여 빌라도의 관저로 끌고 갔다. 그곳은 안토니아 탑과 이어진 옛 헤롯 왕궁이었다. 이미 날이 밝아서, 양을 먹는 유월절(니산월 14일 금요일, 즉 4월 3일)이었다. 유대인들은 관저로 들어가면 부정을 타서 정갈한 식사를 할 수 없게 되기에 안으로는 들어가지 않고 밖에 남았다. 빌라도는 사람들이 왔다는 소식을 듣고 야외 법정(비마)으로 향했다. 그곳은 바닥에 판돌이 깔려서 가바다 또는 그리스어로 리토스트로토스라는 별칭으로도 불렸다.

고발 소식을 듣자마자 이 사건에 관여하기 싫어했던 빌라도는 불편한 기색을 보이며 예수를 데리고 관저 안으로 들어갔다. 그 안에서 어떤 대화가 오갔는지는 알 수 없다. 제자들은 누구에게서도 그 내용을 들을 수 없었다. 하지만 분위기만큼은 제4복음서를 쓴 요한의 짐작을 통해 충분히 전해진다. 적어도 요한이 전하는 내용은 두 사람의 대화가 어땠는지에 관해 역사가 가르쳐 주는 내용과 완전히 일치한다.

빌라도는 예수를 데리고 관저 안으로 들어갔다

## 처형을 바라지 않는 빌라도

빌라도란 폰티우스 총독의 별명이다. 그 자신이나 조상이 장식품으로 썼던 필룸(명예의 투창)에서 따와 붙여졌다. 빌라도는 이때까지 갓 태어난 이 신흥 교단과 연관된 적이 한 번도 없었다. 애초에 유대인의 내분에는 관심이 없었고, 그들의 종교 운동은 도를 넘어선 상상과 착란에 빠진 사고의 산물이라고 단순히 생각했다. 그도 유대인을 그다지 좋아하지 않았지만, 유대인들도 그를 무척이나 싫어했다. 그는 냉혹하고 오만하며 성급한 인물이라는 소문이 퍼져 있었다. 도무지 믿기지 않는 죄로 비난받기도 했다. 예루살렘은 걸핏하면 민중 소동이 벌어져서 이방인에게는 정말이지 살기 어려운 마을이었다. 흥분 잘하는 사람들은 새 총독이 유대 율법 폐지를 결정했다고 떠벌리고 다녔다. 평범한 로마인들은 정의와 비종교적 정치에 한결같이 호의를 갖고 있었다. 그렇기에 로마인들은 유대인들의 편협한 광기와 종교적 증오를 참기 어려웠다. 빌라도의 공적을 보는 한 그는 좋은 행정관이었다. 그는 취임하자마자 피통치자들과 충돌을 일으키고 매우 난폭하게 처리했다고 전해지지만, 사정을 잘 알아보면 그가 옳았던 듯하다. 빌라도가 보기에 유대인은 시대착오적인 집단이었다.

그는 국토 이익을 위해 훌륭한 계획을 많이 세웠지만, 모두 특히 토목 사업에서는 율법이라는 넘기 어려운 벽에 부딪혔다. 율법에 칭칭 얽어 매인 사람들은 개량과 변화를 꺼렸다.

광신적인 유대인들은 로마의 건축물을 아무리 유용한 것이라도 아주 하찮게 봤다. 빌라도가 글자가 새겨진 봉납 방패 두 개를 성소와 인접한 자신의 관저에 두자 거센 소동이 일어났다. 처음에 총독은 그러한 과민 반응을 과소평가했기에 유혈 탄압을 하고 만다. 이 사건은 뒷날 면직당하는 계기가 된다. 이처럼 많은 소동을 경험한 탓에 빌라도는 이 까다로운 민족을 매우 신중하게 다뤘다. 짜증 나는 율법 탓에 이 사건에서 잔혹한 역할을 맡게 될 처지에 놓이자 그는 몹시 불쾌했다. 유대인들은 로마인이 끔찍한 탄압을 하지 않을 수 없게 만들어 복수한다. 뜻한 바대로 종교적 광신이 정치의 폭력적 탄압을 받으면 태도를 싹 바꾸어 위정자의 책임을 추궁하는 것이다. 정말로 나쁜 쪽은 처음에 부추긴 자기들이면서 부정하기 짝이 없지 않은가!

그래서 빌라도는 예수를 구하려고 했다. 피고의 침착한 태도에 감명받았던 것일지도 모른다. 그럴싸한 이야기는 아니지만, 총독의 부인은 예수 일로 악몽을 꾸었으니 그를 살려 주라고 변호했다고 한다. 성전 뜰에 면한 저택 창문 틈새로 이 온화한 갈릴리 사람을 지켜본 일이 있었는지도 모른다. 곧 이 아름다운 청년의 피가 흐르게 될지도 모른다는 동정심 때문에 악몽을 꾼 것일지도 모른다. 예수는 빌라도가 자신에게 호의적이라는 사실을 깨달았다. 확실했다. 총독은 그를 풀어 줄 온갖 방책을 마련하려고 예수를 친절하게 심문했다.

예수는 결코 "유대인의 왕"이라고 자칭한 적이 없었다. 그것은 예수의 역할과 주장을 잘 요약한 말로서 적들이 내세운 칭호였다. 하지만 로마 관헌의 의심을 사기에 더없이 좋은 구실이었다. 사람들은 이것을 들춰내서 예수를 반역자, 국가 사범으로 고발했다. 예수는 늘 로마 제국을 기성 권력으로 인정했는데 이

보다 부당한 이야기가 있을 수 있는가! 하지만 예수의 적인 보수파는 중상모략을 망설일 자들이 아니었다. 그들은 예수의 진의에는 아랑곳하지 않고 그의 교리를 곡해해서 그를 가말라 유다의 제자로 만들고, 그가 카이사르에게 납세하기를 거부했다고 주장했다. 빌라도는 예수에게 네가 정말로 유대인의 왕이냐고 물었다. 예수는 솔직하게 대답했다. 하지만 어느 쪽으로도 해석할 수 있는 함축적인 표현을 썼다. 그의 힘의 원천인 이 대답이 죽은 뒤에 예수의 왕국을 세우게 되지만, 이때는 재앙거리였다.

### "내 나라는 이 세상에 속한 것이 아니다."

정신과 물질을 구분 짓지 않는 이상주의자였던 예수는 묵시록에 나온 것처럼 "입을 양날의 칼로 무장하고" 있었으므로 지상 권력자들을 마음 편히 있지 못하게 했다. 제4복음서의 내용을 믿는다면, 그는 자신이 왕이라고 말했을지도 모른다. 하지만 그것은 "내 나라는 이 세상에 속한 것이 아니다"라는 심오한 말을 동반한다. 이어서 예수는 그 왕국이란 사실을 자기 것으로 삼아 진리를 전하는 것에 불과하다고 간단히 설명했을지도 모른다.

빌라도는 이 고매한 이상주의자를 조금도 이해하지 못하고 그저 무해한 몽상가로 치부했음이 분명하다. 그 무렵 로마인에게는 종교나 철학을 신봉한다는 발상이 전혀 없었기에 진리를 위해 목숨을 바친다는 생각은 망상에 불과했다. 로마인에게 그런 논의는 따분하고 무의미했다. 새로운 운동 안에 로마 제국을 위협할 효모균이 없다는 사실만 확인하면 권력을 행사할 이유가 없었다. 오히려 로마인은 자질구레한 일로 형벌을 요구하는 유대인들에게 화가 났다. 그로부터 20년 뒤, 갈리오가 예수의 전철을 밟았다. 로마의 정치방침은 예루살렘이 멸망하기 전에는 유대 종파 싸움에 관여하지 않겠다는 것이었다.

빌라도는 자신에게 판결을 강요하는 열광적인 민중과 자신의 감정을 잘 양립시킬 묘안이 떠올랐다. 유월절에는 죄인을 한 명 사면하는 관습이 있었는데, 이를 예수에게 적용하기로 한 것이다. 예수가 체포된 이유가 제사장들의 질투심임을 잘 알고 있었기 때문이다. 그는 다시 야외 법정에 서서 군중에게 "유대인의 왕"을 자칭하는 죄인을 특별 사면해 주면 어떻겠냐고 물었다. 비아냥거림과 너그러움이 뒤섞인 이 제안을 듣고 제사장들은 큰일 났다고 생각했다. 그들

사람들이 일제히 외쳤다. "그자가 아니오! 예수 바라바를 놓아 주시오!"

은 약삭빠르게 돌아다니며, 예루살렘에서 아주 유명한 죄수 바라바를 특별 사면으로 지명하라고 군중에게 지시했다. 우연의 일치로 이 죄수의 이름도 예수였으며, 바르반 또는 바르바라는 별명으로 불렸다. 이 사내는 폭동을 지휘하다 사람을 죽인 죄로 체포되어 있었다. 사람들이 일제히 외쳤다. "그자가 아니오! 예수 바라바를 놓아 주시오!" 빌라도는 어쩔 수 없이 바라바를 풀어 주었다.

빌라도는 더욱 당황했다. "유대인의 왕"이라고 불리는 피고를 너무 관대하게 대하다가는 자기 무덤을 파는 꼴이 될 우려가 있었다. 들뜬 군중은 모든 힘을 동원해서 빌라도를 압박했다. 이제 빌라도는 양보하는 수밖에 없다고 생각했다. 하지만 증오스러운 자들을 만족하게 하고자 피를 보는 일만큼은 망설여져서 이 사건을 희극으로 끝내고자 했다. "유대인의 왕"이라는 거창한 칭호를 비웃는 척하며 빌라도는 예수에게 채찍 형벌을 내렸다. 채찍 형벌은 보통 십자가형의 준비 과정이었다. 아마도 빌라도는 이것으로 유죄 판결이 내려졌다고 생각하게 함으로써 민중을 만족하게 하고, 이 준비 형벌만으로 일을 마무리 짓고

채찍 형벌은 보통 십자가형의 준비 과정이었다

자 했을 것이다. 눈 뜨고 볼 수 없는 장면이 펼쳐졌다고 모든 복음서가 증언한다. 병사가 예수에게 주홍색 웃옷을 입히고 머리에는 가시로 엮은 관을 씌우고 손에는 갈대 하나를 쥐게 했다. 이 괴상한 모습으로 예수는 민중이 모여든 법정으로 끌려 나왔다. 병사들은 예수 앞에 줄을 지어 순서대로 예수의 뺨을 때리고 무릎을 꿇고는 "유대인의 왕, 만세!"라고 외쳤다. 그에게 침을 뱉고 갈대로 머리를 때리는 사람도 있었다고 한다. 정중한 로마인이 어째서 이런 파렴치한 짓을 도와주었을까? 총독으로서 빌라도는 휘하에 보조 군대밖에 두지 않았다. 게다가 로마 병사는 로마 시민이니 그런 비열한 짓에는 가담하지 않았을 것이다. 빌라도는 이 연극으로 자신의 책임을 덮고자 했던 것일까?

비극으로 끝내는 대신 이렇게 유대인들의 증오를 달래어 처참한 장면으로

병사들은 예수 앞에 줄을 지어 순서대로 예수의 뺨을 때렸다

막을 내림으로써 이 사건에는 이런 결말이 걸맞다고 이해시켜, 예수에게 닥친 위기를 회피하고자 했던 것일까? 그렇게 생각했다면 한참 잘못한 셈이었다. 소란은 더욱 커져 거의 반란이 되었다. "십자가에 못 박으시오! 그를 십자가에 못 박으시오!"라는 합창이 사방에서 터져 나왔다. 제사장들은 더욱 기세등등해져서, 이 불경한 자를 사형에 처하지 않는다면 율법이 위태로워질 거라고 공언했다. 그래도 예수를 구하고자 한다면 이 민중을 진압하는 데 피를 봐야 한다는 사실을 빌라도는 확실하게 깨달았다. 하지만 시간을 끌어보고자 했다. 그는 관저로 돌아가 예수에게 어느 지방 출신인지 물었다. 자신의 소관이 아니라는 구실을 얻고자 했던 것이다. 일설에는 당시 예루살렘에 있던 안티파스에게 예수를 보냈다고 한다. 예수는 그의 호의적인 노력에 응하지 않고 가야바의 저택에서처럼 품위와 무거운 침묵을 지켜 빌라도를 놀라게 했다.

바깥의 외침이 점점 커졌다. 게으른 관리가 카이사르의 적을 두둔한다는 목소리까지 섞여 있었다. 로마 통치에 가장 강력하게 반대하던 당시 유대인들이 이 너그러운 총독을 대역죄로 고발할 증거를 얻고자 티베리우스 황제의 충신이 되어 있었다. "이 땅에 황제 이외의 왕은 없소! 자기를 왕이라고 칭하는 자는 황제에게 반역하는 자요. 이 남자를 풀어 준다면, 당신은 황제의 친구가 아니오." 그들은 말했다. 의지 약한 빌라도는 이에 맞서지 못했다. 적들이 로마의 티베리우스 황제 앞으로 자신이 황제의 적을 살렸다고 거짓 보고서를 올리리라는 생각이 머리를 스쳤다. 유대인들은 이전 봉납 방패 사건으로 황제에게 글을 올려 그들이 옳다고 인정받았던 전력도 있었다. 그는 자신의 지위를 잃게 될까 봐 덜컥 겁이 났다. 이리하여 빌라도는 결국 유대인에게 양보하고 말았다.

이 양보 때문에 빌라도의 이름은 역사의 규탄을 받게 된다. 그때 그는 이제부터 일어나는 일은 너희 책임이다, 나는 아무것도 모른다고 확인하기를 잊지 않았다.

그리스도교도들은 유대인들이 그 다짐을 기꺼이 받아들이며 이렇게 외쳤다고 전한다. "그 피의 책임은 우리와 우리 자손들이 질 것이다."[1]

## 죄의 근거는 모세의 율법

그들이 정말로 이렇게 말했을까? 반드시 그렇다고 믿을 필요는 없다. 하지만 이 말은 역사적 진리의 오묘함을 표현해 준다.

역대 로마가 유대 국가에 취한 정책으로 보아 빌라도에게는 별다른 방책이 없었다고 봐도 좋다. 세속 권력은 종교인 측의 무자비한 억지에 떠밀려 얼마나 많은 사형을 선언해 왔던가! 광신적인 성직자에 영합하기 위해 수백 명의 시민을 화형에 처했던 스페인 왕은 빌라도보다 더욱 비판받아 마땅하다. 기원후 33년 무렵, 예루살렘에서 로마인이 쥐고 있던 권력에 비해 훨씬 강대한 권력을 갖고 있었기 때문이다. 세속 권력이 제사장의 요구에 따라 민중을 핍박한 것은 그 권력이 약했다는 증거이다. 그렇기에 "죄 없는 지도자가 먼저 빌라도에게 돌을 던지라"고 말할 수 있다. 가장 죄가 많은 것은 '세속 권력'이 아니다. 그 배후에 숨은 잔인한 성직자들이다. 아랫것들로 하여금 피를 흘리게 하고 자신은 그걸 보고 소름이 끼쳤다고 거짓부렁을 늘어놓는 태도는 결단코 용서할 수 없다.

---

1) 마태복음 27 : 25.

그렇게 생각하면 예수를 유죄로 만든 것은 티베리우스도 빌라도도 아니다. 오랜 유대 일당이며, 모세의 율법이다. 시대가 흘러 근대가 되자, 조상이 도덕적으로 잘못을 저질렀어도 그 죄는 자손에게 이어지지 않는다고 생각하게 된다. 개인은 자신이 한 일로만 인도상·종교상의 평가를 받는다. 따라서 예수를 죽였다는 이유로 지금까지 박해받는 유대인에게는 정당한 항의 사유가 있다. 게다가 그들은 구레네 시몬처럼 행동했을지도 모르며, 적어도 군중과 함께 "십자가에 매달라"고는 외치지 않았을지도 모른다. 하지만 개인의 책임과 함께 민족의 책임이라는 것도 있다. 유대 민족에게 죄라는 것이 있다면 바로 예수의 죽음이다. 예수의 사형은 유대 민족의 혼 자체인 율법을 첫 번째 근거로 삼았다는 의미에서 '적법'했다. 모세의 율법(후세에 승인된 형식의)은 완성된 교리를 바꾸려는 자는 모두 사형에 처해야 한다고 분명히 말한다. 예수는 누가 보더라도 이 교리를 부정하고 철폐를 갈망했다. 유대인이 빌라도에게 한 다음 말은 이러한 사정을 간결하고 솔직하게 설명해 준다. "우리에게는 율법이 있습니다. 율법에 따르면 이 남자는 사형에 처해야 마땅합니다. 스스로 하느님의 아들이라고 칭했으니까요." 확실히 증오스러운 이 율법은 낡고 잔인한 법이다. 그것을 파기하고자 몸을 바친 영웅에게 그 법이 적용된 것은 아마 당연한 이치일 것이다.

## 후대 그리스도 교회의 무자비함

아아, 그가 흘린 피가 열매 맺기까지 1800년도 넘게 걸릴 줄이야! 몇 세기에 걸쳐 그에 못지않은 고상한 사상가들이 예수라는 이름으로 고문과 죽임을 당했다. 그리스도교를 믿는다고 칭하는 나라에서는 오늘날에도 종교상 범죄라는 명목으로 형벌이 내려지고 있다. 하지만 이러한 잘못에 예수는 책임이 없다. 저 무시무시한 몰록(Moloch) 신처럼 그릇된 신앙심에서 자신의 아이를 태워 죽여 제물로 바치는 민족이 나오리라고 예수는 예상하지 못했다. 그렇다. 그리스도교는 무자비했다. 하지만 무자비함은 본디 그리스도교의 것이 아니었다. 오히려 유대교의 것이라고 해야 한다. 신앙에 절대적 교리를 내세워서, 참된 종교에서 사람들을 현혹하는 자는 몇 명이건 재판 없이 민중의 돌팔매질로 사형에 처해야 한다는 원칙을 처음으로 세운 것이 유대교이기 때문이다. 그 사람이 기적을 일으켜 자신의 말이 옳음을 증명하더라도 예외는 없다는 원칙이다. 물론 그리스도교를 믿지 않는 민족도 종교적 폭력을 행사해 왔다. 하지만 이들 민족에게 그와 같은 율법이 있었더라면 그리스도교도로 개종하는 일은 절대로 없었을 것이다. 그렇기에 모세오경은 최초의 종교적 공포 법전이며, 유대교는 칼로 무장한 전형적인 만고불역의 종교이다. 그리스도교도가 유대인을 맹목적으로 탓하기를 그만두고, 자신들의 시조 예수를 죽인 제도를 폐기했더라면 얼마나 더 한결같이 인류에 이바지했을까.

# 22 예수의 죽음

  사실 예수의 죽음을 부른 이유가 순수하게 종교적인 것이었음에도 적들은 그를 국가 사범으로 몰아 총독 관저로 보냈다. 의심 많은 빌라도는 이단이라는 이유만이라면 예수를 유죄로 삼지 않았을 것이다. 그래서 제사장들은 정치 질서를 어지럽히는 예수를 십자가형에 처하라고 군중이 외치도록 꾸몄던 것이다. 이 형벌은 본디 유대의 것이 아니다. 예수의 처형이 단순히 모세의 율법을 어겼기 때문이라면 그는 돌팔매 형을 받아야 옳았다. 십자가 형벌은 노예를 처형하거나, 사형만으로는 불충분해 더 많은 모욕을 줄 때 적용하는 로마의 형벌이었다. 그런 형벌을 예수에게 적용한 것은 로마 사람들이 예수를 도둑, 강도, 산적이나 칼로 처형하는 명예조차 허락지 않는 하찮은 적으로 다루었다는 뜻이다. 이단의 교리를 퍼뜨린 자로서 처벌되는 것이 아니라 스스로 "유대인의 왕"이라고 망언한 벌로 처형한 것이다. 같은 이유에서 형 집행은 로마인이 해야 했다. 그래서 예수의 신병은 백부장이 지휘하는 한 보조군 분견대에 넘겨졌다. 이리하여 책형이라는 정복자가 새롭게 선보이는 잔인한 광경이 펼쳐졌다.
  정오 무렵, 높은 위치에서 사람들의 이목을 끌라고 벗겼던 옷을 다시 입혔다. 사형에 처할 도적이 두 사람 더 체포되어 있었기에 보병대는 세 죄인을 끌고 줄지어 형장으로 걸어갔다.

### 사형 집행
  형장은 예루살렘 교외에 있는 성곽 근처의 골고다라는 곳이었다. 골고다란 해골을 뜻하는데, 대머리처럼 초목이 자라지 않는 언덕을 의미했던 것이리라. 이제는 그곳이 어디였는지 알 수 없지만 도시 북쪽이나 서북쪽에 있었던 것만은 확실하며, 기드론과 힘논이라 불리는 두 골짜기와 성곽 사이에 펼쳐진 기복이 많은 고원에 있었다. 대도시에 인접한 곳이 흔히 그렇듯 불쾌하고 한심한 사

예수는 다른 두 사람보다 허약해서 십자가의 무게를 견디지 못했다

건이 빈발하는 특징 없는 곳이었다. 콘스탄티누스 황제 이후 모든 그리스도교
도가 그곳에 경의를 표해 왔지만, 사실 그곳이 골고다였다는 확실한 근거는 없
다. 반대로 골고다가 아니라는, 그리스도교도의 추억을 교란할 만한 결정적 근
거도 찾을 수 없다.

십자가 형벌을 받게 된 자는 스스로 처형 도구를 짊어지고 가야 했다. 하지
만 예수는 다른 두 사람보다 허약해서 십자가의 무게를 견뎌내지 못했다. 때마
침 들판에서 돌아오던 구레네 출신의 시몬을 만난 병사들은 외국 주둔군 특유
의 난폭한 방법으로 그 사내에게 억지로 운명의 나무를 짊어지게 했다. 아마도
로마인은 스스로 부정한 나무를 짊어질 수 없어서 그곳 주민에게 부역 권리를
행사했던 것이리라. 나중에 시몬은 그리스도교도가 되었다고 한다. 그의 두 아
들 알렉산더와 루포도 유명한 사도가 되었다. 아마도 시몬은 자신이 보았던 광
경을 두 아들에게 낱낱이 들려주었을 것이다. 이때 예수 주위에 제자는 한 명

도 없었다.

드디어 형장에 도착했다. 유대 관습에서는 사형수에게 독한 포도주를 마시게 한다. 죄인의 감각을 마비시키려는 동정심에서이다. 예루살렘 여인들은 형을 받을 불행한 자들을 위해 마지막 포도주를 가져다주었다고 한다. 그런 여인들이 없을 때는 공금으로 포도주를 샀다. 예수는 가볍게 그릇에 입술만 댄 뒤 마시기를 거부했다. 평범한 죄인에게 주어지는 이 애잔한 진정제는 예수의 고귀한 성격에 맞지 않았다. 그는 완전히 맑은 정신으로 목숨을 버렸다. 자신이 바란 죽음을 어디까지나 또렷한 감각으로 맞이하는 쪽을 선택한 것이다.

사람들은 그의 옷을 벗기고 그를 십자가에 매달았다. 십자가는 막대기 두 개를 T자로 짜서 만들었다. 죄인의 발이 거의 바닥에 닿을 정도로 그리 높지는 않았다. 먼저 십자가를 세우고, 죄인의 두 손에 못을 박는다. 두 발에도 못을 박기도 하고, 밧줄로 묶어두기도 했다. 나무토막 하나가 가로대처럼 십자가 기둥 중간쯤에 달려서 죄인은 이것을 딛고 몸을 지탱했다. 이것이 없으면 두 손이 찢어져 몸이 고꾸라진다. 발을 디딜 수 있도록 작은 판자를 발밑에 달기도 했다.

예수는 이처럼 끔찍한 잔혹함을 하나하나 맛보았다. 두 도적도 그와 나란히 십자가에 못 박혔다. 사형 집행인은 사형에 처한 자들의 몇 안 되는 유품을 가져가는 것이 관례였다. 그들은 제비뽑기로 예수의 옷을 나누고, 십자가 밑에 앉아 그를 감시했다. 전승에서는 그가 "아버지, 저들을 용서하소서. 저들은 자신들이 지금 무슨 일을 하는지 알지 못합니다"[1]라고 마음속으로 또는 소리 내어 말했다고 한다.

로마 관습에 따라 십자가 꼭대기에 이름표를 달고 히브리어, 그리스어, 라틴어로 각각 "유대인의 왕"이라고 적었다. 이 문구에는 유대 민족을 흠내고 모욕하는 뜻이 담겨 있었다. 지나가다가 그것을 읽은 사람도 대부분 불쾌해했다. 제사장들은 예수가 유대인의 왕이라 자칭했다는 뜻으로 문구를 고쳐 달라고 빌라도에게 촉구했다. 하지만 이 사건을 빨리 마무리 짓고자 애가 탔던 빌라도는 한 번 쓴 문구는 바꿀 수 없다고 딱 잘라 거절했다.

---

1) 누가복음 23 : 34.

두 도적도 그와 나란히 십자가에 못 박혔다

**"엘리 엘리 라마 사박다니."**

제자들은 달아나 있었다. 하지만 어떤 전승에서는 요한이 쭉 십자가 밑에 서 있었다고 한다. 더 확실하게 말할 수 있는 것은, 예루살렘까지 예수를 따라와서 끊임없이 그를 섬겼던 갈릴리의 믿음 깊은 여인들이 그를 버리지 않았다는 사실이다. 마리아 클레오파, 막달라 마리아, 구사의 아내 요안나, 살로메, 그 밖에 몇몇 여인들도 조금 떨어진 곳에서 그를 지켜보았다.

멀리서 위안을 보내 주는 이 몇 안 되는 여인들을 제외하고는 비루하고 어리석은 인간만이 눈앞에 보였다. 지나가던 사람들은 그를 모욕했다. 예수는 주변의 어리석고 용렬한 비웃음을 듣고, 자신의 고통스러운 마지막 외침에 깐족이는 소리를 들었다. "이자가 하느님의 아들이라고? 그러면 왜 지금 아버지가 구

갈릴리의 믿음 깊은 여인들은 그를 버리지 않았다

하러 오지 않는가!"라고 말하는 자. "다른 사람은 구하면서 자기 자신은 구하지 못하는구나"라고 중얼거리는 자. "이스라엘의 왕이라면 당장 십자가에서 내려와라. 그러면 믿어 주마"라고 조롱하는 자. 어떤 이는 "성전을 헐고 사흘 만에 다시 세울 수 있다면 자기 자신이나 구해 보시지!"라고 말했다. 막연하게 그의 묵시록 사상을 들어 알던 사람은 그가 엘리야를 부르는 중이라고 생각하고 이렇게 말했다. "과연 엘리야가 와서 십자가에서 내려 주는지 봅시다." 양쪽 십자가에 못 박힌 두 도적도 그를 조롱했다고 한다.

하늘은 흐렸다. 그곳은 여느 예루살렘 교외가 그렇듯 건조하고 스산했다. 어떤 이야기에서는 그가 한때 정신을 잃었다고 전한다. 낮게 드리운 먹구름이 천상의 아버지 얼굴을 가렸다. 예수는 어떤 고문보다 몇천 배는 더 괴로운 절망에 빠졌다. 인간의 배은망덕한 모습만이 보였다. 아마도 사악한 사람들을 위해 고통받는 것이 후회스러웠으리라. 그는 이렇게 외쳤다. "나의 하느님, 나의 하느님, 어찌하여 나를 버리셨나이까(엘리 엘리 라마 사박다니)!"

이윽고 예수의 신적 본능이 되살아났다. 육체가 힘을 잃어갈수록 영혼은 다시금 맑아져 천천히 하늘 저편으로 되돌아갔다. 그는 자신의 사명을 떠올리고, 자신의 죽음으로써 이 세상을 구원할 수 있으리라고 확신했다. 발밑에 펼쳐진 추악한 광경이 더는 보이지 않게 되고, 하늘에 계신 아버지와 하나가 되어 십자가 위에서 신으로서 첫걸음을 내디뎠다. 뒷날 무한한 세기에 걸쳐 인류의 마음속에서 영위되어 갈 신의 생활을 시작한 것이다.

십자가 형벌이 특히 잔인한 것은 잔혹한 고통 속에서 사흘이고 나흘이고 살아 있다는 점이다. 두 손의 출혈은 금방 멎기 때문에 치명상이 되지 못한다. 죽음의 진짜 원인은 따로 있다. 먼저 부자연스러운 자세인 채로 있기 때문에 혈액 순환이 몹시 나빠져 머리와 심장에 끔찍한 고통이 찾아온다. 마지막으로 손발이 경직된다. 건강한 사형수는 이 상태로 잘 수도 있기 때문에 굶어 죽기까지 기다려야 한다. 잔혹한 이 형벌이 만들어진 것은 어떤 위해를 가해서 노예를 금방 죽이기보다는, 올바르게 쓰지 않은 두 손에 못을 박고 구경거리로 내걸어 십자가 위에서 썩어가게 하기 위해서였다.

예수는 몸이 약했기에, 천천히 몰려오는 그 고통을 받지 않아도 되었다. 다량의 출혈을 동반하는 모든 형벌이 그러하듯, 십자가형의 고통 가운데 하나인 극심한 갈증이 예수를 덮쳤다. 그는 마실 것을 청했다. 포스카(Posca)라고 부르는 물과 식초를 섞은, 로마 병사들이 즐겨 마시는 음료가 담긴 병이 옆에 있었다. 병사들은 어떤 원정에서도 저마다 포스카를 휴대해야 했는데, 사형 집행도 일종의 원정으로 간주했다.

한 병사가 해면에 포스카를 적셔서 갈대 끝에 꿰어 예수 입술에 대 주었다. 예수는 그것을 빨아 마셨다. 동양에서는 십자가에 매달리거나 장대에 꿰이는 형벌을 받은 죄수에게 마실 것을 주면 죽음이 빨라진다고 믿었다. 많은 사람이 예수가 그것을 마시고 머지않아 숨을 거두리라 생각했다. 뇌졸중이나 심장 부근 혈관의 급격한 파열이 일어나 급사했다고 보는 편이 맞을 것이다. 그는 숨을 거두기 직전에 크게 소리 질렀다. 갑작스럽고 끔찍한 비명이었다. 어떤 사람은 그 소리를 "아버지, 아버지의 손에 내 영혼을 맡깁니다"[2]라고 들었다. 예언에만

---

2) 누가복음 23 : 46.

그는 고개를 힘없이 떨어뜨리고 숨을 거두었다

정신이 팔려 있던 사람은 "다 이루었다"[3]로 들었다. 그는 힘없이 고개를 떨어뜨리더니 숨을 거두었다.

### 영원의 진혼곡

이제 영광 속에서 편히 쉬소서, 숭고한 선도자여.

당신의 사명은 완수되었나이다. 당신의 신성은 세워졌나이다. 당신의 노력으로 쌓은 건물은 이제 어떠한 과실에도 무너질 염려가 없나이다. 이제 당신은 인간의 나약함에서 벗어나 신의 높은 평화 속에 앉아, 자신의 행위가 영원토록 빚어낼 결과를 지켜볼 수 있나이다. 당신의 위대한 영혼을 조금도 상처 내지 못했던 몇 시간의 고통 대신 당신은 가장 완전한 영생을 보답 받았나이다. 앞으로 수천 년에 걸쳐 세상은 당신을 찬양할 것이나이다. 대립의 소용돌이 속에서 당신은 선명하게 휘날리는 깃발이 되어 가장 거친 전투를 이끌 것이나이다.

당신은 이 세상을 떠난 뒤에 살아계실 때보다 백 배는 더 생기 있게 천 배는 더 많은 사랑을 받고 계십니다. 당신의 이름을 이 세상에서 지우는 것이 곧 이 세상의 근간을 뒤엎는 것이 될 정도로 인류의 견고한 초석이 되었습니다. 이제 사람은 당신과 하느님 사이에 차별을 두지 않습니다. 완전한 죽음의 승리자시여, 당신께서 걸으신 왕도를 따라 숭배자들이 몇 세기 동안 당신을 뒤따라갑니다. 그 왕국을 통치하소서.

---

3) 요한복음 19 : 30.

# 23 예수 사명의 본질

**세상 귀퉁이에서 울리는 자그마한 목소리**

예수의 활동은 결코 유대교를 벗어나지 않았다. 정통파 유대교도에게 멸시받던 사람들을 동정하고, 이교도도 하느님 나라에 들어갈 수 있다고 설교하고, 수없이 이교의 땅에서 살고, 나아가 이교도에게 호의를 보여 사람들을 놀라게 한 적도 있었지만, 평생 그는 고향 땅에서만 활동했다. 당시 그리스, 로마에서 예수의 이름을 들은 자는 없었다. 예수의 이름이 일반 서적에 등장하는 것은 죽은 지 100년이 지나서이며, 그것도 그의 교리가 불러일으킨 폭동이나 그의 제자들에 대한 박해에 관련하여 간접적으로 다룰 뿐이었다. 유대교 내부에서도 예수는 강한 인상을 남기지 못했다.

기원후 50년 무렵에 죽은 철학자 필론은 그에 대해서 전혀 다루지 않았다. 기원후 37년에 태어나 기원후 100년 무렵에 글을 쓰기 시작한 플라비우스 요세푸스는 당시 모든 종교를 열거하면서 그리스도교는 언급하지 않고, 예수 처형에 관해서만 대수롭지 않게 두세 줄로 끝내 버렸다.

요세푸스와 같은 시대에 살았던 역사가 디베랴의 유스트는 예수의 이름을 말한 바가 없다. 또한, 《미슈나》[1]는 이 새로운 종파에 관해 한 줄도 다루고 있지 않으며, 그리스도교 창시자의 이름이 나오는 《게마라》 2편은 최소 4세기 이후에 편찬된 것이다.

**예수를 사랑하는 마음에서 비롯되다**

예수가 이룩한 가장 근본적인 업적은 주위에 제자 무리를 조직하고 그들에

---

1) 유대교의 구전 율법.

게 자신을 한없이 사랑하는 마음을 불어넣어 그 마음에 자기 교리의 씨앗을 뿌린 것이다. "죽은 뒤에도 사람들은 끊임없이 그를 사랑했다"고 할 정도로 그는 사람들의 사랑을 받았다. 그것이 예수가 남긴 최대 업적이며, 당시 사람들을 가장 감동하게 했다. 그의 교리에는 조금도 독단적인 구석이 없으며, 그는 그 교리를 글로 남기려고도 남기게 하려고도 하지 않았다. 예수가 어떤 이야기를 했다고 해서 믿는 것이 아니라 그의 인격을 사모했기에 제자가 되었다. 예수가 남긴 것은 설교를 들은 사람들이 쓴 기록과 그중에서도 모범이 된 그의 도덕성, 그리고 그가 남긴 인상뿐이다.

예수는 교리의 창시자가 아니며, 사도신경을 쓰지도 않았다. 새로운 정신을 세상으로 이끌어 낸 인물이다. 그러므로 그리스도교에서 가장 동떨어진 사람들은 첫째, 그리스도교를 유치한 형이상적 이론으로 가지고 간 4세기 이후 그리스 교회 학자이며, 둘째, 복음서에서 방대한 《신학대전》의 수천 조항을 만들려고 했던 중세 라틴의 스콜라 철학자이다.

그리스도교도란 무엇보다도 하느님 나라를 목표로 예수를 따르는 것이다. 이렇게 특별한 운명을 지고 있기에, 순수한 그리스도교는 오늘날 더욱 보편적이고 영원한 종교의 성질을 갖추고 있는 것이다. 예수의 종교는 어떤 의미에서 결정적 종교이기 때문이다.

## 마음이 정결한 자의 즉위, 아름다움의 창시

누구나 하느님 나라에 참여할 권리가 있다고 예수는 선언했다. 종교는 그 뒤 원칙으로서 국가에서 분리된다. 예수 덕분에 신앙의 권리는 정책적인 강제력에서 벗어나 새로운 '정신의 지배'를 형성한다. 하지만 이 같은 지배는 수없이 초기 정신을 배반했다. 몇 세기에 걸쳐 제사장은 군주가 되고, 법왕은 국왕이 되었다. 말하자면 '영혼의 제국'은 자신을 유지하기 위해 고문과 화형을 동원하여 점차 끔찍한 폭정을 휘둘러 간다. 그러나 언젠가 정교분리가 열매를 맺어 영적인 영역이 '지배 권력' 바깥에서 '자유로워지는' 날이 올 것이다. 그리스도교는 예수라는 한 서민의 대담한 주장에서 생겨나 민중 앞에 꽃 피웠고, 누구보다도 민중에게 먼저 사랑과 찬양을 받았다. 그 생애의 특징은 절대로 지워지지 않을 것이다. 이것은 혁명 초기의 화려한 개가이자 민중 감정의 승리이며, "마음이 정결한 자의 즉위, 민중의 마음과 상통하는 아름다움의 창시"였다. 이리하여 예수는 고대 귀족 사회로 쳐들어가 누구나 드나들 수 있는 돌파구를 열었다.

사실 세속 권력은 예수의 죽음에 죄가 없다. 그저 사형 선고서에 서명했을 뿐이며, 더구나 그럴 마음도 없었기 때문이다. 그러나 그 대가는 무거웠다. 갈보리산 사형장을 관리하던 국가가 가장 큰 타격을 받았다. 온갖 비난으로 가득한 소문, 이를테면 죄 없는 피고에게 판사와 경찰이 결탁하여 사실을 왜곡하는 등 관헌이 가증스러운 짓을 했다는 이야기가 빠르게 세상으로 퍼져 나갔다. 더할 나위 없이 도발적인 수난 이야기가 수많은 풍속화를 통해 퍼져 나갔다. 형벌 중에서도 가장 부당한 형벌을 허가한 로마의 독수리 인장 군기와 형을 집행하는 병사들, 집행을 명령한 총독이 그려졌다. 모든 기성 권력에는 이루 말할 수 없는 타격이었을 것이다! 이들 권력은 끝내 재기에 실패했다. 겟세마네에서 크나큰 실책을 범했다고 자책하는 가엾은 대중에게 자신들만은 잘못하지 않았다고 어찌 시치미를 뗄 수 있겠는가.

이 종교는 완전히 자발적인 정신 운동에서 생겨났다. 어떤 교리의 제약도 받지 않고 3백 년에 걸쳐 정신의 자유를 위해 싸웠고, 그 사이 몇 번쯤 타락하긴 했지만 여전히 훌륭한 수원(水源)임은 틀림없으며, 그곳의 나무는 풍요로운 열매를 계속해서 맺는다. 새로워지려면 복음서로 돌아가면 되기 때문이다.

초대 그리스도교도는 하느님 왕국을 막연히 구름 사이에서 맞이하리라는 초자연을 기대했지만, 우리가 생각하는 하느님 나라는 전혀 다르다. 그러나 이 세상에 예수가 끌어들인 감정은 그대로 우리의 감정이다.

예수의 완전한 이상주의는 초연하게 덕망 높은 삶을 보낼 수 있는 가장 좋은 길이다. 예수가 만들어낸 것, 그것은 영혼의 천국이다. 하느님의 아들로서의 고귀함, 완벽한 신성, 세상의 더러움에 물들지 않은 것, 이 세상에서 절대로 찾을 수가 없는 것이 그곳에 있다. 다른 말로 하자면 자유이다. 현실 생활에서는 있을 수 없는 것으로서 잊힌 자유, 사상의 영역에서만 온전히 충만해지는 자유이다. 이 이상적인 낙원에서 쉬는 사람들의 위대한 스승 역시 예수이다. 그는 정신의 왕국을 처음 선포한 사람이었다. 적어도 행위로써 "내 왕국은 이 세상에 속한 것이 아니다"라고 말한 첫 번째 사람이다.

## 순수 종교의 확립

그렇기에 참된 종교의 건설은 확실히 예수로 말미암아 완성되었다. 예수 이후의 사람들에게 남겨진 것은 그 종교를 전개하고 풍요롭게 하는 일뿐이다.

이리하여 '그리스도교'는 '종교'와 거의 동의어가 되었다. 이 그리스도교의 위대하고 좋은 전통을 제쳐 두고는 무엇을 하더라도 열매를 맺지 못할 것이다. 소크라테스가 철학을 수립하고 아리스토텔레스가 과학을 세운 것처럼 예수는 인류에게 종교를 내세웠다. 물론 소크라테스와 아리스토텔레스 이전에도 철학과 과학은 있었다. 소크라테스와 아리스토텔레스 이후에도 철학과 과학은 크게 진보했다. 그러나 모든 것은 이 두 사람이 마련한 기초 위에 세워진 것이다. 마찬가지로 예수 이전에도 종교 사상은 많은 혁명을 거쳤고, 예수 이후에도 많은 위대한 정복이 있었다. 그렇지만 예수가 창시한 근본 관념에서 벗어난 사람은 없었고, 앞으로도 없을 것이다.

그는 순수한 종교를 마음에 품는 방법을 정했다. 예수의 종교에는 한계가 없다. 교회는 시대 흐름의 제약을 받아 왔다. 어떤 시대에만 통용되는 신조 속에 틀어박혔다. 이에 반해 예수는 어느 것도 배척하거나 한정하지 않고, 감정만으로 이루어진 절대 종교를 내세웠다. 그의 가르침은 일정한 교리가 아니다. 어느 쪽으로나 해석할 수 있는 이미지다. 복음 안에서 신학적 명제를 찾아내고자 하는 것은 잘못이다. 모든 신앙 고백은 예수의 사상을 왜곡한다. 중세 스콜라 철학자가 아리스토텔레스를 완성된 과학의 시조로 삼음으로써 아리스토텔레스의 사상을 왜곡한 것과 같다. 아리스토텔레스가 스콜라 학파의 논쟁에 참여했더라면, 그는 그 편협한 학설에 반발했을 것이다. 자신의 권위를 업고 으스대는 뻔한 학문을 제쳐 두고, 진보파 학문 편에서 자신에게 이의를 제기하는 사람들에게 갈채를 보냈을 것이다. 마찬가지로 예수가 이 땅에 재림한다면, 교리문답 몇 장에 자신을 전부 담으려는 사람들을 자신의 제자로 인정하지 않을 것이다. 모든 위대함에 순위를 매길 때, 영원한 명예는 처음 돌을 던진 자에게 주어야 마땅하다. 교리가 어떻게 변하건 예수는 여전히 순수한 감정의 창시자로서 이름을 남길 것이다. '산상 수훈'을 뛰어넘는 가르침은 앞으로도 없을 것이다. 종교의 선두에서 예수의 이름을 빛내고 있는 정신적·도덕적 대가족과 이어지지 않는 한 모든 혁명은 성공하지 못할 것이다. 이런 의미에서, 기존 그리스도교의 전통에서 여러모로 거리가 멀더라도 우리는 여전히 그리스도교도이다.

## 가장 높이 솟은 기념주

이 위대한 건설은 확실히 예수 개인이 이룬 업적이다. 이토록 그가 사람들에게 사랑받는 데에는 그만한 까닭이 있을 것이다. 사랑이란 타오를 가치가 있는 대상 없이는 불붙지 않는다. 우리가 아직도 그를 위대하고 순수하다고 단정하는 이유가 예수가 그 주위 사람들에게 불어넣은 사랑이 아니라면, 우리는 예수에 관해 아무것도 알 수 없을 것이다. 초대 그리스도교도가 보인 변치 않는 열렬한 신앙은 그 모든 운동의 기원에 거대한 한 인물을 상정해야 비로소 설명된다.

오늘날처럼 세세한 면까지 경찰의 단속을 받는 문명에서는 자신의 독창성을 자유롭게 발휘할 수 있던 시대의 인물이 얼마나 대단했는지 상상하기 어렵게 되었다. 지금 파리 부근 바위산에 홀로 은둔한 자가 이따금 왕궁에 모습을 드러내고, 위병의 저지에도 아랑곳하지 않은 채 국왕에게 자신이 주모한 혁명이 다가오고 있다고 의연하게 외친다고 가정해 보자. 상상만 해도 웃음이 터지는 광경이지만, 예언자 엘리야는 실제로 그렇게 행동했었다. 현대였다면 티스베 출신 엘리야는 튈르리 궁전 정문도 넘지 못했을 것이다. 예수의 설교와 갈릴리에서의 자유로운 활동도 우리가 익숙해진 이 사회에서는 상상하기 어렵다. 세련되긴 하지만 개성을 잃어버린 지금의 획일적인 교육을 받지 않고 세세한 제약에 속박되지 않았던 당시 사람들은 행동에 놀라운 에너지를 품고 있었다. 그들은 실재하지 않는 신화의 영웅들을 생각해 냈다. 그러나 그들도 우리와 같은 인간이다. 같은 체격을 지녔고 우리처럼 느끼고 생각했다.

다만 그들은 하느님의 숨결을 충분히 들이마셨다. 현대는 좀스러운 사회에 칭칭 얽매여 이해하기 어려운 평범함에 빠져 하느님의 숨결을 잃어버리고 말았다. 나는 예수의 인격을 인간의 정점에 두고 싶다. 예수를 초인 시대의 사람으로 그린 전기를 읽고 쓸데없이 의구심을 갖지 않길 바란다. 초인 세계로 이끌어 주는 전설을 듣고 무턱대고 의심만 늘어서 헤매지 말길 바란다. 아시시의 프란체스코의 생애 역시 이른바 '기적의 직물'이다. 그렇지만 프란체스코가 실재했다는 점과 그의 중요한 역할을 누구도 의심하지 않았다. 그리스도교 건립의 영광은 초대 그리스도교도에게 돌려야지 전설 속에서 신격화된 예수에게 돌려서는 안 된다고 말하지 말기 바란다. 빼어난 인물이 태어나느냐 아니냐는 동양에서 훨씬 두드러진다. 동양에서는 모든 것이 열악한 환경에서 놀랍도록 위대한 인격을 배출하는 일이 더러 있다.

제자들이 예수상을 만들어 냈다는 주장은 터무니없다. 무슨 일에서건 예수는 제자들보다 우월했다. 성 바울과 성 요한 두 사람은 예외겠지만, 제자들은 창의성도 재능도 없었다. 성 바울조차 예수와는 견줄 만한 존재가 못 되었고, 요한은 예수의 시적 감성에 영감을 받아서 계시록을 쓴 것일 뿐이다. 신약 성경의 기록 가운데 복음서가 유독 뛰어난 것은 이 때문이며, 예수의 역사에서 제자들의 역사로 옮겨가면 엄청난 격차를 느끼는 것도 이 때문이다. 애초에 예수의 모습을 전하고자 한 복음서 기록자들이 자신들이 묘사한 예수보다 훨씬 뒤떨어진 존재였기에 예수의 모습이 왜곡되어 그려져 본디 높이에 도달하지 못했다. 기록자는 한 줄을 쓸 때마다 오리지널의 숭고한 아름다움을 그르쳤다. 예수의 사상을 반밖에 이해하지 못하고, 남은 반을 자신의 사상으로 대신한 것이다. 그렇기에 예수의 성격은 전기 작가에 따라 미화는커녕 왜소해졌다. 복음서를 읽는 사람은 제자들의 변변찮은 모습에 눈길이 가는 나머지 예수의 참된 모습을 간과하는 일이 없도록 조심해야 한다. 제자들은 자신이 생각하는 예수상을 그림으로써 예수를 위대하게 기록했다고 믿고 있지만, 사실은 축소하고 말았다.

### 인류를 최대한 신성에 다가서게 한 예수

예수가 모든 것을 유대교에서 얻었으며 예수의 위대함은 유대 민족의 위대함과 다를 바 없다는 말은 옳을까? 선악의 양극단을 마음속에 간직하는 특별한 천성을 타고난 이 특이 민족을 우리보다 높게 평가하는 사람은 없을 것이다. 확실히 예수는 유대교에서 나왔다. 하지만 그것은 소크라테스가 소피스트에서, 루터가 중세에서, 라므네가 가톨릭에서, 루소가 18세기에서 나왔다는 것과 마찬가지다. 사람은 자신이 속한 시대와 민족에 아무리 반역한다 해도 거기에서 벗어날 수 없다. 예수가 유대교를 계승한 것은 아니다. 오히려 예수가 이룩한 가장 중요한 것은 유대 정신과의 결별이다. 이에 대해 예수는 모호한 점을 남겼을지도 모르지만, 그 뒤 그리스도교가 나아간 방향을 보면 분명히 알 수 있다. 그리스도교는 점차 유대교에서 멀어져 갔다. 그리스도교는 유대교로 돌아감으로써가 아니라 예수에게 복귀함으로써 완성되는 것이다. 그렇기에 창시자의 독창성은 여전히 완벽하고 위대하다. 영광은 예수 한 사람만의 것이지 누구도 분담할 수 없다.

여전히 밤낮으로 세계 운명을 주관하는 이 숭고한 인물을 신이라고 불러도 지장이 없을 것이다. 하지만 이는 예수가 모든 신성을 흡수했거나 하느님과 일체화했다는 의미가 아니다. 인류로 하여금 신성을 향해 큰 걸음을 내딛게 한 사람이라는 뜻이다. 인간은 전체로 보면 비천한 이기주의자 집단으로만 보인다. 자신이 그러하다는 점을 반성한다는 면에서 짐승보다 낫기는 하지만. 이 한없는 범속성 한가운데에 둥근 기둥 몇 개가 하늘을 향해 높이 솟아 있어, 한층 고상한 운명이란 무엇인지를 가리키고 있다.

사람은 어디에서 오고 어디로 가야 하는지 가르쳐 주는 이들 원주 가운데 가장 높이 솟은 것이 예수이다. 인간성 안에 있는 모든 선함과 고귀함이 그에게 응축되어 있다. 그런 예수도 결점이 없지는 않았다. 하지만 우리가 싸우고 있는 것과 같은 고통을 이겨냈다. 예수는 마음에 선함이 깃들어 있었기에 하느님의 사자에게 위로받았다. 동시에, 모두가 마음속에 가지고 있는 악마를 그는 가지고 있지 않았기에 어떤 악마도 그를 유혹하려고 들지 않았던 것이리라.

그의 위대한 측면이 제자의 몰이해 탓에 우리에게 알려지지 않았던 것처럼 그의 결점 또한 많이 감추어진 것일지도 모른다. 하지만 확실한 것은 예수만큼 전 생애에서 하찮은 자애심을 내버리고 인류에의 동정을 첫 번째로 삼은 사람은 일찍이 없다는 사실이다. 그는 자신의 사상에 몸을 바쳤다. 이 우주가 자신에게 더는 존재하지 않게 될 정도로 그는 모든 것을 자기 사상에 종속시켰다. 그가 천국을 얻은 것은 이 영웅적 의사 덕분이다. 석가모니를 제외한다면 예수만큼 가족에서 속세의 행복, 이 세상의 근심까지 모든 것을 소홀히 한 사람은 없을 것이다. 예수는 아버지를 위해 이루어야 한다고 믿었던 숭고한 사명만을 위해 살았다.

그 뒤 아직 남은 것이 있을까? 위대하고 독창적인 의견이 다시 태어날까? 앞으로도 세상은 옛 시대의 담대한 창조자가 개척한 길을 따라가는 데에 만족할까? 알 수 없다. 하지만 예수를 뛰어넘는 사람은 없을 것이다. 예수에 대한 신앙은 끊임없이 회춘하고, 예수의 고통은 착한 이들의 동정을 사고, 전설은 언제까지나 사람들의 깨끗한 눈물을 부를 것이다.

모든 시대는 사람의 아들 가운데 예수만큼 위대한 자는 태어나지 않았다고 성명해갈 것이다.

# 해설

존 버니언의 생애와 작품
에르네스트 르낭과 《예수의 생애》

존 버니언 연보
조제프 에르네스트 르낭 연보

# 존 버니언의 생애와 작품

## 영혼 구원을 위한 끝없는 구도자의 길

조상 중에 천재가 있었던 것도 아니고 환경이 좋았던 것도 아니다. 모든 문명에서 멀리 떨어진 시골 마을 가난한 땜장이의 아들로 태어나, 대학 교육은커녕 전문 교육도 받은 적 없다. 성서 말고는 좋은 책이란 거의 읽지 못한 청교도가, 성서 다음으로 가장 널리 읽히고 가장 많은 국어로 번역된 문학작품을 쓰고, 사후 2세기에 걸쳐 그 민족의 종교사상에 성서 이외의 어떤 책보다도 강한 영향을 주었다고 일컬어진다. 이를 생각해 보면, 인간의 재능에는 도저히 알 수 없는 힘이 잠재되어 있는 것 같다. 영국 문학에 있어 버니언은 셰익스피어나 번즈와 마찬가지로, 어떤 의미에서는 그들보다 더 순수한 천재성, 타고난 재능을 발휘했다고 평가해야 옳다.

존 버니언(John Bunyan, 1628~1688)은 1628년 11월 28일, 영국 중부 베드퍼드셔의 엘스토우라는 작은 마을에서 태어났다. 그 지방, 넓게 말해 잉글랜드 중부 지방 사람들은 예부터 사상적 독립심이 강하고, 특히 청교도 신앙이 독실했다. 북부지방은 신앙의 자유를 찾아 뉴잉글랜드를 개척한 필그림 파더스를 가장 많이 배출했으며, 남부지방은 굳센 청교도 투사를 많이 낳았다. 이러한 환경은 뛰어난 상상력과 병적이라 할 만큼 예민한 감수성을 지녔던 존에게 종교적 영향을 적잖이 미친 듯하다. 버니언의 아버지, 토머스 버니언은 땜장이(tinker)였다. 흔히 땜장이라고 하면 떠올리는 떠돌이 장수가 아니라 초라하게나마 번듯한 가게를 갖고 있었지만, 하는 일은 역시 마을의 냄비와 솥을 모아 때우는 일이었다. 버니언은 초등 교육으로 1마일 반 정도 떨어진 베드퍼드의 문법학교에서 읽고 쓰기를 배웠다. 그곳에서 받은 교육이 버니언이 평생 받은 유일한 학교 교육이었다. 엘스토우에는 국교회 사원이 있었으므로, 일요일 오후에 마을 아이들을 모아놓고 가르치는 신앙문답 등으로 어느 정도는 종교 지식을 얻을 수 있었을 것이다.

소년 시절에는 어딘지 모르게 뒷날의 재능을 암시하는 성격이었던 것으로 보인다. 《죄인 우두머리에게 넘치는 주의 은혜 *Grace Abounding to the Chief of Sinners*》에서 스스로 고백한 바로는 모독과 거짓말을 일삼았다고 하는데, 청교도로서 돌이켜보았을 때 그것이 좋지 않은 습관이었음은 말할 나위도 없다. 그러나 순수한 시골 아이에게 나타난 성향상 특색이라 생각하면, 격렬한 감정과 풍부한 상상력을 타고난 소년에게 있을 법한 성향이라 하겠다. 그는 자기 말이 불러일으킨 반응에서 쾌감을 느낀 아이였던 것으로 보인다. 그는 또 아홉에서 열 살 무렵 이미 죄의식에서 비롯한 종교적 공포감에 시달렸다. 무시무시한 꿈과 망상이 그를 위협하고, 악마와 악령이 괴롭혔으며, '최후의 심판과 불신자의 운명'이 그의 정신을 망가뜨렸다. 친구들과 장난을 칠 때도 이런 끔찍한 밤들을 떠올리면 즐거웠던 기분에 어두운 그림자가 드리운다. 이윽고 그는 병적인 꿈을 꾸지 않고 양심적인 고통에도 비교적 무관심하게 되어 쾌활하고 건강한 보통 청년으로 성장했다.

초등교육을 마쳤을 무렵부터 열여덟 살 무렵까지는 집에서 머물면서 가업을 전수받았다. 이 시기에 몇몇 사건을 겪으면서 그의 신앙심은 더욱 두터워졌다. 한 번은 어느 바닷가에 갔다가 물에 빠져 죽을 뻔했고, 또 한 번은 보트를 타다가 강에 빠져 죽을 고비를 넘긴 적도 있다. 또 독사에게 휘감긴 적도 있으나 천행으로 물리지는 않았다. 이 모두가 신의 경고였으나, 버니언은 행실을 고치지 않았다고 고백했다. 《넘치는 은혜》에서는 자신을 '죄 많은 자'라고 격렬하게 말하고 있어 도대체 어떤 죄를 저질렀는지 궁금해진다.

그러나 버니언의 생애를 통틀어 술을 많이 마셨다거나, 여자에게 미쳤다거나, 도박에 빠졌다는 어떠한 증거도 없다. 그가 건달이었다고 주장하는 사람도 있으나 그것도 근거 없는 이야기다. 그는 그저 춤이나 종루의 종 치는 일이나, 집 밖에서 하는 운동을 즐겼으며, 험담 잘하고 모든 것을 상상에 맡긴 채 행동하고 말하는 혈기 왕성한 젊은이였다. 그와 동시에 지극히 감수성이 예민한 일면도 갖고 있었다고 추측된다.

성서는 신의 말씀이며, 구약성서나 신약성서 모두 한 구절, 한마디가 다 사실을 기록한 것으로서 선악의 영이 대립한 세계를 그대로 드러내 준다고 생각하던 시대였다. 따라서 유년 시절부터 마음을 사로잡은 채 떠나지 않았던 최후 심판이나 지옥의 형벌에 대한 공포는 점점 심각해졌을 것이 분명하다. 성서 말고도 《사우샘프턴의 베비스 경 Sir Bevis of Southampton》이라는 연애소설을 읽었다고 하는데, 이것 역시 버니언의 중세기적 일면에 어느 정도 영향을 끼쳤을 것이다.

존 버니언(1628~1688)

1645년 버니언은 군에 입대했다. 그 이유 중 하나는 어머니가 죽고 곧 아버지가 재혼하여 집에 있기 싫어서라는 설이 있으나 자세한 것은 알 수 없다. 그보다 확실한 이유는 왕당과 의회당의 다툼이 벌어져 영국의 장정들은 어느 쪽이든지 입대를 강요당했기 때문이다. 버니언이 입대한 곳이 왕당군이었는지 의회군이었는지에 대해서도 의견이 분분하다. 칼라일은 《올리버 크롬웰의 편지와 연설 Oliver Cromwell's Letters and Speeches》 29번째에서 레스터 전투를 언급하며 "존 버니언은 이날 밤, 레스터에 있을 것이다"라고 말했다. 레스터 성을 지키고 있던 쪽은 의회군이었다.

버니언이 왕실에 대해 품은 존경과 크롬웰의 반역에 대한 반감으로 짐작건대 왕당군에 들어갔을 것이라는 의견도 있다. 그러나 이 문제는 존 브라운 전기에 버니언의 복무 기한이 기재된 의회군 명단이 제출되면서 일단락됐다. 버니언 자신이 직접 이 시기에 있었던 전투를 언급했다고 여겨지는 부분은 어느 날 자기 대신 임무를 수행하던 전우가 머리에 총을 맞아 죽었다는 한 대목뿐이다. 신께 감사해하리만큼 깊은 감명을 받은 사건이었다.

"내가 군인일 때, 다른 병사들과 함께 어느 지역을 포위하는 작전에 동원된 일이 있었다. 그런데 출발 직전에 한 부대원이 나 대신 자기가 가겠다고 나섰다.

허락이 떨어졌으므로 그가 나 대신 갔다. 드디어 포위 공격이 시작되었고, 그는 보초를 서다가 머리에 총탄을 맞고 죽었다."

당시 버니언이 자주 목격한 의회군 병사들 중에 《천로역정》의 담대나 진리의 용사 원형으로 보아야 할 인물이 있었을지 모를 일이다.

군 생활은 수년 만에 끝났고 버니언은 고향으로 돌아가 다시 아버지의 가업을 이었다. 첫 번째 결혼은 그가 갓 스무 살이 되었을 때인 1648년 말이나 이듬해 초 무렵으로 알려져 있다. 아내의 이름은 알려져 있지 않다. 단, 경건한 부모 밑에 태어난 신앙심 깊은 여인이었으며, 종교 서적을 두 권 가져왔다고 전해진다. 에식, 슈베리니스의 수도사였던 청교도 아더 덴트의 《평민이 하늘나라로 가는 길 *The Plain Man's Pathway to Heaven*》과 반고어의 감독이자 왕세자 헨리의 시강이었던 루이스 베일리 박사의 《신앙 실천 *The Practice of Piety*》으로, 이 두 권을 젊은 부부가 탐독한 것이다. 이 책은 버니언에게 아주 신선했다. 어린 아내와 둘이서 난롯가에서 읽은 이 책들, 그리고 아내가 들려준 장인의 경건한 삶 이야기는 그의 가슴에 잠들어 있던 신앙심을 눈뜨게 했다. 이것 말고는 두 사람은 국자 하나, 접시 하나 없는 극빈 상태였다.

어느 날 교회에서 그는 안식일을 어긴 죄에 관한 설교를 들었을 때 자기 얘기로 생각되어 심한 양심의 가책을 느끼며 귀가했다. 그러나 일요일의 성찬을 먹고 맥주를 한 잔 마시자 우울함도 가셔, 평소처럼 동네 청년들과 마을 공유지로 놀러 나갔다. 막대치기놀이를 하던 중 그는 한 목소리를 들었다.

"자기 죄를 버리고 천국으로 가겠느냐, 계속 죄를 짓다가 지옥에 떨어지겠느냐?"

무시무시한 얼굴이 구름 틈새로 자신을 노려보고 있는 것 같았다. 그러나 그는 《천로역정》에 등장하는 소망처럼 눈을 감아 빛을 막고 비난의 목소리를 물리치며, 자신의 단죄는 이미 정해졌다고 단정했다. 어차피 영원히 멸망할 거라면 최대한 죄를 즐기겠다는 생각에 자포자기한 심정으로 놀이를 계속했다. 이 절망과 무모한 태도는 한 달 동안 계속되었다.

또 한 번은 그가 근처의 가게 창문 앞에 서서 상스러운 저주를 내뱉으며 평소 버릇처럼 미치광이 행세를 하고 있을 때였다. 가게 여주인이 그를 몹시 나무라며, 그런 천벌 받을 말을 함부로 하는 사람은 처음 본다고 말했다. 몹시 창피

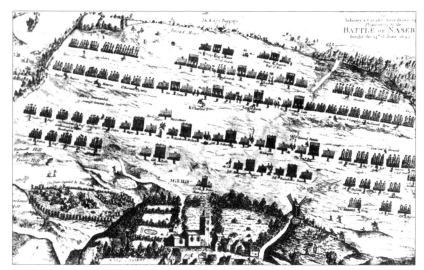

**네이즈비 전투**  네이즈비는 레스터 남동쪽 30킬로 떨어진 곳이다. 1645년, 이 전투에서 크롬웰이 의회군 1만 4천 명을 지휘하여 7만 5천의 찰스 1세 국왕군을 패퇴시켰다. 찰스 1세는 스코틀랜드로 도망갔다. 버니언은 이 전투에 의회군으로 참전했다.

를 당한 그는 그 뒤 그 나쁜 버릇을 고쳤다.

그 뒤 얼마 안 있어 한 가난하고 신앙심 깊은 이웃과 알게 되면서 버니언은 성서를 읽게 되었다. 언제나 기도회와 설교회에 참석하고, 즐거움으로 여기던 것들을 하나하나 그만두었다. 교회 종을 치는 일도 즐거움 중 하나였지만 그만두고, 다른 청년들이 종을 치는 모습을 구경만 하다가 그마저도 그만두었다. 양심이 찔리는 짓을 좋다고 바라보다가 종이 머리 위로 떨어질지도 모른다는 두려움을 느꼈기 때문이다. 가장 힘들었던 일은 마을 풀밭에서 추는 사교춤을 그만둔 것이었다. 사교춤을 완전히 그만두기까지는 1년이 걸렸다고 한다.

버니언 자신도 회개의 열매를 거뒀다고 생각하며 안심했을 것이다. 이처럼 희생을 통해 양심의 평안과 최고의 자기만족을 느끼던 중 한 사건이 일어났다. 어느 날 오후, 베드퍼드 거리 한구석에서 땜질을 하고 있는 동안 은연중에 들려온 세 여자의 이야기는 버니언의 마음에 이제껏 전혀 생각지도 못했던 새로운 세계를 열어 주었다. 그 이야기는 종교적인 것으로, 버니언 역시도 종교 논쟁에 관심이 있었으므로 귀를 열고 열심히 들었지만 도무지 그 이야기의 요지를 알 수가 없었다. 거듭남, 마음속 하느님의 역사, 가엾은 본성, 신이 주 예수를 통해 사랑으로 찾아오셨다는 것, 마음을 위로하고 힘을 주고 악마의 유혹을 견뎌 냈다는 말과 약속, 사탄의 암시와 유혹, 그로 인한 번민, 어떻게 그런 것들을 견뎌 냈는지 등. 버니언에게는 전혀 새로운 이야기를 이 가난한 여인들은 당연하다는 듯이 서로 이해하고 대화를 나누는 것이었다. 그들은 참으로 즐겁게 성서의 말씀을 이야기했으며, 그 태도도 대화 내용과 어울렸다.

이 여자들은 존 기포드라는 사람을 중심으로 한 청교도의 작은 종파 사람들로, 그 대화 내용은 평생토록 기포드에게 들은 것이거나 그 종파 내에서는 늘 이야기하는 것이었다. 기포드는 켄트 사람으로, 본디 왕당의 대위였다. 메이드스톤 전투에서 포로가 되어 페어팩스에게 사형을 선고받았으나, 감옥에서 도망쳐 베드퍼드에 숨어 있었다. 그러는 동안 술과 도박에 빠져 그리스도 교도를 증오하게 되나, 통렬히 회개한 뒤 거듭나 성자가 되어 신앙 설교를 시작했다. 그는 1650년 통일교회(Union Church)라는 교회를 창설했다. 버니언이 이 여자들과 만난 것은 마침 그 무렵이었을 것이다.

그 뒤 이 여자들을 통해 종파 사람들과 교제를 나누고 1653년에는 그 일원이 되었다. 새로운 세계에 눈뜬 그는 그 뒤로 성서를 탐독했다. 전에는 조금도 흥미를 느끼지 못했던 바울서신에 강하게 이끌렸다. 이날부터 시작되는 진지한 종교적 체험은 그의 영혼 발전사인 《죄인 우두머리에게 넘치는 주의 은혜》에 자세히 묘사되어 있다. 그의 일상은 눈에 띄게 바뀌었다. 나쁜 짓은 전혀 하지 않고, 스스로 버린 청춘의 즐거움을 대신할 무언가를 종교 안에서 찾지도 않았다. 그는 자신이 뭔가 특이한 저주에 걸렸다고 생각했으며 차츰 여러 망상에 시달렸다. 사람들은 그가 자살하거나 미치리라 생각했다. 어떤 때는 이스라엘의 피를 이어받은 사람은 모두 구원받는다는 생각에 자신도 그 혈통인지 아닌지 증명하려고 했다. 또 '내게 신앙이 없다면 난 이미 글렀다. 만약 신앙이 있다면 기적을 일으킬 수 있을 것이다'라는 이상한 딜레마에 빠져, 엘스토우와 베드퍼드 사이에 있는 물웅덩이에 대고 "말라라!" 외치며 자신의 평생 소망을 그 한 사건에 걸려고 했다. 베드퍼드와 주변 마을에서는 이미 은총의 날이 지나 이 지방에서 구원받을 사람은 모조리 회개했으므로 자신의 기도나 노력은 몇 달 뒤처졌다고 생각하기도 했다. 사실은 터키인이 옳고 그리스도 교도는 잘못되지 않았나 고민하기도 하고, 광기 어린 충동에 휩싸여 나무나 빗자루나 황소

**베드퍼드에서 설교하는 버니언**(목판화, 부분) 1657년 버니언은 교회 설교자 자격을 얻었다.

에 대고 기도한 적도 있다.

그러나 그는 이제 막 '죽음의 그늘'에 발을 내디뎠을 뿐이었다. 이윽고 암흑은 더욱 깊어졌다. 눈에는 무시무시한 환영이 떠오르고, 귀에는 저주하고 탄식하는 목소리가 들려왔다. 끝없이 깊은 구렁텅이 바로 옆에서 악취와 화염 속을 달렸다. 용서받지 못할 죄에 묘한 호기심을 느끼게 되었다. 그러나 그의 병이 그린 가장 무시무시한 환영은 신을 모독하는 말을 하는 자신, 특히 속죄받을 권리를 내던지려 하는 자신이었다. 밤이고 낮이고, 잘 때나 먹을 때나 일할 때나, 악령이 그의 귓전에서 "주인을 팔아라, 주인을 팔아라" 속삭인다고 상상했다. 그는 요괴들을 물리치려고 했다. 내쫓으려고 했다. 그래도 그들은 끊임없이 따라다녔다. 마침내 긴 고뇌에 지쳐 "가고 싶다면 그를 보내야겠다"는 무시무시한 말을 내뱉고 말았다. 창세기에 나오는 에서처럼 기득권을 판 것이다(창세기 27 : 33). 이제 회한의 여지는 없어졌다. 그는 나중에 이렇게 기록한다. "그 무렵의 두려움을 아는 사람은 나밖에 없다."

그는 그 고뇌를 《넘치는 은혜》와 《천로역정》에 뛰어나고 간결하며 힘차고 비장한 필치로 썼다. 그는 짐승을 부러워하고, 길가의 돌멩이를 부러워하고, 지붕

의 기와를 부러워했다. 태양도 그에게는 빛과 열을 아까워하는 듯했다. 그의
육체는 튼튼하고 아직 청춘의 전성기에 있었지만, 죽음과 재판의 두려움에 내
내 떨었다. 이 전율은 하느님께 가장 버림받은 자인 카인에게 하느님이 손수 찍
으신 낙인처럼 생각되었다. 식욕도 없어졌다. 그는 자신의 원형이라고 여긴 유
다처럼 갈기갈기 찢기는 고통을 맛보았다.

이 같은 불안, 반성, 극심한 정신적 고통의 바탕에는 청교도 정신, 특히 칼뱅
주의가 깔려 있다. 인류의 구원은 선행이나 청렴한 생활이 아니라 오로지 신앙
과 선택받은 자에게 하느님이 자유롭게 내려 주시는 은총으로 이루어진다는
주장, 즉 '예정설'이다.

심각한 신앙적 고뇌 속에서 그는 끊임없이 기도하고 성서를 읽어 마침내 신
앙의 승리를 얻었다.

"바야흐로 그리스도교는 모든 것이었다. 내 지혜의 모든 것, 내 의로움의 모
든 것, 성결의 모든 것, 속죄의 모든 것이었다."

'나는 주님의 일부이다. 주님과 내가 하나라면 주의 의로움은 내 의로움이며,
주의 공적은 내 공적이며, 주의 승리는 내 승리이므로.' 질풍과 노도는 사라졌
다. 그리하여 기포드에게 세례를 받고 침례교회의 열아홉 번째 교인으로서 정
식으로 새 생활을 시작했다. 1653년, 스물다섯 살 때 일이다. 희망과 절망, 의혹
과 각성, 고민과 환희를 넘나들며 온갖 유혹과 환상에 시달리면서, 지푸라기라

베드퍼드의 버니
언 교회당
1850년 건축되
었다.

도 집는 심정으로 성서 구절들에 의지하여 흐트러짐 없이 영혼구원을 추구해
간 구도자 버니언의 모습은 《천로역정》에서 크리스천의 모습이었다.

## 시련의 세월

버니언은 그 무렵까지 엘스토우에서 살았으며, 여기서 시각장애자인 장녀
메리와 차녀 엘리자베스, 그리고 존과 토마스라는 두 아들을 낳았다. 1655년에
는 베드퍼드로 이사했다. 그해 그의 경건한 아내는 저세상 사람이 되었고, 기
포드 역시 세상을 떠났다. 버니언도 건강을 해쳐 폐질환을 앓았다고 하는데,
워낙 건강한 체질이라 병을 이겨냈다. 1655년 기포드가 죽은 뒤 버니언은 집사
로 뽑혔고, 1657년에는 그 교회의 설교자 자격을 얻었다. 직업은 여전히 땜장
이였으나 설교자로서의 명성은 점차 널리 퍼져나갔다. 그의 설교는 청중의 마
음을 움직였다. 철학도 역사도 문학도 모르는 그였으나 그의 종교적 체험은 매
우 진지했다. 그는 단테처럼 지옥을 경험했기 때문이다. 그런 버니언이 타고난
말솜씨로 하느님의 복음을 전할 때 소박한 청중의 마음을 크게 감동시킨 것은
당연한 일이다.

기포드의 영향은 버니언의 말투나 태도에도 나타났다. 그것이 그로 하여금
설교자로서의 재능을 깨닫게 했음은 물론이거니와 문장력을 이끄는 동기가 되
었다는 것 또한 의심할 여지가 없다. 그리피스 전기의 부록인 기포드의 《목회

서간 *Pastoral Letter*》을 읽어 보면, 성서 말고도 기포드가 버니언의 문체에 영향을 주었음을 알 수 있다. 또한 버니언은 이 종파에 들어간 뒤 얼마 되지 않아, 루터가 쓴 갈라디아서 주해의 영역본 《*A Commentarie of Master Martin Luther upon the Epistle of S. Paul to the Galatians*》(1516)을 읽고, 그리스도가 죽음으로 이뤄낸 구원, 즉 "주는 우리 아버지 하느님의 뜻에 따라 우리를 지금 이 악한 세상에서 구원하려 자기 몸을 우리 죄를 대신해 바치셨다"(갈라디아서 1장 4절)는 믿음의 숨은 뜻을 깨달았다. 그러나 이는 그가 거듭나는 첫걸음으로, 《천로역정》에 나오는 십자가처럼 순례를 떠나는 시발점에 서 있었다. '죽음의 그늘'이나 '의심의 성'으로 가는 동안 만나야 할 어려움이다.

청교도와 퀘이커 교도는 언제나 비슷한 길을 걸으며 잦은 충돌을 빚었다. 1656년 조지 폭스의 순례전도에 따라 한 퀘이커 교도가 베드퍼드셔를 방문, 시장에 세워둔 십자가 아래에서 간증을 시작하자마자 버니언은 즉시 논쟁을 시작했다. 기포드의 뒤를 이은 존 버튼을 비롯한 여러 사람들과 시장, 세인트폴스 교회, 그 밖의 장소에서 격렬한 논쟁을 벌였다. 같은 해, 버튼의 편지를 추가하여 뉴포트 패그널에서 출판한 《복음의 진리 천명 *Some Gospel Truths Opened According to the Scripture*》은 이 논쟁의 결과로서, 버니언의 첫 저술이다. 버니언은 불과 29세였다. 버튼은 추천서에 '버니언은 지상의 대학에서 선택된 자가 아니라 천상의 대학, 그리스도의 교회에서 선택된 자, 신의 은총으로 말미암아 세 가지 천상의 학위, 즉 그리스도와의 결합, 성령의 수호, 악마의 유혹을 체험한 자이다. 그 신앙의 건실함, 거룩한 회심, 복음을 설교하는 능력은 사람이 아니라 주님 성령에서 나온 것이다.'라고 썼다.

퀘이커 쪽에서는 에드워드 버로우라는 23세의 청년이 〈평화의 복음 *The Gospel of Peace, contended for in the Spirit of Meekness and Love against the secret opposition of John Bunyan, a professed minister in Bedfordshir*〉이라는 논고를 발표했는데, 버니언은 이에 답하여 〈복음의 진리 천명 옹호 *A Vindication of Gospel Truths Opened*〉를 발표했다. 버로우도 퀘이커 교도 가운데 이름난 논객이었다. 그는 뒷날 박해를 받아 감옥에 갇혀 순교한 어찌 보면 버니언과 비슷한 성격을 가진 인물이었으나, 당시는 두 사람 모두 혈기 왕성한 젊은이였기에 논란은 거세게 이어져 욕설이 오가는 지경에 이르렀다. 논쟁의 중심은 청교도가 존중하는 성서의 권위와 퀘이커 교도가 궁극적으로 의지하는 '내재된 빛', 즉 영감(靈感)의 권위를 놓고 위아래를 가리는 것이었는데, 청교도 쪽에서 볼 때 퀘이커는 결국 그리스도의 역사적 실재를 부정한다고 여겼다. 그러나 버니언의 청교도 정신은 퀘이커 교도의 신비사상과 거의 가까웠고 퀘이커 교도 역시 성서를 존중했으므로, 이와 같은 우연한 기회라도 없었다면 논쟁으로까지는 번지지 않았을 것이다.

버니언은 이 논쟁을 계기로 문학에도 영역이 있음을 발견하게 된다. 1652년에 간행된 《지옥의 사탄 *A Few Sight from Hell, or the Groans of Damned Soul*》은 '부자와 나자로'의 비유를 해석한 것으로, 지옥에서 꺼져가는 영혼의 고통을 묘사하는 부분에는 유년 시절부터 마음을 괴롭힌 상상력이 십분 발휘되어 박진감을 준다. 또한 버니언 특유의 소박한 해학과 힘찬 구어체 말투에서는 바로 뒤에 소개할 수려한 작품의 편린이 엿보인다. 1659년에 발표한 《율법과 하느님 은혜에 관한 교리 해설 *The Docktrine of law and Grace Unfolded*》에는 《천로역정》의 중심사상이라고도 할 수 있는 그리스도의 인격과 행동을 통한 구원의 진실이 역설되어 있다. 이 책 앞부분에 있는 독자에게 쓴 서간 중 버니언이 스스로 정체를 드러낸 부분에는 "나는 아리스토텔레스나 플라톤을 배우기 위해 학교에 간 적이 없고, 극히 비천한 신분인 아버지 집에서 가난한 시골뜨기 친구들과 함께 자랐다"라는 유명한 구절이 있다.

1660년 5월, 찰스 2세는 도버에 상륙하여 왕정복고 시대를 열었고 청교도 정부는 몰락했다. 찰스 2세가 네덜란드의 브레다에서 발표한 선언문에서는 신앙의 자유를 인정했으나, 청교도에 대한 민심의 반감과 불안한 사회 정세에 의회는 이 선언을 철회하고 국교회 이외의 모든 종파를 없애려는 정부 방침을 노골적으로 표명했다. 교관구 내 교회에 출석을 거부하는 자에게는 벌금을 매겼고, 비국교도 집회에 참석하는 자는 법령에 복종할 때까지 감금했으며, 석 달이 지나도록 복종하지 않는 자는 국외로 추방하고, 추방당한 자 중 왕의 허락 없이 귀국하는 자는 중죄인으로서 사형에 처하는 등이다. 이는 모두 엘리자베스여왕 시대에 국교회를 보호하기 위해 만든 법령을 부활시킨 것이었다. 또한 국교회는 종교 예배 때 《기도서 *The Book of Common Prayer*》 사용을 강요했으며, 1660년에 베드퍼드에서도 이와 같은 취지가 공포되었다.

위기가 닥쳤다. 복음 전도자 존 버니언의 이름이 중부 각지로 퍼져 나가, 케임브리지셔의 멜드레스와 베드퍼드셔의 옐든에서는 교관구 교회에서 설교까지 했다. 옐든 교관구에서는 성직을 맡고 있지 않은 땜장이가 강단에서 성탄절 설교를 했다는 이유로 구민들의 항의가 터져 나왔을 정도였다. 버니언이 노동 계급자로서 순수 소박함과 동시에 격렬한 설교를 했다는 점, 특히 그 종파 이외에서는 공인된 목사나 설교자가 아니었다는 점, 헛간이든 가정집이든, 숲 속 나무 그늘이든 그와 함께 기도하고 그의 이야기를 듣는 자가 모이는 곳에서는 어디서든 설교했다는 것 때문에 그는 이 무렵 정부 당국이 가장 경계하던 반란 선동자로 간주되었다.

1660년 11월 12일, 베드퍼드에서 남쪽으로 13마일 떨어진 곳에 있는 해링턴 근교의 로어 사무젤이라는 작은 마을에서 버니언은 마침내 체포되었다. 그 마을 어느 집에서 예배를 인도하게 되어 있었던 그는 체포장이 발부되었다는 사실을 이미 12시간 전에 알고 있었으므로 도망칠 여유가 있었으나 그렇게 하지 않았다. 그저 홀로 풀밭을 거닐며 지금 자기가 도망친다면 의지 약한 신도들에게 어떤 영향을 미칠지를 곰곰이 생각한 뒤, 그 집으로 돌아가 한 시간 가량 회중이 모이기만을 기다렸다가 평상시처럼 예배를 시작했다.

기도가 끝나고, 설교 주제인 성구가 지정되어 회중이 성서를 펴고 버니언이 막 설교를 시작하려 할 때 경관이 들이닥쳤다. 버니언은 작별 인사를 하고 싶다며 잠시 시간을 달라고 청했다. 그러고는 '이러한 일로 박해받는 것은 은혜다, 박해하는 자가 되는 것보다 박해받는 자가 되는 것이 낫다, 도둑이나 살인자가 되어 고통당하기보다 그리스도 교도로서 괴로움을 당하는 편이 낫다'고 말했다. 경관이 제지하는 통에 작별 인사는 중단되고, 버니언은 끌려갔다. 그러나 주(州) 장관의 호의로 그날 밤은 어느 친구 집에 머무르고 다음 날 그 친구와 함께 경관을 찾아갔으며, 거기서 프란시스 윈게이트의 집으로 끌려갔다. 윈게이트가 체포장을 발부한 것은 버니언에게 반란 선동자의 혐의가 있었기 때문이었다.

그러나 본인과 직접 대질해 본 결과 그러한 혐의는 전혀 없고 오직 설교만 할 뿐이라는 것을 알았으므로 조금 당황했다. 하지만 비국교도의 회합에서 설교한다는 것은 새 법령상 충분히 죄가 될 수 있었으므로 어떻게든 설교를 그

**감옥에 갇힌 버니언**

1661년 영국 국교회와 일치하지 않는 예배를 집행한 혐의로 기소되어 순회재판소에서 유죄판결을 받고 12년 동안 유형생활을 한다. 버니언은 감옥생활 중 많은 저서를 출간한다. 당시 감옥생활은 비교적 자유로웠다.

만두라고 했으나 버니언은 순순히 응하지 않았다. 그래서 다음 순회재판에서 판결을 받게 하고, 수감증을 만들어 베드퍼드의 감옥으로 보냈다. 그동안 원게이트의 장인이자 해링턴의 목사였던 린달 박사가 호되게 꾸짖고, 의형제인 베드퍼드의 목사 윌리엄 포스터가 설득했으나 버니언의 철석같은 의지는 꿈쩍도 하지 않았다.

그로부터 두어 달 뒤인 1661년 1월, 베드퍼드의 한 기도원에서 순회 재판이 열렸다. 재판관은 청교도에게 반감을 가진 지방 신사였으며, 특히 재판장은 뒷날 종교 통일령(Act of Uniformity)을 기초한 존 케링 경이었다. 케링은 거칠기로 평판이 자자한 사람이었으나, 버니언에게는 오히려 호의를 갖고 있어 그의 답변에 맞장구를 치기도 했다. 그러나 버니언은 즉시 설교를 그만둘 것이냐 아니냐 하는 중요한 문제에서 상대방의 태도 여하를 불문하고 한 걸음도 물러서지 않았다.

"만약 오늘 출옥한다면 신의 도움을 받아 내일 복음을 전할 것이다."

그래서 그는 다시 베드퍼드의 감옥으로 보내져 법령에 따라 석 달의 유예기간이 주어졌다. 그 기한이 끝날 무렵에 뒷날 베드퍼드의 시장이 된 폴 코브가 당시는 치안판사의 비서로서 감옥을 방문하여 갖은 말로 버니언을 설득했으나 그 뜻을 꺾을 수 없었다.

"법률은 내게 복종의 두 갈림길을 주었습니다. 그 하나는 양심에 비추어 내가 해야만 한다고 믿는 일을 능동적으로 하는 것입니다. 또 내가 능동적으로 복종할 수 없는 부분에서는 몸을 눕히고 사람들이 내게 무슨 짓을 하든 달갑게 받아들일 생각입니다."

이것이 버니언의 마지막 답변이었다. 이 기한을 넘기도록 법령에 따르지 않으면 국외로 추방당해야 했다. 게다가 제멋대로 행동하면 사형을 당할 수도 있었다. 그는 순교를 각오했던 것이다.

버니언의 두 번째 아내 엘리자베스는 이 무렵부터 활동을 시작한다. 언제 재혼했는지는 알 수 없으나, 버니언이 체포당하기 1년 전쯤 어린 네 자녀들의 뒷바라지를 위해 재혼했을 것으로 추정된다. 그녀는 당시에 임신 중이었는데 나중에 죽은 아이를 낳고 말았다. 그럼에도 온갖 어려움에 굴하지 않고 남편 버니언의 석방을 위해 동분서주했다. 홀로 탄원서를 들고 런던으로 가 상원을 방문하여 고관의 심문에 답변하기도 했다. 1661년 8월, 치안판사 매슈 해일 경의 순회재판 때는 세 번 직소하여 법률상의 바른 재판을 요구했다. 매슈 해일 경은 이 젊고 당찬 아내를 동정했으나 지방의 관리가 강력히 반대해 어찌할 수가 없었다.

버니언이 추방을 면한 것은 같은 해 4월 '찰스 2세의 즉위와 함께 발령된 대석방령' 덕분이었으나, 그 죄는 예외적인 것이라 하여 풀려나지는 못했다. 1662년 봄에 다시 재심을 요청했으나 이 역시 받아들여지지 않았다. 결국 1672년까지 12년간의 수감 생활이 결정되었다.

버니언이 감금된 감옥은 베드퍼드시에 흐르는 우즈강의 다리 근처에 세워진 작은 유치장이었다고 알려져 있으나, 적어도 이 12년 동안은 베드퍼드의 하이 스트리트와 실버 스트리트가 교차하는 모퉁이에 있던 주(州) 감옥에 수감되었으며 꽤 넓은 꼭대기 방이었다. 버니언은 여기서 가족이나 친구들과 만나도록 허락되었고, 옥중에서 만난 사람들을 모아 놓고 설교도 할 수 있었다. 때로는 엄하게 감금되어 있기도 했으나 종종 외출도 허용되었고, 한때 청교도 집회에 지속적으로 출석하기도 했다. 가족의 생계를 생각해야 했기에 밧줄이나 술이 달린 레이스 따위를 만들어 행상인에게 팔아 돈을 마련했다. 가족, 특히 자신이 지극한 사랑을 쏟았던 눈먼 딸 메리의 미래를 생각하면 아무리 버니언이라 해도 그 아픈 마음을 어찌하지 못했을 것이다.

**재판정에서 버니언을 변호하는 아내**

두 번째 아내(1659년 재혼)는 남편의 석방을 위해 항소하는 등 갖은 노력을 다하였으나, 1662년 찰스 2세의 대사면령이 내려진 뒤에야 풀려난다.

## 고난과 역경 속에서 탄생한 수많은 명저

12년간의 수감생활 중 처음 6년간은 버니언의 사상이 가장 민감하고 활발하게 움직인 시기였다. 《유익한 명상 *Profitable Meditations*》(1661), 《기도론 *A Discourse Touching Prayer*》(1663), 《그리스도인의 행동 *Christian Behaviour*》(1663), 《마지막 네 가지 *Four Last Things*》(1663~5), 《에발과 게리짐 *Ebal and Gerizim*》(1663~5), 《죽은 자의 부활 *Resurrection of the Dead*》(1665), 《옥중 명상 *Prison Meditations*》(1663~5), 《넘치는 은혜 *Grace Abounding*》(1666)를 연이어 썼다.

그 중 《유익한 명상》, 《마지막 네 가지》, 《에발과 게리짐》, 《옥중 명상》은 시이고 나머지는 산문이다. 《기도론》은 당초 《영혼의 기도 *The Prayer in Spirit*》라고 제목 붙였던 것으로, 영국 국교회의 《기도서》 사용에 반대하는 의견을 피력한 것이다.

《그리스도인의 행동》은 그리스도 교도의 실천 도덕, 부부, 자녀, 주종의 의무를 솔직하게 해설한 것이고, 《성도(聖都)》는 〈요한계시록〉의 마지막 장에 묘사된 새로운 예루살렘의 환상을 설명하면서 자신이 마음에 그린 하느님의 도시(Civitas Dei)와 교회의 모습을 서술한 것이다.

《성도》와 그다음에 출판된 《죽은 자의 부활》은 옥중에서 그의 주변에 모여든 사람에게 한 설교를 바탕으로 한 것이다. 이들 산문은 모두가 버니언의 사상을 이해하는 데 중요하지만, 특히 마지막에 출판된 《넘치는 은혜》는 《천로역정》과 함께 그의 모든 저작 가운데 가장 빛나는 대작이다. 정식 표제는 《죄인 우두머리에게 넘치는 주의 은혜》이다. 서문을 보아도 알 수 있듯이, 본디 목회 서간을 쓰는 마음으로 신도를 위해 펜을 든 것이었으나 그 내용은 일종의 자서전처럼 되어 있다. 《천로역정》에서 우화의 형태를 띠었던 것이 여기서는 아주 절실한 경험이며, 그 경험의 심각성은 고금의 자서전에서 흔히 볼 수 있는 것이 아니다. 단, 버니언이 중시한 것은 언제나 정신적인 경험으로, 이와 직접 관련이 없는 것은 아내의 이름이나 사건의 연월조차 기록하지 않았다.

《넘치는 은혜》를 쓴 이후 6년 동안은 거의 책을 쓰지 않다가 출옥한 해, 즉 1662년에 《나의 신앙 고백 Confession of my Faith》과 《신앙으로 정의되는 교리의 변 A Defence of the Doctrine of Justification by Faith》을 출판했다. 전자는 그의 신앙을 복음서와 연결한 것으로서, 힘이 미치는 한 모든 사람과 평화를 유지하기 위해 노력하며, 근본정신이 상통한 부분이 있다면 종파나 교리를 초월한 신앙 위에 선 사람이라고 고백한 책이다. 버니언이 감옥에서 풀려나기 위해 이 책을 썼다는 주장이 있으나, 버니언의 신앙이 점차 보편적인 모습으로 바뀌어 청교도의 편견에서 벗어나게 되었음은 《천로역정》이 몇 줄 고쳐진 채 가톨릭 교도에게도 애독되고 있었음을 보면 알 수 있다. 후자는 노트힐의 목사이자 그로스터의 감독목사가 된 에드워드 파울러가 쓰고 1671년에 출판된 《그리스도교의 계획 The Design of Christianity》을 반추한 것이다. 버니언은 파울러의 주장을 복음적 종교의 기초를 뒤집는 것으로 간주하고 장절을 쫓아가며 비난했다. 저자와 그 책에 대한 공격과 독설이 넘치는 이 책은 《나의 신앙 고백》에 나타난 일면과는 전혀 다른 성격의 한 면을 드러낸다. 옥중에서 그가 즐겨 읽었던 책은 성서와 폭스의 《순교자 열전 The Book of Martyrs》이었다.

1672년 찰스 2세는 도당 '다섯 명의 외교위원'의 진언을 받아들여, 가톨릭 교회로 귀의할 것을 약속함으로써 프랑스의 환심을 사고 영국 국민을 결집하기 위한 수단으로써 신교 자유령(Declaration of Indulgence)을 발령했다. 신교의 자유는 물론 모든 비국교 종파를 인정하는 것이었으나 찰스 2세는 가톨릭 교회를 지지했다. 버니언은 이 법령에 따라 감옥에서 풀려난다. 가족의 불행과 그의 인내심, 용기, 경건함은 재판관들의 마음을 누그러뜨렸다. 면죄장은 그해 9월 13일자로 되어 있지만 이미 1월 21일에 베드퍼드의 비국교도 교회 목사로 임명되었으며 5월 9일에는 설교를 허가받았다. 그 교회라는 것이 한 집에 딸린 과수원의 헛간이었다. 이곳을 중심으로 버니언은 다시 전도를 시작했고, 베드퍼드셔에서는 정기 순회 설교 계획을 실행했다. 본디 우스갯소리였던 '버니언 감독(Bishop Bunyan)'이라는 이름이 유명해졌다.

이 무렵 버니언에게 감화받은 처녀 아그네스 버몬트가 아버지의 반대를 무릅쓰고 버니언의 설교를 들으러 다니다가, 도중에 버니언의 말에 타고 가는 모습을 아버지에게 들키는 바람에 집에서 쫓겨났다. 며칠 뒤 집에 돌아가자 아버지가 죽어 있

《천로역정》 표지(초판발행 1678년)
1678년 제1부, 1685년에 제2부가 속편으로 출판되었다.

었는데, 어떤 사람이 버니언이 이 처녀와 결탁하여 아버지를 독살했다는 소문을 퍼뜨려 한때 큰 소동이 벌어졌으나 검시 결과 무죄가 밝혀졌다. 한편, 저술 활동도 활발해져 1673년부터 1674년 사이에는 《물 세례에 관한 생각의 차이 *Differences in Judgement about Water Baptism*》《평화롭고 진실한 교의 *Peaceable Principles and True*》, 1675년에는 《어둠 속에 앉은 자를 위한 빛 *Light for Them that Sit in Darkness*》이 출판되었다.

신앙 자유령은 발령된 지 1년 만에 철회되고, 1673년에는 국가 관리를 국교회에 강제로 종속시키기 위한 움직임의 일환으로 '선서령(Test Act)'이 발령되었다. 베드퍼드에서는 이해 3월 4일, 이전에도 버니언의 뜻을 꺾기 위해 노력했던 윌리엄 포스터를 비롯한 법관 열세 명이 서명한 체포장이 발부되었다. 버니언은 또다시 옥에 갇혔다. 버니언은 이 두 번째 감금 중에도 《무지한 자를 위한 가르침 *Instruction for the Ignorant*》,《하느님 은혜로 구원 받아 *Saved by Grace*》 등을 썼다. 이 두 번째 수감생활은 여섯 달 만에 끝났다. 두 증인이 앞으로 적당한 시기에 국교회에 귀의시키겠다는 보증을 서고서야 베드퍼드셔의 감독 토마

스 버로우의 재량으로 석방된 것이었다.

《천로역정 The Pilgrim's Progress》 제1부(1678)는 옥중에서 쓰인 가장 방대한 작품인 동시에 버니언의 모든 작품 가운데 가장 위대한 대표작이다.

이 감옥, 내게는 언덕과 같다
여기서 이 세상의 저쪽도
나는 뚜렷이 바라보며 또한 취한다
영원한 것을, 마음껏.
This gaol to us is as a hill
From whence we plainly see
Beyond this world, and take our fill
Of things that lasting be.

이 시에서 스스로 말하고 있듯이, 12년이라는 오랜 세월 동안 어두운 감옥에서 조용히 묵상한 결과, 그의 마음은 그제야 자신의 일생을 객관적으로 바라볼 수 있게 된 것이다. '멸망의 도시'를 떠난 크리스천의 모습은 그 자신의 모습인 동시에 죄를 자각한 모든 사람의 모습이다. 크리스천이 여행 도중 만나는 갖가지 사건은 그런 사람들의 일생에 일어날 수 있는 길흉화복의 상징이다. '절망의 늪'이나 '허영의 도시'는 베드퍼드셔의 풍경인 동시에 모든 사람의 정신에 존재하는 기억 속 풍경이다. 속세의 현인이나 사심은 버니언의 주변 사람인 동시에 각종 사회적 요소를 이룬다. 아바돈과 절망 거인도 인간이 경험하는 고민이나 번민의 상징으로 생각한다면 어느 시대, 어떤 장소에서도 그 절실함은 그대로 느낄 수 있을 것이다. 여기에 이르러 버니언의 천재성은 종파를 초월하고 시대를 초월한다.

《천로역정》의 종교는 사람이 영혼을 갖고 있다는 것, 또 행동에 책임을 져야 한다는 것을 믿는 한 언제 어디서나 존재해야 하는 종교이다. 이전에 하늘에서 내린 만나와 같이 탐해졌던 방대한 신학 서적이 이집트의 미라처럼 책장에 누워 있었을 때 이 책이 착한 영국과 미국 어린이들의 생각과 기억을 자극하고,

문학에서 얻을 수 있는 모든 지식을 갖춘 어른이 크리스천의 기이한 모험을 율리시스나 아이네이아스의 신기한 모험 같이 매력 있는 것으로 생각하는 이유가 바로 여기에 있다. 여기서 사람들은 수천 년이 지나도 변함없는 자신의 본성과 매우 닮은 모습을 보는 것이다. 시간은 그 재미를 앗아갈 수 없다. 지식의 진보도 경험이 진실이 되는 것을 막을 수 없다."

영국 역사가 프루드의 이러한 평가는 매우 정확하다.

《와서 그리스도를 맞이하라 *Come and Welcome to Jesus Christ*》는 1678년

**명상에 잠긴 버니언** 그의 명상은 곧 글로 승화되었다.

에, 《신을 두려워하는 마음을 논하다》는 1679년에 출판되었다. 1680년에 세상에 나온 《악인의 생애 *The Life and Death of Mr. Badman*》는 버니언의 저작 중 가장 특색 있는 것으로, 문학사적 의의에서 말하자면 《천로역정》과 《넘치는 은혜》 이외의 모든 작품을 능가한다. 이는 사실소설이라는 개념이 없던 시대에 쓰인 사실소설이며, 디포의 작품과 더불어 영국 근대 소설의 선구라고 말할 수 있다. '현인'과 '배려'의 대화 중에 전개되는 '악인'의 일생은, 훌륭한 가문에서 태어나 착한 주인 밑으로 종살이를 들어간 청년이 점차 악인의 본성을 드러내고 도덕적으로 타락하면서 자신의 천재성을 숨기고 안락한 최후를 맞이하기까지의 이야기이다. 이름 자체로써 성격을 드러낸다는 점을 제외하면 우의적인 부분이나 권선징악의 요소가 조금도 없고, 왕정복고기의 사회와 인간상을 손바닥 들여다보듯 잘 묘사하고 있다. 마지막에 "죽을 때의 모습은 어땠습니까? 죽음과 강하게 부딪혔습니까? 아니면 편안하게 죽었습니까? 조용하게?" "어린 양과 같이 조용하게"라는 부분을 읽으면 온몸에 전율이 느껴진다. 그 2년 뒤인 1682년에 출판된 《성전 *The Holly War*》은 그것과는 전혀 다른 우의문학으로, 그 구상은 밀턴의 《실낙원》과도 비교될 만한 청교도 사상이 드러나 있다. 맨 소

울(사람의 영혼)이라는 도성을 중심으로 그곳의 주군 샤다이의 군대와 다아볼로스를 우두머리로 하는 반역도들과의 전쟁, 공략과 탈환 등 일승일패의 추이를 기록하고, 샤다이가 승리하고 맨 소울 시민이 천상 이주하는 과정을 그렸다. 《열매 맺지 않는 무화과 나무 *The Bareen Fig Tree*》도 같은 해에 출판되었다.

《영혼의 위대함 *The Greatness of Soul*》과 《양심 문제의 해결 *A Case of Conscience Resolved*》은 1683년에, 《그리스도교의 성스러운 생활과 아름다움 *A Holy Life and Beauty of Christianity*》과 《시기 적절한 권유 *Seasonable Counsel*》는 1684년에, 《죄를 깨닫도록 각성케 하는 경고 *A Caution to Stir up to Watch against Sin*》와 《바리새파와 세리 *The Pharisee and the Publican*》, 《제7일 안식일의 본질과 영속성 *The Nature and Perpetuity of the Seventh-day Sabbath*》은 1685년에 출판되었다. 이들은 모두 버니언의 끊임없는 종교상 체험과 명상에서 탄생한 저작이며, 그중 일부는 설교를 위해 준비한 것이다.

1685년에는 《천로역정》 제2부가 출판되었다. 크리스천이 남긴 가족, 크리스티아나와 네 명의 자녀 그리고 자비라는 처녀가 크리스천이 밟은 길을 따라 순례 여행을 떠나고, 크리스티아나가 '하늘의 도시'에 이르기까지의 이야기이다. 모든 속편이 그러하듯 1부보다 못한 것은 어쩔 수 없는 일이다. 그러나 이는 《일리아스》와 《오디세이아》의 관계와도 같다. 서사시로서의 장대함은 1부에 있으나, 소설로서의 재미는 2부에서 발견된다. 진솔하고 사랑스러운 자비의 성격은 곳곳에서 나타나며, 침착하고 굳센 중년부인은 크리스티아나의 성격과 대조를 이룬다. 의사인 솜씨나 정직 노인, 특히 심약, 주저, 낙심이라고 하는 인생 약자가 등장하며 담대, 진리의 용사와 같은 용감한 인물조차 어딘지 모르게 우리 일상 주변에 있는 사람 같다. 1부에 나오는 '죽음의 그늘'이나 '의심의 성'의 비장감은 발견할 수 없으나 '고혹의 땅'의 처참한 느낌은 2부 쪽이 뛰어나다.

《어린이를 위한 책 *A Book for Boys and Girls*》은 동요집 같은 것으로, 1686년에 출판되었다. 버니언은 평생 시를 썼다고 한다. 첫 번째 감금 기간에 시집을 여러 편 출판했음은 이미 서술한 바와 같다. 《천로역정》 제1부와 제2부에도 각각 긴 서시가 있으며, 내용 중간 중간에도 여러 시나 노래가 들어가 있다. 꽤 거칠어 시라고 할 만한 가치가 없는 것도 있으나, 그 어느 시에서나 버니언 특유의 독창성과 간단명료하고 직설적인 사상이 표현되어 있다. 《천로역정》 2부에 있는 어떤 서정시는 아주 수준 있는 작품이다. 셰익스피어의 여운이 느껴지는 시도 있으며, 조지 하버드를 떠올리게 하는 시도 있다. 서시 등의 논술 부분을 읽노라면, 이 시를 다듬으면 드라이든의 시처럼 되겠다는 생각이 든다. 그러고 보면 시대 분위기란 숨길 수 없는 것 같다. 이 동요집에 들어 있는 시는 버니언의 시상이 가장 단순한 형태로 표현되어 있는 만큼 재미가 있다. 비유나 교훈은 별개로 치더라도 자연 관찰이나 인정의 미묘한 감정을 그려낸 뛰어난 작품이 적지 않다.

산문 역시 꾸준히 저술하여, 그가 죽은 해인 1688년에는 《구원받은 예루살렘의 죄인 *The Jerusalem Sinner Saved*》, 《변호사로서의 예수 그리스도 *Jesus Christ as an Advocate*》, 《신의 궁전 *The House of God*》, 《생명의 물 *The Water of Life*》, 《솔로몬의 신전 영화 *Solomon's Temple Spiritualized*》가 출판되었고, 《신이 받아주시는 산 제물 *The Acceptable Sacrifice*》과 《하늘의 심부름꾼 *The Heavenly Footman*》은 그의 사후에 출판되었다.—5백여 편에 이르는 버니언의 저작을 일일이 열거할 수는 없다. 여기서는 그중 중요한 작품만 열거했을 뿐이다.

### 신앙의 승리자, 주 곁으로 돌아가다

버니언은 세상을 떠나기 전 16년을 자신에게 맡겨진 교회 목사, 또 유력한 비국교도 목사로서 비교적 조용하게 보냈다. 베드퍼드의 집은 작기는 했지만 모든 면에서 불편 없이 지낼 수 있었다. 오래된 가구나 귀중한 살림살이 대부분은 그를 추종하는 사람들이 선물한 것이었다. 1년에 한 번은 런던을 방문하여 침례교의 교회에서 설교했다. 런던 시장인 존 쇼터 경의 고문 목사로 임명되었다는 것은 뜬소문이지만 그의 유명세를 보여 준 일화다. 최초의 전기 작가인 찰스 도우가 기록하기를, 집회 하루 전에 예고해도 교회당은 그의 설교를 들으러 온 사람들로 넘쳐났으며, 어두운 겨울, 주일 오전 7시라는 이른 시간에도 버니언의 설교를 들으러 온 사람이 1천 2백 명이나 되었다고 한다. 안식일에는 회당에 모인 사람이 3천 명에 이르러 절반은 들어갈 수가 없었다고 한다. 올드 브로드 스트리트에 있는 피저스 홀에 모인 상인들은 화요일마다 종교가의 연설을 들었는데, 버니언은 베이츠, 존 오웬, 백스터 등 종교계의 명사 다음으로 초청되어 연설한 적도 있었다.

존 오웬 같은 학자가 무식한 땜장이의 설교를 들었다는 사실에 찰스 2세가 경악을 금치 못하자, 존은 저 땜장이처럼 청중의 마음을 사로잡는 힘을 얻을 수 있다면 모든 학문을 버려도 좋다고 답했다고 한다. 베드퍼드 밖의 다른 곳에서 더 좋은 지위를 주겠다는 제의를 받은 적도 여러 번 있었다. 그러나 버니언은 그런 유혹에는 결코 넘어가지 않았다.

그동안 영국의 정치는 지극히 불안했고, 사회는 동란과 혁명의 위기에 처해 있었다. 내각은 자주 바뀌었다. 1678년에는 티터 오츠가 가톨릭 교도들이 커다란 음모를 꾸민다는 낭설을 퍼뜨렸다. 1678년부터 1680년 사이에 찰스 2세의 왕위 승계문제를 둘러싸고 사회는 혼란스러워졌고, 1680년 11월에는 왕위배제법안(The Exclusion Bill)이 하원을 통과했다. 상원에서는 부결되었으나 사태는 내전으로 번질 기세로 커졌다. 마침내 1681년 1월 국회는 해산되고, 3월 옥스퍼드에서 소집된 국회도 개회와 동시에 해산되었다. 7월에는 폐적운동의 장본인인 섀프츠베리가 반역죄로 런던탑에 갇혔다. 1682년에는 이른바 라이하우스 사건이 일어나 대역 행위가 발각되었다.

1685년에 찰스 2세가 죽고 그 동생 제임스 2세가 즉위하자, '폐적운동' 이래 왕위를 넘본 몬머스 공이 반란을 일으켰다. 7월 세치모아 전투에서 몬머스 공은 패했는데, 그와 함께한 자 가운데 청교도가 있었다는 이유로 청교도 박해는 극심해졌다. 동시에 가톨릭교회를 영국에 확고히 세우고자 하는 제임스 2세의 야심은 점차 노골적으로 드러났다. 1686년에는 '선서령'의 폐기를 거부하고, 종문위원회(Ecclesiastical Commission)를 제정했다. 1682년에는 옥스퍼드 모들린 대학을 가톨릭 교도에게 내주었으며 가톨릭교회의 발전을 목적으로 하는 '신교 자유령'을 다시 발령했다. 1688년에는 국교회 교도들이 들고일어나 신교 자유령에 반대하는 운동을 벌였다. 제임스 2세는 감독 목사 7명을 감금하는 고압적인 방법을 택했으나, 국민의 반대를 견디지 못하고 이들을 석방한 뒤 고립무원의 궁지에 빠져 프랑스로 도망쳤다. 그 뒤에 왕위에 오른 자가 제임스 2세의 딸 메리와 그 남편 오렌지 후작 윌리엄이다.

이처럼 어수선한 시대였으니, 비교적 온건했다고는 하나 버니언의 설교는 아주 안전하지만은 않았다. 레딩을 방문했을 때, 손에 긴 채찍을 들고 짐마차 마부로 변장하여 발각을 면했다는 일화가 전해진다. 1685년에 이르러 청교도 박해가 점점 더 심해져 신변의 위험을 느끼자, 모든 재산을 아내인 엘리자베스에게 양도한다는 증서를 만들었다. (이 증서, 또는 유언장의 첫 부분에서 그는 '땜장이 업(業, Brazier)'이라고 적었다) 이와 같은 사실은 그의 만년이 무탈하지만은 않았음을 보여 주는데, 그럼에도 크게 박해받지 않은 이유는 그가 세속적인 야심이나 정치문제에는 전혀 관심이 없었기 때문이다. 제임스 2세가 버니언의 명성을 이용하여 베드퍼드의 시정개혁을 감행하려 한 적이 있을 정도이니, 만약 그가 일시적인 권력욕에 빠졌더라면 재앙을 면치 못했을 것이다.

1688년 11월, 오렌지 공 윌리엄이 토베이에 상륙했다. 12월에는 런던에 입성, '무혈혁명'을 이뤄 신교도는 다시 빛을 보게 됐으나 버니언은 그것을 볼 수가 없었다. 그해 8월, 설교를 하러 말을 타고 런던으로 가던 도중 서쪽에 있는 레딩에 들렀다. 아버지에게 미움을 사서 상속권을 빼앗길 위기에 처한 젊은 이웃을 구하기 위해서였다. 그의 아버지를 방문하여 간절히 설득한 결과 부자는 화해했고, 버니언은 다시 런던으로 말을 달렸다. 그러나 도중에 폭풍우를 만나 온몸이 흠뻑 젖고 말았다. 겨우 홀본 브리지 근처에 살던 친구이자 식료 잡화상 스트루드위크의 집에 도착했을 때는 피로와 열병으로 땀을 흘리고 있었다. 19일 일요일에는 아픈 몸을 이끌고 화이트채플 근처에 있는 가망이라는 사람의 회당에서 설교했다. 스트루드위크의 집으로 돌아왔을 때는 병이 깊어 있었다. 이렇게 2주일을 채 넘기지 못하고 그만 이 친구의 집에서 숨을 거두고 말았다. 8월 31일, 그의 나이 60세였다. 그는 런던 번힐 필즈 묘지에 묻혔다.

마지막 말은 크리스티나가 죽음의 강을 건널 때 했던 말을 상기시킨다. "받아주소서, 주 앞으로 갑니다."

유족은 전처가 낳은 세 자녀와 아내 엘리자베스, 또 엘리자베스가 낳은 아이 엘리자베스와 사라였다. 시각장애인인 장녀 메리는 성인이 되기는 하였으나 아버지보다 먼저 세상을 떠났다. 장남 존은 땜장이일을 물려받았으며, 아버지가 죽은 뒤 베드퍼드 교회의 중심 회원이 되었다. 조제프는 노팅엄에 정착하여 국교회에 귀의했다. 딸들은 저마다 적당한 자리로 시집갔다. 부인 엘리자베스는 1691년에 세상을 떠났다.

버니언과 같은 시대를 산 사람은 이렇게 말했다.

"그는 키가 크고, 뚱뚱하지는 않았지만 뼈대가 굵은 사람이었다. 다소 홍조를 띤 얼굴에 눈이 반짝였고 오랜 영국 유행에 따라 윗입술 위에 수염을 길렀다. 머리카락은 붉은색을 띠고 만년에는 백발이 섞여 있었다. 콧날은 처지거나 굽지 않고 오뚝하게 서 있었다. 입은 꽤 컸고, 광대뼈는 조금 튀어나왔으며, 옷은 늘 소박하고 수수했다."

또 다른 사람의 증언이다.

"그의 얼굴은 엄숙하고 침착했으며 감정이 그대로 드러났기에 보는 이를 승복시키고, 신을 전혀 두려워하지 않는 모습은 경외심을 갖게 했다."

이렇게 말한 사람도 있다.

"얼굴은 엄격하고 난폭해 보이지만 말투는 온화하고 호감을 주었다. 특별한 일이 없는 한 사람들과 많은 말을 하거나 담론에 빠지는 편은 아니었다. 결코 자신의 재능을 자랑하지 않고 오히려 자신을 낮추어 생각했으며, 자신을 타인의 판단에 맡기는 것처럼 보였다."

그는 온화한 시인이자 이름 높은 종교지도자였고, 비록 출신은 비천할망정 마음만은 누구보다도 고귀한 귀족이며 불굴의 전사였다.

### 시대, 종교, 국경을 뛰어넘는 불멸의 걸작 《천로역정》

버니언은 1656년 28세 때 종교에 대한 의견을 쓴 《복음의 진리》를 출판한 뒤로 죽기 전까지 60권이 넘는 책을 출판했다. 이중 버니언의 이름을 영원토록 남긴 걸작은 말할 것도 없이 《천로역정》이다. 탄생한 뒤 300년 동안 백수십 개 국어로 번역되어, 종교와 국경을 뛰어넘어 청교도는 물론이요 미국 인디언, 남해제도 주민에게도 애독되었다. 한 선교사가 아프리카 우간다에서 원주민에게 들쳐 업힌 채 늪지를 건널 때 그 원주민이 발을 헛디뎌 그가 진창 속에 거꾸로 처박히자, 그 모습을 본 다른 원주민이 "쯧쯧, 낙담의 늪에 빠진 그리스도 교도 같군"이라고 말했다고 한다. 옥스퍼드 대학의 교수인 어느 역사학자는 말했다.

"내가 읽을 수 있게 되기 전에 다른 사람이 읽어 주었다. 스스로 읽고부터는 몇 번이나 되풀이해서 읽었는지 모를 정도이다. 세상에서 가장 위대한 책 중 하나이다. 기존 가치관을 뒤집는 데에도 가장 뛰어나다."

이만한 걸작이지만, 버니언 자신은 처음에 대수롭지 않게 생각했다. 오히려 성직자의 체면을 떨어뜨리는 경박한 작품이라는 평판을 받을까 봐 완성 뒤 몇

**버니언의 무덤**
그의 무덤은 비
국교도가 묻히
는 런던 번힐 필
즈 묘지에 있다.

년씩이나 묵혀 두기도 했다.

《천로역정》 제1부는 1678년에 초판이 나왔으며, 그해 가을에 제2판이 나왔다. 초판은 8매절이었고, 제2판부터는 대부분 12매절이었다. 이듬해, 즉 1679년에 는 제3판을 찍었다. 그 뒤 해마다 2판씩 나와 1683년에는 제9판, 1685년에는 제 10판, 1688년에는 제11판이 나왔다. 1688년은 버니언이 죽은 해이다. 1667년에 초판으로 불과 1300부밖에 출판되지 못한 밀턴의 《실낙원 *Paradise Lost*》의 제 2판이 나온 것은 9년 뒤인 1674년이며, 이때가 밀턴이 죽은 해였다. 이 제2판조 차 당시로서는 대단한 성공으로 여겨졌으니, 《천로역정》이 판마다 1만 부를 팔 아치우며 작가 생전에 10판이나 나온 것은 눈부신 성공이었다 하겠다. 《천로역 정》은 급격하지만 꾸준히 인기를 얻었으며, 그 인기는 오늘날까지 지속되고 있 다. 1789년에 제57판이 나왔으니, 18세기 내내 애독되었다고 볼 수 있다. 그 뒤 로는 몇 판까지 찍혔는지 헤아리기 어렵다. 유일하게 성서를 제외하고 《천로역 정》만큼 많은 판이 나온 책은 없다. 이 사실은 《천로역정》이 시대와 장소를 가 리지 않고 사랑받을 수 있는 본질적인 가치에 바탕을 둔 작품임을 증명한다.

《천로역정》의 커다란 매력은 쓰인 말들이 순수하고 소박하다는 점이다. 버 니언만큼 아름다운 영어가 지니는 힘을 살려서 자유롭게 구사하는 사람은 드물다. 평이하지만 상스럽지 않고, 풍부한 비유를 담고 있지만 모호하지 않으며, 늘 명료하고 힘차고 간단한 말로 핵심을 찌르는 점은 그야말로 영문의 모범이 된다. 그 이유는 버니언의 영어가 성서의 영어이기 때문이다. 끊임없이 성서를 숙독한 그는 성서의 사상을 생각하고 성서의 언어를 말하고 성서의 비유를 썼다. 제1부에 인용된 성서구절은 구약성서 39권 중 27권에서 180개, 신약성서 27권 중 24권에서 230개 등 확실한 것만 410개이다. 가장 많이 인용된 것은 이사야서, 시편, 마태복음, 요한복음으로 각각 31개, 30개, 25개, 24개이다. 단, 여기서 말하는 성서란 1611년 흠정역성서이다. 따라서 그가 쓴 영어는 꽤 낡았으며, 철자, 뜻, 어법 등이 현대 영어와 다른 점이 있다. 고어나 사어도 있고, 옥스퍼드 대사전에만 나와 있는 의미를 지닌 말도 있다. 그러므로 《천로역정》은 어의와 어법의 변천이라는 관점에서 봐도 귀중한 문헌이다.

《천로역정》은 지금까지 쓰인 모든 우화 중 가장 걸작으로 꼽히는데, 이토록 만인의 흥미를 끌고 불후의 명작으로 남은 것은 전기적 이야기로서 지니는 인간적 소재와 극적 기법 덕분이다. 아론 박사는 이렇게 평했다.

"흔히 영국 소설의 아버지는 로빈슨 크루소를 쓴 디포라고 하지만, 실은 버니언이다. 목적과 성질과 소재는 지극히 종교적이지만, 천로역정은 최초의 영국 소설이다."

버니언의 재능은 독창적이라기보다는 재생적이었다. 그 놀라운 힘은 창작이 아니라 생생한 묘사에 있었다. 그가 우리에게 보여 주는 것은 모두 그가 본 것이다. 12년에 걸친 감옥 생활을 하며 그는 여러 인간성을 접했다. 만년에는 많은 사람에게 설교하고 아픈 영혼을 돌보았으며, 베드퍼드의 여러 마을을 돌면서 다양한 삶을 보았다. '크리스천'의 역사는 곧 그의 역사이다. 속편에 나오는 '크리스티아나'와 그 아들들, 착한 동반자인 '젊은 자비'는 그가 침례교회에서 본 인물이다. 등장인물 하나하나가 독특한 말투와 어법으로 뚜렷이 구별되는데―그들이 단순한 허수아비가 아니라 살아 있는 인물로서 스스로 움직인다는 증거이다―그가 순수하게 창작했다고 생각되는 인물은 하나도 없다. 그들은 모두 그 당시 영국 남자와 여자였으며, 그가 모르는 사람은 없다. 작중 인물은 미덕과 악덕이 과장스럽게 의인화된 형태이지만, 대다수 우화에 등장하는 인물들처럼 그저 멍청한 허수아비가 아니라 피와 살을 가진 인간이다. 아마도 그들은 모두 버니언의 친구로 잘 알려져 있었으리라. 그는 그 한 사람 한 사람에게 개인 이름을 붙일 수도 있었을 것이다. 선교사 스탠리 존스는 이렇게 말했다.

"우리도 그처럼 사심 씨나 이중성 씨나 수다쟁이 씨를 만난 적이 있다. 어쩌면 쓸모없는 사람, 불신, 혐오, 고집을 만난 적 있을 것이다. 우리는 모두 때때로 주저, 심약, 겁쟁이, 무자비, 느림보, 촐랑이, 우둔이였다."

인물과 말투를 묘사하는 필력은 이들 인물에게 더욱 현실감을 준다. 우리는 '창백하고 사팔눈에 떨리는 목소리로 말하는' 불쌍한 심약, '키 크고 거무스름한' 물거품 부인, 강도를 만나 '행주처럼 창백해진' 작은 믿음, 목발을 짚고 찾아온 주저, '와서 보고 가라'고 행인에게 외치는 '점잖은' 데마를 볼 수 있다. 버니언이 사람들 마음을 잡아끄는 커다란 매력을 지닌 것은 이처럼 깊은 통찰력으로 인간의 삶과 특성을 바라보기 때문이다.

인물의 성격을 묘사하는 재능과 자유로운 언어구사 능력은 버니언이 인물과 인물의 출신지를 골라서 붙인 이름에 가장 잘 드러난다. 인물과 그 부모와 집안의 이름은 거장의 펜을 두세 번 거침으로써 우리 앞에 인물을 생생하게 보여 준다. 이야기 안에 우연히 나타나자마자 곧 퇴장하더라도 그들의 선명한 모습은 지워지지 않는 인상을 남긴다. '정직 마을에서 2마일 떨어진 타락 마을의 변절자 이웃인 임시'라든가 '수다거리에 사는 달변의 아들 수다쟁이'를 누가 잊을 수 있겠는가. 그 특유의 작명법 중 최고는 사심과 그 친척들이다. '배다른 형제 일구이언이라는 목사가 사는 감언이설 마을에서 왔고, 변절, 기회주의자, 감언이설, 원활, 이중성, 기회주의자 팔방미인과 친척이며, 욕심 나라의 사사로운 욕심이라는 상업도시에서 불평 선생에게 가르침을 받았고, 세속의 욕심과 돈벌레와 구두쇠의 급우이며, 아내는 가식 부인의 딸이고, 증조부는 뱃사람으로 배가 가는 쪽과 다른 방향으로 노를 젓는 남자.' 이러한 인물은 대사 한마디 없이도 모든 성격이 파악된다.

이 이야기에 묘사된 풍경과 환경은 성서라는 커다란 보고에서 가져온 것을 빼면 그가 태어나고 자란 중부지방에서 땜질하러 돌아다니며 본 것들이다. 크리스천과 소망이 잠시 쉬며 원기를 회복한 '아름다운 강가'의 양쪽 기슭으로 펼쳐지는 풀밭에는 갖가지 과일이 열리는 푸른 나무가 있다. 그 잎은 약으로 쓰기 좋은데, '과식을 막고 여행길에 열이 나면서 걸리기 쉬운 병을 예방하려고 나뭇잎을 따먹었다'는 대목을 보면 자신의 체험을 쓴 작가의 그 서민적인 소박함에 미소가 절로 지어진다.

그러나 《천로역정》의 문학적 평가는 매우 지지부진하다. 몇 가지 뚜렷한 예외를 제외하고는 오늘날에도 결코 충분히 평가받고 있다고는 보기 어렵다. 이점도 《실낙원》과 대조를 이룬다. 《천로역정》과 《실낙원》 모두 작가가 살아 있을 때는 제대로 평가받지 못했는데, 특히 《실낙원》이 환영받지 못했던 것은 왕정복고기의 시대 분위기 때문이지 문학상 가치가 저평가되었기 때문은 아니다. 드라이든은 그 가치를 높이 평가하여 오페라 《순수의 땅 *The state of innocence*》으로 각색했다. 물론 《실낙원》을 한 편의 오페라로 각색했다는 것을 올바른 평가로 보기는 어렵다. 그러나 드라이든이 서문에서 "두 작품을 굳이 비교하는 사람이 있다면 오히려 내게 황송한 일이다. 원작은 의심할 여지없이 이 시대 또는 영국이 낳은 시 가운데 가장 위대하고 가장 고귀하며 가장 장엄하니까"라고 말한 것은 그 문학적 가치를 인정한 셈이다. 너대니얼 리가 밀턴과 드라이든을 비교한 말은 정확하다고는 할 수 없지만, 《실낙원》에 하나의 평가를 내렸다는 것은 사실이다. 패트릭 흄 이후 애디슨, 벤틀리, 피어스, 리처드슨 부자, 펙, 패터슨, 호클레, 뉴턴 등을 거쳐 울버튼, 워튼, 토드에 이르기까지, 밀턴의 교정과 주역의 역사는 18세기 문학적 평가의 발달을 보여준다. 그 직후에 미친 영향이 낭만주의 운동의 발단이 되었음은 여기서 새삼 설명할 필요도 없다. 《천로역정》은 그토록 많이 팔렸지만, 당대 문학자 가운데 이 작품을 언급한 사람은 거의 없다. 18세기에 들어 애디슨이 버니언을 언급한 적은 있지만, 그 내용은 어떤 작가에게든 독자는 있다는 정도였다.

스위프트의 '젊은 성직자에게 보내는 편지' 중 "나는 《천로역정》 단 몇 장에서, 의지, 지력, 단순하거나 복잡한 관념에 관한 장황한 논설문을 읽었을 때보다 많은 위로와 가르침을 받았다"라는 문장이 자주 인용되지만, 이를 문학상 평가라고 보기는 어렵다. 닥터 존슨은 《천로역정》을 제대로 평가하려고 했던 거의 최초의 문인이었다. 보즈웰은 그의 전기에서 다음과 같이 썼다.

"존슨은 존 버니언을 무척 칭찬했다. '그의 《천로역정》은 독창성과 상상력 면에서도, 이야기 전개 면에서도 매우 훌륭하다. 또한 그 진가를 증명할 최상의 증거도 갖고 있다. 즉, 온 인류가 끊임없이 칭찬하고 추천한다는 것이다. 이만큼 많이 팔린 책은 드물다. 또 이 책이 단테의 시와 매우 비슷하게 시작된다는 점도 주목할 만하다. 그러나 버니언이 이 작품을 쓴 무렵은 단테가 영어로 번역되기 전이었다. 이것이 그가 스펜서를 읽었을 것으로 추정되는 이유이다…….'"

모두 문제를 안은 평론들이지만, 그런 만큼 존슨이 《천로역정》을 즐겨 읽고 그 내용에 정통했음을 알 수 있다. 또한 존슨은 《천로역정》은 모든 독자가 더 긴 작품이기를 바라는 세 책 가운데 한 권이라고 말했다. 어느 날 존슨은 비숍 퍼시의 딸을 무릎에 앉히고서, 《천로역정》을 어떻게 생각하느냐고 물었다. 아이는 아직 읽은 적이 없다고 대답했다. "읽은 적이 없다고?" 존슨이 말했다. "그럼 1파딩은 줄 수 없구나." 그렇게 말하고 아이를 무릎에서 내려놓고는 눈길도 주지 않았다.

그러나 존슨은 예외이다. 18세기 문인 가운데 존슨 말고는 《천로역정》을 문학으로서 평가한 사람은 거의 없다고 해도 무방하다. 영은 아주 잠깐 언급했을 뿐이며, 쿠퍼는 그의 이름을 언급하는 것조차 조심스러워했다.

> 나는 네 이름을 부르지 않으리, 그토록 멸시받는 이름 때문에
> 네가 얻어 마땅한 명성에 냉소를 부르지 않도록.
> I name thee not, lest so despised a name
> Should move a sneer at thy deserved fame.

이러한 《초학 Tirocinium》의 한 구절도 자주 인용되는데, 이때 버니언의 이름을 경멸하는 사람이 쿠퍼가 아님은 물론이요, 일반 서민도 아니고, 당시 문학을 대표하는 문인 사회였음은 전후 문맥상 명백하다. 《천로역정》의 명성은 18세기 말부터 19세기 초에 걸쳐 문인들 사이에 퍼져나갔다. 콜리지, 스코트, 사우디, 맥컬리 등은 저마다 버니언의 문학적 지위를 확립하기 위해 힘썼다. 버니언과 동향인 석학 닥터 존 브라운의 《존 버니언, 그 생애와 시대 그리고 작품 John Bunyan, his Life, Time and Work》(1885)이 그의 불후의 업적이며, 플루이드, 베나블루스, 그리피스 등의 평전이 잇달아 중대한 공헌을 했음은 말할 것도 없다. 단, 여기서 주의해야 할 것은 스티븐슨 및 몇몇 예외를 제외하고 최근

까지도 버니언에게 가장 많은 관심을 보인 사람은 종교가나 역사가였다는 점이다. 닥터, 브라운, 캐논, 베나블루스도 종교인이다. 콜리지조차 한 번은 신학자로서 읽고, 한 번은 시인으로서 읽었다고 말했다. 그가 《천로역정》에 《복음신학대강 Summa Theologica Evangelicae》이라는 별명을 붙인 것은 유명한 일화인데, 이는 콜리지가 신학자로서 내린 평가로 보아야 한다. 존 P. 앤더슨의 서목을 봐도 알 수 있듯이, 19세기를 통틀어 《천로역정》에 관해 쓴 사람은 대부분 종교가이며 그 논문은 종교 관련 간행물에 실렸다. 다음으로 두드러지는 것은 역사가이다. 맥컬리와 플루이드가 대표적이며, 그 밖에 J.R. 그린과 헨리 할람이 저서에 호의적인 비평을 썼다. 물론 순수한 문학적 평가를 내린 사람이 아주 없는 것은 아니지만, 그 대부분은 단편적인 통찰에 불과하다. 결국 《천로역정》 전체를 문학적으로 평가한 사람은 극히 드물다.

## 순수한 생명의 아름다운 울림

《천로역정》의 인기는 의심할 여지가 없지만, 문학적 가치는 그다지 평가받지 못했다. 이는 무엇을 의미하는가? 닥터 존슨이 말한 "끊임없이 칭찬하고 추천하는 온 인류" 안에 문학자 또는 문학 비평가가 포함된다면, "그 진가를 증명할 최상의 증거를 갖고 있다"고 단언할 수도 있을 것이다. 그러나 사실은 그와는 달리 양자는 명확히 나뉘어 있고 그에 관한 판단은 서로 배치된다. 간단히 말해, 사회와 문인이 극명하게 대립된다. 사회는 《천로역정》을 문학으로서 존중하고, 문인은 문학으로서의 가치를 충분히 인정하지 않고 있다. 《천로역정》은 과연 문학적 가치가 없는가? 만약 있다면, 어떤 점에서 발견되는가?

A.C. 브레들리는 이렇게 말했다.

"세상이 예술 작품을 재판하며 부여하는 이유에는 가치가 없을지 모르지만, 재판 자체에는 대단한 가치가 있다. 문학상 명성에는 요행이란 것이 없다. 모든 책에 마지막 재판을 내리는 것은 그 책이 세상에 나왔을 당시 있던 편파적이고 말 많은 독자가 아니다. 천사들로 이루어진 듯한 법정에서 뇌물도 애원도 협박도 통하지 않는 대중이 모든 사람에 대한 명예의 자격 여부를 결정한다."

또 에머슨은 말했다.

"《천로역정》에 내린 대중의 평가는 명료하다. 《천로역정》은 성서에 버금가는 걸작이며, 셰익스피어나 밀턴을 뛰어넘는 작품이다. 어째서 대중이 《천로역정》을 셰익스피어나 밀턴을 뛰어넘는 작품으로 평가했는지는 버나드 쇼가 대중의 대변인이라 해도 우리가 납득할 만큼 설명할 수는 없을 것이다. 게다가 그리어슨도 지적했듯이 《천로역정》의 인기는 순수한 문학적 감상의 결과라기보다는 18세기를 거쳐 오늘날까지 이어져 온 복음 그리스도교의 전통에 기인한 바가 크다."

이는 인정해야 하지만, 그래도 대중이 그런 식으로 평가했다는 사실은 충분히 고려할 가치가 있다. 그리어슨이 말하는 '순수한 문학적 감상'이란 무엇인가? '복음 그리스도교의 전통'은 왜 《천로역정》만을 유행시켰나? 이 점들도 고찰해야 한다. 전통 여부를 떠나, 대중의 평가는 문학자의 문학에 대한 무언의 비평이다. 또한 이 비평은 상대에 따라서는 문학자의 목숨을 쥐고 흔든다. 그런 상대는 존재하지 않아도 문학은 존재함을 명시하기 때문이다.

문학자의 문학이란 무엇인가? 버니언이 활동했던 시대, 즉 왕정복고기 문학에 정통한 보너미 도브리의 말을 참고할 수 있다.

"'기교적'이란 말을 비난의 말로 써서는 안 된다. 어떤 작품을 영속적으로 만드는 것은 주로 기교이기 때문이다. 문학 작품은 그에 관한 이해를 도울 만큼의 현실성을 지니면 된다."

왕정복고 이후 영국 근대 문학은 이런 의미에서 기교를 중시했다. 그것은 휴머니즘 문학이자, 르네상스 휴머니즘의 긍정적 정신에 대한 부정적 정신으로 가득했다. 그 근본 원인은 사상 배경에 있는데, 특히 데카르트의 영향은 가장 중대하다. 베이질 윌리는 이렇게 말했다.

"왕정복고 이후 예술의 질서와 치밀함과 정확함은 데카르트 사상의 정연한 규율과 그 기계화된 우주의 완전한 상태와 맞물려 떨어진다. 따라서 데카르트는 고대인보다 '자연'과 '이성'에서 권위를 구한 후기 신고전주의 탄생에 강한 영향을 주었다. '위대한 기계'로서의 '자연'은 예술의 '규칙'을 낳기 위해 방식화하지 않아도 됐다. 또한 그들은 '자연'과 호머가 똑같다는 사실을 발견했다."

시와 진실은 엄연히 다르며, 소설은 허구(fiction)로 여겨졌다. 운문과 산문은 엄격히 구별되었으며, 소설 가운데 추상소설(abstract novel)이라 할 객관 소설의 개념을 발달시킨 것도 대부분은 데카르트 사상이나 17세기 이래 실험 과학에 기인한 것으로 여겨진다. 이는 문학에서 인문주의 또는 휴머니즘의 당연한 귀결이며, 버니언에서 시작하여 디포, 필딩, 디킨스로 발달해 간 휴머니티 리얼리즘 또는 인도주의 소설과 병행 대립한다.

《천로역정》을 이런 문학상 기준에 맞추어 생각하면, 문학으로서는 참으로 결점이 많은 작품이라 하겠다. 직접 화법과 간접 화법이 혼용되어 있으며, 연설문과 머리말은 무엇 때문에 붙였는지 거의 무의미한 것이 많다. 대화와 본문의 관계는 허술하고, 인칭도 제멋대로이다. 정확성을 기준으로 하는 비평가가 보기에는 그것만으로도 비난하기에 충분할 것이다. 잘못된 철자며 비속한 용어는 이루 헤아릴 수 없을 정도이다. 더욱 중요한 것은 구성상의 결점이다. 구원받은 사람은 모두 언덕 위의 좁은 문을 통과해야 함에도 희망은 거기를 지나지 않았다. 모든 순례자는 죽음의 강을 건너야 하지만, 신앙은 허영의 도시에서 직접 하늘로 올라갔다. 의심의 성에 갇힌 크리스천은 그런 때를 대비하라고 받은 두루마리를 쓰지 않고, 그때까지는 아무런 설명도 없었던 열쇠(약속)를 쓴다. 제2부에 들어서는 이러한 모순이 더욱 두드러진다. 출발할 때는 어린아이였던 크리스티아나의 맏아들이, 그때 이미 성인이었던 자비와 결혼한다. 좁은 문은 어느새 좋은 자리가 깔린 멋진 건물이 되어 있고, 환락산에 있는 양치기의 움막은 으리으리한 궁전이 되어 있다. 한 번 소개된 이름이 나중에 다시 소개되는 장면도 한두 군데가 아니다. 이러한 모순과 혼란은 질서와 치밀함을 중시하는 18세기 문인의 취향과는 맞지 않았다. 애디슨이 경시하고, 스위프트가 문학상 평가를 시도하지 않은 것도 당연하다. "독창성과 상상력 면에서도, 이야기 전개 면에서도 매우 훌륭하다"고 인정한 존슨과

> 달콤한 허구와 달콤한 진실 가득한
> 이야기를 솜씨 좋게 말하는 독창적인 몽상가
> Ingenious dreamer in whose well told tale
> Sweet fiction and sweet truth alike prevail.

라고 말한 쿠퍼는 오히려 편향적이라고 여겨졌을 것이다.

이러한 견해에도 일리는 있다. 그러나 문학상 평가는 단순히 기교만으로 따

져서는 안 된다. 18세기의 기준으로 따져서도 안 된다. 소재가 있어야 기교도 부린다. 아무리 뛰어난 기교로도 납을 금으로 바꿀 수는 없다. 아무리 불완전한 기교를 부린 것이라도 금은 금이다. 《천로역정》의 문학상 가치는 기교에 있는 것이 아니라 소재에 있다. 너대니얼 리는 《실낙원》이 원광이며 드라이든이 그것을 제련하여 《순수의 땅》으로 만들었다고 말했지만, 사실 《실낙원》은 아주 잘 제련된 광물이지 결코 원광이 아니다. 《천로역정》이야말로 원광이라는 평가를 받아야 한다. 단, 이때 원광은 금광이다. 그것은 존 버니언이라는 사람의 경험에 기인한다. 《천로역정》의 인기는 그 경험이 성실하게 이뤄낸 것이며, 그 결과 모든 사람이 거기에서 거짓 없는 인간의 모습을 발견한 때문이다. 애디슨이 밀턴을 평가한 최초의 비평가이며, 존슨이 버니언의 문학적 가치를 인정한 최초의 문인이었던 것은 놀랄 일이 아니다. 존슨은 문학자로서는 휴머니스트였지만, 인간적으로는 휴머니즘과 대립한다는 의미에서 휴머니티 리얼리즘을 동정했다. 레너드 울프가 말했듯이 이 의미에서 휴머니티 리얼리즘은 근대 민주주의의 싹으로 보아야 한다. 《천로역정》이 19세기에 들어 문인 사이에서 인기를 끌고, 특히 민주적 사상 배경에 관심 있는 역사가 사이에서 높이 평가받은 것은 이 때문이다. 그리언스가 말했듯이 복음 그리스도교의 전통이 그 인기에 한몫했다고 해도, 그것만으로는 맥컬리, J.R. 그린, 할람, 플루이드 등 그 전통과 아무런 관계도 없는 사람들이 그토록 높이 평가한 이유를 설명할 수 없다. 그건 차치하고, 《천로역정》은 질서와 정밀함 면에서는 표현이며 기교가 《신곡》이나 《실낙원》에 크게 뒤처지지만, 소재가 된 경험 자체는 단테와 밀턴의 작품에 밀리지 않는다. 더욱이 왕정복고 이후 영국 문학, 특히 18세기 문학에서는 도저히 찾아볼 수 없는 순수한 생명으로 가득하다.

따라서 《천로역정》의 문학적 평가는 기교보다는 소재, 즉 버니언의 경험에 기준하여 내려져야 한다. 옛 동전에 비유하자면 기교는 그 모양과 형태이며, 경험은 그 성분인 금속이다. 옛날 동전을 감정할 때 그것을 두드려 보고 울리는 소리로 금속의 성질을 구분하듯이, 우리는 《천로역정》의 말 속에서 그 가치를 평가해야 한다. 거기에는 성실함을 통해 전달되는 마음의 울림이 있다. 많은 기교 문학에서 보이는 공허한 울림은 없다.

"이 세상 황야를 걸을 때, 어떤 동굴을 발견하고서 그곳에 누워 잠들었다. 그리고 꿈을 꾸었다."

이 첫 부분 한 구절을 생각해 보자. 이는 기교적인 우의가 아니다. 이 순수한 말의 울림, 이 아름다운 울림은 이 글을 쓴 이의 마음에서 직접 나온 것이다. 이것은 하나의 이야기이지만, 그 바탕에는 《넘치는 은혜》에서 보인 고백에 뒤지지 않는 진지함이 숨 쉬고 있다. 또한 아주 차분하고 명확하다. 《천로역정》에는 해학도 있고, 상식도 있으며, 애환도 있다. 동시에 작가가 맛본 갖가지 실패와 낙담과 절망이 솔직하게 드러나 있다. 단, 그는 그 모든 것을 통찰할 수 있는 위치에 서 있다. 그곳이 이른바 그의 'Den(동굴)'이며, 앞서 말했듯이 그가 일생에서 가장 중요한 시기를 보낸 감옥이다. 거기에서 일생을 돌이켜봤을 때, 버니언의 마음에 비친 것은 한 순례자의 모습이었다. 피렌체에서 쫓겨난 단테가 방랑길 여관에서 굴곡진 인생을 돌이켜봤을 때도 그런 모습이 눈앞에 떠오르지 않았던가?

> 우리 인생길 복판에서
> 똑바른 길 끝없이 나 있는
> 컴컴한 숲 속에 나는 서 있었다.
> Nel mezzo del cammin di nostra vita
> Mi ritrovai per una selva oscura,
> Che la diritta via era smarrita,

단테는 '지옥편' 첫머리에 이렇게 썼다. "단테의 시와 매우 비슷하게 시작된다는 점도 주목할 만하다"고 존슨이 말한 것도 무리가 아니다. 두 작품의 유사점은 경험과 표현의 필연적 관계라고도 할 수 있다. 버니언의 《천로역정》은 존슨의 《라셀라스 Rasselas》나 스위프트의 《걸리버 여행기》, 볼테르의 《자디그 Zadig》와는 다른 종류의 상상에서 태어났다. 그것은 기교적 상상(artificial imagination)이 아니라 자연적 상상(natural imagination)이다. 상상은 체험으로 뒷받침되며, 우의는 현실 위에 성립한다. 이 본질은 로맨티즘에 대립하는 의미에서 리얼리즘보다 깊은 의미의 리얼(real)이다. 작가와 작중인물은 한 몸의 앞과 뒤이다. 버니언이 곧 크리스천이며, 크리스천이 곧 버니언이다. 크리스천 안에 버니언이 나타날 때는 객관적 묘사가 무너져 직접 화법과 간접 화법이 뒤섞인다. 작가는 그때그때 광경을 뒷받침하는 경험에 몰두한다. 그 결과 표면에 나타난 줄거리가 불일치하거나, 전후가 모순되게 된다. 이것들은 분명히 결점이다. 그러나 황금을 싼 보자기의 찢어진 틈으로 금빛이 새어나오듯이, 그 결점을 통해 고귀한 정신의 자취를 더듬어내는 사람이 아니라면 《천로역정》의 문학적 가치를 평가하기 어렵다. 스펜서를 읽은 적이 있는가, 기욤 드 기빌의 《인간 순례 *Le Pélerinage de l'Homme*》를 아느냐 하는 질문은 무의미하다. 《선녀왕 *The Faerie Queene*》에 '의심의 성'을 연상케 하는 것이 있는 것처럼, 《아서 일대기 *Le Morte d'Arthur*》에서는 사자의 문을 통과하는 장면이 나온다. 버니언의 체험에는 온갖 우의 문학의 원천이 숨어 있다. 비슷한 표현이 있는 것은 자연적 상상의 필연성 때문이지 의식적 모방의 결과는 아니다. 《천로역정》에서 무거운 짐을 지고 먼 길을 가는 사람은 크리스천이자 버니언이자 더 나아가 모든 인간을 상징한다.

《천로역정》은 예리한 양심을 지닌 보기 드문 한 영혼이 유일한 진실과 영원과 거룩함을 찾아 고통과 싸우다가 마침내 바라던 것을 얻는 여정의 충실한 보고서이자, 깊은 통찰력으로 꿰뚫어 본 인간상의 기록이다. 게다가 추상적인 관념의 이야기가 아니라 어린아이도 재미있어할 만한 생생하고 신비로운 책이다. 이것이야말로 이 책이 시대와 국경을 넘어 많은 이의 마음을 잡아끄는 매력일 것이다.

삽화는 영국 풍자화가 조지 크룩섕크(George Cruikshank 1792~1878)가 그렸다. 그림 형제의 민화와 동화, 디킨스의 《보즈의 스케치》, 《올리버 트위스트》 윌리엄 에인즈워스의 《런던탑》, 잡지 〈The Comic Almanack〉 등에 수많은 삽화를 그렸다. 그의 화법에는 신앙에 바탕을 둔 도덕심이 짙게 배어 있다.

# 에르네스트 르낭과 《예수의 생애》

## 르낭의 생애

프랑스 비판철학파를 대표하는 철학자이자 역사가, 종교학자인 에르네스트 르낭(Joseph Ernest Renan, 1823~1892)은 프랑스 트레기에에서 태어났다. 아버지와 할아버지 모두 선장이었고, 외할아버지도 원양어선의 선원이었다. 그는 고향 트레기에의 교회부속 학교에서 성직자가 되기 위한 과정을 밟았고, 1838년 생 니콜라뒤샤르도네 신학교 장학생이 되었다. 그 뒤 생 쉴피스 신학교에 입학했으나 곧 신앙의 위기를 겪고 1845년 어쩔 수 없이 로마 가톨릭 교회를 떠났다. 르낭은 교회의 가르침이 역사비판주의가 발견한 사실들과 양립할 수 없다고 보았으나, 어느 정도는 신에 대한 그리스도교 신앙을 간직하고 있었다.

1848년 철학 교수 자격을 얻었다. 그해 일어난 프랑스 2월혁명과 유럽 여러 지역의 혁명적 분위기는 르낭이 보기에 완성과정에 있는 하나의 종교였다. 혁명을 구세주로 생각하면서 그는 때로는 정열적으로, 때로는 비판적으로 혁명에 참가했고 이러한 자신의 모호한 태도를 《학문의 미래 *L'Avenir de la science*》(1890)에 옮겨놓았다. 이 책의 주제는 그가 자연과학과 동등한 가치를 가진 인문과학이라고 생각한 종교 기원사의 중요성이었다. 당시 르낭은 교권에 반대하는 편이었다. 그런데도 프랑스 정부는 1849년 교황권이 여전히 정치적 중요성을 갖고 있던 이탈리아로 그를 파견해, 전에는 프랑스 학자가 접근할 수 없던 필사본의 분류를 돕게 했다.

1850년 르낭은 파리로 돌아와 여동생 앙리에트와 살면서, 그녀가 저축해둔 돈과 자신이 국립도서관에 근무하면서 버는 얼마 안 되는 급여로 생계를 꾸려나갔다. 이윽고 중세 이슬람 철학자의 사상에 관한 박사학위논문 《아베로에스와 아베로에스주의 *Averroès et l'Averroïsme*》(1852)로 명성을 얻기 시작했다. 그 뒤 〈르뷔 데 되 몽드 *Revue des Deux Mondes*〉·〈주르날 데 데바 *Journal des Débats*〉지에 실었던 글을 모은 2권의 평론집 《종교사 연구 *Études d'histoire religieuse*》(1857)·《도덕비판평론 *Essais de morale et de critique*》(1859)을 내면서 학문적 저술 활동을 계속했다. 《종교사 연구》는 중간계층의 대중에게 종교에 대한 역사적·인문주의적 접근의 통찰력과 감수성을 가르치고 있으며, 《도덕비판평론》의 글 대부분은 프랑스 제2제정(1852~70)의 물

에르네스트 르낭(1823~1892)

질주의와 불관용을 르낭 자신의 귀족주의적 이상에 비추어 비난하고 있다. 즉 '정신의 보루'로서 행동하는 지식인은 지적·정신적 순화를 통해 전제정치에 저항해야 한다고 주장했다.

1856년 르낭은 화가 아리 셰페르의 조카 코르넬리 셰페르와 결혼했다. 1860년 10월 고고학에 관련된 일을 맡아 레바논으로 갔다. 그가 발견한 페니키아어 비문(碑文)은 《페니키아 탐험 *Mission de Phénicie*》(1864~74)에 실려 있다. 뒷날 이 비문은 《셈족 비문전집 *Corpus Inscriptionum Semiticarum*》에도 실렸는데, 그는 '금석학·문학 아카데미'를 통해 이 책의 출판을 도왔다. 그러나 고고학은 그의 주된 관심분야가 아니었다. 1861년 4월 예수의 생애에 관한 자료와 영감을 얻기 위해 아내와 여동생과 함께 팔레스타인을 방문했다. 레바논에서 첫 번째 초고를 완성하긴 했으나, 그 자신은 지독한 병에 시달리고 1861년 9월 24일 암시트에서 여동생 앙리에트가 말라리아로 죽는 비극적 대가를 치러야 했다.

르낭은 예수의 생애에 대한 글을 써서 콜레주 드 프랑스의 히브리어 교수직을 얻으려고 했으나, 이 책을 집필하기 전인 1862년 1월 11일 교수로 임명되었

다. 그러나 2월 21일 취임강연에서 그는 17, 18세기 프랑스 주교이자 역사가 자크 보쉬에의 말을 빌려 예수를 '누구와도 비교할 수 없는 인간'이라고 지칭했다. 그는 이 표현이 인간에게 부여할 수 있는 최고의 찬사라고 생각했으나, 성직자들은 이 말의 무신론적 함축을 물고 늘어졌고 결국 르낭의 자격은 정지되었다. 1864년 6월에 제정(帝政)도서관의 직책을 제의받았으나 그는 거절하고 몇 년간 문필생활을 하기로 결심했다. 그가 복직한 것은 1870년에 이르러서였다. 이런 사정 때문에 그는 교회에 더욱 반대하게 되었다. 그러나 그 전에 이미 그는 나폴레옹 보나파르트의 조카 마틸드 공녀(公女)의 살롱 같은 반정부 모임에 자주 참석했고 귀스타브 플로베르, 샤를 오귀스탱 생트 뵈브, 이폴리트 텐, 공쿠르 형제 등 유명 문필가들과 교제하고 있었다.

1863년 《예수의 생애 *Vie de Jésus*》가 출판되었을 때 교회는 적의에 찬 비난을 퍼부었다. 이 책은 그리스도교의 성립을 대중적 상상력을 통해 '신화적'으로 설명하는 데다가 그의 다른 역사저술처럼 메시아인 주의 문학에 속하므로 오늘날에도 독자의 눈길을 사로잡는다. 1864~65년에는 아내와 함께 소(小)아시아를 여행한 뒤 연속물인 《그리스도교 기원사 *Histoire des origines du christianisme*》의 제1부인 《예수의 생애》에 이어 제2부 《사도 *Les Apôtres*》(1866)와 제3부 《사도 바울로 *Saint Paul*》(1869)를 펴냈다. 이 2권의 책은 소아시아 도시들의 불안정한 프롤레타리아 사이에 어떻게 그리스도교가 퍼질 수 있었는지를 탁월하게 묘사한 것으로서, 그가 '19세기 지식인은 대중을 새롭게 계몽할 수 있을 것인가'하는 문제에 골몰했음을 보여준다.

르낭은 점차 정치에 관심을 갖기 시작하여, 1869년 제2제정의 '자유주의' 국면이 시작될 때 의회선거에 나갔으나 낙선했다. 같은 해 《프랑스의 입헌군주제 *La Monarchie constitutionnelle en France*》라는 글을 써 입헌군주제를 옹호했다. 이처럼 그는 당시까지 자유주의자였다. 1870~71년 프랑스—프로이센 전쟁 때는 이러한 자유주의 사상을 가지고 국경을 오가면서 독일의 신학자 다피트 프리드리히 슈트라우스와 서신을 교환했고, 프로이센 황태자(이후 독일 황제 프리드리히 3세)에게 전쟁을 중지하도록 설득하기도 했다. 그러나 프랑스의 비참한 패배와 민주주의에 대한 분노로 말미암아 그는 권위주의자가 되었다.

르낭은 《지적·도덕적 개혁 *La Réforme intellectuelle et morale*》(1871)에서 프랑스의 국가재건을 위해서는 1806년 예나 전투 이후의 프로이센을 본보기로 삼아야 한다고 주장했다. 그의 조언에 따라 프랑스는 교권주의 군주국이 되어갔고, 르낭은 곧 이것이 자신이 원하던 바가 아님을 알게 되었다. 어쩔 수 없이 제3공화국(1870~1940)을 인정하기는 했지만 공직생활에서 물러났다. 제롬 나폴레옹 공(公) 등 그때까지 남아 있던 보나파르트파를 방문하면서 열심히 유럽 전역을 여행했으나, 그의 삶의 중심은 점차 저술 활동으로 기울었다. 1878년에는 아카데미 프랑세즈 회원이 되었다.

르낭은 '우주의 향연'이라는 상상적이고 역설적인 이상을 펼쳐보였다. 이 이상은 네로에 대한 풍자적 묘사와 역사의 대변동적 종말에 대한 기대로 가득찬 묵시론적 분위기와 함께 《적(敵) 그리스도 *L'Antéchrist*》(1873), 《그리스도교 기원사》 4권에 표현되어 있는데, 이것은 그의 역사서술에서 가장 인상적인 부분이다. '우주의 향연'은 《철학적 대화와 단편들 *Dialogues et fragments philosophiques*》(1876)에도 가상의 결말을 제공하고 있다. 그러나 역설적이지만 그는 오히려 《적그리스도》에서 이전보다 더 숨은 신(神)에 대해 회의적이다. 사실 그가 말년에 택한 에피쿠로스 철학은 죽음과 사후세계에 대한 불안을 감추고 있다. 르낭의 피상적인 측면을 더 잘 볼 수 있는 글은 그가 공화정을 받아들인 과정을 담은 《철학 드라마》(전집, 1888) 시리즈 가운데 특히 1877년 쓴 《캘러밴 *Caliban*》과 1879년 쓴 《젊음의 물 *L'Eau de jouvence*》이다. 《캘러밴》에서 귀족정치(프로스페로와 에어리엘)는 민주정치(캘러밴)에 패배하는데, 이는 전통적인 제재수단인 마법 주문이 실증주의에 물든 사람들에게는 효력이 없기 때문이다. 과학적 권력정치가 효율적인 대안이 될 수도 있겠지만 이는 사실상 교권주의적 군주정을 뜻하게 될 것이므로 르낭으로서는 관심 밖이었다.

르낭의 에피쿠로스주의는 《복음 *Les Évangiles*》(1877)에서는 찾아보기 어렵지만 《그리스도교 기원사》의 나머지 책들 가운데 로마 황제 하드리아누스를 그린 《그리스도교 교회 *L'Élise chrétienne*》(1879)에는 뚜렷이 드러나 있다. 그러나 마르쿠스 아우렐리우스에 대한 연구이자 자화상이라고 할 수 있는 《마르쿠스 아우렐리우스 *Marc Aurèe*》(1882)는 죽음에 대한 생각으로 가득 차 있다. 1876년 이후 르낭은 회고록 《젊은날의 추억 *Souvenirs d'enfance et de jeunesse*》(1883)을 썼다. 그는 이 책에서 자신은 실패한 성직자가 되도록 예정되어 있었는데, 숨은 신에게 운명을 건 것이 행복을 낳았다고 자신의 생애를 재조명하고 있다.

《젊은날의 추억》에서 르낭은 아이러니를 사용하여 자기만족에 제동을 걸고 있지만, 어떤 면에서는 지나치게 차분하다. 《전도서 *L'Ecclésiaste*》(1882)와 아미엘에 관한 2개의 글(1884)에서는 무엇보다도 바리사이(유대교 율법주의자)와 싸우는 아이러니 작가의 면모를 보여준다. 한편 아카데미 프랑세즈에서 행한 프랑스의 생리학자 클로드 베르나르에 대한 강연(1879)과 언어학자 폴 에밀 리트레에 대한 강연(1882)에서는 회의의 순간에 느끼는 고뇌를 드러내고 있다. 이렇듯 르낭은 종잡을 수 없는 다양한 특성을 보인다. 그러나 후기 드라마의 하나인 《네미의 성직자 *Le Prêtre de Némi*》(1885)와 특히 《이스라엘 민족사 *Histoire du peuple d'Israël*》(1887~93)에서는 인간의 도덕적 심성에 관한 그의 견해가 잘 나타나 있다. 유대 메시아주의 역사는 인간이 불리한 상황에 처했을 때 믿음을 지닐 수 있는 능력에 대한 증거를 제공해주었으며 르낭 자신의 신념도 되살려주었다. 따라서 그는 유대주의가 사라진다 해도 예언자의 꿈은 언젠가 실현되리라고 기대할 수 있었고, '죄를 보상하는 하느님이 없이도 정의는 진정으로 세상에 존재하게 될 것'이라는 희망을 가질 수 있었다. 그는 이 책을 완성하기 위해 너무 힘쓴 나머지 1892년 책이 완성된 직후 죽었다. 프랑스 제3공화정부는 그

의 위업에 걸맞게 국장으로 장례를 치
렀다.

르낭은 정치적으로는 자유주의와 권
위주의에 기대고 종교적으로는 굳은 신
앙과 회의주의에 기댐으로써 당시 중간
계층의 모순을 구체적으로 보여 주었다.
그가 죽은 뒤 그의 정치적 영향력은 모
리스 바레스, 샤를 모라스와 같은 민족
주의자에서부터 아나톨 프랑스, 조르주
클레망소 같은 공화주의자에 이르기까
지 폭넓었다. 그는 당시의 큰 문제였던
과학과 종교 사이의 적대감을 완화하
는 데 성공했으나 스스로는 이 갈등을
깊이 느끼고 있었다.

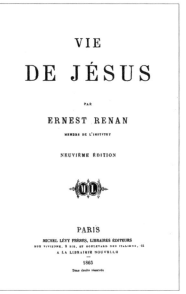

《예수의 생애》(초판 발행 1863)
《그리스도교 기원사》 7권 중 제1부로, 제1권에
해당한다.

### 《예수의 생애》에 대하여

르낭의 저 훌륭한 책을 아직 다 되풀이해서 읽지는 못했지만, 올리브 나
무와 독특한 식물과 푸른 하늘이 있는 곳에서 어찌나 그 책이 자주 머릿속
에 떠오르던지…… 아아, 르낭은 얼마나 옳으며, 누구도 말하지 못하는 프
랑스어로 그가 들려주는 저 작품은 얼마나 멋진가.

《반 고흐 서간 전집》

이는 1889년 아를에서 고흐가 여동생에게 보낸 편지 중 일부이다. 서간집을
읽어 보면, 고흐의 전 생애에 걸쳐 르낭의 《예수의 생애》가 마음의 양식이 되어
주고, 그림에 대한 장대한 창작 의욕을 끊임없이 지탱해 주었음을 알 수 있다.

《예수의 생애》가 출간된 지 150년이 지난 지금까지도 꾸준히 읽히는 비결이
뭘까? 석가모니도 예수도 뛰어난 시인이었지만, "이런 과거의 숭고한 인물을 되
살리는 데는 예술의 이성이 가장 좋은 지도자이다. 괴테와 같은 뛰어난 솜씨가

여기에 적용될 것이다"라고 르낭은 말한다(13판 서문). 르낭은 연구의 근원에는 예수에 대한 자신의 깊은 사랑이 있음을 밝히면서도 절대 신앙은 역사학과 양립할 수 없다고 단언했다. 하지만 곧바로 이렇게 덧붙인다. "예수 없이는 역사를 해석할 수 없음을 증명할 때 우리는 그에게 좀 더 진실한 믿음을 바치게 될 것이다."

이 책은 1870년에 Michel Lévy Frères사에서 발행한 보급판을 번역한 것이다. 당시 발행되던 원저는 누구나 가볍게 읽기에는 너무 전문적이었기에, "이번에는 마음이 가난한 사람이나 슬퍼하는 사람, 다시 말해 예수가 가장 사랑했던 이들이 읽을 수 있도록 상세한 자료와 고증을 생략하고 '거드름'을 덜어내, 이 낡은 이야기 속에 가득한 시와 교훈에만 집중하고 불협화음은 들리지 않도록 했다."

1864년판 서문에서는 다음과 같이 말한다.

"따라서 여기서 그려진 것은 이른바 '흠 없고 새하얀 대리석'으로 조각한 그리스도라 하겠다. 그에게 충만한 감성 그 자체처럼 소박하고 깨끗한 모습이다. 그런데 생각하기에 따라서는 이쪽이 더 진실에 가깝다고도 할 수 있다……. 적어도 예수는 그런 모습으로 사람들 앞에 나타났으며, 사람들은 예수를 그렇게 보고 사랑하고 무한한 마음으로 영생을 만들어 냈다."

이 보급판이 가장 날개 돋친 듯 팔려나갔으며, 원저의 약 두 배의 판매 부수를 올렸다는 기록이 있다.

프랑스의 에밀 베르 박사가 쓴 《과학과 예수》(1928)라는 책에 이런 자료가 실려 있다. 《예수의 생애》가 발표되면서 엄청난 찬반양론이 쏟아졌는데, 베르는 수많은 반대론자 중 한 사람으로서 다음과 같이 르낭을 비난했다.

"그는 불신자이며, 당장에라도 숨통을 끊어 놓아야만 속이 시원할 것 같은 망자이다……. 내용은 볼테르 주에 독일 라인산 포도주를 섞어 놓은 것에 불과하다."

또한, 문장 실력은 다음과 같이 평했다.

"르낭의 피리 솜씨는 인도 뱀 조련사의 피리 소리 같다."

출간된 지 65년이 지난 시점에서도 가톨릭 국가인 프랑스에서는 기탄없는 논의로 논단이 떠들썩했음을 알 수 있다.

야로슬로프 펠리칸은 자신의 저서 《예수의 역사 2000년》에서 르낭을 예수를 '영혼의 시인'으로 묘사하고 '역사 과학에 미적 신비를 도입함으로 당시 합리주의적 회의주의가 가져온 폐해에 해독제가 된' 사람으로 평가했다.

학자들의 평가는 제쳐 두고라도, 읽는 이의 배경과 문화에 따라 독후감은 큰 차이를 보인다. 르낭은 책에서 '부활'을 일절 다루지 않았음에도, 수습 도미니(네덜란드 개혁파 목사)로서 복음 전도에 온 힘을 기울였던 고흐가 다음과 같은 글을 남긴 것을 보면 알 수 있다.

'……울림 속에 푸른 하늘과 올리브 나무의 부드러운 속삭임, 그리고 끝내는 그의 '역사'에 일종의 '부활'적 성격을 주는 진실을 내포하는 프랑스어다……. 이토록 맑은 말을 접하다니 얼마나 고마운 일인가.'

성경에 나오는 것처럼, 호수 위를 걸었거나 죽은 자를 살렸다는 초자연적 설화는 오늘날 받아들이기 어렵다. 르낭은 역사 과학자로서 그런 설화를 엄밀하게 비판하고 해석했지만, 그 눈은 따뜻하고 부드럽다.

'막달라 마리아의 '부활하셨다'는 외침은 믿음의 시작이 되었다. 여기에 이성은 미치지 못하고 무력하다. 이 뜻밖의 사건을 광기가 향하는 대로 맡기라. 운명에 배신당하고 슬픔에 몸부림치는 사람들을 위로할 길이 없는 가운데 이 신들린 여인의 한마디만큼 세상을 기쁨으로 채워 준 외침이 일찍이 있었는가? 어떤 학자가 이 같은 기쁨을 주었나?'
《그리스도교 기원사》 제2부 《사도》

《그리스도교 기원사》의 도입부에 해당하는 《예수의 생애》는 예수가 뿌린 작은 씨앗이 차츰 큰 나무로 자라리란 것을 짐작케 해 주지만, 세상 변두리를 무대로 겨우 30년 남짓의 한 장면을 다룬 것에 불과하다. 하지만 더 먼 거리에서 보면 "역사는 지옥인 동시에 신의 희극"이라고 르낭은 말한다. "선악과 미추가 어떤 신비한 목적을 이루기 위해, 짜인 행렬에 맞추어 지식인의 지휘에 따라 행진하는 기괴한 난무이다. 그러므로 읽고서 흥미, 반감, 비애, 위안을 번갈아 느끼지 않는다면 그것은 역사가 아니다(13판 서문)." 20년에 걸쳐 완성한 7부작 저서에서 르낭은 이렇게 느낀 역사를 매우 상세하게 논했다.

《그리스도교 기원사》(7권, 1863~1883)의 전체 구성은 다음과 같다.

### 제1부 《예수의 생애》(본서)

### 제2부 《사도》(A.D. 33~45)

무대가 예루살렘에서 안티오키아(터키 남부)로 바뀐다. 예루살렘 교회는 급속도로 쇠락한다. '공산주의를 토대로 만들어진 조직의 특징상, 그리고 과대한 고양을 기대한 만큼 처음에는 번영했지만, 인간 본성에 반하기에 곧 부패하기 시작했다. 공산주의는 인간이 선천적인 이해타산 없이 이기주의를 살아갈 수 있다고 생각함으로써 덕성을 이해했다. 하지만 사유 재산을 폐지함으로써 무사히 피했다고 믿었던 악보다 더한 악을 극단적인 무사무욕이 낳는 형태로 이기주의는 복수한다.'

### 제3부 《사도 바울로》(A.D. 45~61)

오론테스 하구 항구에 선 바울로. '전도 여행을 위한 배는 이미 닻을 올렸다. 바람이 어서 예수의 말씀을 전하라고 재촉한다…….' 그리스도교 '오디세이'의 시작이다. '바울은 예수가 죽은 지 5년 만에 화려하게 등장한 첫 번째 개신교도이다……. 그와 가장 흡사한 역사상 인물은 루터이다. 날카로운 언변에서 열정, 에너지, 고귀한 독립심, 절대 진리와 자신의 신념을 맹렬하게 밀어붙이는 점까지 두 사람은 닮았다.'

### 제4부 《적 그리스도》(A.D. 61~73)

로마 황제 네로의 그리스도 교도 대학살을 생생하게 묘사한다. '하느님의 어린 양' 예수는 그것을 지켜보면서도 입을 닫은 채 구원의 손길을 내밀어 주지 않는다……. 하지만 '거기에 '인간의 우아함'이라 할 수 있는 통주저음이 들리지 않는가?'

### 제5부 《복음》(A.D. 73~117)

'로마 정부는 그리스도교와 고대 사회를 좀먹는 해충, 천천히 야금야금 먹어 치우는 흰개미로 보았다.' 유대교는 한때는 반항해도 일단 굴복하면 끝이다. 한 편, '그리스도교도는 겉으로는 온화하고 겸허한 척하지만, 그 야심은 끝을 알 수가 없다. 당연히 로마 제국과 그리스도교도의 싸움은 목숨을 건 투쟁이 되 었다.'

### 제6부 《그리스도 교회》(A.D. 117~161)

'무리에 파묻혀 살아가기를 꺼리는 귀족 취향의 길 잃은 양들은 영지주의 (Gnosticism)에 빠져들었다. 거기에서는 누구나 '완전한 깨달음(Gnosticos)'을 얻은 그 순간에 영생을 얻을 수 있다고 생각했다.' '이는 불교에서 말하는 "부처"와 같은 의미이지 않은가!'

### 제7부 《마르쿠스 아우렐리우스와 고대 세계의 종언》(A.D. 161~180)

'기적을 떠받드는 복음서는 이제 퇴물이 되었다.' 이 무렵 정치계에서는 '우주 적 다신교라고도, 범신론이라고도 볼 수 없는 마르쿠스 아우렐리우스 황제가 독자적 복음서를 썼다. 이제 그를 한 명의 그리스도로 비유할 수 있다.' 여기서 르낭의 사상은 의외의 전개를 보여 준다.

제3부 《사도 바울로》 본문에 '항아리를 만드는 데 쓰이는 진흙이 도공에게 왜 나를 이런 꼴로 만들었느냐고 힐문할 수 있는가'라는 뜻의 하이얌의 시구가 버젓이 들어가 있다. '사람은 행위가 아니라 믿음으로 구원받는다'는 바울로의 가르침을 설명한 부분인데, 르낭은 여기에 모든 종교를 부정하는 시인의 허무 한 울림을 지닌 시구를 대립시켜 보여 준다.

이 같은 수법을 보면, 거의 동시대 화가 세잔이 그린 〈사과가 있는 정물〉 등 에 쓰인 '시점 이동'이라는 기법이 문득 떠오른다. 탄탄한 구성에 깊은 조화, 비 할 데 없는 아름다움이 마음에 남는 것은 이러한 화법과 만났을 때이다. 르낭 은 이렇게 말한다. "삶의 변용을 지배하는 법칙은 명석함이 아니라 어스름 속 에서 나타나는 법이다." 이렇게도 말했다. "논리는 뉘앙스를 알지 못한다. 정신

법칙의 진실은 모두 뉘앙스 속에 들어 있다."《《정신과 비판에 관한 에세이》》

삽화는 1832년 뒤셀도르프 출신 화가 고드프루아 딜랭의 작품이다. 그 밖에 〈모로코 전투〉 삽화를 제작한 기록이 남아 있다. 고대 팔레스타인 풍속에 제국주의 시대의 북부 아프리카 식민지 풍속을 유추·응용한 점을 엿볼 수 있다.

# 존 버니언 연보

1628년     11월 28일 영국 베드퍼드셔주 엘스토우에서 땜장이 토머스 버니 언과 마가렛 벤틀리 사이에서 맏아들로 태어남(문법학교에서 읽기 와 쓰기를 배운 것이 유일한 학교 교육. 가업을 이어받기 위해서 아 버지 밑에서 땜장이 일을 배움).

1645년(17세)   어머니와 누이동생 마가렛의 죽음과 아버지의 세 번째 결혼, 새 어머니의 등장과 배다른 아우 출생으로 마음 붙일 곳이 없어지면 서 집을 떠나 의회군에 입대함.

1647년(19세)   영국 내전이 의회군 승리로 끝나고 군대가 해산되면서 7월 제대하 여 고향으로 돌아와 가업에 종사함(~1649년 사이에 결혼한 것으로 추정. 자서전 《죄인 우두머리에게 넘치는 주의 은혜》에서 첫 번째 아 내와는 '국자 하나, 접시 하나 없을 정도로 찢어지게 가난한 처지에서 만났다'라고 쓸 정도로 궁핍하게 살았다고 함. 그러나 아내가 결혼할 때 가지고 온 두 권의 신앙 서적, 곧 《평민이 하늘나라로 가는 길》과 《신앙 실천》은 그의 신앙생활에 큰 영향을 미침).

1650년(21세)   맏딸이자 앞을 보지 못하는 딸 메리 태어남(7월에 세례를 받도록 함).

1653년(25세)   존 기포드가 목사로 있는 세인트 존 독립교회에서 세례를 받고 정 식으로 가입함.

1654년(26세)   둘째 딸 엘리자베스 태어남.

1655년(27세)   베드퍼드로 옮겨감. 아내의 죽음과 기포드 목사의 죽음. 교회 집 사가 됨.

1656년(28세)   맏아들 토머스 태어남.

1657년(29세)   둘째 아들 존 태어남. 세인트 존 독립교회 부제(副祭) 자리에 오름.

1659년(31세)  엘리자베스를 두 번째 아내로 맞이함.

1660년(32세)  11월 12일, 베드퍼드주 해링턴 근교 로어 사무젤이라는 마을에서 체포됨.

1661년(33세)  8월, 아내 엘리자베스가 순회재판 때 법률상 바른 재판을 요구하나 지방관의 반대로 묵살됨.

1662년(34세)  재심 결과 12년 수감이 결정됨(~1672).

1666년(38세)  자서전 《죄인의 우두머리에게 넘치는 주의 은혜》 펴냄.

1672년(44세)  1월 찰스 2세의 신앙 자유령에 따라 풀려남.

1673년(45세)  신앙 자유령이 취소되고 선서령이 발령되면서 다시 감옥에 갇혔으나 여섯 달 뒤 풀려남.

1678년(50세)  《천로역정》 제1부 펴냄.

1684년(56세)  《천로역정》 제2부 펴냄.

1688년(58세)  런던으로 여행을 하던 중에 독감에 걸려, 8월 31일 스노우힐에 있는 친구 스트루드위크의 집에서 죽음(런던에 있는 번힐 필즈 묘지에 묻힘).

# 조제프 에르네스트 르낭 연보

| | |
|---|---|
| 1823년 | 2월 28일 프랑스 브르타뉴주 트레기에에서 선장인 아버지와 상인의 딸인 어머니 사이에서 태어남(5세 때 아버지가 죽음. 그리스도교 신학교에서 교육을 받음). |
| 1838년(15세) | 생 니콜라뒤샤르도네 신학교에 장학생으로 입학하여 공부함(그뒤에 생 쉴피스 신학교에 입학하여 공부함). |
| 1845년(22세) | 10월 생 쉴피스 신학교를 그만두면서 성직자로서의 삶을 그만두기로 결정함. |
| 1850년(27세) | 파리로 돌아와 국립도서관에서 일하면서 생계를 꾸려나감. |
| 1856년(33세) | 네덜란드계 프랑스 화가인 아리 셰페르의 조카이자 헨리 셰페르의 딸인 코르넬리 셰페르와 결혼함. |
| 1860년(37세) | 10월 나폴레옹 3세의 부탁으로 고고학 관련 일로 레바논으로 떠남. |
| 1862년(39세) | 1월 11일 콜레주 드 프랑스의 교수가 됨. |
| 1863년(40세) | 《그리스도교 기원사》의 제1부작인 《예수의 생애》를 펴냄. |
| 1864년(41세) | 아내와 함께 소(小)아시아 지역 여행을 떠남(~1865). |
| 1866년(43세) | 《그리스도교 기원사》의 제2부작인 《사도》를 펴냄. |
| 1869년(46세) | 《그리스도교 기원사》의 제3부작인 《사도 바울로》를 펴냄. |
| 1878년(55세) | 아카데미 프랑세즈 회원이 됨. |
| 1883년(60세) | 자서전적 회고록인 《젊은날의 추억》을 펴냄. |
| 1892년(69세) | 1887년부터 쓰기 시작한 《이스라엘 민족사》를 완성하고 나서 죽음. 프랑스 정부에 의해 국장으로 장례가 치러지고, 파리 몽마르트르 공동묘지에 묻힘. |

## 강경애(姜敬愛)

경북 영천에서 태어나다. 동국대학교 문화예술대학원 석사 졸업하다. 1992년 〈시와 비평〉에서 수필 문학상 수상. 국제펜클럽한국본부, 한국문인협회 회원. 지은책 산문집 《바람은 바람을 일으킨다》《그래 우리가 진정 사랑한다면》 옮긴책 아우구스티누스 《고백록》 등이 있다.

*World Book* 196
John Bunyan/Joseph Ernest Renan
THE PILGRIM'S PROGRESS/VIE DE JÉSUS
천로역정/예수의 생애
존 버니언/에르네스트 르낭/강경애 옮김
1판 1쇄 발행/2012. 8. 15
1판 2쇄 발행/2022. 7. 1
발행인 고윤주
발행처 동서문화사
창업 1956. 12. 12. 등록 16–3799
서울 중구 마른내로 144(쌍림동)
☎ 546–0331~2 Fax. 545–0331
www.dongsuhbook.com
잘못 만들어진 책은 바꾸어 드립니다.

✻
이 책의 출판권은 동서문화사가 소유합니다.
의장권 제호권 편집권은 저작권 법에 의해 보호를 받는 출판물이므로 무단전재와 무단복제를 금합니다.
사업자등록번호 211–87–75330
ISBN 978–89–497–0764–8  04080
ISBN 978–89–497–0382–4  (세트)